로마서 7:1-6에 나타난
율법의 기능

The Law in Light of Marriage
Analogy in Romans 7:1-6

| 정인채 지음 |

도서출판 새한

헌 사

이 책을 한 평생 부족한 아들을 위해 눈물의 기도와
물심양면으로 후원하신 사랑하는 어머니 추해청 권사님께
사랑과 감사를 담아 드립니다.

본서는 필자의 오랜 학문의 여정과 맥을 같이 한다. 유학 초기 시절 "바울과 율법"이라는 주제를 접하면서 그 주제와의 씨름은 시작되었다. 바울은 왜 그토록 율법이라는 주제를 집요하게 다룰까? 적지 않은 학자들은 바울이 갈라디아서와 로마서를 제외하면 율법을 별로 다루지 않는다고 말한다. 하지만 그런 것과 상관없이 바울과 율법이란 주제는 주변에 머물면서 틈만 나면 필자의 관심을 끌곤 했다.

토론토에서 코스웍을 마칠 때쯤, 주임교수였던 R. N. 롱게네커가 학위논문으로 어떤 주제에 관심이 있느냐고 물어왔다. 마치 기다렸다는 듯 필자는 "바울과 율법"이요 라고 대답했다. 그즈음 그는 로마서 주석을 집필하고 있던 터라 "그러면 로마서 7:1-6을 다뤄보겠냐"고 묻길래 서슴없이 그의 제안을 수락했는데, 그때부터 7:1-6과의 긴 여정이 시작되었다.

그로부터 20년 가까운 세월이 흐르는 사이에 토론토에서의 학업은 마치지 못한 채 롱게네커교수는 은퇴하고, 필자 또한 목회사역으로 인해 학업에 커다란 공백이 생기게 되었다. 하지만 우여곡절 끝에 한국 백석대학교로 편입해서, 동일한 주제로 논문을 쓸 수 있도록 허락 받아 학업을 무사히 마무리 지을 수 있었다.

이제와 생각해보니, 왜 롱게네커교수가 로마서 7:1-6을 학위논문의 주제로 제시했는지 알 것도 같다. 어쩌면 그에게도 그 당시 이 본문은 풀기 쉽지 않은 일종의 수수께끼가 아니었을까?

적지 않은 세월 동안 로마서 7:1-6와 씨름하면서, 필자는 나름 본문을 올바로 이해했다고 믿어 학위논문을 제출했으며, 또한 용기를 내어 이렇듯 책으로 출간하게 되었다. 이 책이 나오기까지 감사해야 할 분들이 있다. 우선 롱게네커교수를 빼놓을 수 없다. 그와 함께 했던 10여년 동안 필자에게 끼친 영향은 실로 막대하다. 그것은 이 책에서 고스란히 드러난다. 그리고 방법론에 관해 명쾌한 시각을 열어 준 T. L. 도날슨교수와, 본서에 관해 장시간 대화와 여러 가지 조언 그리고 교정작업을 해 준 R. V. 허긴스교수와 P. 아우어바흐에게 고마움을 전하고 싶다. 논문을 집중적으로 쓸 때쯤 경제적으로 큰 도움을 준 뉴욕의 이치훈원장과, 세심한 교정으로 큰 도움을 준 큰 딸 한나에게도 고마움을 전한다. 특별히 백석대학교 신약교수이신 홍인규교수는 필자의 학문의 여정을 잘 마무리 지을 수 있도록 도와주셨으며, 그의 세심한 논문지도로 지금의 책이 나올 수 있었다. 다시 한번 감사를 드린다. 아울러 김정훈교수, 김경진교수, 류호영교수, 김병국교수께 고맙다는 말씀을 드린다. 그리고 이 책이 출판될 수 있도록 배려해 주신 김남식박사와 새한기획출판부 대표 민병문 장로께 감사를 드린다. 또한 오랜 세월 동안 인내로 기다려주시고 물심양면으로 도와주신 어머님과 가족들에 감사 드리며, 마지막으로, 아내에게 무한한 사랑과 더불어 고마움을 전한다.

2016년 추수감사절

뉴욕에서

정인채

목차

서론

바울 서신에서 중요하게 강조되는 것 중 하나는 율법이 신약성도의 삶에서 차지하는 지위일 것이다. 율법에 관한 바울의 견해는 초대교회서부터 지금까지 지속적인 논란거리가 되어왔다. 학자들과 주석가들은 일반적으로 로마서가 바울의 율법관을 이해하는데 가장 중요한 서신이라고 생각한다.[1] 로마서가 특별히 중요한 이유는 그것이 그의 말년에 쓰여졌으며, 따라서 그의 성숙한 견해를 반영하고 있기 때문이다. 바울은 로마서 2장-6장에서 "율법"을 언급하고 있긴 하지만(2:12-15, 17-18, 20; 4:15; 5:13-14, 20; 6:14-15 등), 7장에 와서야 비로소 로마 그리스도인에 대한 모세율법의 타당성에 초점을 맞춘다.

본서의 목적은 바울이 결혼예를 어떤 방식으로 사용하며 본문 가운데 그 기능이 무엇인지에 특별히 주의를 기울이는 가운데, 로마서 7:1-6을 올바로 이해하는 것이다. 7:2-3에서 바울은 남편과 아내에게 미치는 율법의 영향력을 논의한다: 아내는 남편이 생존하는 동안 법으로 그에게 매인바 되나, 그가 죽을 경우 그 법에서 벗어나 재혼할 수 있다. 바울은 이 예를 로마 신자들

---

1) 연구사의 관점에서 볼 때, 많은 학자들(가령, 어거스틴, 루터, 아퀴나스, 칼빈 등)은 바울 복음 및 성경의 의미를 올바로 이해하는 관문으로 로마서를 꼽았다(cf. R. W. Holder, "Introduction: Romans in the Light of Reformation Reception" in *Reformation Readings of Romans*. eds. K. Ehrensperger and R. Holder [New York London: T. & T. Clark, 2008] 1-6; D. Demson, "John Calvin" in *Reading Romans through the Centuries*. eds. J. P. Greenman and T. Larson [Grand Rapids: Brazos Press, 2005] 18). 심지어 바울의 가르침에 대한 전통적인 접근과 다소 다른 이해를 가진 "바울의 새 관점" 지지자들도 로마서(와 갈라디아서)를 중심으로 삼는다(cf. K. Ehrensperger, "The New Perspective and Beyond" in *Modern Interpretations of Romans*. eds. D. Patte and C. Grenholm [London New York: Bloomsbury, 2013] 196-200).

에게 적용하여, 그들 또한 새롭게 찾은 자유의 발생지인 죽음을 통하여 율법에서 자유함으로 그리스도에게 속하게 되었다(4, 6절). 그런데 질문은 바울이 신자가 율법에 대하여 죽고 벗어났다고 말할 때(롬7:4, 6), 그들이 과연 어느 정도 율법에서 자유하다는 말인가? 신자는 율법에 대하여 그 어떤 의무도 없다는 말인가? 아니면 제한된 의미에서 자유를 말하는가? 율법에서 완전 자유 대 부분 자유의 이런 상충은 바울이 로마서 전체에서 율법의 현재적 가치를 지속적으로 옹호하기에 더욱 복잡해진다. 만약 바울이 율법을 거룩하고 의롭고 선하며(7:12) 그래서 그리스도를 믿는 자들은 율법을 세운다고 생각한다면(3:31; 8:4), 그는 왜 다른 곳에서 율법에서 벗어났으며 또한 그래야 한다고 주장하는가? 우리는 바울이 이렇듯 두 가지 다른 관점을 어떻게 조화시키고 있는지 추후 논의에서 살펴볼 것이다.

오늘날까지, 7:1-6의 중요성은 로마서를 해석해 오는 가운데 거듭 간과되어 왔다. 물론, 로마서 7장에서 "나"의 정체성을 파악하려는 여러 차례의 주목할만한 시도가 있었으며, 율법의 의미를 찾고자 하는 자들은 종종 로마서 7:7-13 혹은 7:14-25을 염두에 두곤 했었다. 하지만 대부분의 학자들은 7:1-6의 중요성을 거의 인식하지 못한다. 케제만(E. Käsemann) 같은 학자는 7:1-6을 문맥과는 무관한 단지 로마서 7장의 서론 정도로 생각하지만, 사실 7장의 처음 여섯 절은 겉보기와는 달리 훨씬 더 깊은 내용을 담고 있다; 본문은 경첩(hinge)으로 사용되어, 이후에 나올 7:7-8:18을 소개하는 한편 이전의 6장을 적절하게 결론 내린다.

바울은 로마서 5-8장의 명제(*propositio*)에 해당하는 5:20-21에서 죄와 율법 그리고 은혜 사이의 관계를 논의한다: 율법이 가입한 것은 범죄를 더하게 하기 위한 것이나, 죄가 더한 곳에 은혜가 더욱 넘쳤다.[2] 학자들은 바울이 5:20a를 로마서 7장에서 좀 더 발전시키며, 5:20b-21은 6장에서 추가 설

---

2) Cf. J-N. Aletti, "Romans" in *The International Bible Commentary*. ed. W. R. Farmer (Collegeville: Liturgical Press, 1998) 1576ff; A. A. Das, *Paul, the Law, and the Covenant* (Peabody: Hendrickson, 2001) 228ff.

명한다는 의견에 동조한다.[3] 6장에서 바울은 두 가지 질문을 제기하는데(1, 15절), 후자의 질문이 7:1-6과 관련이 있다: 즉, "우리가 법 아래 있지 아니하고 은혜 아래 있으니 죄를 지으리요?"(15절). 바울은 이 질문에 대하여 두 가지로 답한다: 우선, 6:16-23에서 죄에서 해방된 자들은 죄로 자신의 죽을 몸에 왕 노릇하지 못하게 하며 자신의 삶을 거룩함에 이르게 하라고 답하며, 7:1-6에서 또한 로마의 수신자들은 어떤 의미에서 율법아래 있지 않으나 죄를 지으면 안 된다고 답한다.[4]

이와 동시에, 학자들이 일반적으로 동의하듯이, 바울은 7:5-6을 이어 나오는 7-8장을 소개하는 제목(heading)으로 삼고 있다: 즉, 5절에서 인류가 육체에 있을 때 율법으로 말미암는 죄의 정욕으로 사망을 위한 열매를 맺었다는 내용은 7:7-25에서 상세히 논의되며, 6절에서 율법에서 벗어난 자들은 영의 새로운 것으로 섬기며 율법조문의 묵은 것으로 아니한다는 내용은 8:1-17에서 구체적으로 설명된다.[5] 여기에서 우리는 7:1-6이 이중으로 중요하다는 사실을 알 수 있다: 만약 7:1-6을 제대로 이해하지 못할 경우 우리는 로마서 6장을 충분히 이해할 수 없을 것이며, 또한 7:1-6이 이후에 나올 내용의 서론이라는 사실이 충분히 이해 될 때야 비로소 우리는 7:7-8:17에 나오는 바울의 율법에 관한 주장을 온전히 이해할 수 있다는 것이다.[6]

---

3) 예를 들어, C. D. Myers, "Chiastic Inversion in the Argument of Rom.3-8," *Novum Testamentum* 35 (1993) 40-41.

4) Cf. D. Hellholm, "Die Argumentative Funktion von Römer 7:1-6," *New Testament Studies* 43 (1997) 389-402; A. K. Grieb, *The Story of Romans. A Narrative Defense of God's Righteousness* (Louisville: Westminster John Knox, 2002) 68.

5) Cf. B. Byrne, *Romans. Sacra Pagina* (Collegeville: Liturgical Press, 1996) 213; C. G. Kruse, *The Epistle to the Romans: The Pillar New Testament Commentary* (Grand Rapids Cambridge: Eerdmans, 2012) 294.

6) 참고, 최갑종, 『로마서 듣기』(서울: 도서출판 대서, 2009) 321. 비슷한 경우가 로마서 1:17("복음에는 하나님의 의가 나타나서")에 나타나는데, 이 구절은 이어서 나올 내용의 서론 역할을 한다. 이와 관련하여, 라이트(N. T. Wright)는 다음과 같이 올바르게 진술한다: "로마서 1:17은 정확히 서론이기에, 필연저으로 모호한 면이 있으며, 나중에 나올 내용에 비추어 해석해야 한다. 3장에서 주제가 점차 드러나며, 중심이 되고, 필수적이 된다"(*What Saint Paul really said. Was Paul of Tarsus the Real Founder of Christianity?* [Grand Rapids: Eerdmans, 1997] 105).

로마서 5-8장에서 바울이 율법에 관한 논쟁을 개진할 때, 어느 시점에서 그의 율법에 대한 관점이 회의적인 것에서 호의적인 것으로 바뀐다는 것을 알 수 있다. 로마서 5-6장에서 그는 율법에 대하여 부정적이다: 가령, 율법이 없을 때에는 죄를 죄로 여기지 아니하고(5:13), 율법이 가입한 것은 다만 범죄를 더하기 위한 것이며(5:20), 신자들은 법 아래 있지 않다(6:14-15). 그 결과, 바울은 7:7에서 그렇다면 율법이 죄냐고 수사적으로 반문하는데, 그는 곧바로 그런 것은 아니며 오히려 율법이 죄에게 이용당해서 그렇다고 자신의 독자에게 확인시킨다(7:8, 11). 바울은 이어서 율법은 생명에 이르게 하기 위하여 주어졌으며(7:10), 여전히 거룩하고, 의롭고, 선하다고(7:12) 율법을 변호한다. 그는 로마서 8:4에서 신자가 성령을 좇아 행할 때 율법의 요구가 이루어지며, 13:8-10에서 남을 사랑하는 자는 율법을 다 이루었다고 말하면서 자신이 율법을 지지한다는 사실을 지속적으로 보여준다.

따라서, 대부분의 학자들은 바울의 율법에 관한 태도의 변화가 그가 명백하게 율법이 죄가 아니라고 말하는 7:7에서 생긴다고 보아, 그 전까지는 논리적으로 율법에 대하여 부정적으로 말하고 있다고 주장하는데, 그리 놀랄 일은 아니다. 하지만 바울은 7:7 이전에, 구체적으로 7:1-6에서, 율법을 지지한다는 사실을 넌지시 언급한다. 위에서 언급한 바와 같이, 바울은 로마서 7:1-6을 경첩으로 간주하여 로마서 6장을 결론짓는 동시에 율법의 새로운 측면을 소개한다. 그렇다면, 로마서 7:1-6이야말로 진정한 의미에서 율법에 관한 바울의 태도 변화의 시발점이 될 수 있지 않을까? 제3부에서 우리는 특별히 바울이 결혼예(2-3절)를 통해 어떤 식으로 율법을 지지하는가를 살펴볼 것이다.

기독교 역사를 통해 로마서 7:1-6을 해석해 오는 동안, 본문은 그 중요성에 비추어 주석가들에 의해 너무나도 오랫동안 도외시되어 왔다. 20세기에 들어와 로마서 7:1-6 연구는 한 편의 논문을 제외하면 주요 공헌이 거의 없었다. 버튼(K. A. Burton)은 새천년 벽두에 『로마서 7:1-6에서 수사학, 율법, 그리고 구원의 신비』라는 제목의 논문을 썼는데,[7] 그는 자신의 논문에서 로마서 전체를 수사학적 관점으로 보면서,[8] 특별히 5-8장에서 바울은 자신에 대한 반대를 반박(*refutatio by exornatio*)하고 있다고 주장한다. 버튼은 5-8장에서 바울이 세가지 잘못된 추론을 지적한다고 생각한다: 즉, (1) 은혜를 더하기 위해 죄에 거하자(6:1); (2) 법 아래 있지 아니하고 은혜 아래 있으니 죄를 짓자(6:15); (3) 율법은 죄다(7:7). 바울은 7:1-6에서 두 번째 추론을 반박하고 있으며, 문제는 율법에 있는 것이 아니라 죄를 짓는 자신에게 있다고 본다.[9]

버튼은 자신의 연구에서 의미이론(semantic theory)을 통해 율법의 개념을 탐구하는는데, 특별히 의미(meaning)와 지시대상(reference)을 서로 다른 두 개의 도구로 간주한다. 이 이론에 기초하여, 그는 로마서에서 율법(νόμος)이 지시하는 대상을 구체적으로 십계명으로 지목한다.[10] 버튼은 율법이 유대 민족을 위하여 주어지긴 했으나, 바울이 로마서에서 율법을 언급하는 주된 이유는 사람이 율법을 소유해서가 아니라 믿음으로 의롭게 된다는 사실을 보여주기 위해서라고 한다.[11] 그는 또한 율법을 통한 민족적 특혜가 더 이상 가능하지 않다고 하더라도, 율법에 충실하는 일은 여전히 필요하다고 주장한다.[12]

버튼에 따르면, 죄인이 구원을 받을 때 오직 변화를 통해 그것이 이루어지며, 죄가 죽을 때 그런 변화를 경험할 수 있다고 한다. 또한 사람이 죄인에서 신자로 개종하기 위해서는, 그리스도의 죽음과 부활에 참여해야 한다고 한다.[13] 바울은 이런 과정을 보여주기 위하여 로마서 7:1-6에서 결혼예를 사

---

7) *Rhetoric, Law and the Mystery of Salvation in Romans 7:1-6* (Lewiston Queenston Lampeter: Edwin Mellen, 2000).
8) Burton, *Romans 7:1-6*, 29.
9) Ibid., 30.
10) Ibid., 62.
11) Ibid., 100.
12) Ibid.
13) Ibid., 100-101.

용한다: 아내가 남편의 죽음을 통하여 율법에서 벗어나듯이, 신자는 육신 (flesh)의 죽음을 통하여 율법과 그 정죄에서 해방된다; 하지만 율법에서 자유한 신자는 그리스도와 새롭게 연합할 때 동일한 법으로 그에게 매인바 되기에, 율법에서 자유는 단지 일시적일 뿐이다.[14]

버튼의 주장은 지난 몇 십 년 동안 로마서 7:1-6에 관한 이전의 그 어떤 연구보다 진일보한 면을 보여준다. 하지만 나는 7:1-6과 관련된 논의를 좀 더 발전시키고자 하며, 특별히 유대묵시적 이원론을 도입하여 또 다른 차원의 해석을 시도하고자 한다. 본서의 주요목적은 율법에 관한 연속성-불연속성 논쟁과 관련하여 그 세부사항을 논의하고자 하는 것은 아니며, 결혼예를 통해 신자의 삶에서 율법의 역할을 설명하는 가장 흥미로운 한 본문을 해석함으로 "바울과 율법" 논쟁에 하나의 실마리를 제공하는데 있다.

나는 바울의 사고가 성격상 묵시적이라는 결론에 도달하였는데, 그런 연고로 본문 이해를 돕기 위해 유대묵시적 이원론을 사용하고자 한다. 바울의 세계관은 자신과 독자의 역사적-문화적 배경 속에 포함된다.[15] 본서에서 나는 묵시적 이원론이 바울의 세계관에 어떻게 일정한 상수가 되며, 또한 로마서 6-7장 그리고 특별히 7:1-6에 나타난 바울의 진술을 이해하는데 어떤 핵심역할을 하는지 살펴볼 것이다.

힐(J. P. Heil)은 유대 묵시사상 그리고 특별히 묵시적 이원론의 렌즈를 통하여 로마서를 해석한다. 그는 "(바울과 그의 로마 수신자가) 팔레스틴이나 지중해 전역에 흩어져 있는 디아스포라 공동체의 1세기 유대주의에 퍼진 묵시적-종말론적 대기의 공기를 마시고 있었다"고 본다.[16] 힐은 주전 2세기에 많은 유대인들이 압제와 핍박을 당했을 때, 악의 세력이 하나님에게서 통제권을 찬탈한 것으로 믿고 있었다고 주장한다; 그 결과, "모든 사람이 마귀적

---

14) Ibid.
15) Cf. Fee, *NT Exegesis*, 16.
16) J. P. Heil, *Paul's Letter to the Romans. A Reader-Response Commentary* (New York: Paulist, 1987) 3.

세력의 영향하에 살고 있는 듯 했다."[17] 그러나 강한 압제와 악의 세력에도 불구하고, 그들은 하나님은 여전히 신실하시며 자신의 백성을 향한 계획이 궁극적으로 성취될 것이라는 소망을 결코 포기하지 않았다. 왜냐하면 "극심한 고통으로 가득찬 이 시대는, 하나님이 자신의 목적과 약속을 성공적으로 성취하실 때, 오는 세대로 바로 이어질 것"이기 때문이다.[18] 그들은 또한 그 때에 "악한 자들은 하나님의 진노를 경험하며 선하고 의로운 자들은 하나님의 진노에서 구원을 받아 적절하게 보상을 받게 될 일종의 우주적 심판이 있을 것"으로 믿는다.[19] 힐은 말하기를, "그래서 묵시적–종말론은 우주적, 시간적 그리고 사회적 차원의 엄격한 이원론적 현실관으로 특징지워진다"고 한다.[20]

이어서 힐은 "로마서에서 바울의 전체적인 관점을 제공하는 것은 바로 이 묵시적–종말적인 하나님의 계시"라고 제안한다:[21] 말하자면, 인류의 형편은 죄와 죽음의 묵시적인 세력아래 있었으며, 하나님은 그리스도의 죽음과 부활을 통하여 이 악한 세력을 파괴했으며, 종말심판 때 하나님의 진노에서 벗어날 거라는 소망으로 인해 그를 믿고 신뢰하는 자마다 더 이상 죄와 죽음의 속박아래 있지 않을 것이다.

만약 바울의 사고가 묵시적이라면, 이것이 로마서 7:1–6에 나타난 바울의 율법이해와 어떤 연관이 있는가? 본서는 7:2–3에 나타난 결혼예와 4절의 적용/결론, 그리고 5–6절의 추가 설명 모두가 바울의 묵시적 사고를 그 배경으로 할 때, 가장 잘 이해될 수 있으며, 본문에 나타난 그의 율법관 또한 유대 묵시적 사상을 통해서 볼 때 올바로 이해될 수 있다고 본다.

나는 두 가지 이유에서 본 연구의 범위를 로마서 7:1–6으로 한정하고자 한다. 첫째 이유는, 우리가 7:1–6을 바울의 다른 서신이나 심지어 로마서의

---

17) Ibid.
18) Ibid.
19) Ibid., 4.
20) Ibid.
21) Ibid., 5.

다른 본문과 비교할 때 율법에 대한 자신의 견해가 일관성이 없어 보인다고 학자들이 주장하기 때문이다: 가령, 갈라디아서에서 바울의 율법관이 로마서에서 자신의 입장과 충돌한다던나,[22] 바울은 갈라디아서에서 주장한 율법에 관한 내용을 로마서에서 바꾼다거나,[23] 심지어 로마서 내에서 율법에 대한 자신의 견해가 서로 모순된다는 등.[24]

둘째, 본서의 목적은 "바울과 율법" 주제를 면밀히 조사하거나 논쟁하려는데 있는 것이 아니라[25] 로마서 7:1-6의 의미를 밝히는데 있다: 즉, 바울이 어떤 식으로 그리고 왜 결혼예를 사용하고 있으며(2-3절), 그런 다음 그것을 로마교인들에게 어떤 식으로 적용하며(4절), 또한 그 적용을 추가적으로 어떻게 논의하고 있는지(5-6절) 등을 다루는 것이 본 연구의 주된 목적이다. 아울러, 우리는 바울이 결혼예를 통해 어떤 식으로 율법을 이해하고 있으며, 그것의 적용/결론을 통해 율법에 관하여 무엇을 말하고자 하며, 추가 설명에서 율법에 관하여 어떻게 결론을 내리는지 살펴볼 것이다. 한 걸음 더 나아가, 우리가 7:1-6 전체를 올바로 이해할 때, 바울의 율법관에 관하여 좀 더 크고 일반적인 질문에 대한 통찰력을 자연적 귀결로서 얻게 될 것이다.

본서는 세 부분으로 구성된다. 제1부는 로마서 7:1-6의 연구사를 제공하

---

22) E. P. Sanders, *Paul, the Law, and the Jewish People* (Philadelphia: Fortress, 1983) 98-99, 103; H. Räisänen, *Paul and the Law* (Philadelphia: Fortress, 1983) 199-202.

23) J. Drane, *Paul: Libertine or Legalist? A Study in the Theology of the Major Pauline Epistles* (London: SPCK, 1975) 133; J. C. Beker, *Paul the Apostle. The Triumph of God in Life and Thought* (Philadelphia: Fortress, 1980) 53; U. Wilckens, "Statements on the Development of Paul's View of the Law" in *Paul and Paulinism: Essays in honor of C. K. Barrett*. eds. M. D. Hooker and S. G. Wilson (London: SPCK, 1982) 23-24; R. E. Brown, *Antioch & Rome*. co-authored. R. E. Brown and J. P. Meier (New York: Paulist, 1982) 111-114; H. Hübner, *Law in Paul's Thought. A Contribution to the Development of Pauline Theology* (Edinburgh: T. & T. Clark, 1984) 60-65.

24) Räisänen, *Paul and the Law*, 82.

25) 바울과 율법을 논의하는 학자들은 (몇 명 예를 들자면) 다음과 같다: Räisänen, Sanders, Gaston, Westerholm, Schreiner, Thielman, Tomson, Kruse, Das, Dunn, and Rosner(참고서적을 보라).

는데, 결혼예를 나름 특별하게 이해하는 대표적인 주석가들에 그 초점을 맞추고 있다: (1) 초대교회에는, 오리겐, 크리소스톰, 디어도르, 그리고 어거스틴; (2) 중세와 종교개혁 시대에는, 아퀴나스, 루터, 그리고 칼빈; (3) 현대에는, 샌데이와 헤들람, 다드, 나이그렌, 크랜필드, 케제만, 빌켄스, 던, 무, 번, 그리고 쥬윗 등이다. 제1부에서 의도하는 바는, 로마서 7:1-6을 시대별로 해석하면서 그 접근방법, 해석 경향, 그리고 해석에 따른 이슈들을 주로 소개하는 것이다.

본서의 제2부는 예비적 고찰로서, 바울과 로마의 수신자, 서신의 목적과 관련된 역사적 문맥, 로마서 7:1-6의 문학적 문맥, 그리고 유대묵시적 이원론 등이 다루어질 것이며, 이어서 제3부에서 우리는 제1부에서 소개되고 제2부에서 다루어진 내용을 바탕으로, 로마서 7:1-6에 대한 해석을 본격적으로 하게 될 것이다.

Romans 7:1-6

제
1
부

로마서 7:1-6의
연구사

The Law in Light of Marriage
Analogy in Romans 7:1-6

초대교회:
오리겐, 크리소스톰, 몹수에시아의
디어도르, 그리고 어거스틴

오리겐 (Origen)

초대교회의 가장 탁월한 교사요 다작 작가인 알렉산더의 오리겐(c. 185-254)은 "기독교 사상에 영향력을 행사하였는데, 사도 바울을 제외하면 그를 능가할 사람이 아마 없을 것이다."[1] 그는 연구사 가운데 처음으로 로마서 주석을 썼는데(246년 경), 말시온주의자들과 발렌틴 영지주의자들의 로마서 해석방식에 반박하기 위해서였다.[2] 쉐크(T. P. Scheck)가 진술하고 있듯이, "구속사와 개인의 변화 모두의 견지에서, 오리겐은 유대교에서 기독교로의 이전, 문자에서 영으로의 이전을 로마서의 중심 주제로 삼는다."[3]

로마서 7:1에서 바울은 율법이 사람이 살 동안(ζῇ) 주관한다(κυριεύει)는 사실을 알고 있는 수신자에게 이야기한다. 그러나 오리겐은 1절에서 율법을

---

1) R. J. Daly, "Origen," *Encyclopedia of Early Christianity*. vol.2. ed. E. Ferguson (New York London: Garland, 1997) 835.

2) 쉐크(T. P. Scheck)는 말하기를, "말시온은 주석에서 오리겐의 가장 중요한 적이다… 오리겐의 작품은 영지주의자들에 반대하는 것이 그 특징이다" ("Introduction" in Origen, *Commentary on the Epistle to the Romans, Books 1-5*, vol.103. trans. T. P. Scheck [Washington, D. C.: The Catholic University of America Press, 2001] 20, 22).

3) Scheck, "Introduction," 24-25.

"살다"(ζάω)는 동사의 주어로 삼는 흥미로운 해석을 한다.[4] 이것은 그로 하여금 "율법"을 "살다"(ζάω)와 "주관하다"는 동사(κυριεύει) 모두의 주어로 사용하도록 허용한다. 그런 뒤 2-3절에서 오리겐은 남편이 "문자에 따른 율법"을 나타내며[5] 아내는 그 율법에 매인 영혼을 나타낸다고 주장한다.[6] 다시 말해서, 율법이 살아있는 동안 영혼은 율법의 문자에 매이나, 율법의 문자가 죽을 때 그 구속력이 끝난다는 것이다.[7] 문자의 죽음은 아내/영혼으로 하여금 둘째 남편, 즉 율법의 정신과 같이 있도록 허락한다.[8]

7:4에서 오리겐은 아내가 율법의 문자에서 해방된 신자를 상징한다고 생각한다. 따라서, 그리스도를 남편으로 모시는 신자는 문자적으로 이해한 (모세의) 율법에서 벗어나지만,[9] 그(녀)가 성령의 인도를 받음에 따라 영적으로 율법을 해석할 수 있게 된다.

오리겐은 "육신에 있을 때"란 어구(5a절)가 "영으로"와 반대되어, 본능과 쾌락에 사로잡힌 인생을 나타낸다고 생각한다. 그리고 "율법으로 말미암은 죄의 정욕"에서 율법은 모세의 율법으로 해석되어서는 안되며, "육체대로 사는 자들에게 죄의 악을 많이 유발시켜 죄의 노예가 되게 하는" 죄의 법이나 몸의 지체의 법을 의미한다고 본다.[10] 오리겐에게 있어 죄의 법이나 지체의

---

4) Origen, *Commentary on the Epistle to the Romans, Books 6-10*, vol.104. trans. T. P. Scheck (Washington, D.C.: The Catholic University of America Press, 2002) 21-22. J. C. O'Neill은 이 해석의 오류를 올바로 지적한다(*Romans*, 120).

5) Origen, *Romans, Books 6-10*, 25.

6) Origen, "The Commentary of Origen on the Epistle to the Romans. III," *The Journal of Theological Studies* 14 (1913) 10.

7) Cf. H. U. von Balthasar, *Origen: Spirit and Fire. A Thematic Anthology of His Writings* (Washington, D. C.: The Catholic University of America Press, 1984) 146.

8) Origen, *Romans, Books 6-10*, 23.

9) Ibid., 26.

10) Ibid., 27. 오리겐은 롬6:8-9, 23에서 이미 **죄**의 존재와 활동을 알았다(cf. P. Gorday, *Principles of Patristic Exegesis. Rom. 9-11 in Origen, John Chrysostom, and Augustine* (New York Toronto: Edwin Mellen, 1983) 68-69; J. P. Burns (ed), *Romans interpreted by Early Christian Commentators* [Grand Rapids Cambridge: Eerdmans, 2012] 151).

법은, 5:20에서와 마찬가지로, 자연법을 의미한다.[11] 말시온주의자들이 율법에 대하여 공격한다는 사실을 염두에 두어서인지, 그는 모세의 율법이 죄를 불러 일으킨다고 비난하기를 꺼려한다.[12]

오리겐에 따르면, 6b절에서 "영의 새로운 삶"이 구약에 성령이 존재하지 않았다는 것을 나타내는 것으로 주장한다면 그것은 이단행위이다.[13] 그 반대로 성령은 율법이나 복음에 끊임없이 등장해왔다.[14] 그는 또한 "율법조문"(γράμμα, 6b절)은 단지 할례와 안식일 같은 의식법을 나타내며, "영의 새로운 삶"은 영성의 새로운 의미와 더불어 이런 법들을 준수하는 것을 지칭하는 것으로 생각한다.[15]

우리는 롬7:1-6에 관한 오리겐의 해석에서 몇 가지 결론을 내릴 수 있다. 첫째, 그는 모세의 율법이 신적인 기원을 가진다는 것을 인정한다. 그에게 중요한 것은 율법에 문자적 의미와 영적 의미를 구분해야 한다는 것이다. 따라서, 죽는 것은 오직 문자적으로 이해된 율법에 적용될 수 있다. 율법자체가 죽는다는 생각은 오리겐에게 받아들일 수 없는 일이다. 아마도 이것은 구약과 율법을 부정하는 말시온주의자들과 발렌틴 영지주의자들을 반박한 결과일 것이다.[16] 오리겐은 정작 죄를 짓게 만드는 것은 자연법이기에 결코 모세의 율법을 비난하지 않는다.

둘째, 오리겐 시대에 우화적인 해석이 초대 교회에 광범위하게 채택되었는데, 그것은 말시온주의자들과 발렌틴 영지주의자들이 자신들의 문자적이

---

11) Ibid., 27. cf. M. F. Wiles, *The Divine Apostle* (Cambridge: Cambridge University Press, 1967) 51.

12) Cf. K. H. Schelkle, *Paulus Lehrer der Vater* (Düssendorf: Patmos-Verlag, 1956) 87.

13) Origen, *Romans, Books 6-10*, 29.

14) Origen, "Commentary of Origen," 10. cf. Schelkle, *Paulus*, 230.

15) Origen, *Romans, Books 6-10*, 28. cf. Schelkle, *Paulus*, 230; M. Reasoner, *Romans in Full Circle* (Louisville: Westminster John Knox, 2005) 70.

16) Cf. E. C. Blackman, *Biblical Interpretation* (Philadelphia: Westminster, 1957) 98; Wai-Shing Chau, *The Letter and the Spirit* (New York: Peter Lang, 1995) 29.

고 환상적인 해석을 통해 구약의 권위에 도전했기 때문이다.[17] 그 당시 초기 카돌릭 교회는 종종 우화적인 해석방법으로 구약의 권위를 유지하였다. 그렇게 함으로, 그들은 율법을 교회의 신앙생활에 적절하게 적용하였다.[18] 우화적인 해석이 성경해석의 필수적인 방법임을 깨달은 오리겐은,[19] 로마서 7:1-6에 그 방법을 적용하여 결혼예(2-3절)를 알레고리로 봄으로 모호한 점들을 분명히 하고자 했다.

크리소스톰(John Chrysostom)과 디어도르(Theodore of Mopsuestia)

크리소스톰(Chrysostom, 350-407)과 디어도르(Theodore, 350-428)는 초대교회 교부들 가운데 매우 중요한 인물이다. 유창한 화술로 칭찬받았던 크리소스톰은 주위 사람들에게 사랑받는 성직자였으며, 설교자로서 그의 명성은 자신의 비문에 있는 "황금의 입"이 설명해 준다.[20] 그는 안디옥 학파의 대표자였으며, 성경을 문자적으로 접근하고자 했다. 크리소스톰의 로마서 강해는 "단연코 가장 출중한 로마서 교부주석이며 (그의) 모든 작품가운데

---

17) 말시온(d. 150 CE?)은 복음이 모든 면에서 율법보다 우위에 있다고 믿는다. 이것은 그리스도인이 구약 율법을 따를 필요를 부인하는 결과를 가져온다. 자신의 *Antitheses*에서 율법은 여덟 차례 복음과 현저한 대조를 이룬다("Marcion: The Antitheses" in *The Writings of St. Paul*. ed. W. Meeks [New York London: W.W. Norton, 1972] 188-190). 발렌틴파 영지주의 교사 톨레미(d. 152 C.E.?)는 탈리오의 법칙(*lex talionis*)같은 율법은 불의에 오염되기 때문에 폐지되며(Pan.33.5.5), 의식법도 영적으로 우화화 되지만 실제적으로 폐지되며(33.5.9), 십계명은 구세주의 도래를 요구하기에 불완전하다(33.5.3)고 주장한다. 톨레미는 율법에 관한 자신의 해석 모두가 바울에게서 나온다고 주장한다(cf. T. Fallon, "The Law in Philo and Ptolemy: A Note on the Letter to Flora," *Vigiliae Christianae* 30 [1976] 45-51; B. Layton, *The Gnostic Scriptures*. ed. B. Layton [New York: Doubleday & Company, 1987] 314; E. Pagels, *The Gnostic Paul* [Philadelphia: Trinity Press International, 1975, 1992] 1-10).

18) Cf. Blackman, *Biblical Interpretation*, 91.

19) Origen, *On First Principles* (New York: Harper & Row, 1966) 4.2.

20) J-M. Salamito, "John Chrysostom," *Encyclopedia of Christian Theology*. vol.1. ed. J-Y. Lacoste (New York London: Routledge, 2005) 298.

최고"로 불린다.[21] 크리소스톰은 로마서의 중심주제를 하나님의 주권적 은혜로 본다. 동시에 그는 구원의 역동성도 내다보는데, "은혜는 신실한 신자를 위해 면류관을 약속할 뿐 아니라, 사실상 '그들에게 먼저 면류관을 씌어주고, 그런 뒤 경쟁하게 만들었다'"는 그의 신인협력적인 관점 때문이다.[22]

크리소스톰은 로마서 7:1-6에서 바울이 6장에서 논의한 그리스도인에 대한 죄의 무기력함을 마무리짓는다고 믿는다: 만약 율법이 더 이상 신자를 주관할 능력이 없다면, 죄는 더더욱 그를 지배할 수 없을 것이다.[23] 크리소스톰에 따르면, 바울은 율법의 무기력함을 증명하기 위해 2-3절에서 남편과 아내의 유비를 사용한다: 아내는 남편이 죽을 경우 더 이상 그에게 매이지 않는다; 암묵적으로 신자는 더 이상 율법에 매이지 않는다.[24] 율법은 사람이 살아있는 동안 그(녀)를 주관하기 때문에(1절), 두 가지 방법으로 그녀는 율법에서 자유를 얻는다고 크리소스톰은 추정한다: 첫째, 남편이 죽음으로 아내는 율법에서 자유한다; 둘째, 아내가 죽을 시 그녀는 더더욱 자유하게 된다.[25]

그러나 바울은 7:4에서 유비의 내용을 바꾸어 신자가 율법에 대하여 죽는다고 한다. 크리소스톰은 율법이 죽는다는 것이 이치에 맞지 않기에, 바울은 유대인들의 반감을 사지 않기 위해 이미지를 반전시킨다고 주장한다.[26] 그럼에도 불구하고 효과는 마찬가지라고 한다. 지적한 대로, 남편이 죽을 때 아내는 더 이상 법에 매이지 않는데, 하물며 아내가 죽는다면 더더욱 법에 매이지 않을 거라는 말이다. 크리소스톰에게 결정적으로 중요한 것은 법 자체

21) J. Quasten, *Patrology*. vol.3 (Utrecht, 1966) 442. D. Trakatellis, "Being Transformed: Chrysostom's Exegesis of the Epistle to the Romans" in *Greek Patristic and Eastern Orthodox Interpretations of Romans*. eds. D. Patte and V. Mihoc (London New York: Bloomsbury, 2013) 42에서 인용함.

22) C. A. Hall, "John Chrysostom" in *Reading Romans through the Centuries*. eds. J. P. Greenman and T. Larson (Grand Rapids: Brazos, 2005) 54.

23) J. Chrysostom, *The Homilies of S. John Chrysostom on the Epistle of St. Paul the Apostle to the Romans* (London: Oxford, 1930) 186. cf. Gorday, *Patristic Exegesis*, 118.

24) Ibid., 187-188.

25) Ibid., 187.

26) Ibid.

가 법에서 벗어날 가능성을 제시한다는 것인데, 왜냐하면 "신24-25에서 율법이 이혼을 허락함으로 그것의 종결을 예견했기" 때문이다.[27] 결혼법의 효력 정지는 결국 율법에서 자유를 가져온다.[28]

소아시아 지역 몹수에시아의 주교인 디어도르는, 비록 자신의 몇몇 작품 (가령, 로마서 주석)이 단편적으로만 남아있긴 하지만, 또한 "안디옥 학파의 위대한 해석가"요[29] "진정 훌륭한 주석가"였다.[30] 그는 "율법에 대한 죽음"을 율법에 따른 삶의 방식을 포기하는 것으로 이해하는 한편,[31] "다른 이에게 감"은 그리스도안에서 가지는 삶으로 이해한다. 이 전환은 그리스도의 몸, 즉, 세례를 통해 일어난다.[32] 율법은 오직 세속적으로 사는 사람만 주관하며, 그리스도의 부활의 능력을 가진 신자는 더 이상 율법아래 살지 않는다.[33] 디어도르에게 있어, 율법은 오직 구약시대의 생활 방식만을 보여주는 모세의 율법이다.

5a절을 논의할 때, 크리소스톰은 육신 자체는 중립적이나 "육신에 있을 때"란 표현은 죄악된 행위에 열중하고 있는 상태로 이해한다.[34] 그는 죄의 정욕을 죄악된 생각과 그것들로 말미암아 야기된 죄들로 정의한다.[35] 하지만 율법이 그것들을 생산하는 것은 아니라고 한다. 오히려 율법은 단지 죄가 무엇이며 그것을 분명하게 한다; 그럼에도, 율법이 호의적이지 않는 이유는 그것이 "죄를 발가벗기는 고발자의 자리에 있기" 때문이다.[36]

---

27) Gorday, *Patristic Exegesis*, 309. n.63.

28) Ibid., 118.

29) R. M. Grant (with D. Tracy), *A Short History of the Interpretation of the Bible*. 2nd ed. (Philadelphia: Fortress, 1984) 66.

30) G. Bray, "General Introduction" in *Romans: Ancient Christian Commentary on Scripture*. vol.6. ed. G. Bray (Downers Grove: InterVarsity, 1998) xxiv.

31) Theodore, "Epistolam ad Romanos" in *Patrologia Graeca*. vol.66. ed. J. P. Migne (Paris, 1864) col.806.

32) Ibid.

33) Ibid.

34) Cf. Wiles, *Divine Apostle*, 40.

35) Ibid., 55.

36) Chrysostom, *On Romans*, Homily 12, 190.

디어도르는 5절이 그리스도인의 이전상태를 설명하고 있으며, 이때 곤경의 주요 원인은 사망인데, 오직 성령만이 인류를 그것으로부터 구할 수 있다고 생각한다.[37] 육신은 죽을 운명에 처해 있으며 악에 빠지기 쉽다; 하지만 그리스도인은 사망 가운데 있지 않다. "죄의 정욕"이라는 표현은 죽을 몸에 의해 조성된 인류의 일반적인 성향을 나타낸다; 저들이 선한 계명에 거슬러 무엇인가 할 때, 정욕은 죄악된 행동으로 바뀌어진다. 크리소스톰보다 좀 더 부정적으로, 디어도르는 사람들이 계명을 어길 때 율법은 죄를 증가시킨다고 주장한다.[38]

6절에서 바울이 "이제는 우리가 얽매이던 것에 대하여 죽었으므로 율법에서 벗어났으니"(6b절)라고 말할 때, 율법이 무효화된 것은 아니라고 크리소스톰은 주장한다. 그들을 얽매던 것은 죄이기 때문에 신자들이 죽었던 것은 바로 죄에 대하여서다.[39] 디어도르에게 6절은 신자가 율법에 얽매여 살던 삶을 떠난다는 것을 보여준다.[40] 왜냐하면 율법이 무엇을 삼가야 할지를 가르치지만 그것을 준수할 능력은 주지 않기 때문이다.[41]

"영의 새로운 삶"(6b절)이란 어구를 설명하기 위해, 크리소스톰은 우선 인류가 아담의 죄로 인해 육체적 고난과 죽을 운명에 처해 있다는 사실을 지적한다; 그 결과, 그들은 하나님께 순종하기 어려운 시간을 보냈다.[42] 하지만 그리스도께서 오셨을 때, 성령을 통하여 그들로 하나님께 순종할 수 있도록 했다.[43] 이런 이유로, 율법은 살인하지 말라고 하지만, 이제 하나님은 그리스도인이 분노까지도 벗어나기를 원한다. 바울이 독자에게 영의 새로운 것

---

37) Theodore, *ad Romanos*, PG 66, col.806.

38) Ibid., col.807.

39) Chrysostom, *On Romans*, Homily 12, 190–191.

40) Theodore, *ad Romanos*, PG 66, col.807: "Nam vita hac defuncti sumus, qua viventibus, velut necessitate quadam, juxta legem couversandum erat."

41) Ibid. cf. Chau, *Letter and Spirit*, 45.

42) Cf. Trakatellis "Chrysostom's Exegesis," 54.

43) 트라카텔리스(Trakatellis)는 크리소스톰의 롬7:6b 해석을 다음과 같이 표현한다: "더 이상 정죄하는 율법은 없으며, 대신 보혜사 성령이 있다"(Ibid., 55).

으로 섬기고 율법조문의 묵은 것으로 하지 말라고 권면할 때, 그리스도 이전
과 이후 사이엔 현격한 차이가 있다: "고대인이 달려야 했던 경주에 대한 표
시는 우리것과 같지 않다. 그때부터 경주는 지금처럼 쉽지 않았다."[44] 비슷
한 맥락에서, 디어도르는 다음과 같이 6절을 설명한다:[45] 그리스도인은 더
이상 죄의 정욕으로 인해 고생하지 않아도 되는데, 저들이 이제 성령으로 거
듭나 소멸하지 않는 생명을 가지기 때문이다. 율법은 그리스도 이전에 살았
던 자들에게 도움이 되었다; 하지만 그리스도와 더불어 새 생명을 시작하는
자들에게 율법은 저들이 죄를 짓지 않도록 말리는데 아무런 소용이 없다.

크리소스톰과 디어도르 모두는 구약 율법을 옛 시대의 일부로 보아, 6절
을 구속사적으로 해석한다.[46] 이것은 율법을 점진적 계시에서 역사의 일부
로 보는 안디옥 학파의 특징가운데 하나이며, 반면 알렉산드리아 학파는 성
경의 통일성에 중점을 둔다.[47]

---

44) Chrysostom, *On Romans*, Homily 12, 191.

45) Theodore, *ad Romanos*, PG 66, col.807.

46) 크리소스톰과 디어도르에게 있어, 율법조문/영의 대립은 "두 언약 사이의 대립과 두 종교 사
   이의 대립의 문제이다: 율법 대 복음"(V. Mihoc, "Greek Church Fathers and
   Orthodox Biblical Hermeneutics" in *Greek Patristic and Eastern Orthodox
   Interpretations of Romans*. eds. D. Patte and V. Mihoc [London New York:
   Bloomsbury, 2013] 36. n.63).

47) Cf. J. Daniélou, *Gospel Message and Hellenistic Culture* (London: Longman &
   Todd / Philadelphia: Westminster, 1973) 280-288; R. N. Longenecker, "Three
   Ways of Understanding Relations between the Testaments: Historically and
   Today" in *Tradition and Interpretation in the New Testament*. eds. G.
   Hawthorne and O. Betz (Grand Rapids: Eerdmans / Tübingen: J. C. B. Mohr,
   1987) 24-28; B. de Margerie, *An Introduction to the History of Interpretation. I.
   The Greek Fathers* (Petersham: Saint Bede's, 1993) 107, 111; G. Kalantzis, "'The
   Voice So Dear to Me': Themes from Romans in Theodore, Chrysostom, and
   Theodoret" in *Greek Patristic and Eastern Orthodox Interpretations of Romans*.
   eds. D. Patte and V. Mihoc (London New York: Bloomsbury, 2013) 84.

어거스틴 (Augustine)

히포의 주교인 어거스틴(Augustine, 354-430)은 라틴어를 사용하는 철학자였으며, 성경의 전통과 고전철학을 결합시켜 하나의 체제를 세운 신학자였다. 그의 대표적인 작품으로 『고백록』과 『하나님의 도성』이 있으며, 그의 『기독교교리』도 동일하게 중요한 작품으로 평가 받는다. 어거스틴은 "고대와 중세 사이의 문턱에 서서,"[48] "원죄, 성례의 은혜, 고분고분하지 않는 성적 충동, 그리고 인간 본성과 더불어 손상된 자연세계"에 관하여 중세와 종교개혁 시대의 많은 학자들과 주석가들에 큰 영향력을 끼쳤다.[49] 『로마서의 명제들』(393-394)에서, 그는 "마니교도들이 밝힌 주장(즉, 악의 기원과 인간의 의지의 본질)과 그것을 지지하기 위해 저들이 사용한 영웅(즉, 바울)을 거론하며, 옛 율법의 선함과 하나님의 은혜의 속성을 유지하는 한편 인간의 도덕적 자율성을 강조하는 해석학을 개발한다."[50]

어거스틴의 로마서 7:1-6 해석은 주로 그의 『로마서의 명제들』과 『심플리시안에게』에서 발견된다.[51] 7:1에서 "사람"은 율법아래(*sub lege*) 있는 존재다.[52] 이 사람은 죄짓는 일이 금지되고 선행이 요구된다는 것을 알고 있으나, 궁극적으로 자신의 욕심을 제어하지 못한다. 악한 생각과 의지에 억눌

---

48) S. K. Stowers, *A Rereading of Romans* (New Haven London: Yale University Press, 1994) 1.

49) M. Miles, "Augustine," *Encyclopedia of Early Christianity*. vol.1. ed. E. Ferguson (New York London: Garland, 1997) 153.

50) P. F. Landes, "Introduction" in Augustine, *Propositions from the Epistle to the Romans. Unfinished Commentary on the Epistle to the Romans*. ed. P. F. Landes (Chico: Scholars, 1982) ix.

51) Cf. T. F. Martin, "*Modus inveniendi Paulum*: Augustine, Hermeneutics, and His Reading of Romans" in *Engaging Augustine on Romans*. eds. D. Patte and E. TeSelle (Harrisburg: Trinity Press International, 2002) 81.

52) Cf. Gorday, *Patristic Exegesis*, 162; E. TeSelle, "Engaging Scripture: Patristic Interpretation of the Bible" in *Engaging Augustine on Romans*. eds. D. Patte and E. TeSelle (Harrisburg: Trinity Press International, 2002) 52.

려, 그는 자신의 바램과는 정 반대로 욕망에 이끌린다.[53]

어거스틴은 그 사람을 아내로 비유하여, 그녀가 남편 생전에 남편의 법에 매여 있다가, 그가 사망할 경우 법에서 해방된다고 주장한다(2-3a절). 그의 전임자들과 마찬가지로, 그는 결혼예를 우화적으로 해석한다: 아내는 영혼을 나타내며, 남편은 죄의 욕심을 나타낸다.[54] 하지만 7:4에서 바울은 죄의 욕심이 죽음으로 영혼이 자유한다고 말하지 않는다; 오히려, 영혼 자체가 율법에 대하여 죽고 율법에서 해방되어, 그 결과, 그리스도께 온전히 속할 수 있다고 한다.[55] 쉘클(K. H. Schelkle)은 지적하기를, 영혼이 죄에 대하여 죽으나 율법이 영혼에 대하여 죽으나 어거스틴에게 결과는 마찬가지라고 한다.[56]

어거스틴에 따르면, 4절은 사람이 어떻게 율법의 영역에서 은혜의 영역으로 옮겨지는지 보여준다. 『심플리시안에게』에서, 그는 그리스도인이 율법이 정죄하고 처벌하는 상황에서 벗어남으로 율법의 정죄에 대하여 죽는다고 설명한다. 율법 아래(*sub lege*) 있는 사람에게 율법의 치명적인 기능은 그(녀)를 정죄하고 처벌하는 일이다. 하지만 율법의 정죄에 대하여 죽음으로 말미암아 그리스도인은 은혜의 영역으로 이동한다. 이 모든 일은 그들이 그리스도의 몸으로 말미암아 율법에 대하여 죽었기 때문에 일어난다(롬7:4). 그리스도인은 율법 *자체*에서 자유한 것은 아니며, 다만 율법의 정죄와 처벌에서 면제된다고 어거스틴은 주장한다.[57] 이러한 율법의 보호는 그리스도인이 율법과 전혀 상

---

53) Cf. W. S. Babcock, "Augustine's Interpretation of Romans," *Augustinian Studies* 10 (1979) 59.

54) Augustine, *Propositions from the Epistle to the Romans. Unfinished Commentary on the Epistle to the Romans.* ed. P. F. Landes (Chico: Scholars, 1982) no.36 (13). 어거스틴은 "사람이 마귀의 설득에 동의함으로 죄를 지었기" 때문에 남편은 부분적으로 사탄을 나타낸다고 생각한다." 암브로지에스터는 로마서 7:2-4를 논의할 때 사탄에 관하여 좀 더 직접적으로 이야기한다(Ambrosiaster, *Commentaries on Romans and 1-2 Corinthians* [Downers Grove: Academic, 2009] 53).

55) Ibid., 13-14.

56) Schelkle, *Paulus*, 226.

57) Augustine, "To Simplician" in *Augustine: Earlier Writings.* ed. J. H. S. Burleigh (Philadelphia: Westminster, 1953) 384-385.

관이 없다고 주장하는 마니교도들에 대한 반발에서 나온 것이다.[58]

어거스틴은 5절이 율법 하에 있는 인간의 상황을 설명한다고 본다. 그는 죄의 정욕이 왜 거룩하고 의로우며 선한 율법(7:12)으로 말미암아 일어났는가라고 질문한다. 그의 대답은 율법이 정욕을 금지함으로 오히려 증가시키기 때문이라는 것이다.[59] 율법은 사람을 죄에서 자유롭게 만들지 않으며, 오히려 죄를 드러낸다; 게다가 죄를 금지함으로, 율법은 그것을 더욱 증가시켜 결국 사람을 죽음으로 이끈다.[60] 그 이유는 율법 아래(*sub lege*) 있는 사람은 죄를 저항할 능력이 없기 때문이다. 하지만 은혜 아래(*sub gratia*) 있는 사람은, 비록 죄지을 욕망이 사라지지는 않으나, 죄에게 복종하거나 동의하지는 않는데, 저들이 죄에 대하여 죽음으로 마음으로 하나님의 법을 섬기기 때문이다.[61]

6절에 관한 어거스틴의 해석을 올바로 이해하기 위하여, 우리는 그가 "율법조문"을 어떤 식으로 이해하는지 알아볼 필요가 있으며, 그렇게 할 때 어떤 실마리를 제공해 주리라 본다. 그는 "율법조문"을 기본적으로 성취할 능력은 주지 않고 정죄하는 성문법으로 이해한다.[62] 그러나 바울은 그것을 율법 탓으로 돌리지 않는다. 그 이유는 "율법조문"이 율법 아래(*sub lege*)에 있어 그것을 온전히 지킬 수 없는 자들에게만 적용되기 때문이다.[63] 하지만 그

---

58) Cf. G. Bonner, "Augustine as biblical Scholar" in *The Cambridge History of the Bible*. vol.1. (Cambridge: Cambridge University Press, 1970) 543; P. Fredriksen, "Augustine and Israel: *Interpretatio ad litteram*, Jews, and Judaism in Augustine's Theology of History" in *Engaging Augustine on Romans*. eds. D. Patte and E. TeSelle (Harrisburg: Trinity Press International, 2002) 93.

59) Augustine, *Romans*, no.36 (Landes 13). 어거스틴에게 정욕은 자신의 경험에 비추어 분명 성적 욕망이거나(cf. Miles, "Augustine," 149; TeSelle, "Patristic Interpretation," 118) 아니면 해석학적 견지에서 아담의 범죄같은 탐심인 것 같다(Augustine, "To Simplician," 377-378).

60) Augustine, "Sermon 101" in *Sermons on Selected Lessons of the New Testament*. vol.2 (London: Oxford, 1930) 705-716.

61) Augustine, *Romans*, no.36 (Landes 15).

62) Augustine, "To Simplician," 385.

63) Martin, "Augustine," 76; Fredriksen, "Augustine and Israel," 92.

들과는 달리, 죄에 대하여 죽고 율법의 정죄에서 벗어난 그리스도인은 성령으로 새롭게 되어 하나님과 이웃을 사랑함으로 율법을 성취한다. 고르데이(Gorday)는 어거스틴의 요점을 다음과 같이 간략하게 표현한다: "사람은 율법 아래에서 죽고, 은혜로 구속 받으며, 그런 뒤 율법을 적절하게 준수할 수 있다."[64]

어거스틴은 의식법이 특정기간 동안 (유대인을 위해) 유용하게 사용되었다는 사실을 인정한다. 하지만 그것은 더 이상 그리스도인에게 구원에 필요한 조건이나 경건한 유대인으로 사는 힘든 요구를 하지 않는다. 왜냐하면 그리스도께서 십자가에 죽고 부활하심으로 이미 율법을 성취하셨기 때문이다.[65] 하지만 도덕법은 하나님의 의지를 드러내는 율법의 중요한 구성요소이다.

모든 이들의 마음에 있는 자연법도 하나님의 의지를 드러내주며, 그것을 이성으로 인지할 수 있다; 하지만 사람들은 결코 마음을 살피거나 옳은 일을 행하지 않았다. 따라서, 성문법 그리고 특히 도덕법은 하나님의 백성이 자연스럽게 해야 할 일들을 하기 위하여 제정되었다.[66] 이 점에서, "모세에 의해 주어진 동일한 율법은 예수 그리스도안에서 은혜와 진리가 되었다."[67]

어거스틴은 십계명이 신자의 생활과 직접적인 연관이 있다고 주장한다.[68] 게이져(J. Gager)는 어거스틴의 율법관을 적절하게 포착한다: "종전까지의 율법준수는 신약에서 무효가 되었다; 오직 십계명만이 '이 시점에서 의

---

64) Gorday, *Patristic Exegesis*, 162.
65) Cf. J.W. Trigg, *Biblical Interpretation* (Wilmington: Michael Glazer, 1988) 265.
66) Augustine, "The Spirit and the Letter" in *Augustine: Later Works*. ed. J. Burnaby (Philadelphia: Westminster, 1955) 206.
67) Augustine, "Contra. Faustum," XXII.6 (www.newsadventl.org/fathers/140622.htm).
68) 어거스틴에게 주석의 모범을 보여준 암브로지에스터(Ambrosiaster)는 이미 도덕법이 여전히 그리스도인에게 유효하다고 주장했다(A. Souter, *The Earliest Latin Commentaries on the Epistles of St. Paul* [Oxford: Clarendon, 1927] 81. cf. G. Bray, "Abrosiaster" in *Reading Romans through the Centuries*. eds. J. Greenman and T. Larson [Grand Rapids: Brazos Press, 2005] 15, 28-29, 36).

무적이다.'"[69] 어거스틴에게 두 가지 위대한 사랑의 계명의 원리는 십계명을 성취할 수 있는 길이다. 그는 이 사실을 심플리시안에게 다음과 같이 말하면서 확인시킨다: "율법의 성취는 '우리에게 주신 성령으로 말미암아 우리 마음에 부은바 된'(롬5:5) 사랑이다."[70]

69) J. Gager, *The Origins of Anti-Semitism* (New York Oxford: Oxford University Press, 1983) 189.
70) Augustine, "To Simplician," 385.

제2장

중세와 종교개혁:
아퀴나스, 루터, 그리고 칼빈

아퀴나스 (Thomas Aquinas)

이전에 천사적 박사(*Doctor Angelicus*)로 알려진 아퀴나스(Thomas Aquinas, 1225-1274)는 거의 모든 신학적 교리에 자신의 업적을 남겼다. 서구 사상에 끼친 그의 영향력은 지대하다. 그는 『신학대전』(*Summa Theologiae*)과 『대 이교도대전』(*Summa Contra Gentiles*)으로 가장 잘 알려져 있다. 로마서 9-11장을 서신전체의 중심으로 본 아퀴나스는, 비록 로마서를 법정적 의의 관점으로 보지는 않지만,[1] "로마서는 그 자체로 그리스도의 은혜를 설명한다"고 확신한다.[2]

로마서 7:1의 시작에서 아퀴나스는 νόμος가 자연법을 의미할 가능성을 허용하는데, 대부분 이방신자들로 구성된 로마의 독자는 모세의 율법을 몰랐기 때문이다. 하지만 바울이 "율법"이란 용어를 사용할 때 주로 모세의 율

---

1) Cf. S. Boguslawski, "Thomas Aquinas" in *Reading Romans through the Centuries*. eds. J. P. Greenman and T. Larson (Grand Rapids: Brazos, 2005) 98.

2) R. L. Wilcken, "Origen, Augustine, and Thomas: Interpreters of the Letter to the Romans" in *Reading Romans with St. Thomas Aquinas*. eds. M. Levering and M. Dauphinais (Washington, D. C.: The Catholic University of America Press, 2012) 297. cf. M. Levering and M. Dauphinais, "Introduction" in *Reading Romans with St. Thomas Aquinas*. eds. M. Levering and M. Dauphinais (Washington, D.C.: The Catholic University of America Press, 2012) x.

법을 가리킨다.[3] 왜냐하면 모세의 율법은 당시 로마 신자들과 직접 관련된 주제이며, 수신자가운데 이방인 그리스도인 뿐 아니라 유대인 그리스도인도 있었기 때문이다. 아퀴나스의 관점에서, 1절은 율법에 대한 법적인 의무가 죽음으로 없어진다는 바울의 확신에 키를 제공한다.

2-3절의 결혼유비는 1절에서 바울이 제시한 법적인 의무가 오직 사람이 살아 있을 때 유효하다는 원칙에 대한 예증이다. 아퀴나스에 따르면, 2-3절은 아내가 일차적으로 법 자체가 아닌 남편에게 매여 있다고 설명한다. 그는 증거본문으로 창세기 3:16과 마태복음 19:6을 들고 있는데, 거기서 율법은 아내가 남편에게 복종할 것을 요구한다.[4] 로마서 7:2-3은 이 해석을 지지한다: 만약 남편이 죽으면, 아내는 남편에게 복종하는 데에서 해방된다; 따라서, 아내는 남편의 생사유무에 따라 법 아래 있던지 아니면 법에서 자유한다.[5]

4절에서 "그러므로 내 형제들아"라는 어구는 이전 명제를 계속 이어가기 때문에, 아퀴나스는 4절이 1절의 명제에 대한 결론이라고 생각한다. 하지만 그는 4절이 1-3절 전체의 결론일 가능성도 배제하지 않는다.[6] 아퀴나스는 4절이 2-3절과 관련된 이유가 결혼예를 우화적으로 해석해서가 아니라, 바울이 2-3절에서 예를 듦으로 1절을 명확하게 하기 때문이라고 생각한다. 그가 우화적 해석을 거부하는 이유는 아마 성경을 문자적으로 이해하고자 하기 때문일 것이다.[7] 비록 그는 중세시대에 유행하던 성경의 4중 해석(*Quadriga*)을 받아들이지만,[8] 성경의 문자적 의미를 매우 강조한다.[9]

---

3) Thomas Aquinas, *Super Epistolas S. Pauli lectura.* vol.1. ed. P. R. Cai (Rome: Mavietti, 1953) no.520 (96).

4) Ibid., no.522 (Cai 96).

5) Ibid., no.525 (Cai 96).

6) Ibid., no.527 (Cai 96).

7) Cf. Chau, *Letter and Spirit*, 132ff.

8) Thomas Aquinas, *Summa Theologiae. A Concise Translation* (Notre Dame: Christian Classics, 1989) 1.10.

9) Cf. M. Dubois, "Mystical and Realistic Elements in the Exegesis and Hermeneutics of Thomas Aquinas" in *Creative Biblical Exegesis. Christian and Jewish Hermeneutics through the Centuries.* eds. B. Uffenheimer and H. Reventlow (Sheffield: JSOT Press, 1988) 39ff.

아퀴나스는 2-3절과 4절 사이에 누가 죽느냐에 대하여 차이점을 있다는 것을 잘 알고 있다: 즉, 2-3절에서 죽는 사람은 남편이나 정작 법의 의무에서 벗어나는 것은 아내인데 반해, 4절에서 율법에 대하여 죽고 또한 의무에서 벗어나는 사람은 그리스도인이다. 하지만 결혼예와 결론 모두의 요점은 율법의 의무가 배우자의 죽음으로 중단된다는 것이다.[10]

아퀴나스에 따르면, 4-6절에서 바울은 인류가 율법에 대하여 죽고 그리스도와 연합할 때 생기는 이중 혜택을 설명한다.[11] 첫째, 신자는 하나님의 영광을 위해 선행의 열매를 거둘 수 있다(4절). 그들이 율법의 노예였을 때, 이런 일은 불가능했다(5절). 이 시점에서, 아퀴나스는 율법의 종이 되는 것과 인류가 예전에 육신으로 말미암아 정욕(즉, 육체적인 감각)으로 가득 찬 생활을 동일시한다.[12] 그런 상황에서 죄의 정욕은 율법을 통하여 드러날 뿐 아니라 더 강화된다.[13] 하지만 율법자체는 죄의 원천이 아니다. 오히려 죄는 육신 안에 있는 정욕에서 비롯된다.[14] 둘째, 신자는 죽음의 법에서 해방된다(6절). 그런데 왜 모세의 율법이 죽음의 법으로 불려지는가? 그것은 영육간에 율법이 죽이는데 사용되기 때문이다(고후3:6; 히10:28).

아퀴나스는 "우리가 얽매였던 것"(6b절)과 갈라디아서 3:23을 병행하여 읽기를 제안한다. 그 결과, 6절은 다음과 같이 이해된다: 그리스도가 오신 후 신자는 더 이상 율법 아래 있지 아니하며 영의 새로운 것으로 섬긴다.[15] 구체적으로, 아퀴나스는 παλαιότητι γράμματος를 "오래된 문자"로 번역하여 신자가 옛 율법에 따라 살지 않는 것은 옛 율법에 따라 살아가는 상황이 율법의 노예가 되어 육신에 따라 살아가는 것과 동일하기 때문이라고 주장

---

10) Aquinas, *Lectura*, no.528 (Cai 96-97).

10) Aquinas, *Lectura*, no.528 (Cai 96-97).

11) Ibid., no.529-531 (Cai 97).

12) Cf. C. Raith, "Portraits of Paul: Aquinas and Calvin on Romans 7:14-25" in *Reading Romans with St. Thomas Aquinas*. eds. M. Levering and M. Dauphinais (Washington, D. C.: The Catholic University of America Press, 2012) 241.

13) Aquinas, *Lectura* no.530 (Cai 97).

14) Ibid., no.611 (Cai 112). cf. Reasoner, *Romans in full Circle*, 75.

15) Ibid., no.530 (Cai 97). cf. Chau, *Letter and Spirit*, 126-127.

한다(5절).[16] 아퀴나스는 ἐν καινότητι πνεύματος가 "그리스도의 은혜로 말미암아 새로워진 정신으로"[17] 존재하는 것을 의미한다고 본다. 따라서, 은혜의 능력 없이 γράμματος는 이런 사태(즉, 율법의 노예)에 있는 사람을 결코 해방시키지 못한다. 이것은 사람이 은혜의 능력으로 하나님을 섬긴다는 어거스틴의 견해를 생각나게 한다.

아퀴나스는 자신의 『신학대전』에서 모세의 율법을 세 부분으로 나눈다: 도덕적, 시민적, 그리고 의식적 법.[18] 비록 후자의 두 부분은 모세 시대에 시행되었으나 올 것의 그림자였다; 하지만 십계명 같은 도덕적 명령은 영원히 유효하다고 본다.[19] 왜냐하면 십계명은 하나님 자신에 의해 주어졌으며 자연법과 동일선상에 있기 때문이다.[20]

루터 (Martin Luther)

독일에서 태어난 루터(Martin Luther, 1483-1546)는 위텐버그 성당 정문에 내붙인 95개조항 반박문으로 유명하다. 그의 작품 가운데 『그리스도인의 자유』(1520)와 『소요리 문답』(1529)이 특히 두드러진다. 루터는 1513년서부터 1516년까지 로마서를 강해했다. 강의를 준비하면서, 그는 로마서의 중

---

16) Ibid., no.531 (Cai 97).
17) Ibid. "in spiritu renovati per gratiam Christi"
18) Aquinas, *Summa Theologiae*, 99.1-2. cf. M. Wyschogrod, "A Jewish Reading of St. Thomas Aquinas on the Old Law" in *Understanding Scripture. Explorations of Jewish and Christian Traditions of Interpretations*. eds. C. Thuma and M. Wyschogrod (New York Mahwah: Paulist Press, 1987) 127-128; Boguslawski, "Thomas Aquinas," 83.
19) Ibid., 100.2-3, 8. cf. Wyschogrod, "Jewish Reading," 127; R. Hittinger, "Natural Law as Law," *American Journal of Jurisprudence* 39 (1994) 9; Raith, "Aquinas and Calvin," 254.
20) Ibid., 91.4; 94.4, 5. cf. A-H. Chroust, "The Philosophy of Law of St. Thomas Aquinas," *American Journal of Jurisprudence* 19 (1974) 29; A. Verhey, "Natural Law in Aquinas and Calvin" in *God and the Good*. eds. C. Orlebeke and L. Smedes (Grand Rapids: Eerdmans, 1975) 87.

심 주제가 구원이 믿음으로 말미암아 은혜로 된 것이라는 사실을 점차 깨달 았다(롬1:17).[21] 루터는 율법과 복음을 올바로 이해하는 것이야말로 이신칭의 뿐 아니라 성례와 교회, 그리고 정부에 영향을 끼친다고 본다. 딕슨(C. S. Dixon)이 주장하고 있듯이, "그의 구원에 대한 개인적인 추구는 궁극적으로 유럽에서 종교개혁의 발흥과 서구 기독교의 분열로 이끌었다.[22]

로마서 7:1-6에 관하여, 루터는 먼저 이 본문이 로마서 4:15과 6:4-8을 반복해서 설명한다고 주장한다: 말하자면, 우리 옛 사람이 죄에 대하여 죽어야하는 것은 죄가 더 이상 우리에게 왕 노릇하지 못하며, 죄를 통하여 율법이 우리를 주관하지 못하게 하기 위해서이다. 하지만 루터에게 있어 "정작 죽는 이는 죄가 아니라 사람이며, (따라서) 죄는 계속해서 남아 있다."[23]

루터에 따르면, 결혼예(2-3절)가 강조하는 바는 죽음이 죄로부터 인류를 자유케 하듯이 저들을 율법에서 자유케 하는데 있는데, 그 이유는 "율법이 죄와 하나님의 진노를 유발시키기"[24] 때문이다. 이것은 로마서 6장이 주장하고 있듯이, 세례 시 그리스도와 함께 장사됨으로 성취된다. 루터는 어거스틴을 따라 결혼예를 우화적으로 해석할 뿐 아니라,[25] 결혼예와 4절에서 죽는 사람이 달라지는 것을 확인하는 일에 있어서도 그를 따른다: 결혼예에서 남편이 죽는 반면, 4절에서는 아내 역할을 하는 영혼이 죄에 대하여 죽고 율법에서 벗어나 다른 이와 결혼한다. 신자가 율법에서 자유하는 것(4절)은 영혼이 죄에 대하여 죽은 결과라고 루터는 결론 내린다.[26]

---

21) Cf. L. W. Spitz, *The Renaissance and Reformation Movements*. rev. ed. (St. Louis: Concordia, 1987) 332; M. Wriedt, "Luther's Theology," *The Cambridge Companion to Luther*. ed. D. K. McKim (New York: Cambridge University Press, 2003) 88-94.

22) C. S. Dixon, "Martin Luther," *Encyclopedia of Christianity*. ed. J. Bowden (Oxford: Oxford University Press, 2005) 716.

23) M. Luther, *Lectures on Romans*. trans. W. Pauck (Philadelphia: Westminster, 1961) 194.

24) Ibid., 193.

25) Ibid., 196.

26) Ibid. cf. M. A. Elliott, "Romans 7 in the Reformation Century" in *Reformation Readings of Romans*. eds. K. Ehrensperger and R. Holder (New York London: T. & T. Clark, 2008) 173.

5절의 율법을 모세의 율법으로 본 루터는, 옛 사람이 율법 아래 살고 있었다고 주장한다. 이때 율법은 죄를 드러내고 깨닫게 할 뿐 아니라 죄를 증가시킨다. 이것은 그(녀)의 믿음이 부족해서 일어나는데, 말하자면, 옛 사람이 타락한 본성이 원하는 것만 하기 때문이다. 그러나 은혜로 말미암아 옛 사람은 율법의 정죄와 지배에서 해방된다. 이것은 새 사람이, 비록 율법 아래 있지는 않으나, 율법 없이 지낸다는 것을 의미하지 않는다.[27] 챠우(W-S. Chau)가 언급하듯이, "루터는 또한 율법의 이런 중단에 조심스럽게 단서를 단다."[28]

루터에게 있어, "율법에서 벗어난다"(6a절)는 어구는 기본적으로 사람이 율법으로부터 놓인다는 의미를 가지지만 완전히 그런 것은 아닌 것이, "그리스도를 믿음으로 우리는 율법에 순종하며, 은혜로 율법이 우리에게 요구하는 바를 자유롭고 자발적으로 하기"[29] 때문이다. 하지만 그는 "우리가 율법 아래 있기를 언제나 두려워해야 한다"고[30] 당부하는데, 죄가 여전히 도사리고 있으며 율법이 신자를 γράμμα에 복종시키도록 영향력을 행사할지 모르기 때문이다.[31]

루터는 로마서 7:5b의 "율법조문"(γράμμα)이 율법에 대한 문자적 이해가 아니라, 기본적으로 성문법으로 본다. 좁은 의미에서, 그것은 십계명을 나타낸다. 이것은 바울이 고린도 교인에게 "문자는 죽이는 것이요 영은 살리는

---

27) M. Luther, *Commentary on Romans*. trans. J. T. Mueller (Grand Rapids: Kregel, 1954) 109.

28) Chau, *Letter and Spirit*, 170.

29) Luther, *Commentary on Romans*, 109. Cf. J. W. Rogerson, "The Old Testament" in *The Study and Use of the Bible*. vol.2. ed. P. Avis (Basingstoke: Marshall Pickering / Grand Rapids: Eerdmans, 1988) 84.

30) Ibid., 110.

31) 루터는 관계대명사절 ἐν ᾧ κατειχόμεθα의 선행사로 율법을 지목한다(*Lectures on Romans*, 197). 하지만 그는 그리스도가 율법을 왜곡하는 마귀의 세력에서 인류를 해방시켰다고 믿기때문에, 혹자는 율법 뒤에 숨어있는 사탄의 존재를 배제할 수 없다(cf. M. Lienhard, "Martin Luther," *Encyclopedia of Christian Theology*. ed. J-Y. Lacoste [New York London: Routlege, 2005] 963-964; E. W. Stegemann, "The Alienation of Humankind: Rereading Luther as Interpreter of Paul" in *Reformation Readings of Romans*. eds. K. Ehrenperger and R. Holder [New York London: T. & T. Clark, 2008] 44-45).

것"(고후3:6)으로 말하는 데서 알 수 있다.[32] 넓은 의미에서, γράμμα는 "선한 삶이라고 규정하는 – 그것이 복음서에서 발견되든 모세에게서 발견되든 – 모든 가르침"을 의미한다.[33] 여기에서 루터는 율법의 개념을 확장하는데, 그것을 성문법과 동일시하여 그것으로 혹자는 성령의 도움 없이 의무적으로 행동하게 하는 무슨 가르침에 순종하는 법을 배운다고 한다.[34]

루터는 모세의 율법을 세 부분, 즉, 도덕법, 의식법, 그리고 시민법으로 나눈다: 아퀴나스와 같이, 그는 후자의 두 부분은 그리스도인의 행위를 규제해서는 안된다고 주장한다. 그러나 아퀴나스와 달리, 루터는 심지어 도덕법도 원칙적으로 그리스도인을 규제하지 않는다고 본다. 왜냐하면 그것은 특별히 유대인을 위한 것이며, 그리스도 이전 시대를 위한 것이기 때문이다.[35] 그는 도덕법이 내재하는 자연법을 드러내며 그것에 동의하는 선에서 그리스도인과 관련 있다고 생각한다: "그래서 (루터)가 모세가 준 계명들을 지키는 이유는 모세가 계명을 주었기 때문이 아니라, 그것들이 (그) 안에 본성으로 심어져 있으며 모세가 본성과 정확하게 동의하기 때문이다."[36]

더 중요한 것은, 루터에게 도덕법은 그리스도인에게 이중적 기능을 한다: 첫째, 도덕법은 "사람에게 자신의 죄, 분별력 없음, 빈곤, 사악함, 무지, 그리고 하나님을 증오하며 경멸함, 죽음, 지옥, 심판, 그리고 충분히 받을 법한 하나님의 진노를 드러내는데,"[37] 그(녀)가 두 시대가 겹지는 가운데 살아가는 *의인인 동시에 죄인*이기 때문이다.[38] 둘째, 그것은 그리스도인에게 시민적 기능을 가진다. 루터는 말하기를, "밧줄이 길들여지지 않은 성난 짐승을

---

32) Ibid.
33) Ibid.
34) Ibid.
35) M. Luther, "How Christians should regard Moses" in *Martin Luther's Basic Theological Writings.* ed. T. F. Lull (Minneapolis: Fortress, 1989) 146.
36) Ibid., 142. cf. E. A. Dowey, "Law in Luther and Calvin," *Theology Today* 41 (1984-5) 149; Stegemann, "Rereading Luther," 44.
37) Luther, *Luther's Works: Lectures on Galatians 1535 Chapters 1-4.* vol.26 (St. Louis: Concordia, 1963) 309.
38) Luther, "Moses," 147. cf. Reasoner, *Romans in full Circle*, 76.

잡아 매어 그가 무엇을 만나든 공격하지 못하게 하듯이, 율법은 제정신이 아닌 성난 사람이 더 죄를 짓지 못하도록 억제한다."[39]

칼빈 (John Calvin)

종교개혁 기간 동안 커다란 영향력을 끼친 불란서 신학자 칼빈(John Calvin, 1509-1564)은 칼빈주의로 알려진 기독교 신학체계를 세웠다. 자신의 유명한 작품인 『기독교강요』(1536, 1559)에서, 그는 그리스도안에 있는 하나님의 자비를 바울의 핵심적인 가르침으로 본다. 그런 이유로, "칼빈의 로마서 강해는 복음의 핵심인 그리스도안의 하나님의 자비를 중심으로 구성되어 있다."[40]

칼빈은 로마서 7:1이 7:1-6의 명제, 곧 율법은 사람이 살 동안만 그를 주관하며 죽음 이후에는 설 자리가 없다는 사실을 진술하고 있다고 본다. 이럴 경우, 율법은 구약의 율법으로 이해해야 하는데, 그 이유는 바울이 율법의 폐지 문제로 로마의 유대인 그리스도인과 논쟁하기 위해 분문을 소개하고 있을 뿐 아니라, 이어서 나오는 내용이 하나님의 율법에 초점을 맞추기 때문이다(7:7).[41]

칼빈은 2-3절에서 바울이 결혼예에서 아내가 남편이 죽었을 때 남편의 법에서 벗어난다는 내용을 통해 신자도 율법에서 자유한다는 것을 보여 준다고 생각한다.[42] 하지만 2-3절과 4절에 나타난 불일치, 즉, 전자에서 남편인 율법이 죽으나 후자에서 그리스도인인 아내가 죽는다는 사실을 감지한 칼빈

---

39) M. Luther, *Lectures on Galatians*, 308.
40) Demson, "John Calvin," 137. cf. M. E. Osterhaven, "Calvin on the Covenant" in *Readings in Calvin's Theology*. ed. D. K. McKim (Grand Rapids: Baker, 1984) 89.
41) J. Calvin, *The Epistle of Paul the Apostle to the Romans and to the Thessalonians* (Grand Rapids: Eerdmans, 1973) 137-138.
42) Ibid., 138.

은, 바울이 그렇게 하지 않았다면 율법이 죽었다고 결론 내릴 유대인의 분노를 막기 위해 그리스도인/아내를 죽게 만들었다고 생각한다.[43] 여기에서 그는 교회에서 전통적으로 인정되어 온 우화적 해석을 받아들인다.

칼빈은 4절이 1절의 명제를 지지한다고 주장한다: 1절은 율법이 사람이 살아있는 동안 주관한다고 제안한다; 신자는 율법에 대하여 죽었다. 그렇다면 신자는 왜 율법에 대하여 죽어야만 하는가? 그것은 율법이 그들로 죄에 대하여 채무자로 만들기 때문이다. 하지만 그리스도의 죽음으로 율법에 대하여 죽은 그들은 자유롭게 그리스도에게 속한다. 이것은 그들로 하나님의 위하여 거룩함과 의의 열매를 거두도록 한다.[44] 칼빈에 따르면, 4절의 "율법"은 율법전체를 의미하지 않는다: 가령, 십계명과 같은 도덕적인 명령은 폐지될 수 없는데, 그 이유는 그 안에서 "하나님의 뜻은 영원히 서야 하기에, 하나님은 우리에게 무엇이 옳은지 가르치셨고 우리의 삶을 주문하셨기" 때문이다.[45] 율법에 대한 죽음은 그것의 엄격한 요구와 그것이 가져오는 정죄에서 자유케 되는 결과만을 가져온다.[46]

칼빈은 "우리가 육신에 있을 때"(5a절)라는 구절을 율법조문에 통제 받는 구원 얻지 못한 인류의 상태, 그리스도의 성령이 부재한 상태로 본다.[47] 그런 상황에서, "율법은 우리의 악한 감정을 자극시켰다."[48] 비록 율법은 죄짓는 일을 금하지만, 육신에 있는 자들 속에 "완고함과 욕망이 더한 분노로 폭

---

43) Ibid. cf. D. K. McKim, "Calvin's View of Scripture" in *Readings in Calvin's Theology*. ed. D. K. McKim (Grand Rapids: Baker, 1984) 65; R. W. Holder, "Calvin's Hermeneutic and Tradition: An Augustinian Reception of Romans 7" in *Reformation Readings of Romans*. eds. K. Ehrensperger and R. Holder (New York London: T. & T. Clark, 2008) 103, 108.

44) Ibid., 140.

45) Ibid., 139.

46) Ibid.

47) Ibid., 140. 스타인메쯔(D. C. Steinmetz)는 "칼빈이 육신이라는 용어가 '성령으로 말미암아 거룩하게 되지 못한 인간본성의 모든 자질' 을 포함한다"고 말한다(*Calvin in Context* [New York Oxford: Oxford University Press, 1995] 117. cf. Raith, "Aquinas and Calvin," 142).

48) Ibid., 141.

발하여"[49] 율법을 통해 죽음을 낳는다(5b절).

율법은 육신에 굴레를 씌우지 못하고 오히려 죄를 증가시키기 때문에, 6절에서 바울은 독자에게 율법에서 벗어날 것을 종용한다고 칼빈은 생각한다.[50] 그리스도의 죽음을 통해 율법에서 해방됨으로, 그들은 죄짓는 일을 피할 뿐 아니라 성령의 새로운 것으로 하나님을 섬긴다. 칼빈에게 있어, 율법에서 자유는 율법의 엄격한 요구와 저주에서 자유이지 율법 *자체*에서 자유는 아니다. 그는 "성령의 새로운 것"을 하나님의 뜻을 행하기 위해 창조된 자들의 상태로 해석하며, "율법조문의 묵은 것"은 율법조문이 인류의 욕망의 분노가 아닌 저들의 외적 행위를 지배하는 상태를 나타낸다고 해석한다. 따라서 그리스도인은 율법의 냉혹하리만치 엄중한 요구에서 벗어나 성령의 새로운 것으로 하나님을 섬긴다.

자신의 『기독교강요』에서, 칼빈은 율법의 세가지 임무(*triplex usus legis*)를 지지하는 것으로 나온다.[51] 아퀴나스 및 루터와 더불어, 그는 의식법과 시민법은 폐지되었으나[52] 윤리법 특히 십계명은 그리스도인의 삶에 유효하다고 본다. 왜냐하면 윤리법은 자연법의 성문화되고 구체화된 형태이기 때문이다.[53] 칼빈은 도덕법의 세가지 용법을 옹호하는데, 세 용법 모두 그리스도인과 관련이 있다고 본다:[54] 율법은 "의"의 도구로서 그들의 불의를 경고하고, 유죄판결을 내리며, 정죄한다; 율법은 불순종의 결과를 상기시킴으로 그들의 죄악된 충동을 억제한다; 또한 율법은 그리스도인에게 어떻게 하나님을 이해하고 행할 것인가를 가르치는데, 그것은 저들로 하여금 하나님의 뜻에 순응하도록 만드는 "엄격한 집행관"이기 때문이다.

---

49) Ibid.
50) 칼빈에게 있어, 인류를 얽매던 존재는 그들로 짊어질 수 없는 짐을 씌우며 압제하는 율법이다(ibid.).
51) J. Calvin, *Institutes of the Christian Religion.* vol.1. ed. J. T. McNeill (Philadelphia: Westminster, 1960) 2.7.1-13.
52) Ibid., 2.7.14-17.
53) Ibid., 2.8.1-2. cf. Verhey, "Natural Law," 87.
54) Ibid., 2.7.6-13.

현대교회:
샌데이와 헤들람, 다드, 나이그렌, 크랜필드, 케제만, 빌켄스, 던, 무, 번, 그리고 쥬윗

19세기 후반과 21세기 초반 사이에 로마서에 관한 많은 주석들이 학자들에 의해 쓰여졌다. 이 주석들 가운데, 우리는 이 장에서 열 한개를 살펴볼 터인데, 대부분 개신교 저자의 주석들이며(오직 번만이 카톨릭) 저들의 작품은 로마서 해석과 연구에 오랫동안 영향을 끼쳐왔다. 그들의 주석은 계속적으로 높이 평가되고 있으며 오늘날까지 인용된다.

샌데이 (William Sanday)와 헤들람 (Arthur C. Headlam)

현대에 들어오면서, 우리는 로마서 7:1-6을 충분히 이해하기 위해 본문을 독자적으로 읽는 것에서 주변 문맥을 고려하는 쪽으로 초점이 옮겨지는 것을 보기 시작한다. 현대의 주석가들 가운데 샌데이(W. Sanday, 1843-1920)와 헤들람(Arthur C. Headlam, 1862-1947)은 로마서 7장과 특별히 로마서 7:1-6이 6:14b("너희가 법 아래 있지 아니하고 은혜 아래에 있음이라")의 연속이며, 결혼예(7:2-3)는 율법 아래의 삶에서 은혜로 구원받은 삶으로 전환하는 것을 묘사한다고 믿는다.

샌데이와 헤들람에 따르면, "너희는 알지 못하느냐"(1절)는 질문은 율법 제도의 마침 또는 "죽음이 모든 계정을 닫는다"는[1] 것을 확인한다. 여기서 로마 독자가 이미 알고 있는 "율법"(무관사 명사)은 모세의 율법이나 로마법이 아니라 "죽음은 모든 것을 청산한다"는 일반적인 원칙으로 이해해야 한다고 한다.[2]

로마서 7:2-3은 남편에 관한 법을 예로 들어 이 원칙을 설명한다. "남편에 관한 법"을 이야기 할 때, 바울은 문둥병에 관한 법(레14:2)과 나실인의 법(민6:13)을 염두에 둔다. 샌데이와 헤들람은 "우리 옛 사람이 십자가에 못박혔다"(롬6:6)는 바울의 진술을 참고로, 결혼예가 그리스도 이전과 이후의 인류에 관한 메타포라 주장한다: 즉, 남편은 그들의 회심이전 상태를 나타내는 반면, 아내는 저들의 참된 자아를 나타낸다. 따라서, 남편의 법은 궁극적으로 예전 상태에 있던 인류를 정죄하던 법을 지칭한다.[3]

샌데이와 헤들람에 따르면, 7:4은 로마서 7:1-6의 중심 부분으로 "이 (구절)이 설명하는 방식은 주어진 본문 전체를 설명할 것이다."[4] 4절 전반부는 그리스도인이 율법에 대하여 죽었다고 말한다. 하지만 죽은 것은 옛 자아이지 자아 전체가 아니다: 남편(옛 자아)의 죽음은 아내(참된 자아)를 다른 사람(그리스도)과 연합하게 하기 위해 그녀를 자유케 한다. 옛 자아의 죽음은 혹자를 율법의 정죄에서 자유케 만드는 도덕적 죽음이다. 샌데이와 헤들람에게 율법과 죄는 혹자가 죄에 대하여 죽을 경우 율법에 대하여도 죽는다는 의미에서 서로 밀접하게 연관된다: "율법은 오직 죄를 통해 우리를 사로잡았다; 하지만 죄를 버릴 때, 우리는 거기에 수반되는 고통과 형벌 또한 버린다."[5]

---

1) W. Sanday & A. C. Headlam, *A Critical and Exegetical Commentary on the Epistle to the Romans* (New York: Charles Scribner's Sons, 1896, 1929) 171-172.
2) Ibid., 172.
3) Ibid., 170-173.
4) Ibid., 172.
5) Ibid., 173.

4절 후반부는 로마 그리스도인의 죽음이 그리스도의 몸 때문에 발생했다고 진술하는데, 샌데이와 헤들람은 그 몸이 십자가에 못박히신 그리스도의 몸이라고 해석한다. 십자가의 죽음을 나누어 가짐으로, 그들의 죄악된 과거는 사라지며,[6] 궁극적으로 그리스도와 연합한다. 이렇듯 새로운 결혼의 자녀 혹은 열매는 거듭난 "개혁된 삶"이다.[7]

"육신에"(5a절)라는 어구는 혹자의 삶이 "육감의 만족이상 더 고상한 목적이 없는"[8] 상태를 의미한다. 샌데이와 헤들람은 육신 자체가 본질적으로 악한 것은 아니며, 단지 죄에 취약한 것으로 본다.[9] 그런 상황에서 5b절의 율법의 기능("율법으로 말미암는 죄의 정욕")은 죄를 고발하고 증가시키는 것이다.[10] 5절의 중요성은 "열매를 맺다"는 생각을 발전 시키는데 있다: 그리스도와 새롭게 결혼할 경우 하나님을 위해 열매 맺듯이, 옛 자아와의 결혼은 죽음을 위한 열매를 맺었다.

샌데이와 헤들람은 6절이 신자의 옛 자아가 죽어야 하는 목적, 즉, 율법에서 자유를 보여준다고 믿는다. 그들은 신자가 율법에서 자유하다는 것이 옛 자아가 죽어서 "율법이 복수할 것이 아무것도 남은 것이 없다"는[11] 것을 나타낸다고 해석한다. 하지만 사람을 얽매는 존재는 율법의 압제와 권세 아래 복종시키는 것이 예전의 죄악된 상태이기 때문에 율법이 아니라 자신의 옛 상태이다.[12]

그리스도를 통해 율법에서 해방됨으로, 혹자는 하나님을 섬기는 새로운 능력을 얻는다. 이것은 율법조문의 묵은 것이 아닌 영의 새로운 것으로 된다. "보혜사의 시대는 시내산 법전에서 특성을 가져온 시대를 계승했다."[13] 그

---

6) Ibid., 174.
7) Ibid.
8) Ibid.
9) Ibid.
10) Ibid., 175.
11) Ibid.
12) Ibid.
13) Ibid., 176. πνεύματος와 γράμματος 모두는 동격 소유격이다.

로마서 7:1-6에 나타난 율법의 기능

리스도가 도래하기 전, 율법은 유대인에게 적절한 의무와 처벌과 더불어 무엇이 옳고 그른지를 분별하고 행동하게 하는 취약한 시스템 역할을 했다. 불행하게도, 이 시스템은 요구받은 것을 이루는데 아무런 도움을 주지 못했다. 율법은 오히려 죄를 드러내고 증가시켰으며, 그것을 따르는 자들을 율법의 저주 아래 두었다. 하지만 인류를 향한 율법의 이런 압제는 그리스도의 몸을 통해 옛 자아의 죽음으로 끝나고, 새로운 질서(즉, 우리의 새로운 상태)가 탄생하는 결과를 가져왔다.[14] 그리스도인은 더 이상 율법의 정죄 아래 있지 아니하며, 그 결과 성령의 간섭을 통하여 하나님을 섬길 수 있다.

다드 (Charles H. Dodd)

다드(C. H. Dodd, 1884~1973)에 따르면, 로마서 7:1-6은 "그리스도인이 죄의 권세에서 벗어났다는 논지의 또 다른 예"이다.[15] 여기서 바울은 사람이 죄에서 자유하기 위해서 율법에서 벗어나야 한다고 주장한다. 1절에서 바울은 법 아는 자들에게 말하는데, 이들이 누구인지, 가령, 그들이 로마법에 익숙한 이방인 그리스도인인지 아니면 모세의 율법을 알고 있는 유대인 신자인지 알 길이 없다. 율법은 단순히 법적 원칙으로 제시되며, 거기에서 결혼 예(2-3절)가 나온다.[16] 법적 원칙이란 "사람이 살아 있는 동안 법이 지배한다"는[17] 것이다.

로마서 7:2-3에서 아내는 남편 생전에 법으로 그에게 매인다; 하지만 남편 사망 시 그녀는 법에서 벗어난다. 다드는 이 구절에서 법이 재산법과 같이 남편의 권리와 의무를 규정한다고 주장한다. 그는 결혼예를 우화적으로 해

---

14) Ibid., 189.
15) C. H. Dodd, *The Epistle of Paul to the Romans* (London: Hodder and Stoughton, 1932) 100.
16) Ibid.
17) Ibid.

석하는데, 남편은 법(또한 죄로 알려진)을 나타내며 아내는 그리스도인을 상징한다고 본다.[18] 하지만 그는 이 해석이 법에서 자유한 사람이 남편이 아니라 아내이기에 문제가 있다는 사실을 알고 있다. 게다가, "이 모든 이야기가 법의 활동을 예로 들고 있는 동시에 법은 이야기 속의 인물이라"는[19] 의미에서 법은 두 가지 역할을 수행한다. 다드는 이런 불일치로 인해 이 예가 우리를 잘못된 방향으로 이끌기 전에, "죽음은 의무를 끝낸다"는[20] 한 가지 원칙을 제외하고 "가능한 한 최선을 다해 이 예를 무시해야 할 것"이라고 결론 내린다.

다드에 따르면, 본문의 핵심은 4절에 있으며, 거기서 바울은 자신이 로마서 6:1-11에서 한 주장, 즉, 죄에 대하여 죽음으로 인류는 십자가에 못박히신 주님과 연합한다는 내용을 발전시킨다: 십자가에 못박힌 그리스도의 몸은 신자로 하여금 율법에 대하여도 죽게 만들었다. 다드는 그리스도의 몸이 육체적 몸이 아니라 교회를 상징한다고 해석하는데, 교회가 그리스도의 공동체적 인격을 구체화하기 때문이다. 모든 그리스도인은 그리스도의 신비로운 몸에 참여함으로(참고. 갈2:20) 그와 함께 죽는다.[21] 그렇게 함으로써 그들은 하나님을 위하여 열매를 맺는다. 이 열매는 윤리적인 삶의 모든 측면을 포괄한다.[22]

다드는 5절이 인류의 첫 결혼이 죽음을 위하여 열매 맺었다는 것을 보여준다고 주장한다: 인류가 육신에 있을 때, 저들은 율법에 종속되어 있었다; 그런 상황에서, 율법은 죄의 정욕을 자극함으로 저들에게 죽음을 가져다 주었다. 따라서 율법에 대하여 죽는 것은 죄에 대하여 죽는 결과를 가져오는 반면, 율법의 지배를 받는 것은 자신을 죄에게 굴복시키는 것을 의미한다고 결

---

18) Ibid., 101. 다드는 말하기를, "바울은 사람이 율법(말하자면 죄)과 결혼했다는 생각을 염두에 두고 있는 듯하다."
19) Ibid.
20) Ibid.
21) Ibid., 101-102.
22) Ibid., 102.

론을 내리는 것이 가능하다.[23]

6절에서 바울은 로마서 6:22에서 소개한 노예 이미지를 되풀이하고 있다고 믿어, 다드는 6절이 결혼예의 범주를 벗어나는 것으로 읽는다.[24] 즉, 7:6에서 바울은 신자가 영의 새로운 것으로 하나님을 섬기지 율법조문의 묵은 것으로 하지 아니한다고 설명한다. 그렇다면 하나님을 섬기는 전자의 방식은 "성령의 자발적인 역사로 알려지는" 반면, 후자의 방식은 "성문법(γράμμα)에 맹목적이고 무책임하게 굴종하는 의미에서 노예상태"를[25] 나타낸다.

자신의 『복음과 율법』에서, 다드는 γράμμα가 율법의 외적 측면을 나타내며, 바울은 그것을 "의문에 속한 계명의 율법"(참고. 엡2:15)으로 정의한다고 주장한다.[26] 이 γράμμα는 그리스도 안에서 폐지되는데, 왜냐하면 그것은 "보편종교가 버려야만 하는 지역적, 민족적, 그리고 본질상 일시적인 현상들과 밀접한 관계가 있기" 때문이다.[27] 하지만 다른 곳에서 다드는 모세의 율법 안에 있는 영원한 윤리법은 "피조물을 향한 하나님의 뜻의 패턴"이기 때문에 영구적이라고 주장한다.[28] 율법이 규칙으로서는 폐지되었으나 교훈의 수단으로서는 아닌 것이, "하나님의 도덕적 요구의 견지에서, 자신의 성품과 인간과의 관계에 관한 일종의 해석"을[29] 포함하기 때문이다. 그러나 다드는 모세의 율법을 의식법과 도덕법으로 구분하지 않는다. 다드에게 "율법은 어떻게든 전체적으로 설명되어야만 하는 하나의 거대하며 나눌 수 없는 시스템"이다.[30]

---

23) Ibid.
24) Ibid.
25) Ibid.
26) C. H. Dodd, *Gospel and Law* (New York: Columbia University Press, 1951) 69-70.
27) C. H. Dodd, *The Bible Today* (Cambridge: Cambridge University Press, 1960) 79.
28) Ibid., 80.
29) Ibid. cf. C. H. Dodd, *The Meaning of Paul Today* (Cleveland: Collins & World, 1957) 68.
30) Ibid., 68, 76-77.

나이그렌 (Anders Nygren)

나이그렌(Anders Nygren, 1890-1987)은 로마서 6:1-7과 7:1-6이 뚜렷하게 병행하기 때문에 로마서 6장과 7장이 서로 밀접한 유사성을 가지는 것으로 본다: 6:1의 "죄"는 7:1의 "법"과 상응하며, 6:2의 "우리가 죄에 대하여 죽었다"는 7:4의 "너희는 율법에 대하여 죽었다"와, 6:4의 "우리는 새 생명가운데 행한다"는 7:6의 "우리는 영의 새로운 것으로 섬긴다"와, 그리고 6:7의 "죽은 자는 죄에서 벗어난다"는 7:3의 "법에서 자유한다"와 7:6의 "우리는 율법에서 벗어났다"와 상응한다.[31] 이를테면, 바울이 6장에서 죄를 설명하고 7장에서 율법을 설명할 때, 자신의 논리를 발전시키는 방법이 기본적으로 동일하다는 말이다. 그러면서 로마서 7장의 중심 사상은 그리스도를 통하여 율법에서 자유함이라고 나이그렌은 결론 내린다.[32]

다른 주석가들과 같이, 로마서 7:2-3은 결혼예를 통해 1절의 명제, 즉, "율법의 통치, 인간의 주인으로 그 통치능력은 죽음으로 종식된다"는[33] 것을 설명한다고 나이그렌은 주장한다. 이 예의 장점은 아내가 그녀 남편의 사망으로 법에서 벗어났으나 여전히 살아 있다는 것이다.[34] 나이그렌은 이것이 신자의 실제상황을 정확히 포착하기 때문에 "이례적으로 훌륭한 예"로[35] 본다: 말하자면, 율법에서 벗어났으나 그들은 여전히 이 땅에서 살고 있다.

자신의 전임자들과 달리, 나이그렌은 두 가지 이유로 이 결혼예가 우화라는 생각을 거부한다: 첫째, 남편이 그러하듯 율법 또한 죽는다고 주장하는 것은 옳지 않은데, "율법의 주장은 줄어들지 않고 계속되며… 끊임없이 요구하기"[36] 때문이다; 둘째, 바울은 결코 신자가 율법과 결혼했다고 말한 적이

---

31) A. Nygren, *Commentary on Romans* (Philadelphia: Muhlenberg, 1949) 268.
32) Ibid.
33) Ibid., 269.
34) Ibid., 270.
35) Ibid., 271.
36) Ibid., 272.

없는데,[37] 그럼에도 결혼예의 유일한 목적은 사람이 어떻게 율법의 영역에서 벗어나는가를 우리에게 보여준다: 즉, 그리스도와 함께 죽는 것. 이 결론은 로마서 6:7에 기인한다고 나이그렌은 주장한다: 신자가 그리스도와 함께 죽음으로 죄에 대하여 자유하듯이(6:7), 저들은 율법에 대하여 죽고 다른 사람에게 속한 뒤 더 이상 율법의 지배를 받지 않는다(7:4).[38]

결혼예에서처럼, 나이그렌은 7:4가 그리스도인이 어떻게 율법에 대하여 죽는가라는 질문에 답한다고 본다: 그것은 그리스도의 몸을 통해 일어난다. 여기에서 나이그렌은 몸이 그리스도의 육체적 죽음을 나타낸다는 주장에 동의한다. 하지만 로마서 6장과 고린도전서 12:23에 근거하여, 사람은 세례를 통해 그리스도의 죽음에 동참한다고 주장한다.[39]

비록 율법은 "사람이 하나님의 종이며 그의 뜻에 순종해야 한다"고 요구하지만, "오직 그(녀)가 율법에서 자유할 때 하나님을 위하여 진정 열매를 맺을 수 있다"고[40] 나이그렌은 주장한다. 이것은 5-6절에서 추가적으로 해명되는데, 5절은 인류의 예전상태를, 그리고 6절은 저들의 현재 상태를 설명한다. 쟁점은 각각의 상태에서 율법이 가지는 역할이라고 그는 믿는다.

인류의 예전 상태(즉, 육신)에서 율법의 역할은 죄의 정욕을 불러 일으키며, 그 결과, 죽음을 위하여 열매 맺는 것이다: 율법은 죄를 불러 일으키며 증가시키는 커다란 세력이었으나 생명을 줄 능력은 없었다;[41] 특별히 옛 시대에서 그것은 정죄와 죽음을 가져오는 역할을 했다(5절).[42] 그렇다면 성령 안의 삶에서 율법이 가지는 역할은 무엇인가? 나이그렌은 흔히 주장되어 온 다음의 세 가지 내용을 감지한다: 첫째, 이제 그리스도인은 성령 안에서 살고

---

37) Ibid.
38) Ibid.
39) Ibid., 274.
40) Ibid., 276.
41) Ibid., 275-76.
42) A. Nygren, *The Significance of the Bible for the Church* (Philadelphia: Fortress, 1963) 20.

있으며, 율법은 더 이상 파괴적인 세력이 아니라 오히려 건설적인 세력으로서 저들 편에 선 조력자이다; 둘째, 저들은 성령을 통해 새로운 방법으로 율법을 성취할 능력을 부여 받았다; 셋째, 율법은 이제 그리스도인이 어떻게 살아야 할 것을 저들에게 가르친다.[43] 하지만 그는 이 세가지 모두를 강하게 부인한다. 율법은 옛 시대에 속하여 언제까지라도 파괴적인 세력으로 존재하기 때문에, 새로운 삶을 위한 촉매로 사용될 수 없다.[44] 새 시대에서 그리스도인은 율법에 대하여 죽었기 때문에, 율법은 저들을 지배할 세력을 상실했다.[45]

크랜필드 (Charles E. B. Cranfield)

크랜필드(C. E. B. Cranfield, 1915-2015)는 로마서 7:1-6이 율법 *자체*에서 자유하는 것은 아니나 율법의 정죄에서 자유하는 그리스도인의 삶을 보여준다고 생각한다. 그는 이 결론을 8:1에서 끌어낸다.[46] 7:1-6의 중요성을 올바르게 이해하기 위하여 크랜필드는 바울이 그 전에 무엇을 주장했는지 알아봐야 한다고 주장한다: 말하자면, 바울이 "너희는 알지 못하느냐"(7:1a)고 물었을 때, 그는 로마서 6:14b에서 "너희는 법 아래 있지 아니하다"는 원리를 발전시키고 있다.[47] 관계대명사절 "법 아는 자들"(1a절)에서 법은 필시 구약 율법을 지칭하는데, 아마도 로마의 이방인 그리스도인이 구약 율법에 관한 얼마간의 지식을 가졌기 때문일 것이다.[48] 바울의 동사 γινώσκω("알다") 사용은 율법에 대한 독자의 비교적 깊은 이해를 추가적으로 나타낸다.

크랜필드는 2-3절의 결혼예가 1절에서 진술된 원칙을 지원하기 위해 든

---

43) Nygren, *Romans*, 276.
44) Nygren, *Significance*, 21.
45) Nygren, *Romans*, 277.
46) C. E. B. Cranfield, *A Critical and Exegetical Commentary on the Epistle to the Romans*. vol.I (Edinburgh: T. & T. Clark, 1975) 330.
47) Ibid., 331.
48) Ibid., 332-333.

예라는 일반적인 경향을 따른다.[49] 주목할 것은, 남편의 법(2b절)이 "남편의 권리와 의무를 다루는 법"이 아닌 "아내를 남편에게 매이게 하는 법"으로 이해된다는 것이다.[50] 크랜필드는 이 예가 우화적으로 해석해야 한다는 주장에 반대하는데,[51] 그 이유는 (1) 4절에서 죽는 사람이 율법(남편)이 아니라 그리스도인(아내)이며, (2) 4절이 유사함이나 대응이 아닌 결론을 나타내는 ὥστε로 소개됨으로, 그것이 2-3절에 종속되지 않고 1절과 연결되기 때문이다.[52] 그렇다면 결혼예의 유일한 목적은 "죽음의 발생은 율법과의 관계에 있어 결정적인 변화를 가져온다"는[53] 것을 강조하는데 있다.

7:4의 요점은 그리스도인이 이미 죄에 대하여 죽었기 때문에 율법의 정죄에 대하여 죽었다는 것이다. 말하자면, 4a절에서 그리스도인이 그리스도의 몸을 통하여 율법에 대하여 죽었다는 사실은 로마서 6:2-4의 견지에서 이해해야 하며, 6:2-4에서 바울은 신자가 세례를 통하여 죄에 대하여 죽었다고 말한다. 하지만 "그들이 그리스도의 몸을 통해 율법의 정죄에 대하여 죽은 것은 하나님의 자비로운 결정에 관한 문제"이기 때문에,[54] 크랜필드는 교회를 그리스도의 몸으로 바울이 생각지 않는다고 본다. 바울이 하나님을 위하여 열매를 맺는다고 이야기할 때 그는 자녀의 출산을 염두에 두지 않기 때문에, 크랜필드는 "너희가 다른 남자에게 간다"는 구절(3b절)을 "하나님을 위하여 열매 맺게 하기 위하여"(4b절)와 연관시키지 않는다. 그는 말하기를, "하나님에게 후손을 보는 일은 전적으로 이상한 그림이다; 바울이 여기서 이런 그림을 염두에 두었다면, 이전 구절의 견지에서 그는 τῷ θεῷ이 아니라 (τῷ) Χριστῷ를 사용했을 것이다."[55]

로마서 7:5a는 "육신에"라는 어구로 신자의 과거 상태를 설명하는데, 그런

---

49) Ibid., 333.
50) Ibid.
51) Ibid., 334-335.
52) Ibid., 335.
53) Ibid.
54) Ibid., 336.
55) Ibid., 337.

상황에서 "저들의 삶의 기본 방향은 자신들의 타락한 본성에 의해 결정되고 조종된다."[56] "죄의 정욕"이란 어구에서 παθήματα란 용어는 나쁜 감정을 나타내며, ἁμαρτίαι는 율법으로 말미암아 "구체적으로 죄악된 행위"를 나타낸다.[57] 5절에서 율법은 정욕을 자극하고 심화하는 기능을 가진다: "하나님과 이웃을 위한 삶을 요구하는 율법에 도전을 받은 인간의 자기 중심성 – 죄악된 자아 – 은 그것이 의문시되고 공격을 받음으로 오히려 격렬하게 방어하려 한다는 것을 인정한다."[58]

　　그러나, 7:6a에서 신자는 율법의 정죄에서 벗어난다. 왜 율법은 인간을 정죄하는가? 그것은 "인간이 율법을 오용함으로 오히려 그것이 속박이 되었기"[59] 때문이다. 신자는 이제 자신들을 얽매고 정죄하던 율법에서 벗어나 하나님을 섬긴다. 하지만 "그들이 비록 자신을 얽매던"(6a절) 율법에 대하여 죽긴 했으나, 율법 자체에서 벗어난 것은 아니다(롬3:31; 7:12, 14a, 25b; 8:4; 13:8-10).

　　6b절에서 καινότης와 παλαιότης의 대조에서 영과 율법조문이 각각의 소유격으로 따른다. 샌데이와 헤들람을 따라, 크랜필드는 두 소유격을 질적 소유격으로 보아 영의 새로운 방법과 율법조문의 옛 방법의 대조로 본다. 하지만 크랜필드는 γράμμα를 율법과 동일시하지 않으며 "율법주의자가 오해하고 오용한 결과로 그에게 맡겨진 율법"으로[60] 정의한다. 율법에 관한 자신의 소논문에서 그는 γράμμα의 의미를 명확히 밝힌다: "성령이 없을 때 율법은 오용되며 그것을 오용하는 자들에게 단지 '율법조문'이 되는데, 성령이 부재한 이 율법은 '죽이는 것'이다."[61] 하지만 신자가 성령의 새로운 것으로 하나님을 섬길 때, 성령은 세 가지 방법으로 율법을 세운다:[62] 성령은 자기

---

56) Ibid.
57) Ibid.
58) Ibid., 338. cf. Cranfield, "Theology of Romans" in his *A Critical and Exegetical Commentary on the Epistle to the Romans.* vol.2 (Edinburgh: T. & T. Clark, 1979) 855.
59) Ibid.
60) Ibid., 340.
61) Cranfield, "Theology of Romans," 853-854.
62) Ibid., 855.

의와 자기 영광을 포기하도록 하며, 그리스도인에게 그리스도를 알려주며, 그(녀)에게 하나님에게 순종하도록 힘을 실어 준다.[63]

케제만 (E. Käsemann)

케제만(E. Käsemann, 1906-1998)은 로마서 7:1-6이 "새로운 시작"을 나타낸다고 보고, 1a절의 "너희는 알지 못하느냐"는 질문은 독자의 일반적인 수준의 경험을 가리키며, 1절에서 언급된 법은 로마 독자가 주로 이방인 그리스도인이기에 모세의 율법으로 해석되어서는 안 된다고 주장한다. 이런 이유로 1절의 법은 "로마의 시민들이 (저들이 살 동안) 순응한 법질서"를 의미한다.[64]

2-3절의 결혼예는 1절에 나오는 "죽음이 관계를 단절한다"는[65] 법의 원칙을 이해하도록 도와주는 "교육적 기능"을 한다. 케제만은 이 결혼예가 우화적으로 해석될 것 같지 않다고 보는데, 그 이유는 부분적으로 그리스도인은 아내와 같지 않게 자신의 삶의 주인이 아니라 그리스도에 속해 있으며, 부분적으로 4절에서 신자가 율법에 대하여 죽기에 결혼예에서 남편이 율법이 될 수 없기 때문이다. 따라서 그는 유일하게 비교할 수 있는 점은 "죽음이 일생 동안 유효한 의무를 끝내는 것"이라고[66] 결론 내린다.

신자가 세례를 통해 죄의 권세에서 자유한 것처럼(롬6장), 로마서 7:4은 저들이 그리스도를 통해 율법에 대하여 죽었다고 말한다.[67] "그리스도의 몸으로 말미암아"라는 어구는 문자적인 예수의 죽은 몸이나 부활하신 주님의 몸을 나타내지 않는다. 오히려 이 어구는 바울 전승의 성만찬 언어에서 채택

---

63) Ibid., 861.
64) E. Käsemann, *Commentary on Romans* (Grand Rapids: Eerdmans, 1980) 187.
65) Ibid.
66) Ibid.
67) Ibid., 188. 그러나 이것이 롬7:1-6이 6장을 언급한다는 의미는 아니다.

되고 있기에(참고. 고전16장), 세례를 나타낸다. 케제만은 "세례를 통해, 우리는 죄에서뿐 아니라 율법에서 벗어난다"고 말한다.[68] 그렇다면 4절의 중심 사상은 신자의 새로운 존재기반인 주님의 통치이다. 이럴 경우, 하나님을 위하여 그리스도인이 맺는 "열매"는 자신의 노력으로 성취하는 그 무엇이라기보다 저들이 받는 축복으로 볼 때 가장 잘 이해된다고 한다.[69]

케제만은 6장에 나온 모티브가 7:5에서 약간 다른 뉘앙스로 반복된다는 점에 주목한다. 다시 말해서, 6:6에서 우리의 옛 자아가 그리스도와 함께 십자가에 못박힌 것으로 진술되는데 반해, 7:5에서 바울은 육신의 개념을 하나님께 반란을 일으키는 상태로 확장한다. 이것으로부터 그는 육신과 영을 두 대립하는 세력("옛 시대와 새 시대의 실제들"로 알려진)으로 결론 내리는데, 그것들은 각자의 영역에서 지배권을 행사한다.[70] 6:12의 "사욕"과 관련된 "죄의 정욕"이라는 어구는 "육신의 에너지"를 나타내며, 세상과 영합하고 하나님께 반항한다; 이 정욕은 로마서 5:20a와 고린도전서 15:56에 설명한 바와 같이, 율법을 통하여 활성화된다.[71]

로마서 7:6은 케제만에게 특별히 중요한데, 그 이유는 이 절이 율법조문/영의 대립의 견지에서 설명된 율법의 진정한 성격과 더불어 그리스도인과 율법 사이의 관계를 명확하게 진술하기 때문이다.[72] 그는 주장하기를, 성령은 신자를 율법에서 자유케 할 뿐 아니라 그(녀)가 하나님의 원래의 의도를 성취시킬 수 있도록 한다;[73] 하지만 "율법이 의의 조력자로서 원래의 기능을 회복했다고 볼 수는 없다"고[74] 한다.

---

67) Ibid., 188. 그러나 이것이 롬7:1-6이 6장을 언급한다는 의미는 아니다.
68) Ibid.
69) Ibid.
70) Ibid.
71) Ibid., 188-189.
72) E. Käsemann, "The Spirit and the Letter" in *Perspectives on Paul* (Philadelphia: Fortress, 1971) 146.
73) Ibid., 155.
74) Käsemann, *Romans*, 189.

케제만에게 있어, 율법조문($\gamma\rho\acute{\alpha}\mu\mu\alpha$)은 모세의 율법을 나타내지 않는다. 바울은 모세의 율법을 성문법으로 인정하지만,[75] 유대인들은 율법을 구원시키는 특권으로 주장하여 그것을 왜곡시켰다. 따라서, 그들이 이런 식으로 율법을 사용함에 따라, 바울은 그것을 "율법조문"이라 부른다.[76] 또한 케제만은 행위에 대한 요구와 더불어 율법이 "우리를 그리스도께로 인도하는 초등교사가 되어 우리로 하여금 믿음으로 말미암아 의롭다 함을 얻게 하려 한다" (갈3:24)고 주장한다. 이런 율법의 예속시키는 본성은 세례를 통해 폐지된다.[77] 일단 율법이 행위에 대한 요구로 왜곡되면, 그것은 결국 인류를 왜곡시키고 저들을 죽음의 권세 아래에 둔다. 이런 경우, 율법은 인류로 범죄케하여 죽음에 이르게 하는 하나의 세력이 된다.[78]

요컨대, 바울은 신자가 율법에서 벗어난 것으로 논의할 때, 율법의 역할이 그리스도인의 삶에서 사실상 끝난 것으로 주장한다. 왜냐하면 율법은 옛 시대에 속한 것으로, 성령을 받은 자들에게 지배력을 행사할 수 없기 때문이다.[79] "새로운 것/묵은 것"의 대조는 그리스도의 도래 이전과 이후의 그리스도인의 신분변화를 나타낼 뿐 아니라 옛 언약과 새 언약으로 여겨지는 두 시대를 알린다.

빌켄스 (Ulich Wilckens)

빌켄스(U. Wilckens, 1928-)는 로마서 6장과 연관지어 로마서 7:1-6의 기능을 세 가지로 설명한다.[80] 첫째, 로마서 7:1-6은 로마서 6장에서 말한

---

75) Käsemann, "Spirit and Letter," 143.
76) Ibid., 147.
77) Ibid.
78) Ibid., 147, 150.
79) Käsemann, *Romans*, 190.
80) U. Wilckens, *Der Brief an die Römer.* vol.2 (Zürich: Benziger Verlag, 1980) 63.

내용, 즉, 그리스도인은 하나님을 위하여 열매를 맺는 결과를 가져오는 세례로 인해 통치의 변화를 경험한다는 사실(6:21f; 7:4)을 더 분명히 하며, 둘째, 6:14b는 지나가는 말로 율법을 소개하고 있으나 7:1-6은 율법에서 자유가 무엇인지 더 자세히 이야기하며, 셋째, 신자가 육에서 영으로 통치의 변화를 경험한다고 말할 때(7:5-6), 바울은 이것을 6:14b에서 발견된 또 다른 비슷한 대조, 말하자면, "법 아래 있지 아니하고 은혜 아래" 산다는 것과 나란히 놓는다.

사람이 살 동안 법이 그(녀)를 주관한다고 바울이 말할 때(1절), 빌켄스는 그 법을 모세의 율법으로 이해해야 한다고 주장한다. 왜냐하면 4절은 1-3절의 결론이며, 문맥을 고려해 볼 때 4절의 율법은 명백히 모세의 율법을 나타내기 때문이다.[81] 또한 1a절은 독자가 율법에 관한 지식을 어느 정도 가지고 있다고 추정한다. 그들은 모세의 율법에 관한 지식을 소유했던 예전 하나님 경외자들로서, 주로 이방인 그리스도인이었다.[82]

2-3절에서 바울은 구약율법과 유대전승에 나타난 결혼예를 가지고 원칙을 설명한다:[83] 아내는 율법에서 ὕπανδρος로 불린다(LXX Num.5:20, 29; LXX Prov.6:24, 29; Sir.9:9; 41:23; TLev.14:6); γένηται ἀνδρὶ ἑτέρῳ(3절)라는 표현은 칠십인 경(신24:4; 룻1:12-13; 호3:3)에 등장한다.

빌켄스에 따르면, 4절에서 바울은 1절의 원칙을 그리스도인에게 적용함으로, 저들이 그리스도의 몸을 통해 율법에 대하여 죽음으로 율법의 권세에서 자유한다고 말한다.[84] 부정과거 수동태 ἐθανατώθητε는 로마서 6:3f의 세례사건을 가리키며, 거기서 신자는 그리스도의 대속적 죽음을 통해 (율법과 비교하여) 죄에 대하여 죽었다고 빌켄스는 생각한다.[85] 빌켄스는 믿기를, νόμος는 모세의 율법을 나타내며 바울이 로마 그리스도인에게 율법을 통하

---

81) Ibid., 2:66.
82) Ibid., 2:70.
83) Ibid., 2:64.
84) Ibid., 2:66.
85) Ibid., 2:64.

여 율법에서 자유한다는 사실을 알려준다고 한다.[86] 4절에서 율법은 인류를 죄인으로 유죄 판결을 내리며, 궁극적으로 영적 죽음에 이르게 한다.[87]

바울은 또한 재혼을 거론하는데("다른 사람에게 갈지라도" 3b절), 그것을 4절과 연관시킨다: 과부가 남편 사후 다른 사람에게 가듯이, 그리스도인은 부활하신 그리스도에게 자유롭게 속한다. 빌켄스는 "너희는 다른 이에게 간다"라는 구절에 관하여 세 가지를 지적한다.[88] 첫째, 그리스도인은 그리스도의 죽음을 통해 율법의 정죄에서 벗어났다. 빌켄스는 "그리스도의 몸으로 말미암아"란 어구를 "그리스도의 죽음"(롬5:9)과 "그의 죽으심과 합하여 세례를 받음으로"(롬6:4)란 어구에 대한 해명으로 본다. 다시 말해서, 바울은 그리스도와 신자의 연합을 세례와 성만찬의 견지에서 해석하는 것이다.[89] 둘째, 하나님의 종말론적 능력은 그리스도의 부활을 통해 그들로 죄에서 자유할 수 있도록 만든다. 셋째, 새로운 삶의 종말적 실제가 하나님의 능력으로 현실화되었기 때문에, 그들은 이제 하나님을 위하여 열매를 맺을 수 있다.

로마서 7:5은 신자의 그리스도인 이전 상태를 "육신에" 있을 때로 이야기한다. "육신"이란 용어는 바울 서신에서 죽을 몸(롬6:12), 사망의 몸(롬7:24), 흙에 속한 자(고전15:46-49), 사람을 지배하며 예속시키는 세력(갈6:16), 그리고 하나님과 원수 된 상태(롬8:7) 등으로 다양하게 사용되는데, 빌켄스는 5a절의 "육신"이 하나님과 원수 된 상태를 나타낸다고 본다.[90] 왜냐하면 육체적 몸 자체는 죄악된 것이 아니지만, 그것이 정욕으로 하나님의 뜻을 거역할 때 악한 행동으로 이어질 수 있기 때문이다.[91]

7:5에서 율법으로 말미암아 죄의 정욕이 역사했다고 말할 때, 바울은 로마서 6:12을 염두에 두면서 율법의 기능에 초점을 맞춘다. 다시 말해서, 율법으

---

86) Ibid., 2:66.
87) Ibid., 2:64.
88) Ibid.
89) Ibid., 2:65.
90) Ibid., 2:67.
91) Ibid.

로 말미암아 정욕이 역사할 때 죄는 죄악된 행동으로 나타난다.[92] 하지만 율법 자체는 인간을 향한 하나님의 뜻을 드러내기에, 인간의 죄에 대하여 책임이 없다.[93] 빌켄스에게 율법은 언제나 하나님 편이다.[94]

빌켄스에 의하면, 6절의 νυνὶ는 그리스도인의 새로운 시대와 율법통치 아래의 시대를 대조시킨다;[95] 두 시대의 두드러진 차이점은 새 시대에서 그리스도인이 율법의 정죄에서 벗어난다(κατηργήθημεν)는 것이다(6a절). 6절에서 바울은 7:2와 7:4에서 언급한 내용(참고. κατηργέω)을 재진술한다. 여기에서 빌켄스는 우리를 얽매던 존재는 율법이라고 결론 내린다.[96]

로마서 7:6b는 율법에서 자유한 결과를 언급한다. 새로운 것/묵은 것의 대조는 옛 시대와 종말적인 새 시대 사이의 차이를 강조한다.[97] 빌켄스에게 율법의 세력은 인류를 정죄하며 죄의 결과로 죽음을 가져다 줌으로, 저들을 율법의 영향권 안에 굳게 붙잡아 두었다. 하자민 율법의 정죄하는 세력은 새 시대가 도래함으로 끝났다. 빌켄스는 "폐기된 것은 율법 자체가 아니라 γράμμα이며, 우리의 주인행세를 하며 인류를 정죄하던 기능(갈3:13)은 끝났다"고 말한다.[98] 다시 말해서, "하나님은 죄와 죽음과 관련된 율법의 부정적 효과를 신자를 구원하는 긍정적 효과로 바꾸기 위해 성령 안에서 생명을 주는 능력을 부여함으로, 생명을 주지 못하는 율법의 무능함을 극복하셨기 때문에(8:2),"[99] 로마서에서 "율법은 긍정적인 의미를 부여 받는다."[100]

---

92) Ibid., 2:69.

93) Ibid.

94) Cf. C. Grenholm, *Romans Reconsidered* (Stockholm: Almqvist & Wiksell International, 1990) 29.

95) Wilckens, *Römer*, 2:69.

96) Ibid.

97) Ibid.

98) Ibid., 2:70.

99) Ibid., 24.

100) U. Wilckens, "Statements on the Development of Paul's View of the Law" in *Paul and Paulinism: Essays in honor of C. K. Barrett.* eds. M. D. Hooker and S. G. Wilson (London: SPCK, 1982) 23.

제임스 던 (James D. G. Dunn)

던(James D. G. Dunn, 1939-)은 로마서 7장이 로마서 5-6장에서 밝히지 않았던 율법의 기능을 설명하는데 그 중요성이 있다고 제안한다. 5:20-21에서 율법은 죄와 죽음의 편에 서 있는 듯하며, 6:14-15에서 율법은 간단하게 언급된다. 그렇다면 로마서 7장에서 중심되는 주장은 율법의 본질과 기능을 명확히 하는 것이다.[101]

바울은 2-3절에서 특정한 법을 다루기 때문에, 7:1-6에서 그리고 특별히 1절에서 법은 모세의 율법을 나타낸다고 던은 주장한다(2절의 γὰρ).[102] 그러나 그는 율법이 죄와 죽음과 행동을 같이 할 때, 사람을 속박하는 또 다른 형태의 세력이 된다고 본다. 던은 1b절에서 동사 κυριεύειν가 6:9과 6:14에서와 마찬가지로 사용된다고 가정하면서, 율법은 죄와 죽음에 더하여(참고. 5:21) 세 번째 요소가 되며, "사악한 것, 이 시대 안에서 인간의 속박된 상태의 표시"라고[103] 주장한다.

기본원칙(1b절)의 사례 역할을 하는 로마서 7:2-3은 우화로 읽혀서는 안된다고 하는데, 예에서는 아내가 죽지 않는 반면, 4절에서 (아내 역할을 하는) 그리스도인이 실제로 죽기 때문이다. 이것을 보고 던은 "이것은 신자가 하나의 상태에서 다른 것으로 이동하는 예가 아니라, 죽음이 율법의 지배에서 자유케 한다는 기본원칙을 보여주는 예"라고[104] 추정한다.

던은 4절이 독립절을 소개하는 ὥστε로 시작하기 때문에, 1절 원칙의 즉

---

101) J. D. G. Dunn, *Romans 1-8: Word Biblical Commentary* (Dallas: Word, 1988) 367-368. 말하자면, 바울은 7:7-8:4에서 율법을 변호한다(*The Theology of Paul the Apostle* [Grand Rapids Cambridge: Eerdmans, 1998] 645).

102) 2-3절에서 예로 나온 결혼은 신24:1-4의 결혼/이혼법을 전제한다: 오직 남편만이 이혼의 권리를 가진다(1절); 바울이 "다른 이에게 간다"(γενέσθαι ὑμᾶς ἑτέρῳ)고 말할 때, 그는 신24:2의 단어를 선택한다; 롬7:3의 μοιχαλίς란 용어는 유대적 전망을 증명한다(Dunn, *Romans 1-8*, 360-361).

103) Ibid., 359. cf. Dunn, *Theology*, 129.

104) Ibid., 369. italics original.

각적인 결론이라고 주장한다. 결과적으로, 4절을 2-3절과 개별적으로 연결 짓는 것은 적절치 않다. 예를 들어, 남편의 죽음(2-3절)과 하나님의 율법을 연관시키는 것은 올바르지 않다는 것이다. 율법과 관련해서 4절이 전달하고자 하는 바는 이중적이다: 첫째, 신자는 율법에 대하여 죽음으로 사망에 이른다;[105] 둘째, 그리스도의 죽음을 통해 율법의 통치는 끝난다.[106]

"그리스도의 몸으로 말미암아"(4절)란 어구는 십자가에 못박혀 죽으신 그리스도(참고. 6:2ff)를 나타낸다. 이 어구를 성찬식(빌켄스)이나 교회(다드, 나이그렌)로 해석하는 것은 설득력이 떨어지는데, 그런 주장들은 "신적 수동태"가 주는 영향력을 인정하지 못하며 궁극적으로 "그리스도의 죽음의 단회적인 역사적 사건"을[107] 약화시키기 때문이다. 오히려 이 어구는 신자가 그리스도의 죽음에 동참함으로 율법에 대하여 죽을 수 있다고 제안한다.[108]

던은 비록 그리스도인이 그리스도의 죽음으로 그와 밀접한 관계를 맺고 있으나 아직까지 부활하신 그리스도와 전적으로 관계를 맺은 것은 아니라는 사실을 간과하지 말라고 당부한다.[109] 이런 점에서, 그들은 율법의 영향력에서 전적으로 제외된 것은 아니다. 율법은 여전히 긍정적으로나 부정적으로 그리스도인에게 지배력을 행사한다. 긍정적으로, 율법은 그리스도의 복음으로 말미암아 내적 자아가 순종하는 하나님의 법으로 그들에게 다가온다. 부정적으로, 율법이 죄에 의해 왜곡될 때, 죄의 법이 되어 그들을 얽맨다.[110]

던은 "열매를 맺는다"(4절)는 표현이 재혼의 결과로 자녀의 출산을 나타낸다는 주장을 받아들이지 않는다; 오히려, 이 어구는 로마서 6:21f과 연결되어 노예제도를 떠올리게 한다.[111] 그렇다면 "열매"는 사람이 그리스도인

---

105) Ibid., 361.
106) Ibid., 362.
107) Ibid.
108) Ibid.
109) Ibid. cf. Dunn, *Theology*, 629.
110) Cf. Dunn, *Theology*, 160-161, 645, 647.
111) Dunn, *Romans 1-8*, 363.

이 된 도덕적인 결과를 가리키며, 거룩한 방식으로 살아가는 삶과 교회의 협력사역을 포함한다.[112]

로마서 7:5은 그리스도인 이전의 상태를 설명하며, 거기서 바울은 "육신"이란 용어를 육체적이고 도덕적인 차원을 가진 것으로 사용한다. 던은 "육신"이란 용어가 "연약함과 창조주로부터 동떨어진 피조물의 부패성을 나타내는 어떤 부정적인 의미"를[113] 항상 부여한다고 제안한다. 게다가, "육신에"란 어구는 두 가지를 나타낸다: 첫째, 그것은 "육신을 신뢰하고 육신을 자랑하는 유대인의 경건함(빌3:3f; 갈6:3)"을[114] 나타낸다; 둘째, 그것은 그리스도 안에 있는 상황과 대조되는 나쁜 상황을 이야기하는데, 두 상황은 아담과 그리스도 시대 사이에 불일치를 보여준다.[115]

던은 "정욕"을 경멸적인 뜻을 가진 감정으로 여긴다. 그는 모든 감정을 악한 것으로 정죄하지는 않으나,[116] 특별히 구원받지 않은 자들에게 정욕은 죄에 이용당하는 수단이 된다. 소유격 τῶν ἁμαρτιῶν은 죄악된 행동을 나타내는데, 소유격이 내용의 소유격(즉, 죄와 동일한 정욕)이나 방향의 소유격(즉, 죄로 나타난 정욕)으로 사용될 수 있기 때문이다. 그렇다면, 자만으로 나타나는 정욕은 이방인을 배제한다.[117] 정욕을 불러 일으키는 율법은 단순히 어떤 행위를 금지함으로 정욕을 자극하여 궁극적으로 그들을 사망에 이르게 할 잠재력을 가진 토라이다. 하지만 던은 이것이 "죄를 죄로 여기지 않거나 죄의 정욕에 의해 살아온 삶이 죽음이라는 최종적인 지불을 피하게 할 수 있다는 환상을 주기 때문에, 죄가 죽음에 이르지 *않게* 하는 것을 방지하시는 하나님의 뜻"에[118] 따라서 이루어진다는 점을 분명히 한다. 이런 식으

---

112) Ibid.
113) Ibid.
114) Ibid. 유대인들은 할례가 자신들을 하나님의 선민으로서 이방인과 구별지어주는 민족적 표지라고 높이 평가한다(롬2:28. 참고. 엡2:11).
115) Ibid., 364.
116) Ibid.
117) Ibid., 365.
118) Ibid., 372. 이탤릭체는 원저자의 것.

로, 율법은 죄가 죽음을 위하여 열매를 맺도록 재촉하는 "온실효과"를[119] 낳는다.

던은 κατηργήθημεν ἀπὸ τοῦ νόμου(6a절)란 어구에서 "율법"을 두 가지로 이해한다: 첫째, 그것은 율법에 의해 규제되는 삶을 내포한다. 그는 율법이 규제하는 범위를 "바울의 동시대 사람들이 언약적 지위에 관하여 참되며 긍정적인 묘사로 간주해 왔던 것"으로 국한시킨다;[120] 둘째, 그것은 죄의 정욕에 의해 통제되는 삶을 수반한다.[121] 이럴 경우, "율법에서 벗어났다"는 어구는 할례, 안식일, 그리고 음식법 같은 특정한 법으로 규제되는 삶에서 자유를 의미할 뿐 아니라, 죄의 정욕에 의해 통제되는 삶에서 자유를 의미한다.

우리를 얽매던 존재는 율법이며 동사 κατειχόμεθα(6a절)는 예속시키는 세력이라는 아이디어를 함축한다.[122] 그래서 바울은 율법에 대하여 이중적인 죽음을 제안한다: 신자의 개인적 회심 경험과 이스라엘이 율법의 속박과 노예상태에서 (그리스도로 말미암아) 벗어남.[123]

바울에게 있어 καινότης πνεύματος와 παλαιότης γράμματος(6b절) 사이의 대립은 매우 중요하다고 던은 생각한다. "묵은 것"은 그리스도 도래 이전의 시기를 특징짓는다. 하지만 "율법조문"은 율법 *자체*를 가리키지 않고 제한된 의미, 즉, 피상적인 수준이나 육신의 수준에 있는 율법을 나타낸다. 그렇다면 율법에 순종한다는 것은 유대인을 이방인과 구별 짓는 특정한 의식에 따라 행동한다는 의미이다.[124] "새로운 것"은 그리스도가 소개한 종말적 시대를 특징 지으며, "영"은 성령으로 특징지어진 삶 또는 성령과 친밀한 관계를 가진 삶을 의미한다.[125]

---

119) Ibid., 3
120) Ibid., 365. 이탤릭체는 원저자의 것.
121) Ibid.
122) Ibid., 366.
123) Ibid.
124) Ibid., 373.
125) Ibid.

던에 따르면, 그리스도인은 율법이 죄의 참된 성격을 드러내며 그것을 정죄하는 차원에서 하나님의 뜻을 표현하는 것으로 평가할 수 있다.[126] 그리스도의 부활생명의 능력은 그리스도인에게 율법을 제대로 인식하라고 용기를 북돋우어 줄 뿐 아니라, 그(녀)가 전심으로 율법을 순종할 수 있도록 도와준다.[127]

무 (Douglas J. Moo)

무(D. J. Moo, 1950-)는 로마서 7장에서 가장 쟁점이 되는 부분이 모세의 율법이며,[128] 거기서 바울은 두 가지 핵심 포인트를 개진한다고 주장한다. 첫째, 인류는 그리스도와 새로운 관계를 가지기 위해 율법에서 벗어나야 하며(1-6절), 둘째, 비록 율법은 본질적으로 신성하지만 사람을 의롭게 하거나 거룩하게 할 수 없다(7:7-25).[129]

7:1-6을 올바르게 이해하기 위하여, 무는 우선 문맥을 고려해야 한다고 믿는다. (1) 좀 더 넓은 맥락에서, 바울은 이미 율법을 여러 번 부정적으로 묘사해 왔다: 가령, 율법을 소유하는 것이 중요한 것이 아니라 그것을 순종하는 것이며, 이스라엘은 율법을 준수하는데 실패했다(2:12-13, 17-24); 율법은 의롭게 하지 못한다(3:20-28); 사람은 율법을 통해 오히려 죄를 깨닫는다(3:20); 율법을 진노를 이루게 하며(4:15), 범죄를 더하게 한다(5:20); 신자는 죄에 대하여 죽었기에 법 아래 있지 않다(6:14-15). 율법에 관하여 위에 묘

---

126) 던에게 있어, 율법에 대한 바울의 비판은 그것이 죄에 오용될 때 생기며, 가장 두드러지게 는, 하나님의 백성에게 교만을 불러 일으킬 때이다(*Romans, 1-8*, 385).

127) Ibid., 394. 던은 "바울에게 있어, 그리스도 안에서 하나님의 구원행위의 목적은 율법준수 를 가능케 하는 것이었다"고 진술한다(*Theology*, 646).

128) D. J. Moo, *The Epistle to the Romans: The New International Commentary on the New Testament* (Grand Rapids: Eerdmans, 1996) 409.

129) Ibid.

사한 내용을 토대로, 무는 바울이 7:1-6에서 율법의 역기능과 그것의 신자와의 관계를 내비칠 때, 진정 진정성이 있다고 생각한다.[130] (2) 가까운 맥락에서 볼 때, 7:1-6에서 바울의 메시지는 로마서 6장과 병행한다: 신자가 죄에 대하여 죽고(6:2) 그것에서 벗어난 것처럼(6:7), 율법에 대하여 죽고(7:4) 그것에서 벗어났다(7:6); 신자가 죄에서 자유하여 하나님을 섬기고 성화를 위한 열매를 맺듯이(6:22-23), 율법에서 자유하여 하나님을 위해 열매를 맺고(7:4) 영의 새로운 것으로 섬긴다(7:6).[131]

이러한 사항들에 비추어, 무는 7:1-6에 관하여 다음과 같이 주장한다. (1) 7:1에서 바울은 예전 하나님 경외자들로 알려진[132] 로마에 있는 이방 독자에게 "죽음은 율법의 속박을 단절한다"는 원칙을[133] 제시한다. 그런 뒤 그는 7:2-3에서 이 원칙을 증명하기 위해 유비를 사용한다: 즉, 결혼예는 어떻게 남편의 죽음이 아내에 대한 결혼법의 속박을 단절시키는지 되풀이하여 말한다.[134] 무는 2-3절에서 우화적인 해석을 거부하는데, 그것이 "본문에 없는 개념을 가져오기"[135] 때문이다. 도리어, 7:2-3은 "죽음이 율법과의 관계를 단절한다는 한 가지를 이야기한다."[136] 7:4에서 바울은 1-3절의 결론을 끌어낸다: 신자는 율법에 대하여 죽었으며, 죽음은 저들로 율법의 권세에서 벗어나게 한다; 그 결과, 그들은 그리스도와 새로운 관계에 들어갈 수 있다.[137]

(2) 무의 주장은 "그리스도 안에서 일어난 일들을 설명하기 위해 바울이

---

130) Ibid.
131) Ibid., 409-410.
132) 무는 7:1-6에서 바울이 자신의 주장하는 바를 위해 독자를 바꾼다고 생각하지 않는다(*Romans* [NICNT], 411).
133) Ibid., 410. 1절에서 언급된 율법은 모세의 율법이며, 거기서 나온 원칙은 b. Shabb 30a에 기록된 랍비의 격언과 닮아 있다고 무는 믿는다(*Romans* [NICNT], 411-412).
134) Ibid., 412.
135) Ibid., 413.
136) Ibid.
137) Ibid., 414f, 418.

사용한 개념적 틀"에 입각한 자신의 구속사적 접근방법에 기초하고 있다.[138]
말하자면, 그리스도의 구속사역은 율법체제가 우세했던 옛 시대의 종말을
가져왔다. 무는 주장하기를, 이럴 경우 "율법 아래 있다는 것은 그러한 옛 시
대에 살고 있으며 '율법의 마침'이신 그리스도가 오신 것을 사실상 부인한다
는 의미"이다.[139]

7:5-6에서 바울은 자신이 이미 4절에서 추정한 구속사적 배경을 좀 더 상
세히 다루는 가운데 신자는 율법체제에서 벗어나야 한다고 설명한다.[140] 로
마서 7:5은 옛 시대를 이야기하는데, 그때에 인류는 이 세상 초등학문에 매
여 있어 하나님과 상관없이 결정하고 또한 행동했다고 한다. 그들이 육신에
있을 때,[141] 죽음에 이르게 하는 정욕에 사로잡혀 있었다. 그래서 율법은 그
들의 상황을 개선하기는커녕 그것을 더욱 악화시켰다.[142] 로마서 7:6은 새
시대를 보여주며 율법에서 자유를 강조한다: 즉, 율법에 대하여 죽음으
로,[143] 신자는 율법에서 벗어나 이제 영의 새로운 것으로 (하나님을) 섬기며
율법조문(γράμμα)의 묵은 것으로 아니한다.[144] 무는 설명하기를, 바울이

---

138) Ibid., 415. 무는 자신의 구원역사적 접근 방식을 다음과 같이 설명한다: "역사의 절정이신
그리스도와 더불어, 역사는 두 '시대'로 나눌 수 있으며, 아담과 그리스도를 각각 창시자로
가지는데, 한편으로 죄, 율법, 육신, 그리고 죽음을 통치 세력으로 가지며, 다른 한편으로
의, 은혜, 성령, 그리고 생명을 통치 세력으로 가진다. 모든 백성은 아담의 죄에 참여하고
있기 때문에 '옛 시대'에서 시작한다(참고. 롬5:12, 18-19). 하지만 혹자는 새 시대의 창시
자인 그리스도와 연합함으로 '새 시대'로 옮김 받을 수 있으며, 그렇게 함으로써 새 시대를
여는 그리스도의 죽음, 장사됨, 그리고 부활에 참여할 수 있다(참고. 6:1-6)"(*Romans*,
[NICNT], 26).

139) D. J. Moo, *Romans: The NIV Application Commentary* (Grand Rapids:
Zondervan, 2000), 219.

140) Moo, *Romans* (NICNT), 418.

141) 무는 육신이 단지 인간의 죄악된 본성이 아니라 옛 시대의 또 다른 세력을 나타낸다고 주장
한다(*Romans* [NICNT], 418). cf. D. J. Moo, "'Flesh' in Romans: A Challenge for
the Translator" in *The Challenge of Bible Translation. Communicating God's
Word to the World.* eds. G. G. Scorgie, M. L. Strauss, and S. M. Voth (Grand
Rapids: Zondervan, 2003) 373.

142) 그래서 7:5의 율법의 기능은 원인적이다(*Romans* [NICNT], 419).

143) 6a절에서 인류를 얽매는 존재는 율법이다(*Romans* [NICNT], 421).

νόμος가 아닌 γράμμα를 사용하는 것은 "그것이 모세의 율법의 '외적' 본질을 더 분명하게 함축하기 때문이다. 돌판에 기록된 하나님의 율법은 사람의 마음을 변화시킬 수 없으며, 오직 하나님의 성령만이 그것을 할 수 있다"고[145] 한다.

무의 전체적인 관점에서, 7:1-6에서 바울의 요점은 간단하게 신자는 율법에서 벗어난다는 것이다.[146] 무는 율법이 정죄에 이르게 하는 행위의 언약으로는 폐지되었으나, 삶의 규범으로서 여전히 구속력을 가진다는 칼빈의 주장을 받아들이지 않는다(참고. *Inst.*2.11.9).[147] 오히려, 그리스도인은 어떠한 전제조건 없이 율법에서 벗어났다고 무는 믿는다. 예외적으로, 십계명 가운데 아홉 가지 계명은 신약에서 승인되고 있다고 그는 주장한다.[148] 무는 바울이 고린도전서 7:19에서 신자가 하나님의 계명을 준수해야 한다고 말할 때, 그것을 받아들인다. 하지만 이 경우에서 계명들은 "예수의 가르침과 그의 사도들이 성령 충만한 삶의 안내자로 내놓은 명령들로 구성된다."[149]

번 (Brendan Byrne)

로마서 1:18-4:25에서 율법은 믿음으로 대치되었다고 주장하면서도, 바울은 여전히 로마서 7장에서 율법에 역점을 두고 있다. 이것은 번(Byrne)으로 하여금 "서신 가운데 구원의 소망을 다루도록 할당된 부분에서 왜 율법이 주요 이슈로 다시 등장하는가(5-8장)?"라는 질문을 일으키게 한다.[150] 그것

---

144) 무는 γράμμα가 옛 언약을 나타낸다고 추정하면서, "옛 언약의 본질은 '외적으로' 기록된 하나님의 요구로서의 율법"이라고 말한다(*Romans* [NICNT], 421).

145) Moo, *Romans* (NIVAC), 220. 이탤릭체는 원저자의 것

146) Moo, *Romans* (NICNT), 410.

147) Ibid., 414.

148) Moo, *Romans* (NIVAC), 224.

149) Ibid., 222.

150) B. Byrne, *Romans. Sacra Pagina* (Collegeville: Liturgical Press, 1996) 208.

은 바울이 구원의 소망과 더불어 율법이 제거된 이후 의로운 삶을 사는 것이 가능하다는 메시지를 전하기 원해서다.[151] 율법은 인간에게 의를 요구하지만 그것을 성취할 수 있는 수단은 제공하지 않는다; 그것은 오히려 죄의 도구가 되어 유대인과 이방인을 위한 복음을 위협한다.

번은 7:1b가 "죽음이 율법의 요구에서 자유를 가져다 주었다"는 기본원칙을 제시한다고 주장한다.[152] 바울은 이 원칙을 로마에 있는 자신의 이방 독자에게 이야기 하는데, 저들은 예전 하나님 경외자들로 구약 율법에 정통해 있다.[153] 번은 지적하기를, 바울은 혹자가 더 이상 율법에 매이지 않는다는 것을 그들에게 알리는 것이 조금은 역설적인데, 그는 보편적으로 알려진 율법에 사실상 호소하기 때문이다.[154]

번은 2-3절에서 바울이 법을 결혼에 적용함으로 이 자유의 원칙을 예증한다고 본다. 이 예에서 언급된 법은 모세의 율법을 나타내는데, 왜냐하면 오직 남편에게 이혼할 권리가 주어지기 때문이다.[155] 이 예가 보여주고자 하는 것은 남편의 죽음이 그녀를 결혼법에서 자유케 한다는 것이다.[156]

바울은 1b절에서 제시한 원칙과 2-3절에서 들고 있는 결혼예 모두 로마 신자의 상황(4절)과 연관시킨다.[157] 번이 볼 때, 4절에서 바울은 한 가지 요점을 주장하는데, 말하자면, "자유는 죽음을 통하여 생기며 그 요구된 '죽음'은 신자가 '그리스도의 몸을 통해' 이미 경험한 그 무엇이다."[158] 여기에서 그리스도의 몸은 "소통의 수단으로서" 자신의 육체적 몸을 지칭하는데, 율법에 대한 신자의 죽음은 "'그리스도의 삶'과의 관계"에[159] 기초한다. 하

151) Ibid., 209.
152) Ibid., 210.
153) Ibid.
154) Ibid.
155) Ibid., 213.
156) Ibid., 210, 214.
157) Ibid., 211.
158) Ibid.
159) Ibid.

지만 번에 따르면, 비록 신자는 율법의 요구에서 벗어났으나, 이것은 우리로 하여금 율법 자체가 무효화된다는 결론에 이르게 하지 않는다(롬3:31). 율법 은 여전히 하나님의 뜻을 드러내며(8:4), 인간의 죄를 정죄하는 수단으로 작 용한다(3:20). 신자는 율법의 범위에서 단지 벗어나 있을 뿐이며, 결혼예에 서 보여준 율법에서 자유는 새로운 연합으로 이어진다.[160] 이번에 신자의 파 트너는 부활하신 그리스도이며, 그와의 결혼은 하나님을 위하여 "성화"에 이 르는 선한 행실의 열매를 맺는다(롬6:22 NRSV).[161]

6절에서 새로운 삶의 방식을 소개하기 전, 바울은 5절에서 과거의 부정적 인 상태를 이야기하고 있다고 번은 생각한다. 바울은 예전의 상황을 "우리가 육신에 있을 때"로 묘사한다. 여기서 육신은 부정적으로 사용되어 "옛 시대 의 죄악된 상황으로 말미암아 결정 지어진··· 하나님과 적대적인 관계에 있 는 인간존재"를[162] 나타낸다. 그때에 인류는 율법에 매여 있었으며, 그 결과, 사망을 위하여 열매를 맺었다(참고. 6:2). 이러한 결과는 율법으로 말미암아 초래되었는데, 율법은 육체의 기관에서 죄를 생산하는 정욕을 불러일으켰다 (참고. 롬7:23).[163]

παθημα란 말은 "정욕"으로 번역되는데, 가끔 고난을 의미하고 있으나(참 고. 8:8), 이 경우에는 불유쾌한 감정을 나타낸다(참고. 갈5:22). "죄의 정욕" 에서 αμαρτία란 말이 단수형일 경우, 하나의 세력으로 바울 서신에서 빈번 하게 사용된다. 하지만 5절에서 αμαρτία는 복수형으로 사용되어 죄악된 행 위를 나타낸다.[164]

5절의 어두운 과거와는 대조적으로, 6절에서 바울은 율법의 압제가 없는 새로운 윤리적 가능성으로 가득찬 신자의 현재 상황을 제시한다. 6a절에서

---

160) Ibid., 214.
161) Ibid., 210-211.
162) Ibid., 212.
163) 번은 "죄의"라는 어구를 목적적 소유격으로 보아, τὰ παθήματα τῶν ἁμαρτιῶν를 죄를 생산하는 욕심으로 해석한다(*Romans*, 212, 215).
164) Ibid., 215. 번은 "바울이 초대교회에서 흔히 사용되는 어구를 가져온다"고 추정한다.

그는 4절에서 말한 내용을 되풀이하는데, 신자가 자신들을 얽매던 율법에 대하여 죽었다고 한다.[165] 이 자유는 단지 자율성을 제시하는 것은 아니며, "'율법조문의 묵은 것'을 대체하는 '영의 새로운 것'으로 특징지어진 새로운 섬김"을 요청한다(6b절)고 그는 주장한다.[166] 여기서 새로운 것과 묵은 것 사이의 대조는 신자들 가운데 일어난 "오랫동안 기다리던 시대적 변화"를[167] 나타낸다.

번은 "율법조문"(γράμμα)이 의무와 처벌로 가득 찼으나 육신의 죄를 극복할 능력은 제공하지 않는 성문법을 나타낸다고 주장한다; 그것은 결국 인류를 죽음으로 이끈다.[168] 이것과 반대로, 성령은 생명에 이르게 할 의를 사람의 마음에 창조하는 새 시대의 능력이다(8:10-11). 성령의 능력은 하나님의 약속을 성취한다(참고. 렘31:31-34과 겔36:26-27): 즉, 신자는 이제 영의 새로운 것으로 섬길 수 있다.[169] 번은 다음과 말하면서 본문 전체를 요약한다: "신자는 실제로 율법에서 자유하며(7:1-4), 저들에게 자유는 새로운 윤리적 '가능성'을 여는 첫 신호로 주어진다(5-6절)."[170]

---

165) 번은 말하기를, "바울은 율법을 거듭 반복하는 것을 피하기 위해 헬라어의 표현을 축약했으며, 관계 대명사 ἐν ᾧ에 내포된 선행사는 율법이다"(*Romans*, 215).

166) Ibid., 212. 다른 곳에서 번은 주장하기를, 율법 아래의 삶이 성령 안의 삶으로 바뀌었을 뿐 아니라, 율법 자체도 성령으로 대체되는데, 성령이 신자에게 새로운 율법이기 때문이라고 한다(롬8:2)(cf. B. Byrne, "Interpreting Romans Theologically in a Post-'New Perspective' Perspective," *Harvard Theological Review* 94 [2001] 237-238; idem, "The Problem of Νόμος and the Relationship with Judaism in Romans,' *Catholic Biblical Quarterly* 62 [2000] 304-307).

167) Ibid., 215.

168) Ibid., 212.

169) ὥστε로 시작하는 6b절에서, 번은 ὥστε가 결과를 나타내는 것으로 인정하면서, 그 결과를 하나님이 의도한 것으로 본다(*Romans*, 215).

170) Ibid., 213.

쥬윗 (Robert Jewett)

쥬윗(R. Jewett, 1933-)은 로마서 7:1-4가 삼단논법의 본보기를 제공한다고 본다. 1절에 대전제가 등장하는데, "죽음이 발생한 이후 법적 관할은 계속되지 않는다"고 제시된다. 바울은 2-3절에서 결혼예를 통해 모세의 율법을 거론함으로 세 가지 소전제를 만드는 한편, 4절에서 1-3절로부터 두 가지 결론을 끌어낸다. 마지막으로, 5-6절에서 바울은 로마 독자들의 과거와 현재 경험에 비추어 삼단논법을 좀더 설명한다. 쥬윗은 로마서 7:1-4을 이해하는데 있어 심각한 논리적 모순을 피하기 위해 우화적이나 유비적인 해석을 고려하지 않는다.

바울은 ἢ ἀγνοεῖτε…ὅτι..(너희는… 알지 못하느냐)라고 말하면서 자신의 독자를 소개하는데, 쥬윗은 저들이 어느 정도 알고 있으나 충분할 정도는 아니라고 바울이 추정하기에 이것이 자신이 전할 내용이 질책성의 성격을 띈는 것을 보여준다고 주장한다.[171] 바울이 염두에 두는 독자는 공동체의 모든 멤버 즉, 로마서 14:1-15:13의 믿음이 약한 자와 강한 자 모두를 포함하며, 그가 1절에서 이야기하는 법은 모세의 율법을 나타낸다. 1절의 대전제는 일반원칙으로 만들어지는데, 7:4-6에서 바울의 주된 주장, 즉, (죄에 대하여 죽은) 신자는 율법에서 벗어난다는 내용을 위한 근거를 마련한다.[172]

7:2a에서 바울은 첫 소전제를 제공한다: 아내(ἡ ὕπανδρος γυνὴ)는 남편 생전에 그에게 매인다. 로마서 7:2b는 첫 소전제의 자연적인 결론으로, "배우자의 죽음은 아내로 하여금 그에게 복종하기를 요구하는 법에서 벗어나게 (κατηργέω) 한다"고[173] 말한다. "무력화하다, 비활동적으로 만들다, 벗어

---

171) R. Jewett, *Romans. Hermeneia-A Critical and Historical Commentary on the Bible* (Minneapolis: Fortress, 2007) 430.

172) 쥬윗은 이 원칙이 b. Sabb.30a에 분명히 언급되고 있다고 말한다(*Romans*, 430).

173) Ibid., 431.

나다"는 의미를 가진 동사 κατηργέω는 "아내가 율법의 의무에서 벗어난다"
는[174] 것을 보여준다. 둘째 소전제는 7:3a에서 언급된다: "간음은 오직 남편
이 살아 있는 동안에 규정된다."[175] 여기서 μοιχαλίς("음녀")란 말은 유대
기독교 문헌에서 주로 사용되었으며, "도덕적으로 엄격한 사회적 정황"을 나
타낸다.[176] 7:3b에서 바울은 셋째 소전제를 진술하는데, 이것은 사실 둘째
소전제의 이면에 해당한다: 만약 그녀 남편이 죽는다면, 아내는 남편 뿐 아
니라 법에서도 벗어난다.[177]

쥬윗에 따르면, 1-3절에서 제시된 전제들은 4절에서 결론에 이르는데, 거
기서 바울은 두 가지를 이야기한다. 첫 번째는 "너희는 그리스도의 몸으로
말미암아 율법에 대하여 죽었다"(4a절)고 한다. 여기서 동사 ἐθανατώθητε
("죽다")는 과거 신자의 회심을 표현하는 한편, 하나님의 주도권을 강조한다.
로마서 6:2과 달리, 이 죽음은 율법과 관련해서 일어나며, 4절의 율법은 우선
적으로 모세의 율법을 나타낸다.[178] 이 시점에서, 쥬윗은 율법이 "그들로 명
예를 위한 경쟁의 잘못된 형태로 인도"하지만, 그리스도의 죽음은 의를 향한
새로운 길을 보여줌으로 율법의 왜곡을 폭로하고 극복했다"고[179] 주장한다.
신자에게 자유를 안겨다 준 수단은 율법의 통치를 종식시킨 십자가에 못박
히신 그리스도의 몸이다.[180]

두 번째는 "너희가 다른 이 곧 죽은 자 가운데서 살아나신 이에게 가서"

---

174) Ibid., 432.
175) Ibid.
176) Ibid.
177) Ibid.
178) Ibid., 433.
179) Ibid., 434. 쥬윗은 사실상 "계명의 목적을 외곡하여 경쟁에서 명예를 얻기 위한 도구로 바
    꾼 것은 바로 죄"라고 나중에 분명하게 말한다(Romans, 451. cf. R. Jewett, Paul the
    Apostle to America [Louisville: Westminster John Knox, 1994] 41). 그러나 J. D. G.
    Dunn, "A Review of Jewett, Romans" in From Rome to Beijing. Symposia on
    Robert Jewett's Commentary on Romans. Symposia on Robert Jewett's
    Commentary on Romans. ed. K. K. Yeo (Lincoln: Kairos Studies, 2013) 141.
180) Ibid., 433-434. cf. R. Jewett, Paul's Anthropological Terms: A Study of Their Use
    in Conflicting Settings (Leiden: E. J. Brill, 1971) 300.

(7:4b)[181] 라고 한다. 이 새로운 관계는 결혼의 언어로 설명된다.[182] 부활하신 그리스도와 연합한 자들은 이미 율법에서 벗어났기 때문에 율법을 통해 우월감을 가질 수 없다고 쥬윗은 판단한다.[183] 바울이 그리스도와 함께 죽은 자들은 하나님을 위하여 열매를 맺는다고 제시할 때, 쥬윗은 "열매를 맺다"는 표현을 두 가지로 설명한다: 첫째, 만약 로마 독자들이 그리스도와 연합했다는 사실을 깨달아 서로 경쟁하는 일을 멈춘다면, 새 회심자의 열매를 맺기 위해 바울의 스페인선교에 협력할 것이다; 둘째, 열매 맺는 일은 피조물을 다스리는 아담의 책임을 회복하는 일과 관련 된다(참고. 롬8장).[184]

로마서 7:5과 7:6은 삼단논법을 추가 설명하는데, 각각 로마 신자의 회심 이전과 그 이후를 다룬다. 구조적으로, 이 구절들은 특별히 "육"과 "영"의 현저한 대조를 이루는데, 전자는 육에 지배를 받는 옛 시대를 나타내는 ὅτε γὰρ("그때")와 후자는 성령의 지배를 받는 새 시대를 상징하는 νυνὶ δέ("이제")를 수반한다.

νυνὶ δέ("이제")라는 어구는 부정적인 의미로 사용되는데, 그 이유는 육이 "사로잡힌 자들로 하여금 다른 사람이나 그룹보다 더 우월한 지위를 차지하기 위해 명예와 수치의 왜곡된 제도를 운영하게 함으로 끊임없이 경쟁하는 삶으로 이끄는"[185] 일종의 세력을 나타내기 때문이다. 그런 상황에서, 정욕은 율법을 통해 인류의 육신의 지체에서 역사한다. 여기서 παθήματα("정욕")은 욕정이 아닌 율법이 명하는 바에 따라 다른 사람들을 능가하기 위한 경쟁적인 열의를 의미한다.[186]

---

181) 쥬윗은 둘째 소전제를 명시하지는 않는다. 하지만 문맥으로 볼 때, 우리는 4b절이 둘째 소전제라고 추정할 수 있다.

182) Ibid., 434.

183) Ibid., 435. cf. Jewett, *Paul*, 42. 쥬윗은 신자의 첫 남편으로 경쟁체제를 고려하고 있는 듯하다(*Romans*, 434).

184) Ibid., 435.

185) Ibid., 436. cf. Jewett, *Terms*, 153.

186) Ibid. 이 시점에서, "토라는 명예를 얻는 수단으로 비방을 받게 되었다." cf. Jewett, *Paul*, 42-43.

7:5b에서 정욕은 죄로 말미암아 일어나며[187] 육신의 지체를 통해서 표현된다. παθήματα는 "육신의 지체에 자리를 잡은 정욕"이라기 보다 "경쟁적 열의로 활성화 된 육신의 팔다리 및 기관"을[188] 의미한다. 그리고는 나쁜 결과, 즉, 죽음을 위하여 열매를 맺는 일이 뒤따른다. 쥬윗은 주장하기를, 죽음을 위하여 열매를 맺는 일은 "사람이 자신의 지체를 악의 도구로 양보한 결과"라고[189] 한다(참고. 6:13). 그런 행위는 가해자나 피해자 모두를 파괴시키며, 마지막 날에 하나님의 진노로 영원한 사망을 가져올 것이다.[190]

7:6에서 바울은 새 창조의 종말적 시대를 소개하는데, 그때 신자들은 더 이상 "성과의 원칙"에[191] 지배를 받지 않는다. 그들은 그리스도의 죽음에 동참함으로, "불법으로 속박하고 더욱 강한 영향력으로 억누르는"[192] 율법을 지키려는 충동에 대하여 죽었다(6a절). 하지만 비록 율법이 의도한 목적이 "육"에 의해 왜곡되었으나(7:5), 율법의 참된 의도는 "'율법조문'의 사악한 개입이 다른 사람들 보다 우월한 명예와 지위를 얻는 제도"에서[193] 제거됨으로 새 시대에서 성취된다. 로마의 그리스도인은 이제 사망에 이르게 하는 율법조문(γράμμα)을 섬기거나 그렇지 않으면 영생에 이르게 하는 성령을 섬길 수 있다.

---

187) 슐라터(Schlatter)의 주장을 따라, 쥬윗은 복수형 ἁμαρτίαι를 죄악된 행동들로 간주하여 τῶν ἁμαρτιῶν("죄의")을 근원의 소유격으로 해석한다(*Romans*, 437).
188) Ibid.
189) Ibid.
190) Ibid.
191) Ibid.
192) Ibid., 438.
193) Ibid., 439. cf. Jewett, *Paul*, 41.

해석학적 접근방법과 쟁점들

2세기와 5세기 사이의 초대교회 교부들은 말시온주의와 영지주의와 같은 신념체계에 대항하여 구약 율법의 지위를 확보하기 위해 노력했다. 히포의 어거스틴은 자연인이 구약 율법을 준수할 수 있는지에 관해 펠라기우스와의 논쟁으로 특별히 기억된다. 초대교회의 두 학파인 알렉산드리아 학파와 안디옥 학파에 속한 지식인들도 결국 구약 율법의 타당성에 관한 토의에 참여했으며, 그들의 견해는 그 후에 줄곧 등장한다.[1]

전적으로 복음의 새로운 것에 찬성하여 구약을 거부한 시노페의 말시온과는 달리, 알렉산드리아의 많은 정통 해석가들은 구약과 신약의 간격을 메꾸도록 도와주고 성경의 통일성을 확인해 주는 우화적 관점을 채택했다. 오리겐은 알렉산드리아 학파의 대표자였으며, 구약 율법이 문자적이 아닌 영적으로 해석되어야 한다고 믿었다.[2] 초대교회 교부들 모두가 이런 방식에 동의하지는 않았다. 어떤 이들은 오히려 성경 안에 점진적 계시관을 주장하여 구약과 신약의 차이점을 강조했다. 예를 들어, 안디옥의 크리소스톰과 몹수

---

1) Cf. Longenecker, "Three Ways," 22-31.
2) Cf. K. Froehlich (ed), *Biblical Interpretation in the Early Church* (Philadelphia: Fortress, 1984) 17-18.

에시아의 디어도르는 문자적, 문법적, 그리고 역사적인 해석을 주장했는데, 율법은 구약에서 한 것처럼 신약에서 윤리적인 기능을 하지 않는다고 한다.[3]

반대되는 두 학설 가운데 어느 한 편을 따르는 대신, 어거스틴은 절충안을 찾고자 시도한다.[4] 구속-역사적인 관점에서, 그는 구약과 신약의 분명한 차이점을 발견한다. 하지만 신 구약 모두가 연속성의 요소를 포함하고 있기에, 구약 율법(특히, 십계명)의 윤리적인 특성은 신약 시대에서 여전히 그 타당성을 요구한다.

종교개혁 시대까지, 교회는 율법을 특정 부분으로 나누어 이해함으로 율법의 타당성에 관한 문제를 해결했다고 믿었다. 예를 들어, 져스틴은 율법을 세 부분(윤리법, 의식법, 그리고 그리스도에 대한 예언)으로 나누는 한편,[5] 오리겐은 두 부분(즉, 법[leges]과 계명[mandata])으로 나눈다.[6] 오리겐을 따라, 어거스틴은 율법을 도덕법과 의식법으로 나누고 있으며, 아퀴나스, 루터, 그리고 칼빈은 져스틴과 마찬가지로 율법을 세 부분(즉, 도덕법, 의식법, 그리고 시민법)으로 나누어, 처음 두 부분은 역사적 특수성과 그것이 그리스도안에서 성취됨으로 인해 더 이상 쓸모가 없는 것으로 판단한다. 하지만 도덕법은 루터 – 그는 그것을 아무렇게 해도 좋은 것으로 본다 – 를 제외하고 아퀴나스와 칼빈에게 계속해서 안내자가 된다. 안디옥 학파를 제외한 나머지 변증가들과 교부들 그리고 주석가들은 율법이 특정 부분으로 나누어 질 수 있으며, 최소한 도덕법은 여전히 유효하다는 데 대체적으로 동의한다.[7]

---

3) Ibid., 19-23, 103.

4) Ibid., 23-29.

5) Dial.44. 순교자 져스틴은 구약 율법을 여러 부분으로 나눈 첫 그리스도인 저자였다(*Justin Martyr and the Mosaic Law* [Chico: Scholars, 1975] 51).

6) 몰랜드(E. Molland)는 *leges*가 올 것들에 대한 그림자이기에 영적으로 해석되어야 하는 반면, *mandata*는 십계명에 포함된 율법을 나타내기에 언제나 문자적으로 준수해야 한다고 지적한다(*The Conception of the Gospel in Alexandrian Theology* [Oslo: Kommisjon hos j Dybwad, 1938] 118).

7) *Supra*, pp.21ff.

20세기에 들어와, 많은 주석자들은 구약 율법을 시대에 뒤떨어진 것으로 본다. 샌데이와 헤들람, 나이그렌, 케제만, 그리고 번은 그리스도인이 율법에서 완전히 자유하다고 주장한다. 물론, 이런 신념에 대한 반대도 있었다. 빌켄스와 던은 율법 전체의 현재적 타당성을 받아들여, 이런 근대적 경향에 동조하지 않는다.[8] 하지만 다수의 현대 주석가들은 성경을 불연속적인 구속역사의 시각으로 본다: 말하자면, 율법은 옛 시대에 속하기 때문에,[9] 기독교후 시대에 더 이상 적용되지 않는다는 것이다.

구약과 신약의 불연속성을 인정하면서도, 신약시대에 율법의 타당성을 주장하는 자들이 있다. 예를 들어, 다드는 구약 율법과 특별히 도덕법이 규칙으로서 더 이상 유효하지 않으나, 교훈의 한 형태로 신약 성도와 여전히 관련이 있다고 주장한다.[10] 다드는 아퀴나스, 루터, 그리고 칼빈과 더불어 도덕법은 보편적이며 영원히 변치 않는다고 주장한다. 구속역사의 불연속성을 인정하는 가운데, 던은 비록 어떤 의식법은 유대의 민족적인 표지로 오용되지만 율법은 전체적으로 하나님의 거룩하고, 의로우며, 선한 뜻(롬7:12)을 드러낸다고 주장한다.[11] 빌켄스도 불연속적인 구속역사를 부분적으로 인정하는데, 그는 갈라디아서에서 율법에 관한 바울의 부정적인 진술이 로마서에서 긍정적인 어조로 바뀐다고 주장한다: 가령, 율법이 죄의 세력 아래 있을 때에 정죄하는 기능을 가지지만(갈라디아서), 은혜의 영역 안에 들어오면 그 요구하는 바가 신자의 삶에서 성취된다(로

---

8) 그러나 던은 안식일, 할례, 그리고 음식법과 같은 율법들은 더 이상 새 시대에서 시행되지 않는다는 것에 수긍한다. 빌켄스 또한 바울의 시각이 율법을 부정적으로 보는 갈라디아서에서 긍정적으로 보는 로마서로 바뀌고 있다는 점을 인정한다(*supra*, pp.57-60).

9) Cf. Sanday & Headlam, *Romans*, 189; Nygren, *Significance*, 21; Käsemann, *Romans*, 189; J. A. Fitzmyer, *Romans: The Anchor Bible* (New York: Double Day, 1993) 459; B. Witherington, *Paul's Letter to the Romans. A Socio-Rhetorical Commentary* (Grand Rapids: Eerdmans, 2004) 177.

10) 롱게네커(R. N. Longenecker)는 율법 전체가, 비록 계약적 의무로서 더 이상 역할을 하지 않으나, 계시적 기준으로 여전히 그 역할을 한다고 주장한다(*Paul, Apostle of Liberty* [Grand Rapids: Baker, 1964] 123-124).

11) 이 주장은 어거스틴을 연상시킨다. *Supra*, p.19.

마서).[12] 하지만 어거스틴에서 종교개혁 시대에 이르기까지 폭넓게 제기되어온 도덕법은 자연법의 연장이라는 주장은 드물게 논의된다.[13]

바울은 임의적으로라도 율법을 특정한 부분으로 나누는가? 일반적으로, 바울은 율법을 분리되지 않는 독립체로 사용하는 것처럼 보인다. 하지만 그는 가끔 개별적인 계명(롬2:17-23; 7:7-12)을 언급하기 위해 율법을 사용하거나 음식법과 절기(롬14:1-15:13)에 특별히 초점을 맞춘다. 이것이 바울의 임의적인 율법구분을 보여준다면, 또 다른 토의주제는 과연 윤리법이 기독교 후 시대에 여전히 유효한가 라는 질문이 될 것이다. 또는 율법이 분리되지 않는 독립체로 간주된다면, 우리는 율법을 완전히 폐지된 것으로 봐야 할 것인가 아니면 전체적으로 여전히 유효하다고 봐야 하는가?

로마서 7:1-6에서, 바울은 율법을 알고 있는 자신의 수신자에게 일단 율법의 원칙을 소개하고, 그런 가운데 어떤 이슈 내지 문제를 제시한다. 그런 뒤 이어 나오는 구절들에서 혼란을 일으키는 문제를 명확히 하기 위해, 그는 율법에 관하여 상세히 쓴다. 1절에 나오는 원칙의 본질에 관하여, 주석가들은 종교개혁 때까지 그것이 두 가지 요소를 포함한다고 믿는다: 율법은 사람이 한평생 사는 동안 효력을 유지하지만, 죽은 후에 율법에 대한 의무가 중지된다(오리겐, 크리소스톰, 아퀴나스, 그리고 칼빈).

그러나 현대에 들어와서, 이 원칙은 하나의 요소, 즉, 죽음은 율법을 무효로 만든다는 것만을 주로 제시한다: 가령, "죽음은 모든 것을 청산한다"(샌데이와 헤들람), "율법의 지배는 죽음으로 종료된다"(나이그렌), "죽음은 관계를 단절한다"(케제만), "죽음은 율법의 지배에서 해방시킨다"(던), 또는 "죽

---

12) 비슷한 맥락에서, 스나드글래스(K. Snodgrass)와 슬로언(R. B. Sloan)은 율법이 죄의 영역에서는 정죄하나, 은혜의 영역에서 그것의 원래의 기능, 즉, 생명에 이르게 하는 일을 수행한다고 주장한다(K. Snodgrass, "Sphere of Influence: A Possible Solution to the Problem of Paul and the Law" in *The Pauline Writings*. eds. S. E. Porter and C. A. Evans [Sheffield: Sheffield Academic Press, 1995] 162; R. B. Sloan, "Paul and the Law: Why the Law Cannot Save," *Novum Testamentum* 33 [1991] 48ff).

13) 주목할만한 예외로, 로스너(B. S. Rosner)의 저서 *Paul and the Law. Keeping the Commandments of God* (Downers Grove: InterVarsity, 2013) 177-181을 보라.

음은 율법의 요구로부터 자유를 가져다 주었다"(번)는 등. 결혼예(2-3절)와 그 적용/결론(4절)을 이해하기 위한 필수조건으로, 우리는 7:1-6의 주제와 본문의 수신자에 관한 조사와 더불어 7:1에 나타난 율법의 개념과 율법의 원칙에 대하여 상세히 조사할 것이다.

문자적인 해석에서 상징적인 해석에 이르기까지, 학자들과 신학자들은 성경을 이해하고 그것을 현재 자신들의 삶을 위해 적용하는 출입문으로 성경을 분석하기 위해 많은 원리와 기교를 사용했다. 성경의 어떤 부분은 단순히 이해 되도록 쓰여졌으나, 어떤 부분은 다양한 해석의 가능성으로 인해 독자들 사이에 많은 논란과 논쟁을 불러 일으켰는데, 그 가운데 로마서 7:2-3의 결혼예가 포함된다. 7:2-3에서 바울은 율법과 관련 지어 결혼을 논의한다. 이 특별한 본문에 관하여, 우리는 우화적 해석에서 유비적 해석에 이르는 다양한 해석적 접근방법을 탐구할 것이다. 동시에 우리는 각 접근방법에서 장애요소를 소개하고, 최종적으로 결혼예와 그와 관련된 구절들의 관계에 대한 해석을 제3부에서 제공할 것이다.

결혼예(2-3절)를 해석하는데 있어, 초대교회 때부터 최근까지 우화적 접근방법이 가장 주도적이었다. 많은 주석가들이 올바로 해석해 왔듯이, 바울은 이 두 구절에서 1절이 제시한 일반 원칙에 대한 일례를 들고 있다(칼빈, 샌데이와 헤들람, 다드, 나이그렌, 크랜필드, 던, 케제만, 그리고 빌켄스). 하지만 이 예가 사실 우화인지 아닌지에 관하여 의견이 엇갈린다. 초대교회부터 현대에 이르기까지 (크리소스톰과 아퀴나스는 예외이며 다드까지) 결혼예는 대체적으로 우화로 이해되었다.[14] 최근에 우화와 비슷한 그러나 개념에 있어서는 상당히 다른 사례 혹은 유비로 해석하고자 하는 시도가 있었다.[15]

---

14) 20세기에는, Sanday & Headlam, *Romans*, 170-173; C. K. Barrett, *The Epistle to the Romans: Black's New Testament Commentary.* 2nd ed. (London: A & C Black, 1991) 136; Beker, *Paul*, 353.

15) Cf. Nygren, *Romans*, 270; Käsemann, *Romans*, 187; Wilckens, *Römer*, 2:66.

로마서 7:2-4에 대한 다양한 접근방법

우화: 초대교회와 중세시대 동안 우화적 방법은 성경을 해석하는데 가장 지배적인 추세였다. 교회는 문자적 해석을 배제하지 않았지만, 주로 영적 해석을 통해 성경을 이해하고자 했다. 심지어 성경해석에 있어 과학적인 방법이 개발된 후에도, 우화는 계속해서 선호되는 해석방법이었다.[16) 초대교회의 안디옥 학파와 특히 중세의 아퀴나스는 문자적 해석을 찬성하여 이런 우화적 해석을 반대했다. 그럼에도 불구하고, 7:2-3을 우화적으로 해석하려는 경향은 줄어들지 않았다.

이런 경우, 결혼예(2-3절)는 실제적으로 어떻게 해석되었는가? 예상한 대로, 우화적 해석은 본문을 상징적으로 그리고 주관적으로 보기 때문에 다양한 해석이 있었다. 문제는 결혼예를 우화적으로 해석할 경우 본문해석을 통제할 방법이 없다는 것이다.[17) 결혼예를 우화적으로 이해하는 방법으로 크게 4가지가 있다:

1. 아내=영혼; 남편=율법의 문자; 다른 사람=율법의 정신, 즉, 그리스도(오리겐)

2. 아내=그리스도인; 남편=율법(칼빈; 부분적으로 다드)

3. 아내=영혼; 남편=죄 그리고/혹은 죄의 정욕; 율법=남편의 법 (어거스틴; 루터; 부분적으로 다드)

4. 아내=참된 자아; 남편=옛 자아; 율법=옛 자아를 정죄하는 율법 (샌데이와 헤들람)

---

16) Cf. M. Silva, "Has the Church misread the Bible?" in *Foundations of Contemporary Interpretation*. six vols in one. ed. M. Silva (Grand Rapids: Zondervan, 1996) 44–60.

17) Cf. J. Murray, *The Epistle to the Romans*. vol.1 (Grand Rapids: Eerdmans, 1968) 240; F. F. Bruce, *Romans: Tyndale New Testament Commentaries*. rev. ed. (Leicester: InterVarsity Press / Grand Rapids: Eerdmans, 1985) 137.

여기에서 우리는 우화를 통하여 결혼예에 접근하는 방법이 해석자의 신학적 관점과 전통을 주로 의지한다고 추측할 수 있다. 이런 접근방법에 따른 결과로, 오리겐에게 있어 결혼예는 율법의 문자적 해석에서 자유를 가르치며, 루터와 다드 같은 다른 이들은 이 예가 죄에 대한 신자의 죽음을 설명하는 것으로 이해한다.

유비: 20세기에 들어와, 학자들은 결혼예를 우화적으로 해석할 경우 이해의 한계가 있다는 사실을 인정한 나머지 그것을 유비로 이해하려는 시도가 있었다. 유비적 접근은 결혼예를 올바로 이해하기 위한 가장 강력한 방법이었다. 특별히 유비가 문학사에서 사용된 고대의 수사학적 기교로 밝혀진 관계로,[18] 유비적 접근방법은 7:2-3을 해석하는 가장 효과적인 방법으로 일반적으로 받아들여졌다. 이런 경우, 결혼예가 실제적으로 어떻게 유비로 이해될 수 있는가?

게일(H. M. Gale)은 유비가 다른 요소를 이끌어 내기도 하지만 전형적으로 하나의 요점을 이끌어내고자 하는 의도로 사용된다고 주장한다; 그래서 바울이 구체적으로 이끌어내지 않는 것은 오히려 느슨하게 생각해야 한다고 한다.[19] 게일은 7:2-3과 7:4 사이에 모순이 생긴다는 사실을 알고 있다: 남편이 죽을 때, 아내는 율법에서 벗어난다(2-3절); 반면, (아내로 상징되는) 신자가 죽을 때, 그들 자신이 율법에서 벗어난다(4절).[20] 그는 이것을 바울의 논리 부족 탓으로 돌린다.[21]

위더링턴(Witherington)은 결혼예가 유비인 것은 맞지만 7:2-4이 자체적

---

18) Cf. Aristotle, *Ars Rhetorica.* 1.2.9; Cicero, *De Inventione*, 1.51; Quintilian, *Instit. Or.* 5.9.1.

19) Gale, *Analogy*, 233. 또한 Käsemann, *Romans*, 187; Dunn, *Romans 1-8*, 369; D. J. Moo, *The Epistle to the Romans: New International Commentary on the New Testament* (Grand Rapids: Eerdmans, 1996) 413; Byrne, *Romans*, 210-211; N. T. Wright, "Romans" in *The Interpreter's Bible in Twelve Volumes.* vol.10 (Nashville: Abingdon Press, 2002) 559; Witherington, *Romans*, 176.

20) Gale, *Analogy*, 193ff.

21) Ibid., 196. 또한, Little, "Paul's Analogy," 87; Räisänen, *Law*, 61-62.

으로 모순된다고 말 할 필요는 느끼지 않는다. 왜냐하면 바울이 결혼을 예로 들고 나서, "율법에서 해방은 죽음을 통하여 얻는다"는[22] 하나의 요점만을 적용/결론(4절)에서 제시하기 때문이다. 위더링턴에게 있어 남편이 죽느냐 아니면 아내가 죽느냐는 바울의 관심이 아니다; 바울에게 중요한 것은, 죽음이 사람을 율법에서 자유케 하며 그는 이것을 4절에 적용한다.

무(Moo)도 결혼예를 우화적으로 해석하는 것에 확신을 가지지 못한 나머지 위와 동일한 결론을 내린다: "2-3절은 '죽음이 율법과의 관계를 단절시킨다'는 하나의 요점을 말한다."[23] 하지만 그는 우리가 결혼예(2-3절)와 적용(4절)이 여전히 병행을 이룬다는 사실을 인정해야 한다고 주장한다. 왜냐하면 동사 γίνομαι가 3절(2회)과 4절 모두에 사용되고 있으며, 죽음 이후의 새로운 연합도 두 곳 모두에서 발견되기 때문이다. 무는 결론 내리기를, 7:2-3은 결혼예를 통해 1절의 원칙을 발전시킬 뿐 아니라 율법에서 자유는 남은 배우자로 하여금 새로운 관계로 이끈다는 신학적인 적용(4절)을 가능케 한다고 한다.[24]

번 또한 4절에서 바울이 죽음은 사람을 율법에서 해방시킨다는 힌트를 결혼예에서 얻는다고 주장한다: 아내가 법에서 해방되듯이, 신자는 율법에서 벗어난다.[25] 라이트도 이에 동의한다: "(바울)은 어쨌든 말하고자 하는 바를 주장하는데, 결혼의 그림이 이 일에 기여한다."[26] 만약 죽고 다른 사람에게 가는 사람(아내)이 동일인이라면, 로마서 7:2-4을 해석하는데 혹 문제가 있을지 모르나, 바울의 요점은 결혼예를 충분히 설명하는데 있는 것이 아니라고 한다.

2-4절의 결혼예와 적용/결론에서 바울은 1절의 원칙에 어떤 새로운 요소를 추가한다. 리틀(J. A. Little)은 아래의 도표에 나타난 바와 같이, 1-4절의

---

22) Witherington, *Romans*, 176.
23) Moo, *Romans*, 413.
24) Ibid.
25) Byrne, *Romans*, 210-211.
26) Wright, *Romans*, 559.

구조분석을 제공한다. 이 도표는 바울이 어떤 식으로 원칙을 세우고, 예를 들며, 자신의 목적을 위해 원칙과 예를 적용하는지 우리로 이해할 수 있도록 도와준다.[27]

1절	사람은 죽는다	율법은 더 이상 그를 주관하지 않는다		
2-3절	남편은 죽는다	율법은 더 이상 아내를 주관하지 않는다	아내는 재혼 한다	
4절 (그리- 스도는 죽는다)	신자는 "그리스도 의 몸"으로 말미암아 죽는다	율법은 더 이상 신자를 주관하지 않는다	신자는 그리스도에 속한다	신자는 하나님을 위해 열매를 맺는다

이 도표에 따르면, 바울은 그가 말하고자 하는 핵심에 이르기 위해 이전 절을 기반으로 해서 계속 발전시킨다: 구체적으로, 그는 1절을 기반으로 2-3절에서 남편의 죽음과 아내의 재혼이 추가하고, 2-3절을 기반으로 4절에서 그리스도의 몸으로 말미암아 신자가 죽고 그리스도에게 속하여 열매 맺는다는 사실을 추가한다. 그래서 리틀은 "바울은 멈추어 자신의 주장을 한데 모으지 않고, 유추하는 동안 계속 새로운 내용을 추가한다"고 말한다.[28] 다시 말해서, 2-3절에서 바울은 1절의 원칙을 예를 들어 설명하는데, 자신의 수신자를 위한 신학적인 적용(4절)을 준비하기 위해 앞서 언급한 원칙을 넘어선다; 또한, 결혼예에서 재혼의 여지를 남겨둠으로, 바울은 그리스도와의 연

27) Little, "Paul's Analogy," 84.
28) Ibid., 88.

합에 대한 아이디어를 전달할 수 있을 뿐 아니라 4절 결론에서 그들에게 하나님을 위하여 열매를 맺으라고 요청할 수 있다.[29]

리틀은 이 유비에서 세 가지 목적을 찾는다:[30] 첫째, 이것은 율법이 그리스도가 도래할 때까지만 필요하다는 것을 보여주며(참고. 갈3:19-24), 둘째, 죽음이 율법과의 관계를 바꾼다는 것을 제시하며,[31] 셋째, 이것은 죽음이 발생한 목적, 즉, 신자가 성령의 새로움으로 섬기기 위해(6절) 죽음이 발생했다는 것을 설명한다.

모범(*exemplum*): 크랜필드나 지슬러(Ziesler) 같은 학자들은 우화적인 해석이나 유비적인 해석에 만족하지 못한 나머지 결혼예를 단순히 하나의 모범으로 본다.[32] 크랜필드는 두 가지 이유에서 우화적 해석이나 유비적 해석을 선호하지 않는다: 첫째, 7:4에서 죽는 이는 (남편을 상징하는) 율법이 아니라 (아내에 해당하는) 신자이다; 둘째, ὥστε로 시작하는 7:4은 7:2-3과 어떤 직접적인 연관을 가지지 않고 독자적으로 결론을 내리기 때문에, 7:2-3이 아니라 7:1과 관련된다. 이런 주장을 바탕으로, 크랜필드는 7:2-3에서 바울이 결혼법을 단지 하나의 모범으로 사용한다고 본다. 그리고 결혼예가 주고자 하는 요점은 "죽음의 발생은 율법과의 관계에 결정적인 변화를 가져온

29) Cf. Murray, *Romans*, 1:242-43; Barrett, *Romans*, 136; Räisänen, *Law*, 61.

30) Little, "Paul's Analogy," 90.

31) Cf. Cranfield, *Romans*, 1:335; S. Vollenweider, *Freiheit als neue Schöpfung* (Göttingen: Vandenhoeck & Ruprecht, 1989) 341-343; W. Klaiber, *Der Römerbrief* (Göttingen: Neukirchener Verlag, 2009) 117.

32) Cranfield, *Romans*, 1:333-335; J. A. Ziesler, *Paul's Letter to the Romans: ITP New Testament Commentaries* (London: SCM / Philadelphia: Trinity Press International, 1989) 173-174. 또한, Dunn, *Romans, 1-8*, 358-361; W. Schmithals, *Der Römerbrief. Ein Kommentar* (Gütersloh: Gütersloher, Verl-Haus Mohn, 1988) 208; A. Gieniusz, "Rom.7:1-6: Lack of Imagination? Function of the Passage in the Argumentation of Rom.6:1-7:6," *Biblica* 74 (1993) 397ff; P. J. Tomson, "What did Paul mean by 'Those who know the Law'? (Rom.7:1)," *New Testament Studies* 49 (2003) 576ff; L. E. Keck, *Romans: Abingdon New Testament Commentaries* (Nashville: Abingdon, 2005) 176; J. A. Bertone, '*The Law of the Spirit.' Experience of the Spirit and Displacement of the Law in Romans 8:1-16* (New York: Peter Lang, 2005) 128-129.

다"는[33) 것이다.

비슷한 맥락에서, 지슬러는 결혼예를 유비가 아닌 비유로 간주한다.[34) 비유가 하나의 요점을 이끌어 내듯이, 바울은 결혼예에서 "법적 의무는 죽음으로 청산된다"는[35) 한 가지를 말 한다고 그는 추론한다. 크랜필드 처럼, 지슬러는 결혼예가 4절과 병행을 이룬다고 생각지 않는다; 만약 그것들이 서로 병행을 이룬다면, 아내 또한 결혼예에서 죽었어야 한다고 결론 내려야 한다. 왜냐하면 신자가 4절의 적용/결론에서 죽기 때문이다. 지슬러에 의하면, 4절에서 바울이 생각하는 것은 "신자가 (모세의) 율법에 대한 어떠한 의무도 그리스도와 함께 죽음으로 취소된다"는[36) 것이다.

그렇다면 결혼예의 중요성은 무엇인가? 바울은 왜 특별히 이 문맥에서 이런 예를 사용하는가? 단지 1절의 원칙을 설명하기 위해 예를 들고 있는가? 아니면 이 예가 1b절의 원칙과 4절의 결론을 연계시키는데 그 중요성이 있는가(번)? 어떤 주석가들은 결혼예가 사람이 어떻게 율법에서 해방되며 그리스도와 연합하는가를 유비로 보여준다고 주장하는 한편(크리소스톰, 무), 다른 이들은 2-3절에서 바울이 1절의 원칙을 설명하기 위해 모범으로 이 예를 소개한다고 주장한다(아퀴나스, 크랜필드). 본서에서 우리는 과연 바울이 결혼예를 유비 혹은 모범, 또는 심지어 우화로 사용하는지 검토할 것이다. 또한 이 예가 우선적으로 1절과 연관되는지 아니면 4절과 연관되는지도 자세히 알아볼 것이다. 마지막으로, 우리는 이 결혼예의 역할과 이것이 본문에서 어떤 기능을 하는가도 탐구할 것이다.

율법에 대한 그리스도인의 죽음에 관하여(4a절), 주석가들은 신자가 율법의 문자에 대하여 죽는다던가(오리겐) 율법의 정죄에 대하여 죽는다거나(어거스틴, 빌켄스, 부분적으로 칼빈), 율법의 의무에 대하여 죽는다던가(크리

---

33) Cranfield, *Romans*, 1:335.
34) Ziesler, *Romans*, 173.
35) Ibid., 174.
36) Ibid.

로마서 7:1-6에 나타난 율법의 기능

소스톰, 아퀴나스, 번) 아니면 율법의 지배에 대하여 죽는다고(던, 쥬윗, 부분적으로 칼빈) 주장한다. 다수의 주석가들은 신자가 율법에서 완전히 결별한다는 주장에 동조한다(루터, 샌데이와 헤들람, 나이그렌, 케제만, 번). 이런 주장의 이론적 근거는 병행논리에서 찾을 수 있는데, 로마서 6장에서 신자가 죄에 대하여 죽은 것처럼 또한 율법에 대하여 죽었다(루터, 나이그렌, 크랜필드, 케제만, 부분적으로 빌켄스)는 것이다. 하지만 어거스틴과 빌켄스는 신자가 율법에 대하여 죽었다 할지라도 저들이 율법에서 완전히 벗어난 것은 아니라고 주장한다.

"우리로 하나님을 위하여 열매를 맺게 하려 함이라"(4b절)는 (목적)절은 모두들 신자의 성화의 삶을 나타내는 것으로 여긴다. 하지만 이 절은 그리스도와 연합과 율법에서 자유 모두와 연관되기 때문에, 성화의 삶이 두 가지 다른 방식으로 평가되었다: 율법은 더 이상 그리스도인의 열매 맺는 삶에서 요구되지 않거나 아니면 그것이 현재의 삶에서 거룩함을 성취하는 수단으로 다시 맡겨진다는 것이다.

본서에서 우리는 바울이 어떤 의미에서 율법에 대하여 죽는다고 말하며, 율법에 대한 그리스도인의 죽음이 어떻게 그리스도와 연합과 연관되는지 상세히 검토할 것이다. 예를 들어, 만약 율법에 대한 그리스도인의 죽음이 그리스도의 죽음으로 그와 연합뿐 아니라 부활하신 그리스도와의 연합과도 관련된다면, 그(녀)는 율법에서 완전히 벗어날 수 있을지 모른다. 하지만 율법에 대한 그리스도인의 죽음이 주로 그리스도의 죽음에 근거해서 일어난다면, 상황은 달라진다. 말하자면, 그(녀)는 율법에서 완전히 벗어나지 않는데, 그 이유는 신자의 그리스도와의 연합이 이중적이며, 그(녀)가 부활하신 그리스도와 연합할 때 율법이 다시 등장하기 때문이다. 이 부분에 관해서는 제3부 10장에서 상세하게 논의될 것이다.

로마서 7:5은 인류가 구원받지 못한 상태에서 율법이 죄의 정욕을 자극하던 상황을 말하는 것으로 일반적으로 알려져 있다. 그런데 질문은 "죄의 정욕"이란 표현이 "율법주의"를 나타내는가? 아니면 절대적인 불법행위 또는 죄의 지배 아래에서 인간의 욕망을 나타내는가? 율법 또한 인식적인 의미에서 죄를 정의하고 있는지(부분적으로 샌데이와 헤들람), 아니면 정욕을 죄악된 행위로 변형시키는지(크리소스톰, 빌켄스), 아니면 원인적 차원에서 죄를 증가시키는지(디어도르, 아퀴나스, 루터, 칼빈, 다드, 나이그렌, 크랜필드, 케제만, 번, 부분적으로 샌데이와 헤들람), 아니면 촉매로 사용되는지(던) 여전히 논란거리로 남아 있다. 주목할 것은, 던의 생각인데 그는 율법이 불법적인 행위를 금지함으로 정욕을 자극할 때, 죄에 고용된 중개인이 된다고 한다.

요점은 "율법으로 말미암는"이란 구를 어떻게 해석하느냐에 달려있다. 만약 "말미암는다"는 동사가 추가적으로 삽입되는 것이 옳다면(RSV, NIV, NASB, NRSV, ESV), 율법의 기능은 원인적으로 봐야 할 것이다. 하지만 만약 소유격 τοῦ νόμου가 수단을 나타낸다면, 율법의 기능은 인지적이거나 변형적, 아니면 촉매작용으로 봐야 할 것이다.

또 다른 질문은 이런 특징들이 율법의 고유한 것인가 아니면 인류가 육신에 있을 때 율법이 그런 기능을 가지게 되는가? 전자의 입장을 따르는 자들은 율법의 원래 의도가 사람들을 의롭게 하거나 하나님께 순종하라고 요청하는데 있지만 그것이 수여될 때 곧바로 왜곡되었다고 한다. 결과적으로, 율법은 인류의 무능으로 인해 원래의 기능을 영원히 상실했다. 율법은 새 시대에서 폐지되거나 혹은 죄를 증가시키는 등 부정적으로만 지금 역사한다(샌데이와 헤들람, 나이그렌, 케제만, 번).

후자의 입장을 취하는 자들 중 어떤 이들은 인류가 구원받지 못한 상태에 있을 때(즉, 육신에 있을 때), 죄가 율법을 이용하여 저들로 하여금 그것을 오해케 하여 결국 저들을 정죄하고 심판한다고 주장한다; 하지만 인류가 그리스도와 연합할 때, 죄는 율법을 통해 그들을 유혹하는 일에 거의 성공하지 못하며, 성령이 저들로 율법의 참된 의도를 감당할 수 있도록 한다(오리겐, 크랜필드, 빌켄스, 던). 우리는 로마서 7:5 그리고 특별히 "율법으로 말미암는"이란 어구가 과연 이 질문에 해결의 실마리를 던져줄 지 조사할 것이다.

주석가들은 7:6에서 세가지 중요한 요소에 주목한다: 율법에서 자유란 말의 진정한 의미, 얽매이게 하는 직접적인 원인, 그리고 문자/영의 대립. 첫째, 신자가 율법에서 벗어났다고 진술할 때(6a절), 바울은 완전 자유를 의미하는가? 아니면 단지 부분 자유를 말하는가? 완전 자유를 주장하는 자들의 근거는 다음과 같다: 율법은 옛 시대에 속하며(나이그렌, 케제만, 번), 죄의 정욕을 불러 일으키며(디어도르, 번), 무능력하다(디어도르, 케제만); 또한 율법은 신자의 걸림돌이 되지 않기 위해 폐지되어야 하며(샌데이와 헤들람), 어떻든 그것은 신자를 정죄할 권한이 없다(나이그렌).

부분 자유를 주장하는 자들은 바울이 여기에서 단지 죄의 법(즉, 자연법, 오리겐)이나 율법의 정죄(어거스틴, 아퀴나스, 크랜필드, 빌켄스), 또는 완벽한 순종을 위한 엄격한 요구(칼빈)에서 자유를 이야기한다고 주장한다. 동일한 측면에서, 신자는 민족적 표지로 오해되고 오용된 특정한 부분의 율법(즉, 의식법)에서 벗어난다고 주장한다(던). 7:6이 부분 자유를 말한다는 또 다른 이유는 신자가 자발적으로 율법을 준수한다면 십계명을 지킬 수 있다는 것이다(루터).

당면한 문제는 동사 $\kappa\alpha\tau\eta\rho\gamma\dot{\epsilon}\omega$가 과연 율법의 완전 폐지를 함축하고 있는가이다. 만약 동사의 문자적 의미만 고려한다면 그럴 수도 있다. 하지만 바울이 신자가 율법에서 벗어났다고 이야기할 때(6b절), 율법은 이미 죄의 지배 아래 있었는지 모른다. 이럴 경우, 바울은 사실상 율법에서 완전 자유를 내포하지 않을지도 모른다.

둘째, 신자가 얽매였던 것에 대하여 죽었다고 들었는데, 전에 저들을 얽매던 것은 무엇인가? 많은 사람들은 인류가 구원받지 못한 상태에 있을 때, 옛 시대에 갇혀 있었으며 압제자인 율법은 저들에게 지지 못할 짐을 지웠기에, 얽매는 것을 율법으로 간주한다(아퀴나스, 칼빈, 크랜필드, 던, 무, 번, 쥬윗).[37] 다른 사람들은 압제자를 죄(크리소스톰) 또는 인류를 율법의 압제 가

---

37) 4절에서 신자는 율법에 대하여 죽었다고 말하고 있기에, 많은 학자들은 6절에 나오는 $\dot{\epsilon}\nu$ $\tilde{\dot{\omega}}$ 의 선행사가 율법이라고 판단한다(infra, pp.296-297).

운데 두게 한 우리의 옛 상태(샌데이와 헤들람)로 본다. 만약 "우리를 얽어매던"(ἐν ᾧ κατειχόμεθα)이란 관계대명사절에서 ᾧ의 성이 남성이라면 압제자는 남성명사 νόμος("율법")가 될 수 있으나, 그것을 중성으로 본다면 압제자는 죄나 우리의 옛 상태 혹은 다른 그 무엇이 될 것이다.

셋째, 문자/영의 대립에 관한 문제인데, 그것을 올바르게 이해하는 열쇠는 γράμμα("문자")가 진정 무엇을 나타내는가에 달려 있다. 어떤 주석가는 γράμμα가 옛 시대에 속한 성문법을 의미한다고 생각한다(크리소스톰, 디어도르, 샌데이와 헤들람, 나이그렌, 무, 번). 다른 이들은 γράμμα를 모세의 율법으로 보되, 단지 모세의 율법 자체는 아닌 어떤 특정 조건하에 있는 성문법으로 간주한다. 다시 말해서, γράμμα는 완고하게 준수될 경우 의식법(오리겐) 혹은 정죄하기만 하고 성취될 수는 없는 율법(어거스틴, 빌켄스)을 나타낸다. γράμμα는 또한 구원받지 못한 인류가 성령의 도움 없이 굴종하던 율법(루터, 크랜필드) 또는 무책임하게 맹종하던 율법(다드), 심지어 구원의 수단으로 오해된 율법(크랜필드)을 의미할 수 있다. 한 걸음 더 나아가, γράμμα는 유대인들이 업적을 위한 요구로 왜곡시킨 율법(케제만) 또는 단지 표면적(신체적)인 수준에서 이해된 율법(던) 또는 어쩌면 명예를 얻기 위한 율법의 강제성(쥬윗)을 뜻할 수 있다.

만약 γράμμα를 단지 성문법이라는 관점에서 본다면, 6절은 율법에서 완전 자유를 말하고 있으며 문자/영의 대립은 궁극적으로 율법과 성령의 대조를 나타낸다고 해석할 수 있다. 하지만 만약 γράμμα가 성문법 이상을 의미한다면, 혹자는 6절의 결론이 사실상 율법에서 완전한 자유가 아니라 ─ 문자/영의 대립도 율법에서 자유가 아닌 ─ 다른 것을 시사할 가능성을 찾게 될 것이다. 바울은 로마서 2:29와 고린도후서 3:6에서도 문자/영의 대립을 사용하기 때문에, 우리는 로마서 7:6의 γράμμα를 좀 더 정확하게 이해하기 위하여 위의 두 구절을 면밀히 검토할 것이다. 우리는 이 세가지 요소, 즉, 인류가 율법에서 해방되는 정도, 그들을 얽매는 주된 요인, 그리고 γράμμα의 본질을 염두에 두면서 로마서 7:6을 해석할 것이다.

로마서 7:1-6에 나타난 율법의 기능

제 2 부

예비적 고찰

The Law in Light of Marriage Analogy in Romans 7:1-6

역사적 문맥:
바울, 로마의 수신자, 그리고 서신의 목적

웨더번(A. J. M. Wedderburn)에 따르면, 로마서를 제대로 이해하기 위하여 로마서의 목적을 조사할 필요가 있다고 한다. 그는 아래의 세가지를 고려할 때 로마서의 목적을 올바르게 이해할 수 있다고 제안한다:

(a) 로마서의 서신구조, 즉 서신의 형식적 특성을 제공해 주는 처음과 나중 및 처음과 나중 사이에 나오는 서신의 본문, (b) 바울의 상황과 서신의 수신자인 교회의 상황, (c) 로마서의 본문에 나타난 바울의 주장이 자신의 주장을 반대하는 유대인들의 비난을 염두에 둔다는 사실과 그가 때로는 명백하게 유대인이 아닌 그리스도인에게 자신을 소개한다는 사실 모두(1:13; 11:13; 아마 1:5-6).[1]

본서에서 우리는 로마서의 목적과 관련해서 오직 (b)만 다룰 것이다. 왜냐하면 그것이 로마서 7:1-6을 올바르게 설명하는데 도움이 될 뿐 아니라 당면 문제와 가장 관련이 있기 때문이다. 말하자면, 우리가 바울과 그의 수신자를

---

1) A. J. M. Wedderburn, *The Reason for Romans* (Minneapolis: Fortress, 1991) 5.

배경으로 하여 로마서의 목적을 탐구할 때, 로마서 7:1-6를 적절한 시각으로 볼 수 있다.

1. 바울의 상황

(1) 바울은 스페인 선교를 위한 지원을 요청하기 위해 로마의 수신자에게 자신을 소개한다(1:9-15; 15:22-28).[2] 로마서를 쓸때쯤, 바울은 자신의 선교사역을 마무리하려던 참이었다. 세 번의 선교여행을 마친 후, 그는 서부 특히 스페인을 향한 선교의 중요한 갈림길에 서 있었다. 안디옥을 전초기지로 한 선교사역을 성공적으로 마침에 따라, 그는 이제 서부지역 사역을 위한 전초기지로 로마를 가장 적합한 장소로 생각한다. 만약 로마에서 자신의 선교를 위한 자리를 확보한다면, 자신의 선교 계획은 성공적이 될 것으로 바울은 믿는다. 그는 사실 그전에 로마를 방문하고자 했으나(롬1:13), 여러 가지 이유로 인해 그렇게 할 수 없었다. 이제 그의 선교여향은 거의 끝나가고 새로운 선교여행을 준비하면서 로마를 방문하려고 준비 중에 있다.

(2) 바울은 예루살렘교회에 헌금을 전달하기 위해 로마에 복음 전하기를 원한다: 그런데 그는 로마를 방문하기 전에 마쳐야 할 사명이 있다. 즉, 구제기금을 전달하기 위해 먼저 예루살렘을 방문해야 한다(롬15:25-28). 예루살렘 방문은 이미 계획되어 있었으며, 그곳에는 바울의 복음에 적대적인 몇몇 유대인 그리스도인들이 있었다. 그래서 그는 로마에 편지를 쓰면서, 자신의 예루살렘 사역을 위한 기도 지원을 요청한다(롬15:31 참고. 행21:20-22). 구제기금을 위한 모금은 바울에게 커다란 의미가 있는데, 만약 그것을 예루살

---

2) Dodd, *Romans*, xxvi-xxvii; Helen Doohan, *Leadership in Paul* (Wilmington: Michael Glazier, 1984) 120, 123; P. A. Holloway, "The Rhetoric of Romans," *Review & Expositor* 100 (2003) 114.

렘교회가 받아들인다면 그로 인해 로마 그리스도인들 사이에 통합이 추진될 것이기 때문이다.[3]

게다가, 바울은 여태껏 로마교회에 중앙 지도부가 없었다는 사실을 알고 있다. 로마교회는 시초부터 초기 그리스도인들 대부분이 유대인이었으며, 예루살렘교회의 지도력에 많이 의존해 왔다.[4] 그 결과, 그가 만약 예루살렘교회에 모금을 전달하기 전 로마의 그리스도인이 자신의 복음을 환영하고 받아들인다면, 자신에게 커다란 위로가 될 것으로 바울은 기대한다. 왜냐하면 로마 교회가 자신의 예루살렘 사역을 지지한다면, 그는 큰 어려움 없이 성공적으로 예루살렘에 기금을 전달할 수 있을 거라고 확신하기 때문이다. 또한 로마의 그리스도인들이 예루살렘교회에 자신에 관해 긍정적으로 보고 할 가능성도 있다.[5] 하지만 로마서가 바울의 예루살렘 사역을 위한 목적으로 쓰여졌다던가 아니면 예루살렘교회가 서신의 실제적인 수신자라는 의미는 아니다.[6] 그는 분명 로마에 있는 이방인 그리스도인에게 편지를 쓰고 있다 (롬1:5-6, 13; 11:13; 15:15-16).

---

3) K. F. Nickle, *The Collection. A Study in Pauline Strategy* (Chatham: SCM, 1966) 72-73, 111-119; G. Bornkamm, "The Letter to the Romans as Paul's Last Will and Testament" in *The Romans Debate*. rev. and exp. ed. K. P. Donfried (Peabody: Hendrickson, 1991) 18; T. R. Schreiner, *Romans: Baker Exegetical Commentary of the New Testament* (Grand Rapids: Baker, 1998) 776; N. T. Wright, "*Romans*" in *The New Interpreter's Bible*. vol.10 (Nashville: Abingdon, 2002) 756.

4) R. E. Brown, *Antioch & Rome*, coauthored by R. E. Brown and J. P. Meier (New York: Paulist, 1982) 95, 101-104; R. N. Longenecker, "Prolegomena: Paul's Use of Scriptures in Romans," *Bulletin for Biblical Research* 7 (1997) 72-73; J. A. Fitzmyer, *Romans: The Anchor Bible. A New Translation with Introduction and Commentary* (New York: Double Day, 1993) 33-34; 정승우, "로마서 9-11장에 나타난 이스라엘의 구원문제와 로마교회의 사회적 정황," 『신약논단』12 (2005) 48-49.

5) Brown, *Antioch & Rome*, 110.

6) 제르벨(J. Jervell)은 바울이 주로 예루살렘을 염두에 두면서 이 서신을 쓰고 있다고 주장한다 ("The Letter to Jerusalem" in *The Romans Debate*. rev. and exp. ed. Karl P. Donfried [Peabody: Hendrickson, 1991], 53-64). 하지만 대부분의 학자들은 이 견해를 수용하지 않는다.

(3) 바울은 자신의 복음에 대한 로마의 독자들의 오해를 바로잡기를 바란다:
로마서는 자신에 관한 소식이 이미 로마교회에 들어갔기 때문에 자기 소개
서 이상의 의미가 있다. 로마 그리스도인은 바울이 갈라디아와 고린도에서
소위 율법에서 자유로운 복음으로 인해 곤경에 처해 있었다는 사실을 알고
있다. 유대인 그리스도인과 하나님 경외자들이 글라디오 황제의 칙령에 따
라 로마에서 추방당했을 때, 저들은 여러 곳으로 흩어져 살았기 때문에 바울
이 선교여행 중에 자신의 복음으로 인한 문제에 관하여 들을 기회가 있었다.
이것은 그들로 하여금 바울과 그가 전한 복음에 대하여 의심을 품게 했다. 네
로 황제가 칙령을 철회한 후 그들이 돌아왔을 때, 로마교회에 있던 그리스도
인에게 바울에 관해 아마 이야기를 했을 것이다.[7]

또 다른 가능성은 바울이 고린도에 머물며 로마 신자에게 편지를 썼는데,
고린도 사람들이 로마에 자주 여행하는 연고로 바울에 관한 소식을 로마에
전했을 수 있다.[8] 물론, 바울 자신도 고린도에 도착한 (추방된) 유대인 그리
스도인들을 통하여 로마 교회의 상황에 관한 소식을 들었을 수도 있다; 심지
어 그들이 로마로 귀환한 후에도, 그는 여전히 그들로부터 로마에 관하여 소
식을 들을 기회를 가졌을 것이다.[9] 어쨌든 자신의 복음을 오해한 그리스도
인이 로마교회에 있었기에 바울은 자신과 자신의 복음의 정수를 포괄적으로
소개하기 원한다.

슈툴마허(P. Stuhlmacher)와 다른 이들은 바울의 상황을 다음과 같이 주
장한다: 그가 예전에 선교여행을 다녔을 때, 소위 율법에서 자유로운 복음에
반대했던 유대인 그리스도인 그룹을 만났는데, 그들 가운데 최소한 얼마는
이미 로마에 살고 있었을 것이다;[10] 그들은 가장 과격한 우파 유대인 그룹에

---

7) Cf. T. H. Tobin, *Paul's Rhetoric in its Contexts: The Argument of Romans* (Peabody: Hendrickson, 2004) 70-72.

8) Ibid., 72-73.

9) Ibid., 73.

10) P. Stuhlmacher, "The Purpose of Romans" in *The Romans Debate*. rev. and exp. ed. K. P. Donfried (Peabody: Hendrickson, 1991) 239.

속하여[11] 선교여행 내내 바울을 괴롭혔으며, 로마에 있는 그리스도인에게 바울이 전한 복음을 비난했을 뿐 아니라, 그의 스페인 선교를 지원하는데도 반대하는 입장에 서 있었다. 하지만 이러한 주장은 역사적 증거를 넘어서기에 조금 지나친 것으로 보인다(참고. 롬16:17-18).

어쨌든, 로마 독자들이 들었던 것은, 갈라디아에서 율법에서 자유로운 "바울의 복음"이 유대 율법을 경시했기에 유대인 그리스도인들이 바울을 반대했다는 것이다. 결과적으로, 로마의 그리스도인 가운데 적어도 얼마는 자기들도 갈라디아나 고린도 그리스도인들이 겪었던 것과 동일한 상황에 처하지 않을까 몹시 걱정하고 있었다.[12] 이런 상황에서, 바울은 자신이 전했던 복음의 전반적인 내용을 다시 한번 검토했으리라 추정할 수 있다. 로마의 그리스도인에게 편지를 쓰면서, 그는 갈라디아서에서 유대 율법에 대한 자신의 견해가 지나친 측면이 있지는 않았는지 스스로 질문을 했을 수도 있다. 혹은 고린도 그리스도인에게 보낸 서신에서 자신이 밝힌 유대 율법에 대한 의견이 타당했는지 의문을 던졌을 수도 있다. 여기에서 학자들의 주장이 나뉘어진다.

드레인(J. W. Drane)은 갈라디아서에서 바울은 과격한 율법 폐기론적 관점에서 복음을 전하지만, 고린도전서에서는 율법을 변호하는 자세를 취한다고 주장한다. 그리고 로마서에서 바울은 균형 잡힌 시각으로 율법을 설명한다고 본다.[13] 이와 비슷한 방법으로, 휘브너(H. Hübner), 브라운(R. E. Brown), 그리고 토빈(T. Tobin)은 바울이 로마서에서 독자들의 반감을 불러일으키는 일은 피하면서, 스페인 선교를 성공적으로 수행할 목적으로 율

---

11) Cf. R. E. Brown, "Not Jewish Christianity and Gentile Christianity but Types of Jewish/Gentile Christianity," *Catholic Biblical Quarterly* 45 (1983) 77.

12) Cf. Tobin, *Paul's Rhetoric*, 5. Brown (*Antioch & Rome*, 115) estimates that the Christians in Rome will have heard this news from Jerusalem.

13) J. W. Drane, "Tradition, Law and Ethics in Pauline Theology," *Novum Testamentum* 16 (1974) 169-171; idem, *Paul ? Libertine or Legalist? A Study in the Theology of the Major Pauline Epistles* (London, 1975) 132-136. cf. Wilckens, "Paul's View of the Law," 17-26.

법에 대한 자신의 견해를 수정했다고 주장한다.[14] 다른 각도에서, 레이제넨 (H. Räisänen)은 바울이 로마서를 썼을 때 로마의 상황에 과도하게 신경을 쓴 나머지 율법에 관한 자신의 이전 진술과 상반되는 주장을 펼쳤다고 한다. 결과는 로마서에서 그는 다른 서신과 반대되는 진술을 함으로 자기당착에 빠졌다고 한다.[15]

바울이 율법에 관해 자신의 의견을 개진할 때, 완곡어법과 신중한 언어를 사용하는 것은 사실이다. 심지어 율법에 관한 자신의 견해가 로마서에서 발전한다고 말할 수도 있다. 하지만 이것이 자신의 선교사역의 위해 복음을 수정했다는 뜻은 아닐 것이다. 그는 전에 로마를 방문한 적이 없으며, 갈라디아서와 달리, 로마교회가 유대 율법의 지위에 관한 과격한 논쟁에 휘말리지 않았다.[16] 로마교회의 정황을 생각할 때, 혹자는 바울이 균형 잡힌 방법이 아닌 다른 것으로 율법에 관해 전할 이유가 없다고 결론 내릴 수 있다.

갈라디아서에서 이미 그랬듯이, 바울은 로마서에서 다시 한번 율법에 관해 부정적으로 묘사하는 것이 사실이다: 아무도 율법을 준수함으로 의롭다 함을 얻지 못할 것이다(롬3:20); 신자는 율법과는 별도로 의롭게 된다(3:21); 율법은 진노를 이룬다(4:15); 신자는 법 아래 있지 않다(6:14); 그들은 율법에 대하여 죽고 해방되었다(7:4, 6); 인류에게 율법으로 말미암는 죄의 정욕이 역사한다(7:5)는 등. 하지만 지적되어야 할 것은, 갈라디아서에서도 바울은 율법의 긍정적인 측면을 제시하고 있다는 것이다: 가령, 율법은 이웃 사

---

14) H. Hübner, *Law in Paul's Thought* (Edinburgh: T. & T. Clark, 1984) 83-87, 129; Brown, *Antioch & Rome*, 111, 114; Tobin, *Paul's Rhetoric*, 7, 78, 98, 101. cf. Wilckens, "Paul's View of the Law," 25.

15) H. Räisänen, *Paul and the Law* (Philadelphia: Fortress, 1983, 1986) 9ff.와 chs.2-5.

16) 롱게네커(Longencker, "Paul's Use of Scriptures," 77)는 로마교회에 유대주의자들이 없었다고 주장한다. 빌켄스 또한 다음과 같이 언급한다: "로마서에서 바울은 유대주의자들과의 논쟁에서 얻었던 칭의교리를 배경으로 한 그리스도의 복음에 관한 해석을 좀 더 근본적인 차원으로 만든다"(Wilckens, "Paul's View of the Law," 23). 또한, R. A. J. Gagnon, "Should we sin? The Romans Debate and Romans 6:1-7:6." (Ph.D dissertation, Princeton, New Jersey, 1993) 294; Wright, *Romans,* 550.

랑으로 성취된다고 한다(5:14). 따라서, 갈라디아서에서 바울이 개진한 율법에 관한 견해를 로마서에서 바꾸었다는 주장은 매우 신중하게 생각해야 한다.[17] 로마서에서 바울은 율법의 긍정적인 측면을 종종 강조하는데(3:31; 7:10, 12; 8:4, 7; 13:8-10), 바울 자신과 자신의 목적에 가장 부합하기 때문이다. 자신의 모든 서신에서 바울은 외교적인 차원에서 말함으로 현명하게 처신한다.

베커(J. C. Beker)가 올바르게 주장하듯이, 갈라디아서는 갈라디아 신자들의 특수한 상황을 위해 쓰여졌다.[18] 하지만 바울은 갈라디아서에서 율법의 모든 측면을 논의하지 않고, 단지 갈라디아 교회에 가장 적합한 측면을 다룬다. 비슷하게, 로마서에서 바울은 율법에 관하여 로마의 상황에 필요한 것을 언급한다. 그는 로마서에서 좀 더 발전된 관점에서 율법을 이해한다는 것을 보여준다:[19] 즉, 로마서에서 처음으로 율법은 거룩하고, 의롭고, 선하며(7:12), 생명으로 이르게 하며(7:10), 율법의 요구가 신자들에 의해 이루어진다(8:4)고 말한다. 로마서에서 바울은 진정 율법에 관해 진일보하며 긍정적인 측면을 제시하는데, 그것은 자신의 신학이 성숙의 단계로 진입하고 있기 때문이다.[20] 그는 율법에 관한 자신의 신학 전모를 자유롭게 개진하는데, 로마의 상황이 논쟁적이지 않기 때문이다. 게다가, 바울은 그렇게 하는 것이 바울 자신과 로마 그리스도인 모두에게 유익하다고 믿는다(롬1:12).

(4) 로마 그리스도인들의 영적 성장은 바울의 선교를 가능하게 한다: 바울이

---

17) F. F. Bruce, "'All things to all men': Diversity in Unity and Other Pauline Tensions" in *Unity and Diversity in New Testament Theology: Essays in Honor of George E. Ladd.* ed., R. A. Guelich (Grand Rapids: Eerdmans, 1978) 86-90; 홍인규, "바울과 율법―다양한 관점들에 대한 평가와 새로운 제안," 『신약연구』 11 (2012) 679-704.

18) J. C. Beker, "Paul's Theology: Consistent or Inconsistent?" *New Testament Studies* 34 (1988) 364-377; idem, *Paul the Apostle: the Triumph of God in Life and Thought* (Philadelphia: Fortress, 1980) 32-33, 91-92.

19) Wilckens, "Paul's View of the Law," 23-24; Brown, *Antioch & Rome*, 113-114; Hübner, *Law in Paul's Thought*, 135; Doohan, *Leadership in Paul*, 120, 125, 127.

20) Cf. Doohan, *Leadership in Paul*, 123, 125, 141; Brown, *Antioch & Rome*, 120.

로마 그리스도인에게 복음을 전하는 직접적인 이유가운데 하나는 스페인 선교사역을 완수하는 것이며, 또 다른 하나는 구제기금을 예루살렘교회에 성공적으로 전달하는 것이다. 이런 직접적인 목적을 이루기 위해, 바울은 로마의 독자들이 믿음 안에서 성장하여 자신의 선교사역에 협력하며 심지어 자신이 예루살렘을 방문할 때 자신을 편들어 주기를 바란다.[21] 로마의 가정교회는 두 그룹으로 나누어져 아직 성숙하지 못한 가운데 있었다: 강한 자들과 약한 자들이 율법을 놓고 서로 불화하는 가운데 있었다(14:1-15:13). 바울은 만약 그들이 자신이 전한 복음으로 믿음이 성장한다면, 서로 화해하여 스페인 선교를 지원할 수 있을 거라고 본다. 또한, 그들의 영적 성장은 예루살렘 교회 앞에 자신의 복음이 적법하다는 증거가 될 것이다.

　　로마 그리스도인이 영적으로 성장할 때, 저들은 서로 다른 율법주의적 삶의 방식으로 야기된 분열과, 율법을 접근하는 방식의 차이로 발생한 민족적 갈등, 그리고 로마에서 자신들의 열등한 위상으로 인한 고충 등의 문제들을 풀 수 있을 것이다.[22] 사회적으로 소외된 공동체에 속한 그들은, 율법을 통한 유대적 삶의 방식을 따르거나 아니면 그것을 거부함으로 사회적인 경멸과 무시를 피하고자 했다.[23] 바울의 바램은 로마 그리스도인들이 하나가 되어 서로간의 관계를 회복하는 것이었다; 그렇게 될 때, 대다수 이방인들(예전의 하나님 경외자들과 새로 개종한 자들)은 서로를 이해하고 받아들임으로 바울의 스페인 선교를 지원하고 예루살렘교회 앞에서 자신을 옹호할 것이다.

---

21) Holloway, "Rhetoric of Romans," 121-122; Brown, *Antioch & Rome*, 110-111.

22) 그러나 리스너(M. Reasoner)가 지적한 바와 같이, 일부 믿음이 강한 자들은 "로마의 신분제에서 자신의 위치가 신분적으로나 사회적 영향력, 그리고 자산 보유를 로마의 하층민으로 태어난 사람들보다 더 상승시킨 자유민과 거의 들어맞는 자들이다"(*The Strong and the Weak. Romans 14:1-15:13 in Context* [Cambridge: Cambridge University Press, 1999] 61-62).

23) J. C. Walters, *Ethnic Issues in Paul's Letter to the Romans* (Valley Forge: Trinity Press International, 1993), 40-53, 56-66; J. S. Jeffers, *Conflict in Rome: Social Order & Hierarchy in Early Christianity* (Minneapolis: Augsburg, Fortress, 1991) 3-35; P. Lampe, "The Roman Christians of Romans 16" in *The Romans Debate*. rev. and exp. ed. K. P. Donfried (Peabody: Hendrickson, 1991) 228.

언급한 바와 같이, 바울은 로마 그리스도인의 기도지원을 기대한다(롬 15:30-32). 예루살렘교회에 구제기금 전달은 이방교회의 법적인 신분을 확보하기 위해 바울에게 특별히 중요하다. 월터스(J. C. Walters)가 주장하듯이, "예루살렘교회가 이방인 그리스도인의 선물을 받아들이느냐 마느냐는 바울의 사역에 대한 판결과 다름없을 것이다."[24] 예루살렘의 유대인 그리스도인들이 바울의 사역을 받아들이기 위해서는, 바울의 복음에 대한 오해가 불식되어야 하며 그가 이스라엘의 우선권을 받아들인다는 것이 증명되어야 한다. 바울은 로마교회가 예루살렘교회와 특별한 관계에 있다고 보기에, 독자들에게 예루살렘교회의 기금전달을 위한 기도지원을 요청한다.[25]

이러한 일들이 일어나기 위해서는, 로마 교회의 자세와 생활방식에 교정이 필요하다; 만약 이 서신을 통해 제시된 복음이 받아들여져서 저들의 자세가 교정되고 삶의 방식이 바뀌어 진다면, 바울의 선교목적은 마침내 성취될 것이다. 비록 그들이 믿음으로 인해 주변 세계에서 칭찬받고 있으나(롬1:8; 15:14), 그가 보기에 충분한 것은 아니다. 로마 그리스도인은 영적 전투에 아직 충분한 승리를 거두지 못하고 있다.[26] 그들은 육신을 이기지 못해 신학적, 인종적, 그리고 사회적인 관점의 차이로 인한 불화를 극복하지 못하고 있다. 만약 그들이 육신과의 전쟁을 인정하고 승리할 수 있는 기술을 개발한

---

24) Walters, *Ethnic Issues*, 94. Also, Jervell, "The Letter to Jerusalem," 56: "예루살렘에서의 사건은 그가 로마에 성공적으로 갈 것인지를 결정할 것이다(15:31)."

25) Brown, *Antioch & Rome*, 110-11.

26) 많은 학자들은 로마의 가정교회에 아무런 문제가 없다고 본다(S. N. Olson, "Romans 5-8 as Pastoral Theology," *Word & World* 6 [1986] 390-397; Brown, *Antioch & Rome*, 117). 그러나 바울은 비록 로마의 그리스도인들이 복음의 올바른 형식을 받았으며 적절하게 교육받았다는 사실을 인정하고 있긴 하지만(15:14), 자신의 독자들이 견고케 되기를 바란다(롬1:11). 그런 이유로 인해, 그는 강한 자들의 교만과 약한 자들의 판단을 꾸짖는다. 엘리엇(N. Elliott)은 바울이 로마서에서 유대 묵시사상을 염두에 두는 가운데 영적 전쟁을 언급한다고 주장한다: "바울은 예수의 죽음을 *이 땅에서 압제를 수단으로 피조물을 옭아매는 세력들에 대항하는 하나님의 최종 '전투'*의 서막으로 해석한다. 예수의 죽음은 이 시대의 통치자들이 하나님의 지혜를 강하게 반대하는 존재임을 폭로하고 있으나, *저들은 아직 정복되지 않았다*"(*Liberating Paul. The Justice of God and the Politics of the Apostle* [New York: Orbis, 1994] 114-124. 이탤릭체는 원저자의 것).

다면, 하나님의 의가 저들 삶 가운데 실현될 수 있다고 바울은 믿는다.[27) 로마서 12:1-15:13에서, 바울은 이런 문제들을 실제적으로 다룬다.[28)

로마의 그리스도인에게 율법에 대한 견해차이는 불화의 근원이다(롬 14:1-15:13).[29) 믿음이 약한 자들은 사람이 믿음으로 구원을 얻고 하나님의 백성이 되지만 구원은 본질상 이스라엘에 속하기 때문에, 그것을 완성하기 위해서는 유대적 삶의 방식을 따라야 한다고 고집한다. 이때 불화가 생긴다. 믿음이 약한 자들에게 특히 음식법과 절기를 지키는 일이 중요한데, 그것들이 하나님의 백성으로서 이스라엘의 정체성을 나타내기 때문이다. 또한 로마 제국에 살고 있는 그리스도인은 핍박을 받고 있었는데, 믿음이 약한 자들은 유대 율법을 준수하여 이방세계에 자신들의 윤리적 우월성을 증명함으로 핍박을 모면하고자 했을 것이다.[30)

월터스에 따르면, 믿음이 강한 자들은 글라디오의 칙령 이전에 로마에 살았는데 로마 교회의 초기 단계서부터 하나님 경외자들 및 유대인 그리스도인들과 불화의 징조를 보여주었다고 한다.[31) 그런데 글라디오 황제가 (유대인 그리스도인과 하나님 경외자들을 포함한) 유대인들을 로마에서 축출한후, (이전에 회당이나 교회 공동체와 연관되지 않은) 이방인들이 교회로 유입됨에 따라 불화가 증폭되었다. 새로운 이방 개종자들은 율법을 중심으로 하지 않는 종교적 삶을 받아들였다; 그들은 이스라엘이 더 이상 하나님의 백성이 아니며 율법 또한 별의미가 없다고 믿어 율법주의적 삶의 방식을 회피

---

27) 올슨(Olson)은 로마의 그리스도인이 죄와 고난이라는 실존적인 문제에 직면하고 있기 때문에, 바울은 저들이 알고 믿는 바를 확증시키는 한편 이런 문제들을 목회적 차원에서 풀기를 원한다고 주장한다("Romans 5-8 as a Pastoral Theology," 390-394).

28) Cf. Wright, *Romans*, 557; Gagnon, *Rom. 6:1-7:6*, 56-59, 293-294, 303-304.

29) Walters, *Ethnic Issues*, 87; Brown, *Antioch & Rome*, 2-8; idem, "Types of Jewish/Gentile Christianity," 77-78; T. L. Carter, *Paul and the Power of Sin: Redefining 'Beyond the Pale'* (Cambridge: Cambridge University Press, 2002) 136; Gagnon, *Rom. 6:1-7:6*, 295.

30) Cf. Tobin, *Paul's Rhetoric*, 73: "계명의 도덕적 우월성 때문에, 율법은 저들을 불신자 시민으로부터 구별시키는 그 무엇이었다."

31) Walters, *Ethnic Issues*, 62.

했다.[32] 그들은 로마 제국의 수도에 살면서 율법을 제쳐놓음으로 사회로부터 핍박을 면할 수 있었을 것이다.[33]

결국, 믿음이 약한 자들에게 율법은 감당하기 쉬운 것이나 믿음이 강한 자들에게 번거로운 것이다. 믿음이 약한 자들이 유배에서 돌아와 믿음이 강한 자들과 함께 살게 되었을 때, 그들 모두 율법에 관하여 서로 다른 견해를 가지고 있다는 사실을 곧바로 깨달았다. 짐작컨데 그들은 서로 불편한 관계에 있었을 것이다; 말하자면, 믿음이 약한 자들은 강한 자들이 율법을 경시하는 것에 대하여 판단하는 한편, 믿음이 강한 자들은 믿음이 약한 자들이 율법에 매인 것에 대하여 업신여겼을 것이다. 바울은 교회 공동체를 분열 상태로 만든 율법을 다루기 원한다(롬14:1-15:13 참고. 7:7-8:4): 가령, 그는 로마서 7:12에서 율법 자체는 거룩하고, 신령하며, 의롭다고 말하는 한편, 로마서 14:1-15:13에서 그리스도인이 음식법이나 절기 같은 정결법에는 매일 수도 그렇지 않을 수도 있다고 주장한다.

2. 로마 교회의 상황

(1) 수신자인 로마의 그리스도인들: 로마에 있는 수신자는 구체적으로 누구인가? 어떤 학자들은 그들이 유대인은 더 이상 하나님의 백성이 아니라고 믿는 (그래서 유대 율법을 무시하는) 오만한 이방인 그리스도인이라고 이해한

---

32) Cf. Walters, *Ethnic Issues*, 81-82, 88; Gagnon, *Rom. 6:1-7:6*, 199-207; N. Elliott, *The Rhetoric of Romans: Argumentative Constraint and Strategy and Paul's Dialogue with Judaism* (Minneapolis: Fortress, 1990, 2007) 28-43, 56-59, 253ff; H. Boers, *Justification of the Gentiles: Paul's Letters to the Galatians and Romans* (Peabody: Hendrickson, 1994) 87; Carter, *Sin*, 140; Tobin, *Paul's Rhetoric*, 37-38; Witherington, *Romans*, 8.

33) 월터스(*Ethnic Issues*, 90)는 말하기를, "유대인과 유대교를 향한 로마 사람들의 부정적인 견해는 종종 심화되었는데, 그 이유는 (유대인의) 식습관이 저들로 하여금 냉담하게 보이게 함으로 차별화를 강조했기 때문이었다." 그래서 이방인 개종자들은 율법 준수를 거부함으로 사회의 손가락질을 피하려고 했다.

다. 그들의 주장에 따르면, 로마서는 수신자의 태도를 꾸짖기 위해 쓰여졌다고 한다.[34] 예를 들어, 위더링턴은 로마서 9-11장에서 바울이 이방인 그리스도인의 오만을 문제 삼기 위해 많은 공간을 할애한다고 본다.[35]

다른 이들은 로마서의 수신자가 예전에 하나님 경외자였던 자들로 주로 구성되어 있다고 이해한다.[36] 브라운은 로마의 수신자가 두 유형의 그리스도인으로 구성되어 있다고 본다: 정결법을 고수하는 (그래서 믿음이 약한) 하나님 경외자들 및 약간의 유대인 그리스도인들과, 정결법을 고집하지 않는 (그래서 믿음이 강한) 이방인 개종자들 및 약간의 유대인 그리스도인들. 그런데 전자의 유형이 로마 교회에서 지배적이라고 한다.[37] 이 주장을 따르는 자들에 의하면, 로마의 가정교회는 그들이 소속된 중앙 기구가 없어서 예

---

34) 이럴 경우, 우리는 바울이 14:1-15:13에서 강한 자들 편에서 저들을 인정하는 것(참고. 롬 15:1-2)을 어떻게 이해할 것인가? 엘리엇(*Rhetoric of Romans*, 55-56)은 바울이 단지 예방적 차원에서 강한 자들에 동의한다고 말함으로 언뜻 불일치인 듯 보이는 것을 해명한다: 즉, 바울은 강한 자들과 분명히 함께 한다; 그럼에도 불구하고, 그는 저들의 교만을 꾸짖는다 (롬14:1-3, 15-16).

35) B. Witherington, *Paul's Letter to the Romans: A Socio-Rhetorical Commentary* (Grand Rapids: Eerdmans, 2004) 237.

36) W. Schmithals, *Der Römerbrief als historisches Problem* (Gütersloh: Gerd Mohn, 1975) 83; J. C. Beker, *Paul the Apostle. The Triumph of God in Life and Thought* (Philadelphia: Fortress, 1980)76; Dunn, *Romans 1-8*, xliv-liv; Elliott, *Rhetoric of Romans*, 29-32; Lampe, "The Roman Christians in Romans 16," 225; idem, *From Paul to Valentinus. Christians in Rome in the First Two Centuries* (Minneapolis: Fortress, 2003) 70-74; Stuhlmacher, "The Purpose of Romans," 238; S. K. Stowers, *Rereading of Romans: Justice, Jews and Gentiles* (New Heaven London: Yale University Press, 1994) 21-22, 43-44; Longenecker, "Paul's Use of Scripture," 73-74; Tobin, *Paul's Rhetoric*, 41. 빌켄스와 무는, 비록 바울의 로마 독자들이 섞여 있는 그룹으로 구성되어 있으나, 바울이 7:1-6에서 믿음이 약한 자들에게 말하고 있다고 주장한다 (Wilckens, *Römer*, 2:66-67; D. Moo, *The Epistle to the Romans: New International Commentary on the New Testament* [Grand Rapids: Eerdmans, 1996] 436).

37) R. E. Brown, "New Jewish Christianity and Gentile Christianity but Types of Jewish/Gentile Christianity," *Catholic Biblical Quarterly* 45 (1983) 77-78. 그래서 캠벨(W. S. Campbell)이 올바르게 주장하듯이, "'약한 자'와 '강한 자'의 분열은 유대인 그리스도인과 이방인 그리스도인의 분열과 일치하지는 않으나, 그것에 영향을 미친다"(*Unity and Diversity in Christ: Interpeting Paul in Context. Collected Essays* [Eugene: Cascade Books, 2013] 58). Also, Ziesler, *Romans*, 325.

루살렘교회의 일부 지도자들에게 상당한 영향을 받았으며, 예루살렘교회는 자신들의 신학적 가르침을 로마교회에 제공했다고 한다.[38] 로마교회에 편지를 쓸 때, 바울은 율법에 자유로운 자신의 복음을 우려하는 하나님 경외자들을 염두에 두고 있다. 왜냐하면 그들은 유대적 삶의 방식을 따르도록 배웠기 때문이다. 그렇다면 바울에게 남은 과제는, 두 그룹가운데 어느 한 그룹이나 아니면 두 그룹 모두에게 자신의 예루살렘 사역과 스페인 선교를 성취할 수 있도록 도와 달라고 설득하는 일이다.

학자들은 로마서의 수신자가 한 종류의 그룹, 즉 이방인 그리스도인 아니면 유대인 그리스도인으로 구성된다고 결론 내리는 경향이 있다. 예전에는 유대인 그리스도인이 로마서의 주된 수신자 후보로 나섰다;[39] 얼마전까지 이방인 그리스도인이 로마서의 수신자 후보였다;[40] 가장 최근 들어, 학자들의 관심이 예전 하나님 경외자들에 쏠리고 있다. 물론 모든 이런 의견들은 로마의 가정교회가 여러 인종으로 이루어진 공동체라고 추정한다. 따라서, 만약 유대인 그리스도인이 다수라면 이방인 그리스도인은 소수가 될 것이며, 반면에 이방인 그리스도인이 다수라면 유대인 그리스도인은 소수가 될 것이

---

38) 위의 p.95 n.4를 보라.
39) F. C. Baur, *Paul the Apostle of Jesus Christ.* vol.1 [London: Williams and Norgate, 1876] 346-347; T. Zahn, *Der Brief des Paulus an die Römer* (Leibzig: A. Deichertscher Verlagsbuch- handlung, 1925) 329-331, 422; K. Kertelge, *The Epistle to the Romans* (New York: Herder & Herder, 1972) 79; Sanders, *Law,* 183-184; F. Watson, *Paul, Judaism and the Gentiles* (Cambridge: Cambridge University Press, 1986) 150; W. B. Russell, "An Alternative Suggestion for the Purpose of Romans," *Bibliotheca Sacra* 145 (1988) 174-184; A. F. Segal, *Paul the Convert. The Apostolate and Apostasy of Saul the Pharisee* (New Heaven London: Yale University Press, 1990) 224-228; Boers, *Justification of the Gentiles,* 87; Klaiber, *Römerbrief,* 116). 샌더스(E. P. Sanders)는 바울이 최소한 7:1-6에서 유대인 그리스도인에게 말한다고 주장한다(*Paul, the Law, and the Jewish People* [Philadelphia: Fortress, 1983] 183-184).
40) Gagnon, *Rom.6:1-7:6,* 151-152, 267-271; Elliott, *Rhetoric of Romans,* 49-51; Tobin, *Paul's Rhetoric,* 37ff; Campbell, *Paul's Gospel in Context,* 11; idem, *Paul and Christian Identity,* 106 etc.

다. 우리의 판단으로, 로마의 그리스도인은 기본적으로 두 그룹으로 구성되어 있다: 즉, 새로운 이방인 개종자 및 율법에 자유로운 유대인 그리스도인으로 구성된 믿음이 강한 자들과, 예전 하나님 경외자들 및 율법을 준수하는 유대인 그리스도인으로 구성된 믿음이 약한 자들. 바울이 로마서를 쓸 때, 이 두 그룹 모두를 염두에 두고 있다.[41]

수사학의 법칙으로 볼 때, 두 그룹가운데 어느 한 그룹만을 수신자로 간주하는 것은 설득력이 떨어진다. 왜냐하면 로마서의 본문이 누구한테 말하고 있는지 언제나 명확한 것은 아니기 때문이다. 좀 더 일관된 접근방법은, 로마서가 교회 전체를 대상으로 하되 특정한 본문은 특별한 그룹을 목적으로 삼고 있다고 보는 것이다. 예를 들어, 로마서 7:1-8:8은 믿음이 약한 자들(즉, 예전 하나님 경외자들과 율법을 준수하는 약간의 유대인 그리스도인)을 겨냥하는 한편, 로마서 6장은 믿음이 강한 자들(즉, 새로 개종한 이방인 그리스도인과 율법에서 자유로운 약간의 유대인 그리스도인)을 겨냥한다.[42] 그렇다고 해서 바울이 한 그룹을 염두에 둘 때, 다른 그룹을 완전히 배제한다는 의미는 아니다. 그는 로마서 전체에 걸쳐 두 그룹 모두를 염두에 두고 있다. 다시 말해서, 로마서에서 특정 부분을 쓸 때 특정 그룹을 염두에 둔다 할지라도, 그는 공동체 전체를 염두에 두고 있다. 우리의 과제는 바울이 로마서 본문 어디에서 어떤 그룹을 염두에 두는가를 파악하는 일이다. 아래 제3부 8장에서 설명하겠지만, 로마서 7:1-6은 믿음이 약한 자들, 즉 예전 하나님 경외자들과 약간의 유대인 그리스도인들을 대상으로 쓰여졌다.

(2) 로마교회의 기원과 로마 제국의 황제 글라디오에 의한 추방: 로마교회는

---

41) Cf. Reasoner, *The Strong and the Weak,* passim and esp. p.4; Carter, *Sin,* 131. 특히 슐리어(H. Schlier)는 7:1-6에서 바울이 주로 유대인 그리스도인에게 말하고 있지만 이방인 그리스도인을 배제하지는 않는데, 율법이 이방인 그리스도인에게도 거룩한 책이기 때문이라고 주장한다 (*Römerbrief* [Freiburg Basel Wien: Herder, 1977] 4).

42) P. S. Minear, *Obedience of Faith: The Purpose of Paul in the Epistle to the Romans* (London: SCM, 1971) 57-71; Carter, *Sin,* 182.

유대인 그리스도인에 의해 세워졌으며, 따라서 교회의 원래 멤버는 대부분 유대인이었다. 그들은 초기에 유대 회당에서 예배 드리고 복음을 증거했다. 시간이 경과함에 따라, 유대교 개종자들 또는 하나님 경외자들도 기독교로 개종하였다. 하지만 로마교회는 많은 유대인을 개종시키는 데에는 성공하지는 못했다. 더 심각한 것은, 로마교회가 유대인의 반대에 직면했는데, 유대인 그리스도인이 회당에서 예배도중 예수가 약속한 메시아라고 공개적으로 선언하고 나섰기 때문이다.[43] 그래서 불신 유대인과 유대인 그리스도인은 회당에서 서로 충돌하게 되었다. 이러한 불화는 결국 정치적인 소요로 발전됨에 따라, 글라디오 황제는 (유대인 그리스도인과 하나님 경외자들을 포함한) 많은 유대인들을 로마에서 추방하라는 칙령을 내렸다(49년). 얼마나 많은 유대인들이 축출되었는지 분명하지는 않으나,[44] 로마교회에 속한 유대인 그리스도인과 하나님 경외자들 가운데 최소한 어느 정도는 유대 회당을 떠났다.[45] 아굴라와 브리실라도 그때 추방된 자들 가운데 포함돼 있었다. 그들이 로마에서 추방되어 고린도에 머물 때, 바울은 거기서 그들을 만났다(행 18:2; 고전16:19). 6년 후, 네로가 로마의 황제가 되면서 추방령이 철회됨에 따라, 추방되었던 자들은 유배에서 돌아왔다. 유대인 그리스도인과 하나님 경외자들도 그들 가운데 있었으며, 아굴라와 브리실라도 포함되어 있었다. 로마서 16장에 소개된 신자들 가운데 12명은 로마교회의 멤버들인데, 저들이 추방되었을 때 유배지에서 바울을 만났다.[46] 바울이 저들의 이름을 거명

---

43) 월터스는 할례가 문제의 근본원인이라고 주장한다(*Ethnic Issues*, 61). 하지만 역사가 수토니우스(Suetonius)가 말하는 것처럼, 글라디오 황제는 "그레스도(Chrestus)의 사주로" 소요가 일어났기에 유대인과 유대인 그리스도인(하나님 경외자들도 포함)을 로마에서 축출했다(*Suetonius*, ed. and trans. J. C. Rolfe [London: Heinemann / New York: Putnam, 1914] 25.4). Here Chrestus may refer to Christ.

44) 람페(Lampe, *From Paul to Valentinus*, 11, 15)와 엘리엇(*Rhetoric of Romans*, 49)은 단지 몇몇으로 보나, 비펠은 다수로 본다(W. Wiefel, "The Jewish Community in Ancient Rome and the Origins of Roman Christianity" in *The Romans Debate*, rev. and exp. ed. K. P. Donfried [Peabody: Hendrickson, 1991] 92-96).

45) Walters, *Ethnic Issues*, 58; Campbell, *Paul's Gospel in Context*, 44.

46) Lampe, "Roman Christians in Romans 16," 220.

한 이유는, 우선 먼저, 이미 확고히 세워진 저들의 명성을 바탕으로 사도로서 자신의 입지를 다지기 위해서이다. 그런 뒤 자신의 미래 선교를 위한 지지를 얻기 위해 교회가 수용해 주기를 요구하기 위해서이다.

(3) 추방된 그리스도인들의 귀환: 예전 하나님 경외자들과 유대인 그리스도인이 로마로 돌아와 가정교회에 참석했을 때, 자신들이 로마에서 축출당해 없는 동안 많은 변화가 있었다는 사실을 깨달았다: 즉, 로마에 남아 있던 이방인 그리스도인은 이제 다수가 되어 예배 드리고, 활동하며, 종교적인 삶을 살고 있었는데, 예전 하나님 경외자들과 유대인 그리스도인과 달리, 율법에서 자유로운 종교생활을 영위하였다.[47] 게다가, 예전 하나님 경외자들과 유대인 그리스도인이 축출된 후 새 이방인 개종자도 로마의 가정교회에 가세했다. 그러나 글라디오 황제의 칙령에도 불구하고 로마에 남아 있던 예전 하나님 경외자들과 유대인 그리스도인은 유대적 삶의 방식을 계속 고수했다.[48] 머지않아 그들은 이방인 그리스도인과 충돌하게 되었으며, 추방당했던 그리스도인들이 돌아오면서 표면화되었다. 집으로 돌아온 귀환자들이 이방인 그리스도인과 함께 교회의 모임에 참석했을 때, 이방인 그리스도인이 유대적 삶의 방식을 따르지 않는 것을 보게 된 것이다.

귀환자들은 곧바로 예루살렘교회와 다시 접촉하기 시작하는데, 이것은 그들로 로마교회의 이방인 그리스도인과 더 큰 충돌을 가져오는 결과를 낳는다.[49] 이들 귀환자들은 율법, 특히 음식법과 절기에 관한 이해에 있어 이방인 개종자와 견해차이가 있다. 그들은 그런 법들을 가능한 많이 준수하고자 하나, 새로운 이방인 그리스도인은 아무 거리낌없이 그것들을 지키지 않는다. 따라서 갈등은 더욱 심화되고 교회는 두 그룹으로 나누어지게 된다: 강한 자와 약한 자. 바울이 로마의 수신자에게 편지를 쓸 때는 이런 갈등이 표

---

47) Wiefel, "Jewish Christianity," 94; Walters, *Ethnic Issues*, 60.
48) Longenecker, "Paul's Use of Scriptures," 72.
49) Brown, *Antioch & Rome*, 104; Fitzmyer, *Romans*, 33-34; Longenecker, "Paul's Use of Scriptures," 73-74.

면화된지 얼마 지나지 않아서이다. 분쟁에 대해 알고 있는 바울은 신자가 유대 음식법과 절기를 준수해야 하는가 하는 문제에 관하여 서로 판단하는 일에 그들의 주의를 환기 시키고자 한다.

귀환자들을 괴롭혔던 또 하나의 사항은 이스라엘의 정체성에 대한 이방인 그리스도인의 회의적인 태도였다(참고. 롬11:18-21). 이것은 유대인과 이방인의 차이에서 나온 민족적 이슈였다. 그들은 누가 이스라엘을 구성하는지에 대한 정체성에 관하여 주로 의심을 품고 있었다. 바울이 편지를 쓸 때쯤, 갈등은 오만과 판단의 문제로 발전한다.[50] 이런 민족적 갈등의 와중에 유대 율법이 중요한 이슈가 되는데, 예전 하나님 경외자들과 유대인 그리스도인은 음식법과 절기를 지키는 것이 이방인의 삶의 방식보다 민족적으로 우월한 행위일 뿐 아니라[51] 또한 이스라엘의 언약적 공동체에 남는 수단으로 생각하기 때문이다.[52]

또한 지적되어야 할 것은, 로마 제국 아래 그리스도인들은 주로 하층 계급에 속해 있어서 자신들의 종교생활을 영위하는데 어려움을 겪었다.[53] 그들 대부분은 낮은 사회적 계층의 일원이었으며, 많은 사람들이 노예였다. 특별히 *로마의 평화*라는 기치아래 종종 부당하게 대우받았으며, 로마의 전쟁 분위기속에서 억압당하고 있었다. 또한 글라디오 칙령에서 64년 네로의 커다란 박해 때까지 로마 제국 하의 기독교는 유대주의로부터 급속히 분리되어 나갔다.[54] 로마에 있는 유대인들이 이방인 그리스도인으로 인해 손해를 보

---

50) K. B. McCrudden, "Judgment and Life for the Lord: Occasion and Theology of Romans 14:1-15:13," *Biblica* 85 (2003) 229-244. 특별히, 237ff; Walters, *Ethnic Issues*, 74.

51) Cf. Tobin, *Paul's Rhetoric*, 27; 최충하, "교회일치와 하나님의 영광: 상황성과 일관성의 전망에서 본 로마서 14:1-15:13의 연구." (Ph.D 논문, 백석대학교 대학원, 서울, 2005) 67-72.

52) Dunn, *Romans, 1-8*, lxxi-lxxii; idem, *Romans, 9-16*, 799-802, 804-806.

53) Walters, *Ethnic Issues*, 60; Jeffers, *Conflict at Rome*, 19-20. 람페는 로마서 16장에 나오는 26명의 3분의 2 이상이 노예출신이라고 지적한다("Roman Christians in Romans 16," 228).

54) 월터스가 주장하고 있듯이, 유대교와 기독교는 추방이전에는 완전히 갈라서지 않았다 (*Ethnic Issues*, 62).

지 않기 위해 고의적으로 그들을 멀리했기 때문이다. 월터스는 말하기를, "십중팔구 유대 공동체는 자신들을 그리스도인과 구별하기 위해 의도적으로 로마 제국의 행정관들과 로비를 했다."[55] 네로 황제가 통치할 무렵, 기독교와 유대교는 서로 뚜렷이 구분되어 네로는 그리스도인이 누구이며 누가 박해의 대상이 될 수 있는지 알아볼 수 있었다. 바울이 로마서를 쓸 무렵 가정교회는 유대 회당과 거의 관계를 단절하게 된다. 그 결과, 로마교회는 유대교의 그늘아래 있지 않기 때문에 더 이상 로마 제국의 보호를 받지 않게 된다. 이런 상황에서 로마교회의 멤버들은 로마 정부나 사회 전반에 걸쳐 무시당하거나 멸시당했으며,[56] "유대교의 보호막 없이, 그리스도인들은 미신적이고, 국적이 없으며, 방탕한 성향을 가진 신흥 이교로 로마 제국의 검열의 위험에 처해있었다."[57]

다시한번, 여기에서 율법이 관련 요소인데, 교회 멤버들(특별히 믿음이 약한 자)이 유대 율법을 준수함으로 사회에서 오는 핍박을 피하려 하기 때문이다. 로마사회는 유대 율법이 어느 정도 고귀하고 고상한 삶을 가르친다고 믿는다.[58] 이것은 교회로 하여금 유대 율법을 따르라고 유혹한다. 하지만 이와 동시에 유대교는 가끔 미신으로 비치고 유대인은 분리주의자로 여겨진다.[59] 이런 연고로 믿음이 강한 자는 율법을 가까이 하지 않고 유대적인 삶의 방식

---

55) Walters, *Ethnic Issues*, 62.
56) 이런 이유로 인해, 바울은 로마 그리스도인에게 정직하게 세금을 내라고 말했는지 모른다. cf. Wedderburn, *Reasons for Romans*, 62; Walters, *Ethnic Issues*, 65-66; Carter, *Sin*, 136.
57) Walters, *Ethnic Issues*, 62.
58) Tobin, *Paul's Rhetoric*, 27.
59) 코헨(Shaye Cohen)은 말하기를, "시대에 걸쳐 유대 사상의 가장 큰 특징은 '우리'와 '그들,' 유대인과 이방인, 유대교의 사상과 이방 세계의 사상 사이의 대조의식이다"(*From the Maccabees to the Mishnah* [Philadelphia: Westminster, 1987] 35 (Walters, *Ethnic Issues*, 24에서 재인용). 월터스 또한 "유대인들에 의해 입증된 민족적이며 종교적인 결속력의 정도는 로마인에게 이례적이며, 가끔 위협적이었다"고 본다(*Ethnic Issues*, 33). 특히 쉐퍼(P. Shäfer)는 유대인의 분리주의에 대한 사람들의 적대감, 그들의 안식일 준수를 게으름의 표지로 봄, 그리고 할례에 대한 공포를 지적한다(*Judeophobia: Attitudes toward the Jews in the Ancient World* [Cambridge: Harvard University Press, 1997] 180-195).

을 피하고자 한다. 왜냐하면 그들은 기독교가 가끔 유대교의 아류로 인정받고 있다는 것을 알고 있으며, 자신들이 유대교에 속한다고 알리고 싶지 않기 때문이다.

(4) 바울의 해결책: 자신에 대한 의심과 로마 신자들간의 분쟁을 감지한 바울은, 분쟁이 복음을 전하는데 도움이 되지 않을 뿐 아니라 자신의 미래 선교를 위한 지원에도 불리하게 작용할 것이라고 판단한다. 해결책의 일환으로, 그는 음식법과 절기에 대한 그들의 견해차이에 주목한다(롬14:1-15:13).

신학적인 견지에서, 초대교회에 네 그룹이 있었다고 브라운은 지적한다: (a) "모세의 율법의 완전한 준수를 고집한 유대인 그리스도인과 이방인 개종자들"; (b) "구원의 요건으로 할례를 이방인 그리스도인에게 고집하지는 않았으나 일부 유대 정결법 준수를 요구한 유대인 그리스도인과 이방인 개종자들"; (c) "이방인 그리스도인에게 구원의 요건으로 할례를 요구하지도 않고 음식에 관한 정결법 준수도 요구하지 않은 유대인 그리스도인과 이방인 개종자들"; (d) 할례나 음식법을 고집하지 않고 예루살렘 성전의 제사도 지속적인 중요성이 없다고 본 유대인 그리스도인과 이방인 개종자들."[60] 이러한 구분은 각 그룹 멤버들이 율법을 어떻게 취급하는가에 따라 분류된 것이다. 하지만 각 그룹은 유대인과 이방인 그리스도인 모두를 포함한다. 우리가 믿기로는, 로마의 그리스도인은 믿음이 약한 자와 믿음이 강한 자로 구성되었으며, 두 번째와 세 번째 부류에 각각 속한다.

바울은 분쟁을 해결하기 위하여 로마의 그리스도인에게 편지를 쓴다. 바울에게 음식법이나 절기 준수는 결정적인 요인이 아니다. 중요한 것은 교회 멤버들 사이의 연합이다. 믿음이 강한 자들이 율법에서 자유한 것을 자랑하거나 믿음이 약한 자들이 음식법이나 절기를 준수할 때 저들을 판단하는 일은 옳지 않다. 동일하게, 믿음이 약한 자들이 유대적인 삶의 방식을 자랑하

---

60) Brown, "Types of Jewish/Gentile Christianity," 77-78.

며 믿음이 강한 신자들을 멸시하는 일은 옳지 않다. 월터스가 "바울은 이 분쟁을 민족적 문제가 아닌 음식과 절기에 관한 사안으로 접근한다"고 말할 때, 어느 정도 일리가 있다.[61] 사실 바울은 자신들과 반대의 입장에 서있는 자들보다 더 우월하다고 주장하는 자들에게 이의를 제기한다(롬14:10). 바울은 각 그룹에게 육신의 문제가 남아 있다고 지적한다. 비록 그들의 믿음이 칭찬받을만 하지만(롬1:8; 15:14), 육신과 싸워 그것을 극복해야 할 일이 아직 남아 있다(롬8:12-13; 13:14). 그런 법들(즉, 음식법과 절기)에 대한 바울의 기본 입장은 어떤 법은 아무렇게 해도 가능한 것으로 볼 수 있다는 것이다;[62] 음식법이나 절기에 관한 한, 혹자는 자신의 개인적 확신과 그(녀)가 살아가는 환경에 따라 그것을 준수할 수도 있고 그렇지 않을 수도 있다(롬14:5).

또한 로마교회 공동체에서 유대인-이방인 사이에 긴장이 있다는 것을 부인할 수 없다(롬14:1-15:13). 믿음이 강한 파는 하나님의 백성으로서 이스라엘의 신분을 거의 부인하는데 까지 이른다(참고. 9-11장). 이것은 민감하면서도 중대한 사안이며, 믿음이 약한 파에게 이것은 민족적 이슈이기도 하다. 왜냐하면 그들은 유대적인 삶의 방식을 포기할 의향이 없기 때문이다. 로마서 전체 그리고 특별히 9-11장에서, 바울은 독자에게 이스라엘을 향한 하나님의 신실하심은 결코 실망시키지 않을 것이라고 말하면서, 하나님과 이스라엘 사이의 언약을 상기시킨다(9:4, 6-13, 27; 10:1; 11:1-5, 11-12, 26-29).[63] 믿음이 약한 신자들은 엄격한 율법준수로 저들 또한 언약 안에 머물

---

61) Walters, *Ethnic Issues*, 87.
62) H. J. Schoeps, *Paul. The Theology of Paul in the Light of Jewish Religious History.* trans. H. Knight (Philadelphia: Westminster, 1961) 199; Davies, *Paul*, 70, 73; Räisänen, *Paul and the Law*, 77; J. Jaquette, *The Function of the ADIAPHORA Topos in Paul's Letters* (Atlanta: Scholars, 1995) 126-136; Moo, *Romans*, 837; 최충하, "로마서 14:1-15:13의 연구," 66. 하지만 바울이 이런 법들이 아닌 십계명을 다룰 때에는 율법에 대하여 긍정적이다: 가령, 롬7:10, 12; 8:4, 7; 13:8-10.
63) J. C. Beker, "The Faithfulness of God and the Priority of Israel" in *The Romans Debate*. rev. and exp. ed. K. P. Donfried (Peabody: Hendrickson, 1991), 327-332; N. T. Wright, *The Climax of the Covenant. Christ and the Law in Pauline Theology* (Minneapolis: Fortress, 1992) 231-257; Wedderburn, *Reasons for*

거라고 생각할지 모른다. 하지만 바울은 신자가 기본적으로 그리스도안에 남아 있을 때 새 언약에 머물 수 있다고 강조한다(4:13-25; 11:17-24).

로마에서 기독교라는 새로운 종교를 따르는 것은 로마 제국의 불신과 신자의 낮은 사회적 지위 때문에 대단히 어려운 일이었다. 자신들의 사회적 곤경을 해결하는 방법으로, 믿음이 약한 파는 율법에 매달렸으며, 믿음이 강한 자들은 그것에서 멀리 떨어져 있었다. 바울은 그들이 서로 받음으로 그리스도안에서 하나됨을 이루기를 소망하면서, 저들 모두에게 편지를 쓴다(15:5-7); 다시 말해서, 그들이 이 편지를 읽을 때, 성령이 저들로 율법을 올바로 이해하게 하며 교회공동체에 의와 평강 그리고 희락을 가져옴으로(14:17), 서로의 잘못을 담당하도록 도울 것이다(15:1).

요약하면, 우리가 로마서의 목적을 충분히 이해하려면 바울의 상황과 로마교회의 상황 모두를 고려해야 한다. 바울은 로마교회의 어려운 상황을 해결해야 하는데, 그렇게 할 때 저들은 연합하여 자신의 선교를 지원할 수 있을 것이다. 바울이 자신의 복음에 관한 로마 그리스도인의 오해를 풀어줄 때, 저들은 예루살렘교회에 기금을 전달하는 자신의 사역을 지원할 것이다. 그래서 그는 이렇듯 공동체 내의 갈등과 사회적 갈등을 푸는 실마리는 로마 그리스도인 개인의 변화에서 찾게 될 거라고 믿으면서, 저들의 믿음의 성장에 강한 책임감을 느낀다. 바울은 이 편지를 통해 제시한 복음이 그들 자신과 교회공동체에 대한 관점을 변화시키고 행동을 바로잡아 저들의 성화의 삶이 증진되기를 바란다.

또한, 그들이 이 편지를 읽고 문제를 해결할 때, 저들의 믿음은 영적으로 성장하여 바울이 선교를 완수하는데 박차를 가하도록 도울 것이며, 예루살렘교회 또한 바울이 전달한 구제기금을 받아들일 것이다. 그때 바울과 그의 수신자 모두 "피차 안위함을 얻게" 될 것이다(롬1:12).

Romans, 74-75; Elliott, *Rhetoric of Romans*, 253-270; Carter, *Sin*, 139-140; 정승우, "롬9-11장과 로마교회의 사회적 정황," 50-57; idem, "Reconsideration about the Identity of the "Weak' and the "Strong' in Romans 14:1-15:13,"『한국기독교 신학논총』39 (2005) 69-70.

3. 로마서의 목적: 선교적, 목회적, 그리고 신학적

바울은 세가지 이유에서 로마 그리스도인에게 편지를 쓴다: 선교적, 목회적, 그리고 신학적. 첫째, 바울은 자신의 선교를 완수할 목적으로 편지를 쓴다. 이 목적은 자신의 개인적인 관심과 관련이 있다. 그는 로마 신자들이 자신의 스페인 선교나 예루살렘에 구제기금 전달 사역에 연루되기를 바란다. 하지만 선교는 우선적으로 바울에게 주어진 과업이며, 간접적으로 로마 그리스도인과 연관된다. 둘째, 바울은 목회적 목적을 염두에 두고 편지를 쓴다. 이 점은 로마의 신자들과 직접 연관되는데, 이 편지를 통해 그는 믿음이 강한 자와 믿음이 약한 자 사이의 갈등을 해소하고자 노력한다. 그렇게 하기 위하여, 바울은 자신의 복음을 통하여 그들의 믿음이 성장하기를 희망한다. 그들의 믿음이 성장함에 따라, 자신들의 문제를 풀 수 있기를 그는 바라고 있다. 셋째, 로마의 수신자와 더불어 자신의 선교적 목적과 목회적 목적을 완수하기 위하여, 바울은 선교여행하는 가운데 오해 받았던 자신의 복음을 변호 할 필요가 있다고 느낀다. 그래서 그는 예루살렘교회의 영향을 받은 로마 그리스도인에게 신학적으로 복음을 잘 설명할 때, 저들은 기도지원으로 도울 것이며 기금도 안전하게 전달될 것으로 본다. 결국, 목회적인 목적이 다른 목적보다 우위를 점하는데,[64] 그 이

---

64) Cf. Minear, *Obedience of Faith*, 8-20; J. Knox, "Rom.15:14-33 and Paul's Conception of his Apostolic Mission," *Journal of Biblical Literature* 83 (1964) 6; W. S. Campbell, "Why did Paul write Romans?" *Expository Times* 85 (1973-74) 264-269; idem, "The Romans Debate," *Journal for the Study of the New Testament* 10 (1980) 19-28; Wiefel, "Jewish Community the Origins of Roman Christianity," 85-101; J. H. Schütz, *Paul and the Anatomy of Apostolic Authority* (Cambridge: Cambridge Univ. Press, 1975) 213; Beker, *Paul*, 69-71; Bowers, "Fulfilling the Gospel," 198; Walters, *Ethnic Issues*, 88-92; George Smiga, "Romans 12:1-2 and 15:30-32 and the Occasion of the Letter to the Romans," *Catholic Biblical Quarterly* 53 (1991) 262-269; Boers, *Justification of the Gentiles*, 145-169; 221-224; P. F. Esler, *Conflict and Identity in Romans: The Social Setting of Paul's Letter* (Minneapolis: Fortress, 2003) 339-352; Wedderburn, *Reasons for Romans*, 98; J. A. D. Weima, "The Reason for Romans: The Evidence of Its Epistolary Framework (1:1-15; 15:14-16:27)," *Review & Expositor* 100 (2003) 30-31.

유는 자신의 선교를 성공적으로 완수하기 위해서라도 로마의 신자들을 믿음으로 성장시켜야 하며, 자신의 복음을 신학적으로 설명하는 것도 저들의 영적 성장을 위한 것이기 때문이다.

바울은 목회자로서 로마의 신자들에게 편지를 쓴다.[65] 그가 예전에 이방인에게 복음을 전했을 때, 교회를 세우기 위한 목적뿐 아니라 이미 세운 교회들을 목회하고자 하는 목적으로 복음을 전했다.[66] 그가 비록 로마에서 교회를 세우지는 않았으나, 로마교회가 자신의 사도적 영향권 아래에 있다고 믿는다.[67] 그래서 그는 로마의 독자들이 직면한 갈등과 긴장을 자신의 복음을 통하여 해소하고자 한다. 그는 로마교회가 영적으로 강건하여 교회 내 갈등과 긴장을 해소하며, 자신의 예루살렘과 스페인 선교를 지원할 수 있는 하나된 공동체가 되기를 바란다. 로마교회의 갈등과 긴장의 해소는 율법의 올바른 이해를 필요로 한다. 그들이 율법을 올바로 이해할 때, 강한 자와 약한 자 사이의 분열과 유대인-이방인의 관계에 관한 문제를 해결할 수 있을 것이다. 로마서에서 바울은 이 두 가지 문제를 매우 신중하게 다룬다.

로마서 14:1-15:13에 소개된 믿음이 강한 자와 약한 자 사이의 긴장은 로마교회의 문제이며, 점차 로마의 일반 대중들의 주목을 받게 된다. 바울은 해결책으로 음식을 먹거나 절기를 지키는 일은 그렇게 할 수도 있고 그러지

---

65) Doohan, *Leadership in Paul*, 130-141; E. H. Peterson, "Pastor Paul" in *The Romans and the People of God: Essays in honor of Gordon D. Fee on the Occasion of His 65th Birthday*. eds. S. K. Soderlund and N. T. Wright (Grand Rapids: Eerdmans, 1999) 283-294.

66) Bowers, "Fulfilling the Gospel," 185-98.

67) R. N. Longenecker, "The Focus of Romans: The Central Role of 5:1-8:39 in the Argument of the Letter" in *Romans and the People of God: Essays in honor of Gordon D. Fee on the Occasion of His 65th Birthday*. eds. S. K. Soderlund and N. T. Wright (Grand Rapids: Eerdmans, 1999) 66; L. A. Jervis, *The Purpose of Romans. A Comparative Letter Structure Investigation* (Sheffield: JSOT Press, 1991) 104, 110ff; J. A. D. Weima, "Preaching the Gospel in Rome: A Study of the Epistolary Framework of Romans" in *Gospel in Paul: Studies on Corinthians, Galatians and Romans for Richard N. Longenecker*. eds. L. A. Jervis and P. Richardson (Sheffield: Sheffield Academic Press, 1994) 353, 362-366.

않을 수도 있다고 제안한다. 바울에게 음식법이나 절기를 지키는 일은 본질적인 문제가 아니다; 중요한 것은 판단하지 말고 서로 받아들이는 것이다.

그러나 바울은 유대인-이방인 관계에 관한 믿음이 강한 파의 이해를 계속해서 바로잡는다. 바울은 자신들이야 말로 진정한 하나님의 백성이라고 믿는 - 믿음이 약한 자들은 그런 입장을 취하지 않는 - 이방인 그리스도인의 태도를 문제 삼는다. 이런 유대인-이방인 관계에 관한 이슈는 바울이 사역했던 다른 많은 교회에서 이미 일어났던 문제이다. 그는 이 문제를 로마교회 앞에 다시 상정한다: 유대인과 마찬가지로, 이방인은 모두 죄 아래 있기 때문에 모든 사람은 오직 믿음으로 구원받는다(롬1-4장); 하지만, 이스라엘을 향한 하나님의 언약적 신실하심(즉, 하나님의 의)으로 인해, 이스라엘의 지위는 변하지 않는다(롬9-11).

믿음이 강한 자들이 비록 율법을 소유하고 있으나 지키지는 않는다고 믿음이 약한 자들은 항의하기 때문에, 바울은 믿음이 약한 파도 바로잡는다. 약한 자들의 관점에서 보자면, 혹자는 율법의 엄격한 준수를 통해 이스라엘의 언약 백성으로 남는다. 바울은 로마서 5-8장에서 로마교회의 갈등과 긴장의 근본 원인인 죄와 인류의 죄악된 본성을 논의하면서, 이런 율법주의적 이슈의 해결책을 내놓는다. 말하자면, 로마 그리스도인이 갈등과 긴장을 경험하는 가장 큰 이유는 죄의 세력과 자신의 죄악된 본성을 극복하지 못했기 때문이다. 그들은 서로에 대하여 거만하며 판단하는 태도 뒤에 숨어 있는 영적인 세력에 대하여 잘 모르고 있었던 것 같다. 따라서, 바울은 민족적 이슈와 율법주의적 이슈 이면에 도사리고 있는 근본적인 원인을 찾아야 한다고 믿는다. 두한(Doohan)은 "유대인/이방인 문제는 죄의 개념에 대한 검토를 필요로 한다"고 올바르게 지적한다.[68]

로마서의 중심 부분인 5-8장에서,[69] 바울은 신자가 그리스도와 계속해서

---

68) Doohan, *Leadership in Paul*, 128.

69) Cf. Longenecker, "Focus of Romans," 49-69. 또한, J. A. T. Robinson, *Wrestling with Romans* (Philadelphia: Westminster, 1979) 9.

　로마서 7:1-6에 나타난 율법의 기능

연합할 때(6:1-4, 11-14, 16-23; 8:1-17), 은혜의 능력으로 죄의 권세를 무찌를 수 있다고 제안한다; 그리고 그들은 종말적인 미래에 대한 믿음을 가짐으로 현재의 고난을 견딘다(8:18-39). 이런 은혜의 통치는 사회적 갈등 뿐 아니라 민족적 이슈와 율법주의적 이슈도 해결한다. 이것이 성화의 길이다. 게다가, 이 편지를 통해 로마 그리스도인이 바울이 제시한 복음을 올바로 이해하며 성숙하게 됨에 따라, 바울의 선교사역도 지원할 것이다. 로마 제국이 로마 그리스도인에게 가져다 준 고난은 평화로운 공동체 삶을 파괴하며 저들 가운데 갈등을 심화시켰는데, 바울은 해결방안으로 그리스도와의 지속적인 연합을 제시한다. 로마서 5-8장에서 바울은 그리스도인이 악한 세력과 엄청난 규모로 전쟁 중에 있다고 말한다(8:18-22, 31-39 cf. 6:6, 12-14, 16-23). 진짜 범인인 죄는 신자로 하여금 서로 갈등하고 싸우라고 부추기지만, 저들이 그리스도와 친밀한 연합을 확고히 하여 궁극적으로 적에게 승리를 거둘 때, 평화는 보장될 것이다.

로마서 7:1-6의
문학적 문맥

로마서 7:1-6의 근접문맥을 제공하기 위해, 우리는 본문에 직접적으로 연관되는 로마서 6:15을 염두에 두면서 로마서 6장을 면밀히 살펴봐야 한다. 하지만 로마서 6장을 조사하기 전에, 우리는 더 거슬러 로마서 5-8장의 중심 주제를 소개하는 5:20-21을 살펴보는 것이 온당하리라 생각한다.[1]

5:20-21에서 바울은 성화의 삶, 죄, 율법, 그리고 은혜 사이의 관계를 설정한다. 다시 말해서, 바울은 성화를 염두에 두면서[2] 죄, 율법, 그리고 은혜

---

1) 수사학적으로 말하자면, 로마서 5:20-21은 로마서 5-8장의 명제에 해당하며, 중심주제를 제공한다. Cf. N. A. Dahl, *Studies in Paul* (Minneapolis: Augsburg, 1977) 91; Gieniusz, "Rom.7:1-6," 396; J-N. Aletti, "The Rhetoric of Romans 5-8" in *The Rhetorical Analysis of Scripture*. eds. S. E. Porter and T. H. Olbrichtt. (Sheffield: Sheffield Academic Press, 1997) 300-302; D. Hellholm, "Die Argumentative Funktion von Römer 7:1-6," *New Testament Studies* 43 (1997) 385-411; Burton, *Romans 7:1-6*, 33, 38, 64; Carter, *Sin,* 184.

2) 도날슨(T. L. Donaldson)은 로마서 1-4장이 "하나님과의 관계에서 인간의 *신분*"을 보여주는 반면, 5-8장은 "인간의 실제적인 *경험*"을 보여준다고 주장한다(*Paul and the Gentiles. Remapping the Apostle's Convictional World* [Minneapolis: Fortress, 1997] 153. 이탤릭체는 원저자의 것). 로마서 6-8은 5:20-21의 논증부분으로 성화의 삶을 가르친다는 것이 일반적으로 동의되어 왔다: 예를 들어, F. Godet, *St. Paul's Epistle to the Romans* (New York: Funk & Wagnalls, 1883) 399-446; Sanday & Headlam, *Romans,* 156; Cranfield, *Romans,* 1:252-254, 259-297; P. Achtemeier, *Romans: Interpretation* (Atlanta: John Knox, 1985) 87-88; Dunn, *Romans 1-8,* 300-303; 367-368; L. Morris, *The Epistle to the*

사이의 관계를 설명한다: 율법이 가입했을 때, 죄(지배자)는 인류(종)의 정욕을 자극시켜 저들로 범죄케 했다(20a, 21a절); 그러나 죄가 증가함에도 불구하고, 은혜는 더욱 넘쳐 신자들이 죄의 정욕에 저항할 수 있도록 힘을 실어주었다(20b, 21b절). 여기에서 우리는 죄가 왕 노릇하지 않기 위하여 은혜가 죄와의 전쟁에서 승리로 판명되는 것을 본다. 의미인즉슨 혹자가 죄와 자신의 정욕에서 승리할 때, 율법은 죄를 짓는 행위를 유발하는 수단이 될 가능성이 더 적어지며, 그 결과, 은혜 아래 살고 있는 그(녀)에게 중립적인 위치로 돌아간다는 것이다.[3]

특별히 주목할 것은, 로마서 5:20-21이 어떤 식으로 로마서 6장 그리고 7장과 연관되는가 하는 것이다. 비대칭 교차대구법에 근거하여, 마이어스(C. D. Myers)는 5:20a와 5:20b의 구성요소가 6장과 7장에서 전개된다고 제시한다: 즉, 로마서 5:20a는 7장과 관련되는 한편, 5:20b-21은 로마서 6장과 연관된다.[4] 5:20-21을 기술하는 과정에서, 바울은 네 가지의 전략적인 질문을 통해 자신의 중심 주제를 발전시킨다(6:1, 15; 7:7, 13). 처음 두 가지(6:1, 15)는 6장에 나오는데, 7:1-6의 근접문맥을 형성한다. 비록 로마서 7:1이 또 다른 질문을 하면서 비교적 새로운 주제를 시작하는 듯 보이지만,[5] 바울은

Romans (Grand Rapids: Eerdmans / Leicester: InterVarsity, 1988) 19, 243-244; Byrne, "Romans 6:1-8:13," 562ff; Moo, Romans, 350-352; A. K. Grieb, The Story of Romans. A Narrative Defense of God's Righteousness (Louisville: Westminster John Knox, 2002) 60; T. H. Tobin, Paul's Rhetoric in Its Contexts (Peabody: Hendrickson, 2004) 188ff; Witherington, Romans. 167ff; 최갑종, 『로마서 듣기』, 300; R. N. Longenecker, Introducing Romans: Critical Issues in Paul's Most Famous Letter (Grand Rapids: Eerdmans, 2011) 400-401; 김동수, 『로마서 주석』(대전: 엘도론, 2013) 423.

3) Cf. H. Hübner, Law in Paul's Thought (Edinburgh: T. & T. Clark, 1984) 79-81; Wilckens, "Paul's View of the Law," 23-24; B. L. Martin, Christ and the Law in Paul (Leiden: E. J. Brill, 1989) 75, 144-154; Snodgrass, "Sphere," 169-170, 174; N. Elliott, The Rhetoric of Romans (Minneapolis: Fortress, 1990, 2007) 232, 234; J. F. Bayes, The Weakness of the Law (Carlisle: Paternoster Press, 2000) 92, 116-117.

4) Cf. C. D. Myers, "The Place of Romans 5:1-11." (Ph.D. Diss. Princeton Theological Seminary, New Jersey, 1985) 96-130; idem, "Inversion," 40-41; 권연경, 『로마서 산책』(서울: 복 있는 사람, 2010) 168.

5) Cf. Longenecker, Introducing Romans, 401.

7:1-6을 두 번째 전략적인 질문(6:15) 아래 두어 그 질문에 대한 두 번째 응답(첫 번째는 6:15-23에 주어짐)으로 사용한다.[6] 어쨌든, 6:1-7:6을 하나의 단위라고 말하는 것은 합리적일 수 있다.[7]

1. 7:1-6의 근접문맥인 로마서 6장

문학적 구조를 염두에 두면서 로마서 6장에 주목할 필요가 있다. 6:1에서 바울은 첫 번째 전략적인 질문을 한다: "은혜를 더하게 하려고 죄에 거하겠느뇨?" 로마서 6장 전체에 걸쳐, 바울은 죄와 은혜가 인류를 통치하는 두 지배자로 서로 대립하고 있다고 생각한다.[8] 특별히 6:1-14에서, 죄와 은혜는 인류를 통치하는 두 지배자로 제시되는데, 각자는 신자의 성화의 삶에 중요한 영향을 미친다: 가령, 죄는 성화의 과정을 방해하는 반면,[9] 은혜는 도리어 그것을 용이하게 한다. 바울은 로마의 독자에게 은혜의 통치를 받으라고 권면하는데, 저들이 그리스도의 죽음으로 그와 함께 죽을 때 죄에 대하여 죽었기 때문이다. 그는 또한 죄로 그들에게 왕 노릇 하지 못하게 하고(6:12) 자신을 "죽은 자 가운데서 다시 산" 자같이(6:13) 여기라고 권면한다. 바울은 그들로 죄 아래 있지 말고 자신을 하나님께 드리라고 명령한다(6:13-14).

---

6) Cf. Hellholm, "Römer 7:1-6," 389-402; Grieb, *Story*, 68.

7) Cf. Byrne, "Romans 6:1-8:13," 562-565; Myers, "Romans 5:1-11," 96-104; R. A. J. Gagnon, "Should We Sin? The Roman Debate and Romans 6:1-7:6." (Ph.D. Diss. Princeton Theological Seminary, New Jersey, 1993) 162; Hellholm, "Römer 7:1-6," 156ff; A. Gieniusz, *Romans 8:18-30: Suffering Does not thwart the future Glory* (Atlanta: Scholars, 1998) 42.

8) Cf. J. Marcus, "'Let God Arise and End the Reign of Sin!': A Contribution to the Study of Pauline Parenesis," *Biblica* 69 (1988) 386-395; J. R. Edwards, *Romans: New International Biblical Commentary* (Peabody: Hendrickson, 1992) 171-172; Grieb, *Story*, 68-69; Gaventa, "Sin," 229-240.

9) 쓰록몰튼(B. H. Throckmorton)은 "바울은, 하나님이 그렇게 하듯이, 죄를 순종을 요구하는 일종의 세력으로 생각한다"고 말한다(*Adopted in Love* [New York: Seabury Press, 1978] 55).

로마서 6:2에서 바울은 신자가 죄에 거한다는 사실을 μὴ γένοιτο와 함께 강하게 부인하는데, 저들은 이미 죄에 대하여 죽었으며 더 이상 그 아래 살아서는 안되기 때문이다. 이렇듯 명백하게 진술하면서, 그는 지배자인 죄와의 영적 전쟁에 대하여 넌지시 내비친다. 이참에 의인화된 죄는 굵은 글자체로 표기될 수 있는데, "로마서 6장에서 죄의 예속시키는 지배가 충분히 그리고 오해의 여지 없이 나타나기" 때문이다.[10] 6:3에서 바울은 자신의 복음의 근본 원칙가운데 하나인 그리스도의 죽음과 합하여 세례 받은 것을 제대로 알고 있는지 수사적으로 질문한다. 6:4에서 그는 6:3에서 제시된 원칙을 적용하여 그리스도께서 죽음에서 부활하신 것처럼, 그와 함께 죽은 로마 그리스도인은 새 생명 가운데서 행한다고 말한다.[11] 이제 성화의 새로운 삶은 시작되었으며, 그들은 새로운 통치자인 그리스도의 은혜로운 지배 아래에서 그것을 유지할 수 있다.[12]

6:5-10에서 바울은 앞서 제시되고 적용된 원칙(3-4절)을 좀 더 설명한다. 그는 이것을 동일한 내용을 두 번 반복하는 방식으로 한다.[13] 우선, 6:5-7에서 신자는 그리스도의 죽으심을 본받아 그와 연합했을 뿐 아니라 그의 부활을 본받아 연합한 자가 될 것이라고 말한다. 이것은 로마의 독자에게 합리적으로 들리는데, 자신들의 옛 사람이 그리스도와 함께 십자가에 못박혔으며 더 이상 **죄**의 종이 아니라는 사실을 저들이 이미 알고 있기 때문이다. 또한, 6:8-10에서 신자가 그리스도와 함께 죽었다면, 그와 함께 다시 살 것이라고 바울은 말한다. 왜냐하면 로마의 수신자도 아마 알고 있듯이 부활하신 그리스도는 다시 죽지 않기 때문이다: "그의 죽으심은 **죄**에 대하여 단번에 죽으

---

10) Gaventa, "Sin," 231.

11) Cf. Jewett, *Romans*, 399; Holland, *Romans*, 183.

12) Cf. R. Bergmeier, "περιπατέω," EDNT 3 (1993) 75; Moo, *Romans*, 366.

13) G. Bornkamm, *Early Christian Experience* (New York Evanston: Harper & Row, 1969) 75; J-N. Aletti, "Romans" in *The International Bible Commentary*. ed. W. R. Farmer (Collegeville: Liturgical Press, 1998) 1577; A. Hultgren, *Paul's Letter to the Romans* (Grand Rapids: Eerdmans, 2011) 250.

심이요 그의 살으심은 하나님께 대하여 살으심이니"(6:10).[14]

그런 뒤 바울은 6:11에서 로마 독자에게 자신을 **죄**에 대하여는 죽은 자요 그리스도 예수 안에서 하나님을 대하여는 산 자로 여기라고 권면한다. 이 구절은 2절과 함께 3-10절에서 말하는 내용을 감싸는 괄호(*inclusio*) 역할을 한다.[15] 6:12에서 바울은 성화하라고 그들에게 권면한다: "너희는 **죄**로 너희 죽을 몸에 왕 노릇하지 못하게 하라." 하지만 6:12의 요점은 6:16에서 순종의 삶이 필요하다는 내용과는 차이가 있다. 6:16에서 신자는 자신을 **죄**에 순종하는 종으로 드리지 말라고 말하는 반면, 6:12에서는 "하나님의 승리라기 보다 **죄**의 패배가 요청된다."[16] 다시 말해서, 6:12-14에서 바울은 로마의 독자에게 **죄**와 전쟁하라고 권면하는 한편, 6:16-23에서는 **죄**의 정욕을 이기라고 재촉한다.[17]

6:1-14을 결론지으면서, 바울은 로마의 독자에게 **죄**의 지배를 받지 말라고 권면한다. 왜냐하면 그들은 법 아래 있지 아니하고 은혜아래 있기 때문이다(14절). 슈라이너(T. R. Schreiner)는 여기에서 바울의 의도가 사람이 법 아래 있을 때 **죄**는 결국 그(녀)를 지배한다는 사실을 강조하는데 있다고 주장한다.[18] 하지만 6:11-14의 주된 관심사는 인류의 지배자인 **죄**와 은혜의 대조에 있는데, 율법이 **죄** 또는 은혜의 지배 아래 있느냐에 따라 다른 기능을

---

14) Cf. Holland, *Romans*, 194-195.

15) 괄호(*inclusio*)는 우선 논의하고자 하는 바가 3절에서 적절하게 시작한다는 것을 보여준다 (cf. B. N. Kaye, *The Thought Structure of Romans with Special Reference to Chapter 6* [Chico: Scholars, 1979] 24, 58); 둘째, 그 안에 있는 본문(6:3-10)에서 바울은 그리스도인이 그리스도와 연합한 결과를 설명한다. 바울은 괄호의 요지를 그 안에 있는 내용으로 더불어 강조한다(cf. Bornkamm, *Early Christian Experience*, 75; Kaye, *Structure*, 24-25; P. Stepp, *Believer's Participation in the Death of Christ* [Lewiston: Mellen Biblical Press, 1996] 45).

16) Marcus, "Reign of Sin," 389.

17) Cf. Gaventa, "Sin," 234; J. E. Toews, *Romans: Believers Church Bible* (Scottdale Waterloo: Herald Press, 2004) 178; Keck, *Romans,* 167; Hultgren, *Romans,* 240-241; Holland, *Romans*, 195; Kruse, *Romans*, 257ff; 김동수, 『로마서』, 398.

18) T. R. Schreiner, *Romans: Baker Exegetical Commentary in the New Testament* (Grand Rapids: Baker, 1998) 326.

가진다는 것을 암시한다.[19] 이럴 경우, 6:14에서 신자가 더 이상 율법 아래 있지 않다고 말할 때, 바울은 율법을 **죄**의 지배 아래 있는 것으로 간주한다.[20]

6:14에서 신자는 성화로 부름 받는다고 하는데, 성화는 저들이 은혜의 영역에 들어갈 때 가능하며, 저들이 **죄**의 지배 아래 있다면 성화의 삶을 사는데 실패할지 모른다.[21] 바울은 로마의 독자 가운데 믿음이 강한 자들이 율법 준수의 문제로 인해 교회 안에서 발생한 분열로 힘들어한다고 생각한다. 그는 분열을 피하고 성화를 위해 노력하라고 권면하는 것이 자신의 임무라고 여기는 듯하다. 만약 그리스도와 친밀한 관계를 통해 하나님의 통치를 계속 받지 않는다면, 저들은 **죄**의 지배 아래로 되돌아갈 뿐 아니라 생명의 길로서 성화에 이르기까지 내분을 해결하지 못할 것이다.

로마서 6:15에서 바울은 두 번째 전략적인 질문을 하는데, 6:14을 더 상세히 설명한다: "우리가 법 아래 있지 아니하고 은혜아래 있으니 죄를 지으리요?" 바울은 이 질문을 6:16-23과 7:1-6에서 두 가지로 대답한다.[22] 바울은

---

19) Cf. Achtemeier, *Romans*, 117; Snodgrass, "Sphere," 162-163, 169-170; Sloan, "Law," 53-56; Bayes, *Weakness*, 116; Edwards, *Romans*, 171-176; Burton, *Romans 7:1-6*, 88-89; Carter, *Sin*, 183; Holland, *Romans*, 192-196.

20) 마커스(J. Marcus)는 말하기를, "(바울의) 손에서 ὑπὸ νόμον는 그것의 양날을 상실하고 **죄**, 압제, 노예, 그리고 저주와만 연관되는 용어가 된다"("'Under the Law': The Background of a Pauline Expression," *Catholic Biblical Quarterly* 63 [2001] 82).

21) Cf. Cranfield, *Romans*, 1:319; Dunn, *Romans, 1-8*, 357; Moo, *Romans*, 408.

22) 하비(J. D. Harvey)가 올바르게 지적하듯이, 7:1의 ἀγνοεῖτε는 "6:15-23의 주장과 병행하고 있는, 두 번째 주장을 소개하는" 일종의 공개양식이다(*Listening to the Text: Oral Patterning in Paul's Letters* [Grand Rapids: Baker Books, 1998] 129). 그래서 비야드(J-S. Viard)는 말하기를, "구조적으로, 6:16-23과 7:1-6은 6:15의 동일한 질문의 양 면을 나타낸다"("Loi, Chair libération. Une Solution structurelle au probléme de Romains 7,1-6," *Theoforum* 36 [2005] 161). 또한, F. Thielman, "The Story of Israel and the Theology of Romans 5-8" in *Pauline Theology*. vol.3. eds. D. Hay and E. Elizabeth (Minneapolis: Fortress, 1995) 190; C. Burchard, "Römer 7:2-3 im Kontext" in *Antikes Judentum und Frühes Christentum*. eds. B. Kollman, W. Reinbold, and A. Steudal (Berlin: Walter de Gruyter, 1999) 456; C. H. Talbert, *Romans: Smyth & Helwys Bible Commentary* (Macon: Smyth and Helwys, 2002) 171.

이 두 본문에서 동일한 패턴을 사용한다. 왜냐하면 7:1의 ἤ("혹은")가 7:1의 ἀγνοεῖτε("알지 못하느냐")와 6:16의 οὐκ οἴδατε("알지 못하느냐")가 서로 병행한다는 것을 보여주기 때문이다. 그는 일단 원칙을 제시하고(6:16a; 7:1b), 그 원칙을 적용하며(6:16b; 7:4), 이어 그것을 설명한다(6:17-23; 7:5-6). 7:1의 ἤ와 앞서 6:14에서 언급한 내용을 연결하려는 시도가 있었으나, 7:1은 6:15의 질문에 두 번째로 답하고 있으며, 7:1-6에서 바울은 6:16이하에서 한 첫 번째 대답을 논리적으로 따라간다.

6:16a에 명시된 원칙은 사람은 누구에게 순종하던지 순종함을 받는 자의 종이 될거라는 것이다; 만약 주인이 **죄**이면 그(녀)는 **죄**의 종이 되어 결국 죽게 될 것이나, 주인이 하나님이면 그(녀)는 결국 의롭게 될 것이다(6:16b).[23] 로마 신자는 예전에 **죄**의 종이었으나, 전하여 준바 교회의 본을 마음으로 순종함으로 의의 종이 되었다(17b, 18절).[24] 비록 그들이 예전에 자신을 부정과 불법에 드렸으나, 이제 "성화"에 이르기 위하여 자신을 드릴 수 있다(19절 NRSV). 여기에서 바울은 그들에게 **죄**의 정욕과 싸울 것을 암암리에 권면한다. 6:20-22에서 로마의 신자들이 **죄**의 종이었을 때 의에서 자유하여 오직 부끄러움을 당하고 죽는 결과를 가져왔으나(20-21절), 이제 **죄**에서 자유함으로 하나님의 종이 되어, 그 결과, "성화"와 영생을 거둔다(22절 NRSV)고 바울은 거듭 이야기한다. 17a절과 19절에서처럼, 성화의 삶은 바울이 독자에게 권면하고자 하는 직접적인 목표다;[25] 말하자면, **죄**의 정욕과 싸워 승리하며 자신을 의의 종으로 드려 성화한다는 것이다.

6:23에서 **죄**의 삯은 사망이며 하나님의 은사는 그리스도 예수 안에 있는 영생이라고 바울은 말한다. 이것은 6:16-23의 결론인 동시에 로마서 6장 전체의 요약이기도 하다. **죄**의 삯은 **죄**가 공급하는 육체적 그리고/또는 영적

---

23) 로마서 6:16에서 바울은 **죄**와 순종을 대조한다. 만약 16절이 13절과 병행한다면, 전자는 사탄을 상징하는 반면, 후자는 하나님을 나타낸다(cf. Throckmorton, *Adopted in Love*, 55; Edwards, *Romans*, 171-172).

24) 여기서 "의"라는 용어는 하나님과 동의어로 사용된다(cf. Wright, *Romans*, 199).

25) Cf. Byrne, *Romans*, 204-205; Witherington, *Romans*, 174.

죽음으로 이해할 수도 있고 **죄**의 지배를 받아들여 죽음가운데 묶여 사는 것으로 이해할 수도 있다.[26] 그와는 반대로, 하나님의 은사는 성화를 가져와 궁극적으로 그리스도 안에서 영생으로 이끄는 은혜의 통치를 의미한다.[27]

2. 7:1-6의 선례인 6:15

로마서 6-7장에서 바울은 5:20-21의 명제에서 소개한 **죄**, 율법, 그리고 은혜가운데 서로 대조되는 개념에 입각하여 자신의 주장을 발전시킨다: 즉, 6:1-14에서 **죄**와 은혜를 대조시키며, 6:15-23에서 율법과 은혜를 대조시킨 다.[28] 따라서, 예를 들어, 위더링턴은 은혜 아래의 그리스도인은 **죄**에 대하여 죽었기에 또한 율법에 대하여 죽고 그것에서 해방되었다고 주장한다.[29]

비록 **죄**, 율법, 그리고 은혜라는 요소가 로마서 6-7장에 존재하지만, 더 근본적인 대조는 **죄**와 은혜이다. 율법은 이런 대조적 이분법에 반드시 필요 한 존재는 아니다. 왜냐하면 율법 자체는 지배 세력으로 간주되지 않기 때문 이다. 다만 율법이 **죄**나 은혜의 도구로 사용될 때, 영향력을 가지게 된다. 로 마서 6-7장에서 **죄**는 일종의 문제로 등장하고 은혜는 그 해결책으로 제시된 다. 이 두 세력이 율법과 관련될 때, 율법은 문제의 일부가 되거나 문제를 해 결하는 수단이 된다. 다시 말해서, 율법은 인류를 **죄**의 감시하에 두는 수단 이 되거나 아니면 인류로 은혜 아래에서 성화에 이르도록 도와준다.[30] 바울

---

26) 쇼트로프(L. Schottroff)는 **죄**가, 인간이 자신의 무기이며 죽음이 자신의 통치 수단이기에, 자신의 종에게 전리품을 하사한다고 지적한다("Die Schreckensjerrschaft der Sünde und die Befreiung durch Christus nach dem Römerbrief des Paulus," *Evangelische Theologie* 39 [1979] 499). 또한 Moo, *Romans*, 408; Toews, *Romans*, 181; Gaventa, "Sin," 234; Witherington, *Romans*, 174; Holland, *Romans*, 200-201.

27) Cf. Gaventa, "Sin," 234, 236.

28) Cf. Achtemeier, *Romans*, 108-109; Aletti, "Romans," 1576ff; Das, *Paul*, 228ff.

29) Witherington, *Romans*, 174-175.

30) 칼빈은 "하나님의 율법은 두 대립하는 세력들 중간에 서 있다"고 말한다(*Romans*, 156). cf. Steinmetz, *Calvin in Context*, 132.

은 로마서 6:16-23에서 "은혜 아래 있는 상태"를 돋보이게 하고, 7:1-6에서 "율법 아래가 아닌 상태"를 논의하기 위해 **죄** 아래 있는 율법"(6:15)을 계속해서 사용한다.[31]

로마서 6:1-14에서 **죄**와 은혜의 대조를 강조한 후에, 바울은 로마서 6:14-15에서 **죄**의 영향력 아래 있는 율법을 간략하게 언급한다.[32] 이럴 경우, "법 아래"란 표현은 **죄**가 구원받지 못한 인류를 율법으로 유혹하여 결국 죽음에 이르게 하는 상황을 말한다. 던과 라이트가 주장하듯이, 그런 상황하의 율법은 **죄**에 대한 지식과 그 세력을 폭로하고자 여전히 하나님의 목적에 따라 사용된다.[33] 로마서 7:1-6에서 바울은 은혜 아래 있는 율법이란 개념을 서서히 소개한다.[34] 특별히 7:5-6에서, 바울은 전에 **죄** 아래서 역사했던 율법(참고. 6:14-15; 7-25)이 어떻게 은혜 아래서 역사하는지 간략하게 요약한다(참고. 8:1-8).

로마서 7:1-6은 6:14에 대한 응답으로 보통 이해된다. 예를 들어, 샌데이와 헤들람은 "이 부분의 본문(7:1-6) — 그리고 진정 7장 전체 — 은 여전히 '너희는 법 아래 있지 아니하고 은혜아래 있음이니라' 이다"라고 말한다.[35]

---

31) 마이어스는 "법 아래 있지 않는"은 7:1-6에서 더욱 발전되며, "은혜 아래"는 6:16-23에서 더욱 발전된다고 주장한다(Myers, "Romans 5:1-11," 102-104; idem, "Inversion," 40-41).

32) Cf. Murray, *Romans*. 1:239; Dunn, *Romans, 1-8*, 229; Barrett, *Romans,* 155; P. W. Meyer, "Romans 10:4 and the 'End' of the Law" in *The Divine Helmsman: Studies on God's Control of Human Events presented to Lou H. Silberman*. eds. J. Crenshaw and S. Sandmel (New York: KTAV, 1980) 76ff; Hübner, *Law*, 71; C. C. Black, "Pauline Perspectives on Death in Romans 5-8," *Journal of Biblical Literature* 103 (1984) 424; Martin, *Christ*, 97; Snodgrass, "Sphere," 162, 172; Sloan, "Law," 48ff; de Boer, *Death*, 167; Schreiner, *Romans*, 326; Bayes, *Weakness*, 115-116; Carter, *Sin*, 183.

33) Dunn, *Romans, 1-8*, 371; N. T. Wright, "Romans and the Theology of Paul" in *Pauline Theology: Romans*. vol.3. eds. D. Hay and E. Elizabeth (Minneapolis: Augsburg Fortress, 1995) 53.

34) Cf. Wilckens, "Statements," 24-26; Hübner, *Law*, 137-149; Achtemeier, *Romans*, 116-117; Elliott, *Rhetoric of Romans*, 242; Burton, *Romans 7:1-6*, 87-89.

35) Sanday & Headlam, *Romans*, 171.

이런 해석은 최근까지 당연시 되어왔다.[36] 하지만 일반적인 생각과는 달리, 7:1-6은 6:15에서 제기된 질문, 즉, "우리가 법 아래 있지 아니하고 은혜아래 있으니 죄를 지으리요?"에 대한 응답 중 하나이다. 바울은 6:16-23에서 이 질문에 우선 답하고, 그런 뒤 7:1-6에서 두번째로 답한다. 첫 응답은 신자가 은혜아래 있다 하더라도 죄지으면 안 된다고 설명하는 가운데, 로마 독자는 "은혜아래" 있다는 점을 환기시킨다(6:16-23). 바울은 동사 ἁμαρτάνω ("죄짓다" 6:15)를 부각시키면서, 그들에게 행동을 삼가고 자신을 하나님께 종으로 드리라고 권면한다(6:19, 22).

둘째 응답(7:1-6)에서, 바울은 신자가 비록 어떤 의미에서 율법 아래 있지 않지만 죄를 지으면 안 된다는 것을 설명하려고 그들이 "법 아래 있지 않다" (6:15)는 것을 강조한다. 6:15에서 "법 아래가 아닌 은혜아래"란 진술을 통해 "권세들"에 관해 말했던 것을 고려하여, 그는 6:16-23과 마찬가지로 7:1-6 에서 동일한 아이디어를 발전시킨다: 즉, **죄**가 율법을 이용하기 때문에,[37] 그리스도 안에 있는 신자는 그리스도의 죽음으로 그와 연합함으로 율법에 대하여 죽었다(7:4); 인류가 여전히 율법을 오용한 **죄**의 지배 아래 있었을 때 (7:5), 그리스도는 십자가의 죽음으로 **죄**의 세력을 파괴하였다(참고. 롬5:6, 8-10; 7:4; 골2:15); 그 결과, 그들은 하나님을 위하여 열매를 맺으며(7:4) 율법조문의 묵은 것이 아닌 영의 새로운 것으로 그를 섬길 수 있다(7:6).

6:16-23과 7:1-6의 목적은 단순히 "은혜아래"와 "율법 아래가 아닌"이란 어구를 소개하는데 그치는 것이 아니라, 전체적인 질문에 응답하는 데 있다.

---

36) 예를 들어, P. Stuhlmacher, *Paul's Letter to the Romans* (Louisville: Westminster John Knox, 1994) 101; Schmithals, *Römerbrief*, 206; Moo, *Romans*, 409ff; Hellholm, "Römer 7:1-6," 400-401; Witherington, *Romans*, 167; G. R. Osborne, *Romans* (Downers Groves: InterVarsity, 2005) 167; Jewett, *Romans*, 428.A)

37) Cf. Barrett, *Romans*, 155; Hübner, *Law*, 71; Snodgrass, "Sphere," 172; Sloan, "Law," 48; Black, "Death," 424; P. W. Meyer, "The Worm at the Core of the Apple: Exegetical Reflections on Romans 7" in *The Conversation Continues: Studies in Paul and John in honor of J. Louis Martyn.* eds. R. T. Fortna and B. Gaventa (Nashville: Abingdon, 1992) 76-80; Martin, *Christ*, 97; de Boer, *Death*, 167; Schreiner, *Romans*, 326.

이런 이해는 우리로 바울이 로마서 6-7장에서 독자들의 전반적인 성화의 삶에 깊은 관심을 가진다는 사실을 자연스럽게 받아들이게 한다.[38] 만약 이 점을 간과한다면, 우리는 바울의 수사적 목적을 단지 율법비평에 대한 반응으로 오해하며 로마서 7장을 "법 아래가 아닌"(6:14b)이란 주제의 확장으로만 보게 될 것이다.[39] 하지만, 지적한 대로, 성화는 로마서 6-8장의 중심 주제이며,[40] 특별히 로마서 7:7-8:8에서 바울은 성화와 율법의 관계를 설명한다.[41] 바울 당시 율법에 관한 유언비어와 문제점들이 로마 신자들 사이에 회자되고 있었다: 가령, 율법은 유대인-이방인 관계(민족적 이슈)나, 의식법의 준수(율법주의적 이슈), 또는 율법에서 자유로운 바울의 복음에 대한 오해와 유대주의자들과의 갈등(신학적 이슈) 등과 같은 문제들과 연관되었다. 바울은 로마 신자들이 율법과 관련된 이런 문제들을 해결하기 위해 성화되어야 한다고 여긴다. 이런 이유로, 율법과 관련해서 그는 성화를 로마서 7장에서 강조한다.

7:1-6에서 바울은 "우리가 법 아래 있지 아니하고 은혜아래 있으니 죄를 지으리요?"라는 질문에 부정적으로 대답한다. 왜냐하면 로마의 독자들은 **죄**에 대하여 죽고 **죄**가 오용한 율법에서 해방되었으며, 이제 부활하신 그리스도와 연합하여 하나님을 위해 열매를 맺기 때문이다. 여기에서 바울은 율법에서 완전한 해방을 말하지 않는다. 7:1-6에서 그가 보여주고자 하는 것은, 신자가 더 이상 **죄**가 조종하는 율법 아래 있지 않다는 것이다. 바울에게 영적 전투의 대상은 율법이 아니라 **죄**와 **죄**의 정욕이다.[42] 동시에 비록 율법과 관련이 없지는 않으나, 신자는 그것에 막무가내로 매달려서는 안된다는 사실

---

38) Cf. Viard, "Romains 7,1-6," 168, 171-172.

39) 예를 들어, Myers, "Inversion," 40-41; Schmithals, *Römerbrief*, 206; Moo, *Romans*, 409-410.

40) 위의 p.118 n.1을 보라.

41) 참고. 최갑종, 『로마서 듣기』, 316.

42) Cf. W. D. Davies, *Paul and Rabbinic Judaism. Some Rabbinic Elements in Pauline Theology* (Philadelphia: Fortress, 1948, 1980) 27; Aune, "Apocalypticism," 32; Burton, *Romans 7:1-6*, 76.

을 바울이 염두에 두는 것으로 보인다. 그래서 그는 7:1-6에서 로마 독자들이 율법과 새롭게 관계 지으며, 그것에 새롭게 접근하도록 율법에 관해 균형 잡힌 견해를 소개하기 시작한다.

3. 죄에 관한 바울의 생각

이 시점에서 우리는 "죄"(ἁμαρτία)란 단어를 좀 더 상세하게 살펴볼 필요가 있는데, 죄의 본질에 대하여 학자들 사이에 다양한 견해가 있어 왔기 때문이다. 또한 우리의 본문인 로마서 7:1-6에서 결혼예(2-3절)의 남편이 **죄**를 나타낼 개연성이 있으며, 6절에서 구원받지 못한 인류를 얽매는 존재가 **죄**와 관련이 있기 때문이다. 케이(B. Kaye)를 위시한 몇 몇 학자들은 바울 서신과 특별히 로마서 6장에 나타난 **죄**가 죄악된 행위 혹은 의인화된 행동을 의미한다고 생각한다.[43] 이에 반하여, 케제만과 다른 이들은 **죄**를 하나의 세력으로 간주하거나,[44] 홀랜드(T. Holland) 같은 다른 이들은 **죄**와 은혜 사이의 싸움이 사탄과 하나님과의 전쟁으로 이해될 수 있다고 지적한다(참고. 롬5:21; 6:2).[45]

기본적으로, 바울은 죄에 관해 이 두 가지 개념(즉, 악행과 세력) 모두를

---

43) Kaye, *Structure*, 137; G. Röhser, *Metaphorik und Personifikation der Sünde* (Tübingen: J. C. B. Mohr, 1987) 103ff, 131ff, 156ff; M. Winger, "From Grace to Sin: Names and Abstractions in Paul's Letters," *Novum Testamentum* 41 (1999) 168-174; Carter, *Sin*, 173.

44) Käsemann, *Romans*, 163; Dunn, *Romans, 1-8*, 319, 336ff; Fitzmyer, *Romans*, 430; Stuhlmacher, *Romans*, 89-97; Donaldson, *Paul*, 133; Grieb, *Story*, 66; Keck, *Romans*, 178; L. A. Jervis, *At the Heart of the Gospel. Suffering in the Earliest Christian Message* (Grand Rapids Cambridge: Eerdmans, 2007) 79-81.

45) Holland, *Romans*, 179ff. cf. Ambrosiaster, *Romans and 1-2 Corinthians*, 47; K. G. Kuhn, "New Light on Temptation, Sin, and Flesh in the New Testament" in *Scrolls and the New Testament*. ed. K. Stendahl (New York: Crossroad, 1957, 1992) 95; Wright, *Romans*, 530; idem, *Justice of God*, 111.

염두에 둔다. 그는 죄가 단수로 사용될 때 세력을 의미하는 한편(롬3:9; 5:12, 21; 6:6, 12, 17, 20; 갈3:22 등), 복수로 사용할 때 죄악된 행위로 간주한다(살전2:16; 갈1:4; 고전15:3, 17; 롬4:7; 11:27). 하지만 이런 공식이 모든 경우에 다 들어맞는 것은 아닐 것이다. 왜냐하면 죄가 단수로 사용될 때 가끔 인간의 행동을 지칭하거나(고후5:21; 11:7; 롬3:20; 4:8; 5:13b, 16, 20; 7:7, 13b; 8:3b; 14:23),[46] 복수로 사용될 때 세력을 나타내기도 하기 때문이다(롬7:5).[47]

죄가 세력을 지칭할 때, 바울은 그것의 유형을 확실하게 정의하지 않는다. 던(Dunn)과 다른 이들에 따르면, 바울은 **죄**의 본질이나 기원에 흥미를 가지지 않는다고 한다.[48] 하지만 이 주장은 미심쩍은데, 바울은 **죄**의 세력을 파괴하기 위한 그리스도의 사역(즉, 그의 죽음과 부활)을 강조하기 위하여 **죄**가 필수적이라고 생각하기 때문이다.[49] 게다가, 바울의 복음(즉, "하나님의 능력"[롬1:16])은 **죄**의 세력에서 자유(참고. "이 악한 세대"[갈1:4])에 초점을 모으고 있다.[50]

죄에 관한 우리의 관심은, 그것이 하나의 세력일 경우 그 의미에 초점을 맞춘다. 이럴 경우, **죄**의 의미는 세 가지로 설명될 수 있다. (1) 케이와 뢰서 (G. Röhser)가 지지하는데, 죄악된 행위 혹은 의인화된 행동을 나타낸

---

46) Cf. Dunn, *Theology*, 187; idem, *Romans, 1-8*, 149; G. Strecker, *Theology of the New Testament* (New York Berlin: Walter de Gruyter / Louisville: Westminster John Knox, 2000) 132; Carter, *Sin*, 2.

47) 비록 스트레커(Strecker, *Theology*, 132)와 던(Dunn, *Theology*, 187-188)은 로마서 7:5의 복수형 ἁμαρτίαι("죄들")를 죄악된 행위로 간주하지만, 우리는 ἁμαρτίαι가 **죄**의 다양한 활동을 나타낸다고 주장한다.

48) Dunn, *Theology*, 113, 183; W. D. Stacey, *The Pauline View of Man in Relation to Its Judaic and Hellenist Background* (London: Macmillan, 1956) 172; G. B. Caird, *New Testament Theology* (Oxford: Clarendon, 1994) 111.

49) Cf. J. Kallas, *The Real Satan from Biblical Times to the Present* (Minneapolis: Augsburg, 1975) 102; R. Penna, *Paul the Apostle: Jew and Gentile Alike*. vol.1 (Collegeville: Liturgical Press, 1996) 14-15; Carter, *Sin*, 17; Hultgren, *Romans*, 221.

50) Cf. Käsemann, *Romans*, 22; U. Schnelle, *Theology of the New Testament* (Grand Rapids: Baker Academic, 2007) 282; 홍인규, 『바울신학 사색』, 176; Holland, *Romans*, 183.

다.[51] (2) 던과 슈넬(U. Schnelle)은 **죄**가 피할 수 없는 운명이라는 헬라 사상에 바울이 의존하고 있다고 보아, **죄**를 필연적인 존재[52] 또는 "알 수 없는" 세력으로[53] 정의한다. (3) **죄**는 일종의 세력으로, 악한 영적인 세력과 밀접하게 연관된다: 예를 들어, 가벤타(B. R. Gaventa)는 "사탄은 하나님의 적대세력을 지칭하는 약칭으로 매우 적절하며, 그 가운데 죄 자체가 가장 두드러진다"고[54] 주장한다.

죄를 죄악된 인간행동 혹은 그것의 의인화로 보는 첫 번째 주장은 문제가 있는데, 그 이유는 ἁμαρτία라는 말이 로마서 6:12-14에서 동사("왕 노릇하다"; "주관하다")의 주어로 등장하며, "사람은 자신의 행동의 주체가 되는 능력을 (악한 세력에게) 잃어버렸기"[55] 때문이다. 죄악된 행위는 죄 자체를 지칭하지 않고, 단지 그 행위를 하는 사람의 의도를 나타낸다. 따라서, 죄가 인간의 행위를 나타낼 것 같지는 않다. 지슬러는 "알코올 중독자가 술을 마실 때 처음에는 자신이 선택하지만 마지막에는 자신이 선택하든 그렇지 않든 술 마시는" 것처럼,[56] 죄를 짓는 행동은 사람을 지배하는 하나의 세력이 된다고 주장한다. 하지만 로마서 5:12-13이 보여주는 것처럼, 죄는 죄를 짓는

51) Kaye, *Structure*, 137; Röhser, *Personifikation*, 131ff; J. A. Ziesler, *Pauline Christianity*. rev. ed. (Oxford New York: Oxford University Press, 1990) 175-177; Neyrey, *Paul*, 151-153; Carter, *Sin*, 174.

52) 던은 **죄**를 강제 내지는 통제로 정의하여, 그것을 운명과 동일시한다(*Theology*, 112). Also see Käsemann, *Romans*, 147; Schnelle, *Theology*, 287.

53) Kuhn, "Temptation," 104-105; R. Bultmann, *Theology of the New Testament*. vol.1 (New York: Charles Scribner's Sons, 1951) 249ff; H. Ridderbos, *Paul: An Outline of His Theology* (Grand Rapids: Eerdmans, 1975) 117-120; Dunn, *Theology*, 103; Wright, *Justice of God*, 81, 94, 108, 124; Hultgren, *Romans*, 243, 259.

54) Gaventa, "Sin," 237. 또한, de Boer, "Paul's Mythologizing," 13. 좀 더 일찍이, 윙크(W. Wink)는 사탄을 "이름을 붙이지 않고도 잘 치를 수 있는 일련의 아이디어에 대한 약칭"으로 언급했다(*Unmasking the Powers* [Philadelphia: Fortress, 1986] 25). 그러나 그는 의인화한 사탄에는 반대하는데, 그 이유는 "의인화는 미묘한 독약으로, 그것에 의해 사탄의 신학적인 암살자들이 그(사탄)를 죽였기" 때문이다(24).

55) Bultmann, *Theology*, 1:245. 슈넬(Schnelle)도 이에 동조한다: "삶의 진정한 문제는 **죄**이며, 결과는 사망이다"(*Human Condition*, 61).

56) Ziesler, *Pauline Christianity*, 76. Similarly, Kuhn, "Temptation," 104.

행동 이전에 존재하는 그 무엇으로 묘사된다. 다시 말해서, 죄는 죄악된 인간의 행동 자체라기 보다 행동의 근본 원인으로 등장한다(롬5:12-13; 7:8, 11, 23; 8:6; 갈5:19-20).[57]

죄를 운명처럼 알 수 없는 세력으로 묘사하는 두 번째 주장은 일리가 있는데, 바울 자신도 죄가 무엇인지 정확히 정의하지 않기 때문이다. 그럼에도 불구하고, 만약 ἁμαρτία라는 말이 단순히 정체를 알 수 없는 세력으로 간주된다면, 이 주장에 유감스러운 부분이 있다. 로마서 6:6-7, 22에서 바울은 죄가 그리스도의 죽음을 통한 그리스도인의 죽음에서 패배한 적이며, 인류는 그 적에서 풀려났다고 한다(참고. 롬8:2-3).[58] 네이레이(J. Neyrey)는 로마서 16:20에서 "바울은 사탄이 그리스도와 교회를 상대로 일으키는 지속적인 전쟁에 관하여 계속 발언한다"고 말한다.[59] 이럴 경우, 그 적은 정확히 무엇인가? 그것이 단지 알 수 없는 세력으로 지나쳐버릴 수 있는가? 죄가 운명적 성격을 가지는 것으로 설명되는 것은, 바울이 죄의 세력을 사람의 일생에 피할 수 없는 것으로 말하기 때문이다(롬7:8-11, 14-24).[60] 하지만 죄를 단지 운명으로 받아드리기도 어려운 것이, 죄가 자신의 목적을 의도적으로 성취하기 위해 음흉하게 행동하는, 자율적이며 지적인 존재로 설명되고 있기

---

57) Cf. Stacey, *Man*, 162; Davies, *Paul*, 24; Ridderbos, *Paul*, 117; Marcus, "Reign of Sin," 391; Penna, *Paul*, 1:12; Dunn, *Theology*, 112ff, 127; Strecker, *Theology*, 132; Schnelle, *Theology*, 287; Wright, *Justice of God*, 94; 홍인규, 『바울신학 사색』, 174f. 이미 희년서(*Jubilees*)에서, 언약을 어긴다던가 우상을 섬기는 일 등 죄악된 행위들은 백성들이 사탄의 지배 아래 있다는 증거로 여겨졌다(1:7-11; 20:6-10; 22:6-22). 그래서 사탄이 심판 받을 때(23:29; 50:5), 백성들은 더 이상 죄의 올가미에 걸리지 않고 평화롭게 살 것이다(4:26; 15:32)(cf. de Boer, *Death*, 67).

58) Cf. Marcus, "Reign of Sin," 391; Dunn, *Theology*, 187; T. R. Schreiner, *Paul, Apostle of God's Glory in Christ: A Pauline Theology* (Downers Grove: InterVarsity / Leicester: Apollos, 2001) 127ff; Wright, *Justice of God*, 126. Carter, *Sin*, 17.

59) Neyrey, *Paul*, 164-165. cf. Marcus, "Reign of Sin," 390ff.

60) Schnelle, *Theology*, 288: "죄는 믿음과 별개로 있는 모든 사람이 예속되는 피할 수 없는 세력의 성격을 띠고 있다." Cf. 롬3:9; 갈3:22; 4 Ezra 3:7, 21; 7:1, 118; 2 Bar.23:4. 반대로, 카터(Carter, *Sin*, 17-18)는 말하기를, "죄의 세력이 상징하는 바는 모든 인류가 예속시키는 죄의 세력의 압제 아래 있다는 바울의 신념을 반영하지 않는다."

때문이다(롬1:13; 7:7-20, 23; 15:22; 고전5:5; 7:5; 고후2:11; 4:4; 12:18).[61]

우리는 **죄**가 사탄으로 언급된다는 세 번째 주장이 가장 설득력이 있다고 보는데, 그 이유는 다음과 같다: (1) 위에서 언급한 대로, 바울은 **죄**를 인격을 가진 자율적인 존재로 특징짓고 있다(롬6:12-14);[62] (2) 로마서 5:12에서 **죄**가 세상에 들어오고 **죄**로 말미암아 사망이 왔다고 말할 때, 그는 Wis. 2:24에서 "마귀의 시기로 죽음이 세상에 들어왔다"(참고. *Vita*.12-16)는 내용을 반영하면서,[63] 사탄의 유혹과 그 결과로 아담의 타락을 언급하는 것으로 보인다;[64] (3) 로마서 5:21에서 **죄**와 은혜를 대조시킬 때, 그는 **죄**를 사탄과 그의 활동으로, 은혜를 하나님과 그의 활동으로 설명한다.[65] 그래서 라이트 (Wright)는 "'**죄**'가 '사탄'을 간접적으로 표현하는 방식"이라고 한다;[66] (4)

---

61) 데이비스(Davies)가 진술하고 있듯이, **죄**는 "육신에 들어와 피해를 입히기 위해 τὸ γὰρ φρόνημα τῆς σαρκός를 이용하는 외부적 세력이다(롬8:6)"(Davies, *Paul*, 24). 슐리어 또한 말하기를, "(정사와 권세)는 말할 수 있고 듣기도 하는, 지적이며 의지를 가진 존재로 드러난다. 그들은 목적을 가진 활동을 할 능력이 있는 특별한 존재이다"(Schlier, *Principalities and Powers in the New Testament* [Edinburgh: Nelson, 1961] 18). 또한, Stacey, *Man*, 162; Meyer, "Worm," 74; Neyrey, *Paul*, 164; Dunn, *Theology*, 184, 189; Caird, *NT Theology*, 110; Gaventa, "Sin, 234f; Wright, *Justice of God*, 94, 126.

62) 구약과 신약 모두에서 사탄은 인류의 정욕을 자극하여 죄짓게 만드는 존재로 묘사된다. 윙크는 말하기를, "**죄**는 마음에 억압적 사상을 심어놓는 도발적인 존재이다(*Unmasking the Powers*, 12 이탤릭체는 원저자의 것). 쿰란 문서(가령, 1QM 4-5)에서 영들과 마귀들은 특별한 목적을 위해 사람들에게 영향력을 끼친다고 생각되었다(cf. H. Lichtenberger, "Spirits and Demons in the Dead Sea Scrolls" in *The Holy Spirit and Christian Origens. Essays in honor of James D. G. Dunn*. eds. G. N. Stanton, B. W. Longenecker, and S. C. Barton [Grand Rapids Cambridge: Eerdmans, 2004] 14; Marcus, "Reign of Sin," 393; Neyrey, *Paul*, 163, 166; Penna, *Paul*, 1:12). 특별히 신약에서, 사탄은 하나님을 대적하며, 자신의 모든 힘을 인류와 피조세계를 파괴하기 위한 방향으로 몰아간다(cf. Wright, *Justice of God*, 126).

63) Cf. de Boer, *Death*, 18, 90.

64) 창세기 3장의 뱀이 사탄을 나타내는지(Schottroff, "Sünde," 501-502; Neyrey, *Paul*, 173; C. M. Pate, *The Glory of Adam and the Afflictions of the Righteous* [Lewiston: Edwin Mellen, 1993] 180; 홍인규, 『바울신학 사색』, 177), 아니면 단지 살아 있는 생물을 나타내는지 여전히 학자들 사이에 논쟁점으로 남아 있다(cf. Dunn, *Theology*, 112).

65) 윙거(Winger)는 은혜를 하나님의 활동으로 본다("From Grace to Sin," 154-155).

66) Wright, *Romans*, 530.

로마서 6장에서 **죄**는 악마와 같은 인물로 보인다.[67] 특별히 6:23에서 **죄**의 삯은 사망이라고 말할 때, **죄**는 인간들이 시험에 빠질 때 죽음으로 처벌하는 사탄을 연상시킨다;[68] (5) 로마서 7:7-25에서 뱀이 아담과 이브를 하나님의 계명으로 유혹해 저들을 몰락하게 만든 것처럼,[69] **죄**가 율법을 통해 육신의 정욕을 부추겨 사람을 죽게 만드는 악마 같은 인물로 묘사된다;[70] (6) 로마서 16:20에서 하나님이 사탄을 로마의 독자의 발 아래서 상하게 하실 거라고 말할 때, 이 약속은 창세기 3장에서 유래한다;[71] (7) 고린도후서 11:3에서 뱀이 간계로 이브를 속였다고 말할 때, 바울은 분명히 창세기 3장의 뱀을 염두에 두고 있다;[72] 1QS 3:20-21에서 두 영들은 창세기 3장을 그 배경으로 가지며, 악한 영은 창세기 3장의 뱀으로 소개된다.[73]

가벤타와 마커스는 죄의 기능을 사탄의 것과 유사한 것으로 보지만, 여전

---

67) 쿤(Kuhn)은 로마서 6:1-14에서 은혜의 능력과 **죄**의 능력이 사실상 하나님과 사탄/마귀 사이의 대립을 나타낸다고 주장한다. 이런 전통은 이미 쿰란 문서에 나타나 있다: 말하자면, 1QS 3:13-4:16에 등장하는 두 영들은 두 세력을 넌지시 언급한다("Temptation," 95). 마커스는 로마서 6:12-14가 1QM 3:2-9; 4:3-4; 17:5-6; 18:1과 유사하다고 주장한다("Reign of Sin," 391).

68) 스트레커 또한 말하기를, "**죄**는 뒤에서 죽음을 필연적인 결론으로 이끈다. **죄**는 율법을 어긴 자들을 죽음으로 처벌하는데(롬1:32; 5:12, 17), 왜냐하면 '**죄**의 삯은 사망'이며, **죄**는 예속된 자들에게 값지불을 하기 때문이다"(*Theology*, 132). 또한, F. F. Bruce, *Paul, Apostle of Heart Set Free* (Grand Rapids: Eerdmans, 1977) 357; Schottroff, "Sünde," 399; Penna, *Paul,* 1:15; Moo, *Romans*, 408; Edwards, *Romans*, 175-176; 홍인규,『바울신학 사색』, 174.

69) Cf. Schottroff, "Sünde," 499; Sloan, "Law," 48; Neyrey, *Paul*, 173; Dunn, *Theology*, 111-114; Wright, *Justice of God*, 126. 501; 홍인규,『바울신학 사색』, 177.

70) 쿤은 로마서 7:7-25에서 "나"와 1QH 10:7-10에서 "나"를 사악한 세력 아래 있는 자연인으로 보기 때문에 두 본문이 병행한다고 생각한다("Temptation," 101).

71) Cf. A. Schlatter, *Romans. The Righteousness of God* (Peabody: Hendrickson, 1995) 277; Murray, *Romans,* 2:237; Barrett, *Romans*, 285; Käsemann, *Romans*, 418; Cranfield, *Romans,* 2:803; Moo, *Romans*, 932; Fitzmyer, *Romans*, 746; Morris, *Romans*, 541; Reid, *Warrior*, 158; Schreiner, *Romans*, 804; Toews, *Romans*, 362; Wright, *Romans*, 765; Gaventa, "Sin," 237; Jewett, *Romans*, 994.

72) Cf. Pate, *Glory of Adam*, 180; 홍인규,『바울신학 사색』, 177.

73) Cf. J. J. Collins, *Apocalypticism in the Dead Sea Scrolls* (London New York: Routledge, 1997) 40.

히 **죄**와 사탄을 동일시하기를 꺼린다. 그들은 그것을 **죄**라고 이름 지을 필요가 없는 하나의 의인화된 세력이라고 간단히 결론짓는다.[74] 라이트는 사실상 **죄**를 사탄과 동일시하는데, 그럼에도 그것은 여전히 하나의 세력이지 인격적인 존재가 아니다.[75] 우리는 사탄이 악한 영들의 약칭이며, 그 가운데 **죄**가 가장 두드러진다는 가벤타의 주장에 해답의 실마리가 있다고 본다. 다만, 그녀의 주장을 약간 바꿀 필요가 있다고 보며, 그렇게 할 때 **죄**의 본질을 좀 더 명확하게 규명할 수 있을 것이다: 말하자면, **죄**는 사탄과 그의 수하를 나타내는 환유어라는 것이다.[76] 환유는 수사학에서 일종의 비유적 표현을 가리키는데, 그것으로 "어떤 사물이나 개념이 그 자체의 이름으로 불려지는 것이 아니라, 그 사물이나 개념과 긴밀하게 연관된 그 무엇의 이름으로 불려진다."[77] 그래서 코르벳(E. P. J. Corbett)은 환유를 "실제로 의미하는 바를 어떤 수식어나 제시어로 대체하는 것"으로[78] 정의하며, 대체할 때 보편적으로 이해된 연계성에 입각한다고 한다. 그렇다면, **죄**는 사탄 및 그의 수하와 정확히 동일시는 아닐지라도, 틀림없이 매우 밀접한 관계를 가진다.

우리의 판단으로는, 환유 가운데 내포의 용법이 이 경우에 해당한다. 다시 말해서, 어느 하나가 다른 것을 포함할 때, 그것이 환유어로 사용될 수 있다는 것이다:[79] 가령, "황동장식 패"는 군장교를 나타내는 환유어가 되

---

74) Gaventa, "Sin," 37; Marcus, "Reign of Sin," 387.

75) Wright, *Justice of God*, 127.

76) Cf. Holland, *Romans*, 197.

77) en.wikipedia.org/wiki/List_of_metonyms.

78) E. P. J. Corbett, *Classic Rhetoric for the Modern Student*. 3rd ed. (New York Oxford: Oxford University Press, 1990) 446. 또한, G. Lakoff and M. Johnson, *Metaphors We Live By* (Chicago: University of Chicago Press, 1980) 38.

79) Cf. Lakeoff and Johnson, *Metaphors*, 38; Z. Kövecses and G. Radden, "Metonymy: Developing a Cognitive Linguistic View," *Cognitive Linguistics* 9 (1999) 57; G. Radden, "Ubiquity of Metonymy" in *Cognitive and Discourse Approaches to Metaphor and Metonymy*. eds. J. L. O. Campo, I. N. i Ferrando, B. B. Fortuno (Castello de la Plana: Publicacions de la Universitat Jaume I, D. L. 2005) 14-15; A. Barcelona, "Reviewing the Properties and Prototype Structure of Metonymy" in *Defining Metonymy in Cognitive Linguistics. Towards A Consensus View*. eds. R. Benczes, A. Barcelona and F. J. Ruiz de Mendoza Ibanez (Amsterdam: John Benjamin, 2011) 20.

며,[80] 현대적 이미지를 사용하자면, "백악관"은 대통령과 그(녀)의 참모진을 나타낸다. 이때 환유는 복잡한 개념이나 큰 무리의 사람들을 우리가 간단한 용어로 설명하도록 허용한다. 이런 관점으로 볼 때, 바울이 의미하는 **죄**는 사탄 및 그의 수하와 동일시되지는 않으나, 그들을 포함하는 하나의 개념일 것이다. 비록 바울 자신은 사탄 및 그의 수하를 경험하고 증언해 왔으나, 그에게 사탄과 악한 영들은 설명하기에 아마도 쉽지 않은 개념이었을 것이다.[81] 요약하면, **죄**가 의인화된 세력을 나타내는 비인간적인 힘의 개념을 담고 있을지 모르지만, 그 용어는 단지 하나님을 대적하는 세력이 아닌 개인적인 존재, 즉, 사탄과 그의 수하들을 나타낸다.[82]

왜 바울은 사탄을 직접 언급하지 않고, 그 대신 **죄**라는 말을 사용하는가? 로마서 16:20에서 바울은 실제로 사탄을 언급한다. 하지만 로마서 5-8장에서 그는 사탄(그리고 그의 추종자)을 설명하기 위해 **죄**라는 단어를 사용한다. 만약 사탄이 직접 언급된다면, 그것이 하나님/그리스도와 비등한 존재로 부각될 가능성이 있다고 바울이 생각했을지도 모른다.[83] 사실 로마서 5-8장을 쓰는 목적 가운데 하나는 그리스도의 우월성을 나타내는 것이다: 로마서 5:12-21에서 바울은 그리스도의 우월성을 나타내기 위해 그리스도와 아담을 비교한다; 로마서 6-7장에서 그리스도의 죽음과 부활이 **죄**와 죽음이라는

---

80) Cf. Corbett, *Classic Rhetoric*, 446.

81) Cf. Dunn, *Theology*, 109.

82) 오브라이언(O'Brien)은 말하기를, "신약은 정사와 권세를 일종의 인격적인 존재로 가르친다"("Principalities," 137). 케어드(Caird) 또한 언급하기를, "많은 사람들은 사탄을 하나의 인격체로 이해했으며 바울도 아마 사탄을 인격체로 묘사하는 것 같다… 악은 인격적이며, 하나님을 대항하여 반역하는 인격적인 의지가 있는 곳에만 존재할 수 있다"(*NT Theology*, 110-111). 또한, Kallas, *Real Satan*, 105; Uddin, "Unbelief," 375; Boyd, *Problem of Evil*, 33; Holland, *Romans*, 216; 김도현, 『나의 사랑하는 책 로마서』(서울: 성서유니온, 2014) 288.

83) 로마서 7:7-13에서 "(바울은) 이원론적 세력의 자율권을 **죄**에게 부여하는 것을 피하고 싶어했다"(Carter, *Sin*, 10-11). 또한, W. D. Davies, "Paul and the Dead Sea Scrolls: Flesh and Spirit" in *The Scrolls and the New Testament*. ed. K. Stendahl (New York: Crossroad, 1957, 1992) 168; Kallas, *Real Satan*, 74; Sanders, *Law*, 71-80.

인류의 곤경에 대한 해결책인 것을 강조한다; 또한 로마서 8:31-39에서 "사탄은 강하나, 그리스도는 더욱 강하다"는 것을 보여준다.[84]

　왜 바울은 로마서 5-8장에서 **죄**를 하나의 (개인적인) 세력으로 약 41번씩이나 언급하는가? 먼저 인정되어야 할 것은, 그가 예전부터 이미 악한 영들의 존재를 인정하고 있었다는 것이다(고전2:8; 갈4:3 참고. 롬8:38-39).[85] 그는 또한 갈라디아교회의 유대주의자와 고린도교회의 대적자 ― 그들 모두는 사탄의 도구로 신자들을 꾀었다 ― 로 인해 생긴 문제를 해결하게 위해 **죄**를 이야기한다.[86] 악의 세력들이 갈라디아, 고린도, 그리고 로마의 교회에 끼친 엄청난 영향력을 보고서, 바울은 주적이 사실상 **죄**(사탄)인 것을 보여주고자 한다.[87] 게다가, 구원에 관한 그의 이해는 인류를 악한 영적인 세력에서 구출하는 것에 중점을 두고 있다(갈1:4; 골2:15. 참고. 롬1:16). 따라서, 로마서 5-8장에서 바울은 사탄과의 영적 전쟁에서 어떻게 하면 승리할 수 있을지 가르치기 위해 **죄**라는 개념을 사용한다: 말하자면, 그리스도인은 **죄**와의 남은 전쟁에서 승리를 쟁취하기 위해 그리스도와 연합을 계속 유지해야 한다(롬5:12-13, 22; 7:18-19).[88]

---

84) Kallas, *Real Satan*, 102,106.
85) Davies, "Flesh and Spirit," 168: "바울은 이같은 동일한 세력들을 갈라디아서, 로마서, 그리고 고린도전서에서 언급하는데, 그것들의 실체에 대한 믿음을 요구하는 듯하다."
86) Neyrey, *Paul*, 166 and passim.
87) Cf. Davies, "Flesh and Spirit," 168; Wright, *Climax*, 18-40, 137-230; Dunn, *Theology*, 109; Carter, *Sin*, 12; Keck, *Romans*, 178-184; Hultgren, *Romans*, 262.
88) 바울은 **죄**(사탄)가 자신 뿐아니라 신자들에게 결정적인 해를 끼친다고 보고, 로마 독자에게 **죄**(사탄)에 대항해서 싸울 것을 권면한다(롬6:12-14, 19-22; 13:12; 고후10:3-4; 살전5:8). cf. Neyrey, *Paul*, 164; Hultgren, *Romans*, 265.

바울과
유대 묵시적 이원론

로마서 7:1-6을 본격적으로 해석하기 전에, 제1부 4장에서 제기한 이슈들을 효과적으로 해결하기 위하여 유대 묵시적 이원론을 소개할 필요가 있다. 그 이유는 다음과 같다: 첫째, 묵시적 이원론은 결혼예(2-3절)에서 율법보다 "관계"에 우선권이 있다는 사실을 이해하는데 도움을 준다; 말하자면, 남편의 죽음으로 아내는 그의 지배에서 벗어나듯이, 인류는 그리스도의 죽음으로 **죄**의 지배에서 벗어난다는 것을 제시하기 위해 바울은 결혼예를 사용한다. 둘째, 결혼예(2-3절)와 그 적용(4절) 사이의 유비적인 상응관계에서, 묵시적 이원론은 4절에서 생략된 요소, 즉, 아담적 인류는 율법의 정죄 아래 살고 있기에 **죄**의 지배에서 벗어날 수 없다는 사실을 보여준다. 셋째, 뒤에 다시 논의되겠지만, 묵시적 이원론은 본문 후반에 등장하는 세 가지 모호한 표현을 명확하게 한다: (1) "율법에 대하여 죽었다"는 바울의 진술(4절), (2) **죄**의 정욕을 불러 일으키는 율법의 기능(5절), (3) 문자/영의 대조(6절). 마지막으로, 만약 부활하신 그리스도와 지속적인 연합을 통해 신자는 성화의 삶을 살 수 있다는 것이 로마서 7:1-6의 전체적인 메시지라면, 묵시적 이원론은 그리스도인의 삶을 이해하는데 추가적인 관점을 더해 줄지도 모른다: 즉, 신자의 삶에서 저들은 **죄**와의 영적인 싸움에 참가한다; 저들은 성령의 능력으로 율법을 올바로 사용함으로 **죄**에게 저항하고 극복할 수 있다. 왜냐하면 "바울은 율법의 문자를 넘어 입법자이신 하나님의 의도를 내세우기" 때문이다.[1]

1. 유대 묵시적 이원론

묵시라는 용어는 "계시"라는 의미를 가진 헬라어 ἀποκάλυψις에서 유래한다. 바울 당시 묵시사상은 이원론으로 간략하게 정의할 수 있다. 이원론은 한쪽은 선하고 또 다른 한쪽은 악한, 두 개의 근본적인 존재 혹은 원리가 있다는 이론이다. 이것은 세 가지 차원을 가지는데 공간적, 시간적, 그리고 윤리적인 차원이다. 유대 묵시주의는 이 세가지 차원 모두를 포함하고 있으며,[2] 바울은 그것들을 물려받는다.[3]

---

1) I. J. Jolivet, "An Argument from the Letter and Intent of the Law as the primary Argumentative Strategy in Romans" in *The Rhetorical Analysis of Scripture*. eds. S. E. Porter and T. H. Olbricht (Sheffield: Sheffield Academic Press, 1997) 334.

2) Cf. J. D. Gammie, "Spatial and Ethical Dualism in Jewish Wisdom and Apocalyptic Literature," *Journal of Biblical Literature* 93 (1974) 356-385; J. C. Beker, *Paul's Apocalyptic Gospel* (Philadelphia: Fortress, 1982) 7-11, 39-44; W. A. Meeks, "Social Functions of Apocalyptic Language in Pauline Christianity" in *Apocalypticism in the Mediterranean World and the Near East*. ed. D. Hellholm (Tübingen: J. C. B. Mohr, 1983) 687-705; D. S. Russell, *Divine Disclosure. An Introduction to Jewish Apocalyptic* (Minneapolis: Fortress, 1992) 104-115; Heil, *Romans*, 1-5. The presence and the activity of demons/Satan appear prominently in the Jewish apocalyptic traditions(*Jub*.4:22; 5:1; 11:5; 15:31f; 22:17; 23:29; 2 En.31:4; TReu.2; TBenj.3; TSim.3:15; 6:6; TAsh.6:5; TZeb.9:8. cf. E. Ferguson, *Demonology of the Early Christian World* [Lewiston: Edwin Mellen, 1980] 69ff). 유대 묵시주의에서, 인류의 곤경이란 인류가 아담 안에 있기 때문에 사탄의 지배 아래 있다는 것이다. 그래서 그들은 고난과 죽음을 피할 수 없다(ApMos.12-17; TLev.18:10-12; 4 Ezra.3:20-21; 4:30; 7:[48], 46[118]; 2 Bar.18:2; 48:39-43; 54:14-19).

3) 믹스(Meeks)는 바울에게 이러한 이원론을 본다: "사도적 요소들은 오히려 분명한데, 특별히 세 가지 이중성의 상관관계, 즉, 하늘/땅, 이 시대/ 오는 시대, 살아 계시고 참되신 하나님을 예배하는 자들/우상을 섬기는 외부인들이다"("Apocalyptic Language," 690). 그런 뒤 그는

지난 수 십 년간 유대 묵시주의를 이해하려는 시도가 있어왔다. 이원론은 학자들 사이에 묵시주의의 가장 중요한 특성이라고 여겨져 왔다.[4] 물론, 이런 결과는 묵시문학 자체의 연구를 통해 연역적 추론이 아닌 귀납적 추론을 통하여 도달했다. 이원론이란 용어가 다양한 의미를 가지고 있다는 것은 당혹스러운 일이다. 그래서 혹자가 그것을 사용할 때, 이원론이란 용어는 애매한 부분이 남아있다는 사실을 인정해야 한다. 우리는 "이원론이 부차적인 말이며, 그것은 철학적인 이론이라기보다 이론들을 설명하는 용어"라는[5] 정도의 의미로 사용하면 될 것이다.

　　비얀치(Ugo Bianchi)는 이원론을 정의하기를, "세상(또는 실체)은 존재하는 모든 것을 설명하는 두 개의 기본적이며, 서로 반대되며, 더 이상 줄일 수 없는 원리 혹은 본질(가령, 선하고 악한; 정신과 물체)로 구성된다는 교리"라고[6] 한다. 만약 위의 정의가 옳다면, 그것은 유대 묵시주의에 적용될 수 없을 것이다. 왜냐하면 이 개념은 구약뿐 아니라 제2성전 유대교의 단일신론과 배치되기 때문이다. 유대 묵시주의자들은 역사의 주관자신 유일한 창조주 하나님에 대한 믿음을 가지고 있었다. 이런 연고로, 비얀치는 "진정한 이원론은 유대교에서 발견되지 않는다"고[7] 말한다. 따라서 유대 묵시주의에 적용된 이원론은 단지 수정된 이원론을 말하고 있다고 생각할 수 있

데살로니가전서, 갈라디아서, 고린도전서(그리고 빌립보서)에 등장하는 이원론에 대하여 논의한다(689ff). 베커는 바울이 이 묵시적 이원론을 조건부로 사용한다고 주장한다: "바울의 기독교적 묵시주의는 묵시적 이원론의 유대 묵시적 주제를 누그러뜨리는 동시에 강화함으로 수정한다… 바울은 이스라엘의 역사가 자신에게 있어 단순히 어두움의 옛 시대가 아니기 때문에 그것을 누그러뜨린다. 이스라엘의 과거는 하나님의 약속들의 발자취를 포함하며, 이런 약속들은 새 시대에서 내버리기 보다 채택된다… 그러나 다른 견지에서, 이원론은 동시에 강화된다: 장래의 능력이 세상에서 이미 역사하고 있기 때문에, 죽음의 능력과 생명의 능력 사이의 대치는 현 세상에서 위기를 더 악화시킨다"(*Apocalyptic Gospel*, 40).

4) M. Rist, "Apocalypticism," *Interpreter's Dictionary of the Bible*. vol.1. ed. G. A. Buttrick (Nashville: Abingdon, 1962) 158.

5) J. D. Gammie, "Spatial and Ethical Dualism" 356.

6) Ugo Bianchi, "Religious Dualism," *The New Encyclopaedia Britannica*. vol.26 (London: Encyclopaedia Britannica Inc., 1997) 555-60.

7) Ibid.

다.[8]

우리는 묵시주의에서 대체로 다섯 가지 유형의 이원론을 소개할 수 있다. 리스트(M. Rist)에 따르면, 처음 두 유형은 우주적이며 형이상학적이다. 우주적 이원론은 "두 근본적으로 동등하며 대립하는 신이 서로 분쟁가운데 있다는 신념"이다.[9] 이 유형에 따르면, 우주에는 대적하는 두 세력이 있으며, 하늘과 땅이 그곳의 거주민과 더불어 선하고 악한 세력들 간의 대립에 연루된다. 두 번째 유형인 형이상학적 이원론은 "육체와 영혼의 양립할 수 없는 본성"에[10] 관한 사상이다. 이 유형의 이원론에 따르면, 육체는 영혼에 비해 열등하며 구원은 육체를 억제하고 마침내 영혼이 하늘의 영역에 거주함으로 성취된다.

가미(J. D. Gammie)는 다른 두 유형의 이원론을 제시한다: 공간적이며 시간적인 이원론. 공간적 이원론은 "하늘과 땅, 현세와 초 현세 사이의 대비"와[11] 관련이 있다. 이 유형의 이원론에 따르면, 하늘과 땅의 영역이 존재한다. 가미는 하늘에 있는 것과 땅에 있는 것 사이에 어떤 대조뿐 아니라 상응도 본다. 네 번째 유형인 윤리적 이원론은 "두 계급 혹은 그룹의 인간들 사이의 대립"을 나타낸다: 의인 대 악인; 경건한 자 대 불의한 자."[12]

마지막 다섯 번째 유형은 시간적 이원론으로, 이 시대와 오는 시대 간의 대조와 관련이 있다. 래드(G. E. Ladd)는 말하기를, "'묵시'란 말은 또한 묵

---

8) Cf. S. B. Frost, *Old Testament Apocalyptic* (London: Epworth, 1952) 171, 234, 241; D. S. Russell, *Method and Message of Jewish Apocalyptic*: 200 BC-100 AD (Philadelphia: Westminster, 1964) 289; J. H. Charlesworth, "A Critical Comparison of the Dualism in IQS 3:13-4:26 and the 'Dualism' contained in the Gospel of John," *New Testament Studies* 15 (1969) 389; R. E. Brown, *New Testament Essays* (Milwaukee: Bruce Pub. Co., 1965) 141; M. Hengel, *Judaism and Hellenism*. vol.1 (Philadelphia: Fortress, 1974) 190; H. B. Kuhn, "Dualism," *Evangelical Dictionary of Theology*. ed. W. A. Elwell (Grand Rapids: Baker, 1984, 2001) 335.

9) Rist, "Apocalypticism," 873.

10) Ibid.

11) Gammie, "Spatial and Ethical Dualism," 358.

12) Ibid, 357.

시문학에서 발견되는 종말론을 설명하는데 사용된다."[13] 뒤에 설명되겠지만, 나중 세 유형, 즉, 공간적(또한, 부분적으로 우주적) 이원론, 윤리적 이원론, 그리고 시간적 이원론이 유대 묵시문학에서 지배적이며, 사실상 묵시문학과 그 당시의 상황은 이 세 유형으로 가장 잘 설명될 수 있다.

묵시주의자들은 묵시주의가 발생하고 번성했을 당시 두 가지 문제를 가지고 있었다. 첫째, 말라기의 예언 이후 예언의 목소리가 사라졌다. 아무 선지자도 "주께서 말씀하시기를"이라고 선언하거나 하나님께 가는 길을 가리키지 않았다. 그래서 모리스(L. Morris)는 말하기를, "공백을 채울 뭔가가 필요했다. 묵시주의자들은 최선을 다해 저들이 알고 있는 바를 하나님을 위해 말했다… 그들은 당시 사람들의 필요를 채우려고 하나님의 말씀을 전하기 위해 책들을 썼다."[14]

둘째, 유폐 이후 이스라엘은 (약속의) 땅으로 돌아와 율법에 충실했다. 하지만 외세는 끊임없이 땅을 침범했다. 마카비 혁명은 단지 일시적인 평화를 가져오는 듯했다. 로마의 핍박은 시간이 갈수록 더욱 심해졌다. 이스라엘의 많은 의로운 사람들은 율법을 준수하려고 노력했음에도 고난을 당하고 있었으며, 하나님의 나라를 물려받기보다 정치적인 굴레에 묶여 있었다. 반면에, 압제자인 이방 나라들은 자신들의 세력을 키워나갔다. 묵시주의자들이 씨름했던 이런 문제들은 묵시문학에 잘 나타나 있다.[15] 그들은 (이원론과 함께) 이런 골치 아픈 이슈들을 이해하려고 했으며, 하나님의 정당함을 입증하고자 했으며, 하나님의 백성에게 용기를 주려고 했던 것을 알 수 있다.

---

13) G. E. Ladd, "Apocalyptic," *Evangelical Dictionary of the Bible*. ed. W. A. Elwell (Grand Rapids: Baker, 1984, 2001) 63.

14) L. Morris, *Apocalyptic* (London: InterVarcity Press, 1973) 25.

15) 러셀(D. S. Russell)은 말하기를, "묵시적 책들은, 역사적이 아니라 민족적 차원에서 요청되는 믿음의 반응 면에서, 이러한 년수들의 기록을 구성한다. 그것들은 당시 종교적이고, 정치적이며, 경제적인 상황과 별도로 이해될 수 없으며, 그 시기 자체도 하나님의 선민의 믿음을 상기시키고 재삼 상기시키는 소망과 두려움를 기록한 책들과 별도로 이해될 수 없다" (*Method and Message*, 16).

구체적으로, 묵시주의자들이 살고 있는 세상은 현 시대와 오는 시대로 나누어진다. 이 시대는 악하며, 하나님의 영광은 오는 시대를 대망한다. 그들은 악의 문제가 이 시대가 악한 결과로 믿는다. 또한 예언이 중단된 연고로 하나님이 역사 가운데 일하지 않는 것처럼 보인다는 것을 인정한다. 그러나 당시 유대적 삶의 방식은 공적 및 사적인 기도로 표현되는 것이 경건의 특성이었다. 그러한 기도는 하나님이 접근할 수 없는 분이 아님을 보여준다. 그럼에도 불구하고, 그분은 하늘 저 멀리 계신 분으로 종종 인식된다. 하나님은 천사들과 함께 하늘에 계시기 때문에, 이 세상은 악에게 넘겨진다. 비록 선택 받고 율법을 준수함으로 의롭다 하더라도, 사람은 고난 당할 운명에 처해있다. 오직 오는 시대가 되어서야 죄인에게 하나님의 심판은 내려질 것이며 의인에게 하나님의 보상은 주어질 것이다.

우리는 묵시적 이원론을 이해하는데 주로 제1에녹서와 제4에스라서에 초점을 맞출 것이다. 제1에녹서의 일부는 묵시주의의 가장 초기에 지어진다. 스톤(M. Stone)은 말하기를, "에녹의 책에서 이 부분(즉, 파수꾼의 책[the Book of Watchers]과 별들의 책[the Book of heavenly luminaries])은 성경 이외에 종교적 특성을 가진 현존하는 유대 문헌가운데 가장 오래된 것이다. 이들은 지금 우리가 소유한 기원전 3세기의 유대교에 관한 주된 증거이며, 마카비 혁명 이전에 기록되었다."[16] 제4에스라서는 비교적 늦게 기록된다. 오늘날 다수의 학자들은 제4에스라서가 1세기 말경에 지어졌다고 주장한다. 이 의견은 제4에스라서 3:1에 근거하고 있는데, 느부갓네살 왕이 기원전 586년 예루살렘을 함락한 후 30년째를 이야가하지만 사실 기원후 70년 예루살렘 멸망을 나타낸다.[17] 제1에녹서와 제4에스라서는 시대적 변화를 경험한

---

16) M. E. Stone, "New Light on the Third Century" in *Visionaries and Their Apocalypses*. ed. P. D. Hanson (London: SPCK, 1993) 88. 또한, G. W. E. Nickelsburg, *Jewish Literature between the Bible and the Mishnah* (Minneapolis: Fortress, 1981) 47-8.

17) Cf. B. M. Metzger, "The Fourth Book of Ezra" in Old Testament Pseudephigrapha. vol.1. ed. J. H. Charlesworth (New York: Doubleday, 1983) 521; M. A. Knibb, "2 Esdras" in *The First and Second Book of Esdras*. ed. R. J. Coggins and M. A.

다양한 묵시적 사상을 다루며, 묵시사상의 주요 아이디어를 가장 잘 나타낸다; 두 작품 모두 천사와 인간을 포함한 우주의 결정론적 역사, 악의 기원, 그 과정 및 최후의 일격, 그리고 두 시대이론 등을 제시한다.[18] 우리는 연대 문제로 인해 시밀리튜드 (Similitudes of Enoch, 1 En.37-71)는 다루지 않을 것이다. 이 책은 1 세기말에 지어졌다는 것이 일반적으로 받아들여지나, 정확한 연대는 여전히 미결로 남아있다.[19]

(1) 중간사 시대에 현저하게 나타나는 공간적 이원론은 세상을 두 영역, 즉 하늘과 땅으로 나눈다: "땅에 거주하는 자들은 오직 땅에 있는 것만 이해할 수 있으며, 하늘 위에 있는 자는 하늘 높이 위에 있는 것을 이해할 수 있다"(4 Ezra 4:21).[20] 하나님과 사탄(혹은 악마, 마스테마, 바알세불, 벨리알)은 하늘에서 서로 대적하며, 하나님의 추종자와 사탄의 추종자는 땅에서 서로 충돌한다(1 En.9:3; 10:4, 11, 12; 74:1f; 69:4f; 86:1-6; 89:10-11; 99:3-4; 100:5; 104:1; 106:13-17; 108:7, 9; *Jub.*4:15, 22; 5:1-8; 2 Bar.56:12-15). 또한 하늘에서 선한 천사와 악한 천사 간에 일어나는 전쟁은 땅에서 일어나는 사건들에 영향을 미친다(단2:44; 10:13-21; 1 En.16:1; 19:1; 76:14;

Knibb (Cambridge: Cambridge University Press, 1979) 76, 104-5; J. M. Myers, *I and II Esdras* (New York: Doubleday, 1974) 129-31. 특별히 니클스버그 (Nickelsburg)는 4 Ezra가 1세기 말경에 지어진 2 Baruch과 개요와 구조면에서 병행한다고 주장한다(*Jewish Literature*, 288).

18) 코크(K. Koch)는 우리가 1 Enoch와 4 Ezra 및 다른 몇몇 묵시 문헌으로부터 묵시사상이 성장한 배경과 일반적으로 적용가능한 묵시사상의 개념을 이해할 수 있다고 지적한다 ("What is Apocalypticism?" *Visionaries Their Apocalypses.* ed. P. D. Hanson [Philadelphia: Fortress / London: SPCK, 1983] 20).

19) 시밀리튜드의 기록 연대는 주전 1세기서부터 주후 3세기에 이르기까지 광범위하게 추정된다. 만약 그것이 확실히 주후 100년 경에 기록되었다면, 우리는 그것을 4 Ezra와 같이 포함시킬 수 있을 것이다.

20) 묵시사상의 세계관은 2층 구조로 된 우주이다(cf. Gammie, "Spatial and Ethical Dualism," 360-361; J. J. Collins, "Apocalyptic Eschatology as the Transcendence of Death" in *Visionaries and Their Apocalypses.* ed. P. D. Hanson [Philadelphia: Fortress / London: SPCK, 1983] 82f; Russell, *Divine Disclosure*, 105). 그래서 묵시주의자들은 땅과 하늘을 연결하는 천사들의 중재와 더불어 꿈의 환상을 본다.

80:2-8; 83:9a). 비텐하르트(H. Bietenhard)는 다음과 같이 말한다:

> 고대근동의 세계관의 기본 사상은 하늘과 땅 사이의 "상응관계"에 대한 가르
> 침이다. 땅 위의 모든 것은 하늘에 그 모형과 원형을 가진다. 땅의 모든 존재
> 와 사건은 하늘의 존재와 사건에서 예시된다. 따라서 하늘에서 일어나고 존
> 재하는 모든 것이 가장 중요하다. 모든 나라, 모든 강, 모든 도시, 모든 성전
> ─ 진정 온 땅 ─ 은 하늘에서 그 모형을 가지고 있다.[21]

결국, 땅에서 일어나는 일은 하늘에서 처리되며(1 En.9:3), 하늘에서 일어
나는 일은 땅에 영향을 미친다(1 En.83:99). 가끔 하나님은 사탄의 추종자들
을 직접 다루신다; 마찬가지로, 사탄은 인류를 직접 유혹하기도 한다(단
10:13-21).[22]

위의 설명을 고려해 볼 때, 우리는 다음과 같은 결론에 도달한다. 첫째, 공
간적 이원론은 구약보다 중간사 시대에 두드러지게 나타난다.[23] 묵시주의자
들은 이 싸움이 아담 때부터 시작해서 이스라엘의 역사가운데 계속되어 마
침내 사탄을 패배시킴으로 끝날 거라고 믿는다. 둘째, 궁극적인 전투는 하나
님과 사탄 간의 싸움이다. 셋째, 이스라엘의 주적인 사탄은 막후에서 권력을

---

21) H. Bietenhard, *Die himmlische Welt im Urchristentum und Spätjudentum* (Tübingen: J. C. B. Mohr, 1951) 13, Gammie, "Spatial and Ethical Dualism," 361-362에서 재 인용. 또한, Nickelsburg, *Jewish Literature*, 54; Russell, *Divine Disclosure*, 105-106.

22) 에르만(B. D. Ehrman)은 말하기를, "유대 묵시주의자들은 이원론자였다. 그들은 모든 실 체에 두 개의 근본적인 요소들이 있다고 주장했다: 선한 세력들과 악한 세력들. 선한 세력들 은 하나님 자신이 이끄시며, 악한 세력들은 사탄, 바알세불, 혹은 악마라 불리던 초인적인 적이 이끌었다. 하나님 편에는 천사가 있었으며, 악의 편에는 마귀가 있었다. 하나님 편에 의 와 생명이 있었으며, 악마 편에 죄와 죽음이 있었다"(*The New Testament: A Historical Introduction to the Early Christian Writings.* 3rd ed. [Oxford New York: Oxford University Press, 2000, 2004] 246).

23) Cf. Koch, "What is Apocalypticism?" 28; P. D. Hanson, "Introduction" in *Visionaries and Their Apocalypses.* ed. P. D. Hanson (Philadelphia: Fortress / London: SPCK, 1983) 7; Russell, *Method and Message*, 235-237, 257-269; idem, *Divine Disclosure*, 105.

행사한다. 사탄은 하나님의 백성과의 싸움에서 율법을 이용해서 저들을 유혹하고 그렇게 함으로써 저들로 위선자가 되거나[24] 율법에 완고하게 매달리도록 유도해서 거짓으로 안심시키는데 실제로는 그들은 율법을 어기게 된다.[25] 넷째, 이스라엘의 목표는 사탄과 그의 추종자에게 승리를 얻는 것이지만, 이스라엘 역사는 이러한 노력에 실패했다는 것을 보여준다.[26] 비록 하나님은 여전히 통치하시나, 이 시대는 악하기 마련이며 어느 누구도 악의 세력에서 이 시대를 구할 수 없다고 묵시주의자들은 믿는다. 왜냐하면 어떤 알 수 없는 이유로 하나님께서 이 시대를 당분간 사탄에게 넘기셨기 때문이다(단 7:17, 23; 1 En.83:3f; 84:4; 89:68-90:6).[27]

공간적 이원론에 관한 이런 이해는 하나님과 피조물 간의 거리를 유지하는 영지주의 같은 헬라 사상과, 하나님의 초월성으로 인해 천사적 존재란 아

---

24) ApMos. 15-30; 1QS 3:22-23; 4Q390 Fr. 2 i; 11QPsª 19:1-18. cf. Dan.6:5ff; 10:18-21.

25) *Jub.*50:5; CD 4:12-19. cf. PssSol. 1:7-8; 2:3, 10, 17ff; 4:1, 5-8; 8:9, 11-12, 22; Sir.19:16. Cf. C. M. Pate, *Reverse of the Curse. Paul, Wisdom, and the Law* (Tübingen: J. C. B. Mohr, 2000) 437; T. Holland, *Romans: The Divine Marriage* (Eugene: Pickwick, 2011) 201, 215, 224. 이와 동시에, 묵시주의자들은 하나님에 대한 확신이 있었는데, 왜냐하면 비록 종말이 아직 도래하지 않았고 지금은 고난의 시기이지만, 땅에 있는 것들은 여전히 하늘에서 관리하기 때문이다. 공간적 이원론에서 알 수 있는 것은 이스라엘의 진정한 주적은 율법이 아니라 율법을 오용한 사탄이다. Cf. Snodgrass, "Sphere of Influence," 162; M. Uddin, "Paul, the Devil and 'Unbelief' in Israel (with particular reference to 2 Corinthians 3-4 and Romans 9-11)," *Tyndale Bulletin* 50 (1999) 265-280; D. Napier, "Paul's Analysis of Sin and Torah in Romans 7:7-25," *Restoration Quarterly* 44 (2002) 23ff.

26) Cf. Russell, *Method and Message,* 269; J. J. Collins, *The Apocalyptic Imagination. An Introduction to Jewish Apocalyptic Literature* (New York: Crossroad, 1984) 161; J. D. G. Dunn, *Unity and Diversity in the New Testament* [Philadelphia: Westminster, 1977] 312). 학자들은 이스라엘의 역사가 실패의 역사라고 주장한다. 헤이프만(S. Hafemann)은 그들의 불순종과 실패의 역사가 모세가 시내산에서 받은 십계명을 이스라엘이 어길 때부터 시작되었다고 주장한다(*Paul, Moses, and History of Israel. The Letter/Spirit Contrast and the Argument from Scripture in 2 Corinthians 3* [Tübingen: J. C. B. Mohr, 1994] 227-231). 또한, Uddin, "Unbelief," 265-280; Napier, "Sin and Torah," 17ff.

27) Cf. 왕대일, 『묵시문학과 종말론. Reading Daniel: Apocalypse and Vision』(서울: 대한기독교서회, 2004) 351; 박정수, "헬레니즘 시대 유대 묵시문학의 시·공간적 세계관," 『신약논단』 18 (2011) 987-88; 홍인규, 『바울신학 사색』(서울: 이레서원, 2007) 325-326.

이디어를 개발한 조로아스터교에 어느 정도 영향을 받는다(4 Ezra 3:4; 6:53; 7:62, 116).[28] 하지만 헬라 사상과는 달리, 비록 죄가 분명히 땅에 악한 영향을 미치지만 땅 자체는 하나님의 창조물이며 따라서 선하다고 묵시주의자들은 주장한다.[29]

하늘과 땅의 영역 구분은 부분적으로 악의 문제와 의인의 고난을 설명하기 위해 사용된다. 앞서 언급한 바와 같이, 하늘과 땅 사이의 상응관계에도 불구하고 이 시대는 하나님이 역사가운데 활동하지 않는 것처럼 보이기에 악하다. 그러나 의인은 땅에 사는 동안 고난을 만나지만, 사후 하늘에서 하나님과 천사들을 대면할 때 자신들의 정당함이 입증되는 것을 볼 것이다. 악인은 지옥으로 내려가 종말 때까지 최종 심판을 기다릴 것이다. 머지않아 새 시대가 도래하면 두 영역의 구분은 사라질 것이다. 그때 하나님의 영광은 빛날 것이며, 감추어진 것이 드러날 것이며, 하나님의 주권은 마침내 완전히 드러날 것이다. 그래서 니클스버그는 말하기를, "이런 역사적인 개요에 대한 광범위한 선 개념은 우주의 실체가 하늘과 땅에서 동시에 가동되는 것을 보

---

28) Koch, "What is Apocalypticism?" 28; Hanson, "Introduction," 7; Russell, *Method and Message*, 235-237, 257-269. 가미는 지혜문서를 묵시문학의 공간적 이원론과 윤리적 이원론의 기원으로 간주한다. 그는 "지혜문서가 묵시문학의 저자들이 공간적 및 윤리적 이원론의 개념을 물려 받은 자료 가운데 최소한 하나"라고 말한다(Gammie, "Spatial and Ethical Dualsim," 384). 특별히 폰라트(G. von Rad)는 지혜와 묵시사상 전체가 밀접한 관계에 있다고 주장한다: "지혜는 묵시문학이 나온 진정한 모체였다"(*Old Testament Theology*. vol.2 [Edinburgh: T. & T. Clark, 1965] 306). 사실, 묵시적 작품들은 당시의 지혜에 정통한 현자들에 의해 기록되었다. 하지만 지혜문서는 묵시사상에 지배적인 종말에 대한 관심과 긴박한 종말의식이 결여되어 있다. 콜린스(Collins)는 묵시사상이 뿌리를 둔 지혜는 속담이 아니라 계시를 통해 얻는 예언적 지혜라고 주장한다(*Apocalyptic Imagination*, 17). 같은 맥락에서, 행겔(Hengel)은 묵시사상이 지혜와 예언을 연결함으로, 지혜의 요소를 가진다고 주장한다(*Judaism and Hellenism*, 206).

29) 톰슨(A. L. Thompson)은 말하기를, "하나님은 태초의 상태에서나 죄가 들어온 이후에라도 자신의 세상과 긴밀한 관계를 가지는 분으로 일관되게 나타난다. 그래서 우리엘은 심지어 하나님이 세상을 '나의 세상' 그리고 '나의 땅'(4 Ezra 9:20)으로 언급하고 있는 분으로 묘사한다"(*Responsibility for Evil in the Theodicy of IV Ezra* [Missoula: Scholars Press, 1977] 332). 또한, G. E. Ladd, "Why not Prophetic-Apocalyptic?" *Journal of Biblical Literature* 76 (1957) 197; idem, "The Origen of Apocalyptic in Biblical Religion," *Evangelical Quarterly* 30 (1958) 142-145.

는 우주의 수직 단면도에 의해 보완된다. 하나님 혹은 그의 대리자가 역사를 최종적으로 간섭할 마지막 때에 하늘과 땅은 합쳐진다."[30]

(2) 시간적 이원론은 세상이 두 시간적인 순서, 즉, 현 시대와 오는 시대로 나누어진다는 이론이다: "이런 이유로 하나님은 하나의 세상이 아닌 둘을 만드셨다"(4 Ezra 7:50. cf. 1 En16:1; 4 Ezra 6:9; 7:112ff; 8:1). 이런 신념은 중간사 시대에 널리 퍼져 있었다. 에르만(B. D. Ehrman)은 다음과 같이 말한다:

> 이 묵시적 이원론은 모든 역사가 두 시대로 나뉘어 진다는 점에서 분명한 역
> 사적인 함의를 가졌다: 이 시대와 오는 시대. 이 시대는 죄와 악의 시대였다.
> 어두움의 세력은 지배력을 행사하고 있었으며, 하나님의 편에 있던 자들은 이
> 세상을 지배하는 자들에 의해 고통을 받았다. 죄, 질병, 기근, 폭력, 그리고 죽
> 음은 만연했다.[31]

시간적 이원론에는 중요한 두 줄기가 있다: 우주론적-묵시 종말론과 법정적-묵시 종말론.[32] 전자의 경우, 지금은 고난의 시기, 사탄이 끊임없이 지배하는 시기지만(1 En.10:8; 12:4; 16:1), 이 고난은 사탄의 통치가 무너지고 하나님의 통치가 실현될 때 끝날 거라고 주장한다(1 En.91:17; 100:5; 2 En.65:7-10; 4 Ezra 4:4ff, 26; 5:55). 그때까지 하나님의 백성은 박해를 받을 것인데, 저들이 아담의 후손이기 때문이다(1 En.6:1-7:6; 91:5-7; 102:5; 4

---

30) Nickelsburg, *Jewish Literature*, 94-5. 또한, Russell, *Method and Message*, 284; Koch, "What is Apocalypticism?" 26-27.

31) Ehrman, *Early Christian Writings*, 246. 따라서, 비록 묵시주의자들은 선견지명을 가지며 저들이 어디에 서 있는지 안다고 주장하지만, 이 시대/오는 시대의 계획에 관하여 미리 결정된 사항을 바꿀 수 있다고 믿지는 않는다(1 En.81:2; 103:2; 106:19. cf. Russell, *Method and Message*, 231; idem, *Divine Disclosure*, 107-108).

32) M. C. de Boer, "Paul and Jewish Apocalyptic Eschatology" in *Apocalyptic and the New Testament: Essays in honor of J. Louis Martyn.* eds. J. Marcus and M. L. Soards (Sheffield: Sheffield Academic Press, 1989) 169-176.

Ezra 11:44-46; 4:27-30). 후자의 경우, 지금이 역경의 시기이지만, 율법을 충실히 지킨다면 이 역경을 극복하고 하나님의 나라의 진보를 가져올 거라고 한다(참고. 4 Ezra.7:128-129; 14:13-15 참고. Sir.45:23; 1 Macc.2:26, 54).[33]

유대 묵시주의에서, 시간적 이원론은 구약 선지자들의 가르침에서 발전한 것으로 생각할 수 있다.[34] 선지자들은 역사가운데 심판과 구원을 통해 활동하시는 하나님을 증거한다. 유폐 이후, 그들은 주님의 날을 선포하는데, 이스라엘이 계속해서 하나님과의 언약을 파기하기 때문이다: 주님의 날에, 하나님은 심판으로 현재의 질서를 흔들 것이다(사13:13; 34:4; 51:6; 학2:7); 현

---

33) 디보어(de Boer)는 이런 두 경향이 사해문서에서 발견되며, 바울도 그것들을 알고 있었다고 주장한다("Eschatology," 182). 로마서 5-8장에서 바울은 문제의 근본 원인이 사탄이지만, 사탄과의 싸움에서 승리하기 위해 인간의 책임이 요구된다는 것을 인정하는 것 같다. 비록 사해문서가 하나님의 은혜와 성령의 현재 활동을 인정하고 있으나, 때로는 율법을 따르는 것이 강조된다. 샌더스는 1세기 후반에 지어진 4 Ezra에서 율법주의를 인정한다(E. P. Sanders *Paul and Palestinian Judaism: A Comparison of Pattern of Religion* [Philadelphia: Fortress / London: SCM Press, 1977] 409). 롱게네커가 주장하고 있듯이, 바울은 갈라디아 교회에서 율법주의(legalism) 위험성을 감지함에도 불구하고 그것을 공개적으로 반대하는 것 같지는 않다(*Galatians: Word Biblical Commentary* [Waco: Word, 1990] 86). 또한, B. Longenecker, *Eschatology and the Covenant. A Comparison of 4 Ezra and Romans 1-11* (Sheffield: Sheffield Academic Press, 1991) 207-215, 251-265; idem, "Contours of Covenant Theology in the Post-Conversion Paul" in *The Road to Damascus. The Impact of Paul's Conversion on His Life, Thought, and Ministry.* ed. R. N. Longenecker (Grand Rapids: Eerdmans, 1997) 140-143. 그러나 선택의 자유에 근거한 믿음의 삶(cf. 4 Ezra.7:128-129)이 율법을 중시하는 경건과 관련이 있다는 가능성을 배제할 수 없다. 러셀(Russell)은 말하기를, "대체적으로, 묵시문학 저자들의 관점은 랍비 아키바의 유명한 진술에서 표현된 '규범적인' 유대교의 것과 같다: '모든 것은 예견되나, 선택의 자유가 주어진다' (Pirke Abot 3:16)"(*Method and Message*, 232).

34) 로울리(H. H. Rowley)는 "묵시사상이 예언의 자식이긴 하나 예언과 다르다는 것은 거의 논쟁할 여지가 없다"고 말한다(*The Relevance of Apocalyptic* [New York: Association, 1963] 15). 핸슨(P. Hanson) 또한 말하기를, "우리로 예언과 묵시 종말론의 역사 내내 끊어지지 않는 줄이라고 말하게 하는 것은 바로 이런 근본적인 연속성이다"(*The Dawn of Apocalyptic*. rev. ed. [Philadelphia: fortress, 1983] 12). 러셀도 "묵시문학 저자들은 이전의 예언들을 해석하고 재해석함으로 종말의 때를 예언하려고 노력했다"고 지적한다(*Method and Message*, 263).

재의 질서가 그대로 유지되거나 혹은 새 하늘과 새 땅을 포함한 과격한 변화를 통해, 그는 새로운 질서를 세울 것이다(사65:17; 66:22). 이 질서는 오직 하나님의 직접적인 간섭으로 세워질 것이다(습1:2; 3:9-20); 미1:3-4). 특히 세상에서 죄의 영향력으로 인해, 묵시주의자들은 마지막 날에 하나님이 직접 대재앙으로 심판하시고 다시 창조하실 것을 기대한다.[35]

묵시주의자들은 선지자적 선포가 단지 미래에 관한 호기심을 만족시키기 위해 의도되었다고 믿지 않는다. 오히려, 그것은 미래에 비추어 현재를 조명함으로 이스라엘이 하나님의 뜻을 따를 수 있도록 한다. 결국, 선지자들은 현재와 미래 사이의 긴장을 느낀다.[36] 하지만 선지자는 현재 사건에서 하나님의 손길을 느끼고 주님의 날을 기대하는 반면, 묵시주의자들은 현재 하나님의 심판하시고 구속하시는 손길에 대한 감각을 종종 놓친다. 묵시주의자들에게 이 시대는 악에게 맡겨져 있어서, 악이 제거될 종말에 있을 하나님의 구속역사를 기다린다. 그들은 하나님을 믿으나 역사가운데 심판하시고 구원하시는 하나님의 현존을 강하게 느끼지는 않는다. 역사는 주권적인 하나님에 의해 대부분 미리 결정된다: 말하자면, 이 시대는 악하며 구원은 오는 시대에 기대할 수 있다. 외세의 영향력은 역사에 관한 이런 결정론에 더욱 기여한다.[37] 해결책은 하나님을 바라는 소망에서 찾는데, 그는 악한 세력을 파괴

---

35) 래드는 말하기를, "묵시적 종말론이 강조하는 신학은 하나님의 나라가 오직 하나님의 세계가 인간 역사에 침투해 들어옴으로 실현될 수 있다는 세계관이다"(Ladd, "Why not Prophetic-Apocalyptic?" 197).

36) G. E. Ladd, "Eschatology" in *The International Standard Bible Encyclopedia*. vol. II. rev. ed. G. W. Bromiley (Grand Rapids: Eerdmans, 1982) 132.

37) 머독(W. R. Murdock)에 따르면, "묵시적인 도식은 역사가 이미 결정되었는데, 그러나 그 도식에서 전제된 결정론의 유형은 도식 자체와 동일한 출처, 즉, 이란-바빌로니안 혼합주의에서 유래한다는 아이디어를 전제로 한다… (이원론과 종말론) 모두는 조로아스터교의 핵심을 이루었으며, 이란의 영향 아래에서 묵시사상에 의해 채택되었다"("History and Revelation in Jewish Apo-calpyticism," *Interpretation* 21 [1967] 168, 174). 또한, Russell, *Method and Message*, 19, 228-9; Frost, *OT Apocalyptic*, 19, 76. 그러나 핸슨은 이 견해에 비판적이다: "(외부의 영향들)은 지엽적인 윤색정도로 제한된다"(Hanson, *Dawn of Apocalpytic*, 8). 어느 정도 묵시사상이 이란의 영향을 받았는지 알기는 어렵다. 묵시사상이 번성했을 때 이란과 헬라의 사상이 팔레스틴으로 밀고 들어왔는데, 묵시주의자

로마서 7:1-6에 나타난 율법의 기능

시키기 위해 속히 오실 것이며 이스라엘을 축복으로 이끌 것이다.[38]

(3) 윤리적 이원론은 인류를 선한 자들과 악한 자들로 나누는 묵시적 개념이다. 묵시주의자들은 의로운 자들과 악한 자들이 이 시대에 공존하나 합해지지는 않는다고 믿는다: "의로운 자들은 의로운 자들에게 의를 선포할 것이다; 그리고 의인은 의로운 자들과 함께 기뻐하여 서로 축하할 것이다. 그러나 죄인은 죄인과 더불어 죽을 것이다; 그리고 배도자는 배도자와 더불어 주저 앉을 것이다"(1 En.81:7-8). 제4에스라서 7:50과 8:1-3에 따르면, 이 시대는 악할 수 밖에 없으며 의로운 자들은 결국 심하게 고난 당할 운명이기 때문에 악한 자들이 권력을 잡을 것이다. 하지만 이 시대 끝에 최종 심판이 있을 것이며(1 En.100:4b, 5b; 4 Ezra 7:70, 112), 묵시주의자들은 마지막 심판이야말로 "온 우주가 그곳으로 움직이는 커다란 사건이며 인간과 모든 창조물을 위한 하나님의 의로운 목적이 정당하다는 것을 단번에 입증할 것"으로 믿는다.[39]

시편 1:1-6이 보여 주듯이, 구약은 사람들을 선한 자와 악한 자를 이미 나누었다. 선과 악의 구분이 만들어질 수 밖에 없는 것은, 하나님이 자기 백성으로 하여금 하나님 자신을 위해 구별되기를 원하기 때문이다. 바사, 헬라,

---

들은 그들 가운데 자신들의 목적에 부합한 것을 취했다. 그래서 헬라 사상의 유입을 통해 묵시주의자들이 이란의 결정론에 비추어 세계의 역사를 체계화하긴 했지만, 예언적 전통에 근거했다고 말할 수 있다(cf. Russell, *Method and Message*, 224, 228-9). 따라서 헹겔이 주장하는 바와 같이, 묵시사상은 유비적으로는 이란의 종말론과 관련이 있으나, 족보상으로는 아니다(Hengel, *Judaism and Hellenism*, 193-194).

38) 머독은 심지어 다음과 같이 말한다: "그러나 묵시주의자들에게 있어 현재의 계시는 역사적인 계시가 아니라, 문학적인 계시(즉, 묵시문학에서 발견되는 계시)이다" ("Jewish Apocalypticism," 186). 그런데 핸슨은 "유대 묵시사상을 다루는데 있어 우리는 역사의 개념의 붕괴가 아닌, 역사적인 영역에 대한 책임을 포기한다고 말해야 한다"고 주장한다 (Hanson, "OT Apocalyptic Reexamined," 54).

39) Russell, *Method and Message*, 380. 그러나 최종 심판 뿐 아니라, 묵시주의자들은 또한 최종 심판 전에라도 죽음 직후이 일시적인 심판이 있을 거라고 믿는다(1 En.102:4-103:8; 4 Ezra.7:78). 니클스버그는 1 En.102:4-103:8이 "죽음에도 불구하고" 시행되는 하나님의 심판에 관하여 이야기 한다고 주장한다(G. W. E. Nickelsburg, "The Apocalyptic Message of 1 Enoch 92-105," *Catholic Biblical Quarterly* 39 [1977] 321).

그리고 로마 등 외세가 지배하는 동안 제2성전 유대교는 할례(그리고 음식물 규정 준수), 안식일 준수, 그리고 성전제사를 민족의 회복과 메시아 왕국에 참여하는 조건으로, 또한 이스라엘의 정체성의 표지로 간주하였다(단1:8-16; 1 Macc.1:62-63; Tob.1:10-13; Jdt. 10:5; 12:1-20).[40] 하지만 이런 아이디어는 지나치게 강조된 나머지 이스라엘에게 이방을 심판하는 근거가 되었다(PssSol.14:1-4; 1QS 3-5 cf. JosAsen.8:5). 묵시문학은 율법이 결과적으로 민족주의를 위한 수단으로 사용되었다는 것을 보여준다; 율법 사용을 통하여, 유대인들은 종종 자신들이 이방인보다 더 우월하다고 여긴다.[41]

윤리적 이원론은 의인이 당하는 고난의 최종 산출물이다. 이시대에서 의인은 악한 자들의 탄압아래 고난을 당하기 마련이라고 묵시주의자들은 추정한다. 묵시주의자들은 의로운 자들과 악한 자들이 서로 대립하고 있다고 확신하는데, 비록 의로운 자들이 탄압을 받으나 여전히 하나님의 선택 받은 백성이며 율법을 받아서 지킨다고 주장한다(4 Ezra 3:32, 35; 5:29; 7:25; 8:29).[42] 그들은 의롭기에, 이 치유할 수 없는 악한 시대에서 고난을 받는다. 하지만 악한 시대가 끝나고 새 시대가 도래할 때, 그들은 분명 구원 받을 거라고 묵시주의자들은 확신한다. 그래서 그들은 의로운 자들에게 인내하고 하나님의 율법에 충실하며 보상과 징벌의 최종 심판을 기다리라고 권면한다. 그들은 또한 계속해서 율법을 지키라고 권면하는데, 하나님은 결국 사람들을

---

40) Cf. F. Thielman, *From Plight to Solution. A Jewish Framework for Understanding Paul's View of the Law in Galatians and Romans* (Leiden: E. J. Brill, 1989) 122; idem, *Paul and the Law. A Contextual Approach* (Downers Grove: InterVarsity, 1994) 211; T. R. Schreiner, *The Law and its Fulfillment* (Grand Rapids: Baker, 1993) 147; T. L. Carter, *Paul and the Power of Sin: Redefining 'Beyond the Pale'* (Cambridge: Cambridge University Press, 2002) 183.

41) Cf. J. D. G. Dunn, "The New Perspective on Paul," *Bulletin of the John Rylands University Library* 65 (1982) 121ff; N. T. Wright, *The New Testament and the People of God: Christian Origins and the Questions of God.* vol.1 (Philadelphia: Fortress, 1992) 224ff.

42) 물론, 제4에스라서의 저자는 심각한 죄의식을 표현한다(4:12; 7:118). 이것은 의인의 강직성과의 균형을 유지하기 위한 반작용으로 이해할 수 있다(G. E. Ladd, "Apocalyptic Literature" in *The International Standard Bible Encyclopedia.* rev. Geoffrey W. Bromiley. vol.1 [Grand Rapids: Eerdmans, 1979] 155).

심판할 것이며, 오직 남은 자만이 심판의 날에 구원을 얻을 것이기 때문이다.

이것은 어떤 점에서 선지자의 가르침과 다르다. 선지자의 윤리적 가르침은 역사적으로 가까운 미래와 좀 더 먼 종말적 미래 사이의 역동적인 긴장을 전제하는 가운데 회개를 가르친다. 만약 이스라엘이 회개하지 않는다면, 비록 주님의 최후의 날에 그들이 구원을 받기는 하겠지만, 하나님은 그 죄를 심판하실 것이라고 선지자들은 가르친다(참고. 암5:18-20; 9:11-15). 묵시주의자들은 선지자들이 지탱하던 역사와 종말의 긴장을 가끔 놓치는데, 현재와 미래가 느슨하게 연관되어 있다고 보기 때문이다. 그래서 묵시주의자들의 윤리적 가르침은 회개와 하나님께 돌아오는 것이 아니라, 주로 위로와 권면과 연관된다.[43] 그들에게 역사의 흐름은 이미 결정되었으며 종료될 때까지 그대로 간다(1 En.81:1-3; 103:1f; 4 Ezra 4:36f).

에스라와 느헤미야 이후, 율법은 이스라엘의 경험에서 새로운 역할을 맡았다.[44] "의"의 묵시적 개념은 율법준수에 할당된 새로운 중요성으로 어느 정도 대치되었다(참고. 4 Ezra 7:77; 14:34-5).[45] 그래서 이스라엘은 가끔

---

43) 콜린스는 묵시문학에서 회개의 요소가 부족한 이유를 다음과 같이 설명한다: "묵시사상은, 이름이 제시하듯이, 주로 하늘의 비밀에 대한 계시이다… 결과적으로, 비전은 회개의 요청이라기 보다 미리 정해진 미래에 관한 정보를 나누어 주는 것으로 보인다"(Collins, "Apocalyptic Eschatology," 62).

44) D. S. Russell, *From Early Judaism to Early Church* (Philadelphia: Fortress, 1986) 60: "이 시기동안 우리는 대중의 상상력 안에서 '언약 내에서의 신실함'에서 '토라에 대한 순종'으로 강조의 변화를 감지할 수 있다. 율법에 대한 순종은 언약의 상속자로 그들을 받아들이는 필수불가결한 조건으로서 지극히 중요하였다." 또한, Ladd, "Apocalyptic Literature," 154; Rist, "Apocalypticism," 161.

45) 제4에스라서에서 신정론과 그 해결책에 관하여, 사람은 자신의 행동에 책임이 있으며 에스라 자신은 성경을 펴냈기 때문에, 율법에 순종하는 일이 가능하다고 니클스버그는 결론 내린다(*Jewish Literature*, 294). 톰슨 또한 "제4에스라의 저자는 구원의 한가지 확실한 길을 알고 있는데 그것은 바로 순종"이라고 주장한다(Thompson, *Responsibility for Evil*, 318). 브라이트(J. Bright)는 역사적인 관점에서 주장하기를, "여기서 율법은 하나님의 은혜로운 행위에 대하여 필요한 반응이라고 정의하기를 그만 두었으며 사람이 하나님의 호의를 성취하는 수단이 되었으며 약속할 만한 것이 되었다"(*A History of Israel.* 3rd ed. [Philadelphia: Westminster, 1981] 442). 또한, Knibb, *1 & 2 Books of Esdras*, 182; Ladd, "Apocalyptic Literature," 155.

구약의 특징인 하나님에 대한 내적 반응에 덜 집중하는 한편,[46] "능동적 율법주의"(acting legalism)를[47] 강조하는 경향이 생겼다.

그럼에도 불구하고, 묵시주의자들은 일종의 종말론적 윤리를 가지고 있다. 비록 현재가 그 가치를 상실하고 모든 것이 미래를 기다리지만, 오는 시대는 현재의 삶을 가치 있게 만들 수 있다고 그들은 굳게 확신한다:[48] 말하자면, 다가오는 영광스런 시대를 향한 소망이 동기가 되어 하나님의 요구에 반응할 때, 그들은 현재의 삶에서 의미를 얻는다: "용기를 내라, 오 이스라엘아; 슬퍼하지 말라, 오 야곱의 집아. 너는 하나님 앞에서 기억된바 되며, 능하신 자는 너를 영원토록 잊지 않고 있다"(4 Ezra 12:46).

(4) 우리는 세 가지 유형의 이원론 가운데 공간적 이원론이 가장 중요하다고 생각한다.[49] 왜냐하면 그것은 하늘과 땅의 "관계"를 가장 중시하기 때문이다. 묵시주의자들은 비록 지금이 고난의 때이지만 하나님과의 관계는 하늘과 땅이 서로 상응관계에 있는 한 지속된다고 믿는다.[50] 이런 특별한 세계

---

46) 카이져(W. C. Kaiser)는 "구약에서 사람의 내적 성향과 동기는 하나님 앞에서 과실이 있는 것으로 판명되었다"고 말한다(*Toward Old Testament Ethics* [Grand Rapids: Zondervan, 1983] 10). 또한, Th. C. Vriezen, *An Outline of Old Testament Theology*. 2nd ed. (Oxford: Basil Blackwell, 1970) 390-5.

47) Longenecker, *Paul*, 79. 그러나 그는 셀레우코스 왕조서부터 주후 70년대 까지 능동적 율법주의(즉, 형식적인 경건)와 반응하는 율법주의(즉, 내적 영성) 모두 존재하고 있었다는 것이 사실이라고 올바르게 주장한다. 또한, Russell, *Method and Message*, 72-5.

48) Lou H. Silberman, "The Human Deed in a Time of Despair: The Ethic of Apocalyptic" in *Essays on Old Testament Ethics*. ed., James L. Crenshaw and John T. Willis (New York: KTAV, 1974) 198.

49) 콜린스가 지적한 바와 같이, "묵시사상의 세계관은 두 시대 이론이라기 보다 2층으로 된 우주로 간주된다"(Collins, "Apocalyptic Eschatology," 73). 또한, Russell, *Divine Disclosure*, 60ff, 105; C. Rowland, *The Open Heaven. A Study of Apocalyptic in Judaism and Early Christianity* (London: SPCK, 1982) 1-2, 21. 440). 묵시주의의 필수적인 특징은 두 시대의 종말적 이원론이라고 주장하는 핸슨(*The Dawn of Apocalyptic* [Philadelphia: Fortress, 1975, 1979] 431)에게는 미안하지만.

50) 유대 묵시사상은 공간적 이원론과 시간적 이원론 모두를 동일하게 강조한다고 주장할 수 있다. 왜냐하면 유대 묵시전통에서 "계시가 초자연적인 존재에 의해 인간에게 전달되는데, 그

관(즉, 공간적 이원론)은 시대의 전환점에서 하나님의 임박한 심판이 해결책이라는 것을 보여주는 한편, 현 시대에 일어나는 사건에 대한 어느정도 유용한 설명을 신실한 자들에게 제공한다.[51]

하나님의 신실함의 실종[52] 혹은 신정론으로[53] 설명되는 인류의 곤경은 중간사 시대에서 계속되는 문제였다. 하지만 하나님은 자신의 비밀을 소그

것은 종말 구원을 예상하는 한에 있어서 시간적이며, 또 다른 초자연적인 세계를 포함하는 한에 있어서 공간적인 초자연적인 실체를 드러내기" 때문이다(J. J. Collins, *Apocalypse: The Morphology of a Genre. Semeia 14.* ed. J. J. Collins [Atlanta: Scholars, 1979] 9). 그래서 러셀이 말하는 바와 같이, "(공간적이며 시간적인 이원론)이 서로 다르긴 하지만, 배타적이지는 않다. 그것들은 다 함께 묵시적 환상과 묵시적 사변의 골격을 형성한다" (Russell, *Divine Disclosure*, 106). 그러나 공간적 이원론이 우선적으로 고려되어야 하는데, 그 이유는 그것이 "우주에 대한 하나님의 궁극적인 통치를 강조하는 초기 묵시사상과, 현재 악의 승리를 세상에 활동하는 악의 세력을 다루지 못하는 하나님의 무능함의 결과로 보기를 거절하는 데에서 유래되기" 때문이다(Rowland, *Open Heaven*. 92-93).

51) 핸슨은 다니엘서 10-12장이 안디오쿠스 에피파네스의 몰락을 설명한다고 보아, "진짜 분쟁은 안디오쿠스와 현자들 사이가 아니라, 미가엘과 야완의 왕자 사이에 있다"고 주장한다 (Hanson, "Old Testament Apocalyptic Reexamined," 56). Cf. *Jub.*1:7-11; 20:6-10; 22:6-22; *Mart.Ascen. Isa.*5:14; 1QM 4-5. 또한, Beker, *Apocalyptic Gospel*, 39; Rowland, *Open Heaven*, 124-135; Russell, *Divine Disclosure*, 107; J. J. Scott, *Customs and Controversies. Intertestamental Jewish Backgrounds of the New Testament* (Grand Rapids: Baker, 1995) 182-184; Uddin, "Unbelief," 271-272; C. A. Evans, "Scripture-Based Stories in the Pseudepigrapha" in *Justification and Variegated Nomism*. vol.1. eds. D. A. Carson, P. T. O'Brien, and M. A. Seifrid (Tübingen: J. C. B. Mohr / Grand Rapids: Baker Academic, 2001) 60; D. E. Aune, "Understanding Jewish and Christian Apocalyptic," *Word & World* 25 (2005) 236.

52) Cf. de Boer, "Eschatology," 173; Byrne, "Interpreting Romans," 234-235; D. D. Reid, *God Is a Warrior*. co-authored. T. Longman and D. G. Reid (Grand Rapids: Zondervan, 1995) 139-140. 이것은 다음과 같은 방식으로도 표현될 수 있다: 인류의 곤경은 하나님의 능력과 권위를 찬탈하는 우주적 마귀의 세력에 의해 야기된다(G. W. E. Nickelsburg, "The Incarnation: Paul's Solution to the Universal Human Predicament" in *The Future of Christianity: Essays in honor of H. Koester.* ed. B. A. Pearson [Minneapolis: Fortress, 1991] 348; idem, *Ancient Judaism and Christian Origin. Diversity, Continuity, and Transformation* [Minneapolis: Fortress, 2003] 79-82; Russell, *Divine Disclosure*, 104, 109).

53) Beker, *Apocalyptic Gospel*, 30: "묵시주의자들의 중심되는 질문은 현재의 곤경과 미래의 해결책 사이에 존재하는 불일치를 어떻게 극복할 것인가이다. 왜 하나님에 대한 신실함이 핍박과 고난으로 보상받는가?"

룹, 즉, 묵시주의자들을 포함한 하나님의 선택 받은 의로운 사람들에게 밝히신다. 하나님은 꿈과 비전으로 선견자를 깨우치며 천사들을 통해 땅의 상황을 설명함으로, 선택 받은 의로운 사람들에게 그들과 관계를 지속한다는 사실을 확인시킨다(참고. 1 En.1-36, 72-82).[54] 악과 고난이 존재하는 이유가 사탄이 세상을 지배한다는 견지에서 종종 설명된다.[55] 그러나, 비록 이스라엘에 대한 사탄의 압제가 저들의 불순종 때문이지만(2 Bar.54:14, 19; 48:46),[56] 이스라엘은 일련의 소망을 계속 붙잡는다. 왜냐하면 하나님의 계시를 통하여 (1) 자신들이 종말의 전야에 살고 있으며(1 En.93:10; 4 Ezra 14:11-12), (2) 머지않아 하나님의 정당함이[57] 심판과 더불어 입증되기 시작되며 외세의 압제자들은 패배할 것이며(1 En.102:4-11; 103-104 cf. Wis.2:1-5; 3:24), (3) 선택 받은 의로운 자들은 정화된 세상에서 살 거라는 것(1 En.1:9; 5:7; 10:17-22)을[58] 확신하기 때문이다. 이런 종말의 순간이 올 때까지, 하나님의 백성은 이 땅에서 인내하며 고난을 견뎌야 한다(1 En.5, 10, 16, 19, 21).

우주적-묵시 종말론을 수용하는 일부 묵시주의자들은 하늘에서는 전쟁

---

54) 이것은 하늘과 땅이 서로 소통한다는 사실로 입증된다. Cf. Rowland, *Open Heaven*, 1-2, 83-94; Russell, *Divine Disclosure*, 84, 105-107; P. D. Hanson, "Old Testament Apocalyptic Reexamined" in *Visionaries and Their Apocalypses*. ed. P. D. Hanson (Philadelphia: Fortress/London: SPCK, 1983) 56; Collins, "Apocalyptic Eschatology" 62, 66, 70; idem, *Apocalyptic Imagination*, 7; de Boer, "Eschatology," 174-175; Scott, *Customs*, 192.

55) 러셀은 말하기를, "수 많은 책 가운데서 이 세대의 악의 근본 원인은 우주에서 하나님의 통치를 찬탈한 마귀적 세력에서 발견된다는 견해가 분명히 나타난다"(Russell, *Divine Disclosure*, 109). 또한, Uddin, "Unbelief," 269-273; Aune, "Jewish and Christian Apocalyptic," 236.

56) Cf. Thielman, *Plight*, 36-46; de Boer, "Eschatology," 175ff; Wright, *NT and the People of God*, 215-223; idem, *Jesus and the Victory of God* (Philadelphia: Fortress, 1996) 126-131.

57) 베커는 말하기를, "하나님 나라의 오는 시대에서 인류와 세상은 변화될 것이며 하나님의 영광, 즉, 자신의 피조물에 대한 하나님의 해명에 참여할 것이다"(Beker, *Apocalyptic Gospel*, 39).

58) Cf. Meeks, "Apocalyptic Language," 688; Heil, *Romans*, 3-4.

중이며, "하나님과 벨리알, 그리스도와 적그리스도, 천사와 마귀, 빛의 자녀와 어두움의 자녀 간의 갈등으로 인해, 매우 의미심장한 조치가 하늘의 신화적 존재들 사이에서 취해진다"는[59] 사실을 감지한다. 하지만 그들은 때때로 하나님은 멀리 계시며 사탄과 악한 세력들이 더 우세한 땅에 살고 있다고 믿는다;[60] 그럼에도, 그들은 최후의 승리를 기다리는 가운데 자신들에게 일어난 고난을 기꺼이 감수하고자 한다. 시대의 전환점에서, 우주적인 대결, 즉, 하나님과 파수꾼 −혹은 하나님과 벨리알 − 사이에 전쟁이 있을 것이며, 이 시대는 오는 시대로 대치될 것이다(1 En.1:4-5; 1QM 3:3f, 8f; 4:2-3; 17:5f; 18:1). 자신들이 이미 이 시대의 마지막에 살고 있다고 감지한(1QH 11:19-23; 19:3-14)[61] 쿰란 종파의 어떤 저자들은, 두 영들(즉, 빛의 영과 어두움의 영)과 그 추종자들(즉, 빛의 자녀와 어두움의 자녀)이 서로 싸우고 있다고 믿는다. 빛의 영과 그 추종자들은 율법을 준수함으로 어둠의 영과 그 추종자를 이길 때 전쟁에서 승리할 것이다(CD 16:1-3; 1QS 3-4). 디보어(M. de Boer)는 이것을 다음과 같이 말한다: "현존재는 두 우주적 세력 간의 투쟁으로 특징지어진다⋯ 투쟁은 의로운 자들이 악한 자들과 사회적으로 분리되는 데서 나타난다."[62]

---

59) Collins, "Apocalyptic Eschatology," 68.

60) 힐은 말하기를, "바벨론 유폐 이후 유대 역사 그리고 특별히 기독교 시대가 오기 전 몇 세기 동안 하나님, 우주, 그리고 고난과 악의 문제에 대한 유대인의 사고방식에 특별한 발전이 있었다. 하나님은 이 피조세계에서 점점 멀리 계시며, 자신의 백성이 핍박과 압제, 고난과 악을 점차 심각하게 경험해도 하나님은 그들로부터도 멀리 계신 듯했다. 그것은 마치 악의 세력이 우주의 통제권을 하나님으로부터 찬탈하는 것 같았다. 모든 사물과 모든 사람은 마귀적 세력의 피할 수 없는 영향력 아래 살고 있는 듯했다"(Heil, *Romans*, 3).

61) 믹스는 "(쿰란 종파의) 과격한 혁신이 저들이 종말 시대에 살고 있다는 신념에 따른 해석으로 정당화되었다"고 주장한다(Meeks, "Apocalyptic Language," 697). 그 증거로 의의 교사는 현재의 순간과 자기 자신의 종파가 모든 계시의 초점이라고 생각한다는 것이다(cf. 1QHab 7:1-5). 디보아 또한 진술하기를, "감사 찬송(Thanksgiving Hymns)이 (의의) 현재적 실재가 묵시적 유대교의 한 줄기에서 강조되었다는 것을 보여준다"(de Boer, "Eschatology," 171). 또한, Collins, "Apocalyptic Escha-tology," 73; Nickelsburg, *Ancient Judaism*, 128.

62) de Boer, "Eschatology," 177. 또한, Nickelsburg, "Paul's Solution," 348f; Uddin, "Unbelief," 272-277.

법정적-묵시 종말론을 견지하는 다른 묵시주의자들은 "우주의 무질서를 지속적으로 가져온 것은 천사의 반란이 아닌 인간의 범죄"라고 생각한다(1 En.98:4; 2 Bar.54:15, 19; 4 Ezra 7:48 cf. Sir.21:27).[63] 인간은 자신이 지은 죄에 스스로 책임이 있다고 확신하는 가운데, 그들은 불의보다 의를 선택하라고 사람들에게 권면한다(1 En. 91:19; 94:4; 98:1; PssSol.3:12; 9:4-5; 14:2; 15:12-15; 4 Ezra 7:48, 127-129; 2 Bar.19:1; 46:3; 54:14; 84:2 cf. Sir.15:1, 15; 17:11; 25:24).

2. 바울과 유대 묵시주의

바울은 자신의 서신을 통해 인류의 곤경에 대하여 많은 관심을 가지고 있다는 것을 보여준다: 지금은 마귀적 세력이 권세를 가진 악한 시대이나(고후 4:4), 하나님은 그리스도의 죽음으로 이 악한 시대를 끝낸다(갈1:4; 고전 2:6-16; 10:11).[64] 바울이 말하는 곤경은 결국 아담적 인류가 여전히 사탄과 그의 추종자들의 지배아래 있다는 것이다(갈4:3, 8-9; 고전15:24; 고후4:4; 롬3:9; 5:12-21; 6:12-14; 7:5, 7-25; 16:20).[65] 이러한 곤경은 고난과 죽음을 초래한다(롬5:12, 21; 6:21, 23; 7:5; 8:38-39; 빌2:10).[66] 하지만 자신과

---

63) de Boer, "Eschatology," 178. Cf. Russell, *Divine Disclosure*, 112-114.

64) Cf. J. L. Kovacs, "The Archons, the Spirit and the Death of Christ. Do We need the Hypothesis of Gnostic Opponents to explain 1 Cor.2:6-10?" in *Apocalyptic and the New Testament*. eds. J. Marcus and M. Soards (Sheffield: Sheffield Academic Press, 1989) 218, 222.

65) Cf. E. J. Epp, "Paul's diverse Imageries of the Human Situation and His Unifying Theme of Freedom" in *Unity and Diversity in New Testament Theology. Essays in honor of George E. Ladd*. ed. R. A. Guelich (Grand Rapids: Eerdmans, 1978) 104; de Boer, "Eschatology," 183; Nickelsburg, "Paul's Solution," 351ff; C. Arnold, "Returning to the Domain of the Power: 'Stoicheia' as Evil Spirits in Gal.4:3, 9," *Novum Testamentum* 38 (1996) 60-67; Reid, *Warrior*, 140-141.

66) 믹스는 신정론이 인류의 곤경이라는 사실에 반대한다. 왜냐하면 고난은 신자의 삶에도 있으며 그것이 오히려 공동체의 내부 결속을 다져주기 때문이다: "사실 그들이 적대감을 경험할

(이스라엘을 포함한) 동시대인들이 살고 있는 이 시대는 여전히 영적으로 악하지만, 이 세상의 형적은 지나갈 거라고(고전7:31) 바울은 믿는다. 그리스도의 도래로 때가 단축되었기 때문에(고전7:29), 이 시대의 통치자들은 조만간 사라질 운명에 처해있다(고전2:16).

바울 서신에서 이원론의 전형적인 예는 사라-하갈의 알레고리에서 찾을 수 있는데, 바울은 그것으로 "법적 구속과 영적 자유 사이의 대조"(갈4:22-31)를 보여주고자 한다.[67] 이 이야기에서 하갈은 지금 있는 예루살렘을 나타내는 반면, 사라는 위에 있는 예루살렘을 상징한다(25-26절). 던이 지적한 대로, 위에 있는 예루살렘은 "천상의 예루살렘이 있었다고 추정한 유대 묵시사상"을 반영한다(참고. Wis.9:8; 4 Ezra.7:26; 2 En.4:2).[68] 하지만 "사실 (바울이) 한 것은 시간적인 것과 공간적인 두 유형을 섞어서, 다가올 예루살렘이 하늘의 신령한 예루살렘의 형태로 이미 와있다는 것을 보여주는 것이다."[69] 게다가, 종의 자녀와 자유 하는 여자의 자녀는 "전쟁 중에 있는 두 인물, 즉, 하나님과 사탄에 의해 지배 받고 있는 두 왕국"(즉, 윤리적 이원론)을 나타낸다.[70]

때, 바울은 그 사실을 저들이 그리스도인으로서의 정체성을 확인하는 수단으로 사용한다⋯ 그런 경험은 분리를 이해하도록 도와주며 그래서 자신의 그룹과 더 큰 사회 사이의 경계선을 강화한다"(Meeks, "Apocalyptic Language," 692). 사실, 영적 전투가 치열해 질 때, 악의 세력과의 전쟁에 적극적으로 나선 결과로 고난이 따른다. 하지만 고난은 종종 사탄으로 인해 야기되며 여전히 인류의 곤경의 한 부분이다; 따라서, 그것은 극복되어야 한다(cf. Beker, *Apocalyptic Gospel*, 40-42). 엡(Epp)이 올바르게 지적하듯이, "악과 고난으로부터 구출은 유대 묵시사상의 특징이다"("Paul's diverse Imageries," 104).

67) F. F. Bruce, *Commentary on Galatians: New International Greek Testament Commentary* (Grand Rapids: Eerdmans, 1982) 218.

68) J. D. G. Dunn, *The Epistle to the Galatians: Black's New Testament Commentary* (London: A & C Black, 1993) 252.

69) R. Y. K. Fung, *Galatians: The New International Commentary on the New Testament* (Grand Rapids: Eerdmans, 1988) 210. cf. E. Earle Ellis, *The Old Testament in Early Christianity* (Grand Rapids: Baker, 1991) 104.

70) J. H. Neyrey, *Paul in other Words. A Cultural Reading of His Letters* (Louisville: Westminster/John Knox Press, 1992) 197.

(1) 특별히 바울은 인류의 곤경을 설명하고 해결하기 위해 자신의 편지 도 처에 묵시적 이원론을 사용한다.[71] 이원론의 공간적 차원에서, 바울은 이러

---

[71] 바울이 유대 묵시주의의 영향을 받았다고 주장하는 학자들로는 다음을 보라: A. Schweitzer, *Mysticism of Paul the Apostle*. 2nd ed. (New York: Macmillan, 1953) 80-99; E. Käsemann, *New Testament Questions of Today* (Philadelphia: Fortress, 1969) 82-139; Epp, "Paul's diverse Imageries," 110-116; Beker, *Paul*, 144; idem, *Apocalyptic Gospel*, 30; idem, "Recasting Pauline Theology: The Coherence-Contingency Scheme as Interpretative Method" in *Pauline Theology*. vol.1. ed. J. M. Bassler (Minneapolis: Fortress, 1991) 17; J. Louis Martyn, "Apocalyptic Antinomies in Paul's Letter to the Galatians," *New Testament Studies* 31 (1985) 410-424; M. C. de Boer, *The Defeat of Death. Apocalyptic Eschatology in 1 Corinthians 15 and Romans 5* (Sheffield: Sheffield Academic Press, 1988) 138-140, 178-88; idem, "Eschatology," 182ff; idem, "Paul's Mythologizing Program in Romans 5-8" in *Apocalyptic Paul. Cosmos and Anthropos in Romans 5-8*. ed. B. R. Gaventa (Waco: Baylor University Press, 2013) 1-20; Kovacs, "Archons, the Spirit," 217; S. R. Garrett, "The God of this world and the Affliction of Paul" in *Greeks, Romans, and Christians: Essays in honor of Abraham J. Malherbe*. eds. D. L. Balch, E. Ferguson and W. A. Meeks (Minneapolis: Fortress, 1990) 99-117; Russell, *Divine Disclosure*, 128-131; D. E. Aune, "Apocalypticism," *Dictionary of Paul and His Letters*. eds. G. F. Hawthorne, R. P. Martin, and D. G. Reid (Downers Grove: InterVarsity, 1993) 25-35; idem, "Jewish and Christian Apocalyptic," 241-242; J. H. Charlesworth, "What Has the Old Testament to Do with the New?" in *The Old and New Testaments. Their Relationship and the "Intertestamental" Literature*. eds. J. H. Charlesworth and W. P. Weaver (Valley Forge: Trinity Press International, 1993) 68; C. M. Pate, *The End of the Age has Come. The Theology of Paul* (Grand Rapids: Zondervan, 1995) 43ff; C. B. Cousar, "Continuity and Discontinuity: Reflections on Rom.5-8" in *Pauline Theology: Romans*. vol.3. eds. D. M. Hay and E. E. Johnson (Minneapolis: Fortress, 1995) 196-211; C. D. Myers, "The Persistence of Apocalyptic Thought in New Testament Theology" in *Biblical Theology. Problem and Perspectives in honor of J. C. Beker*. eds. S. J. Kraftchick, C. D. Myers, B. C. Ollenburger (Nashville: Abingdon, 1995) 209-221; C. Arnold, "Returning to the Domain of the Power: 'Stoicheia' as Evil Spirits in Gal.4:3, 9," *Novum Testamentum* 38 (1996) 67ff; Uddin, "Unbelief," 265-266; Nickelsburg, *Ancient Judaism*, 84-85; S. M. Lewis, *What are They Saying about New Testament Apocalyptic?* (Mahwah: Paulist, 2004) 38-52; B. R. Gaventa, "The Cosmic Power of Sin in Paul's Letter to the Romans," *Interpretation* 58 (2004) 229-240; W. S. Campbell, *Unity and Diversity in Christ: Interpeting Paul in Context. Collected Essays* (Eugene: Cascade Books, 2013) 22.

한 곤경의 일부로 자신이 목회자로서 부딪쳤던 문제들, 가령, 성적 부도덕(고전5:1-5; 7:1-5), 율법주의적 및 민족적인 이슈들(갈3:1-4:7, 8-11; 롬9-11; 14:1-15:13), 그리고 태도의 문제(즉, 우월감. 참고. 롬14:1-5, 10-15) 등을 **죄** 아래 있는 인류의 곤경의 증상들로 간주한다. 이것은 그로 하여금 이런 곤경을 해결할 수 있는 그리스도의 죽음과 부활을 묵시적 사건으로 제시하도록 한다; 말하자면, 예수 그리스도의 죽음과 부활을 통하여 하나님은 악의 세력들을 산산이 부수고 그 자신의 의를 선언하는 것이다. 또한 바울은 로마 독자에게 **죄**(롬6:12-14)와 사탄(16:20)과의 싸움에서 이기라고 권면하는데, 그렇게 할 때 믿음생활에서 제기된 율법주의적이고 민족적인 이슈를 성공적으로 다룰 수 있을 뿐 아니라 하나님과 화평을 누린다(롬5:1-2, 10-11; 8:31-39)고 그는 강하게 확신한다. 오브라이언은 말하기를, "바울은 이방인의 눈을 뜨게 하고 저들로 어두움에서 빛으로, 사탄의 권세에서 하나님께 돌아서게 할 목적으로 복음을 전하라는 의뢰를 받았다(행26:18)."[72]

(2) 이원론의 시간적 차원에서, 바울은 그리스도의 도래가 종말을 알리며, 그것으로 인해 신자는 더 이상 **죄**의 세력 아래 있지 않다는 사실을 알고 있다

이 주장을 반대하는 학자들은 다음과 같다: L. Keck, "Paul and Apocalyptic Theology," *Interpretation* 38 (1984) 229-241; V. P. Branick, "Apocalyptic Paul?" *Catholic Biblical Quarterly* 47 (1985) 664-75; Sanders, *Paul*, 543-546; B. Witherington, *Jesus, Paul and the End of the World. A Comparative Study in New Testament Eschatology* (Downers Grove: InterVarsity, 1992) 17-18; R. B. Matlock, *Unveiling the Apocalyptic Paul. Paul's Interpreters and the Rhetoric of Criticism* (Sheffield: Sheffield Academic Press, 1996) 247-316; Lee A. Johnson, "Satan Talk in Corinth: The Rhetoric of Conflict," *Biblical Theology Bulletin* 29 (1999) 145-155; T. Engberg-Pedersen, *Paul and Stoics*, (Louisville: Westminster John Knox Press, 2000) 16-31; Chris Forbes, "Paul's Principalities and Powers: Demythologizing Apocalyptic," *Journal for the Study of the New Testament* 82 (2001) 61-88.

72) P. T. O'Brien, "Principalities and Powers: Opponents of the Church" in *Biblical Interpretation and the Church. The Problem of Contextualization.* ed. D. A. Carson (Nashville Camden New York: Thomas Nelson, 1984) 146.

(살전1:10; 갈1:4 참고. 골1:13, 20; 2:14-15).[73] 죽음의 권세가 더 이상 그리스도의 죽음과 부활로 그와 연합한 자들을 공격하지 않는 이유는, 그들이 새 생명 가운데서 살기 때문이다(롬5:17; 6:4; 7:6; 8:38). 하지만 두 시대가 서로 겹쳐 있는 관계로(갈1:4; 고전2:8; 롬12:2), 악한 시대는 여전히 막강한 권력을 행사한다.[74] 현재의 악한 이 시대 가운데 하나님의 통치의 숨겨진 성격으로 인해,[75] 고통은 신자의 삶 가운데 여전히 남아 있다(고후4:7-12).[76] 따라서, 신자는 악의 세력과의 영적 전쟁에 끊임없이 참가한다.[77]

(3) 이원론의 윤리적 차원에서, 바울이 보기에 말세를 만난 자들(고전 10:11)과 그리스도/하나님을 새로운 주님으로 섬기는 자들(롬6:4, 13, 18-19, 22; 7:6)에게 유대인과 이방인,[78] 종과 자유자, 남자와 여자 사이에 더

---

73) Beker, *Apocalyptic Gospel*, 31; Epp, "Paul's diverse Imageries," 107; J. Marcus, "The Evil Inclination in the Letters of Paul," *Irish Biblical Studies* 8 (1986) 16-18; de Boer, "Eschatology," 183; Kovacs, "Archons, the Spirit," 231; N. J. Duff, "The Significance of Pauline Apocalyptic for Theological Ethics" in *Paul and the New Testament. Essays in honor of J. Louis Martyn*. eds. J. Marcus and M. L. Soards (Sheffield: Sheffield Academic Press, 1989) 281; Reid, *Warrior*, 144ff; J. L. Martyn, *Theological Issues in the Letters of Paul* (Nashville: Abingdon, 1997) 95; G. A. Boyd, *Satan and Problem of Evil. Constructing A Trinitarian Warfare Theodicy* (Downers Grove: InterVarsity, 2001) 38.

74) Cf. Epp, "Paul's diverse Imageries," 104; O'Brien, "Principalities," 144.

75) 마틴(Martyn)은 말하기를, "새 시대의 표지는 옛 시대 안에서 현재 숨겨져 있다. 두 시대의 경계선에서 부활의 표지는 숨겨져 있으며 제자들의 매일 십자가의 죽음에서 드러나며, 오직 거기서만 드러난다"(*Theological Issues*, 110. 이탤릭체는 원저자의 것). 또한, Epp, "Paul's diverse Imageries," 104; O'Brien, "Principalities," 140; Heil, *Romans*, 2-3; Duff, "Pauline Apocalyptic," 231; Boyd, *Problem of Evil*, 38.

76) Smith, "Apocalyptic Dualism," 6: "이 악한 시대에서, 악의 세력들은 통치하고 있으며, 그들은 하나님 편에 선 자들을 힘들게 한다." 또한, Beker, *Apocalyptic Gospel*, 41; Martyn, *Theological Issues*, 110.

77) 앞에서도 지적했듯이, 베커는 장래의 능력이 세상에서 이미 역사하기 때문에, 현 세상에서 죽음의 능력과 생명의 능력 사이의 대립은 위기를 더욱 악화시킨다고 주장한다(*Apocalyptic Gospel*, 40-41). 또한, O'Brien, "Principalities," 144; Kovacs, "Archons, the Spirit," 231; Reid, *Warrior*, 190-191; Arnold, "Stoicheia," 67ff; Boyd, *Problem of Evil*, 38-39.

78) 스캇(Scott)이 주장한 대로, 특수주의, 배타주의, 그리고 우월감 같은 태도가 점증하는 추세는 우리가 중간사 시대 가운데서 발견한 강조점의 변화가운데 하나였다"(*Customs*, 277). 하지만 바울에게 있어 "그리스도 안에서 하나님의 개입은 이런 묵시적 주제를 심각하게 수

로마서 7:1-6에 나타난 율법의 기능

이상 구별이 없다(갈3:28).[79] 하지만 새 시대의 도래로 말미암아 새로운 기준, 즉, "그리스도 안에서" 대 "아담 안에서," "성령 안에서" 대 "육신 안에서," 그리고 믿음공동체 대 세상이라는 구별이 생긴다.[80] 악의 세력이 믿음의 공동체에 침투하여 회원들로 하여금 경계를 벗어나게 하며 공동체 전체를 오염시키지 않게 하기 위하여(롬12:2; 고전5:5-8, 11-13; 고후11:1ff; 갈5:2-12; 살전1:7-10),[81] 바울은 이런 구분 짓는 일을 자신의 임무로 여기는 듯하다.[82]

바울은 당시 퍼져 있던 유대 묵시적 세계관의 일부인 이원론을 통해 자신의 복음을 전한다.[83] 하지만 그는 자신의 상황에 맞게 묵시적 이원론을 적절

정한다. 인류를 구분짓는 일은 토라에 충실한 자들과 악한 자 및 '이방 죄인들' (갈2:15)로 규명되는 것이 아니라 오히려 그리스도의 죽음으로 규명된다… 토라의 나누는 벽과 더불어 유대교의 민족중심주의는 무너진다"(Beker, *Apocalyptic Gospel*, 35, 37). 또한, Meeks, "Apocalyptic Language," 695, 697; Thomas Boomershine, "Epistemology at the Turn of the Ages in Paul, Jesus, and Mark: Rhetoric and Dialectic in Apocalyptic and the New Testament" in *Apocalyptic and New Testament. Essays in honor of J. Louis Martyn.* eds. J. Marcus and M. L. Soards (Sheffield: Sheffield Academic Press, 1989) 150-154; N. T. Wright, *The Climax of the Covenant. Christ and the Law in Pauline Theology* (Minneapolis: Fortress, 1992) 146, 213; Reid, *Warrior*, 179.

79) Cf. Duff, "Pauline Apocalyptic," 285; Martyn, *Theological Issues*, 118-119.

80) 유대 묵시사상은 서로 반대하는 두 진영의 사람들이라는 이원론적 관념을 가지고 있으며, 이것은 바울 서신에 빈번하게 등장한다(살전5:5; 갈5:17; 고전2:2; 고후6:14-16; 롬2:7-8; 6:20, 22). Cf. Heil, *Romans*, 5; Meeks, "Apocalyptic Language," 689-694; Martyn, *Theological Issues*, 121; Smith, "Apocalyptic Dualism," 3-6; Carter, *Sin*, 14 and passim. 그러나, 혹자는 이런 윤리적 이원론의 무모한 남용을 조심해야 한다. (cf. J. J. Carey, "Apocalypticism as a Bridge between the Testaments" in *The Old and the New Testaments. Their Relationship and the "Intertestamental" Literature.* eds. J. H. Charles-worth and W. P. Weaver [Valley Forge: Trinity International Press, 1993] 97-102; N. T. Wright, *Evil and the Justice of God* [London: InterVarsity, 2006] 104-105).

81) Cf. Meeks, "Apocalyptic Language," 689; Neyrey, *Paul*, 151-153; Uddin, "Unbelief," 275-276.

82) Meeks, "Apocalyptic Language," 691; Thielman, *Plight*, 118; Neyrey, *Paul*, 80-81, 89-92, 189-190; Carter, *Sin*, 183, 199.

83) 다수의 학자들은 유대 묵시주의가 당시의 지배적인 세계관이라는 데에 동의한다. 힐은 말하기를, "유대 묵시적 종말론은 (바울과) 로마의 수신자가 전제하고 공유한 세계관을 설명한다… 그것은 본문에 의해 창조된 '서신의 세계'의 기본 구조를 형성하며 그 안에서 서신의 소통이 발생한다"(*Romans*, 2). 또한, Russell, *Method and Message*, 23; idem, *Divine Disclosure*, 32-34; O'Brien, "Principalities," 118; Neyrey, *Paul*, 148; Reid, *Warrior*, 140; Uddin, "Unbelief," 279; Boyd, *Problem of Evil*, 35.

하게 수정하는데, 그리스도의 죽음과 부활로 말미암아 그에게 새 시대가 이미 열렸기 때문이다(고전10:11).[84] 바울에 따르면, 신자는 불의한 고난을 당하거나 악의 지배 아래에서 단순히 인내하지 않을 것이다; 그들은 그리스도의 죽음으로 패배한 악의 세력과의 전쟁에서 승리하기 위해 이제 더 큰 능력을 가진다(갈5:17-18; 고전2:6-8; 롬8:5, 7, 17, 37).[85]

그러나 바울은 그리스도의 도래로 상황이 완전히 바뀌었다고 주장하지 않는데, 새 시대가 옛 시대에서 아직 분리되지 않았기 때문이다:[86] **죄**(사탄)와 그 추종자가 비록 패배하긴 했으나, 여전히 새 시대에서 활동 중에 있다(롬6:12-14; 16:20; 고전5:5; 7:5; 15:24; 고후2:6-8, 11; 4:4; 11:14; 12:7; 갈4:3, 8-9; 살전2:12); 따라서, 악한 시대는 시간적으로 새 시대와 중첩된다.[87] 선택 받은 의로운 자들(묵시주의자들 포함)이 임박한 종말을 기대하는 것처럼, 바울 역시 그리스도의 임박한 재림과 주님의 날을 기다린다(살전4:13-18; 고전15:15-51; 고후5:1-10). 신약 신자들은 세상과 분리하여 자신들의 정체성을 지키려 할 때, 고난가운데 성화의 삶을 살라는 추가된 도전에 직면한다.

---

84) Cf. Epp, "Paul's diverse Imageries," 104; Beker, *Apocalyptic Gospel*, 40, 51; Meeks, "Apocalyptic Language," 695; Kovacs, "Archons, the Spirit, 218-219; de Boer, "Eschatology," 182-184; Uddin, "Unbelief," 278.

85) Cf. Kovacs, "Archons, the Spirit," 228; Martyn, "Apocalyptic Antinomies," 420; idem, *Theological Issues*, 121; Duff, "Pauline Apocalyptic," 284; Boyd, *Problem of Evil*, 39.

86) 고린도후서 5:17에서 바울은 새 시대가 옛 시대와 완전히 결별한 듯이 말한다. 그러나 새시대에서 실제로 발생한 것은 인식의 변화이다(롬12:1-2). Cf. R. Scroggs, "Epistemological Existence in Matthew and Paul: *Coincidentia Oppositorum*" in *Apocalyptic and the New Testament. Essays in honor of J. Louis Martyn*. eds. J. Marcus and M. L. Soards (Sheffield: Sheffield Academic Press, 1989) 129-130; Boomershine, "Epistemology," 148; Martyn, *Theological Issues*, 95, 106ff.

87) 고린도전서 10:11에서 바울은 신자에게 시대의 종말이 왔다고 설명한다. 그러나 더프(Duff)가 주장하고 있듯이, 옛 시대가 담고 있는 실제와 새 시대에서 사실이라고 인정되는 것 사이에 커다란 충돌이 일어났다"("Pauline Apocalyptic," 281). 또한, Kovacs, "Archons, the Spirit," 224; Boyd, *Problem of Evil*, 38.

유대 묵시주의에서도 그랬던 것처럼, 바울의 이원론에 대한 이해에 있어서도 공간적 이원론이 우선적으로 고려되어야 한다. 왜냐하면 "오는 시대가 현 시대를 침투해서 지금 그 최종 과정을 확정하기" 때문이다.[88] 쿠사(C. B. Cousar)는 공간적 이원론보다 시간적 이원론을 우선시함으로 로마서 5-8장을 잘못 이해한다: 즉, 그는 옛 시대와 새 시대를 날카롭게 구분하면서 율법이 단지 옛 시대에 속한다고 주장한다;[89] 또한, 율법준수가 구약시대에는 적절했으나 신약에는 더 이상 타당성이 없다고 한다.[90] 페이트(Pate)와 다른 이들도 시간적 이원론을 우선시하는 입장에서 그리스도의 도래 이후 새 시대가 옛 시대를 대치했다고 주장한다.[91]

그러나 이런 주장은 옳지 않다. 왜냐하면 만약 두 시대가 서로 날카롭게 대조된다면, 이것은 하나님의 통치가 옛 시대에는 부재했으며 이스라엘과 율법도 새 시대에서 더 이상 차지할 자리가 없다는 결론으로 우리를 이끌 것이기 때문이다. 그와는 반대로, 그리스도 이전에 택함 받은 의로운 자들은, 하나님의 현재와 장래 계획 속으로 뚫고 들어가 어려운 때에 자신의 믿음을 인내로 지키면서, 계시와 비전 그리고 율법준수를 통하여 하나님과의 관계를 지속했다.[92] 로마서 9-11장에서 하나님은 이스라엘 가운데 자기 백성에

---

88) Ellis, *OT in Early Christianity*, 105. 위의 p.156 no.54을 보라.

89) Cousar, "Rom.5-8," 207.

90) 이 아이디어는 불트만(R. Bultmann)이 지지하는데, 그는 말하기를, "이스라엘의 역사는 우리의 역사가 아니며, 하나님이 그 시대에 보여주신 은혜에 관한 한, 그것은 우리에게 의미있는 것이 아니다… 이스라엘에게 의미있는 사건들, 즉, 하나님의 말씀은 더 이상 우리에게 의미가 없다"("The Significance of the Old Testament for Christian Faith" in *The Old Testament and Christian Faith*. ed. B. W. Anderson [New York: Harper & Row, 1963] 31). 또한, Chrysostom, *On Romans*, Homily 12, 191; Theodore, *ad Romanos*, 806; Little, "Paul's Marriage Analogy," 89.

91) Cf. Pate, *Reverse,* 171ff; S. K. Davis, *The Antithesis of the Ages. Paul's Reconfiguration of Torah* (Washington, D.C.: The Catholic Biblical Association of America, 2002) 24-38, 105-116; M. V. Hubbard, *New Creation in Paul's Letters and Thought* (Cambridge: Cambridge University Press, 2002) 26-54.

92) 부머샤인(Boomershine)은 말하기를, "이 묵시적 구조의 영향은 이 세상에서 적들로부터 공포와 핍박을 경험하는 자들을 위하여 위로를 제공하며 저들과 저들의 세상에 관한 지식에서 그것들을 확인하는 것이다"("Epistemology," 154).

게 이스라엘 역사 내내 신실했음을 바울은 명백하게 보여준다.[93] 로마서 7
장에서 그는 또한 율법에 대한 변호를 애써 드러낸다.[94] 만약 두 시대 사이
에 날카로운 대조가 있다면, 악은 더 이상 새 시대에서 활동할 수 없어야 할
것이다. 하지만 설사 새 시대가 현 시대를 침투했다 하더라도, 이 악한 시대
는 여전히 남아 있기에 신자는 **죄**와의 전쟁에서 승리해야 한다고 바울은 계
속적으로 권면한다.

만약 윤리적 이원론을 지나치게 강조한다면, 이 또한 문제가 될 지 모른
다.[95] 왜냐하면 비록 바울의 복음이 중간사 시대에 만들어진 유대인과 이방
인 사이의 지나친 차별을 바로잡긴 하지만,[96] 이방인을 포함하는 일이 바울
의 복음의 핵심 메시지로 고집하는 것은 여전히 재론의 여지가 많다.[97] 바울

---

93) Cf. Beker, *Apocalyptic Gospel*, 40; idem, "The Faithfulness of God and Priority of Israel in Paul's Letter to the Romans" in *Christians among Jews and Gentiles*. eds. G. W. E. Nickelsburg with G. W. MacRae (Philadelphia: Fortress, 1986) 10-16; B. W. Longenecker, "Different Answers to Different Issues: Israel, the Gentiles and Salvation History in Romans 9-11," *Journal for the Study of the New Testament* 36 (1989) 95-123.

94) 초대교회의 어거스틴은 로마서 7:7이하에서 바울의 주요 관심이 율법을 변호하는 것이라고 생각한다(*Propositions on Romans*, no.41 [Landes 17]; idem, "To Simplician," 373). 또한, W. G. Kümmel, *Römer 7 und die Bekehrung des Paulus* (Leipzig: J. D. Hinrichs, 1929) 4, 9; K. Stendahl, *Paul among Jews and Gentiles* (Philadelphia: Fortress, 1976) 92; idem, *Final Account. Paul's Letter to the Romans* (Minneapolis: Fortress, 1995) 28; Beker, *Apocalyptic Gospel*, 40; Lloyd Gaston, *Paul and the Torah* (Vancouver: University of British Columbia Press, 1987) 31; Dunn, *Romans*, 376-377; idem, *Theology*, 156-158; Wright, *Climax*, 196-200; Thielman, *Law*, 189, 193-194; Tobin, *Paul's Rhetoric*, 218; Jewett, *Romans*, 440-473; Matera, *Romans*, 164-165. *Contra* Byrne, "Problem of Νόμος," 304-305; Das, *Paul*, 228; S. Romanello, "Rom.7:7-25 and the Impotence of the Law. A fresh Look at a Much Debated Topic Using Literary-Rhetorical Analysis," *Biblica* 84 (2003) 522; Holland, *Romans*, 227; Kruse, *Romans*, 297.

95) 올바르게, Gaventa, "Sin," 236.

96) 바울은 율법이 이런 식으로 오랫동안 사용되어 왔다는 것을 알고 있으며, 로마 신자들은 (최소한 부분적으로) 유대인과 이방인을 구분짓기 위해 율법을 사용했다.

97) 스텐달(Stendahl)과 다른 이들은, 로마서 9-11장을 로마서의 절정으로 보아, 유대인-이방인 관계(즉 Gentile inclusion)를 바울 복음의 정수로 간주한다. 그러나 롱게네커가 지적하는 바와 같이, 로마서의 절정은 5-8장에서 발견된다(Longenecker, "The Focus of

의 복음은 원칙적으로 하나님의 계시의 성격을 포함하고 있으며(롬1:16-17),[98] 하나님의 숨겨진 계획이 바울의 복음 가운데 드러난다;[99] 그것은 사람에게 관점에 변화를 가져올 뿐 아니라(고전2:6-16; 고후5:16)[100] 악의 세력 아래에 있는 인류의 곤경 또한 해결한다(참고. 고전1;18, 24; 15:57; 빌 3:10).[101] 그 결과, 하나님의 능력은 유대인 뿐 아니라 헬라인에게도 영향력을 미치며, 모든 사람은 그리스도 안에서 하나이기 때문에 저들 사이에 구분이 없다.

Romans: The Central Role of 5:1-8:39 in the Argument of the Letter" in *Romans and the People of God.* eds. S. K. Soderlund and N. T. Wright [Grand Rapids: Eerdmans, 1999] 49-69). 믹스는 데살로니가, 갈라디아서, 그리고 고린도전서에서 중심 초점이 신자의 결속과 안정이며, 묵시적 언어가 이것을 지지한다고 주장한다(Meeks, "Apocalyptic Language," 700). 우리가 보는 바로는, 로마서 또한 안정을 강조하고 있는데, 바울의 주요 관심이 성화의 삶에 있으며(롬1:11-12; 5:1-2; 6:19, 22; 7:4, 6; 8:4; 12:1-2; 13:8-10) 신자의 결속이 저들의 안정을 더욱 견고하게 하기 때문이다(cf. P. Bowers, "Fulfilling the Gospel: The Scope of the Pauline Mission," *Journal of the Evangelical Theological Society* 30 [1987] 185-198).

98) Cf. O'Brien, "Principalities," 146.

99) 롬11:25; 고전2:1, 7; 13:2; 14:2; 15:51. cf. Kovacs, "Archons, the Spirit," 222-225; O'Brien, "Principalities," 146; Heil, *Romans*, 4.

100) Cf. Meeks, "Apocalyptic Language," 688; O'Brien, "Principalities," 146; Scroggs, "Eschatological Existence," 129ff; Duff, "Pauline Apocalyptic," 285; Martyn, *Theological Issues*, 89-110.

101) Cf. Epp, "Paul's diverse Imageries," 108; O'Brien, "Principalities, 146; Heil, *Romans*, 5; Kovacs, "Archons, the Spirit," 223. Duff, "Pauline Apocalyptic," 281.

Romans 7:1-6

로마서 7:1-6 주해

The Law in Light of Marriage Analogy in Romans 7:1-6

제
8
장

로마서 7:1-6의 주제와
수신자, 그리고 로마서 7:1에 나타난
율법의 개념과 원칙

우리는 이 장을 진행해 나갈 때, 네 가지 항목을 다루는 가운데 로마서 7:1
을 살펴볼 것이다: 첫째, 1절의 도입부에서 "너희는 알지 못하느냐"는 질문
과 더불어 7:1-6의 주요 주제; 둘째, 로마서 7:1-6 그리고 특별히 7:1에서 바
울이 말하는 수신자; 셋째, 1절에 두 번 등장하는 율법의 기능; 마지막으로,
바울이 1절에서 제시하는 원칙.

1. "너희는 알지 못하느냐"(ἠ ἀγνοεῖτε)

비교적 새로운 단락으로 시작하면서, 바울은 율법의 원칙을 알지 못하느
냐고 독자에게 질문한다(1a절). 이 의문형에 관하여 다음과 같은 질문이 제
기될 수 있다: 바울이 독자를 "법 아는 자들"로 묘사하는 것으로 봐서, 너희
는 알지 못하느냐는 표현은 주제의 전환을 나타내는가 아니면 독자를 바꾸
고 있는가? 미리 결론을 내리자면, 바울은 주제를 바꾸는 것이 아니라 로마
교회 내 특정한 부류의 독자를 염두에 두고 있다. 우리는 이 섹션에서 전자,
즉, 과연 바울이 주제를 변경하는가 하는 질문을 먼저 살펴 볼 것이며, 다음

섹션에서 후자, 즉, 바울이 독자를 바꾸고 있는가에 관하여 조사할 것이다. 한가지 알아야 할 것은, 의문형 "너희는 알지 못하느냐"는 7:1-4b로 하여금 로마서 6장에서 이미 언급된 내용을 이어받는 동시에 율법의 정죄에서 해방된 그리스도인의 삶의 새로운 측면을 소개함으로(5-6절), 이전의 내용과 이후의 내용을 연결시킨다는 것이다.[1]

앞에서 논의한 대로, 로마서 7:1-6은 6:15에서 제기한 질문을 다룬다. 7:1 서두의 ἤ("또는")는 바울이 이 질문에 두 번째로 답한다는 것을 보여준다.[2] 어떤 주석가들은 7:1에서 "너희는 알지 못하느냐"는 질문이 6:14b의 "법 아래 있지 아니하고"를 재차 언급한다고 주장하나,[3] 우리가 로마서 6:15-7:6에 나타난 패턴을 관찰해 볼 때, 로마서 7:1과 6:15 사이의 연결이 좀 더 자연스러워 보인다: 즉, 바울이 6:15에서 질문한 후에, 독자에게 죄를 피하라고 충고한 것은 비단 저들이 은혜 아래 있을 뿐 아니라(6:16-23), 어떤 의미에서 율법 아래 있지 않기 때문이다(7:1-6).

로마서 6-8장의 중심 주제는 성화이며, 7:1-6은 이 웅장한 주제 안에 놓여 있다: 7:1-6의 근접문맥인 로마서 6장은 성화의 삶을 하나의 영적 전투로 묘사하며, 7:1-6은 6:1-7:6 전체를 결론짓는 결말(peroratio)로 작용한다. 구체적으로, 6:15에서 바울이 물어온 질문은 로마 신자의 성화의 삶에 관한 것이며, 7:1은 6:15와 연결되기 때문에 우리는 바울이 성화에 초점을 맞출 거라고 기대한다. 따라서, 로마서 7:1-6 역시 성화를 다룬다는 사실을 알 수

---

1) Cf. G. W. Peterman, "Paul and the Law in Romans 7:1-6." (M.A. Diss., Trinity Evangelical Divinity School, 1988) 24-25; Aletti, "Romans," 1577; Harvey, Listening, 129.
2) 도날슨은 말하기를, "진정, 의문형과 함께 ἤ("혹은")의 사용은(롬3:29에서 처럼), 어떤 주장을 위해 바울이 추가적인 주장을 소개하는 방식으로, 이전 주장(들)과 병행하고 있다" (Donaldson, Paul, 85). 또한, Myers, "Romans 5:1-11," 103; Gagnon, Rom.6:1-7:6, 162; Gieniusz, Romans 8:18-30, 42-43; Moo, Romans, 411; Morris, Romans, 270.
3) Supra, pp.126-127.
4) Cf. Aletti, "Romans 5-8," 298, 305; Gieniusz, "Rom.7:1-6," 391-395; Gagnon, Romans 6:1-7:6, 162; Hellholm, "Römer 7:1-6," 389; K. Haacker, Der Brief des Paulus an die Römer (Leipzig: Evangelische Verlagsanstalt, 1999) 136.

있다.[4] 동시에, 바울이 "너희는 알지 못하느냐"고 질문한 내용이 율법이라는 것을 알면서, 우리는 7장에서 바울이 율법을 집중적으로 논의할 작정이라는 확신을 가지게 된다. 이런 목적을 달성하기 위해, 바울은 로마서 7장에서 독자와 율법의 관계를 자세히 살핀다.[5]

"율법"은 로마서 5-8장의 중심 테마 가운데 하나인데, 그 이유는 이 중심 섹션이 **죄**, 율법, 그리고 은혜 등의 주제들을 소개하는 명제(5:20-21)와 연계되어 있기 때문이다. 하지만 바울은 5:20-21에 이어 그 즉시 율법을 논의하지 않는다. 왜냐하면 그는 신자가 **죄**에 대하여 죽고 새 생명 가운데 산다는 성화의 내용을 먼저 소개하기 원하기 때문이다(참고. 6:2-4). 그렇게 함으로, 성화와 율법 사이에 올바른 관계를 수립할 수 있다고 본다. 다시 말해서, 만약 성화와 **죄** 사이의 관계가 제대로 다루어 진다면(롬6장), 성화와 율법 사이의 관계도 올바로 이해될 수 있을 것이다(롬7장).

7:1에서 질문할 때(ἡ ἀγνοεῖτε), 바울은 독자에게 친숙한 어떤 것을 생각나게 하기 위해 특별한 정보를 주려고 한다.[6] 그러나 친숙한 주제를 소개하지만, 그것을 좀 더 깊이 있게 이해하라고 그들에게 충고한다. 왜냐하면 "너희는 알지 못하느냐"란 표현에 교정의 의미가 내재되어 있기 때문이다. 따라서 이 질문은 "너희는 확실히 알아야만 해"라는[7] 의미로 볼 수 있다. 쥬윗은 바울이 로마의 독자를 불쾌하게 만들지 않으면서 저들에게 "예"라는 대답을 얻어내기 위해 "너희는 알지 못하느냐"란 표현을 사용한다고 한다.[8] 마찬가

---

4) Cf. Aletti, "Romans 5-8," 298, 305; Gieniusz, "Rom.7:1-6," 391-395; Gagnon, *Romans 6:1-7:6*, 162; Hellholm, "Römer 7:1-6," 389; K. Haacker, *Der Brief des Paulus an die Römer* (Leipzig: Evangelische Verlagsanstalt, 1999) 136.
5) 번은 성화의 아이디어를 인정하고 있으나, 7:1을 6:14와 연결시킴으로, 결국 율법의 폐지를 주장한다(Byrne, *Romans*, 208-209).
6) Cf. H. Schlier, *Der Römerbrief* (Freiburg Basel Wien: Herder, 1977) 214-215; Wilckens, *Römer*, 2:63; Jewett, *Romans*, 430; F. J. Matera, *Romans: Paideia Commentaries on the New Testament* (Grand Rapids: Baker, 2010) 169; Kruse, *Romans*, 289.
7) Witherington, *Romans*, 175. Also, Osborne, *Romans*, 168; Jewett, *Romans*, 430.
8) 비슷하게, Jewett, *Romans*, 430: "수사학적 질문은 '물론'이라는 응답을 야기시키려고 계획된 것이다."

지로, 바울이 자신의 독자를 "형제들"이라 부르는 것은 필시 자신의 가르침에 좀더 수용적이 되게 하기 위해서일 것이다.[9] 로마서 7장 전까지 율법은 간략하게 그리고 산발적으로 언급된다(5:13, 20; 6:14, 15). 그 이유는 비록 그가 서신의 시작서부터 율법을 염두에 두었다 할지라도,[10] 논쟁을 해결하고 그들에게 성화의 길을 조명하기 위해서 의도적으로 7장서부터 율법에 초점을 맞추고자 했기 때문이다.

2. 로마서 7:1의 독자[11]

현대 신학자들은 로마서 7:1의 독자("너희," "형제들," "법 아는 자들")의 범위를 일반적으로 예전 하나님 경외자들과 소수의 유대 신자로 정한다.[12] 스토워즈(S. K. Stowers)는 예전 하나님 경외자들이 "전에나 지금이나 유대교에 상당히 흥미를 가지는 이방인으로 구성된다"고[13] 말하고 있는데, 위더링턴은 이들이 소위 믿음이 강한 자들에 속한다고 본다.[14] 이 주장에 따르

---

9) Cf. Beutler, "ἀδελφόος," 30; Stuhlmacher, *Romans*, 103; Moo, *Romans*, 411; Byrne, *Romans*, 210; Wright, *Romans*, 558.

10) Cf. Achtemeier, *Romans*, 108; Byrne, *Romans*, 456; Wright, *Romans*, 549.

11) 로마 독자에 관하여 좀 더 상세한 내용은 위의 pp.103-106을 보라.

12) Cf. Schmithals, *Römerbrief*, 83; Beker, *Paul*, 76; Wilckens, *Römer* 2:66-67; R. E. Brown, *Antioch & Rome* (New York: Paulist, 1982) 110-111; Dunn, *Romans, 1-8*, xliv-liv, 359; Elliott, *Rhetoric of Romans*, 29-32, 49-51; Moo, *Romans*, 436; Stowers, *Rereading*, 42-46, 277; Gagnon, *Rom.6:1-7:6*, 151-152, 267-271; P. Stuhlmacher, "The Purpose of Romans" in *The Romans Debate*. rev. ed. K. P. Donfried (Peabody: Hendrickson, 1991) 238-239; Schreiner, *Romans*, 347; P. Lampe, "The Roman Christians in Romans 16" in *The Romans Debate*. rev. ed. K. P. Donfried (Peabody: Hendrickson, 1992) 225; R. N. Longenecker, *Studies in Paul: Exegetical and Theological* (Sheffield: Sheffield Phoenix Press, 2004) 74-77; Wright, *Romans*, 550; Tobin, *Paul's Rhetoric*, 37ff; Keck, *Romans*, 175; W. S. Campbell, *Paul and the Creation of Christain Identity* (New York: T. & T. Clark International, 2006) 106.

13) Stowers, *Rereading*, 277.

14) Witherington, *Romans*, 8.

면, 로마서의 주요 독자는 예전에 하나님 경외자였던 믿음이 강한 자들과 믿음이 약한 소수의 유대 신자로 결론내릴 수 있다.[15]

우리는 "법 아는 자들"(7:1)이 예전 하나님 경외자들이라고 생각한다. 하지만 그들은 믿음이 강한 자들이 아닌 믿음이 약한 자들에 속한다고 본다.[16] 월터스가 말하고 있듯이, 대부분 예전 하나님 경외자들은 로마의 글라디오 황제의 통치하에 유대인 그리스도인과 함께 추방당했는데(49년), 추방하기 전에 로마 제국이 인종과 상관없이 유대교와 관련된 모든 자들을 추방하려는 목표를 세웠기 때문이다.[17] 로마의 그리스도인 그룹은 회당에서 예배도 중 예수가 약속된 메시아라고 공개적으로 선언한 유대인 그리스도인으로 인해 유대인으로부터 강한 반대에 직면했다.[18] 그래서 믿지 않는 유대인과 유대인 그리스도인은 서로 크게 충돌하였다. 이런 불화가 정치적인 소요로 발전함에 따라, 글라디오는 많은 유대인들(유대인 그리스도인과 하나님 경외

15) Cf. Elliott, *Rhetoric of Romans*, 51; Moo, *Romans*, 9-13; Gagnon, *Rom.6:1-7:6*, 271; R. Brändle and E. W. Stegemann, "The Formation of the First 'Christian Congregation' in Rome in the Context of the Jewish Congregation" in *Judaism and Christianity in First-Century Rome*. eds. K. Donfried and P. Richardson (Grand Rapids: Eerdmans, 1998) 124-127; Wright, *Romans*, 735.

16) Cf. Brown, *Antioch & Rome*, 110-119; Wilckens, *Römer*, 2:63, 66-67, 70; Dunn, *Romans, 1-8*, 359; W. Schmithals, *Der Römerbrief als historisches Problem* (Gütersloh: Gerd Mohn, 1975) 103; Ziesler, *Romans*, 173; Stuhlmacher, "Purpose," 238-239; Fitzmyer, *Romans*, 455-457; Edwards, *Romans*, 178; Byrne, *Romans*, 10-13; Stowers, *Rereading*, 42-46, 277; Schreiner, *Romans*, 347; R. N. Longenecker, "Prolegomena to Paul's Use of Scripture in Romans," *Bulletin for Biblical Research* 7 (1997) 146-147; Carter, *Sin*, 133; P. Lampe, *From Paul to Valentinus. Christians at Rome in the First Two Centuries* (Minneapolis: Fortress, 2003) 11-19; Witherington, *Romans*, 175; Tobin, *Paul's Rhetoric*, 41; Jewett, *Romans*, 439.

17) J. C. Walters, *Ethnic Issues in Paul's Letter to the Romans* (Valley Forge: Trinity Press International, 1993) 33, 60-74. 또한, Brown, *Antioch & Rome*, 104; W. Wiefel, "The Jewish Community in Ancient Rome and the Origins of Roman Christianity" in *The Romans Debate*. rev. ed. K. P. Donfried (Peabody: Hendrickson, 1991) 94; K. B. McCrudden, "Judgment and Life for the Lord: Occasions and Theology of Romans 14:1-15:13," *Biblica* 85 (2003) 237ff; Tobin, *Paul's Rhetoric*, 27.

18) Cf. Suetonius, *Claudius*. ed. J. Mottershead (Bristol: Bristol Classical Press, 1986) 25.4.

자들 포함)을 로마에서 추방하라는 칙령을 내렸다. 그 결과, 남아 있던 이방인 그리스도인은 점차 율법과 유대적 삶의 방식에 영향을 받지 않는 신앙생활을 하게 되었다. 이런 상황은 그들로 하여금 추방 후 교회에 영입된 새 개종자들과 더불어 믿음이 강한 파를 형성하도록 만들었다. 위의 각본이 옳다면, 글라디오의 칙령이 풀린 후 로마 교회로 돌아온 자들은 (믿음이 약한 자로 알려진) 예전 하나님 경외자들과 소수의 유대인 그리스도인으로 보는 것이 가장 자연스럽다.[19]

유폐에서 돌아온 하나님 경외자들과 몇몇 유대인 그리스도인은 믿음이 강한 자들이 다수를 차지한 로마교회에서 새로운 상황에 직면한다. 귀환자들은 믿음이 강한 자들 가운데 많은 논란을 불러일으켰는데, 환영 받지 못하고 불청객 취급을 당했기 때문이다.[20] 믿음이 약한 자들은 이러한 갈등을 해소하기 위해 지난 3년간 예루살렘 교회의 지도자들의 지도를 받았으나,[21] 믿음이 강한 자들과의 갈등과 뒤이은 교회내의 분열은 수그러들지 않았다.

이런 역사적인 배경을 고려할 때, 우리는 바울이 왜 독자를 "법 아는 자들"로 부르는지 납득이 간다. 특별히 바울은 그리스도인과 율법의 관계를 확실히 밝히기 위해 이런 표현을 사용한다.[22] 예전 하나님 경외자들 그리고 몇몇 유대인 그리스도인(약한 자)과 이방인 그리스도인 그리고 몇몇 유대인 그리스도인(강한 자) 간의 갈등과 분열의 요인은 율법과 관련된 자신들의 생활방

---

19) 유대인 그리스도인들은 사실상 믿음이 약한 파와 강한 파 모두에 속할 수 있다(R. E. Brown, "New Jewish Christianity and Gentile Christianity but Types of Jewish/Gentile Christianity," *Catholic Biblical Quarterly* 45 [1983] 77-78; idem, *Antioch and Rome*, 119). 예를 들어, 브리스가와 아굴라 같은 유대인 그리스도인들은 믿음이 강한 파에 속한다.

20) Cf. Jewett, *Romans*, 61.

21) Cf. Brown, *Antioch & Rome*, 104, 110; S. McKnight, *A Light for the Gentiles. Jewish Missionary Activity in the Second Temple Judaism* (Minneapolis: Fortress, 1991) 90-117; Fitzmyer, *Romans*, 34, 457; Stowers, *Rereading*, 277; Longenecker, *Studies*, 74-77; idem, "Focus of Romans," 62-64.

22) 바울은 로마 독자들이 율법을 알고 있다고 가정하지만, 그들이 과연 율법을 충분히 알고 있는지에 대하여는 여전히 의심스럽다고 본다(cf. Cranfield, *Romans,* 1:333).

식에 관한 의견차이에 주로 기인한다. "바울은 이것이 하룻밤 사이에 풀리지 않을 거라는 것을 알아 대신 *아디아포라*("무관심")의 원칙을 강조한다"고[23] 라이트는 말한다.

7:1은 믿음이 약한 자들만을 염두에 두는가라는 질문이 남아있다. 바울은 7:1-6에서 자신의 독자를 예전 하나님 경외자들과 몇몇 유대인 그리스도인에 국한시키고 있는가? 무에 따르면, 바울은 약한 파에 초점을 맞추지 않으며, "법 아는 자들"이란 표현도 독자가 바뀐 것을 암시하지 않는다고 한다.[24] 그러나, 바울이 독자를 "법 아는 자들"로 언급할 때, 초점을 예전 하나님 경외자들로 옮기고자 한다.[25] 왜냐하면 "법 아는 자들"은 율법과 관련된 독자의 입장을 적절하게 설명하고 있으며,[26] 바울은 특히 그들에게 필요한 것을 알리고자 하기 때문이다. 로마교회가 분열을 겪고 있다는 사실로 볼 때, 바울은 "법 아는 자들"을 율법에 민감하고 그것에 지나치게 매여 있는 자들로 생각하는 것 같다.[27]

로마서의 전체적인 메시지는 로마교회의 믿음이 강한 자와 믿음이 약한 자 모두를 위한 것이다; 그럼에도 불구하고, 바울은 편지의 어떤 부분은 교회 내의 특정한 그룹에게 보내는 한편, 다른 부분은 다른 특정한 그룹에게 보낸다. 그 이유는 어떤 섹션이 특별히 그 그룹에게 의미가 있기 때문이다. 예를 들어, 로마서 6장은 믿음이 강한 자를 위하여 쓰여 졌으며, 7장은 믿음이 약한 자를 위하여 쓴 것이다.[28] 하지만 바울은 믿음이 강한 그룹도 7:1-6을

---

23) Wright, *Romans*, 407. italics original.
24) Moo, *Romans*, 411.
25) Cf. P. S. Minear, *Obedience of Faith: The Purpose of Paul in the Epistle to the Romans* (London: SCM, 1971) 62; N. T. Wright, "The Messiah and the People of God: A Study in Pauline Theology with Particular Reference to the Argument in the Epistle to the Romans." (D.Phil. Diss. Oxford University, 1980) 147; Carter, *Sin*, 182.
26) Cf. Stowers, *Rereading*, 277.
27) Cf. Walters, *Ethnic Issues*, 67-92; Esler, *Conflict*, 339-356; J. S. Jeffers, *Conflict in Rome* (Minneapolis: Fortress, 1991) 13-15; McCrudden, "Judgment," 229-244; Carter, *Sin*, 129ff; A. A. Das, *Solving the Romans Debate* (Minneapolis: Fortress, 2007) 106-114.
28) Cf. Minear, *Obedience*, 51-71; Carter, *Sin*, 182ff.

알고 있다고 추정한다. 말하자면, 7:1-6은 믿음이 강한 자들을 직접 겨냥한 것은 아니라 하더라도, 그들도 믿음이 약한 자들에게 주는 개인적 메시지를 어깨너머로 들을 수 있도록 한다.[29] 요컨대, 로마서 7장 그리고 특별히 7:1-6은 로마교회 전체를 위해 쓰여진 것이지만, 회원가운데 믿음이 약한 파에 속한 예전 하나님 경외자와 몇몇 유대인 그리스도인에게 우선적으로 초점을 맞춘다.

3. 로마서 7:1의 율법

νόμος("율법")란 말은 7:1에 두 번 등장한다: "법 아는 자들에게… 그 법이… ." 그렇다면 "법"은 무엇을 의미하는가? 그것은 같은 의미로 두 번 사용되는가? 7:1a("법 아는 자들")의 νόμος와 관련하여, 그것이 법 일반으로 이해되어야 한다는 주장이 종종 제기되었는데,[30] νόμος가 정관사를 갖지 않기 때문이다.[31] 다른 주장은 그것이 로마법을 의미하는데, 왜냐하면 로마법과 모세의 율법 모두 "죽음은 모든 빚을 갚는다"[32] 아이디어를 지지하기 때문이라고 한다. 독자는 로마법으로 유명한 로마에 사는 그리스도인이며, 바울은 그들에게 이 편지를 쓴다는 것이다.[33]

그러나 최근 대부분의 학자들은 7:1a의 νόμος가 모세의 율법을 의미한다고 믿는다. 핏즈마이어(J. A. Fitzmyer)는 이 주장에 대하여 여러 가지 이유를 들어 설명한다. 첫째, 비록 7:1a의 법에 관사가 없으나, 바울은 "법"이란

---

29) Cf. Witherington, *Romans*, 8.
30) Cf. Sanday & Headlam, *Romans*, 172; Bultmann, *Theology*, 1:259f; Schlier, *Römerbrief*, 215; Käsemann, *Romans*, 187; W. D. Davies, *Jewish and Pauline Studies* (London: SPCK, 1984) 235; Morris, *Romans*, 270-271; 김동수, 『로마서』, 416-417.
31) Cf. Dodd, *Romans*, 100; Käsemann, *Romans*, 187; R. H. Mounce, *Romans: The New American Commentary* (Nashville: Broadman & Holman, 1995) 160. n.62.
32) 라이트(Wright, *Romans*, 558)는 그런 가능성을 제시하지만, 전적으로 동의하지는 않는다.
33) Cf. Bertone, *Law*, 123.

말에 관사 없이도 모세의 율법을 가리키는 것으로 자주 사용한다.[34] 둘째, 바울은 로마 그리스도인이 모세의 율법에 대한 지식을 가지고 있다고 추정하는데, 저들이 예루살렘의 유대인 그리스도인과 예전부터 접촉했었던 이방인 그리스도인이기 때문이다. 셋째, 문맥(5:20; 6:14 7:2-4)이 7:1a의 νόμος를 모세의 율법으로 보도록 요구한다.[35] 마지막으로, 만약 바울이 비기독교적 법률 원칙에 기초하여 율법을 논의한다면, 자기 주장을 "드러내 표현하고자 하는 힘"을 잃는 결과를 초래한다.[36]

우리는 7:1a의 νόμος를 어떻게 이해해야 할 것인가? 첫째, 7:1a의 νόμος는 정관사의 유무와는 무관하다. 왜냐하면 바울은 그것을 불규칙적으로 사용하기 때문이다. 그는 모세의 율법을 나타내기 위해 정관사 없이 "율법"이란 말을 자주 사용한다;[37] 7:1 안에서 바울은 그것을 처음 사용할 때는 관사를 생략하다가, 두 번째에는 관사를 사용한다.[38] 둘째, 바울이 로마서 7:2-4에서 다루는 주제를 고려할 때, 우리는 1절의 법이 율법을 의미한다는 것을 알게 된다: 바울은 결혼예(7:2-3)에서 구약의 결혼법을 따른다;[39] 신자가 율법에 대하여 죽었다고 말할 때(7:4), 이 율법이 로마법을 의미한다면 그 법은 아무런 연관성이 없다.[40] 셋째, 만약 로마 독자가 모세의 율법에 관해 어느

---

34) Fitzmyer, *Romans*, 456-457.

35) Ibid., 456.

36) Ibid. 다시 말해서, 이어 나오는 결혼예는 구약 율법에서 유래하기 때문에, 만약 바울이 일반적인 법률 원칙을 사용한다면 자신의 주장은 설득력을 잃게 될 것이다.

37) Cf. 롬2:12 (bis), 13 (bis), 14, 17, 23, 25; 3:19, 20-21, 27-28; 4:13; 고전9:8-9; 14:21, 24; 갈3:10, 19 등.

38) Cf. Wilckens, *Römer*, 2:67; Moo, *Romans*, 412.

39) 로마법에서 아내가 이혼을 시작할 수는 있으나(S. Treggiari, "Divorce Roman Style: How Easy and How Frequent was it?" in *Marriage, Divorce, and Children in Ancient Rome*. ed. B. Rawson [Oxford: Oxford University Press, 1991] 31-46), 남편 사후 일년 안에 재혼은 허락되지 않는다 (P. E. Corbett, *The Roman Law of Marriage* [Oxford: Clarendon, 1969] 249).

40) Cf. Wilckens, *Römer*, 2:79; Dunn, *Romans, 1-8*, 359; Byrne, *Romans*, 210; E. Lohse, *Der Brief an die Römer* (Göttingen: Vandenhoeck & Ruprecht, 2003) 206; Hultgren, *Romans*, 269.

정도 지식을 가지고 있는 예전 하나님 경외자들이라면, 7:1a의 **νόμος**는 모세의 율법을 의미할 가능성이 크다.

7:1b("율법이 사람을 주관한다")의 **νόμος**에 관하여, 오리겐과 다른 이들은 그것이 자연법을 의미한다고 주장했다. 이 주장을 강하게 반박한 아퀴나스 이후부터, 이 해석은 심각하게 도전을 받았는데, 바울이 자신의 다른 서신에서 **νόμος**을 사용할 때 언제나 늘 모세의 율법을 의미하기 때문이다.[41] 7:1b의 **νόμος**가 아담에게 준 계명을 포함한 모든 것을 아우르는 율법을 의미한다고도 주장되었다. 이 견해의 지지자들은 근접문맥, 즉, 7:11과 7:13에서 사용된 "계명"이 창세기 2:16-17을 염두에 두고 있다고 주장한다.[42] 하지만 비록 몇몇 유대인 학자들이 모세의 율법을 이미 아브라함 혹은 심지어 노아에게 알려진바 된 것으로 믿고 있으나, 율법에 대한 이런 정의는 바울이 이것에 대한 구체적인 증거를 제시하지 않기에 별 신빙성이 없다(참고. 롬 4:13; 5:13-14; 갈3:17-19).[43] **νόμος**를 언급할 때, 바울은 대부분 모세의 율법에 초점을 맞춘다.

7:1의 **νόμος**는 두 군데 모두 모세의 율법으로 해석되어야 하는가? 핏즈마이어는 7:1에서 바울이 모세의 율법을 다루며, 그것은 그가 이미 모세의 율법이 죄를 장려하는 것으로 간주해야 할지 여부를 논의하고 있었기 때문이라고(4:13; 5:13-14, 20) 올바로 지적한다.[44] 하지만 그의 주장은 다른 주장들과 더불어 보완될 필요가 있다. 첫째, 5:13-14에서 바울은 일반적인 법칙을 염두에 둔다; 말하자면, 법이 없을 때 죄를 죄로 간주하지 않는다고 바울이 말할 때(13b절), 그는 "모세의 법 이전에 다른 법," 즉, 나중에 모세의 법으로 확대된 "보편 법칙"이[45] 있었다고 본다. 둘째, 5:20이 모세의 율법을

---

41) 예를 들어, 갈3:10-13, 17-19, 21, 23-24; 4:4-5; 5:3-4, 14, 18; 고전9:8; 15:56.

42) 예를 들어, Theodore, Lagrange, Lietzmann, Lyonnet, as referred to by Fitzmyer (*Romans*, 455-456).

43) Cf. Fitzmyer, *Romans*, 456.

44) Ibid.

45) J. C. Poirier, "Romans 5:13-14 and the Universality of Law," *Novum Testamentum* 38 (1996) 353.

언급하지만, 이 구절 또한 아담을 넌지시 암시한다.[46) 셋째, 로마서 5:12-21
은 로마서 5-8장의 서술(*narratio*)에 해당하며,[47) 그곳에서 아담은 주요 인
물로 묘사된다. 그렇다면 아담은 5-8장 어디에서나 볼 수 있다고 하겠다.[48)
동시에, 바울은 로마서 5-8장에서 이스라엘의 곤경을 염두에 두면서 독자와
모세의 율법을 논의한다. 요컨대, 그는 아담적 인류와 하나님의 계명과의 관
계를 예시하기 위해 이스라엘과 율법의 관계를 사용한다.[49)

7:1-6에 뒤이어 나오는 7:7b-13에서, 바울은 주로 모세의 율법을 다루기
때문에, 핏즈마이어는 7:1의 νόμος 또한 모세의 율법을 의미한다고 추론한
다.[50) 하지만 로마서 7:7b-13에서 바울은 창세기 3장의 아담 이야기를 배경
으로 일인칭 단수 인칭대명서("나")를 사용한다.[51) 틸만(F. Thielman)은 바

---

46) Cf. Hellholm, "Römer 7:1-6," 401.
47) Gieniusz, "Rom.7:1-6," 396; Aletti, "The Rhetoric of Romans 5-8," 294-307; Burton, *Romans 7:1-6*, 29-31.
48) 켁(Keck)은 "5:12-21에서 아담과 그리스도의 논의는 6-8장을 위한 장을 마련한다"고 진술
한다(*Romans*, 156). 또한, C. K. Barrett, *From First Adam to Last. A Study in Pauline Theology* (New York: Charles Scribner's Sons, 1962) 1-21; R. Scroggs, *The Last Adam. A Study in Pauline Anthropology* (Philadelphia: Fortress, 1966) 75-76; A. J. M. Wedderburn, "Adam in Paul's Letter to the Romans" in *Studia Biblica 1978 III. Papers on Paul and Other New Testament Authors*. ed. Livingstone (Sheffield: JSOT Press, 1980) 413-430; B. Milne, "Genesis 3 in the Letter to the Romans," *The Reformed Theological Review* 39 (1980) 10-18; M. D. Hooker, *From Adam to Christ: Essays on Paul* (Cambridge: Cambridge University Press, 1990) 77-78; Pate, *Glory of Adam*, 142-180; Aletti, "Romans," 1572; E. Adams, "Paul's Story of God and Creation" in *Narrative Dynamics in Paul*. ed. B. W. Longenecker (Louisville: Westminster John Knox, 2002) 16-34; Grieb, *Story*, 56; Longenecker, *Introducing Romans*, 405.
49) Cf. T. L. Donaldson, "The 'Curse of the Law' and the Inclusion of the Gentiles: Gal.3:13-14," *New Testament Studies* 32 (1986) 96-97, 103-106; S. Westerholm, *Israel's Law and the Church's Faith* (Grand Rapids: Eerdmans, 1988) 192-195; I-G. Hong, *Law in Galatians* (Sheffield: JSOT Press, 1993) 79, 83-84; Moo, *Romans*, 416-417.
50) Fitzmyer, *Romans*, 456.
51) Cf. Longenecker, *Paul*, 114; Adams, "Paul's Story," 36; Pate, *Glory of Adam*, 147; Wedderburn, "Adam," 420; Grieb, *Story*, 72.

울이 로마서 7장에서 모세의 율법을 이야기할 때, 아담을 언급하지 않는다고 주장한다.[52] 하지만 틸만은 이스라엘이 율법 준수에 실패하게 된 근본원인으로 아담적 충동을 충분히 인지하지 못하고 있다.

요컨대, 7:1의 νόμος는 아담 이후에 존재하는 모든 법을 나타내지 않으며, 특별히 모세의 율법을 나타낸다. 왜냐하면 결혼예와 율법에 대한 차후의 설명 모두 모세의 율법을 이야기하기 때문이다. 동시에, 바울이 주장하는 것은 아담적 곤경이 모세의 율법 아래 있는 이스라엘에게도 동일하게 반영된다는 것이다.[53] 그 의미는 7:1의 νόμος는 근본적으로 모세의 율법을 나타내지만, 그것이 아담과 연관되어 있기에 좀 더 포괄적으로 이해되어어야 한다는 것이다.

4. 로마서 7:1에 나타난 율법의 원칙

7:1b에서 바울은 율법의 기본원칙을 제시한다. 케제만과 다른 이들은 이 원칙의 부정적인 면만을 보는 경향이 있다: 가령, 죽음은 율법이 관장하는 관계를 끝장낸다는 등.[54] 그러나 위더링턴과 다른 이들은 7:1b에 나오는 원칙이 두 요소로 이루어진다고 주장한다: 첫째, 율법은 언제나 관장하며, 둘째, 죽음은 율법이 관장하는 관계를 끝낸다.[55]

---

52) Thielman, "Romans 5-8," 190-194. 또한, Moo, *Romans*, 423ff; Matera, *Romans*, 172ff. 져비스(L. A. Jervis) 로마서 7:7-25에서 율법에 관한 새로운 해석을 시도한다("'The Commandment which is for Life' [Romans 7:10]: Sin's Use of the Obedience of Faith," *Journal for the Study of the New Testament* 27 [2004] 195-196).

53) Cf. Napier, "Sin and Torah," 20; Wright, "Theology," 50; Grieb, *Story*, 72-74.

54) Cf. Käsemann, *Romans*, 187; Cranfield, *Romans*, 1:335; Nygren *Romans*, 270; Haacker, *Römer*, 137; Hellholm, "Römer 7:1-6," 400; Jewett, *Romans*, 430. Some even conclude that this principle of the law speaks of the law's abrogation (Schmithals, *Römerbrief*, 207; Vollenweider, *Freiheit*, 339).

55) Cf. Witherington, *Romans*, 175; Stuhlmacher, *Romans*, 102-3; Moo, *Romans*, 412; Schreiner, *Romans*, 347; Osborne, *Romans*, 167; Jewett, *Romans*, 430.

우리는 이 두 요소가 하나의 원칙 안에 있다는 데에 동의한다. 하지만 첫 요소인 율법은 언제나 관장한다는 것에 더 무게가 실린다고 본다.[56] 슈툴마허와 다른 이들은, 바울이 이 원칙을 제시할 때 랍비문헌에 빚지고 있다는 사실을 드러낸다고 제안한다.[57] 랍비들의 의도도 크게 다르지 않다. 그런데 학자들은 둘째 요소인 부차적 요소를 주요소로 자주 오인한다. 사실, 이 원칙의 부차적 요소 — 주요소의 함축에 해당하는데, 대부분 학자들은 주요원칙으로 인정하는, "사람이 일단 죽으면, 토라와 선행에서 자유하게 된다" — 는 랍비 요하난이 *b. Shabb. 30a*에서 말한 데서 비롯된다.[58] 하지만 저들이 부차적 요소만을 고수할 때, 중요한 점을 놓친다. 핏즈마이어는 이 원칙이 담고 있는 두 요소 모두를 올바르게 인식하지만, 결국 "죽음은 율법에서 해방을 가져온다"는[59] 부차적 요소에 더 무게를 둔다.

영(B. H. Young)이 지적하듯이, *b. Shabb. 30a*에 나와 있는 원칙은 매우 보편적으로 인정되기 때문에 과연 바울이 그것을 언급했는지 사실유무를 확인하는 것은 불필요하다.[60] 비록 랍비 요하난이 죽음은 사람을 율법에서 해방시킨다고 언급하지만, 그(녀)가 살아 있는 동안 율법은 세밀하게 관장한다는 사실을 분명히 전제할 가능성이 많으며,[61] 바울 또한 이 사실에 찬성한다.[62] 이것으로부터 나올 수 있는 결론은, 바울은 원칙에 포함된 두 요소 모

---

56) Cf. Tobin, *Paul's Rhetoric*, 220.

57) Stuhlmacher, *Romans*, 102-103; P. J. Tomson, *Paul and the Jewish Law* (Assen/Maastricht: Van Gorcum / Minneapolis: Fortress, 1990) 120; Jewett, *Romans*, 430.

58) *Babylonian Talmud* (tractate Shabb, 2 vols) 1:132. 또한, m.Qidd.1:1: "(남편 있는 여인은) 이혼 증서 또는 남편의 죽음으로 자유를 획득한다"(*Mishnah*, 321).

59) Fitzmyer, *Romans*, 457.

60) B. H. Young, *Paul the Jewish Theologian* (Peabody: Hendrickson, 1997) 88.

61) 레만(L. S. Rehmann)은 말하기를, "*b.Sabb.30a*의 논의에서 나오는 질문은 죽음이 사람을 토라에서 자유케 하는가가 아니라 계명을 지키는 것에 관한 것이다. 죽음은 무엇을 해야 하는 의무에서 죽은 사람을 자유케 하나, 여전히 살아 있는 사람에게는 아니다"("The Doorway into Freedom: The Case of the 'Suspended Wife' in Romans 7:1-6," *Journal for the Study of the New Testament* 79 [2000] 97).

62) Cf. Tomson, *Paul*, 120.

두를 염두에 두며, 첫째를 주요소로 생각한다는 것이다.

크랜필드와 다른 이들은, 율법을 단지 법적 관할권으로 보아 율법의 원칙을 다음과 같이 설명한다: 사람이 살아 있을 때, 율법은 그(녀)의 법적 관계를 주관하나 그 관계는 그(녀)가 죽을 때 끝난다.[63] 하지만 7:1에서 바울은 율법의 법적 측면을 우선적으로 논의하지 않는다. 법적 자격이나 율법에서 자유에 주된 관심이 있는 것도 아니다. 7:1-6에서 바울의 주된 목적은 율법과 관련된 성화를 논하는 것이다.[64] 그는 자신의 가르침을 **죄**, 율법, 그리고 은혜 간의 관계를 통한 성화에 기초한다(롬6장). 따라서 7:1에서 원칙의 법적인 측면만을 다루는 것은 옳지 않다. 그는 율법이 성화의 삶에서 악한 세력인 **죄**와 엮일 수도 있고 그렇지 않을 수도 있을 가능성을 로마 독자에게 알리고자 한다.

카터(T. L. Carter)와 다른 이들은 동사 κυριεύειν("주관하다")가 주어(즉, 율법)의 주동사로 사용되고 있다고 지적하면서, 7:1의 율법을 하나의 세력으로 간주한다. 이런 이해에 따르면, 바울이 7:4과 7:6에서 주장하는 것은 신자가 **죄**에 대하여 죽고 해방된 것처럼(롬6:6, 7, 9, 14), 율법의 권세에 대하여 죽고 해방된다는 것이다.[65] 그러나, 율법은 제거되어야 할 대상이 아니며, 율법에 대하여 죽고 해방되는 일은 오직 율법이 **죄**와 밀접하게 연관되어 있을 때이다.[66] 슈라이너는 바울이 1절에서 이스라엘을 염두에 두는 것 같다고 지적한다.[67] 이것은 아마도 맞는 이야기일 것이다. 왜냐하면 율법이 아무리 도움이 되고자 했어도 이스라엘은 **죄**(사탄)의 지배 아래 있던 아담적 인

---

63) Cranfield, *Romans*, 1:335; Käsemann, *Romans*, 177; Byrne, *Romans*, 213; Withering -ton, *Romans*, 175.

64) 바울은 로마서 6-8장에서 일차적으로 성화의 삶에 관심을 가지고 있다(위의 p.118-119 n.2를 보라).

65) Cf. Carter, *Sin*, 184; Nygren, *Romans*, 268-270; Käsemann, *Romans*, 187-188; Moo, *Romans*, 409; Fitzmyer, *Romans*, 454; Stuhlmacher, *Romans*, 103-104; Schreiner, *Romans*, 345.

66) Cf. Achtemeier, *Romans*, 114; Snodgrass, "Sphere," 162; Carter, *Sin*, 183.

67) Schreiner, *Romans*, 347.

류의 일부였으며, 따라서 율법준수에 실패했기 때문이다. 따라서 혹자는 율법의 관장이 언제나 부정적이라고 추정하지 않아야 할 것이다. 사실, 7:1의 νόμος는 중립적인 입장에 있는 것으로 보인다. 율법은 **죄**의 영향력 아래 있던지 아니면 하나님 아래 있는지에 따라 압제의 도구가 되거나 은혜의 수단이 될 수 있다는 것이다. **죄**, 율법, 그리고 은혜 사이의 관계를 고려하면서, 바울은 7:1-6을 사용하여 성화의 삶에서 율법의 위치를 확인하고자 한다.

일부 영어 성경은 1절의 원칙에서 ἐφ᾽ ὅσον χρόνον ζῇ을 번역할 때, "만"을 삽입한다; 말하자면, 율법은 사람이 살 동안만 그를 주관한다는 것이다(참고. RSV, NRSV, NIV, ESV). 이런 번역을 기화로 하여 학자들은 1절의 원칙이 죽음은 사람을 율법에서 해방시킨다는 것을 보여준다고 결론 내린다. 하지만 더 나은 번역은 ἐφ᾽ ὅσον χρόνον ζῇ가 일생에 통하여라는 의미를 나타내는 "살아 있는 동안"으로 읽는 것이다. 왜냐하면 그렇게 할 때 "율법은 사람이 살 동안 주관한다"는 주요원칙이 제대로 부각되기 때문이다.[68] 요컨대, 바울이 1절에서 이야기하는 원칙은 이중적이다: 주요원칙으로, 사람이 살아 있는 동안 율법은 계속 주관한다는 것을 보여준다; 부차적인 원칙으로, 죽음은 율법이 관장하는 관계를 끝낸다는 것을 보여준다. 그리고 부차적인 원칙은 새로운 관계가 수립될 때 율법이 재등장할 가능성을 받아들인다.

---

68) Cf. Burton, *Romans 7:1-6*, 71. 고린도전서 7:39에서 바울은 역시 ἐφ᾽ ὅσον χρόνον ζῇ 를 사용한다. 하지만 영어성경은 이 구절을 번역할 때, "오직" 또는 "만"을 집어넣지 않는다.

제9장

율법은 결혼관계를 유지한다
(로마서 7:2-3)

앞 장에서 말한바 있듯이, 바울은 1절에서 법을 주제로 소개하는데 − 우리는 이제 그것을 모세의 율법으로 이해한다 − 로마에 믿음이 약한 파에 속한 예전 하나님 경외자들과 약간의 유대인 그리스도인에게 말하고 있다. 우리는 법이 두 가지 기본원칙으로 되어 있다는 것을 알고 있다: 법은 사람이 살아 있는 동안 그(녀)를 주관하며, 율법의 주관을 끝내는 유일한 방법은 죽음이다.

다음 두 구절(2-3절)에서 바울은 이 두 원칙을 설명하고, 명확하게 하며, 또한 적용하기 위해 결혼예를 사용한다. 빌켄스는 로마서 7:2-3이 결혼예를 통해 원칙을 자세히 설명한다고 주장한다: "결혼예에 따르면, 법은 사람들의 생전에만 저들을 관장한다."[1] 슈툴마허는 로마서 2-3이 "바울이 전에 말한 바를 명확하게 하기 위해 언급한 하나의 예"라고 주장한다.[2] 마지막으로, 번은 "바울이 결혼이라는 구체적인 사례에 율법이 어떻게 적용하는를 지적함으로 이 자유를 설명한다"고 주장한다.[3]

---

1) Wilckens, *Römer*, 2:64. cf. Wright, *Romans*, 559.
2) Stuhlmacher, *Romans*, 103.
3) Byrne, *Romans*, 210.

다수의 학자들은 아담적 인류가[4] 그리스도의 죽음을 통해 율법에서 완전히 벗어났다는 것을 보여주기 위해[5] 바울이 1절의 원칙을 결혼예(2-3절)에 적용한다는 의견에 동조한다. 마찬가지로, 그들은 결혼예가 두 가지 아이디어를 확증한다고 믿는다: 신자로 하여금 그리스도와 연합케 하기 위해 죽음은 저들을 율법에서 해방시키거나[6] 혹은 진정한 윤리적 삶은 율법에서 해방됨으로 달성할 수 있다는 것이다.[7]

이렇듯 다양한 해석에도 불구하고, 혹자는 바울이 율법에서 자유를 정당화하기 위해 결혼예를 사용하지 않을 가능성을 여전히 배제할 수 없다. 왜냐하면, 1b절의 주된 원칙이 사람이 살 동안 율법의 관장을 받는다고 말하기 때문이다. 이럴 경우, 2-3절에서 바울이 주장하는 것은 "혼인관계는 영구적이며, 성경적인 사고에서, 죽음이 언약관계를 종식시키듯이 배우자가운데 어느 한 편이 죽을 경우에만 끝날 수 있다"[8] 것이다. 바울에게 율법에서 자유는 원칙의 주된 관심사가 아니다.[9] 만약 바울이 단지 율법에서 자유라는 원칙만을 설명한다면, 그는 왜 재혼의 이슈를 제기하는가(3절)? 그가 만약 율법에서 자유만을 염두에 두었다면, 재혼을 생략하거나 아니면 결혼이 아닌 다른 예를 사용할 수 있었다.

엘리엇은 이 예에서 바울이 사실상 율법의 타당성을 주장한다고 본다:

---

4) 결혼예는 아담 이야기를 그 배경으로 한다(cf. Wright, "Messiah," 148; idem, *Romans*, 559; Käsemann, *Romans*, 163; Dunn, *Romans, 1-8*, 369; Ziesler, *Romans*, 173; B. Longenecker, *Eschatology*, 232-233; Byrne, *Romans*, 210; Pate, *Glory of Adam*, 164-167; Adams, "Paul's Story," 26ff; Jewett, *Romans*, 432).

5) 예를 들어, Räisänen, *Law*, 46-47; Thielman, *Law*, 197; J. Becker, *Paul: Apostle to the Gentiles* (Louisville: Westminster John Knox, 1993) 356.

6) Moo, *Romans*, 414ff; Stuhlmacher, *Romans*, 103; J. D. Earnshaw, "Reconsidering Paul's Marriage Analogy in Romans 7:1-4," *New Testament Studies* 40 (1994) 72, 84.

7) Gagnon, *Rom.6:1-7:6*, 184, 229-231, 300; Gieniusz, *Romans 8:18-30*, 42-43; Byrne, "Romans 6:1-8:13," 562ff; Viard, "Romains 7,1-6," 169; Bertone, *Law*, 135; 김동수, 『로마서』, 415, 418, 422.

8) Holland, *Romans*, 227. 또한, Hultgren, *Romans*, 271.

9) Cf. Rehmann, "Suspended Wife," 93, 103-104.

7:1-6의 유비적 주장의 요점은… 율법의 구속력이며, 율법은 하나님의 요구
로서 두 가지 특성을 가진다: 그것은 누군가가 섬기기로 선택한 '주인' 혹은
'통치권'에 대한 순종을 강요하며(7:2 참고. 6:16), 또한 죽음으로 한 통치권
을 떠난 자를 그 강요에서 벗어나게 하여, '그 결과, 다른 이를 섬기게 한다'
(7:3, 6 [δουλεύειν]).[10]

이럴 경우, 우리는 결혼예(2-3절)가 율법에서 자유를 옹호한다고 쉽게 단
정할 수 없다. 브룩크너(J. K. Bruckner)는 "율법의 지속성은 우리가 율법에
따라 우리의 삶을 바로잡지만 그것에 얽매이지는 않는다는 주장을 위하여
사실상 필요한 근거"라고 적고 있다.[11] 비록 린하르트(F. J. Leenhardt)와 다
른 이들이 7:2-3은 오히려 율법 자체가 그 폐지를 증명한다는 것을 보여준다
고 하지만,[12] 그러한 주장은 엘리엇과 브룩크너의 주장과 비교할 때 설득력
이 떨어진다.

1. 남편 있는 여인이 그 남편 생전에는 법으로 그에게 매인바 되나 (ἡ ὕπανδρος γυνὴ τῷ ζῶντι ἀνδρὶ δέδεται νόμῳ 7:2a)

결혼예(2-3절)를 살펴보면, 3절의 구조는 2절에서 나오는 연고로 우리는
그것이 aba¹b¹의 구조를 가진다는 사실을 알 수 있다: 아내는 법으로 살아
있는 남편(τῷ ζῶντι ἀνδρὶ)에게 매이나(2a절=a), "만일 그 남편이 죽으면"
(ἐὰν δὲ ἀποθάνῃ ὁ ἀνήρ), 그녀는 결혼법에서 벗어난다(2b절=b); 이에

---

10) Elliott, *Rhetoric of Romans*, 245. 또한, J. K. Bruckner, "The Creational Context of Law before Sinai: Law and Liberty in Pre-Sinai Narratives and Romans 7," *Ex Auditu* 11 (1995) 103, 109; Rehmann, "Suspended Wife," 93; Burton, *Romans 7:1-6*, 88-89; Viard, "Romains 7,1-6," 159.

11) Bruckner, "Creational Context," 109. n.19.

12) F. J. Leenhardt, *The Epistle to the Romans* (London: Epworth, 1961) 177; Räisänen, *Law*, 58; Byrne, *Romans*, 210.

상응하여, "남편 생전에" 아내가 다른 남자에게 가면 그녀는 음녀로 불려지나(3a=a¹), "남편이 죽으면"(ἐὰν δὲ ἀποθάνῃ ὁ ἀνήρ) 그녀가 다른 남자에게 갈지라도 음녀가 되지 않는다(3b절=b¹). 여기에서 우리는 2a절과 3a절, 그리고 2b절과 3b절이 주제상으로나 언어적으로 각각 병행을 이루는 것을 본다.[13]

(1) **"그 남편 생전에"**: 가장 먼저 주목할 것은, 비록 아내가 7:2-3에 주된 관심사이지만, 정작 남편(7:2a)이 1절의 사람을 나타낸다는 것이다.[14] 왜 사람(1절)이 남편(2-3절)과 일치하는가? 그 이유는 "사람이 살 동안"이라는 어구(1절)와 "그 남편 생전에"(2-3절)라는 구절이 서로 병행하기 때문이다.[15] 또 다른 이유는 1절의 원칙이 같은 사람에게 적용되기 때문이다; 말하자면, 사람이 살아 있는 동안 율법의 지배 아래 있으나, 만약 죽으면 그(녀)는 율법에서 해방된다는 것이다.

리틀과 다른 이들은 바울이 1절의 원칙을 결혼예(2-3절)에 적용할 때, 1절의 사람이 남편과 아내 모두의 역할을 맡는다고 주장한다.[16] 하지만 1절의 사람은 결혼예에서 죽는 남편(2-3절)에 해당하며, 아내의 재혼은 단지 남편의 죽음의 결과와 관련이 있다. 이럴 경우, 죽은 사람은 남편이며 남아 있는 배우자는 아내라는 사실을 제대로 인정할 수 있으며, 나중에 살펴보겠지만, 남편의 죽음으로 아내는 결혼법에서 자유함에도 여전히 살아 있다는 사실(2-3절)이 신자가 그리스도의 죽음을 통하여 율법에서 해방되어도 여전

---

13) Cf. Gieniusz, "Rom.7:1-6," 393; Burchard, "Römer 7:2-3," 448; Viard, "Romains 7,1-6," 165; Jewett, *Romans*, 432.

14) Cf. Aletti, "Romans," 1581; Tobin, *Paul's Rhetoric*, 220; P. Spitaler, "Analogical Reasoning in Romans 7:2-4: A Woman and the Believer in Rome," *Journal of Biblical Literature* 125 (2006) 720f.

15) Burchard, "Römer 7:2-3," 449; 부분적으로, Earnshaw, "Marriage Analogy," 81.

16) J. A. Little, "Paul's Use of Analogy: A Structural Analysis of Romans 7:1-6," *Catholic Biblical Quarterly* 46 (1984) 87; Earnshaw, "Marriage Analogy," 81; Witherington, *Romans*, 175.

히 살아 있다는 사실(4절)과 병행을 이룬다고 말할 수 있다. 위의 내용으로 볼 때, 1절의 사람은 오로지 결혼예의 남편과만 상응한다.[17]

그러나 결혼예에서 바울은 궁극적으로 아내에게 초점을 맞춘다: 남편은 배후로 물러나는 반면, 아내는 그가 죽은 후 재혼하여 새로운 삶을 시작한다. 바울은 로마의 독자에게 결혼예를 들면서, 그들 자신을 아내의 입장에 두기를 바란다. 그렇다면 1절에 소개된 사람과 2-3절에 등장하는 아내 사이에 아무런 관계가 없는가? 직접적인 관계는 없는 것으로 보인다. 하지만 1절의 원칙이 남편 뿐 아니라 아내에게 적용될 수도 있다. 왜냐하면 남편의 사후 그녀의 부부관계 또한 법적으로 소멸하기 때문이다. 남편이 죽으면서 그들의 결혼관계도 끝나며, 배우자로서 그녀의 존재는 없어지고 따라서 결혼법에서 벗어난다.[18] 이런 점에서, 배우자 중 한 편이 죽을 때 율법은 죽은 사람과 남아 있는 사람 모두에게 더 이상 적용되지 않는다고 말할 수 있다.[19]

만약 결혼예에서 아내가 관심의 초점이라면, 남편은 아무 역할도 없는가? 바울의 관점에서, 아내의 곤경의 근본적인 원인이 되는 불행하지만 중요한 역할이 남편에게 주어진다.[20] 결혼예의 목적은 죽음을 통하여 법에서 자유한다는 것을 기술하는 것이라고 종종 주장된다. 이것이 아내의 즉각적인 열망이긴 하지만, 그녀 자신이 벗어나야 할 주 대상은 법이 아니라 (폭력적인) 남편이다. 특별히 법은 아내가 재혼하자마자 다시 등장하기에, 아내가 법 자체에 대하여 어떤 특별한 혐오감을 가질 가능성은 별로 없다(3b절).[21] 만일 벗어나야 할 주된 대상이 법이라면, 그녀의 재혼은 결과적으로 법으로 정당

---

17) 반대로, 게일은 1절의 사람이 남편뿐 아니라 아내와도 일치하지 않는다고 주장한다(Gale, *Use of Analogy*, 193).

18) Cf. Achtemeier, *Romans*, 113; Burchard, "Römer 7:2-3," 451.

19) Cf. Wright, *Romans*, 559; Witherington, *Romans*, 175.

20) 부록(pp.367-372)을 보라. 지블린(C. H. Giblin)은 "남편의 법은 고려 중인 유대관계의 살아 있는, 결정적인 요인으로서 남편 자신"이라고 말한다("Three Monotheistic Texts in Paul," *Catholic Biblical Quarterly* 37 [1975] 544, 홀랜드, *Romans*, 227-228. n.48에서 재인용).

21) 이런 논리는 율법의 본질이 "관계"를 단지 관리하는 것이기에 정당하다(cf. Holland, *Romans*, 227).

화된다고 생각할 수 없을 것이다.[22] 비록 아내는 한때 남편에게 매이게 했던 율법에서 벗어나지만, 재혼을 가능케 하는 자유에 대한 진정한 추동력은 율법이 아니라 남편의 죽음이다.[23]

던은 결혼예(2-3절)가 "죽음이 율법의 지배를 끝낸다"는 것을 설명한다고 하면서, 그리스도인의 첫 파트너가 누구인지에 대하여 걱정할 필요가 없다고 말한다. 왜냐하면 신자의 이전 상태에서 다른 상태로의 전환이 7:1-4의 주요 이슈가 아니기 때문이다.[24] 하지만 그러한 해석은 결혼예에서 남편이 맡은 중요한 역할을 간과한다. 위에서 언급한 바와 같이, 2-3절의 결혼예에서 우리의 관심을 끈 것은 아내이지만, 남편은 바로 1절의 사람과 일치한다. 이것을 감안할 때, 바울은 비록 아내가 주인공이긴 하지만, 남편의 생사여부가 결혼예에서 특별히 중요하게 간주된다고 지적하는 것 같다.

남편의 생사 여부는 아내가 결혼생활을 유지할지 아니면 다른 사람과 새로운 결혼생활에 들어갈지를 결정한다. 부르크하트(C. Burchard)도 이것에 동의하면서 이렇게 말한다: "남편의 사망은 아내의 신분을 바꾼다."[25] 다시 말해서, 남편의 수명이 결혼생활의 기간을 정하며, 그 기간 내내 율법은 그녀의 행실을 주관하며 그에게 매이게 한다. 그렇다면 질문은 아내의 입장에서 어느 것 — 남편과의 관계 혹은 율법과의 관계 — 이 우선적으로 고려되는가? 전자가 후자보다 우선하는데, 그 이유는 초혼(2a절)에서 부부관계가 먼저 수립되고 율법은 이런 부부관계를 보증하기 때문이다.[26]

---

22) 홀랜드는 "그녀가… 합법적으로 다른 사람과 약혼한다"고 말한다(Holland, *Romans*, 229. 이탤릭체는 원저자의 것).

23) Cf. Holland, *Romans*, 228-229.

24) Dunn, *Romans, 1-8*, 369.

25) Burchard, "Römer 7:2-3," 450.

26) 스미즈(L. B. Smedes)는 말하기를, "결혼은 두 사람 사이의 언약이며, 자신의 의지로 맺어진 언약이기에 저들의 의지로 깨어질 수 있다"(*Mere Morality* [Grand Rapids: Eerdmans, 1983] 179). 구약에서 "결혼과 이혼은 공식적이 아닌, 순전히 집안 문제이며 어떠한 증서도 개입하지 않는다; 이혼 증서는 예외였다"(D. F. Payne, *Deuteronomy* [Philadelphia: Westminster, 1985] 133-134). 또한, C. J. H. Wright, *An Eye for an Eye. The Place of Old Testament Ethics Today* (Downers Grove: InterVarsity,

나중에 좀 더 상세하게 논의하겠지만, 아내는 "남편 있는 여인"(ἡ ὕπανδρος γυνή 2a절)으로 불리는데, 의미인즉슨 남편의 권위 아래 있는 여인이란 뜻이다. 이것은 아내가 우선적으로 남편의 지배를 받는지 아니면 결혼법의 관장을 받는지 라는 의문을 제기한다. 다시 한번, 대답은 아내가 그녀 남편에게 먼저 매인다는 것이다. 왜냐하면 결혼의 본질은 관계에 있으며, 부부관계에서 그녀의 파트너는 남편이지 율법이 아니기 때문이다.[27] 라이트는 "첫 남편은 율법이 아니며, 율법은 아내를 첫 남편*에게* 매이게 했다"고[28] 적고 있다. 사실, 결혼법은 아내를 남편에게 매이게 하기에 그녀는 남편뿐 아니라 율법에도 매인다.[29] 하지만 아내가 율법과 결혼하는 것은 아니며, 더구나 율법과 더불어 결혼생활을 영위하지도 않는다. 율법은 배우자 간에 맺어진 관계를 단지 관장할 뿐이다.

(2) "남편 있는 여인이…법으로 그에게 매인바 되나": 이 구절은 아내의 남편과의 관계가 율법과의 관계보다 더 중요하다는 사실을 분명히 보여준다. 이 구절을 제대로 이해하기 위해 우리는 동사 δέδεται("매이다")가 남편과 연결되는지 아니면 율법과 연결되는지 먼저 알아봐야 한다. 어떤 학자들은 δέδεται가 먼저 율법과 연관된다고 주장한다. 예를 들어, 번은 δέδεται가 율법과 연계되기에 2절에서 법으로 남편에게 매인 아내를 묘사하고 있다고 주장한다.[30] 쥬윗은 τῷ ζῶντι ἀνδρὶ δέδεται νόμῳ란 표현이 유대 자료에는 보이지 않으며, 로마서 7:2-3과 밀접하게 병행을 이루는 고린도전서 7:39에 등장한다고 주장한다. 그래서 그는 δέδεται가 두 본문 모두에서 율법과

1983) 153; idem, *Old Testament Ethics* (Nottingham: InterVarsity, 2004) 294; T. L. Constable, *Notes on the Bible: Genesis-Deuteronomy.* vol.1 (Fort Worth: Tyndale Seminary Press, 2010) 446; S. R. Smolarz, *Covenant and the Metaphor of Divine Marriage in Biblical Thought* (Eugene: Wipf & Stock, 2011) 210.

27) Cf. Wright, *Romans*, 559.
28) Wright, *Romans*, 559. 이텔릭체는 원저자의 것.
29) Cf. Burton, *Romans 7:1-6*, 92.
30) Byrne, *Romans*, 210.

연계된다고 결론 내린다.31) 슈피탈러(P. Spitaler)는 최근에 로마서 7:2-3에 불일치가 있다고 주장했는데, 가령, 7:2a에서 아내는 남편에게 매이는 반면, 7:2b-3에서는 그녀가 율법에서 벗어난다는 것이다.32) 이런 불일치를 해결하기 위해, 그는 7:2-3 전체에서 아내를 매이게 하는 것은 실제로 율법이지 남편이 아니라고 주장한다:33) "첫 단계(2절)에서 바울은 근본적이고 실제적인 사실을 수립한다: 남편은 죽는다; 아내는 먼저 율법에 매이며, 그런 뒤 그것에서 벗어난다."34)

그러나, δέδεται는 먼저 남편과 연결되어야 한다. 7:2에서 바울은 시작부터 아내의 남편과의 관계를 주안점으로 강조하며, 그녀를 매이게 하는 율법은 부차적인 것으로 본다. 더욱이, δέδεται가 연합의 여격 νόμῳ와 더불어 사용되기 때문에,35) 아내와 궁극적으로 연관되는 직접 목적어는 율법이 아니라 그녀의 남편이다. 다시 말해서, 남편은 그녀가 궁극적으로 연관되는 존재이며, 율법은 그 관계를 유지하는 수단으로 아내와 관련이 있다.36) 앞에서 언급한 바와 같이, 만약 율법이 아내와 연관된 주된 대상이라면, 율법은 아

---

31) Jewett, *Romans*, 431. 다른 각도에서, 톰슨(P. J. Tomson)은 로마서 7:2-3을 고린도전서 7:39과 연관시켜 해석하는데, 고린도전서 7:39은 바울이 "사도적 결혼법"을 따르고 있는 7:10에 근거하고 있다고 하며, 두 경우 모두 결혼법은 예수의 가르침에서 나온 것이라고 결론 내린다(*Paul*, 120-122; idem, "Law," 576ff). 훌트그랜(Hultgren)은 이 주장에 가능성의 여지를 남겨 두고 있으나, 과연 바울이 7:2-3에서 예수님의 가르침을 언급하고 있는지 확신하기 어렵다(*Romans*, 269).

32) Spitaler, "Reasoning," 719. 또한, A. Maillot, *L'Epitre aux Romains* (Paris: Labor et Fides, 1984) 176-177; Schmithals, *Römerbrief*, 207; Vollenweider, *Freiheit*, 343; R. Bergmeier, *Das Gesetz im Römerbrief und andere Studien zum Neuen Testamentum* (Tübingen: J. C. B. Mohr, 2000) 67.

33) Ibid., 720-721. cf. Hultgren, *Romans*, 270.

34) Ibid., 720.

35) Cf. BDF, § 192. 이런 전제 아래에서, νόμῳ는 또한 수단의 여격으로 이해될 수 있다 (BDF, § 195.2; Moo, *Romans*, 412; Bertone, *Law*, 126; Hultgren, *Romans*, 270).

36) δέδεται와 κατήργηται는 모두 현재완료 수동태 3인칭 단수로서, 집중 완료(intensive perfect)로 사용되고 있다. 여기서 집중 완료는 "결과 혹은 과거의 행위에 의해 조성된 현재의 상태를 강조하기 위해 사용된다"(D. B. Wallace, *Greek Grammar Beyond the Basics* [Grand Rapids: Zondervan, 1996] 581. 이탤릭체는 원저자의 것). 이럴 경우, 그가 아직 존재하고 있는 까닭에 아내는 남편에게 매여 있다고 이해하는 편이 더 낫다.

내와 결혼한다고 혹자는 말 할런지 모른다.[37]

고린도전서 7:39에서 바울은 말하기를, "아내가 그 남편이 살 동안에 매여 있다가 남편이 죽으면 자유하여 자기 뜻대로 시집 갈 것이나 주 안에서만 할 것이니라." 여기서 "매이다"의 헬라어는 δέδεται이다. 그런데 동사 δίδωμι에 목적어가 없다. 율법을 목적어로 가지는 사본들이 신빙성이 낮지는 않지만(א², D¹, F, G, Ψ, M 등), δέδεται에 직접 목적어가 없는 사본이 가장 신빙성이 높다(P¹⁵ᵛⁱᵈ·⁴⁶, א*, A, B, D 등). 사본의 신빙성에 따라, 우리는 7:39에서 δέδεται를 목적어 없이 그대로 두기로 한다.[38] 하지만 우리는 7:39에서 아내를 구속하는 존재를 남편으로 추측하는데, 그 이유는 바울이 7:27에서 남편이 아내에게 매인다(δέδεται)고 진술하기 때문이다.[39] 그렇다면 7:27과 7:39 모두가 보여주는 것은 남편과 아내가 서로에게 매인다는 것이다.[40] 그러나 로마서 7:2의 경우, 아내는 남편에게 일차적으로 매인다. 게다가, 고린도전서 7:27, 39와 달리, 로마서 7:2-3에서 바울은 부부관계에서 율법을 세 번째 요인으로 생각하는데, 로마서 7:1-6에서 율법을 본격적으로 다룰 의도가 있기 때문이다.

슐라터와 다른 이들은 결혼에가 죽음이 율법에서 완전한 해방을 가져온다는 사실을 증명하고 있다고 강하게 주장한다. 흥미롭게도, 그들은 7:2a에서 아내가 남편에게 매여 있다는 것을 인정한다.[41] 7:2a의 문자적인 번역은 이

---

37) 이상하게 들릴 수도 있으나, 율법이 남편과 일치한다는 주장이 종종 제기되었다: 예를 들어, Chrysostom, *On Romans*, Homily 12, 187-188; Calvin, *Romans*, 138; Barrett, *Romans*, 136; Achtemeier, *Romans*, 114; D. Boyarin, *A Radical Jew. Paul and the Politics of Identity* (Berkeley Los Angeles London: University of California Press, 1994) 166.

38) 톰슨은 "(고린도전서 7:39에서) 남편의 죽음이 혼인관계를 끝낸다"고 말한다(Tomson, *Paul*, 120). 또한, Rosner, *Law*, 203.

39) NIV와 ESV는 7:39a를 다음과 같이 번역한다: "아내는 그가 살아 있는 동안 그녀 남편에게 매인다."

40) Cf. Viard, "Romains 7,1-6," 161; Hultgren, *Romans*, 271.

41) A. Schlatter, *Romans. The Righteousness of God* (Peabody: Hendrickson, 1995) 153; Fitzmyer, *Romans*, 457; Moo, *Romans*, 412; Schreiner, *Romans*, 347; Witherington, *Romans*, 175.

사실을 확인해 준다: 남편 있는 여인은 법으로 살아 있는 남편에게 매인다. NRSV와 NIV도 별반 다르지 않다: "a married woman is bound by the law to her husband as long as he lives." 이러한 번역은 사실상 우리로 하여금 7:2a을 두 가지로 설명하도록 한다: 아내가 그녀의 남편에게 매여 있으되 연합의 법적인 측면을 강조하던가 아니면 아내는 일차적으로 그녀의 남편에게 매여 있으며 율법은 단지 그들의 부부관계를 유지한다던가 하는 것이다. 우리는 후자가 7:2a를 더 잘 설명하고 있다고 본다. 왜냐하면 7:2a에서 바울은 아내가 남편에게 매여 있으며, 이것이 일차적으로 중요한 문제라고 분명히 진술하고 있기 때문이다. 머리(J. Murray)도 아내가 그녀의 남편에게 매여 있다고 가정하면서, 다음과 같이 말한다: "진술된 사실들은 설명이 필요 없는데, 왜냐하면 그것들은 모두 그녀의 남편이 살아 있는 동안 아내가 그에게 매여 있다는 취지에서 나온 것이기 때문이다."[42] 7:2b에 관하여 크랜필드 또한 "(율법)이 그녀로 그녀의 남편에게 매이게 하는 한" 아내는 율법에서 벗어난다고 주장한다.[43]

부부관계의 본질은 아내가 남편의 권위 아래 사는 것이다. 로마서 6장의 **죄**의 종과 유사하게, ἡ ὕπανδρος γυνὴ("남편 있는 여인")라는 어구는 아내의 신분을 드러내는데, 그녀가 남편의 권위 아래 매여 있는 상황을 떠올리게 한다.[44] 관사-형용사-명사의 구조에서, "형용사는 명사보다 더 크게 강조된다."[45] 이럴 경우, 바울은 남편 있는 아내의 상황이 종의 상황과 비슷하다는 점을 제시하기 위해 ὕπανδρος라는 용어를 사용한다.[46] 비록 이 표현이

---

42) Murray, *Romans,* 1:241.
43) Cranfield, *Romans,* 1:333.
44) Cf. E. E. Ellis, *Pauline Theology: Ministry and Society* (Grand Rapids: Eerdmans / Exeter: Paternoster Press, 1989) 71; Rehmann, "Suspended Wife," 95; 이한수, 『로마서 1』(서울: 이레서원, 2003) 553; P. Thimmes, "She will be Called an Adulteress': Marriage and Adultery Analogies in Romans 7:1-4" in *Celebrating Romans: Essays in honor of Robert Jewett.* ed. S. McGinn (Grand Rapids: Eerdmans, 2004) 200.
45) A. T. Robertson, *A Grammar of the Greek New Testament in the Light of Historical Research.* 4th ed. (New York: Hodder & Stoughton, 1958) 776.
46) Grieb, *Story,* 69.

민수기 5:29(LXX), 잠 6:24, 29 (LXX), 그리고 시락서 9:9에 등장하지만, 이 것과 관련된 법령은 신명기 24:1-4에서 유래한다. 거기서 남편만이 이혼할 권리를 가진다.[47] 바울은 "아내가 단지 남편의 관점에서 이해된다"는[48] 생 각을 전달하기 위해 이 용어를 사용한다. 웨그너(J. R. Wegner)는 문자적으 로 "남편 아래"를 의미하는 ὕπανδρος가 아내를 남편의 소지품 내지 소유로 소개하는 하나의 방법으로 사용된다고 주장한다.[49] 이럴 경우, 바울은 아내 가 남편에게 복종한다는 점을 담아내기 위해 이 용어를 사용한다(참고. 고전 14:34-35).[50] 물론, 아내가 실제로 아무 권한도 없이 그녀 남편에게 노예 상 태로 있다고 확실하게 말할 수는 없다. 분명 존경, 사랑, 그리고 신의 같은 어 떤 권리가 아내에게 주어진다.[51] 그럼에도 불구하고, 그녀는 남편의 권위 아 래 살고 있는 소유물로 간주된다.

다른 입장을 취하는 슈라이너와 다른 이들은 ὕπανδρος가 남편의 소유를 나타내지 않고, 혼인한 여인으로 그녀의 정체성을 나타낸다고 주장한다.[52] 슈라이너는 말하기를, "어떤 학자들은 ὕπανδρος의 어원을 지나치게 강조

---

47) 부록(p.367)을 보라.

48) Jewett, *Romans*, 431.

49) J. R. Wegner, *Chattel or Person? The Status of Women in the Mishnah* (New York Oxford: Oxford University Press, 1988) 13. 또한, Schmithals, *Römerbrief*, 207; Fitzmyer, *Romans*, 457; Jewett, *Romans*, 431.

50) Cf. Räisänen, *Law*, 46-47; Byrne, *Romans*, 213; Watson, *Paul*, 150; S. Legasse, *L'Epitre de Paul aux Romains* (Paris: Les Editions du Cerf, 2002) 435; Burchard, "Römer 7:2-3," 449-450; Witherington, *Romans*, 175.

51) Cf. 왕하4:8-25; 시128; 잠31; 전9:9; 말2:14; Sir.25:1, 8; 26:1-4, 13-18. 위더링턴(B. Witherington)은 아내의 권리로 존경(출20:12)과 사랑(바벨론 탈무드 Yebamoth 62b)을 지적한다(*Women and the Genesis of Christianity* [Cambridge: Cambridge University Press, 1990] 4f). 또한, G. F. Hawthorne, "Marriage and Divorce, Adultery and Incest," *Dictionary of Paul and His Letters*. eds. G. F. Hawthorne, R. P. Martin, and D. G. Reid (Downers Grove: InterVarsity, 1993) 595; Burchard, "Römer 7:2-3," 449.

52) Schreiner, *Romans*, 348; Cranfield, *Romans*, 1:333; Wilckens, *Römer*, 2:64; Earnshaw, "Marriage Analogy," 74-78; T. E. van Spanje, *Inconsistency in Paul? A Critique of the Work of Heikki Räisänen* (Tübingen: J. C. B. Mohr, 1996) 220-221.

한 나머지 그것이 남편 아래 있는 아내를 지칭한다고 결론 내린다. 하지만 메타포는 더 이상 사용할 수 없으며, 이 말은 남편 '아래' 있는 아내란 의미를 내포하지 않고 단지 '결혼한' 상태를 의미한다."[53] 그러나, 바울은 율법의 원칙을 명확하게 하기 위해 ὕπανδρος란 용어의 구약적 의미를 무시하면서까지 결혼예를 제공하는 것 같아 보이지 않는다.[54] 게다가, 바울 당시 혹은 바울 직후의 랍비 문학에 따르면, ὕπανδρος의 원래 의미를 그대로 간직한 채 민수기 5장을 설명하는 미슈나 소타는 아내가 여전히 그녀 남편의 권위 아래 복종하고 있는 것을 보여준다. 레만(L. S. Rhemann)은 "(소타는) 의심의 법 의식을 설명하는데, 그 법은 의심을 받던 남편 있는 여인을 사회의 호기심이 가득 찬 시선에 노출시켜 굴욕감은 안겨준다"고[55] 적고 있다.

(3) 여기에서 율법은 무엇을 나타내는가? 만약 바울이 1절에서 율법의 원칙을 제시하고 2-3절에서 그 원칙을 적용한다면, 2-3절의 율법은 필시 1절의 율법을 나타낼 것이다. 그것은 우리가 아는 바대로 모세의 율법이다. 바울은 민수기 5:11-31과 신명기 24:1-4을 언급하는 것 같은데, 거기서 결혼/재혼에 관한 법률조항이 제공된다.[56] 이 조항들은 "부부관계가 남편과 아내를 구속하고 있다"고[57] 추정한다. 그렇다면, 로마서 7:2a 또한 율법이 저들의 관계를 유지하는 것을 목표로 한다. 라이트는 "2-3절의 요점이 율법이 아내를 남편에게 매이게 하는 것"이라고 말한다.[58] 언급한 바와 같이, 율법은

---

53) Schreiner, *Romans*, 348.
54) 비야드는 "어원은 여전히 부분적으로 명확하다"고 말한다(Viard, "Romains 7,1-6," 157).
55) Rehmann, "Suspended Wife," 100. 또한 부록(pp.360-365)을 보라.
56) Cf. Barrett, *Romans*, 135-136; Cranfield, *Romans*, 1:333; Wilckens, *Römer*, 2:64; Achtemeier, *Romans*, 113; Dunn, *Romans, 1-8*, 360-361; Fitzmyer, *Romans*, 457-458; Byrne, *Romans*, 214; Moo, *Romans*, 412-413; Schreiner, *Romans*, 347-348; Rehmann, "Suspended Wife," 97-99, 101; Witherington, *Romans*, 175; Bertone, *Law*, 127; Hultgren, *Romans*, 269; Kruse, *Romans*, 290-291; 이한수, 『로마서 1』, 552-553.
57) Achtemeier, *Romans*, 113.
58) Wright, *Romans*, 559. cf. Witherington, *Romans*, 175; Grieb, *Story*, 70.

부부관계를 만들거나 수립하지 않는다. 관계는 배우자 각자에 의해 시작되며, 율법은 오직 그것을 견고하게 하고 배우자 간에 이미 세워진 관계를 위한 안내를 제공한다.[59]

2. "만일 그 남편이 죽으면 그 남편의 법에서 벗어나느니라"
(ἐὰν δὲ ἀποθάνῃ ὁ ἀνήρ, κατήργηται ἀπὸ τοῦ νόμου τοῦ ἀνδρός 7:2b)

(1) 2a절에서와 마찬가지로, 2b절은 아내의 남편과의 관계가 가장 중요하다는 것을 보여준다. 왜냐하면 그녀의 부부관계는 남편이 살아 있는 동안 법적으로 유지되나 남편이 죽으면 아내로서 그녀는 더 이상 존재하지 않기 때문이다.[60] 비록 다른 동사를 사용하고 있으나,[61] 고린도전서 7:39는 로마서 7:2b와 ἐὰν δὲ + 동사 형식으로 서로 병행을 이룬다.[62] 고린도전서 7:39에서 바울은 남편과 아내 사이의 관계를 설명한다; 마찬가지로, 로마서 7:2b에서 그는 남편의 죽음이 부부관계의 변화를 가져오는 것으로 본다.

번에 따르면, 남편의 죽음은 율법에서 아내를 자유케 한다: "그녀의 남편이 죽는다면, 상황은 완전히 바뀐다; 그녀를 전남편에게 매이게 했던 율법은 더 이상 적용되지 않는다."[63] 그러나, 바울의 시선은 일차적으로 그녀가 남편에게서 벗어난 것에 고정되어 있다고 말하는 것이 더 정확하다. 모운스(R. H. Mounce)도 "만약 남편이 죽었다면, 그녀는 그 결혼의 유대관계에서 해

---

59) 존슨(L. T. Johnson)은 "율법이 의무를 준수하라고 명령할지 모르나 그 자체가 관계를 세우지는 않는다"고 말한다(*Reading Romans. A Literary and Theological Commentary* [New York: Crossroad, 1997] 106).

60) 쥬윗이 주장하는 바와 같이, 7:2b은 7:2a의 자연적 귀결로 간주될 수 있다(*Romans*, 431). 7:2b에 관하여 마테라(Matera)는 "모든 것은 그녀 남편이 살아 있느냐 죽느냐에 달려 있다"고 말한다(*Romans*, 169).

61) 바울은 로마서 7:2에서 ἀποθνήσκω를 사용하는 한편, 고린도전서 7:39에서 κοιμάω를 사용한다.

62) Cf. Jewett, *Romans*, 431.

63) Byrne, *Romans*, 210. cf. Keck, *Romans*, 176.

방되었다"고[64] 말한다. 다시 말해서, 남편의 죽음은 그녀로 남편에 대한 어떤 의무에서도 벗어나게 하는데, 부부관계가 더 이상 존재하지 않기 때문이다.[65] 남편과 아내의 "관계"를 우선시하는 전제하에서, 우리는 그의 죽음이 그녀를 (결혼)법에서 벗어나게 한다는 사실을 받아들인다. 왜냐하면 (결혼)법은 부부관계를 관장하는 법적인 제도이기 때문이다.

아내의 입장에서, 남편은 그녀의 스트레스의 주된 원인으로 간주되며[66] 그의 죽음은 그녀에게 곤경에서 벗어나는 기회를 제공한다.[67] 하지만 그의 죽음이 최종 해결책은 아닌 것이, 재혼이 그녀를 기다리고 있기 때문이다(3절). 주목해야 할 것은, 남편과의 관계가 스트레스가 많았음에도 불구하고 결혼 자체가 문제시 되지는 않는다는 것이다. 만약 그녀가 다른 사람과 결혼한다면, 그녀를 위한 행복한 해결책이 될 수 있다. 여기에서 우리는 학자들이 결혼예(2-3절)를 이해하는데 한계가 있음을 본다. 그들은 종종 남편의 죽음을 그녀가 밟을 마지막 단계로 본다.[68] 하지만 남편의 죽음은 그녀가 다른 사람과 부부관계를 가지기 위한 전제조건이다.[69] 아내의 입장에서 가장 중요한 것은, 남편과 가지는 관계의 성격이다. 결혼예에서 살아 남은 아내에게 최상의 시나리오는 독신으로 지내기보다 훌륭한 남편을 만나는 것이다.

(2) 남편의 법(ὁ νόμος τοῦ ἀνδρός)은 두 가지로 해석되어 왔다. 어떤 이들은 이것을 남편의 권리와 의무를 규정하는 법으로 간주한다.[70] 핏즈마

---

64) Mounce, *Romans*, 161. cf. Holland, *Romans*, 228.
65) Cf. Murray, *Romans*, 1:240; Fitzmyer, *Romans*, 457; Schreiner, *Romans*, 347; Hultgren, *Romans*, 270.
66) Cf. Burton, *Romans 7:1-6*, 90; Rehmann, "Suspended Wife," 98ff.
67) Cf. Murray, *Romans*, 1:240.
68) 예를 들어, Nygren, *Romans*, 266, 273-274; Käsemann, *Romans*, 187; Little, "Paul's Analogy," 86.
69) Cf. Murray, *Romans*, 1:240; Fitzmyer, *Romans*, 457; Schreiner, *Romans*, 347; Wright, *Romans*, 559.
70) Cf. Das, *Paul*, 229 (참고의 소유격으로 τοῦ ἀνδρός); Witherington, *Romans*, 176; Smolarz, *Divine Marriage*, 210-211.

이어는 7:3a를 해석하면서 동일한 결론에 도달한다: "다른 남자에게 가는 아내는 남편(주인)의 권리를 침해하는 것이며, 그로 인해 그녀는 μοιχαλίς로 낙인 찍힌다."[71] 다른 이들은 τοῦ ἀνδρός을 목적 소유격으로 이해하여, 이 법을 아내로 남편에게 매이게 하는 권위로 본다.[72] 비슷하게, 슈라이너는 이 어구가 남편의 권리와 의무를 규정하는 어구로 해석되는 것은 너무 구체적이며, 그것을 "그녀로 그녀 남편에게 매이게 하는 법"으로 읽어야 한다고 주장한다.[73]

우리는 남편의 법이 위에서 언급한 두 가지 생각 모두를 포함한다고 생각한다.[74] 바울에게뿐 아니라, 구약에서 남편은 결혼생활에서 자신의 법적 권리와 지위를 확고히 한다. 다시 말해서, 율법은 남편의 권리를 구체적으로 명시하며, 그 가운데 아내가 그에게 매이는 것이 포함된다.[75] 그러나, 율법은 또한 아내의 권리를 보호하기 위해 남편의 행동을 저지한다. 만약 바울이 민수기 5:11-31의 의심의 법을 반영한다면, 같은 결론이 7:2에서 도출 될 수 있다: 말하자면, 남편은 율법 위에 군림하지 않으며, 그가 만약 아내에게 부당한 법적 조치를 취한다면 분명 대가를 치르게 될 것이다.[76] 또한 바울은

---

71) Fitzmyer, *Romans*, 458.

72) N. Turner, *Syntax of A Grammar of New Testament.* vol.3. by J. H. Moulton (Edinburgh: T. & T. Clark, 1963) 212; Moo, *Romans*, 412; Hultgren, *Romans*, 271. 그러나 τοῦ ἀνδρός를 동격 소유격으로 보는 것은 옳지 않은데, 바울이 명백하게 율법과 남편을 구별하기 때문이다(레가쎄[*Romains*, 435]와 홀랜드[*Romans*, 228]에게는 미안한 일이지만).

73) Schreiner, *Romans*, 347. 또한, W. Gutbrod, "νόμος," TDNT 4 (1967) 1069-1070; Cranfield, *Romans*, 1:333; Achtemeier, *Romans*, 114; Moo, *Romans*, 412; Wright, *Romans*, 559.

74) Cf. Byrne, *Romans*, 210; Jewett, *Romans*, 431.

75) Cf. Schlatter, *Romans*, 153.

76) 부록(pp.360-365)을 보라. 또한, D. T. Olson, *Numbers: Interpretation* (Louisville: John Knox, 1996) 38; A. Maxey, "The Law of Jealousy: Ordeal of Bitter Water for Wives Suspected of Adultery," www.zianet.com/maxey/reflx328.htm, 13-14; R. Biale, *Women and Jewish Law: The Essential Texts, their History and their Relevance* (New York: Schocken Books, 1995) 185-186; Rehmann, "Suspended Wife," 100. 민수기 5:11-31에 관하여, 밀그롬(J. Milgrom)은 이 의심의 법이 사실상 아내를

로마서 7:1-6의 상황을 제공하기 위해 이혼/재혼법(신24:1-4)을 반영하는
데, 거기서 아내가 이혼하고 재혼하는 일에 남편이 그녀를 해치려고 실행에
옮기는 것을 단념시키고자 한다.[77]

비록 κατηργέω가 기본적으로 "작동하지 않다, 무효화하다, 폐지하다"로[78]
정의되고 있으나, κατηργέω가 ἀπό와 함께 사용될 때 그 의미는 분리의 뜻
을 함축한다(참고. 갈5:14).[79] 그렇다면, κατηργήθημεν ἀπὸ τοῦ νόμου
ἀποθανόντες라는 구절은 아마도 "그녀는 남편과 관계된 법으로부터 분리
된다"로[80] 읽어야 할 것이다. 쥬윗은 이 구절이 로마의 그리스도인에게 쓰여
진 서신의 특수한 논쟁적 목적을 보여준다고 확신하면서, 7:2b는 아내가 율
법의 의무에서 자유한 사람인 것을 보여준다고 주장한다.[81] 그러나, 7:2a에
서 말했던 것처럼, 아내는 남편에서 자유한 것이 우선적으로 고려되어야 한
다. 왜냐하면 그녀에게는 남편과의 관계가 가장 중요하며, 율법은 지시어로
사용되기 때문이다. 아내의 관점에서, 자신은 남편의 죽음으로 인해 그에게
매이게 하는 모든 유대와 그와 관계된 모든 의무에서 해방된다.[82] 남편의 법

의심하는 남편으로부터 보호한다고 주장한다("The Case of the Suspected Adulteress,
Numbers 5:11-31: Redaction and Meaning" in *The Creation of Sacred Literature*.
ed. R. Friedman [Berkeley: University of California Press, 1981] 74. 또한, H. C.
Brichto, "The Case of the Sota and a Reconsideration of Biblical 'Law,'" *Hebrew
Union College Annual* 46 [1975] 66; T. R. Ashley, *The Book of Numbers: The New
International Commentary on the Old Testament* [Grand Rapids: Eerdmans,
1993] 135).

77) Cf. R. Yaron, "The Restoration of Marriage," *Journal of Jewish Studies* 17 [1966]
1-11; P. C. Craigie, *The Book of Deuteronomy: The New International Commentary
on the Old Testament* (Grand Rapids: Eerdmans, 1976) 305; Rehmann, "Suspended
Wife," 100ff; Constable, *Notes*, 447.

78) *A. Greek-English Lexicon of the New Testament and Other Early Christian
Literature*. 3rd ed. F. D. Danker (Chicago London: University of Chicago Press,
2000) 525. cf. Burchard, "Römer 7:2-3," 525.

79) Cf. Peterman, "Romans 7:1-6," 47-48; BDAG, 526. 버톤(Bertone)은 "이 동사는 수
동태로 사용되어 7:2에서처럼 '벗어나다, 풀려나다' 는 의미를 가진다"고 말한다(*Law*, 141.
이탤릭체는 원저자의 것).

80) Moo, *Romans*, 412.

81) Jewett, *Romans*, 431.

82) Cf. Fitzmyer, *Romans*, 457.

은 그가 살아 있는 동안 아내가 가지는 그와의 관계를 주관하는 것이 그 목적
이다; 그러나, 그가 죽는 순간 그녀를 주관하던 법은 그 힘을 잃는다.

그렇다면 바울은 왜 그녀가 남편이 아니라 남편의 법에서 벗어난다고 말
하는가? 그것은 바울이 이미 7:2a에서 "관계"의 중요성을 제시했으며, 또한
남편의 법은 그녀의 남편과의 관계 뿐 아니라 법적 규제를 포함하기 때문이
다.[83] 진정 법은 그녀의 남편과의 관계를 주관하는데, 남편 생전에 법이 명
시한 의무에 따라 행동하기를 그녀에게 요구한다. 이런 점에서, 법에서 해방
은 남편과 율법 모두에서 해방을 포함한다.[84]

나중에 논의될 것이지만, 다드와 다른 이들은 결코 결혼예가 좋은 유비가
아니라고 주장한다. 왜냐하면 아내의 입장에 서 있는 신자가 율법에 대하여
죽고 또한 그것에서 벗어나기 때문이다.[85] 하지만 남편의 죽음으로 인해 그
녀의 신분에도 변화가 생기기 때문에, 결혼예를 이해하는데 큰 어려움이 없
다. 더구나 남편의 죽음과 동시에 그녀는 법률상으로 더 이상 아내로 존재하
지 않는다.[86] 다시 말해서, 그녀는 (죽은) 남편과 부부관계를 관장하는 율법
모두에서 벗어나는 것이다.

3. "그러므로 만일 그 남편 생전에 다른 남자에게 가면 음녀라" (ἄρα οὖν ζῶντος τοῦ ἀνδρὸς μοιχαλὶς χρηματίσει ἐὰν γένηται ἀνδρὶ ἑτέρῳ 7:3a)

(1) 바울은 3a절을 ἄρα οὖν("따라서")으로 시작하는 연고로, 7:3a은 2a절

---

83) Cf. Burton, *Romans 7:1-6*, 92; Wright, *Romans*, 559; Witherington, *Romans*, 175.
84) Cf. Wright, *Romans*, 559; Witherington, *Romans*, 175.
85) Dodd, *Romans*, 101; Barrett, *Romans*, 136; Gale, "Analogy,"193-195; Räisänen, *Law*, 61-62; Little, "Paul's Analogy," 87; Aletti, "Romans," 1581; Johnson, *Reading Romans*, 106-107; Bertone, *Law*, 128.
86) Cf. Witherington, *Romans*, 175.

에서 암시적으로 거론된 것을 명확하게 하는 동시에[87] 2절을 결론짓는다고 볼 수 있다.[88] 그는 "그 남편 생전에"란[89] 구절이 전통적인 유대방식에서 남편의 존재감을 드러내며, 그것으로 인해 아내는 다른 남자에게 갈 경우 음녀라 불린다고 본다. 이 구절은 7:2a의 "그 남편의 생전에"와 연관성이 있다.[90] 이 구절은 아내가 남편과 함께 사는 기간을 성스러운 것으로 묘사하기 때문에, 다시 한번 "관계" 개념이 주목을 받는다. 그토록 성스러운 부부관계이기에, 법은 아내에 대한 남편의 권리를 보호할 뿐 아니라 그녀로 하여금 그에게 매이도록 한다. 그래서 아내는 이 성스러운 기간 중 간음과 같은 어떠한 일탈행위도 허락되지 않는다; 이 시점에서, 남편의 존재는 그들 관계의 법적 테두리 역할을 한다.[91]

그러나 라이트는 부부관계의 중요성을 인식하기 하지만, 7:3은 아내의 율법과의 관계를 말한다고 주장한다.[92] 마찬가지로, 슐라터는 3절이 아내가 율법에 철저하게 복종하는 것을 의미한다고 해석한다. 말하자면, 7:2에서 바울은 율법에서 자유가 아내가 남편의 요구에서 독립하는 것을 의미한다면, 3절에서 그녀의 자유는 단지 남편뿐 아니라 율법에서 자유를 주장한다는 것이다.[93] 우리는 그들의 주장에서 "관계"를 중시하는 것과 율법과의 관계 사이에 갈등을 볼 수 있다. 바울의 사고에서 "관계"를 강조하는 것과 율법과의 관계 사이에 긴장이 존재하는지 확실치는 않으나, 바울은 슐라터와 라이트가 인정하는 것보다 관계에 기반을 둔 주장에 좀 더 무게를 두는 것 같다.

---

87) Cf. Schlier, *Römerbrief*, 216.

88) Cf. R. C. H. Lenski, *The Interpretation of St. Paul's Epistle to the Romans* (Minneapolis: Augsburg, 1945, 1961) 446.

89) 이런 특별한 구성(즉, ζῶντος τοῦ ἀνδρός)은 바울 서신에서 드물게 발견되며, 절대 소유격으로 부사적(즉, 시간적) 용법으로 사용된다(cf. Wallace, *Grammar*, 655).

90) Cf. Gieniusz, "Rom.7:1-6," 393; Schreiner, *Romans*, 348; Witherington, *Romans*, 176; Jewett, *Romans*, 432.

91) Cf. Jewett, *Romans*, 432.

92) Wright, *Romans*, 559.

93) Schlatter, *Romans*, 153.

(2) "다른 남자에게 가면"이란 구절에서, 바울은 2절에서 자신이 말한 것에서 어떤 함의를 도출함으로 분명하게 하고자 한다.[94] 이 구절은 구조적으로 "그녀 남편에게 매인바 되나"(τῷ ζῶντι ἀνδρὶ δέδεται, 7:2a)와 병행하지만, 이 두 개는 내용면에 있어서 서로 반대 되는 상황을 보여준다: 7:2a는 합법적인 관계를 제시하는 반면, 로마서 7:3a는 불법적인 관계를 소개한다. 그럼에도 불구하고, 양쪽 모두는 "관계"를 중시하는데, 율법이 부부의 법적 관계를 유지하며 배우자 한 편에 의한 어떤 불법행위도 용납하지 않는다는 사실을 인정한다.

보야린(D. Boyarin)은 3a절의 동사 γίνομαι("가다")가 성적인 의미로 가득한 다른 사람과의 연합을 가리킨다고 주장하나,[95] 핏즈마이어는 이 동사가 아내가 "다른 사람의 (소유)가 되는 상황을 나타낸다고 주장한다.[96] 이 용어는 다른 남자의 압제로 인해 아내의 불행한 상황(참고. 2a절; 신24:3)을 추정한다. 하지만 γίνομαι라는 말에서 성적인 함축을 완전히 배제할 수 없기에,[97] 3a절의 γίνομαι가 성적 관계의 혐의를 받는 상황에서 다른 사람에게 가는 아내를 말한다해도 무방할 것이다(참고. 신24:3). 이것은 특별히 바울이 참고하고 있는 의심의 법(민5:11-39)과 이혼/재혼법(신24:1-4)을 살펴봄으로 증명될 수 있다. 그가 택하는 가장 주목할만한 어구는 신명기 24:4(LXX)의 γένηται ἀνδρὶ ἑτέρῳ이다.[98] 이 법에서 간음이 다루어지며

---

94) Cf. Moo, *Romans*, 412.

95) Boyarin, *Radical Jew,* 166. 또한, R. H. Gundry, "The Moral Frustration of Paul before His Conversion: Sexual Lust in Romans 7:7-25" in *Pauline Studies.* eds. D. Hagner and M. Harris (Exeter: Paternoster / Grand Rapids: Eerdmans, 1980) 228-245.

96) Fitzmyer, *Romans*, 458. 그는 ἀνδρὶ가 소유의 여격이라고 지적한다(cf. BDF, §189.2). cf. Wallace, *Grammar*, 150.

97) Cf. Jewett, *Romans*, 432.

98) Cf. A. D. H. Mayes, *Deuteronomy: New Century Bible* (London: Oliphants, 1979) 323; Cranfield, *Romans*, 1:333; Byrne, *Romans*, 214; Fitzmyer, *Romans*, 458; Moo, *Romans*, 413; Schreiner, *Romans*, 347; Bertone, *Law*, 127; Jewett, *Romans*, 431-432.

아내는 일방적으로 당한다.99) 그러나 그녀가 이혼 혹은 사별 후 재혼하는 구약상황과는 달리, 바울은 아내가 남편 생전에 다른 남자에게 가는 가상적인 설정도 함께 보여준다.

(3) "음녀라 이르되"란 구절은 νόμῳ("법으로," 7:2a)와 함께 봐야할지 모른다.100) 하지만 이 구절은 남편과의 관계를 먼저 고려해야 한다. 처벌이 규정에 있는 것은 법이 단지 남편의 권리를 보호하고 아내로 그에게 매이게 할 뿐 아니라, 간음이 부부관계에 피해를 입히기 때문이다. μοιχαλίς란 용어는 유대 문헌에 드물게 발견되는데(참고. TLev.14:6), 칠십인 경(LXX)에 여섯 차례 등장한다(잠18:22; 24:53; 겔16:38; 23:45; 호3:1; 말3:5). 통상 음녀로 번역되는 μοιχαλίς는 유대-기독교적 전망을 반영하는데, 때로는 "극단적인 도덕적 엄격함"을101) 은연중에 풍긴다.102) 만약 아내가 간음을 금지하는 법을 위반한다면, 이후에 따라올 법적 결과는 차치하고라도 남편과의 관계에 심각한 타격을 입힌다. 말하자면, 남편과의 관계를 깼다는 이유로 그녀는 음녀로 낙인 찍힐(χρηματίσει) 것이다.103)

간음은 결혼법이 요구한 의무를 게을리 하는 행위, 즉, 결혼의 테두리를 벗어나는 일탈행위이다.104) 또한 간음은 다른 주인을 섬기는 정신적 행위이

---

99) Cf. Yaron, "Marriage," 2.

100) Cf. Jewett, *Romans*, 432.

101) Jewett, *Romans*, 432. cf. H. McKeating, "Sanction against Adultery in Ancient Israelite Society," *Journal for the Study of the Old Testament* 11 (1979) 57-72; Tomson, *Paul*, 115; Constable, *Notes*, 446.

102) Cf. Fitzmyer, *Romans*, 458; Dunn, *Romans, 1-8*, 360; Bertone, *Law*, 126, no.31; Jewett, *Romans*, 432..

103) 왈라스(Wallace)는 동사 χρηματίζ의 미래 시제가 "행위는 어느 때고 사실이다"라는 것을 보여준다고 주장하는 한편(*Grammar*, 571), 터너(N. Turner)는 여기서 미래 직설법이 명령형으로 "그녀로 불리게 하라"는 의미를 가진다고 말한다(*Style of A Grammar of New Testament Greek*. vol.4. by J. H. Moulton, [Edinburgh: T. & T. Clark, 1976] 86). 보릭(Bo Reicke)은 로마서 7:3에서 그녀가 "공개적으로 음녀로 간주된다"고 주장한다("χρηματίζ" TDNT 9 [1974] 482).

104) Cf. Jewett, *Romans*, 432.

기에 비난받을 만하다. 바울은 아마도 민수기 5:29(LXX)의 의심의 법에서 간음으로 의심되는 상황을 보면서 ὕπανδρος를 인용하는 것 같다.[105] 이런 경우, 법은 남편과 아내 모두에게 결혼생활을 지속하기를 요구하면서 부부 관계를 유지하는 기능을 한다.[106] 바울이 아내를 "음녀"로 부른 것은, 비록 그녀에게 가정폭력범이 있으나, 율법이 그녀의 탈출을 허용하지 않기 때문에 피할 방도가 없다는 것을 보여준다. 마찬가지로, 나중에 논의되겠지만, **죄**(사탄)의 패배를 제외하면 인류가 율법에서 벗어날 길이 없다. 왜냐하면 혹자가 율법이 정한 경계를 위반할 경우, 율법이 그(녀)의 죄를 폭로하기 때문이다(참고. 롬7:5).[107]

4. "남편이 죽으면 그 법에서 자유롭게 되나니 다른 남자에게 갈지라도 음녀가 되지 아니하느니라"(ἐὰν γένηται ἀνδρὶ ἑτέρῳ ἐὰν δὲ ἀποθάνῃ ὁ ἀνήρ, ἐλευθέρα ἐστὶν ἀπὸ τοῦ νόμου, τοῦ μὴ εἶναι αὐτὴν μοιχαλίδα γενομένην ἀνδρὶ ἑτέρῳ 7:3b)

(1) 7:3b는 아내가 다른 남자와 갖는 관계가 간음으로 성립되지 않는 경우를 설명하는데, 7:3a와 반대의 경우를 보여준다; 말하자면, 남편의 죽음은 그녀를 법에서 해방시키고 다른 이와 살 수 있도록 자유롭게 함으로, 그녀에게 새로운 가능성을 열어준다.[108]

"(그녀는) 법에서 자유롭게 되나니"란 구절은 2b절 "남편의 법에서 벗어 났느니라"와 부합하는데, 여기에서 법은 "2절의 남편과 관련된 법을 재차 언

---

105) Cf. Witherington, *Romans*, 175.
106) Cf. Byrne, *Romans*, 213.
107) Holland, *Romans*, 233: "사탄은 인간의 순종에 대해 독점권을 가지기 위해 율법에 호소할 수 있으며, 율법은 그것들을 인정할 수 밖에 없다."
108) Cf. Schlatter, *Romans*, 153; Murray, *Romans,* 1:240; Fitzmyer, *Romans*, 458; Witherington, *Romans*, 176.

급한다."[109] 하지만 νόμος가 추가 설명 없이 단지 "법"으로 언급되는 이유는, 그렇게 함으로 바울 자신이 4절에서 영적인 진리를 용이하게 적용하고 결론 내리기 위해서이다.[110] 다시 한번, 이 절의 일차적인 의미는 법이 허용하는 한도 내에서 아내는 남편(또는 남편과의 관계)에게서 자유하게 된다는 것이다. 부르크하트는 다음과 같이 말한다: "2b절에 이어 3b절이 따라온다. 과부는 율법 전체가 아닌 남편의 법에서 벗어난다(ἐλευθέρα ἀπό τοῦ νόμου τοῦ ἀνδρός)고 보는 편이 아마 더 정확할 것이다." [111]

무(Moo)는 이에 반대하여, 바울은 주로 그녀의 율법과의 관계가 분리된 것에 관하여 이야기한다고 주장한다: "그녀 남편의 죽음이 그녀를 율법에서 해방시키기 때문에, 아내가 다시 결혼한다 해도 음녀로 낙인 찍히지 않을 것이다."[112] 그의 주장은 아내가 남편과의 관계에서 해방된 결과, 부부관계를 유지하는 법에서 벗어난다는 의미에서 옳다고 보겠다. 이런 관점에 근거하여, 쥬윗 또한 "그녀는 단지 남편에게서 해방(ἐλευθέρα ἐστὶν)될 뿐 아니라 ὁ νόμος 자체에서 해방된다"고 말한다.[113] 라이트는 3b절에서 바울이 우선 율법(또는 율법과의 관계)에서 해방을 말한다고 주장한다: "만약 그녀의 남편이 죽는다면 그녀는 법에서 해방된다."[114] 하지만 그는 이 절에서 바울이 부부관계의 파탄을 염두에 두고 있다는 것을 감지하고, 바울에게 "법은 아내를 첫 남편에게 매이게 했다"는[115] 사실을 받아들인다. 우리는 바울이 간음을 언급한 중요한 이유가 아내의 율법과의 관계에 관심이 있기 때문이 아니라 ― 비록 음녀가 법으로 처벌을 받지만 ― 남편과의 관계를 유지하는 것이

---

109) Moo, *Romans*, 413. cf. Holland, *Romans*, 229.

110) Cf. Moo, *Romans*, 413; Bertone, *Law*, 127.

111) Burchard, "Römer 7:2-3," 452. 반대로, 오스본(Osborne)은 여기서 바울이 결혼의 측면보다 법적 측면"을 강조한다고 주장한다(*Romans*, 169).

112) Moo, *Romans*, 413. 또한, Schlier, *Römerbrief*, 216; Klaiber, *Römerbrief*, 117; Bertone, *Law*, 127; Jewett, *Romans*, 432; 권연경,『로마서』, 196.

113) Jewett, *Romans*, 432.

114) Wright, *Romans*, 559.

115) Ibid.

훨씬 더 중요하다는 것을 보여주기 원하기 때문이라고 주장한다.

(2) 위에서 지적한 바와 같이, 로마서 7:3은 7:2에 근거하여 그것을 좀 더 명확하게 함으로 결론내린다. 2b절에서 바울은 남편이 죽을 때 아내가 남편의 법에서 벗어난다고 말하는데, 3b절에서 그녀는 다른 남자와 재혼한다 하더라도 음녀가 되지 않을 거라고 한다. 다시 말해서, 1b절에서 제시한 주요 원칙을 기초로, 바울은 이 예에서 또 다른 요소인 재혼을 추가한다:[116] 주목할 것은, 7:2에서는 남편의 죽음에 이어 과부된 상황이 따라오는 반면, 7:3은 재혼을 소개하기 위해 죽음의 일시적 성격을 보여준다.[117] 여기에서 우리는 바울의 사고의 발전을 보는데, 말하자면, 이야기가 (포악한) 남편에게서 자유하는 것으로 끝나지 않고 다른 남자와 새로운 관계를 맺는 것으로 진전한다.

학자들은 결혼예에서 재혼의 요소를 강조하지 않는 경향이 있으나, 바울은 그것을 7:2-3의 중요한 요소로 인정한다. 왜냐하면 그것을 근거로해서, 그는 부활하신 그리스도와의 혼인관계를 7:4의 중요한 주제로 삼기 때문이다. 이런 발전된 주장을 위하여 그는 결혼예에서 미리 분위기를 조성한다. 리틀은 바울이 결혼예에서 재혼의 요소를 추가할 때 당혹스러워 한다. 그녀는 이것을 바울의 논리부족으로 돌린다.[118] 하지만 바울이 처음부터 이 모든 요소들을 염두에 둔다는 사실을 의심할 이유는 없다. 하나의 사건이 다른 사건을 뒤따른다는 논리를 사용하여, 바울은 이전 요소(결혼)에 새로운 요소 (재혼)를 추가한다. 그렇다면 바울이 7:2-3에서 말하고자 하는 요점은 아내의 신분의 변화이며,[119] 그는 이 소유권의 변화를 7:4에서 로마의 신자에게 적용한다.[120]

---

116) Cf. Gieniusz, "Rom.7:1-6," 393; Burchard, "Römer 7:2-3," 451; Jewett, *Romans*, 432.
117) Cf. Burton, *Romans 7:1-6*, 93.
118) Little, "Paul's Analogy," 89. 또한, Räisänen, *Law*, 61-62.
119) Cf. Burton, *Romans 7:1-6*, 86; Snodgrass, "Sphere," 169-170; Sloan, "Law," 53.
120) Cf. Moo, *Romans*, 412-413.

γενομένην ἀνδρὶ ἑτέρῳ("다른 남자에게 갈지라도" 3b절)가 εἰς τὸ γενέσθαι ὑμᾶς ἑτέρῳ("너희도 다른이에게 가서," 7:4b)와 부합한 것을 보고, 무는 "그리스도인과 그리스도의 상황에 언어적인 병행을 만들기 위해(참고. 4절)"[121] 바울이 4절을 준비하는 차원에서 3절을 사용한다고 주장한다. 이럴 경우, 남편 혹은 법에서 자유는 아내에게 궁극적인 목표가 아니다. 확실히, 남편이 살아 있음에도 아내가 다른 남자에게 간다면 그것은 불법이며 비난받을 만하다; 그럼에도 불구하고, 이야기는 남편의 죽음과 마찬가지로 율법에서 해방으로 끝나지 않는다. 7:3b와 7:4b에서 전자는 아내가 재혼하는 것으로, 후자는 그리스도인이 부활하신 그리스도와 연합하는 것으로 결론 짓는다.

아내에게 재혼의 중요성은 그녀가 첫 남편과 어떤 관계를 가졌는가를 고려할 때 당연시 여겨진다. 첫 남편이 가정폭력범이라면 특히 그렇다.[122] 구약율법(민5:11-31; 신24:1-4)을 배경으로, 바울은 아내의 초혼을 고난받는 상황으로 제시한다. 이것에서 학자들은 바울의 주된 관심이 남편의 죽음 덕분에 아내가 율법에서 해방되는 것에 있다고 성급하게 결론내린다. 하지만 바울은 결혼제도 자체는 지극히 정상적이며 심지어 바람직한 것으로 간주한다. 남편의 죽음을 통해 법에서 벗어나는 것이 바울의 궁극적인 의도가 아닌 것이, 그녀는 결국 다른 남자에게 갈 것이기 때문이다. 매우 의미심장한 것은, 초혼이나 재혼에서 그녀와 함께한 사람이 어떤 종류의 사람인가 하는 것

---

121) Ibid., 413.

122) 어떤 구약 학자들은 신24:1의 이혼 증서가 간음의 혐의가 부당할 수 있기에 아내의 권익을 보호하기 위해 만들어진 것이라고 주장한다(cf. Mayes, *Deuteronomy*, 323; Payne, *Deuteronomy*, 133-134; J. H. Sailhamer, *The Pentateuch as Narrative* (Grand Rapids: Zondervan, 1992) 466; Wright, *OT Ethics*, 332; Constable, *Notes*, 446-447). 연구사에서, 암브로지에스터, 어거스틴, 루터, 그리고 다드는 첫 남편을 **죄**(Ambrosiaster, *Romans*, 53; Dodd, *Romans*, 101) 혹은 죄의 정욕(Augustine, *Romans*, no.36 [Landes 13]; Luther, *Lectures on Romans*, 196)으로 간주하여 비슷한 주장을 했다. 최근에, 적지 않은 사람들이 첫 남편을 **죄** 혹은 죄의 통치로 고려한다(Rehmann, "Suspended Wife," 103; Burton, *Romans 7:1-6*, 89; Smolarz, *Divine Marriage*, 212; Holland, *Romans*, 228-229).

이다. 만약 첫 남편이 가정폭력범이라면, 그에게서 해방은 그녀의 곤경에 결정적인 돌파구가 될 것이다. 그리고 율법에서 자유는 그녀의 해방을 입증한다. 하지만 심지어 남편에게서 해방도 아내에게 최종적인 목표는 아니다. 그녀에게 가장 이상적인 경우는, 바울이 3b절에서 제시하듯이, (새) 남편과 좋은 관계를 가지는 것이다.

다시 한번, 7:3b에서 "관계"의 개념이 관심의 초점으로 부상한다: 그녀가 남편과의 관계를 청산한다면, 다른 사람과 재혼을 기대할 수 있다. 아내에게 남편과의 관계는 율법과의 관계보다 우선한다.[123] 한 걸음 더 나아가, 남편의 죽음이나 그에게서 해방은 아내에게 궁극적인 목표가 아니다. 바울에게 중요한 것은 그녀의 재혼이다. 이 시점에서, 3b절은 재혼 후 그녀를 관장하기 위해 율법이 재등장한다는 사실을 암시적으로 나타낸다.[124] 부르크하트는 말하기를, "다른 남자와 관련하여 결혼법은 다시 의무화 되며 (토라는 여전히 유효하다)."[125]

---

123) Cf. Burchard, "Römer 7:2-3," 449; Rehmann "Suspended Wife," 103-104.

124) 마이어(P. W. Meyer)는 말하기를, "후자의 경우(즉, 3b절), 결혼법은 여전히 구속력이 있다; 그것은 폐지되지 않았다… 그러나 그녀를 정죄하는 법의 권세는 깨졌다"("Romans" in *Harper's Bible Commentary*. ed. J. L. Mays [San Francisco: HarperCollins, 1988] 1148). 오닐(J. C. O'Neill)은 또한 진술하기를, "남편의 죽음은 실생활에서 아내를 관장하는 율법의 세력을 끝내지 않는다"(*Paul's Letter to the Romans* [London: Penguin Books, 1975] 121).

125) Burchard, "Römer 7:2-3," 453.

로마서 7:1-6에 나타난 율법의 기능

로마서 7:2-4에서 유비적 관계와 결혼예의 기능

이 장에서 우리는 로마서 7:2-3과 7:4 사이에 존재하는 유비적 관계와 결혼예의 기능을 설명할 것이다. 지적되어야 할 것은, 7:2-3을 우화나 (일부) 유비적으로 해석하는데 문제가 있다는 것이다. 첫째, 우화적 해석은 본문을 분석할 때 너무 주관적이어서 제어 장치를 찾을 수 없다. 둘째, 만약 유비가 본문에서 하나의 요지만을 끌어낸다면, 이 해석은 설득력이 별로 없다. 왜냐하면 유비에서 "이미지가 명백하게 서로 일치하는 다른 많은 곳들이 있기"[1] 때문이다. 마찬가지로, 결혼예를 비유로 본다해도 동일한 어려움에 부딪칠 수 있다.[2] 셋째, 유비가 2-3절로 한정된다고 주장하는 것은 옳지 않다. 2-3절이 1절의 원칙을 설명하고 있기에 우리가 그것을 유비로 본다면,[3] 결혼예를 이해하는데 어려움을 겪을 것이다. 왜냐하면 바울이 1절의 원칙을 결혼예에 적용하는 것 외에는 1절과 2-3절 사이에 해당 요소가 없기 때문이다.[4] 그럼에도, 우리는 결혼예가 사실상 4절과 유비관계를 형성하고 있으며, 그런 식으로 이해될 때 그 기능을 제대로 파악할 수 있다고 본다.

---

1) Burton, *Romans 7:1-6*, 6.
2) Cf. O'Neill, *Romans*, 120.
3) 예를 들어, Bertone, *Law*, 128.
4) Cf. Gale, *Analogy*, 193.

1. 언쇼(J. D. Earnshaw)의 접근방식

우리는 결혼예와 그 적용/결론 사이에 유비관계가 존재한다는 사실을 알 수 있다: 즉, 2-3절은 원본(source)으로서 1절의 원칙을 예로 들고 있는 반면, 4절은 대상(target)으로서 그 예를 적용/결론짓고 있다.[5] 로마서 7:2-3은 결혼을 예로 들어 1절의 원칙을 설명하고 있으나, 정작 메시지는 4절에서 발견된다. 다시 말해서, 만약 바울이 4절을 위해 7:2-3에서 분위기를 조성한다면, 우리는 4절에 가서야 결혼예가 가진 함의를 알 수 있을 것이다. 이럴 경우, 1절을 2-3절과만 관련시키는 위의 해석은 설득력이 없다. 게다가, 만약 우리가 유비적 관점으로 이 두 구절(2-3절)만 분석한다면, 4절에 관하여 다음과 같은 성급한 결론에 도달할 수 있다: (1) 율법에서 완전한 해방,[6] (2) 율법과 상관 없는 새로운 관계,[7] 또는 (3) 율법 없는 윤리적인 삶.[8]

결혼예를 유비적인 분석으로 접근하는 것은 분명히 온당한 해석이다. 바울은 로마서 6장에서 유비를 사용하고 있으며(즉, 세례[3-4절]와 노예제도([6-7, 16-22절]),[9] 7:1-6에서도 같은 시도를 한다고 예상할 수 있다. 진정,

---

5) 최근에, 쉘리(C. Shelley)는 유비적 관계를 원본(source)과 대상(target)의 측면에서 설명한다(*Multiple Analogies in Science and Philosophy* [Amsterdam Philadelphia: John Benjamins, 2003] 7). 2-3절과 4절은 4절 초두의 ὥστε가 비교가 아닌 결론을 나타내고 있기에 유비적 관계를 형성할 수 없다고 가끔 주장된다. 그러나 레이제넨이 주장한 바와 같이, "4절의 καί는 어쨌튼 바울이 2-3절에서 제시한 예와 그리스도인의 상황 사이에 유비가 있다고 생각한다는 것을 보여준다"(*Law*, 62). 또한, Earnshaw, "Marriage Analogy," 71; Edwards, *Romans*, 178-180; Spitaler, "Reasoning," 733-734, 737; Hultgren, *Romans*, 269.

6) Cf. Tobin, *Paul's Rhetoric*, 220-221; Bertone, *Law*, 128-129.

7) Cf. Earnshaw, "Marriage Analogy," 72, 84; Stuhlmacher, *Romans*, 103; Hellholm, "Römer 7:1-6," 402-403; Moo, *Romans*, 413-414.

8) Cf. Byrne, "Romans 6:1-8:13," 562-567; Gieniusz, "Rom.7:1-6," 393ff; Gagnon, *Rom.6:1-7:6*, 184, 229-231, 300.

9) E.g., Gale, *Analogy*, 177-189; Burton, *Romans 7:1-6*, 37ff.

유비는 고대 수사학에서 빈번하게 사용된 기법이며[10] 바울은 이 방법을 사용하는데 어려움을 느끼지 않을 것이다. 우리의 판단으로는, 결혼예(2-3절)와 그 적용/결론(4절) 사이에 분명 유비관계가 있다: 즉, 2-3절은 원본이며 4절은 대상이다.[11]

언쇼는 7:2-4가 유비의 사용을 보여준다고 주장하는데, 2-3절과 4절이 뚜렷한 유사점을 가지고 있기 때문이다: 가령, 아내의 초혼은 신자가 그리스도의 죽음으로 그와 연합하는 것과 유사하며, 재혼은 신자가 부활하신 그리스도와 연합하는 것과 유사하다.[12] 언쇼는 로마서 7:2-4에 관하여 다섯 가지로 설명하는데, 그 가운데 네 가지는 초혼을 다루며 나머지 하나는 재혼을 다룬다. 첫째, 초혼과 신자의 그리스도와의 연합은 서로 잘 맞아 떨어진다. 언쇼는 "바울이 그리스도와 신자의 구속적인 연합을 나타내기 위해 남편과 아내의 연합을 사용한다"고 적는다.[13]

둘째, 바울은 결혼예를 그리스도와 신자에게 적용할 때(4절), 신자의 죽음에 주목하는데, 저들이 그리스도의 몸을 통하여 그의 죽음에 참여했기 때문이다.[14] 게다가, 만약 그리스도의 몸이 그의 죽음을 나타낸다면, 남편의 죽

---

10) 위의 p.82 n.18을 보라. 유비(analogy)란 용어는 "비율에 따라"란 의미를 가진 헬라어 ἀνὰ λόγον에서 유래한다(Thimmes, "Rom.7:1-4," 197). 고대 수사학은 귀납적인 주장을 이끌기 위해 일종의 인위적인 증명으로 유비를 사용한다(cf. Burton, *Romans 7:1-6*, 36; Witherington, *Romans*, 174-175). 웹스터 사전에 따르면, 유비는 "물건들이나 상황들 사이의 연장된 혹은 정교한 비교를 사용하는 비유적 표현"으로 정의한다("Analogy," *Webster's Third New International Dictionary of the English Language Unabridged* [Springfield: G. & C. Merriam Company, 1966] 77). 이런 경우, 유비는 서로 다른 것들 사이에 한 가지 혹은 그 이상의 방법으로 유사함이 있다는 사실을 나타낸다(cf. Little, "Paul's Analogy," 83). 그렇다면 유비는 두 가지 내용을 비교하는 것으로, 가령, a:b::c:d(예를 들어, 애벌레가 껍질에서 나오듯이, 우리도 안락한 자리에서 나와야 한다)의 형태로 "익숙한 개념에서 연결이 만들어지기 전까지는 명확하지 않은 덜 익숙한 개념으로 연결을 이동한다"(Thimmes, "Rom.7:1-4," 197).

11) 반대로, 알레티(Aletti)는 말하기를, "우리는 아내/남편//세례받은 자/그리스도 처럼 건강부회식의 유추는 피해야 한다. 왜냐하면 결혼예의 경우, 아내는 죽지 않으며 남편도 부활하지 않기 때문이다"("Romans," 1581).

12) Earnshaw, "Marriage Analogy," 72-84.

13) Ibid., 82.

14) Ibid., 82-83.

음과 그리스도의 죽음이 서로 밀접하게 연관된다는 것은 받아들일 만한 사항이다.[15]

셋째, 남편의 죽음과 그리스도의 죽음 모두는 해방의 수단이다.[16] 언쇼에 따르면, 남편의 죽음은 아내를 남편과 결혼법에서 자유하게 한다; 마찬가지로, 그리스도의 죽음은 모세의 율법에서 신자를 자유하게 한다. 아내와 결혼법의 관계는 남편의 생사여부에 달려 있다;[17] 신자의 경우, 저들은 그리스도의 죽음으로 모세의 율법에서 벗어난다.

넷째, 그리스도인의 죽음은 그리스도의 육체적 죽음과 비교할 수 있는데, 그들의 죽음이 그의 죽음 덕택으로 발생하기 때문이다. 서로 다른 용어 사용으로 인해 이 해석에 대한 반대가 있다; 말하자면, "해석자들로 이런 연결을 보지 못하도록 방해하는 것은 그들의 죽음(즉, ἐθανατώθητε)인데, 아내의 풀려남은 다른 용어(즉, κατήργηται)로 말해진다"는[18] 것이다. 언쇼가 판단하기는, 서로 다른 용어에도 불구하고 큰 차이가 없는 것으로 본다.

마지막으로, 학자들 사이에 둘째 남편과 부활하신 그리스도가 서로 일치한다는 사실에 의견 일치가 있다는 것을 언쇼는 인정한다. 하지만 질문이 제기되는데, 어떻게 그리스도가 첫 남편과 둘째 남편 모두와 일치할 수 있는가 하는 것이다. 이것에 대하여 언쇼는 대답하기를, 그리스도의 부활은 "그리스도의 인간적/성육신적 존재양식에서 근본적인 전환점이다. 부활은 그리스도의 인성에 전적인 (종말적) 변화를 의미했기에, 그리스도와 관련하여 영속성을 말하는 것이 적당할 뿐 아니라 불연속성을 말하는 것도 적절하다"고[19] 한다.

언쇼에게 있어, 로마서 7:1-4에서 바울이 전하고자 하는 것은 전에 율법

의 지배를 당했던 신자가 이제 하나님을 위해 보람있게 헌신한다는 것이다; 그들을 율법에게서 하나님을 진정으로 섬기는 위치로 옮긴 것은 바로 그리스도의 죽음과 부활이다.[20]

여기에서 우리의 목적은 언쇼가 지적한 몇 가지 중요한 점을 부각시키는 데 있다. (1) 결혼예(2-3절)와 그 적용(7:4) 사이에 유비적 관계가 있다; (2) 남편의 생사여부에 달린 아내의 남편과의 관계와 그리스도의 죽음을 통한 신자의 그리스도와의 관계 사이에 유사점을 찾을 수 있다. 그러나, 과연 아내의 초혼이 인류가 사탄과 같은 존재와 동맹하는 것이 아닌, 그리스도와 연합을 나타내는지는 의심스럽다.[21] 나중에 논의할 것이지만, 7:4에서 인류의 그리스도와의 연합은 두 단계에 걸쳐 실행된다: 첫째, 인류는 그리스도의 몸을 통하여 그리스도와 연합하는데(즉, 들어감), 그때 저들은 **죄**에 대하여 죽음으로 율법에서 벗어난다; 둘째, 이제 그리스도와 연합한 자들은 그와 지속적으로 연합할 수 있다(즉, 머뭄). 그리스도의 죽음으로 인류가 그리스도와 연합할 경우, 율법은 아담적 인류가 **죄** 아래 있을 때 저들을 정죄하기 위해 사용되었으나, 저들이 그리스도와 함께 죽는 순간 율법은 더 이상 정죄의 도구로 작용하지 않는다. 이럴 경우, 그리스도는 언쇼가 주장하듯이 첫 남편이 아니다. 오히려, 결혼예에서 첫 남편은 아담적 인류를 지배해 온 **죄**(사탄)를 나타낸다.[22] 하지만 때가 차매, 그리스도가 **죄** 아래 있던 인류의 속박을 끝내고 그의 지배에서 해방시키기 위해 우리를 대신해서 죽으셨다(참고. 갈 4:4-5; 롬5:12-21).

또 다른 문제는 언쇼가 둘째 남편(즉, 그리스도)과 아내(즉, 신자) 사이의 "관계"에 관심을 보이기는 하지만, 신자의 율법과의 관계에 더 많은 관심을 가진다는 것이다:[23] 신자는 그리스도의 죽음을 통하여 그저 율법에서 벗어

---

20) Ibid., 84.
21) Cf. Schreiner, *Romans*, 348; Tomson, "Law," 573; Bergmeier, *Gesetz*, 446.
22) Cf. Dodd, *Romans*, 101; Holland, *Romans*, 228.
23) 비슷하게, Thimmes, "Rom.7:1-4," 199-201; Schreiner, *Romans*, 347ff.

난다. 그러나, 율법은 그들이 부활하신 그리스도와 연합할 때 재등장 할 것으로 추정된다. 그들은 더 이상 율법의 정죄를 받지 않으며, 하나님을 위해 열매 맺기 위하여 율법을 다시 맡아 그리스도와 관계를 유지한다.[24]

2. 로마서 7:2-4의 유비관계: 하나의 해결책 제시

먼저, 우리는 로마서 7:2-3이 두 부분으로 구성된다고 제안한다: 즉, 첫 부분으로 2절과 둘째 부분으로 3절. 각 구절은 두 개의 요소, 즉, 2a+b와 3a+b를 가지는데, 이럴 때 우리는 2절과 3절이 서로 병행한다는 사실을 즉각적으로 알 수 있다(즉, 2a/3a와 2b/3b).[25] 이러한 관찰을 바탕으로, 바울은 1절의 원칙을 적용하면서 2a/3a절에서 자신의 핵심 논쟁을 시작하는 것을 볼 수 있다: 말하자면, 결혼과 함께 부부관계가 시작된다; 법은 그들이 살아 있는 동안 부부를 관장한다. 그러나 2b/3b절에서 바울은 남편의 죽음은 부부관계를 끝내며, 남편 뿐 아니라 결혼법에서 아내를 자유케 한다고 주장한다.[26] 덧붙여, 3b절에서 그는 재혼에 대한 전망을 소개함으로 한 걸음 더 나간다.

좀 더 구체적으로, 2a/3a절은 아내가 남편에 매여 있다고 말하며, 남편 생전에 다른 남자에게 갈 경우 법은 그녀를 음녀로 정죄한다고 한다. 그렇다면 2a/3a절이 보여주는 것은 부부관계가 근본적으로 중요하며, 아내에게 있어 남편과의 "관계"가 무엇보다 우선시된다. 따라서, 그녀는 남편이 살아 있는 동안 다른 남자와 사는 것이 허락되지 않는다. 하지만 그가 죽으면(2b/3b

---

24) 오닐은 말하기를, "첫 남편의 사망 후 둘째 남편과 결혼 한 아내는 간음에 관한 법에서 자유롭지 않는데, 재혼하자 마자 그녀는 다시 그것에 복종해야 하기 때문이다" (*Romans*, 120).

25) Cf. Viard, "Romains 7,1-6," 165. 이와는 조금 다르게, 헬홈(Hellholm)도 결혼예가 두 단계로 전개된다고 제시한다: 우선, 율법의 구속이 폐지됨(2절), 그리고 또한, 새로운 유대 관계를 다룰 적극적인 기회가 생김(3절)("Römer 7:1-6," 402-403).

26) Cf. Burchard, "Römer 7:2-3," 448.

절), 그녀는 남편 및 부부관계를 관장하던 법 모두에서 해방되며, 결과적으로, 다른 남자에게 가도 음녀로 낙인 찍히지 않는다. 2b/3b절에서도 바울은 "관계"를 중요시 여기는데, 왜냐하면 아내가 새로운 남편을 갖기 위해서 전 남편과의 관계를 정리해야 한다고 제시하기 때문이다.[27]

2-3절과 4절이 유비적 관계를 가지기 위해서, A:B::C:D식의 구성방식이 필요하다: 즉, A가 B에 대한 것같이, C도 D에 대하여 그렇다는 방식. 위에서 언급한 바와 같이, 2-3절은 병행 구조, 즉, 2a/3a와 2b/3b를 가진다. 이런 경우, 이 병행 구조는 A와 B 요소로 부를 수 있다: 2a/3a절(A)에서 남편 생전에 아내는 법으로 그녀 남편에게 매이나, 2b/3b절(B)에서 남편이 죽자 그녀는 남편의 법에서 해방되고 다른 남자에게 간다. 간단히 말해서, 결혼예는 A+B 구성방식을 가지고 있으며, 아내의 신분은 그녀 남편의 생사 여부에 달려 있다고 말할 수 있다.

4절은 "그래서, 따라서"라는[28] 의미를 가진 추론적 접속사 ὥστε로 시작하는데, 이것으로 봐서 4절이 2-3절을 기반으로 세워져 있다는 것을 알 수 있다. 이것은 우리로 2-3절을 원본으로, 4절을 대상으로 여길 수 있도록 한다. 만약 2-3절의 결혼예가 4절과 유비적 관계에 있다면, 우리는 A와 B에 상응하는 C와 D 요소를 4절에서 가지는 것으로 생각할 수 있다. 사실 바울은 4절에서 한때 아담적 인류였던 신자가(C) 그리스도의 몸을 통하여 율법에 대하여 죽고 부활하신 그리스도와 연합한다고(D) 말한다. 유비적 관계에서, A가 C와 관련되고 B가 D와 관련되는 것으로 추정한다. 그런데 C와 D의 범위 안에 있는 7:4는 오직 B에 상응하는 D만 갖고 있다.[29] 웹스터 사전에 따르

---

27) 홀랜드는 말하기를, "간음은 관계적이다. 그것은 혼인 서약을 할 때 들어간 언약의 약속들에 대한 배신이다"(*Romans*, 216).

28) Cf. C. F. D. Moule, *An Idiom Book of New Testament Greek* (Cambridge: Cambridge University Press, 1953, 1984) 144; Keck, *Romans*, 197. 비야드는 ὥστε 의 사용법이 연속적이라고 이해한다(Viard, "Romains 7,1-6," 167). 위의 p.212 n.5를 보라.

29) Cf. Spitaler, "Reasoning," 736; Moo, *Romans*, 419.

면, 유비는 "다른 형태를 창조하기 위한 근거로서 채택한 쌍들의 멤버 혹은 언어형식들 사이의 상응관계"를[30] 의미한다. 이 정의가 사실이라면, "A와 B는 사실상 C와 D와 동일한 관계를 가지며, 만일 (우리에게) 세 요소만 주어진다 하더라도, 네 번째 요소에 대한 올바른 답이 있다."[31] 따라서, 우리는 4절에서 C의 존재를 결정할 만한 충분한 이유가 있다.

B와 D에 관하여, 슈피탈러는 원본 B(2b/3b절)와 대상 D(4절)가 세 가지로 상응관계에 있다고 주장한다:[32] 첫째, 바울은 남편의 죽음과 아내가 법에서 자유함을 연관시키듯이, 그리스도의 몸과 율법에 대한 신자의 죽음을 연관시킨다; 둘째, 바울은 아내가 법에서 자유함을 다른 남자에게 가는 것과 연결시키듯이, 율법에 대한 신자의 죽음을 그리스도와 연합하는 것과 연결시킨다; 셋째, 바울은 아내가 다른 남자와 연합하는 것을 음부라 정죄하지 않는 것과 연계하듯이, 신자가 부활하신 그리스도와 연합하는 것을 열매 맺는 것과 연계시킨다.

또한, 슈피탈러는 원본 B 안에 "원인과 결과"(τοῦ μὴ, 3b절)의 관계가 대상 D 안에 인과관계(εἰς τὸ ["이는"], 4절)와 유비적으로 서로 상응한다고 본다.[33] 다시 말해서, 원본에서 남편의 죽음은 그녀로 하여금 법에서 자유케 하며, 결과적으로, 그녀가 다른 남자에게 가도 음녀가 되지 않게 한다; 마찬가지로, 대상에서 그리스도의 몸으로 말미암아 로마의 그리스도인은 율법에 대하여 죽고, 그 결과, 부활하신 그리스도와 연합하여 하나님을 위해 열매 맺도록 한다.

지적한 바와 같이, 4절은 가상의 C를 넌지시 비친다. 슈피탈러는 4절에서 C 요소가 누락된 것을 인지하고서 우리에게 그 이유를 말한다: "그것이 부재한 이유는 대상의 기능에서 찾을 수 있다: 즉, 원본에 있는 특별한 주제의 강

---

30) "Analogy," 77.

31) http://ask.metafilter.com/72545/Analogy-whiz.

32) Spitaler, "Reasoning," 737.

33) Ibid.

로마서 7:1-6에 나타난 율법의 기능

화와 다른 주제의 암시."[34] 슈피탈러에 따르면, 첫 남편(2a, 3a절)과 일치하는 요소가 대상에 없는 이유는 바울이 로마의 신자에게 새로운 권세를 소개하기 원하기 때문이라고 한다. 다시 말해서, 남편이 사라지면서, 대상은 신자를 그리스도의 권세 아래로 온 자들로 내비치며, 그것은 마치 원본에서 아내의 상황과 유사하다는 것이다.

우리는 대체적으로 슈피탈러의 주장에 동의하지만, C 요소가 D에 흡수되는 것으로 7:2-4를 설명하기보다, 적어도 암암리에, D와 별도의 그러나 A와 병행되는 요소인 C가 존재한다고 믿는다. 이런 결론은 C 요소가 로마서 7:1-6 전체를 이해하는데 결정적이기 때문에 매우 중요하다. C의 내용은 다음과 같이 설명할 수 있다: 인류는 **죄**(사탄)의 지배 아래 있었다; 그들은 율법의 정죄 아래 있기에, **죄**에서 벗어날 수 없다.[35] 이것은 A 요소(2a/3a절)에서 아내가 법으로 남편에게 매여 있는 상황과 직접적으로 연관된다.[36] 인류의 **죄**와의 관계는 로마서 5장에서 아담적 인류의 이야기에 이미 나와있다: 아담적 인류는 **죄**의 지배 아래 있었기 때문에(12, 14-15절), 율법의 정죄 아래 있었다(16, 18-20절); 그 결과, 그들은 "아담 안에서" 그런 상황을 극복할 수 없었다.[37] 로마서 6장에서도 인류는 **죄** 아래 있었다고 한다; 하지만 그들은 **죄**에 대하여 죽고(2, 6절) **죄**에서 벗어났다(7절). 그럼에도, 6:12-14에서 바울은 로마 독자에게 자신들을 **죄**에 대하여 죽었다고 여기고, **죄**가 저희 죽을 몸에 왕 노릇 하지 못하게 하라고 권면한다.

로마서 7:4를 볼 때, 우리는 이제 이 구절이, 비록 가설이지만, 그리스도의 죽음을 통하여 패배한 **죄**의 지배를 가정하고 있는 것으로 이해한다; 그러나

---

34) Spitaler, "Reasoning," 740. 헬홈에 따르면, 원본에서 남편과 아내의 병렬이 대상에서 그 상관관계를 찾지 못하는 이유는 "그리스도 안에서 남자나 여자가 없으며(갈3:28), 이미지가 강요되지 않기 때문"이라고 한다(Hellholm, "Römer 7:1-6," 405).

35) Cf. Schottroff, "Sünde," 499-502; Snodgrass, "Sphere," 162, 169-170; Sloan, "Law," 48ff; Wright, *Romans*, 530, 559; Gaventa, "Sin," 234-235.

36) Cf. Viard, "Romains 7,1-6," 170.

37) 홀랜드는 "아담을 통해 사람은 사탄과 언약 관계로 매여 있다. 이것이 하나님이 심판하시고자 하는 이유"라고 말한다(*Romans*, 224).

아내가 남편의 죽음을 통하여 남편과 결혼법에서 자유하듯이, 아담적 인류는 그리스도의 죽음으로 그리스도와의 연합을 통해 **죄**에서 해방된다.[38] 만약 이 논리가 옳다면, 율법에 대한 인류의 죽음은 율법의 요구를 만족시킨 그리스도의 죽음과 병행한다.[39] 이것은 필요한 일인데, 율법이 하나님께 대항하여 지은 죄에 대한 형벌로서 인류에게 죽음을 요구한다는 것(롬6:23)을 **죄**가 알고 있기 때문이다.[40] 그리스도의 죽음을 통하여, 신자는 더 이상 율법의 정죄를 당하지 않고 부활하신 그리스도와 연합하여 하나님을 위하여 열매 맺을 수 있다. 그러므로, 7:4에서 바울은 C 요소를 염두에 두면서, 이제 아담적 인류는 **죄**의 지배에서 그리스도의 지배로 이전된다고 주장한다.[41]

정리하자면, A 요소(2a/3a절)는 남편이 살아 있는 상황을 묘사한다. 이런 상황에서, 아내는 법으로 그녀 남편에게 매여 있다: 이런 관계가 지속되는 동안 그녀는 다른 남자에게 갈 수 없으며, 만약 다른 남자에게 갈 경우 그녀는 법에 의해 정죄를 받을 것이다. C 요소는 아담적 인류가 **죄** 아래 있다는 동일한 상황을 보여준다: 즉, **죄**가 활동하는 동안(참고. 5:12-14; 6:12, 16), 저들은 율법의 정죄 아래 있으며 **죄**가 저들을 지배하기에 그리스도에게 갈 수 없다(참고. 5:16, 18-20).[42]

---

38) 7:4에서 바울은 마지막 아담인 그리스도께서 자신의 죽음과 부활을 통해 많은 사람을 받아들인다고 넌지시 알린다(cf. Nygren, *Romans*, 274; J. A. T. Robinson, *Wrestling with Romans* [Philadelphia: Westminster, 1979] 47; Byrne, *Romans*, 214; Schreiner, *Romans*, 352; Jewett, *Romans*, 435).

39) Cf. Murray, *Romans*, 1:243.

40) 리델보스(Ridderbos)는 **죄**가 구원얻지 못한 인류에게 그 무엇을 요구한다고 지적한다: "죽은 자는 법적으로 죄에서 자유하며, 그는 *죄에게 값을 지불했으며, 죄는 더 이상 그에게 청구권이 없다*"(*Paul*, 208. 이탤릭체는 내 것). 또한, Schottroff, "Sünde," 499; O'Brien, "Principalities," 143; 홍인규, 『로마서 어떻게 읽을 것인가』 개정증보판. (서울: 성서유니온, 2011) 116-117, 119.

41) 홀랜드는 "예수님의 경우, 이동은 서명을 통하지 않고 자신의 죽음을 통하여 이루어졌으며, 그것은 사탄의 활동과 세력을 무효로 만들었다"고 말한다(Holland, *Romans*, 183).

42) 7:4에서 C 요소는 아담적 배경을 가진다: 7:4에서 바울은 영적인 죽음을 언급하며(Murray, *Romans*, 1:242; Spitaler, "Reasoning," 738), 영적인 세계에서 죽음은 언제나 아담과 관련된다(Byrne, *Romans*, 214; Wright, *Romans*, 559); 5-8장에서 율법은 이스라엘과 연관될 뿐아니라(Thielman, "Romans 5-8," 169ff; D. J. Moo, "Israel and law in

사실상, 로마서 7:5는 인류의 비참한 상황(즉, C 요소)을 제시한다.[43] 이 구절은 아담적 인류가 **죄**의 정죄 아래 있었다고 설명한다: **죄**의 정욕이 율법으로 말미암아 그들 지체 중에 역사했을 때, 저들은 사망을 위하여 열매를 맺었다; 율법은 일종의 경계표지 역할을 했으며, 저들로 의에 이르는 길을 가지 못하도록 막았다.[44] 7:5이 C의 내용을 나타낸다는 추정이 정당화될 수 있는 이유는, 바울이 4절에서 먼저 해결책을 제시하고, 6절과 함께 5-6절로 하여금 이어서 나올 7:7-8:17의 머리기사로 만들기 위해 5절에서 C 요소를 논의하는 것이 타당하다고 생각하기 때문이다.

B 요소(2b/3b절)는 남편의 죽음과 그 이후의 상황을 보여 준다: 그가 죽을 때, 아내는 그녀 남편과 남편의 법 모두에서 벗어나며, 새 남편과 함께 살 수 있다. 그런 상황에서, 그녀가 다른 남자에게 갈지라도 법은 정죄하지 않는다. B와 상응하는 D 요소에서, 바울은 신자가 **죄**를 패배시킨 그리스도의 죽음을 통하여 율법에 대하여 죽은 후, 하나님을 위해 열매 맺기 위하여 부활하신 그리스도와 연합하는 것을 보여준다.

3. 결혼법의 기능

지금까지 우리는 2-3절과 4절 사이의 유비적 관계를 점검했다. 다음 장으로 넘어가기 전에, 우리는 결혼예의 기능을 살펴 볼 필요가 있는데 그 이유는 결혼예가 7:1-6에서 매우 중요한 역할을 하고 있으며, 이 문맥에서 작용하는 방식이 7:1-6과 특별히 7:4-6을 해석하는데 있어 결정적이기 때문이다.

Romans 5-11: Interaction with the New Perspective" in *Justification and Variegated Nomism*. vol.2. eds. D. A. Carson, P. T. O'Brien, and M. A. Seifrid [Tübingen: J. C. B. Mohr / Grand Rapids: Baker Academic, 2004] 194ff), 아담적 인류와도 관련되어 있다(Wright, "Theology," 49-50; Napier, "Sin and Torah," 17ff).

43) 비야드는 로마서 7:2a가 5절에서 그 적용을 찾는다고 주장한다(Viard, "Romains 7,1-6," 166).

44) Cf. Holland, *Romans*, 233.

(1) 대체적으로, 7:4-6에서 바울은 6:16-23의 윤리적인 함의를 이어간다:
신자는 **죄**에 대하여 죽음으로 하나님의 종이 된 것처럼, 또한 율법에서 해방
됨으로 영의 새로운 것으로 섬긴다(7:6). 바울에게 있어 결혼예는 그런 결론
을 위해 꼭 필요한 단계이다.[45] 동시에, 성화와 관련하여 율법의 본질과 기
능, 즉, 옛 시대에서 율법은 사람의 지체 안에서 죄를 더하기 위해 예속시키
는 세력으로 역사했으나(7:7-25), 신자는 성령 안에서 행함으로 하나님의
율법을 순종하기 시작한다(8:1-8)는 사실을 나중에 설명하기 위해 바울은
여기 7:1-6에서 "율법"이라는 비교적 새로운 주제를 시작한다. 요컨대, 7:2-
3에서 바울은 6:16-23을 결론짓는 한편, 뒤에 나올 내용을 준비하기 위해 구
약에서 하나의 예를 들고 있다.[46]

　　바울이 결혼을 예로 들 때, 그는 사실 자신의 묵시적 메시지를 전하는데,
결혼예가 적용/결론(4절)에서 묵시적 개념을 도입하고 이어서 그것을 설명
하기에(7:5-6) 효과적인 수단이 되기 때문이다:[47] 아내의 관점에서 보면, 한
통제영역에서 다른 통제영역으로 이동한다는 생각 자체가 묵시적이다;[48] 죽음
은 사람을 어떤 영향권에서 벗어나게 한다는 생각 또한 묵시적이다;[49] 만약
아내가 **죄**에 매여 있다가 풀려난 아담적 인류를 나타낸다면, 묵시적 개념은
결혼의 근본적인 모티브가 될 수 있다.[50]

---

45) Cf. Little, "Paul's Analogy," 90; Viard, "Romains 7,1-6," 168-169.

46) 비슷하게, Aquinas, Sanday & Headlam, Dodd, and Wilckens.

47) Cf. Snodgrass, "Sphere," 161.

48) Cf. Snodgrass, "Sphere," 161ff; Sloan, "Law," 46-56; Nickelsburg, "Paul's Solution,"
351ff; Pate, *End*, 71-98. 샌더스는 바울에게 있어 구원이란 한 세력권에서 다른 세력권으
로 이동하는 것과 관계있다고 올바르게 주장한다(Sanders, *Law*, 7).

49) Cf. Beker, *Paul*, 151ff, 189ff.

50) 웨스터홈(S. Westerholm)은 바울과 유대교 사이에 차이가 있다고 주장한다: 바울의 입장에
서 인간은 아담의 불순종으로 인해 완전히 절망적인 반면, 유대교에서는 인간이 "선행을 행
할 능력이 없지는 않다"고 본다; 그러나, 모두 다 "모든 인간은 실상 죄를 지으며 하나님의 자
비를 필요로 한다"는 사실을 인정한다("Paul's Anthropological 'Pessimism' in Its
Jewish Context" in *Divine and Human Agency in Paul and His Cultural
Environment*. ed. J. Barclay and S. Gathercole [London: T. & T. Clark, 2006] 97). 또
한, J. R. Levison, "Adam and Eve in Romans 1:18-25 and the Greek *Life of Adam and*

결혼예는 한 영역에서 다른 영역으로 주권이 이동한다는 개념을 바울이 사용할 수 있도록 도와주는데, 그로 하여금 성화의 메시지를 효과적으로 전할 수 있게 한다.[51] 만약 결혼예에서 재혼이 언급되지 않는다면, 죽음을 통한 율법에서 자유는 바울의 궁극적인 메시지가 될 것이다. 하지만 바울은 재혼을 매우 중요시하며, 반드시 그것을 결혼예에 포함시키고자 한다. 신명기 24:1-4은 특별히 재혼을 취급하는데, 이혼이나 사별에 뒤이어 나온다. 바울에게 있어 재혼이 더더욱 중요한 이유는 그것으로 자신의 성화의 메시지를 어려움 없이 전할 수 있기 때문이다: 성화의 삶은 구원받지 못한 인류가 그리스도의 죽음으로 그와 연합함으로 시작한다; 그것은 그들이 부활하신 그리스도와 연합함으로 지속된다.[52]

(2) 구체적으로, 결혼예는 1절의 원칙을 입증한다.[53] 그 원칙은 부부관계, 아내의 해방수단으로서 남편의 죽음, 그리고 아내의 주권이동 등 결혼예에 포함된 모든 요소를 아우르지는 않는다. 하지만 모든 요소가 원칙의 두 요소, 즉, 법은 사람의 생전에 그(녀)를 관장하며, 다만 죽음이 법이 관장하는 관계를 끊는다는 것에 내포되어 있다.

원칙의 첫 요소는 다른 사람과의 "관계"를 당연히 중요하게 여긴다. 1절의 원칙에 따라, 결혼예는 관계는 주어진 것이며, 반드시 고려되어야 한다는 것을 재차 확인한다.[54] 결혼을 예로 들면서, 바울은 부부관계가 먼저이며 법은 부부관계를 유지한다는 것을 보여주는 민수기 5:11-31과 신명기 24:1-4를

Eve," *New Testament Studies* 50 (2004) 519-534; Longenecker, *Eschatology*, 268-282; Pate, *Glory of Adam*, 67-77, 146-147.

51) Cf. Aletti, "Romans," 1581.
52) Cf. Little, "Paul's Analogy," 90.
53) 케제만은 그것을 "교육적인 기능"으로 부른다(Käsemann, *Romans*, 187).
54) 알레티에 따르면, 7:2-3에서 바울은 "결혼이 결속력이 강한 관계이며, 원칙적으로 죽음 외에는 깨어질 수 없는 일종의 언약(신22:28-29)"이라는 것을 보여준다(Aletti, "Romans," 1581).

사용한다.[55] 또한, 이 원칙은 법이 지속적으로 존재한다는 사실을 우리에게 알려주는데, 마찬가지로 결혼에도 그렇게 추정한다: 결혼이나 재혼하면서 아내는 법의 관장을 받는다.[56] 이와 동시에, 원칙의 둘째 요소인 법의 일시적 성격은 남편의 죽음으로 부부관계가 끝나는 경우에 나타난다.

(3) 결혼예는 또한 4절에서 만들어질 적용/결론을 위한 분위기를 형성한다. 4절이 2-3절과 병행한다고 가정할 때, 우리는 결혼예가 독자의 관심을 4절의 적용/결론으로 이끈다는 것을 알 수 있다.[57] 첫째, 결혼예는 바울이 7:1-6을 쓰고자 하는 목적에 기여한다. 다드와 다른 이들은 이것에 반대하여, 7:1-6에서 바울의 메시지는 결혼예가 없어야 제대로 전달될 수 있다고 주장한다.[58] 하지만 바울의 입장에서, 결혼예는 "관계"의 중요성을 강조하고 있기 때문에 이 시점에서 반드시 요구된다.

결혼예는 특별히 독자가 그리스도와 신자의 혼인관계(4절)의 중요성을 인식하기 용이하게 만들 목적으로 사용된다. 그래서 바울은 4절에서 이전에 **죄** 아래 있던 인류가 이제 그리스도의 주권 아래 있으며,[59] 결혼예에서 죽는 남

---

55) 이것은 율법이 은혜롭다는 것을 확실히 보여준다: 율법은 사람 앞에 엄격한 잣대를 항상 들이대는 것은 아니며, 오히려 이미 형성된 관계를 보호하고 유지함으로 그 관계를 존중한다. 이 점에서, 율법은 교훈으로 이해된다(cf. G. Östborn, *Tora in the Old Testament* (Lund: Hakan Ohlssons Boktryckeri, 1945) 33ff; I. Engnell, *Israel and the Law.* 2nd ed (Uppsala: Wretmans Boktryckeri, 1954) 2ff; Gutbrod, "νόμος," 1036-1046; G. S. Sloyan, *Is Christ the End of the Law?* (Philadelphia: Westminster, 1978) 29; W. C. Kaiser, "The Law as God's Gracious Guidance for the Promotion of Holiness" in *The Law, the Gospel, and the Modern Christian: Five Views.* ed. W. Strickland (Grand Rapids: Zondervan, 1993) 192-194; W. R. Gawrisch, "The Meaning of the Hebrew Word *Torah* with special Reference to its Use in the Psalms," *Wisconsin Lutheran Quarterly* 89 (1992) 145; Nickelsburg, *Ancient Judaism,* 33; Rosner, *Law,* 181.
56) Cf. Achtemeier, *Romans,* 117; Burton, *Romans 7:1-6,* 103.
57) Cf. Moo, *Romans,* 413-414.
58) Dodd, *Romans,* 100-101; Gale, *Analogy,* 198; Ziesler, *Romans,* 173-174; Tobin, *Paul's Rhetoric,* 221.
59) Cf. Ridderbos, *Paul,* 208.

편처럼 **죄**는 십자가에서 패배함으로(골2:15), 신자는 새로운 남편인 그리스도와 자유롭게 연합할 수 있다고 말할 수 있다.

둘째, 결혼예는 죽음의 중요성을 강조한다. 죽음은 새로운 관계를 위한 필수조건으로, 예전의 관계를 청산하고 그 관계를 주관하는 법에서 사람을 자유케 한다. 아내가 재혼하기 위해서 죽음이 요구되듯이, 4절에서 인류가 그리스도와 연합하기 위해서 죽음이 요구된다고 바울은 재차 주장한다. 남편이 죽을 때, 그녀는 법 앞에서 더 이상 아내로서 존재하지 않는다는 것에 주목할 필요가 있다; 여전히 생존해 있으나, 그녀는 법적으로 잊혀진 존재이다.[60] 마찬가지로, 신자는 그리스도의 죽음으로 그와 연합할 때, **죄**의 지배 아래 아담적 인류였던 그들은 없어지고 (비록 일시적이지만) 율법에서 완전히 벗어난다.[61]

셋째, 결혼예는 법이 주어진 관계를 유지하는 수단으로 그 역할을 감당한다는 것을 보여준다. 법은 이미 세워진 관계를 주관한다. 만약 결혼한 부부가 결혼법의 테두리 내에서 산다면, 법은 부부관계를 보호한다; 하지만 법을 어긴다면, 법은 그들을 처벌한다. 결혼법은 배우자 중 한편이 죽어야 비로소 하던 일을 멈춘다. 결혼예에서 남편이 죽을 때 부부관계는 끝나며, 그녀는 남편뿐 아니라 법에서도 벗어난다. 그러나 만약 그녀가 재혼한다면, 법은 새롭게 세워진 관계를 유지하기 위해 다시 등장한다.[62] 마찬가지로, 4절에서 바울은 인류가 **죄**의 지배 아래 있을 때 율법이 저들을 정죄했다고 추정한다; 그러나 신자가 그리스도의 부활로 그와 연합했을 때, 율법은 그리스도와의 관계를 주관한다. 버튼은 올바로 말하기를, "유비의 유일한 목적은 어떻게 사람이 νόμος가 정죄하는 죄악된 옛 삶에서 νόμος가 인정하는 성령 안의 새 삶으로 옮겨질 수 있는가를 보여주는 것이다."[63]

---

60) Cf. Achtemeier, *Romans*, 275.
61) Cf. Burton, *Romans 7:1-6*, 89, 92.
62) 던(*Romans, 1-8*, 368)에게는 죄송하지만.
63) Burton, *Romans 7:1-6*, 87.

어떤 이들은 결혼법 자체가 율법의 무효를 지지한다고 주장한다. 다시 말해서, 바울은 율법의 무효성이 율법에서 유래한다는 근거에서 그리스도인에게 그것을 주장하고 있으며, 그래서 율법은 그리스도에 의해 대체된다고 한다.[64] 하지만 7:2-3에서 바울이 율법에서 결혼예를 끌어올 때, 오히려 율법의 타당성을 지지한다: 말하자면, 율법은 (부부)관계가 지속되는 동안 그 관계를 유지한다.[65] 이런 경우, 구약은 이스라엘이 율법을 통하여 하나님과 부부(언약)관계를 유지하는 것으로 묘사하는 것처럼(사54:5-6; 62:1-5; 렘2:2; 3:1; 겔16:8-14; 호2:16-20),[66] 율법은 신자와 그리스도 사이의 관계를 유지하며 또한 경계표지 역할을 한다.[67]

요약하자면, 바울은 결혼예를 통하여 부부관계가 어떻게 신자가 그리스도의 죽음으로 그와의 연합을 통하여 그리스도와 관계를 수립하며, 어떻게 그리스도의 부활로 그와의 연합을 통하여 율법을 경계표지로 삼아 그리스도와 관계를 유지하는 일과 유추적으로 연관되는지를 보여준다.

---

64) Cf. Byrne, *Romans*, 210; Tobin, *Paul's Rhetoric*, 221; Bertone, *Law*, 132.

65) Cf. Achtemeier, *Romans*, 114.

66) Cf. J. D. M. Derrett, "Romans 7:1-4. The Relationship with the Resurrected Christ" in *Law in the New Testament* (London: Oxford University Press, 1970) 465-468; K. H. Schelkle, *The Epistle to the Romans* (New York: Herder & Herder, 1964) 108-109; Dunn, *Romans, 1-8*, 312; Byrne, *Romans*, 214; Burchard, "Römer 7:2-3," 453; Jewett, *Romans*, 434; Holland, *Romans*, 226.

67) 롱게네커는 그리스도에 대한 믿음이 "새로 시작한 시대에서 하나님의 백성을 위한 정체성의 표지"라고 주장한다(Longenecker, "Different Answers," 101). 이 주장은 사실이다. 하지만 율법도 일종의 경계표지 역할을 한다. Neyrey, *Paul*, 196-197; E. J. Schnabel, *Law and Wisdom from Ben Sira to Paul* (Tübingen: J. C. B. Mohr, 1985) 268; Thielman, *Plight*, 118; idem, *Law*, 221; Carter, *Sin*, 183, 199을 보라.

제
11
장

율법에 대한 그리스도인의 죽음과
그리스도와 이중연합 (로마서 7:4)

7:2-4을 유비적으로 분석하는 가운데, 우리는 4절의 적용/결론을 비교적 간략하게 토의했다. 5-6절로 나아가기 전에, 우리는 4절을 좀 더 자세히 살펴보고 주변 문맥과 관련하여 4절의 기능을 점검하려고 한다. 왜냐하면 4절은 7:1-6에서 가장 주목할만한 구절이라 생각되기 때문이다. 4절은 본문 중앙에 위치하여, 1-3절을 결론짓는 동시에 5-6절의 중심되는 내용을 소개하는 이중역할을 하는데, 줄곧 본문 전체에 한층 더 나은 이해를 제공해 준다.

슐리어와 다른 이들은 7:4가 신자들을 위한 주권 이동을 보여준다고 올바르게 주장하고 있으나, 이 구절의 요점인 지속되는 성화의 삶은 놓치고 있다.[1] 한편으로 4절은 신자가 그리스도와 연합하기 위하여 율법에서 벗어난다고 분명히 이야기하고 있으나, 바울은 최소한 6장서부터 성화를 강조하고 있다.[2] 6:15에서 제기된 질문이 좋은 예다: "우리가 법 아래 있지 아니하고 은혜 아래 있으니 죄를 지으리요?" 7:1-6에서 바울은 이 질문에 두 번째 답하고 있다: 다시 말해서, 비록 신자가 그리스도와 함께 죽었으나, 저들에게

---

1) Schlier, *Römerbrief*, 216; Maillot, *Romains*, 177.
2) 위의 pp.118-119 n.2를 보라.

도덕적 의무가 없는 것은 아니다; 율법의 정죄에서 벗어난 그들은, 새롭게 찾은 자유 안에서 성화를 위해 노력하라고 한다.

그러나 다시 한번, 나이그렌은 로마서 7:4에서 바울은 신자가 어떻게 율법에 대하여 죽었는가에 대해 대답한다고 생각한다: 말하자면, "그것은 '그리스도의 몸으로 말미암아' 발생했다"는 것이다.[3] 비슷하게, 위더링턴은 7:4에서 바울이 "어떤 의미에서 신자가 율법에 대하여 죽었는가"라는 독자의 질문을 예상하고 있다고 주장한다. 이 질문에 대하여, 바울은 그리스도의 죽음을 통해 율법은 그 지배력을 상실한다고 응답하고 있다고 본다.[4] 그러나, 이런 논리는 7:4에서 바울의 주된 관심이 사실상 법적 지원과 더불어 성화의 지속 가능성에 있다는 사실을 간과한다.[5] 다시 말해서, 신자는 그리스도와 연합할 때 율법 뒤에 숨어 있는 **죄**의 요구에 대하여 죽었다;[6] 하지만 신자는 율법과 새롭게 관계를 가짐으로, 이제 부활하신 그리스도와 연합하여 성화의 삶을 시작한다는 것이다.

(1) "너희도… 율법에 대하여 죽임을 당하였으니" (ὑμεῖς ἐθανατώθητε τῷ νόμῳ)

위더링턴과 다른 이들은 여기 ὑμεῖς("너희")를 신자로 간주한다.[7] 그러나 정확히 말하자면, 바울은 로마서 7:4에서 로마 신자의 회심 전 신분을 언급하면서 자신의 주장을 시작한다. 왜냐하면 "부정과거 수동태 동사(ἐθανατώθητε)가 과거 신자의 삶에서 일회적 사건인 회심 혹은 세례를 가

---

3) Nygren, *Romans*, 274.

4) Witherington, *Romans*, 176. cf. Legasse, *Romains*, 177.

5) 기본적으로, 로마서 7:4는 율법에서 자유가 그리스도와 연합한 결과라고 가르친다 (Haacker, *Römer*, 137); 그러나, 이것은 그리스도인에게 새로운 (유대)관계를 가져다 준다 (Schlier, *Römerbrief*, 216; Legasse, *Romains*, 437; Schmithals, *Römerbrief*, 208; Klaiber, *Römerbrief*, 117).

6) 위의 p.220 n.40을 보라.

7) Witherington, *Romans*, 176; Fitzmyer, *Romans*, 458-459; Byrne, *Romans*, 214; Schreiner, *Romans*, 349.

리키며,"[8] 문맥 또한 이 절은 로마 신자의 과거 경험을 드러낸다는 것을 보여주기 때문이다(롬6:3, 5, 8, 11, 20).[9]

더 중요한 것은, 로마 신자는 두 가지 이유에서 아담적 인류의 일부였다. 첫째, ὑμᾶς는 유비적 해석에 근거하여 아담적 인류로 이해될 수 있다. 앞 장에서 우리는 7:4에서 C 요소가 생략되긴 했으나 암시되고 있다는 것을 논의했다. 아담적 인류가 C의 한 요소라는 사실을 가정한다면, 바울이 로마 신자를 "너희"로 소개할 때, 율법에 대하여 아직 죽지 않았던 자들에게 이야기할 가능성이 크다.

둘째, 바울의 세계관을 고려할 때, 아담적 인류는 사탄의 지배 아래 있었다. 유대 묵시문학에서 죽음, 율법, 그리고 아담(과 사탄)은 서로 밀접하게 연관되어 있는 것으로 보이는데,[10] 바울 서신도 마찬가지이다(고전15:20–56; 고후3:1–4:4). 그렇다면 C 요소는 묵시적–아담적 배경을 가지고 있으며, 인류가 아담 안에 있을 때 사탄이 구슬리고 달래는 방법으로 저들을 지배했던 것을 보여준다.

7:4a에서 바울은 로마 신자가 율법에 대하여 죽었다고 말한다. 저들의 죽음은 묵시적이고, 칭의와 관련이 있으며, 순간적이며 일시적이다. (a) 우선, 아담적 인류("너희")의 죽음(4a절)은 묵시적 사건으로 간주되는데, 저들의 죽음이 **죄**의 지배에서 해방시킴으로 아담과의 유대를 깨뜨리는 죽음이기 때문이다.[11] 여기에서 바울은 그리스도가 자신의 죽음을 통하여 **죄**의 권세를 부수었다는 사실을 넌지시 말한다(참고. 골2:15). 만약 우리가 "아담 안의" 인류를 **죄**의 지배 아래 있는 자들로 이해한다면, 7:4는 결혼예에서 남편 역

---

8) Jewett, *Romans*, 433. 슐리어는 수동태가 그리스도의 죽음이 세례를 통해 우리의 것이 된다는 것을 보여준다고 주장한다(Schlier, *Römerbrief*, 216).

9) Cf. Wright, *Romans*, 559.

10) 1 En.6:1ff; *Jub.*4:22; 5:1; ApMos.10:2; 13:5, 16; 21:35; 28:4; 30:1; 32:1; 4 Ezra 3:21–22, 26; 4:30; 7:(48), 46(118); 2 Bar.18:2; 48:39–43; 54:14–19; 55:2; 56:5–7 cf. Wis. Sol.2:24; *Vita* 12–16; 27:3; 44:2; Josephus, *Ant.*1.1.41f.

11) Cf. Schlatter, *Romans*, 155; Barrett, *First Adam*, 89; Beker, *Paul*, 189; Gaventa, "Sin," 235; Holland, *Romans*, 229.

할하는 **죄**(사탄)의 패배가 "그리스도 안의" 인류의 시작을 알린다는 것을 보여준다고 결론내릴 수 있다. 바울은 다음과 같은 아이디어를 제시하기 위해 결혼예를 사용한다: 한편으로, 남편 사후 아내가 남편의 법에서 해방되는 것처럼 아담적 인류도 그리스도의 죽음으로 **죄**의 지배에서 해방되며, 다른 한편으로, 아내의 새 남편과의 관계는 신자의 그리스도와의 관계와 유사하다. 이 유비에 관하여, 마지막 아담이신 그리스도는 아담적 인류를 대신하여 십자가에서 죽으심으로 저들을 **죄**에서 해방시켰다.[12] 그때 십자가에서 파괴된 것은 율법이나 아담적 인류가 아닌 율법과 아담적 인류 뒤에서 통치하던 **죄**다.[13]

　(b) 또한, 인류의 죽음은 칭의를 수반하며, 따라서 위치의 이동과 관련되며 상징적이다(참고. 갈2:19a).[14] 다시 말해서, 그리스도의 죽음은 일차적으로 인류의 칭의를 위한 죽음이며, 로마 신자의 죽음은 그리스도의 죽음에 참여한 결과물이다.[15] 한때 아담적 인류의 일부였던 로마 신자는, 그리스도의 죽음을 통하여 율법에 대하여 죽고 더 이상 율법으로 정죄 받지 않는데, 죽음의 영역에서 생명의 영역으로 옮겨졌기 때문이다.[16] 여기에서 그리스도의 사역의 능력과 효과를 설명할 때, 바울은 인류의 수동적인 입장을 강조한다

---

12) 위의 p.220 n.42를 보라. cf. Napier, "Sin and Torah," 22.

13) 로마서 16:20에서 바울은 로마의 그리스도인이 사탄을 상하게 할 것이라고 말한다. 또한, 로마서 5:1-11, 6:1-11, 그리고 7장에서 사탄의 존재가 전제되고 있다(cf. Sloan, "Law," 53; Gaventa, "Sin," 231ff; Schottroff, "Sünde," 500; Snodgrass, "Sphere," 162ff; Wright, *Romans*, 530).

14) Cf. Burchard, *Römer* 7:2-3," 453; Legasse, *Romains*, 436; Viard, "Romains 7,1-6," 171; Jewett, *Romans*, 433. 로마서 7:4이 갈라디아서 2:19a의 "율법으로 말미암아 율법을 향하여 죽었나니"와 병행된다고 종종 주장된다. 그러나 단순과거 시제("죽었나니" ἀπέθανον)가 제시하듯이, 갈라디아서 2:19a가 율법에서 자유를 단순히 옹호한다고 말하는 것이 전적으로 옳은 것은 아니다. 왜냐하면 그것은 오직 칭의 차원에서 율법에 대한 죽음을 이야기 하고 있기 때문이다(cf. R. Y. K. Fung, *Galatians* [Grand Rapids: Eerdmans, 1988] 123).

15) 래드는 "그리스도에 대한 믿음을 통해, 그의 흘린 피를 근거로, 사람은 이미 의롭게 되었고, 죄의 용서를 받았으며, 따라서 정죄에서 벗어난다"고 말한다. 이것이 의미하는 바는 "장래 종말 칭의는 *이미 발생했다*"는 것이다(G. E. Ladd, *A Theology of the New Testament* [Grand Rapids: Eerdmans, 1974] 442. 이탤릭체는 원저자의 것).

16) Cf. Moo, *Romans*, 415.

(참고. 부정과거 수동태 ἐθανατώθητε).[17] 다시 말해서, 그리스도 안에 신자의 죽음은 저들이 전적으로 은혜에 의탁한 것을 드러내며 저들이 옛 시대에서 새 시대로 이동한 것은 전적으로 하나님의 행위이다.[18]

(c) 동시에, 인류의 죽음은 순간적이며 일시적이다. 그것은 과거에 단번에 일어났다. 쥬윗은 부정과거 동사(ἐθανατώθητε)가 회심과 세례시 사람이 **죄**에 대하여 죽었다는 점을 지적한다고 제안한다.[19] 이럴 경우, 여기서 "죽음"은 신자가 계속적으로 경험하는 사건이 아닌 과거 사건으로 이해해야 한다. 슐라터는 "우리는 지금 어디에 있는가? 주저 없이 바울은 우리가 그리스도 안에 있다고 자신의 독자에게 알린다"고[20] 말한다. 누구든지 그리스도 안에 있으면, 그와 함께 죽고 함께 살기 때문에 죽음이 더 이상 위협이 되지 않는다; 그 결과, 신자의 그리스도와의 관계는 더 이상 죽음으로 방해 받지 않을 것이다. 비록 그들 모두 육체적으로 죽을 것이나, 저들의 죽음은 영적 삶이 이미 시작되었으며 영원할 것이기 때문에 마지막 결산이 아닐 것이다.[21]

인류의 죽음은 또한 신자가 (신령한 몸으로) 다시 소생할 때까지 일시적으로 죽는 사건이다(롬5:8-10; 6:2-11 참고. 엡.2:1이하). 그리스도의 죽음은 단지 사흘 동안 지속되었으며(고전15:4), 마찬가지로 아담적 인류의 죽음도 그리스도의 죽음 덕택으로 순간적인 것으로 이해해야 한다.[22] 바울은 죽음을 아담과 연관 짓는 묵시적 세계관에 의거하여(참고. 4 Ezra 7:118-119),[23] 신자의 아담적 본성이 이미 죽었다고 주장한다; 그들은 살아 있는 동안 이제 영적으로 살아간다(롬6:2-4).

---

17) Cf. Cranfield, *Romans,* 1:335-336; Morris, *Romans,* 272; Bertone, *Law,* 131.
18) Cf. Murray, *Romans,* 1:243; Moo, *Romans,* 414.
19) Jewett, *Roman,* 433. 또한, 김동수, 『로마서』, 383.
20) Schlatter, *Romans,* 155.
21) 베커는 죽음의 세력이 여전히 남아 있기 때문에, 죄와 죽음에 대한 바울의 생각을 조직적으로 또는 교리적으로 확고히 하는 것은 불가능하다고 본다(Beker, *Paul,* 228-229).
22) 켁은 "바울에게 그리스도의 죽음과 부활은 (사흘이라는 [고전15:4] 시간적 간격에도 불구하고) 하나의 구원 사건"이라고 말한다(Keck, *Romans,* 164). cf. Edwards, *Romans,* 179; Burton, *Romans 7:1-6,* 77, 93.
23) Cf. Dunn, *Theology,* 223.

(2) 무는 4a절의 νόμος을 이해하는 세 가지 다른 방식을 제공한다: 그것은 율법의 정죄를 의미하거나, 율법주의, 혹은 모세의 율법 자체를 말한다. 당시 로마 신자들이 관여한 민족적, 율법주의적 이슈를 감지한 무는[24] 처음 두 가지 해석에 반대하는데, 그리스도의 죽음은 율법의 정죄나 율법주의보다 좀 더 근본적인 문제를 풀기 때문이다. 그는 율법을 하나의 세력으로 보고, 사람은 율법에 대하여 죽음으로 그것에서 완전히 자유한다고 주장한다.[25]

로마서 7:5-12와 8:1은 인류가 율법으로 말미암아 사형선고를 받은 것으로 제시한다고 보아, 무는 로마 신자들이 정죄하는 율법에 대하여 죽었다는 사실을 인정한다. 하지만 그는 이 해석이 율법을 "정죄하는" 것으로만 한정시키기에 전적으로 동의하지는 않는데, 율법의 정죄를 삶의 규범으로서 도덕법과 분리시키는 것이 바울의 율법에 대한 정의와 맞지 않기 때문이다; 로마 그리스도인은 단지 율법의 정죄에 대하여 죽은 것이 아니라, 율법 자체에 대하여 죽었다.[26] 유사한 방식으로, 슈라이너는 율법의 정죄에 대하여 죽는다는 사실을 일부 인정하지만, 이런 정의에 제한받지 않는다: "바울은 단순히 율법의 정죄에서 자유를 이야기할 뿐 아니라, 육신에 있는 사람들에게 행사한 율법의 통치에서 자유를 이야기한다."[27]

버튼은 4a절의 νόμος가 단순히 십계명을 나타낸다고 주장하며,[28] 시걸 (A. F. Segal)은 그것이 의식법을 의미한다고 보아[29] 율법의 의미를 축소한다. 그와는 반대로, 핫지(C. Hodge)와 다른 이들은 율법이 일반적인 법을

---

24) 쥬윗에 따르면, '핵심 이슈는 명예를 위한 경쟁이다(Jewett, *Romans*, 70-71, 84-85, 437). 이 문제는 또한 율법으로 다른 이들을 "판단"하는 자세의 문제와 관련이 있기에, 율법주의적 이슈에 속할 수도 있다(cf. Walters, *Ethnic Issues*, 67-92; McCrudden, "Judgment," 237ff).

25) Moo, *Romans*, 415-416. 또한, 김동수, 『로마서』, 420.

26) Ibid.

27) Schreiner, *Romans*, 351. cf. Ziesler, *Romans,* 175.

28) Burton, *Romans 7:1-6*, 69-78.

29) Segal, *Paul*, 226.

나타낸다고 결론 내려 율법의 범위를 지나치게 확장한다.[30] 그러나 핏즈마이어와 다른 이들에 따르면, 바울은 νόμος를 모세의 율법으로 사용하는데,[31] 율법의 원칙을 제시하고(1절) 구약 율법에서 결혼을 예로 들 때(2-3절) 모세의 율법을 염두에 두기 때문이다. 이런 경우, 모세의 율법은 "모세의 율법에 특별히 강조를 둔 이스라엘의 거룩한 전승 전체"를[32] 의미한다.

우리의 주장은 7:4a의 νόμος는, 비록 그것이 하나님에게 속하지만, 죄가 아담 안의 인류를 정죄하는 도구로 이용할 경우 모세의 율법을 나타낸다는 것이다.[33] 이 견해는 다음의 관찰 내용에 근거한다: 율법의 기능은 그것이 작용하는 영향권에 따라 달라지는데, 누가 율법을 사용하느냐에 따라 정죄의 도구 혹은 성화의 수단이 된다; 율법이 폭군 손에 들어갈 경우 압제의 도구가 되나, 훌륭한 통치자의 손에 있을 때 사람들을 교화시킬 수 있다.[34]

그러므로, "너희는 율법에 대하여 죽임을 당하였다"는 구절은 율법에서 완전한 해방을 말하는 것이 아니라, 인류를 정죄할 목적으로 죄가 율법을 도구로 사용할 경우 그 율법에 대한 죽음을 말한다. 구약 시대 때, 하나님은 이스라엘 백성에게 율법이 이스라엘이 거할 안전한 처소라고 보장 하셨다(시 1:1-3; 119:1이하); 실상, 그들은 죄의 선동으로 믿음이 약하여져 하나님과 진정한 관계를 맺는데 실패했다. 결국, 이스라엘 가운데 많은 사람들은 율법의 정죄 아래에서 (영적으로) 죽음 가운데 남게 되었다. 이스라엘의 역사 가운데 율법의 이러한 기능을 생각하면서, 바울은 (이스라엘을 포함한) 아담적 인류가 하나님의 백성 - 저들을 위해 그리스도께서 십자가의 죽음으로 죄를 패배시킨 - 속에 포함 될 것을 소망한다.

---

30) C. Hodge, *Romans* (Edinburgh: Banner of Truth Trust, 1835, 1983) 214-215; Morris, *Romans*, 272.

31) Fitzmyer, *Romans*, 458; Moo, *Romans*, 416; Ziesler, *Romans* 174.

32) Räisänen, *Law*, 16.

33) 권연경, 『로마서』, 178.

34) Cf. Snodgrass, "Sphere," 161-174; Sloan, "Law," 48ff, 53-59; Achtemeier, "Coherence," 143f; Burton, *Romans 7:1-6*, 95; Das, *Paul*, 229ff.

(3) 로마 신자들이 율법에 대하여 죽었다고 말할 때(4a절), 바울은 저들이 율법과 완전히 분리되었다던가 율법 자체가 불이익이 된다고 제안하지 않는다. 이 사실을 좀 더 알아보기 위해, 우리는 τῷ νόμῳ("율법에 대하여")가 어떻게 사용되는지 살펴 볼 필요가 있다. 쥬윗과 다른 이들은 그것을 참고의 여격으로 보는 반면,[35] 슈라이너와 다른 이들은 불이익의 여격으로 본다.[36] 번과 다른 이들은 위의 두 해석 모두 허용 가능한 것으로 이해한다.[37]

만약 τῷ νόμῳ를 참고의 여격으로 간주한다면, 아담적 인류의 죽음은 율법에 관하여 죽었다는 것을 의미한다. 이런 경우, 율법에 관하여 죽었다는 의미를 아는 것이 매우 중요하다. 이 견해를 추종하는 자들은 율법에 관한 한 그리스도의 죽음으로 인해 신자는 단번에 율법과 단절했다고 주장한다.[38] 율법과 단절한 후, 그들은 그리스도와 새로운 관계에 들어가거나[39] 열매 맺는 윤리적 삶을 살 수 있다고 한다.[40] 어떤 이들은 비록 신자가 율법에 대하여 죽고 그것과 단절했으나, 그것은 여전히 불신자에게 영향력을 행사한다고 한다.[41] 다른 이들은 신자가 율법에서 벗어나지만 그리스도의 법이 저들을 지배한다고 한다.[42] 또는, 원칙적으로 도덕법(가령, 십계명)이라도 구원받은 인류를 관장하지 않지만, 저들을 안내하기도 한다고 한다.[43]

율법에서 완전한 해방을 주장하는 자들의 결정적인 주장은, 그것이 옛 시대의 산물이기에 영원히 폐지된다는 것이다. 예를 들어, "바울은 율법을 그

---

35) Jewett, *Romans*, 433; C. F. D. Moule, "Death 'to Sin,' 'to Law,' and 'to the World': A Note on Certain Datives" in *Melanges bibliques en homage an R. P. Beda Rigaux*. eds. A. Descamps and A. de Halleux (Gamblaux: Duculot, 1970) 154; Schlatter, *Romans*, 350; Burchard, "Römer 7:2-3," 454.

36) Schreiner, *Romans*, 350; Moo, *Romans*, 414; Bertone, *Law*, 313 (BDF, §101-102를 참고하여).

37) Byrne, *Romans*, 214; Dunn, *Romans, 1-8*, 362.

38) Cf. Schlatter, *Romans*, 154; Byrne, *Romans*, 211; S. Westerholm, *Perspectives Old and New on Paul* (Grand Rapids: Eerdmans, 2004) 432, 434; Jewett, *Romans*, 433.

39) 위의 p.187 n.6을 보라.

40) 위의 p.187 n.7을 보라.

41) Cf. Schlatter, *Romans*, 154; Nygren, *Romans*, 272; Byrne, *Romans*, 214.

42) Cf. Witherington, *Romans*, 176.

43) Cf. Moo, *Romans*, 416; Ziesler, *Romans*, 174.

것에 복종하는 자들에게 적법적 권위를 행사하는 일종의 세력… 그리스도와 떨어져 있던 사람을 속박하는 옛 시대의 세력으로 간주한다"고[44] 무는 말한다. 그러나, 이런 주장은 인류의 곤경 뒤에 숨어 있는 **죄**가 진짜 범인인 것을 생각하지 않는다. 율법이 그들에게 사형선고를 내리는 부분적인 이유는, **죄**가 아담적 인류를 죄인삼아 압제하기 때문이다.[45] 하지만 그리스도의 죽음을 통하여 **죄**는 패배했으며, 그리스도와 연합한 신자는 더 이상 율법으로 정죄당하지 않는다(참고. 롬6:2; 8:1).[46]

주석가들이 율법에서 완전한 자유를 주장하기 위해 내세우는 또 다른 전략은 "병행논리"이다: 말하자면, 7:1-6은 로마서 6장과 병행하며(즉, 6:2/7:4; 6:3/7:1; 6:4/7:6; 6:6/7:2-6; 6:14/7:1; 6:18/7:3; 6:21-22/7:4-5), 로마서 6장이 **죄**에 대한 신자의 죽음의 주제를 다루는 것처럼, 로마서 7:1-6에서 바울은 율법의 권세에 대한 죽음을 소개한다; 그 결과, 율법은 신자에게 충분한 영향력을 발휘하지 않는다는 것이다.[47] 그러나, 만약 "율법에 대하여 죽임을 당하는 것"(7:4)이 "**죄**에 대하여 죽은 것"(6:2, 7)과 병행한다면, 그것은 7:4에서 "**죄**에 대하여 죽은 것"의 *결과*에 대해 이야기하는 것일 것이다.[48] 다시 말해서, 그리스도의 죽음으로 그와 연합할 때 신자는 **죄**에 대하여 죽은 결과, 율법에 대하여 죽은 것이다;[49] 하지만 그들이 그리스도의 부활로 그와

---

44) Moo, *Romans*, 415. 또한, Ziesler, *Romans*, 174; Schreiner, *Romans*, 350; Bertone, *Law*, 132; Jewett, *Romans*, 434.

45) Cf. Bergmeier, *Gesetz*, 67-68.

46) Cf. Holland, *Romans*, 182.

47) Cf. Leenhardt, *Romans*, 177; Little, "Paul's Analogy," 83; Achtemeier, *Romans*, 114; Ziesler, *Romans*, 174; Becker, *Paul*, 356; Moo, *Romans*, 409, 414ff; Schreiner, *Romans*, 350-352; Westerholm, *Perspectives*, 432, 434; Jewett, *Romans*, 433; 김동수, 『로마서』, 415, 420. 권연경은 로마서 7:1-6이 로마서 6장과 병행한다는 사실을 인정하고 있으나, 율법의 폐지를 주장하지는 않는다 (『로마서』, 198).

48) Cf. Holland, *Romans*, 196.

49) 스몰라즈(Smolarz)가 지적하고 있듯이, 7:1-6에서 바울은 6장의 **죄**에 대한 그리스도인의 죽음에 근거하여 자신의 주장을 전개한다(*Divine Marriage*, 209). 라이트(Wright)는 6:2 이하의 ἁμαρτία가 Satan을 나타낸다고 주장한다(*Romans*, 530). 쇼트로프(Schottroff)는 6:6에서 바울이 **죄**를 인류를 노예로 부리는 주인으로 설명하며 그러한 노예상태는 죽음으로 끝난다고 주장한다("Sünde," 500-502).

연합할 때, 율법은 다시 세워질 것이다.[50]

사실, 로마서 6장에서 **죄**는 로마서 7:1-6의 율법과 정확히 병행하지 않는데, 6:23에서 하나님과 **죄**의 대조가 7:1-6에서 계속되기 때문이다. 7:1-6에 관하여 헬홈은 다음과 같이 말한다: "6:23에서 '**죄**'와 '하나님'은 서로 대적하는 주인으로 나타나며, 여기서도 그들은 예속시키는 세력들이다."[51] 로마서 7:1-6은 단지 "법 아래 있지 아니하고"(6:14b)라는 어구를 논의하는 것이 아니다. 6:15에서 바울은 "법 아래 있지 아니하고"라는 어구를 "특별한 상황 아래 있는"[52] 법 아래 있지 않다는 의미로 사용한다. "특별한 상황"이라는 단서는 인류가 **죄**의 영향력 아래 있는 상태를 나타낸다. 동일하게 "은혜 아래"란 표현은, 그것이 "법 아래"와 대조될 때 "하나님 아래"를 나타낸다. 요컨대, "법 아래 있지 아니하고"는 신자가 **죄**의 통치 아래 있지 아니한 상태 또는 타락한 본성이 율법으로 말미암아 역사하지 않는 상태를 나타낸다. 7:4에서 바울은 법 아래 있지 않는 신자의 이런 면을 계속 논의한다.

바울이 로마서 6:1-7:6에서 제시하는 바는, 신자가 율법아래 있지 않다는 것이 아니다. 도리어 전체적인 문맥의 흐름은 **죄**가 인류를 정죄하고 압제하기 위해 율법을 남용하였으나(6:6, 14; 7:5, 7ff. cf. 5:20),[53] 신자는 그리스도의 죽음과 부활로 그와 연합하기에 더 이상 **죄**의 지배를 받지 않는다는 것이다.[54] 로마서 7:1-6은 아담적 인류가 **죄**의 지배 아래 있을 때, 저들은 또

---

50) 엘리엇은 말하기를, "그리스도인은 율법에서 자유하는데, 율법이 유효하지 않기 때문이 아니라 **죄**에 대한 율법의 정죄가 (세례를 통해) **죄**에 대하여 죽은 그리스도인과 더 이상 관련이 없기 때문이다(7:4-6)"(N. Elliott, *Liberating Paul. The Justice of God and the Politics of the Apostle* [New York: Orbis Books, 1994] 132).

51) Hellholm, "Römer 7:1-6," 398.

52) 로마서 6-7장에서 바울은 은혜 아래에서 율법을 성취하는 일과 **죄** 아래에서 율법을 완고하게 준수하는 일을 구분한다. 로마서 6장은 후자의 경우를 언급하는 반면, 로마서 7:1-6은 두 경우 모두를 제시한다. 그리고 7:5-6을 바탕으로, 전자(즉, 은혜 아래의 율법)는 8:1-17에서 발전되는 한편, 후자(즉, **죄** 아래의 율법)은 7:7-25에서 발전된다(cf. Snodgrass, "Sphere," 169; Sloan, "Law," 53).

53) Cf. Bergmeier, *Gesetz*, 67.

54) Cf. Holland, *Romans*, 229.

한 율법의 통치(즉, 율법의 정죄와 압제) 아래 있었다고 제안한다;[55] 그러나 그리스도께서 아담적 인류를 대신하여 죽으심으로 **죄**는 파괴되었으며, 그 결과, 저들은 그리스도와 연합하여 율법에서 벗어난다.

7:4a의 τῷ νόμῳ는 기본적으로 불이익의 여격으로 사용되어, 인류의 죽음이 율법에 폐를 끼친다는 것을 보여준다. 인류가 **죄**에 대하여 죽는 것이 어떻게 율법에 불이익을 가져오는가? 무는 인류가 율법의 지배에서 구출될 때, 율법은 그 지배력에 큰 손상을 입는다고 주장한다.[56] 비슷한 경우를 6:14에서 찾을 수 있는데, 거기서 **죄**에 대한 신자의 죽음은 율법으로 하여금 그 힘을 상실하게 만든다고 한다. 하지만 과연 이익 혹은 불이익이란 아이디어가 율법 같은 비인격적인 개념에 적용될 수 있는가?[57]

율법이 인류의 곤경의 근본원인이라고 가정한다면, 하나님과 (비인격적인) 율법을 대립시키는 이상한 국면을 맞이하게 될 것이다.[58] 사실 그리스도를 통한 인류의 죽음으로 큰 손실을 보는 것은 율법이 아니라 **죄**이며, **죄**는 율법 뒤에 자리잡아 인류를 죄와 허물로 정죄함으로 이득을 보고자 한다. 만약 이런 해석을 허용할 경우, 그리스도를 통한 인류의 죽음은 그리스도인을 정죄하는 율법의 세력을 잃게 한다고 말할 수 있다. 요컨대, 그리스도가 자신의 죽음으로 율법의 요구를 성취할 때 인류는 율법의 정죄에서 벗어나며, 그 결과, **죄**에게 불이익을 가져다 준다.[59]

사실 율법의 요구는 하나님이 명하신 것으로, 하나님은 율법을 통하여 죄인을 정죄하신다. **죄**의 삯은 사망이라고 바울이 말하고 있듯이(롬2:12;

---

55) 사실 율법 자체는 무생물적이며 비인격적인 실체이다(Burton, *Romans 7:1-6*, 57; Snodgrass, "Sphere," 163). 만약 악한 자들이 율법을 사용한다면, 그것은 사람을 괴롭히는 수단이 될 것이나, 선한 사람이 사용한다면 사람을 보호하는 수단이 된다(cf. Elliott, *Rhetoric of Romans*, 243; Burton, *Romans 7:1-6*, 57; Snodgrass, "Sphere," 162-163; Sloan, "Law," 47ff).

56) Moo, *Romans*, 414.

57) 월라스는 불이익의 여격이 "언어적 행동과 관계된 사람(혹은 드물게 사물)을 나타낸다"고 주장한다(Wallace, *Grammar*, 142).

58) 예를 들어, Earnshaw, "Marriage Analogy," 84.

59) Cf. Holland, *Romans*, 196.

3:19-20, 23; 6:23 참고. 창3:3), 율법은 아담적 인류에게 죽음을 선언한다. 따라서, 그리스도의 몸을 통한 저들의 죽음은 율법의 요구를 만족시키는 죽음이다(참고. 갈2:19). 머리(Murray)는 "율법의 요구를 충족시키는 그리스도의 죽음의 온갖 미덕은 우리의 것이 된다"고[60] 말한다.

그렇다면 율법에 대하여 죽는 것은 율법에 요구를 제대로 다루는 것이다. 아담적 인류는 구원받지 못한 상태에도 불구하고, 그리스도의 죽음으로 율법 뒤에 숨어 있는 **죄**의 세력을 부숴뜨림으로 말미암아 율법에 대하여 죽을 수 있었다. 이런 견지에서 볼 때, 7:4에서 바울이 말하는 것은 아담적 인류가 마지막 아담으로 저들을 대신하신 그리스도와 연합함으로 율법의 요구에 따라 죽었다는 것이다.[61] 아담적 인류는 그리스도의 죽음을 통하여 사탄의 권세에서 벗어났기에, 저들을 정죄하는 율법에 대하여 죽을 수 있었던 것이다. 저들에게 율법의 정죄하는 권세는 더 이상 존재하지 않는다.[62]

(4) 왜 로마 신자들은 율법에 대하여 죽어야만 했는가? "율법 아래 있는" 것 자체가 문제여서 그랬던 것인가? 결혼예는 "율법 아래에서의 삶"을 문제 삼지 않는다. 그것은 오히려 문제가 (압제하는) 남편에게 있다는 것을 보여준다. 아내가 율법에서 자유한 것은, 그녀가 사망한 남편에서 벗어난 결과이다. 4a절에서 로마 신자들이 율법에 대하여 죽었다고 말할 때, 이 구절은 저들이 예전에 "아담 안에" 있었으며 저들을 정죄하기 위해 율법을 이용한 **죄**의 지배 아래 있었다고 추정한다(C 요소); 따라서, 아담 안의 인류는 영적으로 죽었으며 이것이 그들의 곤경이었다.[63]

---

60) Murray, *Romans*, 1:243.
61) Cf. Schlatter, *Romans*, 154; Cranfield, *Romans*, 1:336; Fitzmyer, *Romans*, 458; Stuhlmacher, *Romans*, 103; Jewett, *Romans*, 434; 권연경, 『로마서』, 201; Holland, *Romans*, 192-193, 196.
62) 반대로, 투렌(L. Thurén)은 성령 안에 사는 신자는, 비록 저들이 율법에서 자유하나 육신을 가지고 있기 때문에, 계속해서 율법에 대하여 죽는다고 주장한다(*Derhetorizing Paul: A Dynamic Perspective on Pauline Theology and the Law* [Tübingen: J. C. B. Mohr, 2000] 123).
63) Cf. Murray, *Romans*, 1:243; Holland, *Romans*, 233.

"너희는 율법에 대하여 죽임을 당하였다"는 구절 뒤에는 아담에게 준 하나님의 계명이 있다: "선악을 알게 하는 나무의 실과는 먹지 말라. 네가 정녕 죽으리라"(창2:17).[64] 창조기사에 따르면, 아담은 실제로 금지된 실과를 먹고 자신의 모든 후손들과 더불어 죽는다. 유대 묵시 문학도 이 기사를 다루는데,[65] 바울은 아담에 관한 내용의 일부를 필시 유대 묵시 전승을 통해 습득했을 것이다.[66] 유대 묵시문학에서 인류의 곤경(특히 이스라엘의 곤경)은 "아담 안에 있는" 것으로 설명되며, 그로 인해 현재의 고난과 궁극적인 죽음은 저들에게 괴로움을 안겨준다.[67] 어떤 묵시주의자들은 인류가 율법을 준수할 때 고난에서 벗어날 수 있다고 믿는다.[68] 하지만 이스라엘은 율법에 순종하고자 시도해도 곤경을 극복하는데 실패한다;[69] 그들은 하나님의 백성임에도 **죄**의 숨겨진 영향력으로 인해 속에 있는 충동을 극복하지 못한

---

64) 블라코스(C. A. Vlachos)는 이에 동의한다: "또한 창세기 2:17에서 *지식*의 모티브가 등장하는데, 그 모티브는 우리가 본 대로 로마서 7장에서 율법-**죄**의 결합에 관하여 에덴을 배경으로 한 바울의 논의에 드러난다"(*The Law and the Knowledge of Good and Evil. The Edenic Background of the Catalytic Operation of the Law in Paul* [Eugene: Pickwick, 2009] 131-132. 이탤릭체는 원저자의 것). 로마서 7:7-13에서 바울은 아담에게 준 계명(창2:17)과 율법을 거의 동일시한다(cf. 홍인규, 『로마서』, 129-133). 또한, Watson, *Paul*, 152.

65) 1 En.69:6; *Jub*.3:17-25; 4:29-30; ApMos.17:1-19:13; 4 Ezra 3:5-7, 20-21, 26; 4:30-31; 7:118-119; 2 Bar.17:2-3; 18:2; 42:42-48; 48:42-43; 52:56-57; 54:14. cf. *LAB* 13:8-9; Sir.25:24; Wis.10:1.

66) Cf. Barrett, *First Adam*, 6-8; Pate, *Glory of Adam*, 67-77; de Boer, "Eschatology," 182.

67) 4 Ezra 3:5-7, 20-21; 4:30-31; 7:118-119; 2 Bar.17:2-3; 23:4; 44:2; 48:42-43; 54:14-19; 56:6; ApMos.12:2; 13:8-9; 19:10; 26:14; 32:2; 21:3-5; *Vita* 12:16-33를 보라(cf. Barrett, *First Adam*, 4-21; de Boer, "Eschatology," 175f; Pate, *Glory of Adam*, 146-148; Napier, "Sin and Torah," 17-19).

68) ApMos. 23:4; 30:1; *Vita* 27:3; 4 Ezra 7:21-22, 92; 2 Bar.5:14-19 (cf. Westerholm, "Pessimism," 89-93). 이것은 법정적-묵시 종말론에 속한다(cf. de Boer, "Eschatology," 175-176).

69) 율법은 유대인에게 **죄**에 대한 방어벽이었으나, 더 많은 죄를 생산하는 수단이 될 수도 있었다(*Jub*.50:5; PssSol. 1:7-8; 2:3, 10, 17ff; 4:1, 5-8; 8:9, 11-12, 22; Sir.19:16; 11QPs^{a}19:1-18; CD 4:12-19; 롬 7:5, 8-13). cf. Moo, *Romans*, 415.

다.[70]

　구원받지 못한 인류는 아담에서 벗어나지 못하며, 또한 그것 때문에 **죄**에서 벗어나지 못하는데, 율법이 저들을 아담의 범주로 경계를 정하기 때문이다.[71] **죄** 아래 있는 아담적 인류의 상황은 남편 생전에 아내가 다른 남자에게 가지 못하도록 법이 금지하는 상황과 유사하다(7:2-3). 그러나 남편의 죽음이 그녀를 남편의 법에서 해방시켜 다른 남자에게 가도록 허용하듯이, **죄**의 붕괴는 인류를 아담과의 연계와 저들을 정죄하기 위해 **죄**가 오용하는 율법에서 해방시킴으로 부활하신 그리스도에게 갈 수 있게 한다는 사실을 결혼예와 그 적용/결론(7:2-4)은 우리에게 알려 준다.

　(5) 율법에 대한 인류의 죽음이 마지막 단계는 아니다;[72] 오히려, 그것은 궁극적인 목표를 향한 하나의 과정이다. 율법과의 단절은 신자가 부활하신 그리스도와 연합하기 위한 전제 조건이다. 율법에 대해 죽기 전, 로마 신자들은 아담 안에 있는 인류로 존재했다. 아담적 인류였던 그들("너희" [4a절])이 그리스도와 함께 죽었을 때, 저들은 율법에 대하여 죽고 마침내 그리스도인이 되었다. 그러나 사탄과 율법에서 놓아주기 전에, 하나님은 그리스도의 죽음을 통해 먼저 사탄을 패배시켰다. 그 결과, 신자는 율법에 대하여 다시 죽거나 벗어나지 않을 것이다. 율법은 그들의 삶을 계속해서 주관할지 모른다. 하지만 그것이 저들에게 더 이상 위협이 되지 않는다. 그러므로, 로마 신

---

70) 악의 세력은 주로 1 En.6에 등장하는데, 보카치니(G. Boccaccini)는 그것에 관해 다음과 같이 말한다: "에녹식 유대교의 기폭제는 악의 기원에 대한 독특한 개념인데, 타락한 천사가 악의 편만과 땅의 불결함에 궁극적인 책임이 있다는 것이다" ("Inner-Jewish Debate on the Tension between Divine and Human Agency in Second Temple Judaism" in *Divine and Human Agency in Paul and His Cultural Environment.* eds. J. M. G. Barclay and J. Gathercole [London: T. & T. Clark, 2006] 11-12). 바울과 유대 묵시사상에서 사탄의 영향력에 관하여 다음의 작품들을 보라: de Boer, "Eschatology," 174-175; Marcus, "Reign of Sin," 386-396; Uddin, "Unbelief," 269-280.

71) 7:1-6에서 바울은 6장에서 말한 내용을 계속한다: 전에 **죄**의 노예였던 신자가 **죄**에 대하여 죽고 해방된 것같이(6:2-6), 저들을 **죄**에 매이게 하는 율법에서 자유한다.

72) Hellholm ("Römer 7:1-6," 403-404)에게는 죄송하지만.

자들이 **죄**에 대하여 죽었다고 해서(롬6:2, 12) 율법과 영원히 결별했다고 결론 내리는 것은 순진한 생각이다.[73] 바울에게 있어 신자는 율법에 대하여 죽을 때가 있으며(4a절), 그것과 가까이 할 때가 있다. 후자의 경우, 신자가 그리스도의 부활로 그와 연합하여 계속적으로 그와 교제할 때(4b, 6b절)[74] 율법을 다시 맡는다.[75]

신자가 율법에 대하여 죽을 때, 저들이 그것에서 벗어나는 것은 사실이다. 위더링턴은 "신자는 결혼 유비에서 아내처럼 더 이상 율법의 옛 권위에 복종하지 않고 다른 이 곧 그리스도에게 자유롭게 속한다"고[76] 말한다. 그의 주장은 그리스도의 죽음을 통해 아담적 인류는 진정 그리스도인이 되어 율법의 정죄에서 해방되기에 동의할 수 있다.[77] 하지만 그의 주장은 신자가 그리스도의 죽음으로 그와 연합하는 상황에 해당한다. 일단 부활하신 그리스도와 새로운 관계가 수립되면, 그들은 율법의 재등장에 제약을 받지 않는데, 이제 율법은 성화의 길에서 안내자 역할을 하기 때문이다.

---

73) 슐라터는 율법에 대하여 죽는 것이 불법이나 무법을 의미하는 것은 아니라고 올바르게 인식한다(Schlatter, *Romans*, 154).

74) 이런 이해는 1절에 있는 율법의 끊임없는 관장이라는 원칙을 충실히 반영한다(cf. B. L. Martin, "Paul on Christ and the Law," *Journal of Evangelical Theological Society* 25 [1983] 280-281; Elliott, *Rhetoric of Romans*, 242ff).

75) 성화의 수단으로 율법을 다시 맡는 것에 관하여 다음의 작품들을 보라: Ridderbos, *Paul*, 278-288; Ladd, *Theology*, 503-513; Cranfield, *Romans*, 1:339-340, 371; Wilckens, "Statements," 23-25; Hübner, *Law*, 71ff, 83ff; Achtemeier, *Romans*, 117; Schnabel, *Law and Wisdom*, 268; Dunn, *Romans,1-8*, xxii, 373; idem, "How New was Paul's Gospel? The Problem of Continuity and Discontinuity" in *Gospel in Paul: Studies on Corinthians, Galatians and Romans for Richard N. Longenecker*. eds. L. A. Jervis and P. Richardson (Sheffield: Sheffield Academic Press, 1994) 388; Snodgrass, "Sphere," 169-173; Sloan, "Law," 53; Martin, *Christ*, 69ff, 109ff; Meyer, "Worm," 72ff; Edwards, *Romans*, 177; Bayes, *Weakness*, 84ff, 101ff, 115ff; Burton, *Romans 7:1-6*, 93-95; Rosner, *Law*, 159ff.

76) Witherington, *Romans*, 176.

77) 홍인규, 『로마서』, 126.

2. "그리스도의 몸으로 말미암아"(διὰ τοῦ σώματος τοῦ Χριστοῦ)

(1) 7:4a에서 바울은 (예전에 아담적 인류였던) 로마의 그리스도인이 그리
스도의 몸으로 말미암아 율법에 대하여 죽었다고 말한다. 여기에서 그리스
도의 몸은 그의 죽음을 나타낸다(롬12:4-5; 고전10:16b-7; 12:27).[78] 번은
구체적으로 그것의 "명백한 의미는 십자가 위에서 죽으신 그리스도의 육체
적 몸(참고. 골1:22 '그의 육체의 죽음으로 말미암아')을 나타내는 것으로 보
는 것"이라고[79] 말한다. 십자가의 이런 이미지는 로마서 6:3-6에서 찾을 수
있는데, 바울은 "그리스도 예수와 합하여 세례를 받은 우리는 그의 죽으심과
합하여 세례"를 받았으며(3절)… 우리 옛 사람이 예수와 함께 십자가에 못박
힌 것"(6절)으로 말한다.[80]

슈바이쩌(A. Schweitzer)를 비롯한 다른 이들은 신자의 그리스도와의 연
합이 교회론적인 의미를 가진다고 주장한다: 말하자면, 그리스도의 몸은 살
았던지(7:4) 죽었던지(롬6) 간에 교회에 대한 묘사라는 것이다.[81] 또는 라이
트와 다른 이들이 언급하듯이, 그리스도의 몸은 이중적 의미를 가지는데, 십
자가위에서 그의 죽음 뿐 아니라 교회론적인 의미도 가지고 있다고 한다.[82]
그러나 모든 것을 고려해 봤을 때, 그리스도의 몸은, 인류를 그리스도와 연

78) Cf. R. H. Gundry, 'Soma' in Biblical Theology with Emphasis on Pauline Anthro-
    pology (Cambridge: Cambridge University Press, 1976) 239-240; Schlier,
    Römerbrief, 217; Schmithals, Römerbrief, 209; Fitzmyer, Romans, 457-458;
    Stuhlmacher, Romans, 103; Moo, Romans, 417-418; Schreiner, Romans, 352;
    Haacker, Römer, 138; Lohse, Römer, 207; Keck, Romans, 176; Jewett, Romans,
    434; Klaiber, Römerbrief, 117.
79) Byrne, Romans, 211.
80) Cf. Byrne, Romans, 211; Jewett, Romans, 433.
81) Schweitzer, Mysticism of Paul, 186; J. A. T. Robinson, The Body. A Study in
    Pauline Theology (Philadelphia: Westminster / London: SCM, 1952) 47; R. C.
    Tannehill, Dying and Rising with Christ. A Study in Pauline Theology (Berlin:
    Töpelmann, 1967) 46; Dodd, Romans, 102; Wilckens, Römer, 2:65.
82) Wright, Romans, 559. Ziesler, Romans, 175; Schmithals, Römerbrief, 208.

합시키기 위한 하나의 제물로서, 십자가 위에서 그의 육체적 죽음을 나타낸다고 본다.

7:4에서 바울의 주요 관심은 그리스도의 죽음의 육체적인 성격을 강조하는데 있다.[83] 그래서 그는 십자가 위에서 그리스도의 죽음을 그리스도의 몸으로 설명한다. 슐라터는 말하기를, "그가 몸을 가지는 동안, 율법 아래 계셨으며(갈4:4) 만일 죽음의 심판이 그의 몸에 행해지지 않았다면, 율법에서 자유함은 없었을 것이다."[84] 특별히 여기에서 " '몸'($\sigma\tilde{\omega}\mu\alpha$)은 '소통과 연합'의 수단이라는 독특한 바울적 의미를 가진다."[85] 이것은 아담적 인류가 "그리스도의 '경력'과 연관됨으로 그리스도의 죽음으로 그와 연합한 것을 보여주며, 저들은 개인적이며 그러나 공동체적인 '구원의 영역'으로 들어온 것과 같이(참고. 6:6) 그와 함께 세례를 받았다(참고. 6:3; 갈2:19)."[86] 이런 점에서, 바울은 그리스도의 죽음을 그리스도인이 세례를 통하여 그의 몸의 지체로서 그와의 연대를 공유하는 하나의 공동체적 사건으로 이야기한다.[87]

(2) 그리스도의 죽음은 궁극적인 해결책을 향한 수단일 뿐만 아니라 근본 원인이다. 우선, 그리스도의 죽음은 아담적 인류를 율법에서 자유케 하며, 전치사 $\delta\iota\alpha$는 그리스도의 몸을 그런 행동을 성취하는 수단으로 소개한다.[88] 그리스도의 "몸"은 그리스도가 모든 아담적 인류를 대신해서[89] 저들의 칭의를 위해 죽었다는 것을 나타낸다. 7:2-4에서 아담적 인류는 결혼예의 아내와 상응하며(2-3절), 더불어 4절 결론에서 로마에 있는 독자를 나타낸다. 번

---

83) Cf. Schreiner, *Romans*, 352; Becker, *Paul*, 384.

84) Schlatter, *Romans*, 154.

85) Byrne, *Romans*, 211.

86) Ibid.

87) Cf. Robinson, *Body*, 43f, 46f; Moo, *Romans*, 417; Schreiner, *Romans*, 352; Wright, *Romans*, 559; Bertone, *Law*, 133; Holland, *Romans*, 184-186, 228-229.

88) Cf. Wright, *Romans*, 559; Bertone, *Law*, 133; Jewett, *Romans*, 433.

89) Cf. Barrett, *Romans*, 128; Bertone, *Law*, 133.

과 다른 이들은 마지막 아담이신 그리스도가 그들 모두를 포용하기 위해 죽으심으로, 하나님께서 아담적 인류를 그리스도와 연합하게 하여 저들로 율법에서 벗어나게 하신다고 주장한다.[90] 로마서 5:9-10에서 바울은 반역하는 인류를 하나님과 화해하는 수단으로 그리스도의 죽음을 소개한다; 그리스도는 아담적 인류를 대신해서 율법의 요구를 만족시키며, 그 결과, 인류는 의롭게 된다. 마찬가지로, 그리스도의 죽음은 인류의 칭의를 위한 수단이라는 것이 7:4에서 함축되어 나타난다.[91]

또한, 그리스도의 죽음은 **죄**와의 유대를 깨뜨리는 근본 요소이다. 말하자면, 그리스도의 죽음은 그리스도와 사도들을 대적하는 자들 뒤에 숨어서 권한을 행사하는 **죄**와의 전쟁에서 승리한 사건이다.[92] 그리스도는 아담적 인류를 대신해서 죽었으며, 그 결과, **죄**의 세력은 파괴되었다. 베커는 그리스도의 죽음을 묵시적 사건이라 부르는데, 그의 죽음으로 **죄**의 세력이 소멸되었기 때문이다.[93] 그러나 **죄**는 완전히 제거되지 않았으며, 신자는 남아 있는 악의 세력과 영적 전쟁을 수행한다.[94] 성령의 능력과 더불어 율법을 올바로

---

90) Cf. Byrne, *Romans*, 214; Wright, *Romans*, 559.

91) Cf. R. Penna, *Paul the Apostle: Wisdom and Folly of the Cross*. vol.2 (Collegeville: Liturgical Press, 1996) 31ff.

92) "뒤에 숨은 세력들"이라는 생각을 지지하는 학자들은 다음과 같다: Kaye, *Structure*, 88-89; Garrett, "God of this World," 107; Beker, *Apocalyptic Gospel*, 42; Sloan, "Law," 53; Schottroff, "Sünde," 501-502; de Boer, *Death*, 183; idem, "Paul's Mythologizing," 15; Elliott, *Liberating Paul*, 112-113; Reid, *God is a Warrior*, 153; Arnold, "Stoicheia," 55-76; J. C. Miller, *The Obedience of Faith, the Eschatological People of God, and the Purpose of Romans* (Atlanta: Society of Biblical Literature, 2000) 138; Vlachos, *Catalytic Operation*, 191; Holland, *Romans*, 17, 201. "숨은 세력들"이라는 생각은 유대 묵시사상 그리고 특별히 공간적 이원론과 밀접한 관계가 있다(Beker, *Apocalyptic Gospel*," 42; Marcus, "Evil Inclination," 17; Kovacs, "The Archons, the Spirit," 222).

93) Beker, *Paul*, 189. 비슷한 맥락에서, 도날슨은 로마서 8:1-2에서 바울이 신자의 칭의의 근본적인 원인을 **죄**를 패배시킨 그리스도의 죽음에서 찾는다고 말한다(Donaldson, *Paul*, 135-136).

94) Cf. G. Delling, "καταργέω," TDNT 1 (1964) 453; BDAG, 525; Kovacs, "The Archons, the Spirit," 224; Pate, *End*, 45-46.

사용함으로, 그들은 **죄**에 저항할 뿐 아니라 **죄**가 율법으로 자신들을 쓰러뜨리려는 것을 막을 수 있다.[95]

3. "이는 다른 이 곧 죽은 자 가운데서 살아나신 이에게 가서"(εἰς τὸ γενέσθαι ὑμᾶς ἑτέρῳ, τῷ ἐκ νεκρῶν ἐγερθέντι)

(1) εἰς τὸ가 지적하듯이, 이 구절은 목적에 관한 아이디어와 관련이 있으며,[96] 바울은 이것을 아담적 인류가 그리스도의 죽음에 참여하는 것과 연결지어 이야기한다.[97] γενέσθαι("가서")는 혹자가 부활하신 그리스도와 연합하는 것을 가리킨다. "연합"의 개념은 구약 예언으로 거슬러 올라갈 수 있는데, 거기서 하나님과 이스라엘의 관계를 결혼으로 묘사한다(사54:5-6; 62:1-5; 렘2:2; 3:14; 겔16:7-14; 호2:16-20).[98] 핏즈마이어(Fitzmyer)는 γίνομαι를 "자신을 주다"로 번역하면서, 이 구절을 결혼예(3b절)와 유추적으로 병행한다고 보아, 예전에 아담적 인류였던 신자는 죽음에서 부활하여 저들의 새 남편 되신 그리스도의 신부가 된다고 결론 내린다(참고. 고전 11:2).[99]

ἑτέρῳ("다른")란 말은 부활하신 그리스도를 나타낸다. 그리스도의 죽음

---

95) 유대교에서 율법은 또한 **죄**와의 전쟁에서 승리하기 위한 수단으로 사용된다(1QS 1:18-19; 3:6-4:8; 5:5-9; *LAB* 39:6). cf. Dunn, *Theology*, 643; P. Enns, "Expansions of Scripture" in *Justification and Variegated Nomism*. vol.1. eds. D. A. Carson, P. T. O'Brien, and M. A. Seifrid (Tübingen: J. C. B. Mohr / Grand Rapids: Baker Academic, 2001) 89.

96) Cf. Bertone, *Law*, 133; Matera, *Romans*, 171; Hultgren, *Romans*, 267.

97) Cf. Murray, *Romans*, 1:248; Moo, *Romans*, 418. 그러나 슐리어는 BDF (§402.2)를 따라 εἰς τό의 사용법을 연속적인 것으로 본다(Schlier, *Römerbrief*, 217).

98) Cf. Derrett, "Romans 7:1-4," 465-66; Dunn, *Romans 1-8*, 362; Byrne, *Romans*, 214; Fitzmyer, *Romans*, 458; Jewett, *Romans*, 434; Holland, *Romans*, 229.

99) Fitzmyer, *Romans*, 458. 또한, Byrne, *Romans*, 211; Moo, *Romans*, 413; Wright, *Romans*, 559.

을 통해 그와 연합한 자들은 율법에서 벗어난다; 그러나 아내가 남편의 죽음을 통해 율법에서 벗어난 후 다른 남자와 재혼하듯이, 그들은 이어서 부활하신 그리스도와 연합한다. 그래서 γενέσθαι ἑτέρῳ("다른 이에게 가서")란 어구는 그리스도의 죽음으로 그와 연합한 자들이 그리스도의 통치 아래로 이동한다는 것을 보여준다.[100]

7:4a의 ὑμεῖς("너희")는 아담적 인류를 나타내는 반면, 여기 7:4b의 ὑμᾶς("너희")는 그리스도 안의 인류를 가리킨다.[101] 7:4b의 ὑμᾶς("너희")에 변화가 일어났는데, 그 이유는 그들이 그리스도의 죽음으로 그와의 관계가 이미 수립되었기 때문이다. 이것과 관련하여, 남편의 사망 후 아내가 재혼한 것은 그리스도의 죽음으로 말미암는 신자와 그리스도와의 초기 연합이라기보다 부활하신 그리스도와의 차후 연합과 일치한다. 이것은 그리스도와 인류의 이중연합을 보여준다: 말하자면, 그리스도와 인류의 초기 연합은 저들의 칭의를 위해 **죄**와 율법에서 해방되는 과정이라면(4a절), 부활하신 그리스도와 인류의 차후 연합은 저들의 성화의 삶을 위해 그리스도와 관계를 영구화하는 과정이다(4b절).[102] 모운스는 그리스도와 이중연합이라는 차원에서 그리스도를 다음과 같이 설명한다: "우리와 함께 죽은 이는 그 안에서 우리가 새 삶을 찾는 이가 *된다*. 우리 주님은 우리의 새 '남편'이 *되신다*."[103]

동사 γενέσθαι는 어떤 움직임을 떠올리게 하는데, 법적 신분의 변화는

---

100) Cf. Ziesler, *Romans*, 175; Stuhlmacher, *Romans*, 103. 7:3에서와 같이, 바울은 여기서 아내의 재혼을 설명하는 신명기 24:4(LXX)을 사용한다(cf. Bertone, *Law*, 133). 핏즈마이어가 주장하고 있듯이, ἑτέρῳ는 사실상 소유의 여격으로 사용되고 있기에, 남편 모습뿐아니라 주인 모습도 포함된다(Fitzmyer, *Romans*, 459).

101) Cf. Wright, *Romans*, 559; Matera, *Romans*, 170.

102) 쥬윗은 7:4a가 "신자는 저들을 대신하여 죽은 그리스도의 죽음과 우선적으로 연합한 것을 가리키며… 부활하신 분과 결혼하기 위해 혹자는 한 걸음 더 나아간다"고 올바로 이해한다(Jewett, *Romans*, 433-434). 또한, Schreiner, *Romans*, 352; Edwards, *Romans*, 164.

103) Mounce, *Romans*, 161. 이탤릭체는 원저자의 것.

로마서 7:1-6에 나타난 율법의 기능

아니다. 왜냐하면 로마의 그리스도인은 이미 그리스도의 죽음으로 그와 연합하였기 때문이다. 그렇다면 4b절에서 바울이 말하고자 하는 것은 그리스도의 죽음으로 그와 연합한 후 성화의 삶을 살 때, 그들은 부활하신 그리스도와의 관계에 있어서 계속적이며 꾸준한 진척이 있을 거라는 것이다.[104]

　　머리가 주장하듯이, "그리스도의 죽음을 통한 그와의 연합은 부활을 통한 그와의 연합과 결코 분리되어서는 안 된다."[105] 하지만 그리스도와 신자의 연합은 두 단계로 구성되어 있으며, 각 단계는 그 자체의 독특한 요소를 가진다. 이런 구분은 그리스도의 죽음으로 정해지며, 그리스도와 신자의 초기 연합과 차후 연합의 차이는 그리스도의 죽음과 부활의 간격이 일시적인 것처럼,[106] 신자의 율법에서 해방도 순간적이라는 것을 보여준다.[107] 다시 말해서, 율법에서 자유는 일시적인 사건인데, 왜냐하면 신자가 죽자마자 부활하신 그리스도와 연합하여 살아남으로 그리스도와의 관계를 관장하는 율법을 다시 맡기 때문이다. 그리스도와의 초기 연합은 율법에 대한 그들의 죽음을 불러 일으켜 율법에서 벗어나게 하는 한편, 저들의 차후 연합은, 죽음으로 다시 깨어지지 않을(참고. 롬6:9) 부활하신 그리스도와 신자의 새로운 관계에 기초하여, 하나님을 위하여 열매 맺는데 초점을 맞춘다.

　　그렇다면 바울은 왜 그리스도와 신자의 연합을 두 단계로 나누는가? 그 이유는 결혼예에서 분명하게 나타나지 않는 칭의와 성화의 삶을 구분 짓고자 하기 때문이다. 그리스도와 인류의 초기 연합은 저들이 아직 죄인 되었을

---

104) 신자가 그리스도와 계속해서 연합하는 이유는 그가 죽음에서 살아 나셨기 때문이다(cf. Murray, *Romans,* 1:243; Bruce, *Romans,* 137; Moo, *Romans,* 418).

105) Murray, *Romans,* 1:243. cf. Beker, *Paul,* 189; Keck, *Romans,* 164.

106) 위의 p.231 n.22를 보라. 슈라이너는 죽음이 마지막이 아니라고 정확하게 지적한다 (Schreiner, *Romans,* 352).

107) 율법에서 일시적인 자유함을 알아차리지 못하여, 많은 학자들은 율법에서 완전한 자유를 택한다: 가령, Nygren, *Romans,* 274-275; Käsemann, *Romans,* 188; Earnshaw, "Marriage Analogy," 83-85; Byrne, *Romans,* 211, 214; Witherington, *Romans,* 176; Westerholm, *Perspectives,* 432, 434; Bertone, *Law,* 134-135.

때에 일어났다(롬5:6, 8, 10). 그들은 그리스도의 죽음을 통해 그와 연합했을 뿐 아니라 또한 의롭게 될 수 있었다(6:7).[108] 그리스도와 아담적 인류의 초기 연합은 전적으로 하나님의 역사이다.[109] 그러나 신자가 부활하신 그리스도와 연합할 때, 저들은 성화에 진전을 가져온다.[110] 차후 연합은 성화를 위하여 그리스도와의 협력을 수반한다. 성화의 삶을 소개하기 전에, 바울은 그리스도의 영역으로 들어가기 위한 전제조건으로 칭의를 논의한다. 하지만 그의 진정한 관심사는 6장서부터 가장 큰 비중을 차지하는 성화의 삶에 있다: 부활하신 그리스도와 연합은 신자로 하여금 그와의 관계를 유지할 것을 요구한다. 바꾸어 말하면, 부활하신 그리스도와 지속적인 연합을 통해 신자는 본래 아담(그리고 아담적 인류)에게 주어졌던 책임을 수행하는 것이다(참고. 롬8:17-39).[111] 요컨대, 부활하신 그리스도와의 지속적인 관계는 신자의 실제적인 참여와 책임의식을 포함한다.

로마서 7:4의 병행구인 고린도전서 6:15-18도 성화를 다룬다. 전자는 그리스도와 신자의 지속적인 연합에 강조를 두는 반면, 후자는 창기와의 연합을 논의한다. 하지만 양쪽 모두의 요점은 동일하다: 그리스도와 두 번째 연합할 때, 자신의 개인적 책임이 다른 무엇보다 중요하다.[112] 특별히 로마서 7:4에서 바울은 자신의 독자에게 성화하라고 암암리에 권면한다(참고.

---

108) 로마서 6:7에서 바울은 누구든지 죽으면 **죄**에서 법적으로 자유한다고 말한다(cf. Schlatter, *Romans*, 153; Cranfield, *Romans*, 1:333; Wilckens, *Römer*, 2:64-65; M. Black, *Romans* [Grand Rapids: Eerdmans / London: Marshall, Morgan & Scott, 1981] 159; Black, "Death," 423).

109) 이런 이유로 인해, 그립(Grieb)이 올바로 주장하듯이, "이것은 그들이 느끼거나 심지어 깨달을 수도 있고 그렇지 않을 수도 있는 그 무엇인데, 그러나 어쨌든 그것이 그들이 느끼거나 그렇지 않거나, 그들이 알고 있거나 그렇지 않거나 간에 그들에게는 사실이다"(*Story*, 67). cf. Jewett, *Romans*, 434.

110) 지니우즈(Gieniusz)는 말하기를, "(결혼은) 그들의 결과(범죄와 죽음)와 의무(하나님을 위하여 열매맺음)와 함께, 그리스도인의 과거와 현재를 잘 보여준다"("Rom.7:1-6," 400). cf. Murray, *Romans*, 1:243; Bruce, *Romans*, 138; Moo, *Romans*, 418.

111) Cf. Dunn, *Romans, 1-8*, 471; Pate, *Glory of Adam*, 155-156; Jewett, *Romans*, 435.

112) Cf. Byrne, *Romans*, 211.

6:12-13, 19, 22).[113] 그리스도와의 관계 수립은 전적인 하나님의 역사이지만, 날마다의 관계 유지는 신자의 책임을 수반한다.

이 시점에서, 율법은 신자가 그리스도 안에 남도록 도와준다. 예전에 로마 그리스도인이 아담 안에 있었을 때, 그들은 그리스도 없이 지냈다; 육체적으로는 살았으나, 저들은 **죄**의 지배 아래 살고 있었다.[114] 그들은 그리스도의 죽음을 통해 율법에 대하여 죽음으로 그리스도인이 되어 영적으로 깨어났으며, 심지어 부활하신 그리스도와 지속적인 연합을 통해 성화의 삶을 살 수 있게 되었다.[115] 게다가, 아내가 재혼할 때와 마찬가지로(7:3), 그들이 부활하신 그리스도와 연합할 때 율법이 재등장하여 그리스도와 저들의 관계를 유지한다. 1절의 원칙과 2-3절의 결혼예는 주어진 관계가 계속되는 동안 율법이 그 관계를 관장한다고 이미 제시했다. 로마서 7:4b 또한 로마 그리스도인은 그리스도의 죽음을 통하여 그의 영역안에 들어가서 그와의 관계를 유지할 때, 율법이 그 관계를 관장할 거라는 사실을 시사한다. 이런 새로운 관계에서 신자들의 주인은 그리스도이며, 그는 결코 율법으로 압제하지 않고 저들을 성화의 길로 안내할 것이다.[116] 다시 말해서, 일단 새로운 관계가 수립되면, 율법은 더 이상 신자를 정죄하지 않으며, 오히려 저들의 안내자가 된다. 성화의 삶은 지속적인 과정이며, 그런 가운데 율법은 저들에게 지침서를 제공한다.[117]

---

113) Cf. Schlier, *Römerbrief*, 217; Schmithals, *Römerbrief*, 208; Byrne, "Romans 6:1-8:13," 562ff; idem, *Romans*, 214; Gieniusz, "Rom.7:1-6," 393ff; Schreiner, *Romans*, 352; Burchard, "Römer 7:2-3," 454; Haacker, *Römer*, 138; Legasse, *Romains*, 437.

114) Cf. Ziesler, *Romans*, 175; Holland, *Romans*, 229-233.

115) 바울은 율법에서 벗어나는 일을 부활하신 그리스도와의 연합을 향한 중간 과정으로 간주한다. Byrne(*Romans*, 214)과 Tobin(*Paul's Rhetoric*, 220-223), 그리고 Wright(*Romans*, 559)에게는 미안하지만.

116) Cf. Snodgrass, "Sphere," 169-174; Sloan, "Law," 48-59.

117) Cf. J. Murray, *Principles of Conduct* (Grand Rapids: Eerdmans, 1957) 191-201; G. Fee and D. Stuart, *How to read the Bible for All Its Worth* (Grand Rapids: Zondervan, 1982) 135-147; Wright, *Eye for an Eye*, 43, 151-163; J. Kuhatchek,

학자들은 바울이 제2성전 유대교에서 강조한 율법중심의 생활 방식을 포
기한다고 종종 주장한다.[118] 그러나 그가 포기한 것은 율법 자체나 심지어
율법중심의 생활 방식이 아니다(참고. 롬14:1-15:13). 오히려 그가 반대하
는 것은 율법에 대한 편견, 즉, 율법을 목적 그 자체로 둔다던가,[119] 또는 사
람을 민족중심주의로 인도해 (문자적) 율법준수가 사람들이 직면한 문제의
해결점이 된다고 보는 자세이다. 바울의 관점에서, 율법은 여전히 그리스도
안에 있는 자들에게 경계표지 역할을 한다.[120] 이 견해는 구약과 유대 문헌
에 이미 나타나 있으며, 양쪽 모두 경건한 유대인에게 율법을 통하여 하나님
과의 관계를 유지하도록 가르친다. 왜냐하면 율법은 저들을 성화의 삶으로
인도하는데 결정적인 역할을 하기 때문이다.[121] 바울도 이것을 일부 인정한

Taking the Guesswork out of Applying the Bible (Downers Grove: InterVarsity,
1990) 79-86; W. C. Kaiser, "How Can Christians derive Principles from the
Specific Commands of the Law" in *Readings in Christian Ethics.* vol.1. eds. D.
Clark and R. Rakestraw (Grand Rapids: Baker, 1994) 192-201; J. Goldingay,
Approaches to Old Testament Interpretation (Downers Grove: InterVarsity, 1984)
47-61; idem, *Models for Interpretation of Scripture* (Grand Rapids: Eerdmans,
1995) 89-103; W. Janzen, *Old Testament Ethics* (Louisville: Westminster John
Knox, 1994) 26ff; J. D. Hays, "Applying the Old Testament Law Today,"
Bibliotheca Sacra 158 (2001) 30-35; Blomberg, *NT Exegesis*, ch.10.

118) 가령, S. Kim, *The Origin of Paul's Gospel* (Tübingen: J. C. B. Mohr, 1981) 274-
275; M. D. Hooker, "Paul and 'Covenantal Nomism'" in *Paul and Paulinism:
Essays in honor of C. K. Barrett.* eds. M. Hooker and S. G. Wilson (London:
SPCK, 1982) 55. 그러나, 롱게네커가 주장하는 바와 같이, "바울의 모든 표현 가운데 하나
님의 기준과 심판으로서 율법이 끝난다는 암시는 어디에도 없다"(Longenecker, *Paul*,
147).

119) Cf. W. J. Dumbrell, "The Prospect of Unconditionality in the Sinaitic Covenant" in
Israel's Apostasy and Restoration. ed. A. Gileadi (Grand Rapids: Baker, 1988) 143.

120) 위의 p.226 n.67을 보라.

121) Cf. Dunn, *Theology*, 643. 또한, Deut.4:1-14; 30:11-16; *Jub*.15:25-28; 33:16;
PssSol.9:1-3; 14:2-3; Sus.53, 62; Sir.24:19-27; 39:8; 48:7; 1QS 1:18-19; 4:6-8; 5:8-
9; 1QH[a] 4(=12): 21-24; 1QH[a] 6(=14): 9, 17f; 1QH[a] 8(=16):18f, 23; 11QPs[a] 19:1-
18; 1 Esdras 8:74-78; 4 Ezra 3:22; 7:77; 8:22, 33; 2 Bar.32:1; 38:1-2; 44:3, 14;
46:5; 48:24; 51:3; 54:5; 84:2; 1 Macc.2:67; 2 Macc.1:26; 13:48; *LAB* 19:9; 39:6;
Philo, *Cong*.70; *Praem*.79; Josephus, *Ant*.20.2.44; m.*Aboth* 1:7; 5:14.

다(갈5:14; 롬2:27; 7:10; 8:4, 7; 13:8-10; 고전17:19).

인류를 유대인-이방인 관계가 아니라 "그리스도 안" 혹은 (사탄 아래) "아담 안"에 있느냐로 구분하면서, 바울은 로마 신자에게 저들이 진정 그리스도와의 관계에 들어갔다고 말할 뿐 아니라 그리스도 안에 남아 있으라고 권면한다. 그는 먼저 **죄**의 지배에서 그리스도의 통치로 옮겨졌다는 신념을 저들과 함께 나눈다; 그런 뒤, 그는 묵시주의자들이 가끔 민족중심적으로 주장한 윤리적 이원론(PssSol. 2:1-3; 4:5, 24; 7:1f, 13-22; 17:6, 13-22; 1QS 5:10, 15f; 1QH^a 6[=4]:12f; 10[=2]:22)을 버리고 적절한 율법사용과 더불어 그리스도에게 초점을 맞추며, 건전한 윤리적 이원론을 받아들이라고 저들을 권면한다.[122]

지슬러는 율법에서 자유(7:4)가 로마서 6장에 이어 곧바로 나온다는 사실에 주목한다: 로마서 6장에서 바울은 칭의가 윤리를 약화시킨다는 주장에 맞서기 위해 그리스도와 함께 죽음은 윤리적 갱신을 불러 일으킨다고 강조하는 한편, 로마서 7장은 율법에 대하여 죽음은 부도덕해도 된다는 자격증이 아니라는 것을 명확하게 한다고 한다; 선한 삶을 위한 기초가 세워졌기 때문에(6장), 바울은 율법에서 자유를 논의해도 무방하다고 본다(7장). 그리고 지슬러는 바울의 독자가 율법에서 자유는 율법의 모든 면에서 자유를 의미하지 않는다는 사실을 결국 이해할 것이라고 결론 내린다.[123]

로마서 6장에서 바울은 믿음이 강한 자에게 성화의 삶에서 부도덕하지 말

---

122) 윤리적 이원론은 공동체적 인격(corporate personality)과 연관되는데, 그것은 이스라엘의 결속을 강조한다: 말하자면, 다른 종족과는 달리, 이스라엘은 하나님의 백성이기에 거룩해야 한다는 것이다. cf. Robinson, *Ideas*, 87; J. R. Porter, "The Legal Aspects of the Concept of 'Corporate Personality' in the Old Testament," *Vetus Testamentum* 15 (1965) 379; J. W. Rogerson, "The Hebrew Conception of Corporate Personality: A Re-examination," *Journal for Theological Studies* 21 (1970) 1-16; S. E. Porter, "Two Myths: Corporate Personality and Language/Mentality Determinism," *Scottish Journal of Theology* 43 (1991) 289-307; Stepp, *Participation*, 9-40.

123) Ziesler, *Romans*, 174-175.

라고 권면한다.[124] 로마서 7장에서 바울은 예전의 하나님 경외자들이 율법에 휘둘려 강한 자들을 판단하는 상황과 마주한다. 특별히 7:4에서, 율법에서 자유가 부도덕해도 되는 자격증이 아니라고 설명하는 것에 덧붙여, 그는 사람이 의롭게 되어 율법에서 해방된 후에 율법에 마땅한 경의를 표하는 가운데 진정한 성화의 삶이 있다는 것을 깨달아야 할 것이라고 그들에게 넌지시 언급한다.[125]

(2) 관계대명사절 "죽은 자 가운데서 살아나신 이"는 초대교회 신앙고백에서 채택 하였는데(참고. 롬6:4, 9; 8:34; 1 Cor.15:12, 20), 그리스도와 신자의 관계를 더 분명하게 할 뿐 아니라[126] 저들의 관계가 영구적이라는 것을 보여준다.[127] 이 구절과 더불어, 바울은 그리스도가 다시 죽지 않기 때문에(참고. 롬6:9) 그리스도 안에 있는 자는 누구든지 그와 영원한 관계를 가질 것이라는 사실을 보여주길 원한다.[128] 그들("너희" 4a절)은 전에 아담 안에서 영적으로 죽었다; 하지만 그리스도께서 죽음에서 부활하심으로 그와 연합한 자들은 영적으로 살 뿐 아니라 그와 영원한 관계를 가진다.

이 구절의 중요성은 신자가 그리스도와 연합할 때, 그리스도 안에 새로운 삶이 시작된다는 것이다.[129] 신자의 이중연합을 감지한 슈라이너는, 그리스

---

124) Cf. Minear, *Obedience*, 57-71; Longenecker, "Focus of Romans," 62-69; Maillot, *Romains*, 175; Carter, *Sin*, 166ff.

125) Cf. Snodgrass, "Sphere," 161-174; Sloan, "Law," 53-59; Burton, *Romans 7:1-6*, 95.

126) Jewett, *Romans*, 434.

127) Cf. Murray, *Romans*, 1:243; Moo, *Romans*, 418.

128) 샌더스에 따르면, 팔레스틴 유대교는 언약적 율례주의를 주장하는데, 거기서 "들어가는" 것은 은혜로 되지만 "머무는" 것은 조건적이다; 궁극적으로, 들어가는 것과 머무는 것 모두 은혜로 말미암는다(Sanders, *Paul*, 532, 543-548). 그러나 유대교의 어떤 종파에서는 영원한 안전은 율법에 순종하는 것에 의존한다(JosAsen.8:5, 9; Tob.12:9). cf. W. S. Campbell, *Paul's Gospel in An Intercultural Context* (New York: Peter Lang, 1992) 71f; Evans, "Scripture-Based Stories," 65.

129) Cf. Fitzmyer, *Romans*, 459.

로마서 7:1-6에 나타난 율법의 기능

도와 차후 연합이 하나님을 위하여 열매 맺을 목적으로 발생한다는 것이 사실임을 보여주기 위해 이 관계대명사절이 들어가 있다고 설명한다.[130] 우리는 여기에서 성화의 과정을 강조하고자 하는 바울의 의도를 본다. 아내의 재혼은 새로운 관계의 수립뿐 아니라 그것이 지속되는 과정을 포함한다; 마찬가지로, 부활하신 그리스도와의 연합은 그의 죽음을 통해 이미 수립된 관계를 발전시키는데 입문서 역할을 한다.

4. "우리로 하나님을 위하여 열매를 맺게 하려 함이라"
(ἵνα καρποφορήσωμεν τῷ θεῷ)

위에서 지적한 대로, 신자의 부활하신 그리스도와의 연합은 목적을 수반하며(참고. εἰς τό), ἵνα로 시작하는 이 구절에서 우리는 또 다른 목표가 기다리고 있는 것을 본다.[131] 다시 말해서, 부활하신 그리스도와의 연합 이면에는 성화의 삶을 살면서 하나님을 위하여 열매를 맺어야 할 목표가 있다는 것이다.[132] 그리스도와 신자의 이중연합이 궁극적으로 전적인 하나님의 역사로 간주될 수 있지만, 차후 연합은 부활하신 그리스도와 연합을 유지하는데 저들의 참여를 요구한다; 관계를 성공적으로 유지하기 위해 그들에게 져야 할 책임이 있다; 바울은 이 의무를 하나님을 위하여 열매를 맺는 것으로 설명한다.[133] 열매 맺는 일을 부활하신 그리스도와 연합하는 주된 목표로 간주하면서, 바울은 이 의무를 완수하고자 하는 신자의 노력이 목표를 이루는 과정에 중요한 역할을 한다고 주장하는 것 같다.

"우리가 열매를 맺는다"는 구절의 정확한 의미는 무엇인가? 이것은 출산

---

130) Schreiner, *Romans*, 352.
131) Cf. Mounce, *Romans*, 162. n.69; Keck, *Romans*, 177.
132) Cf. Jewett, *Romans*, 434.
133) 쥬윗은 열매 맺는 일에 피조세계를 보살피는 아담적 책임이 포함된다고 주장한다 (Jewett, *Romans*, 435).

에 관한 아이디어를 표현한다.[134] 만약 부활하신 그리스도와의 연합이 부부 관계에 비유된다면, "열매를 맺는 일"은 출산을 암시한다고 볼 수 있다. 이 해석은 가볍게 취급될 수 없는데, 왜냐하면 이것은 결혼예와 그 적용/결론 사이의 유비적 관계를 우리로 이해하겠끔 도와주기 때문이다.[135] 슐라터는 "생산은 결혼의 목적"이기 때문에 열매 맺는다는 이미지는 바울의 결혼예에 생기를 더한다고 주장한다.[136] 로마서 6:21-22에서 바울은 열매 맺는다는 이미지를 이미 제시한다; 7:4에서 그는 동일한 이미지를 사용하는 듯 한데, 이번에는 결혼과 연관된다.[137]

7:4에서 "열매 맺는 일"은 선행을 의미한다고 우리는 생각한다. 번과 다른 이들은 καρποφορήσωμεν이 부활하신 그리스도와 연합한데서 나오는 선행을 언급하는 것으로 받아들여, 신자는 그리스도와 연합하면서부터 윤리적 가능성이 생기기에 성화하려는 노력이 경시되어서는 안 된다고 주장한다.[138] 다시 말해서, "열매 맺는 일"은 성화과정의 일부라는 것이다. 그렇다면 바울은 열매 맺는 일을 성화와 정확히 동일한 것으로 생각하는가? 번은 열매 맺는 일이 성화로 *인도하기에*(롬6:22), 두 아이디어가 동일하지 않다고 주장한다.[139] 이럴 경우, 성화는 그리스도와 연합하는 것과 열매 맺는 일 모두의 목표가 된다. 성화의 삶은 아마 이 두 단계(즉, 성화하게 되는 과정과 그 최종결과)가 계속 반복될 때 이루어질 것이다.[140] 그렇다면 성화를 이루는

---

134) Cf. Sanday & Headlam, *Romans*, 174; Barrett, *Romans*, 137; Keck, *Romans*, 177; Kruse, *Romans*, 294. 반대로, Moo, *Romans*, 418; Osborne, *Romans*, 171.

135) Cf. Schlatter, *Romans*, 154; Barrett, *Romans*, 137; Derrett, "Romans 7:1-4," 468; Black, *Romans*, 100; Byrne, *Romans*, 211, 214; Fitzmyer, *Romans*, 459; Wright, *Romans*, 559; Jewett, *Romans*, 434; Holland, *Romans*, 229.

136) Schlatter, *Romans*, 154.

137) Cf. Wright, *Romans*, 559.

138) Byrne, *Romans*, 211; Ziesler, *Romans*, 175; Moo, *Romans*, 418.

139) Byrne, *Romans*, 211. 또한, Barrett, *Romans*, 235; Aletti, "Romans," 1580; Holland, *Romans*, 200; 김동수, 『로마서』 410. 크랜필드와 켁은 성화(άγιασμός)가 하나의 과정을 나타낸다고 주장한다(Cranfield, *Romans*, 1:327; Keck, *Romans*, 171).

140) Cf. Edwards, *Romans*, 174; Holland, *Romans*, 200.

단계는 다음과 같이 설명될 수 있다: 그리스도와 우리의 새로운 관계는 열매 맺는 일을 요구하며 또 가능케 한다; 열매는 성화를 이루게 한다; 성화가 마침내 이루어진다(참고. 고전7:1). 또한, 성화는 그 사람의 성품을 반영하기에 (롬5:4), 열매 맺는 일은 성화를 야기할 뿐 아니라 성품에 대한 강한 의식을 수반한다.[141] 요컨대, 선행의 열매를 맺는 일은 신자의 성품을 변화시키는 효과를 가져오며, 결과는 저들이 그리스도와 계속해서 연합하는 가운데 성화를 이루는 것이다.

바울은 로마 신자와 자신이 하나님을 위하여 열매를 맺는다고 주장한다 (καρποφορήσωμεν τῷ θεῷ).[142] 로마 신자가 맺는 열매는 믿음이 강한 파와 약한 파의 일치와 더불어 바울의 스페인 선교 지원일 것이다.[143] 명백하게, 스페인 선교를 위한 로마 그리스도인의 지원은 열매가운데 하나일 테지만,[144] 더 중요하게, 저들의 성화의 삶이야 말로 바울에게 가장 큰 열매일 것이다(참고. 1:11-13).[145] 만약 로마 그리스도인이 바울의 복음으로 분쟁을 그치고 저들 가운데 화합을 이루며(2:16; 16:25), 바울 또한 저들의 협력선교로 지원을 받는다면, 그것들이야 말로 로마의 신자와 바울이 함께 거두는 열매일 것이다.[146] 그렇게 할 때, 로마의 독자들은 믿음이 성장할 것이며, 저들

---

141) Cf. Moo, *Romans*, 418. 구약서부터 하나님은 "하나님의 모습을 나누기 위해 하나님의 백성의 성품을 변화시켰다"(Edwards, *Romans*, 174). 케어드가 진술하듯이, "바울이 성장의 메타포를 사용했을 때, 그는 거의 언제나 성품의 개발을 언급하고 있다(롬7:4; 갈5:22; 빌1:4)"(Caird, *NT Theology*, 123).

142) Cf. Hultgren, R*omans*, 271.

143) 위의 pp.99-103을 보라. 또한, Jewett, *Romans*, 435.

144) 위의 pp.99-103을 보라. 또한, Stuhlmacher, *Romans*, 104.

145) 데이비스(G. N. Davies)는 말하기를, "바울이 1:13에서 이야기하는 열매는, 그것이 로마의 그리스도인과 연관 되는바, 저들의 회심의 열매라기 보다 저들의 믿음의 진보의 열매이다"(*Faith and Obedience in Romans* [Sheffield: JSOT Press, 1990] 27, J. A. D. Weima, "Preaching the Gospel in Rome: A Study of the Epistolary Framework of Romans" in *Gospel in Paul: Studies on Corinthians, Galatians and Romans for Richard N. Longenecker*. eds. L. A. Jervis and P. Richardson [Sheffield: Sheffield Academic Press, 1994] 354에서 인용함). 또한, Dunn, *Romans, 1-8*, 363; Fitzmyer, *Romans*, 250; Jewett, *Romans*, 435.

146) 쥬윗(*Romans*, 435)은 열매 맺는 일을 두 가지로 말한다: 스페인 선교와 "피조세계를 보살피는 아담적 책임."

의 성장은 바울이 받는 커다란 위로와 격려가 될 것이다(참고. 15:24). 이것은 바울이 로마서 1:12에서 서신의 목적을 밝히는 대목에서 확인된다: "(우리가) 피차 안위함을 얻으려 함이라."[147]

바울은 열매 맺는 일을 적절한 율법사용과 연관시킨다. 슐라터는 바울이 로마 독자에게 편지를 쓸 때, 교회 안에 무법함(lawlessness)이 있다고 경고하며, 부활하신 그리스도와의 연합을 해결책으로 제시한다고 주장한다.[148] 비슷하게, 머리는 어떤 의미에서 바울이 "율법아래 있지 않다"(롬6:14)는 교리를 저들이 남용하는 것에 반대하고 있다고 주장한다.[149] 하지만 그런 주장들은 로마서 7장의 독자를 믿음이 강한 자로 만든다. 앞에서 설명한 것처럼, 로마서 7장의 주요 독자는, 비록 믿음이 강한 자들도 어깨너머로 엿듣고 있으나, 믿음이 약한 자들(즉, 예전에 하나님 경외자들과 몇몇 유대인 그리스도인)이다.[150] 월터스와 다른 이들은 로마 교회에 분쟁이 일어난 것은 강한 자들과 약한 자들이 음식법과 절기 문제에 관해 서로 다른 견해를 피력했기 때문이라고 올바르게 주장한다.[151] 그래서 7:4에서 바울은 믿음이 약한 자들이 가진 율법에 관한 오해를 바로 잡기 위해 "열매를 맺는 일"을 논의한다. 바울의 입장에서, 믿음이 약한 자들은 그리스도와의 연합의 진정한 차원을 깨달아야 한다; 그러기 위해서 그들은 율법에 대한 자신의 견해를 바로 잡아야 한다. 만약 그들이 "관계"가 율법보다 우세하다는 사실을 깨닫는다면, 율

---

147) 두토잇(A. B. du Toit)은 말하기를, "상호 기부(12절)를 주장함은 자만으로 비쳐질 가능성이 있는 인상을 교정할 뿐 아니라 로마 그리스도인의 자아상을 보호한다. 그들 또한 그를 유익하게 할 것이다!"("Persuasion in Romans 1:1-17," *Biblische Zeitschrift* 33 [1989] 207). 또한 Elliott, *Rhetoric of Romans*, 79; L. A. Jervis, *The Purpose of Romans. A Comparative Letter Structure Investigation* (Sheffield: JSOT Press, 1991) 103; J. D. Moore, *Wrestling with Rationality in Paul* (Cambridge: Cambridge University Press, 1995) 159; E. Ochsenmeier, "Romans 1:11-12. A Clue to the Purpose of Romans?" *Ephemerides Theologicae Lovanienses* 83 (2007) 399.

148) Cf. Schlatter, *Romans*, 154.

149) Murray, *Romans*, 1:243.

150) Cf. Witherington, *Romans*, 8.

151) Walters, *Ethnic Issues*, 40-53, 56-66, 87; Brown, *Antioch & Rome*, 2-8; idem, "Types," 77-78; Jeffers, *Conflict*, 3-35; Lampe, "Roman Christians," 228.

법에 압도당하지 않고 율법의 큰 원칙인 이웃사랑(참고. 롬8:4; 13:8-10; 갈 5:14)을 깨닫고 따를 것이다. 그가 바라는 결과는 저들이 서로 화해하고 자신의 스페인 선교를 지원하는 것이다.[152]

부활하신 그리스도와 연합한 신자는 여전히 악의 세력들과 싸우는 관계로, 열매 맺고 성화하는 과정은 악의 세력에 대하여 승리한 상급이다. 지슬러는 7:4를 앞의 6:22-23과 연결시켜, 사람이 **죄** 아래에서는 열매를 맺을 수 없다고 주장한다.[153] **죄**와 사탄은 서로 밀접하게 연관되어 있기에,[154] 열매 맺는 일은 어쩌면 확실히 사탄과의 영적 전쟁에서 승리한 징표일지 모른다.[155] 자신이 사역하는 동안, 바울은 이미 여러 번 사탄의 공격에 직면했었다(가령, 살전2:18): 갈라디아와 고린도의 교회에서 사탄의 사주를 받은 대적자들이 신자들를 유혹했으며, 그 결과, 분쟁이 발생했다(갈3:1; 고후11:3, 13-15).[156] 마찬가지로, 그는 로마 교회의 분쟁이나 자신의 스페인 선교에 사탄이 개입하고 있다고 믿는다. 따라서, 바울은 7:4에서 믿음이 약한 자들에게 부활하신 그리스도와 관계를 잘 유지하라고 암암리에 권면한다;[157] 그렇게 하기 위해, 그들은 영적 전쟁에 참가해야 한다.

로마서 맨 마지막에, 바울은 사탄과의 영적 전쟁이 있을 거라고 예견하는데, 왜냐하면 사탄의 잔재 세력이 로마 신자의 성화의 길에 걸림돌이 될 것이기 때문이다. 그래서 바울은 하나님이 사탄을 저희 발 아래서 상하게 하실 것을 소망한다(16:20). 신약학계의 최근 경향은 이 사탄을 창조기사의 맥락(즉, 아담 상황)에서 보고자 한다.[158] 쥬윗은 열매 맺는 일이 아담을 위한 하

---

152) Cf. Jewett, *Romans*, 434.

153) Ziesler, *Romans*, 175-176.

154) Cf. Schottroff, "Sünde," 501-502; Marcus, "Reign of Sin," 386-395; Gaventa, "Sin," 237; Wright, *Romans*, 530.

155) Cf. Ziesler, *Romans*, 175.

156) Cf. Neyrey, *Paul*, 207-218.

157) Cf. Byrne, *Romans*, 214.

158) Cf. Käsemann, *Romans*, 418; Cranfield, *Roman*, 2:803; Fitzmyer, *Romans*, 746; Schreiner, *Romans*, 808; Wright, *Romans*, 765; Jewett, *Romans*, 994; Matera, *Romans*, 344; Hultgren, *Romans*, 594.

나님의 본래 계획이 회복되는 것을 포함한다고 주장한다. [159] 그렇다면 열매 맺는 일은 남아 있는 사탄과의 전투에서 승리한 징표로 이해될 수 있다.

τῷ θεῷ("하나님을 위하여")는 이익의 여격으로 볼 수 있다. [160] 이럴 경우, 바울이 4b절에서 말하는 것은 열매 맺는 일은 하나님의 영광을 위한 것이며, 하나님께 영광을 돌리는 것은 성화의 궁극적인 목적이라는 것이다; 말하자면, 하나님의 주권적 능력이 신자의 성화의 삶을 통해 회복될 거라는 것이다. 머리는 "이 연합이 이바지하는 목표는 우리로 하나님을 위하여 열매를 맺는 일인데(참고. 6:22), 이 열매는 하나님이 받으실 만하며 그분께 영광을 돌리는 것"이라고 말한다. [161] 요컨대, 신자의 성화의 삶은 하나님의 주권이 이 땅에서 회복되는 과정의 일부이다. [162]

---

159) Jewett, *Romans*, 434-435. 페이트 또한 진술하기를, "신자는 의로운 고난을 통해 아담의 잃어버린 영광을 그리스도 안에서 회복할 것이다"(Pate, *Glory of Adam*, 181).

160) Cf. Moo, *Romans*, 418.

161) Murray, *Romans*, 1:243-244.

162) 로마서 8:4에서 바울은 신자의 성화의 삶이 그리스도의 사역의 궁극적인 목표라는 것을 보여준다(cf. Bruce, *Romans*, 153-154; Cranfield, *Romans*, 1:384f; Räisänen, *Law*, 113-115; Morris, *Romans*, 304; Fitzmyer, *Romans*, 487; Bayes, *Weakness*, 101-102; Jewett, *Rhetoric of Romans*, 435). 곤경-해결책의 구도를 설명하는데 있어, 하나님의 주권을 변호하는 일은 해결책에서 중요한 구성 요소가 된다(Pate, *Glory of Adam*, 142-181; Elliott, *Rhetoric*, 244; Nickelsburg, "Paul's Solution," 348; B. W. Longenecker, "Contours of Covenant Theology in the Post-Conversion Paul" in *The Road to Damascus*. ed. R. N. Longenecker [Grand Rapids: Eerdmans, 1997] 129, 134; Schreiner, *Paul*, 252-271).

제12장

인류의 곤경과 율법의 촉매 역할
(로마서 7:5)

로마서 7:4은, 절정은 아닐지 몰라도, 로마서 7:1-6에서 가장 중요한 곳이다. 우리가 배운 바대로, 본문 전체의 핵심 메시지는 4절에 있는데, 이 구절은 풍성한 역사적 문맥, 즉, 묵시적 이원론의 중요성과 인류의 역사 및 그것의 아담과의 관계, 그리고 성화의 삶 등을 포함한 다양한 해석을 제공한다. 로마서 7:4은 또한 인류가 이전에 **죄**에 매였으나 그리스도와 이중으로 연합한다는 것을 드러냄으로, 그리스도와의 관계의 본질에 대한 실마리를 제공한다. 바울은 그리스도와 인류의 관계를 결혼에 비유하면서 이것을 자신의 독자의 삶에 적용하는데, 이 관계를 돈독히 하고 올바른 율법사용을 통해 성화를 위해 계속 노력하라고 넌지시 권면한다.

5절에서 전치사 γὰρ가 증명하듯이, 우리는 로마서 7:5-6이 4절에 관하여 부연 설명한다고 생각한다.[1] 5-6절에서 바울은 일인칭 복수 "우리"를 사용하여,[2] 4절을 육신과 영의 날카로운 대조를 통한 독자의 종교적 경험과 연관시킨다;[3] 이와 동시에, 그는 자신의 개인적 경험을 바탕으로 정욕과 율법(5

---

1) Cf. Moo, *Romans*, 418; Schreiner, *Romans*, 349; Jewett, *Romans*, 436.
2) 홀트그랜은 여기서 ἦμεν이 "마치 그가 자신의 독자와 함께 내부자처럼 말하기" 위한 "교육적인" 우리라고 주장한다(Hultgren, *Romans*, 272).
3) Cf. Moo, *Romans*, 418; Jewett, *Romans*, 436; Kruse, *Romans*, 294.

절)을 논한다.[4] 뿐만 아니라, 바울은 5-6절을 로마서 7:7-8:17의 서론으로 사용한다: 즉, "5절은 7:7-25에서 더 발전하는 한편, 6절은 8:1-17의 표제로 만들어진다."[5]

로마서 7:1-6(A [=2-3절] B [=4절] A¹ [5-6절])의 교차대구법을 고려할 때,[6] 혹자는 7:5-6을 결혼예와 연관지어 설명할 수도 있다: 즉, "육신에"(5절) 있다는 것은 결혼예의 초혼(7:2a, 3a)으로 이해되며, 7:6은 재혼(7:3b)에 해당한다.[7] 구체적으로, 아담 안에 있는 인류의 예전 상태(ὅτε 5절)는 구원 받지 못한 인류의 지체가운데 죄악된 욕심을 불러일으키는 **죄**을 통해 죽음이 지배하는 상황이라면, 그리스도안에서 새로운 삶(νυνὶ δέ 6a절)은 인류가 **죄**에 이용당한 율법에서 벗어나 성령의 능력으로 하나님을 섬기는 상황이다.

바울이 7:5-6에서 던지는 질문 가운데 하나는 왜 인류가 그리스도의 죽음을 통해 율법에 대하여 죽어야만 했는가인데, 그의 대답은 다음과 같다: 인류가 육신에 있을 때, **죄**는 사망을 위하여 열매를 맺기 위해 저들의 지체 가운데 역사하는 정욕을 불러일으키려고 율법을 사용했다(5절); 그러나 신자는 저들을 얽매던 **죄**에 대하여 죽음으로, 그 결과, 오용된 율법에서 벗어나 영의 새로운 것으로 섬기고 율법조문의 묵은 것으로 하지 아니한다(6절).

---

4) 바리새인인 바울은 다른 이들을 능가하기를 간절히 바랬으며, 그런 열정과 더불어 초대교회에서 그리스도인을 핍박했다; 그는 로마의 신자들 사이에서 동일한 우월감과 경쟁심으로 인해 일어나는 내분을 본다(Jewett, *Romans*, 436).

5) Schlatter, *Romans*, 104. 또한, Wilckens, *Römer*, 2:63; Schmithals, *Römerbrief*, 205; Vollenweider, *Freiheit*, 339; Aletti, "Romans," 1577; Gieniusz, *Romans 8:18-30*, 42-43; Wright, *Romans*, 559; 최갑종, 『로마서 듣기』, 324; 홍인규, 『로마서』, 128.

6) 또한 버튼도 A(2절) B(3절) B¹(4-5절) A¹(6절)의 교차 대구법을 제시한다(Burton, *Romans 7:1-6*, 109). 비야드는 다른 것을 제시한다: A(7:2a, 3a) A¹(7:2b, 3b) B¹(7:4) B(7:5) (Viard, "Romains 7,1-6," 166). 빌켄스는 또 다른 구조적 분석을 제공한다: 즉, A(1b) B(2-3절) A¹(4절) B¹(5-6절)(Wilckens, *Römer*, 2:63). 우리는 7:1-6에서 A(2-3절) B(v4절) A¹(5-6절)의 구조를 제안한다. 왜냐하면 (1) 5-6절의 내용이 "(주제로나 사전적으로) 유비(2-3절)와 불가분의 관계"에 있으며(Spitaler, "Reasoning," 744), (2) 7:5-6이 4절을 설명하는 한편(Schreiner, *Romans*, 349), 7:4가 결혼예(2-3절)를 결론지을 뿐 아니라 "원본에서 대상으로의 문학적인 움직임의 목표"이기 때문이다(Spitaler, "Reasoning," 747).

7) Cf. Smolarz, *Divine Marriage*, 212.

로마서 7:1-6에 나타난 율법의 기능

1. "우리가 육신에 있었을 때에는"(ὅτε γὰρ ἦμεν ἐν τῇ σαρκί)

(1) 로마서 7:5-6은 ὅτε γὰρ νυνὶ δὲ("전에는 그러나 이제")로 구성되는 문장구조를 가진다. 바울은 ὅτε로 시작하는데, 7:6의 νυνὶ δὲ와 함께 어떤 특정한 대조를 이룬다. 그런데 이 구도는 옛 시대/새 시대의 구속사적 대조를 말하는가? 아니면 아담 안에 있던 개인의 과거 역사와 그리스도 안에 있는 현재 삶 사이의 대조를 말하는가? 쥬윗은 νυνί를 "새 창조로 바뀌는 시기"로 보아 전자를 지지한다: "ὅτε… νυνὶ δὲ로 특징지어진 대조는, 육이 지배하는 시대를 과거로 두고 성령의 새로운 시대를 현재에 둔다."[8] 그러나 슈툴마허와 다른 이들은 후자를 주장하여 이 표현(ὅτε… νυνὶ δὲ)을 그리스도와 연합 이전과 이후로 이해한다.[9]

사실 바울은 구속역사와 개인역사 모두를 염두에 둔다. 두한은 "로마서가 개인역사와 구속역사를 강력하게 그리고 혁신적으로 추적하는 서신"이라고 말한다.[10] 첫째, "전에는 그러나 이제"는 "육신에"라는 어구가 그리스도 이전, 즉, "아담 안에" 있는 상태를 의미하기에 구속역사(즉, 시간적 이원론)의 측면을 포함한다.[11] 아담적 인류의 실패는 이스라엘의 상황에서 특별히 잘 나타나 있으며,[12] 율법으로 인한 저들의 실패는 아담이 뱀(즉, 사탄 혹은 그의 추종세력[창3:1-6])의 유혹을 받아 하나님의 명령을 어긴 것과 병행한

---

8) Jewett, *Romans*, 436. 또한, W. Radl, "νυν, νυνὶ," EDNT 2 (1991) 480; Fitzmyer, *Romans*, 459; Moo, *Romans*, 418; Bertone, *Law*, 136; 김동수, 『로마서』, 424.

9) Stuhlmacher, *Romans*, 104; Schlier, *Römerbrief*, 218; Haacker, *Römer*, 138; Legasse, *Romains*, 438; Wright, *Romans*, 560; 이한수, 『로마서 1』, 557; Jewett, *Romans*, 438; 최갑종, 『로마서 듣기』, 325; Matera, *Romans*, 171.

10) H. Doohan, *Leadership in Paul* (Wilmington: Michael Glazier, 1984) 120. 또한, 이한수, 『로마서 1』, 560.

11) Cf. Achtemeier, *Romans*, 115; Napier, Sin and Torah, 17; Wright, *Romans*, 560.

12) 어떤 사람들은 아담이 더 기본적인 범주라고 주장하는 반면(Wright, "Theology," 49-53; Vlachos, *Catalytic Operation*, 105; S. Pedersen, "Paul's Understanding of the biblical Law," *Novum Testamentum* 44 [2002] 18), 다른 이들은 이스라엘이 더 근본적이라고 주장한다(Thielman, "Romans 5-8," 193; Napier, "Sin and Death," 20).

다.[13] 하지만 그리스도의 도래와 함께, 그와 연합한 자들은 이제 성령의 능력으로 성공적으로 살 수 있다.

둘째, "전에는 그러나 이제"라는 표현이 구속역사로 인식되긴 하지만, 개인역사(즉, 공간적 이원론)가 먼저 고려되어야 한다. 공간적 이원론의 입장에서 보자면, 하나님은 창조 시부터 역사했으며 **죄**와의 전쟁을 수행하셨다. 이 전쟁은 구약역사에서 계속 진행되었고, 그리스도의 도래에서 절정을 이루었다.[14] 그리고 신약 하나님의 백성에게 영적 전쟁이 남아 있다. 이점에서, "전에는 그러나 이제"는 개인역사의 차원을 가진다. 말하자면, 비록 하나님의 백성이 이따금씩 사탄의 지배 하에 들어가 있었다 할지라도, 저들은 사탄과의 전쟁 가운데 있었다. 하지만 그리스도의 도래 이후, 하나님의 통치는 이방인에게까지 확장되었다. 그렇다면 시간적 이원론을 손상시키지 않는 범위에서 공간적 이원론의 관점으로 7:5-6을 볼 때, 우리는 "전에는 그러나 이제"를 적절하게 이해할 수 있을 것이다.[15]

(2) "우리가 육신에 있을 때에는"이란 구절에서 "육신"(σάρξ)이 무엇을 나타내는가에 대한 논란이 있어 왔다. σάρξ란 말은 바울 서신에서 중립적으로 혹은 부정적으로 해석되곤 한다. 중립적인 의미에서, 그것은 육체적 몸을 가지고 살아가는 삶이나 육체적 존재를 의미하는 것으로 종종 사용된다(가령, 롬2:28; 고전1:26; 15:39; 고후10:3; 12:7; 갈2:20; 6:12, 13; 빌1:22; 3:3, 4).[16]

---

13) Cf. Nickelsburg, "Paul's Solution," 348-355; Pedersen, "Law," 4ff; Napier, "Sin and Torah," 19-22; Wright, *Romans*, 563; Holland, *Romans*, 232.

14) Cf. Reid, *Warrior*, 31-90.

15) Cf. Becker, *Paul*, 416-417.

16) Cf. Schweizer, "σάρξ," TDNT 7 (1971) 125-130; BDAG, 915; Thiselton, "σάρξ," NIDNTT 1 (1986) 675; Sand, "σάρξ" EDNT 3 (1993) 231; Robinson, *Body*, 18-19; Stacey, *Man*, 154-155; F. F. Bruce, *Paul, Apostle of Heart Set Free* (Grand Rapids: Eerdmans, 1977) 203; Schnelle, *Human Condition*, 59-60; Dunn, *Theology*, 64; D. J. Moo, "'Flesh' in Romans. A Challenge for the Translator" in *The Challenge of Bible Translation Communicating God's Word to the World*. eds. G. Scorgie, M. Strauss and S. Voth (Grand Rapids: Zondervan, 2003) 366-368.

로마서 7:1-6에 나타난 율법의 기능

하지만 이런 중립적인 의미는 바울 서신에서 덜 빈번하게 등장한다. 산트(A. Sand)와 다른 이들이 주장하듯이, σάρξ는 종종 부정적인 의미를 가지는데, 이때 과거 시제 동사 ἦμεν와 함께 사용되기도 한다(참고. 갈5:24).[17] 게다가, 5절의 "육신"이 **죄**, 율법, 그리고 죽음과 연관될 때, 인류에게 파괴적인 영향을 행사하는 세력으로 비난받기도 한다.[18] 한 걸음 더 나아가, "육신에"(ἐν τῇ σαρκί 5a절)란 어구는 κατὰ σάρκα와 유사한 의미를 가지는데, 후자도 바울 서신 다른 곳에서 종종 부정적으로 사용된다(고전1:26; 3:3; 고후1:17; 5:16; 10:3; 롬8:5, 13).[19] "육신"이 이런 식으로 사용될 때, 자동적으로 죄악된 것으로 간주된다.[20]

중립적이고 부정적인 의미 가운데, 후자의 경우가 "특별한 의미에서 바울의 특징"을 보여준다.[21] 그렇다면 7:5의 "육신"과 관련된 부정적인 의미는 특별히 무엇인가? 7:5의 σάρξ에 관하여 세가지 가능한 해석이 있다: 그것은 여전히 육체적인 요소를 가지거나, 어떤 독립적인 세력을 의미하거나, 아니면 타락한 인간 본성을 의미한다.

첫 번째 입장은 번이 지지하는데, 바울에게 "육신"은 "연약하고 유한하며, 자기중심적이고 죄짓기 쉬우며, 하나님을 적대시하는 인간존재"를 나타내는 전문용어라고 한다.[22] 그렇다면 바울의 용법은 "일반적인 성경적 전통에 서 있으며, 사해문서에 나타난 בָּשָׂר의 사용법에 특별히 가깝다(참고. 1QS 11:6-7; 1QH 4:29-30; 15:16, 21)."[23] 핏즈마이어 또한 ὅτε ἦμεν ἐν τῇ σαρκί란

---

17) Sand, "σάρξ," 231; Schlier, *Römerbrief*, 218; Ziesler, *Romans*, 176.
18) Cf. Jewett, *Romans*, 436.
19) Cf. Sand, "σάρξ," 231; Ziesler, *Romans*, 176; Schnelle, *Human Condition*, 60-61; Dunn, *Theology*, 65; Jewett, *Romans*, 436.
20) Cf. Jewett, *Romans*, 436; Fitzmyer, *Romans*, 459.
21) Ridderbos, *Paul*, 94. 또한, Davies, *Paul*, 19; Ladd, *Theology*, 469-475; Sand, "σάρξ," 231; Schnelle, *Human Condition*, 60-61; Dunn, *Theology*, 65; Moo, "Flesh," 371.
22) Byrne, *Romans*, 211. cf. Holland, *Romans*, 234.
23) Ibid. 그러나 쿤(Kuhn)이 주장하고 있듯이, 구약과는 달리 1QS 11:9이 보여주는 것은, "사람은 자신이 죄를 지으며 사악한 세력 아래 있기 때문에 육체"이며, 1QH 4:29 또한 육체인 사람은 악한 자에게 넘어가기 쉬우며, 그럴 경우 "육체는 거의 악과 동의어가 된다"는 것을 보여준다("Temptation," 101-102).

구절은 "우리가 단순히 자연적인 삶을 살고 있을 때"로 번역될 수 있으며,[24] 비슷한 경우를 고린도후서 10:3a(ἐν σάρκι περιπατοῦντες ["우리는 육신 대로 행하나"])에서 볼 수 있다고 주장한다. 이런 형태의 삶은 성령 안에서 삶과 직접적인 대조를 이룬다(롬7:6; 8:9). 두 번째 입장은 무와 슈툴마허 같은 학자들이 지지하는데, 그것의 육체적인 면은 배제하고 객관적인 힘을 고려하여 "육신"을 하나의 세력으로 간주한다. 무는 "바울이 σάρξ를 성령과 대비되는 — σάρξ는 7-8장에서 성령과 언제나 대조된다 — 옛 시대의 또 다른 세력으로 묘사한다"고[25] 말한다. 세 번째 입장은 머리와 라이트가 지지하는데, "육신"은 **죄**의 세력에 복종하는 타락한 인간본성을 나타낸다고 한다.[26] 특별히 머리는 σάρξ란 말이 인간본성을 부정적으로 나타내기 위해 사용된다고 주장한다: "이렇듯 윤리적으로 경멸의 의미를 가진 "육신"은 '**죄**에 의해 통제되고 지시 받는 인간본성'을 나타낸다."[27]

세 번째 입장이 가장 온당한 것으로 보인다. 슈넬과 다른 이들이 주장하듯이, 바울이 "육신"이란 말을 부정적으로 사용할 때, 윤리적으로 함축된 의미가 드러난다.[28] 즉, σάρξ는 이런 식으로 사용되어 타락한 인간본성 그리고/혹은 하나님과 동떨어진 존재를 나타낸다(갈5:19-21, 24; 고전3:1-4; 고후 7:1; 롬6:6, 19; 7:8-9, 18; 8:3-9, 12-14; 13:14).[29] 결국 육신은 인류의 안

---

23) Ibid. 그러나 쿤(Kuhn)이 주장하고 있듯이, 구약과는 달리 1QS 11:9이 보여주는 것은, "사람은 자신이 죄를 지으며 사악한 세력 아래 있기 때문에 육체"이며, 1QH 4:29 또한 육체인 사람은 악한 자에게 넘어가기 쉬우며, 그럴 경우 "육체는 거의 악과 동의어가 된다"는 것을 보여준다("Temptation," 101-102).

24) Fitzmyer, *Romans*, 459.

25) Moo, *Romans*, 418. 또한, Bultmann, *Theology*, 1:493-494; Stuhlmacher, *Romans*, 104; Ziesler, *Pauline Christianity*, 77-78; Strecker, *Theology*, 116, 131-133; Viard, "Romains, 7,1-6," 179-171; Jewett, *Romans*, 436.

26) Murray, *Romans*, 1:244; Ladd, *Theology*, 484-485; Ridderbos, *Paul*, 103; Wright, *Romans*, 559.

27) Murray, *Romans*, 1:244.

28) Schnelle, *Human Condition*, 60-61; Stacey, *Man*, 161-162; Bruce, *Paul*, 205; Davies, *Paul*, 19; Dunn, *Theology*, 65; Schreiner, *Paul*, 142-144.

29) Cf. Ladd, *Theology*, 469-470.

팎으로 역사하는 그 무엇이다. 그것이 인류 안에서 역사할 때 인간본성을 나타내는 한편, 인류 밖에서 역사할 때 인간존재 − **죄** 아래 있는 인류의 절망적인 상황 − 를 나타낸다. 하지만 전자(즉, 인간본성)의 경우, "육신"이 단순히 도덕적으로 낮은 차원의 본성을 의미하지 않는다.[30] 오히려 그것은, **죄**에게 점령당하여 이용될 경우, 인류의 타락된 본성 전체를 나타낸다.[31] 후자(즉, 외적이고 객관적인 상태로서 "육신")의 경우, 학자들은 그것의 진정한 본질이 무엇인지 구체적으로 명시하지 않고, 단지 "**죄**에 지배당할 때, 전반적인 인간존재"로 간주한다(참고. 롬7:14, 18, 25; 8:5-8).[32]

7:5에 대하여 더 나은 이해를 위해, 우리는 인류의 외적 상태를 나타내는 "육신"을 좀 더 조사할 필요가 있다. 만약 우리가 육신에 있는 인류를 **죄**의 지배 아래 있는 인간으로 간주한다면, **죄**에 관한 바울의 참된 이해가 무엇인지 알아보아야 한다. 학자들은 **죄**가 무엇인지 명확하게 정의하지 않는다. 하지만 한가지 확실한 사실은, 사탄의 모든 활동이 **죄**의 개념에서 나온다는 것이다. 이것은 두 가지로 설명될 수 있다. 첫째, 로마서 6장에서 바울은 **죄**의 개념을 인간의 활동 뒤에 숨어 있는 사탄과 밀접하게 연관된 그 무엇으로 제시한다;[33] 특별히 6:12-23에서 **죄**는 인류를 지배하는 인물로 나타난다. 둘째, "육신"은 아담과 밀접하게 연관되는데, σάρξ가 "아담적 인류의 멤버로서 우리의 전존재"를 상징하기 때문이다.[34] 5:12-21에서 바울은 해결책으로서 그리스도의 순종과 대조를 이루는 아담적 인류의 곤경을 설명한다. 그리

---

30) Cf. Käsemann, *Perspectives*, 18, 24-25; Dunn, *Theology*, 72; Schreiner, *Paul*, 143; Moo, "Flesh," 365, 367ff. Stacey (*Man*, 161-162), Davies ("Flesh and Spirit," 161), Mounce (*Romans*, 162) 등 에게 죄송하지만.

31) Cf. Barrett, *Romans*, 146; Edwards, *Romans*, 180; 홍인규, 『바울신학 사색』, 109; Kruse, *Romans*, 263.

32) Cf. Achtemeier, *Romans*, 116; Schmithals, *Römerbrief*, 209.

33) Cf. Marcus, "Reign of Sin," 391, 394. 마커스는 로마서 6:12-14과 1QM 4:2-3; 17:5-6; 18:1이 서로 병행한다고 보아, **죄**(롬6:12-14)와 16:20의 사탄을 거의 동일시한다. 또한, Beker, *Apocalyptic Gospel*, 43; Garrett, "God of this World," 407, 412.

34) Achtemeier, *Romans*, 115. cf. Ridderbos, *Paul*, 98-99; Caird, *NT Theology*, 100; Schreiner, *Paul*, 128-129, 143ff.

고 나서, 아담을 6-7장 전체(특별히 6:6, 23; 7:7-13)의 근본적인 컨택스트로 계속해서 사용한다.[35]

그렇다면, 육신은 "죄와 그리고 결과적으로 죽음으로 특징지어지는 인류"를 나타낸다.[36] 인류는 **죄**의 지배 아래에서 아담적 자손의 멤버로 태어나 하나님께 반항하면서 아담 안에서 계속 살아간다. 만약 인류가 **죄**의 지배 아래에서 아담과 더불어 시작했다면, "**죄**"는 의인화된 세력이상을 나타내며 막후에 사탄의 세력이 활동한다는 것을 시사한다.[37] 창세기 3:1-6에서 뱀(즉, 사탄 그리고/혹은 그의 추종세력)은 아담과 이브를 유혹해서 저들로 하나님의 명령을 어기게 했다(참고. Wis.2:24; ApMos.16:1-19:3);[38] 그 결과, 그들의 모든 후손은 저주를 받아 사탄의 지배를 받게 되었다. 이것을 근거로, 바울은 아담 안에 있는 인류를 사탄 아래 있는 자들로 간주하는 것 같다.[39]

요약하면, 7:5의 "육신"은 아담의 타락으로 인해 **죄**가 점령하고 이용한 내적으로 연약한 인간본성과 외적으로 **죄**의 지배 아래 있는 인간존재 전체를 나타낸다. 인류가 아담 안에 있을 때, **죄**는 저들 안팎으로 지배한다: 내적으로, **죄**는 타락한 본성을 통하여 그들의 정욕을 자극하여 하나님께 불순종하도록 만든다(참고. 롬8:4, 10-13; 13:14; 고전3:3; 7:5; 고후7:1; 10:2-4; 살전3:5);[40] 외적으로, **죄**는 그들의 건강, 활동, 그리고 자연환경에 해를 끼침으로 저들을 지배한다(고전5:5; 고후12:7; 살전2:18).[41]

---

35) 위의 p.181 n.48을 보라.

36) Wright, *Romans*, 559. cf. Byrne, *Romans*, 212; Watson, *Paul*, 150-151.

37) 블라코스는 "사실 악마는 또한 바울이 로마서 7:7-11에서 **죄**를 의인화하는데 뒤에 숨어 있다"고 말한다(Vlachos, *Catalytic Operation*, 191).

38) Cf. Caird, *NT Theology*, 107f.

39) 베커(Beker)는 말하기를, "로마서 7:11의 속임수는 율법이 아닌 **죄**의 속임수이며, **죄**는 창세기 3장의 뱀같이 나의 '정욕'을 폭로하기 위해 계명을 이용한다"(*Paul*, 239).

40) Cf. Kuhn, "Temptation," 94-95; Moo, "Flesh," 373.

41) Cf. Schottroff, "Sünde," 499-501; Beker, *Apocalyptic Gospel*, 39; Snodgrass, "Sphere," 162-163; Sloan, "Law," 53-59; Gaventa, "Sin," 231, 234-236; Vlachos, *Catalytic Operation*, 212.

(3) "육신"에 관한 위의 설명이 옳다면, "육신에"라는 어구는 인간이 존재하는 상태를 나타내는가? 아니면 인간의 자연스러운 활동을 의미하는가? 이 어구가 인간의 어떤 상태를 시사한다는 주장을 먼저 살펴보자. 머리는 "바울이 '육신에' 있었다고 말할 때, '우리가 **죄** 가운데 있었다'고 말하는 것과 같다"고 말한다.[42] 무 또한 "육신에"란 어구를 그리스도 밖에 있는 어떤 상태로 해석한다: "불신자는 비인간적이며 세속적인 원리와 가치에 '휩싸여 있어서,' 그것들의 통제를 받는다."[43] 다시 한번, 인류를 위험에 빠뜨리는 **죄**는 모든 "육신의" 원리와 가치 뒤에 숨어있다. 데이비스는 "육신에 있다는 것은 타락한 질서의 일부가 된다는 것이며, 그것을 통제하고 타락시키는 눈에 보이지 않는 정사와 권세에 복종한다"고 설득력 있게 말한다.[44] 이런 경우, 육신에 있는 인류는 **죄**의 지배 아래 있는 저들의 신분을 나타낸다(참고. 롬 7:18, 25; 8:3).[45]

그러나 악트마이머(Achtemeier)는 이 어구가 인간의 활동을 나타낸다고 주장한다: "'육신' 혹은 '육신에'는 삶을 살아가는 하나의 방식을 설명한다."[46] 이 점에 있어서 바울은 "육신에"를 "육신에 따라"와 동일시한다.[47] 지슬러는 바울이 "육신에"($\dot{\epsilon}\nu \tau\hat{\eta} \ \sigma\alpha\rho\kappa\acute{\iota}$)를 고린도후서10:2-3의 "육체대로"($\kappa\alpha\tau\grave{\alpha} \ \sigma\acute{\alpha}\rho\kappa\alpha$)와 구별하고 있긴 하지만, 로마서 7:5의 $\dot{\epsilon}\nu \tau\hat{\eta} \ \sigma\alpha\rho\kappa\acute{\iota}$는 사실상 육체대로 사는 것을 의미하기에(참고. 고후5:16), 바울은 7:5에서 $\dot{\epsilon}\nu \tau\hat{\eta} \ \sigma\alpha\rho\kappa\acute{\iota}$와 $\kappa\alpha\tau\grave{\alpha} \ \sigma\acute{\alpha}\rho\kappa\alpha$를 상호 교환하며 사용한다고 주장한다.[48] 하지만 이런 방식의 삶은 자연스런 삶의 방식이 아니라 **죄**의 영향 아래에서의 삶을 의

---

42) Murray, *Romans*, 1:245. 또한, 홍인규, 『로마서』, 127.

43) Moo, *Romans*, 418.

44) Davies, *Jewish and Pauline Studies*, 197.

45) Cf. Kuhn, "Temptation," 107; Robinson, *Body*, 21; Sand, "σάρξ," 231; Neyrey, *Paul*, 193; Dunn, *Theology*, 64-65.

46) Achtemeier, *Romans*, 115.

47) 위의 p.263 n.19를 보라.

48) Cf. Ziesler, *Pauline Christianity*, 80; idem, *Romans*, 176. 또한, Robinson, *Body*, 23-24; Dunn, *Theology*, 65, 69; Schnelle, *Human Condition*, 60; Jewett, *Romans*, 436.

미한다(갈5:19-21; 롬7:7, 20).[49]

　우리의 주장은 비록 "육신에"라는 어구가 인류가 **죄** 아래 있는 상태를 주로 이야기하지만, 그것이 **죄** 아래서 인간활동의 업적도 넌지시 내비친다는 것이다. 그렇다면 인류의 곤경은, 저들이 **죄** 아래 살 때, 하나님께 결국 반항하는 것으로 이어지는 삶의 모든 비참한 활동을 경험한다는 것이다. 아담적 인류는 이런 궁지에 지나치게 빠져있다.[50]

　그러나 모든 희망이 다 사라진 것은 아닌 것이, 바울이 해결 방안을 제안하기 때문이다: 그리스도의 죽음과 부활에 참여함으로, 아담적 인류는 이런 궁지에서 구출될 수 있으며 성화의 삶을 살 수 있다(롬6:6-7, 12-13; 7:4, 6; 8:2-4). 이 해결책은 아담적 인류의 궁극적인 소망이며, 장래의 구원뿐 아니라 현재 성화의 삶과도 관련된다. 신앙생활 자체가 해결책의 일부이기 때문에, 아담적 인류가 "육신에" 있는 이런 비극적인 상태에서 자유할 때, 저들이 성화함에 따라 삶의 모든 어려움을 극복하기 시작할 것이라고 바울은 넌지시 알린다.

2. "죄의 정욕"(παθήματα τῶν ἀμαρτιῶν)

　(1) 7:5a에서 바울은 자신과 로마 그리스도인들이 육신에 있을 때 어떻게 정욕이 역사했는지 설명한다. πάθημα는 "고난"(고후1:5-7; 빌3:10; 롬8:8)을 나타내는 말로써, 바울 서신에서 종종 복수로 사용된다.[51] 하지만 갈라디아서 5:24과 로마서 7:5에서 πάθημα는 "정욕"이라는 의미로 사용된다: 갈

---

49) Cf. Robinson, *Body*, 21; Schnelle, *Human Condition*, 61; Wright, *Romans*, 559; Matera, *Romans*, 171.

50) 파커(B. Parker)는 로마서 7:7-11에서 율법이 **죄**를 드러낼 때 **죄**가 율법을 이용하며, 그 결과는 죽음이라고 주장한다. 그는 이 과정을 "죽음의 순환과정"이라고 부른다("Romans 7 and the Split between Judaism and Christianity," *Journal of Greco-Roman Christianity and Judaism* 3 [2006] 128). 이럴 경우, 인간의 곤경은 마치 사탄의 패배로만 깨어질 수 있는 죽음의 순환과정과 같다(cf. Kuhn, "Temptation," 102).

51) Cf. J. Kremer, "πάθημα," EDNT 3 (1993) 1.

라디아서 5:24에서 신자는 육체와 함께 정($\pi\alpha\theta\acute{\eta}\mu\alpha\sigma\iota\nu$)과 욕심($\dot{\epsilon}\pi\iota\theta\acute{\upsilon}\mu\iota\alpha$)을 십자가에 못 박았다고 말한다; 로마서 7:5에서 $\pi\alpha\theta\acute{\eta}\mu\alpha\tau\alpha$는 "또한 $\dot{\epsilon}\pi\iota\theta\acute{\upsilon}\mu\iota\alpha$(욕심)에 상응하는 '정욕'의 의미를 가진다."[52]

그렇다면 $\pi\acute{\alpha}\theta\eta\mu\alpha$는 단순히 육체의 정욕을 의미하는가? 로마서 7:5에서 $\pi\acute{\alpha}\theta\eta\mu\alpha$를 언급할 때, 바울은 관능적인 열정이라기보다 종교적 열정을 의미하고 있으며,[53] "다른 사람과 그룹을 압도하기 위해 자신들의 종교적이고 윤리적인 규범을 오용한"[54] 로마 독자 안에 있는 이런 종교적 열정을 증명하기 위해 그것을 자신의 경험에서 끌어온다.[55] 궁극적으로, 바울은 독자의 잘못된 종교적 열정과 사회적 우월감을 바로잡기 위해 7:5을 쓰고 있다.

7:5의 "정욕"($\pi\alpha\theta\acute{\eta}\mu\alpha\tau\alpha$)은 본질적으로 죄악된 것인가? 아니면 그것이 흔히 중립적으로 이해되는 감정을 의미하는가? 무는 정욕 자체가 부정적일 필요는 없으며, 바울은 여기에서 $\pi\acute{\alpha}\theta\eta\mu\alpha$에 부정적인 의미를 부여하기 위해 "죄의"라는 어구를 덧붙인다고 주장한다.[56] 그러나 "정욕"은 다음의 이유들로 이미 죄악된 것으로 간주될 수 있다: 첫째, 7:5의 "정욕"은 $\pi\alpha\theta\acute{\eta}\mu\alpha\tau\alpha$라는 용어가 추가적인 수식어인 "죄의"가 없이도 이미 부정적인 의미를 가지고 사용되는 갈라디아서 5:24와 병행한다; 둘째, 7:5에서 바울은 6:12를 어느 정도 되풀이하는데,[57] 거기서 그는 로마의 독자에게 $\pi\acute{\alpha}\theta\eta\mu\alpha$와 거의 동일한 $\dot{\epsilon}\pi\iota\theta\acute{\upsilon}\mu\iota\alpha$에 복종하지 말라고 부탁한다; 셋째, 바울은 7:7-25에서 7:5을

---

52) cf. Schlier, *Römerbrief*, 218; Dunn, *Romans, 1–8*, 363; Byrne, *Romans*, 215; Moo, *Romans*, 419; Schreiner, *Romans*, 350; Haacker, *Römer*, 138.

53) 지슬러(Ziesler *Romans*, 176)와 보야린(Boyarin, *Radical Jew*, 167)에 따르자면, 정욕의 요소를 배제할 수 없을지도 모른다. 하지만 로마서 7:7의 $\dot{\epsilon}\pi\iota\theta\acute{\upsilon}\mu\iota\alpha$는 $\pi\acute{\alpha}\theta\eta\mu\alpha$와 거의 동의어이며, $\dot{\epsilon}\pi\iota\theta\acute{\upsilon}\mu\iota\alpha$가 "헬라어에서 정욕보다 욕망에 더 가까우며, 따라서 종교적인 것들을 포함한 모든 종류의 욕망을 담고 있기" 때문에(Segal, *Paul*, 243), $\dot{\epsilon}\pi\iota\theta\acute{\upsilon}\mu\iota\alpha$는 여전히 종교적 열망으로 보는 편이 더 낫다.

54) Jewett, *Romans*, 436. 던은 이것을 유대인의 문제로 이해한다(Dunn, *Romans, 1–8*, 363-364).

55) Ibid.

56) Moo, *Romans*, 419. 또한, Dunn, *Romans, 1–8*, 364; Byrne, *Romans*, 215.

57) Cf. Fitzmyer, *Romans*, 459.

점차 발전시키는데, 거기서 "(그는) 율법의 본질을 더 정확하게 설명하기 위해 죄를 ἐπιθύμια("욕심")로 생각한다";[58] 마지막으로, 아담적 인류는 육신에 있으며 **죄**의 지배를 받기에, 저들이 **죄**에게 자극을 받을 때 정욕을 느낀다. 이런 경우, 7:5에서 바울은 명백하게 πάθημα를 부정적으로 본다.[59] 그렇다면, 로마서 7:5a는 구원받지 못한 인류가 육신에 있을 때 정욕을 좇는다고 설명한다.

남은 질문은 정욕과 육신 사이의 관계가 무엇인가 하는 것이다. 쥬윗은 "그런 종교적 '열정'은 육신, 즉, 명예을 위하여 다른 사람들을 능가하려는 욕망이 동기가 되었다고 바울이 인정한다"고 말한다.[60] 이럴 경우, 비록 "정욕"과 "육신"이 서로 밀접한 관계가 있긴 있지만, 이 두 가지가 서로 동일한 것이 아니다; 말하자면, 육신은 전형적인 타락한 인간본성을 보여주는 반면, 정욕은 육신을 통하여 **죄**가 일으킨 일종의 내적 반응이다(참고. 롬8:7; 13:14; 갈5:24; 6:8).[61] 7:5에서 "죄의 정욕"과 "육신에"란 표현을 나란히 둠으로, 바울은 불신자들의 진정한 내적 상태, 즉, 저들이 **죄**의 통치 아래 살 때, 정욕이 저들의 타락한 본성(σάρξ)을 통해 율법으로 자극 받는다는 것을 드러낸다.

τῶν ἁμαρτιῶν이란 구가 "정욕"을 수식할 때, ἁμαρτιῶν("죄의")의 의미가 정확히 무엇인가? 지적한 바와 같이, 바울은 죄악된 행위를 나타내기 위해 ἁμαρτία를 단수로 가끔씩 사용한다(롬5:13b; 7:13b; 8:3b).[62] 하지만 바울이 "죄"를 단수로 사용할 때, 그것은 궁극적으로 사탄을 상징하는 환유로 종종 사용된다. 이럴 경우, 사탄은 인류를 죄와 허물로 죽게끔 내버려 둘 뿐 아니라(참고. 엡2:2), 내적으로 타락한 본성을 통해 정욕을 부추긴다(참고.

---

58) Schnelle, *Human Condition*, 67.
59) Cf. BDAG, 748; Fitzmyer, *Romans*, 459; Jewett, *Romans*, 436.
60) Jewett, *Romans*, 436.
61) **죄**는 σάρξ를 정욕을 공격하기 위한 도구 내지는 자리로 사용한다(cf. Davies, *Paul*, 19; Stacey, *Man*, 161-162; Dunn, *Theology*, 66-67).
62) Cf. Byrne, *Romans*, 215; Dunn, *Theology*, 112. n.46.

롬7:8, 11; 8:5-8).[63] 말하자면, 바울의 **죄**에 대한 용법은 사탄 그리고/혹은 그의 추종세력이 외적으로 인간상황을 통제하고 안으로는 하나님에 대한 적의를 품도록 자극하는 모든 과정과 연관된다.[64] 이점에서, 우리는 **죄**와 정욕이 양두정치로 아담적 인류를 지배한다고 본다.[65]

바울은 7:5에서 왜 "죄"를 복수형태인 ἁμαρτιῶν로 사용하는가? 버그마이어(R. Bergmeier)와 다른 이들은 ἁμαρτία의 이런 복수형태로 인해 바울이 죄악된 행동을 의미한다고 믿는다:[66] 구약을 인용할 때(롬4:7; 11:27; 고전15:3, 7), 바울은 사람이 저지르는 특정한 행동을 나타내기 위해 복수형 ἁμαρτίαι를 가끔 사용한다;[67] 또한 초대교회에서 죄악된 행동을 나타내기 위해 흔히 사용되는 문구로 복수형태의 ἁμαρτία를 사용하며, 바울도 이런 경향을 따라간다(갈1:4; 살전2:16).[68] 그래서 그들은 주장하기를, 위의 두 경우에서 복수 ἁμαρτίαι는 인간의 죄악된 특정 행위를 의미한다고 한다.

우리의 주장은 비록 ἁμαρτία가 7:5에서 복수로 사용되지만, 그 의미에 있어서는 그것이 단수로 사용될 때, 즉, 사탄과 그의 모든 추종세력을 의미하는 것과 크게 다를바 없다는 것이다. 이 견해는 다음과 같은 내용을 볼 때 정당화 될 수 있다: 첫째, 7:5의 ἁμαρτίαι는 바울이 만든 어구로서, 구약에 기인하거나 당시 흔히 사용된 어구로 보이지 않는다;[69] 둘째, 7:5의 ἁμαρτίαι는 **죄**가 사탄을 상징한다는 아이디어를 따르고 있다(참고. 롬6:1-2, 6-7, 12-14);[70] 셋째, 우리가 곧바로 논의할 것이지만, τῶν ἁμαρτιῶν

---

63) 홀랜드는 말하기를, "바울은 **죄**가 탐심을 양산시켰다고 진술한다" (Holland, *Romans*, 237).

64) 카터는 7:5을 설명하는 7:7-13에서 **죄**가 창세기 3장의 뱀의 역할을 충실히 감당한다고 주장한다(Carter, *Sin*, 185-186). 이럴 경우, **죄**는 인류의 죄악된 욕심 안에서 활동하는 사탄을 나타낸다.

65) 위의 p.128 n.42를 보라.

66) Bergmeier, *Gesetz*, 68; Dunn, *Romans 1-8*, 364; Byrne, *Romans*, 215; Strecker, *Theology*, 132.

67) Cf. Byrne, *Romans*, 215; Strecker, *Theology*, 132.

68) Cf. Byrne, *Romans*, 215; Bergmeier, *Gesetz*, 68.

69) Cf. Strecker, *Theology*, 132.

70) Cf. Moo, *Romans*, 420.

근원의 소유격으로 볼 때 가장 잘 이해된다.[71] 이럴 경우, 정욕은 **죄**에 의해 통제 받는 것으로 볼 수 있다; 마지막으로, "개별적인 죄악된 행위와 관련하여 바울은 παράπτωμα, παράβασις와 같은 용어들을 우선적으로 사용한다."[72] 요컨대, 7:5의 ἁμαρτίαι는 인간의 죄악된 행위라기보다 인류의 안팎으로 다양하게 역사하는 **죄** 혹은 **죄**의 활동들을 나타낸다.[73]

위에서 잠깐 지적했듯이, "죄의"(τῶν ἁμαρτιῶν)란 어구에서 바울이 과연 어떤 종류의 소유격을 사용하고 있느냐가 관건이 되고 있다. 슐라터에 따르면, "죄의"는 근원의 소유격으로 사용된다. 이럴 경우 "죄"가 여전히 죄악된 행위로 간주할 수 있으며, 7:5의 의미는 사람의 죄악된 행동이 내적인 분열을 야기시키는 것으로 바꾸어진다고 한다.[74] 하지만 무가 주장하듯이, 외적 행위는 마음 속의 정욕을 유발할 수 없다.[75] 번은 이것을 목적 소유격으로 생각한다. 이럴 경우, τὰ παθήμα는 죄들, 즉 죄악된 행위를 생산함으로 그 목적을 수행한다고 한다.[76] 그러나 다시 한번 무가 올바르게 주장하듯이, "죄의 정욕"은 두 단계로 나뉘어 질 수 없다. 말하자면, 그것이 두 단계로 나누어져, 정욕이 결국 죄악된 행동으로 이끈다는 주장은 옳지 않다.[77] 게다가, "우리 지체 중에 역사하여 우리로 사망을 위하여 열매를 맺게 하였더니"란 어구가 사실상 죄악된 행동을 나타낸다. 결국, 바울이 παθήμα에 "죄의"란 어구를 더한 것은 아마도 παθήμα의 근원 내지 이유를 제공하기 위해서일 것이다.

---

71) Cf. Schlatter, *Romans*, 155.
72) Byrne, *Romans*, 215. cf. παράπτωμα: 롬4:25; 5:15-20; 10:10-11; 고후5:19; 갈6:1 / παράβασις: 롬2:23; 4:15; 5:14; 갈3:19.
73) Cf. Snodgrass, "Sphere," 162ff; Gaventa, "Sin," 232ff; Schottroff, "Sünde," 371ff.
74) Cf. Schlatter, *Romans*, 155.
75) Moo, *Romans*, 419. 또한, Schlier, *Römerbrief*, 218; Schmithals, *Römerbrief*, 209.
76) Byrne, *Romans*, 215. cf. A. J. Bandstra, *The Law and the Elements of the World. An Exegetical Study in Aspects of Paul's Teaching* (Kampen: J. H. Kok, 1964) 127; Kremer, "παθήμα," 1; Gieniusz, "Rom.7:1-6," 394f; Mounce, *Romans*, 162; Schreiner, *Romans*, 350; 이한수, 『로마서 1』, 558.

우리는 τῶν ἁμαρτιῶν의 사용법이 근원의 소유격이라는 슐라터의 주장
에 동의하는데, "죄의 정욕, 즉, 강한 감각적인 느낌을 따라 죄짓고자 하는
성향은 **죄** 자체에서 나오기" 때문이다.[78] 만약 바울이 "(몸의) 사욕"(6:12)을
염두에 둔다면, "**죄**의 정욕"(7:5)이라는 어구도 마찬가지로 "**죄**로부터 생기
는 정욕"을 의미하며 "**죄**의" 용법은 확실히 근원의 소유격이다.[79] 만약 6장
에서 "**죄**"의 의미가 7장에도 계속된다면, τὰ παθήματα τῶν ἁμαρτιῶν란
어구는 **죄**의 활동으로 야기된 정욕으로 간주되어야 할 것이다.[80]

3. "율법으로 말미암는"(διὰ τοῦ νόμου)

(1) 이 어구는 관계대명사를 사용하지 않고 정욕을 수식하는데, 대신 정관
사 τά가 이 어구를 τὰ παθήματα로 연결시킨다.[81] 바울은 이 어구를 통하
여 인류가 육신에 있을 때 율법이 **죄**의 정욕을 유발하는 원인으로 밝히는 것
으로 보인다. 여기서 "율법"(νόμος)은 모세의 율법을 나타낸다. 버튼은
νόμος의 의미를 좁혀 십계명으로 간주한다.[82] 하지만 다수의 학자들은 그
것을 모세의 율법으로 인정한다.[83] 문제는 7:5의 배경이 이스라엘에게 십계

---

77) Moo, *Romans*, 419. n.52.
78) Cf. Schlatter, *Romans*, 155-156. 또한, Fitzmyer, *Romans*, 459; Jewett, *Romans*,
437. 그러나 우리는 슐라터(Schlatter)가 죄를 죄악된 행동으로 이해하는 데에는 동의하지
않는다.
79) Cf. Moo, *Romans*, 419.
80) "**죄**의"를 속성의 소유격(genitive of quality)으로 봐, 이 어구를 "죄악된 정욕"으로 번역하
는 것은 옳지 않다(NIV; Käsemann, *Romans*, 188; Schreiner, *Romans*, 350; Keck,
Romans, 177; Bertone, *Law*, 140; Matera, *Romans*, 171; 김동수, 『로마서』, 425에게
는 죄송하지만). 하지만 "예속시키는 **죄**가 현실에서 개인적인 범죄로 구체적인 실제가 된다"
는 가정하에서, ἁμαρτίαι는 죄악 된 행위를 나타낼 수도 있다(Strecker, *Theology*, 132).
81) 김동수, 『로마서』, 425.
82) Burton, *Romans 7:1-6*, 76-78.
83) Cf. Schlatter, *Romans*, 155-156; Murray, *Romans*, 1:244; Barrett, *Romans*, 135-
137; Leenhardt, *Romans*, 171-173; Cranfield, *Romans,* 1:333-338; Stuhlmacher,

PART 3_ 로마서 7:1-6 주해

273

명을 준 시내산이 아니라, 아담과 이브가 하나님의 계명으로 뱀에게 유혹을 받은 에덴동산이라는 것이다.[84] 리오넷(S. Lyonnet)과 다른 이들은 7:5의 율법이 아담에게 준 계명이라고 결론 내린다.[85] 이 견해에 일부 진실된 요소가 있긴 하지만, 바울은 7:5에서 νόμος를 여전히 모세의 율법으로 사용한다. 상황은 아담에게 준 계명일 수 있으나, νόμος는 실제적으로 모세의 율법을 언급한다. 우리는 이런 특이한 조합에 대하여 세 가지를 생각해 볼 수 있다.

첫째, 아담(적 성향)이 이스라엘에 존재한다고 주장할 수 있다.[86] 로마서 7:5은 아담적 상황 및 아담에게 준 계명을 나타낸다; 더 나아가, 이것은 또한 이스라엘의 상황을 나타낸다.[87] 그래서 라이트는 7:5의 율법은 확실히 모세의 율법을 나타내지만 상황은 아담을 추가 배경으로 한 이스라엘을 드러낸다고 주장한다.[88]

둘째, 모세의 율법은 이방인과 관련되는데, 그것이 유대인과 불신 이방인 모두에 해당되기 때문이다. 이 추론 방식에서 세 가지를 고려해 볼 수 있다: 첫째, 아담에게 준 계명은 모세의 율법에서 구체화된다;[89] 둘째, 이스라엘은

Romans, 104; Fitzmyer, Romans, 459; Byrne, Romans, 212-215; Moo, Romans, 418-420; Schreiner, Romans, 349-350; Witherington, Romans, 176-177; Jewett, Romans, 436-437; Matera, Romans, 171-172; Hultgren, Romans, 271.

84) 로마서 7장 그리고 특별히 7:7-12은 아담을 그 배경으로 한다. 만약 7:5이 7:7-12에서 상세히 설명된다면(가령, Watson, Paul, 150), 바울은 7:5에서 이미 아담을 염두에 둔다고 말할 수 있다(cf. S. Lyonnet, "St. Paul: Liberty and Law" in The Bridge: A Yearbook of Judaeo-Christians Studies IV. ed. J. M. Oesterreicher [New York: Pantheon, 1962] 234-238; Davies, Paul, 32; Bruce, Paul, 194; Wedderburn, "Adam," 420f; Leenhardt, Romans, 180-186; Käsemann, Romans, 197-198; Watson, Paul, 151-153; Dunn, Romans, 1-8, 378-385; Ziesler, Romans, 180-185; Stuhlmacher, Romans, 106-107; Carter, Sin, 185-186; Pedersen, "Law," 1; Holland, Romans, 234).

85) S. Lyonnet, Exegesis epistulae ad Romanos. Cap.V ad VII (Rome: Biblical Institute, 1962) 74-78; Pate, Glory of Adam, 146-148; Adams, "Paul's Story," 18-28.

86) Cf. Napier, "Sin and Torah," 20; Holland, Romans, 232.

87) Cf. Thielman, Law, 192; Pedersen, "Law," 17.

88) Wright, "Theology," 50.

89) Cf. Kaiser, Old Testament Ethics, 80-81; Pederson, "Law," 18.

하나의 모범으로 이해될 수 있으며, 따라서 이방인은 율법에서 완전히 제외되지 않는다;[90] 셋째, 바울이 7:5에서 율법 아래의 삶을 묘사할 때, 그것을 인류의 보편적인 경험으로 제시한다. 지슬러는 말하기를, "바울은 마치 유대인과 이방인 모두 **죄** 아래 있는 것과 마찬가지로 율법 아래 있는 것으로 인간 경험을 보편화한다."[91]

7:5a이 아담을 배경으로 하되 모세의 율법을 다룬다고 보는 세 번째 주장은 바울이 자신의 독자(예전 하나님 경외자들)에게 전하고자 하는 메시지를 고려할 때, 혹자는 7:5의 배경이 아담임에도 불구하고 νόμος가 모세의 율법을 나타낸다는 데에 대한 어떤 실마리를 찾을 수 있다: 창세기 3장에서 뱀의 유혹을 극복하지 못한 아담처럼, 이스라엘도 사탄의 지배 아래에서 고통을 겪는다. 이것을 염두에 두면서, 바울은 7:5에서 독자가 자신의 메시지를 이해하고 동조할 수 있도록 아담적 상황과 이스라엘 사이를 연결하고 있다. 그는 이런 생각들을 나열하면서, 로마 독자에게 아담이나 이스라엘처럼 율법으로 같은 실수를 저지르지 말라고 암암리에 권고한다.[92]

(2) 전치사 διά("으로")는 7:4에서 이미 사용되고 있기에(διὰ τοῦ σώματος τοῦ Χριστοῦ) 우리에게 낯설지 않다. 7:4와 마찬가지로, 이 전치사는 특별한 목적을 위한 수단을 나타낸다; 말하자면, διά는 율법이 정욕을 불러일으키는 직접적 원인이 아닐 수 있다는 것을 보여준다:[93] 그리스도

---

90) 위의 p.181 n.48을 보라.

91) Ziesler, *Romans*, 177.

92) 바울은 음식법과 절기로 인해 야기된 분쟁을 해결하기 위해 로마에 있는 그리스도인에게 편지를 쓴다. 바울에게 있어, 그런 법들은 아무렇게나 해도 가능한 것(*adiaphora*)이다(cf. Räisänen, *Law*, 77; J. Jaquette, *The Function of the ADIAPHORA Topos in Paul's Letters* [Atlanta: Scholars, 1995] 126-136; Hultgren, *Romans*, 16). 바울은 자신들과 반대 입장에 있는 사람들보다 율법을 통해 더 우월하다고 주장하는 자들과 대립하고 있다(롬 14:10). 7:5에서 바울의 요점은, 비록 그들의 믿음이 기본적으로 칭찬받을 만하나(롬1:8; 15:14), 율법을 통해 죄를 짓게 만드는 **죄**와 싸워 이겨야 한다는 것이다.

93) Cf. Schlatter, *Romans*, 156; Murray, *Romans*, 1:245; S. Kim, *Paul and the New Perspective* (Grand Rapids: Eerdmans, 2002) 154; Jewett, *Romans*, 436.

의 죽음을 통하여 **죄**의 세력은 파괴되고, 그 결과, 아담적 인류는 **죄**에서 풀려나 그리스도에게 올 수 있다. 7:4에서 그리스도의 죽음은 신자가 율법에 대하여 죽고 그리스도와 함께 살아가는 혜택을 누리는 수단으로 이해된다. 비슷하게, 7:5에서 율법은 정욕을 불러일으키는 수단으로 사용된다. 하지만 4절에서 율법에 대하여 신자가 죽는 원천 역할을 하는 그리스도의 죽음과 달리, 7:5에서 율법은 진범이 아니라 특별한 목적을 위해 사용된 하나의 수단일 뿐이다.

율법은 **죄**의 정욕을 불러일으키는 세력과 자주 동일시 된다. 이런 관찰을 근거로, 지니우즈와 다른 이들은 성화의 삶 혹은 윤리적 삶은 율법에서 완전히 해방된 후에 시작된다고 결론 내린다.[94] 말하자면, 율법은 욕심과 탐욕을 생성하는 것으로 보이기에, 제거되어야 할 세력은 율법으로 돌려진다. 후커 (Hooker)와 다른 이들도 율법을 신자의 몰락과 정죄의 원천으로 보고, 그리스도와 직접적으로 반대되는 것으로 묘사한다.[95]

그러나 바울에게 있어 그리스도의 적은 율법이 아니라 **죄**다. 인류의 정욕을 불러일으키는 진정한 요인은 **죄**이기 때문에, 율법은 순전히 수단으로 간주 되어야 한다. 율법이 다른 세력에 의해 이용될 수 있다는 생각은 그리스도, 율법, 그리고 사탄 간의 복잡한 관계에 관하여 우리의 이해를 돕는 핵심 요소이다. 이것은 근원의 소유격으로 사용된 어구 τῶν ἁμαρτιῶν에서 이미 예고되었다.[96]

(결혼예에서) 남편이 **죄**를 상징하는 것으로 제시함으로, 바울은 **죄**가 그리스도의 죽음을 통해 패배할 때, 어떻게 아담적 인류가 **죄**에서 벗어나는가를 설명하기 시작한다. 이 견해는 창세기 3:1-6에서 문제가 하나님의 계명에 있지 않고 뱀(즉, 사탄 그리고/또는 그의 추종세력)의 유혹에 있다는 사실

---

94) Gieniusz, "Rom.7:1-6," 393-395; Gagnon, *Rom.6:1-7:6*, 300; Byrne, *Romans*, 210; Tobin, *Paul's Rhetoric*, 245.
95) Hooker, "Covenantal Nomism," 55; Johnson, *Reading Romans*, 109-111.
96) *Supra*, pp.270-273f.

로 더욱 지지를 받는다.[97] 7:4에서 바울이 독자에게 이야기 할 때, 뱀이 아담으로 하여금 하나님께 불순종하라고 유혹한 진범으로 이해한다. 로마서 7:5은 이것을 좀 더 발전시킨다; 말하자면, 7:4의 결론에 근거하여, 바울은 이스라엘의 상황을 염두에 두면서 아담적 인류의 안타까운 상황을 묘사한다. 그립(A. K. Grieb)은 로마서 7:1-13을 올바르게 요약한다: "일련의 유비(결혼 예, 창세기 3장, 그리고 출애굽기 32장에서)로, 바울은 율법 아래 있는 이스라엘의 상황을 하나님의 백성을 속이고 죽이기 위해 하나님의 선한 율법을 이용하는 **죄** 아래의 노예상태로 설명한다."[98]

7:5a에서 바울은 로마서 5:20에서 소개한 율법의 기능을 상세히 설명한다. 무는 바울이 5:20에 제시된 것보다 진일보한 주장을 펼친다고 주장한다: 5:20에서 바울은 율법의 변형적 기능을 논의했다면, 7:5에서 그는 율법의 원인적 기능을 말한다는 것이다.[99] 하지만 수사학적 관점에서 볼 때, 로마서 5:20-21은 로마서 5-8장의 명제이며, 로마서 7장은 5:20-21을 구체화하는 논증(*probatio*)의 한 부분을 이룬다. 이런 경우, 5:20과 7:5 사이에 율법의 기능에 관한 한 큰 차이가 없다. 7:5에서 바울은 율법의 부정적인 기능을 설명하는데,[100] 7:6과 더불어 이어 7:7-8:17에 나올 율법에 관한 내용을 간략하게 다루고 있다. 논의를 더 진행하기 전에, 7:5의 율법의 기능에 관한 네 가지 다른 견해를 살펴보자: 인지적 및 정죄적 기능, 변형적 기능, 원인적 기능, 그리고 촉매 역할.

(a) 인지적 및 정죄적 기능: 이 견해를 지지하는 자들에 따르면, 바울은 인

---

97) ApMos.19:3에서 악마는 이브가 사과를 먹기 전 그것에 욕심(즉, 사악한 독)을 뿌리는 뱀의 모습을 하고 있다(cf. Marcus, "Evil Inclination," 15. no.61; Evans, "Scripture-Based Stories," 68; Vlachos, *Catalytic Operation*, 220). 필로는 십계명에 나오는 욕심을 불의의 주된 원천으로 본다(Dec.173. cf. Pedersen, "Law," 18).

98) Grieb, *Story*, 74.

99) Moo, *Romans*, 419.

100) Cf. J. A. D. Weima, "The Function of the Law in relation to Sin: An Evaluation of the View of H. Räisänen," *Novum Testamentum* 32 (1990) 231-233; Witherington, *Romans*, 176; Wright, *Romans*, 559.

류가 사망을 위해 열매를 맺는다고 말하는 것으로 7:5을 결론 내린다고 한다; 이것은 율법이 개인에게 죄가 무엇인지 알려주는 한편, 궁극적으로 저들을 심판하고 정죄한다는 것을 보여준다.[101] 그러나 과연 7:5에서 διὰ τοῦ νόμου("율법으로")의 주된 기능이 인식적(참고. 3:20; 7:7) 혹은 정죄적인지(참고. 7:4) 가늠하기 어렵다. 만약 **죄**가 율법을 이용하고 있다면, 정욕이 무엇인지 알려주거나 혹은 우리를 죄인으로 정죄하는 것이 율법의 주된 기능은 아닐 것이다. 물론 7:7을 보면, 바울이 율법 없이는 죄가 무엇인지 알 수 없다는 사실을 인정한다;[102] 사람은 자신이 지은 죄에 값 지불을 해야 하는데(6:23), 율법을 통해 인류는 죄가 무엇인지 아는 것이 하나님의 근본 의도이기 때문이다. 하지만 죄에 관한 지식을 부여하는 것과 별도로, 7:5에서 바울의 의도는 율법이 정욕을 불러 일으키기 위해 **죄**에게 이용당하며 결국 저들로 죽음에 이르게 한다(참고. 7:8이하)는 것을 보여주는데 있다.

(b) 변형적 기능: 근접문맥(5:20; 7:7, 13)에서 율법이 죄를 죄로 드러낸다는 것을 인식한 지슬러는, 7:5에서 율법의 중심 기능을 변형적인 것으로 주장한다. 이 해석에 따르면, 율법은 아직 외적으로 드러나지 않는 인간의 정욕을 죄로 규정하는데, 하지만 일단 그것이 표면적으로 드러날 경우, 심판과 영적인 죽음을 초래한다고 한다.[103] 율법의 이런 측면은 두 가지 이유에서 고려할만한 하다. 첫째, 만약 τῶν ἁμαρτιῶν이 목적 소유격이라면, 율법은 정욕을 죄악된 행위로 변형시키는 수단으로 이해될 수 있다.[104] 하지만 τῶν ἁμαρτιῶν은 근원 소유격으로 보는 것이 더 낫기에, 위의 주장은 설득력이 떨어진다. 둘째, 정욕은 율법으로 사망을 위하여 열매를 맺도록 역사하기 때문에, 율법은 일부 변형적 기능을 가진다고 말할 수 있다.[105] 하지만

---

101) Cf. Schlatter, *Romans*, 155.
102) Ibid.
103) Ziesler, *Romans*, 177. cf. Chrysostom, *On Romans*, Homily 12, 190; Thurén, *Derhetorizing Paul*, 130.
104) Cf. Murray, *Romans*, 1:245; Byrne, *Romans*, 215.
105) Cf. Ladd, *Theology*, 507.

"παθήματα와 διὰ 사이에 매개체 역할하는 말이나 어구가 없다는 것이 이 주장을 받아들이기 어렵게 한다."[106]

(c) 원인적 기능: 최근까지 율법의 이 기능은 학자들 사이에 가장 인기가 높았다;[107] 말하자면, 율법 자체가 정욕을 불러일으킨다는 것이다. 많은 영어성경(가령, NASB, NKJV, NIV, NRSV, 그리고 ESV)은 율법을 동사의 주어로 정하기 위해 동사 "불러일으키다"를 διὰ τοῦ νόμου란 어구에 추가로 넣는다. 이 아이디어는 의미심장하며 몇 가지 이유에서 위의 두 해석보다 더 많은 주목을 받을 가치가 있다. 첫째, "금지된 과일이 가장 달콤하다"고 세간에서 말하듯이, 율법은 죄를 더하기 위해 정욕을 불러 일으킨다고 한다.[108] 하지만 이 개념은 예전만큼 널리 인정받지 못하는데, 율법이 실제로 그런 정욕을 초래한다는 구체적인 증거를 찾기가 어렵기 때문이다. 지슬러는 다음과 같이 말한다: "바울은 아마도 역반응, 즉, 사람이 가지고 있는 어떤 지시에도 부정적으로 대응하려는 경향을 이야기하고 있다… 이것이 모든 사람에게 적용되는 것은 아니다."[109]

둘째, 율법은 인류가 하나님 앞에서 자기 의를 세우도록 유도한다고 한다. 이런 율법주의적인 이해는 일찍이 불트만(R. Bultmann)과 다른 이들이 주장했었다.[110] 바울은 7:5을 쓰면서 율법이 인류로 그런 율법주의를 추구하도

---

106) Moo, *Romans*, 419 n.54.

107) Cf. Westerholm, *Israel's Law*, 185-186; L. Gaston, *Paul and the Torah* (Vancouver: University of British Columbia Press, 1987) 31; Schreiner, *Law*, 86; Thielman, *Law*, 197, 201; Mounce, *Romans*, 162; O. Hofius, "The Adam-Christ Antithesis and the Law" in *Paul and the Mosaic Law*. ed. J. D. G. Dunn (Grand Rapids: Eerdmans, 1996) 200; Thurén, *Derhetorizing Paul*, 130; Bertone, *Law*, 132.

108) 레이제넨은 어거스틴, 다드, 릿쯔만(Lietzmann), 그리고 큅멜(Kümmel) 등을 언급하면서, "금지 명령은 욕심을 더 활성화한다"고 말한다(Räisänen, *Law*, 142). 또한, Davies, *Paul*, 24; Longenecker, *Paul*, 124; Becker, *Paul*, 398; Matera, *Romans*, 173.

109) Ziesler, *Romans*, 176.

110) Bultmann, *Theology*, 1:246-248; idem, "Romans 7 and the Anthropology of Paul" in *Existence and Faith* (New York: Living Age Books, 1960) 154-155; V. P. Furnish, *Theology and Ethics in Paul* (Nashville: Abingdon, 1968) 141-142; Cranfield, *Romans*, 1:353; Käsemann, *Romans*, 89f.

록 만든다고 진정으로 생각하는가? 지슬러는 이 주장을 단호하고 부인하는데, "지금까지 로마서에서 혹은 진정 다른 곳에서, 바울이 이것을 확실한 표적으로 세워야 할 이유가 없기" 때문이라고 한다.[111] 우리 역시 7:5에서 율법을 율법주의를 추구하는 형태로 보지 않는 것이 좋겠다.[112]

셋째, 슈라이너는 율법이 일종의 세력으로 사람들로 하여금 율법을 어김으로 죄를 짓도록 유도한다고 주장한다: "바울은 율법이 인간들에게 영향력을 행사하며 죄를 야기시킴으로 저들을 통제하는 세력으로 또한 생각하고 있다."[113] 하지만 율법은 죄의 정욕을 불러 일으키는 직접적인 원인이 아니다. 이와는 반대로, 율법은 인류에게 도움되는 안내서를 제공하기 위해 고안되었다(롬7:10). 슐라터가 말하고 있듯이, "바울은 율법이 거룩하고 선하며, 죄를 유발하지 않는다는 견해를 절박하리만치 진지하게 고수한다."[114]

(d) 촉매 역할: 이 기능은 가장 최근에 주장된 것으로, 아마 가장 적합한 옵션이 되리라 본다.[115] 이 접근 방법은 율법이 정욕을 불러일으키는 진정한 원천이 아니라는 신념을 고수한다. 오히려, 율법은 그것이 정욕을 불러일으키기 위하여 단지 **죄**의 도구로 이용된다는 의미에서 촉매 역할을 한다고 본다(참고. 롬5:20; 7:8-11; 고전15:56). 던이 주장하듯이, "율법은 **죄**가 그 촉수를 깊이 박아 사람의 육신을 휘감도록 **죄**에게 기회를 제공했다."[116] 이것

---

111) Ziesler, *Romans*, 176-177.

112) Cf. Ridderbos, *Paul*, 146; Beker, *Paul*, 239f; Räisänen, *Law*, 141; Wright; *Romans*, 560.

113) Schreiner, *Romans*, 350-351.

114) Schlatter, *Romans*, 155.

115) Cf. Marcus, "Evil Inclination," 15; Weima, "Function," 231; Schmithals, *Römerbrief*, 209; Becker, *Paul*, 398; Sloan, "Law," 49; Snodgrass, "Sphere," 162f; C. G. Kruse, *Paul, the Law, and Justification* (Peabody: Hendrickson, 1997) 208; idem, *Romans*, 295 Das, *Paul*, 224; Carter, *Sin*, 199; Talbert, *Romans*, 175; Gaventa, "Sin," 234f; Vlachos, *Catalytic Operation*, 179-221; Keck, *Romans*, 177; Hultgren, *Romans*, 272; Matera, *Romans*, 171; Holland, *Romans*, 236.

116) Dunn, *Theology*, 157. 도날슨도 로마서 7:8이하의 율법이 촉매 역할을 한다고 본다 (Donaldson, *Paul*, 135). 촉매는 "소량으로 화학 반응 혹은 과정의 비율을 높이지만 자체는 화학적인 반응으로 변하지 않는 물질"이다(*The Oxford English Dictionary*. 2nd ed. vol.2 [Oxford: Clarendon Press, 1989] 968). 이럴 경우, 율법은 단지 **죄**가 욕심을 자극

은 τῶν ἁμαρτιῶν("죄의")을 근원의 소유격으로 볼 때 매우 적절한 해석이다.

쥬윗은 로마 그리스도인이 우월한 신분을 향한 자신들의 정욕이 파괴적인 행위를 불러 일으키도록 허용함으로 율법을 자신들의 명예를 유지하는 수단으로 사용한다고 주장한다.[117] 게다가, 그들은 율법을 준수하고 있다고 생각하지만 실제로는 다른 그룹과 경쟁하면서 율법을 오용하고 있다고 본다.[118] 그의 주장은 일리가 있는데, 왜냐하면 바울의 생애를 고려해 볼 때, 그는 필시 유혹의 이런 느낌을 이해했으며 그것을 자신의 로마 독자와 관련시키기 위해 자신의 경험에서 끌어오기 때문이다.[119] 슈툴마허는 Wis. 2:1-20에서 의인이 율법에 대하여 신실한 것이 악인으로 하여금 잔악한 행위를 저지르게 한다는 내용을 염두에 두면서, 동일한 경우를 로마서 7:5과 7:7이하에서 찾을 수 있다고 믿는다.[120] 비록 쥬윗이 죄의 활동을 고려하지 않고 슈툴마허는 자신의 주장을 원인적 기능으로 끝맺고 있으나, 5절에서 율법의 촉매 역할에 관한 한 저들은 올바르게 이해하고 있다고 본다.

율법 자체는 인류로 죄를 짓도록 만들지 않는다(참고. 롬7:13-14);[121] 오히려 죄는 율법 뒤에 숨어서 그것을 자신의 목적을 이루기 위한 도구로 이용

하는데 속도를 올리는 기회만 제공할 뿐이다; 하지만 율법이 촉매로 쓰인 후에도, 그 본질은 변하지 않는다. 라베(P. R. Raabe)는 "동일한 계명이 로마서 7:7-8과 13:9에서 인용된다. 그 내용은 변하지 않았다; 하나님은 여전히 어느 누구도 탐내기를 원치 않는다"고 말한다("The Law and Christian Sanctification: A Look at Romans," *Concordia Journal* 22 [1996] 183).

117) Jewett, *Romans*, 436. 또한 위의 pp.111-113를 보라.
118) Ibid. cf. Dunn, *Romans, 1-8*, 363-364.
119) Cf. Ziesler, *Romans*, 177; Jewett, *Romans*, 436.
120) Stuhlmacher, *Romans*, 104.
121) 슈나벨(Schnabel)이 주장하듯이, 모세의 율법은 "그 자체로 죽음의 효과를 내지 않는다(7, 13)"(*Law and Wisdom*, 288). "두 길(ways)과 두 영(spirits)을 다루는 본문에서 악한 영이 그렇게 한 것처럼, 사실 죄가 불순종을 촉진시켜 죽음으로 이끈다(7:9-13)"(Nickelsburg, "Paul's Solution," 352). 홍인규 또한 말하기를, "율법은 그 기원과 목적과 권위에 있어서 하나님의 세계에 속해 있다. 그런 점에서 율법은 신령하다. 비록 그것이 죄의 세력에 의해 잘못 사용되더라도, 율법은 하나님의 말씀으로서 영적인 성격을 잃어버리지 않는다"(『로마서』, 134).

한다. 7:5에서 바울은 **죄**에게 이용당하는 율법을 염두에 두는데, **죄**는 "율법을 왜곡시키고 그것의 잘못된 이미지를 사람 마음에 심어 놓음으로 저들을 속인다."[122] 율법의 이런 촉매 역할은 아담과 이스라엘 역사에서 찾을 수 있다. 첫째, 아담은 자신을 몰락으로 이끈 하나님의 계명으로 **죄**(사탄 그리고/혹은 그의 추종세력)의 유혹을 받는다. 이런 아담적 배경은 7:5과 부분적으로 병행을 이루는 결혼예(롬7:2-3)에서 암시되는데, 말하자면, 초혼은 인류가 아담 뒤에 숨어있는 **죄**와의 담합을 보여준다.

둘째, 이스라엘은 하나님이 그들에게 율법을 수여하실 때부터 우상숭배하기 시작했다(출32:1-6).[123] 따라서 이스라엘에게 문제의 근본원인은 우상숭배에 있지 율법 자체가 아니었다.[124] 이스라엘의 역사에서 바알이나 아세라 같은 이방 신들은 그들이 율법을 준수했다고 믿게끔 만들었다; 하지만 실제로는 저들은 율법을 어기고 있었다(렘7:9). 홀랜드가 주장하듯이, 이스라엘의 "엄중한 율법 준수는 공허한 종교적 활동으로 타락할 수 밖에 없었다."[125] 중간사 시대 동안 많은 유대인들이 하나님과의 관계를 유지하기 위해 율법을 신실하게 준수하고자 했다.[126] 몇몇은 성공했지만 대부분은 이런 노력에서 실패했다(PssSol. 2:3, 10, 17ff; Sir. 19:16; CD 4:12-19). 이스라엘의 실패의 역사를 염두에 둘 때(롬9-11장), 바울은 로마 교회에서 예전에 하나님 경외자였던 자들 가운데 벌어지는 동일한 상황을 감지한다; 말하자면, 그들이

---

122) Cranfield, *Romans,* 1:353.

123) Cf. Hafemann, *Letter/Spirit Contrast*, 227-231; Pedersen, "Law," 17; Napier, "Sin and Torah," 21; Wright, *Climax*, 197; Vlachos, *Catalytic Operation*, 115f, 175.

124) Cf. Kallas, *Real Satan*, 39ff; E. Pagels, *The Origin of Satan* (New York, Random House, 1995) 41ff; Kuhn, "Temptation," 94; Uddin, "Unbelief," 271ff; de Boer, "Eschatology," 48-71. 구약시대 후반에 들어서서, 이스라엘과 여호와의 관계가 결혼으로 표현된다(사54:5-6; 62:4-5; 렘2:2; 3:14; 겔16:7-8; 호1:2; 2:19). 이스라엘이 우상을 섬겼을 때, 저들의 새로운 파트너는 항상 바알(민22:41; 삿6:25) 혹은 아세라 (Exod.34:12-13; Jud.6:25) 같은 신들이었다.

125) Holland, *Romans*, 201.

126) 바울은 제2성전 유대교와 대립하는 인물로 종종 묘사된다. 그러한 묘사가 언제나 옳은 것은 아니다. cf. Davies, *Paul*, xxxvi; Young, *Paul*, 6-50, 114-135; Nickelsburg, *Ancient Judaism*, 58-60.

비록 율법을 준수하고자 하나, 실상 그것을 어기고 있다.[127]

7:5에서 바울은 율법의 촉매 역할에 독자의 관심을 모으고 있는데, 부분적으로 그는 예전에 하나님 경외자였던 자들이 **죄**의 도전에 직면해 있다고 보기 때문이다.[128] 그들은 그리스도의 죽음에 참여하여 신앙생활을 시작했으나, 이방 신자들과 끊임없이 대립함으로 성화의 삶을 사는데 어려움을 겪었다. 이런 경쟁상황에서 어느 쪽도 상대방에게 양보하려 들지 않았다. 예전에 하나님 경외자였던 자들은 특히 율법을 중시했는데, 자신들이 우위를 차지하고자 율법을 지키려고 했던 것 같다. 그들은 겉보기에 율법을 고수하는 듯했으나, 자신의 정욕으로 인해 언제라도 분쟁이 일어날 상황에 있었다.[129] 결과적으로, 그들은 **죄**의 도발로 인해 성화에 있어서 진척을 이룰 수 없었다.[130] 바울은 율법에 완고하게 매달릴수록 율법이 **죄**에게 이용당할 수 있다는 점을 저들에게 인식시키려고 한다;[131] **죄**에 대한 승리없이는, 그들은 시험에 빠질 수 밖에 없으며 불가피하게 율법에 불순종할 것이다.[132]

로마서 7:5은 구원받지 못한 인류가 **죄**의 지배 아래 있을 때, 어떤 식으로 율법이 작용했는지를 보여준다. 바울과 로마의 독자가 하나님과 관계 맺기 전 불신상태에 있었을 때 율법은 저들을 정죄했으며, 율법의 정죄 아래에서 **죄**가 계속적으로 지배하는 결과를 낳았다. 바울은 율법의 이런 부정적인 기

---

127) Cf. Kuhn, "Temptation," 103-109; Uddin, "Unbelief," 273-276.

128) Cf. Holland, *Romans*, 233-234; Hultgren, *Romans*, 262.

129) Cf. Jewett, *Romans*, 436.

130) 고린도의 그리스도인들 또한 다른 이들보다 우월하게 되려고 시도했으나, 결과는 저들 가운데 분열이었다. 이것은 부분적으로 그들의 믿음이 미성숙했으며(O. Larry Yarbrough, *Not Like the Gentiles* [Atlanta: Scholars, 1985] 89ff), 부분적으로 천사같은 세력을 잘못 사용했기 때문이다(E. E. Ellis, "Spiritual Gifts in the Pauline Community," *New Testament Studies* 20 [1973-1974] 143-144). 로마서에서 바울은 로마의 그리스도인이 영적인 전투에서 승리하는 방식으로 문제를 풀기를 바란다(cf. 롬 6:12-14; 16:20).

131) 슬로언(Sloan)이 지적하고 있듯이, 율법을 위한 열심 또한 **죄**에게 자신을 유혹할 기회를 제공할 수 있다("Law," 55-56). 바울은 "약한 자들이 율법을 하나의 효과적인 도덕적 경계표지로 확신"하는 것에 도전한다(Carter, *Sin*, 199).

132) Cf. Kuhn, "Temptation," 95-97, 102-105; Gaventa, "Sin," 231-237; Sloan, "Law," 51-56; Schottroff, "Sünde," 507-510.

능이 로마 신자, 특별히 예전에 하나님 경외자였던 자들에게 여전히 적용될 수 있다고 본다. 만약 **죄**와의 영적 전쟁에서 승리하지 못한다면, 그들은 율법을 오용하며 계속해서 이방신자들과 대립할 것이다.[133] 바울은 로마 독자들이 **죄**의 술수에 주의하라고 암암리에 권면하는데, 더 이상 **죄**의 덫에 걸리지 않고 율법 이면에 담겨진 하나님의 원래 의도를 따라 깨어진 서로의 관계를 회복하기를 바란다(참고. 롬7:10, 12, 14, 16, 22, 25).[134]

더 큰 관점에서 볼 때, 하나님은 율법이 오용되는 것을 허락하는데 있어 **죄**의 파괴라는 궁극적인 목적을 가지고 있다. 골로새서 2:15은 십자가 위에서 그리스도의 죽음으로 하나님이 사탄의 정체를 폭로할 뿐 아니라 그에게 승리하신다. 묵시적 관점에서, 로마서 7:5도 마찬가지로 로마의 독자에게 **죄**와의 영적 전쟁에 나서야 할 것을 시사한다. 무와 다른 이들은, 묵시적이며 특별히 공간적 이원론을 생각하지 않고, 7:5에서 바울이 단순히 율법과 성령의 대조시킨다고 생각한다.[135] 그러나 7:5-6에서 바울은 하나님과 **죄** 사이의 대립을 배경으로 육신과 성령 사이에 날카로운 대조를 형성한다. 이것에 관한 상세한 내용은 다음 장에서 다룰 것이다.

마테라(F. Matera)는 바울이 지금까지 율법을 죄와 거의 동일시하고 있으나(6:14-15), 7:7 부터는 이런 견해에서 한걸음 물러나는 듯하다고 제안한다.[136] 비슷하게, 슈툴마허는 율법이 죄의 정욕을 불러일으키는 것처럼 보일지 모르며 이것은 율법이 죄냐는 질문을 일으키기 때문에, 바울은 율법을 본격적으로 다루기 위해 7:7-8:17을 할애한다고 주장한다.[137] 오히려 우리가 주장하는 바는, **죄**가 인류에게 나쁜 영향을 끼치기 위해 율법을 이용한다

---

133) 쿤은 말하기를, "그러한 *peirasmos*에서 사탄의 노력은 언제나 신자가 믿음을 버리도록 만드는 것이다"(Kuhn, "Temptation," 96).

134) Cf. Achtemeier, *Romans*, 117; Sloan, "Law," 46ff, Snodgrass, "Sphere," 162f, 169f; 53ff; Bayes, *Weakness*, 116-118. 졸리벳(Jolivet)은 "바울이 율법조문이 아닌 법제정자이신 하나님의 의도를 옹호한다"고 말한다("Intent of the Law," 335).

135) Moo, *Romans*, 419; Earnshaw, "Marriage Analogy," 84.

136) Matera, *Romans*, 169.

137) Stuhlmacher, *Romans*, 104f. 또한, Thielman, *Law*, 196-197; Dunn, *Theology*, 645.

는 것을 바울이 깨달아, 7:7에서 율법이 죄냐고 질문하고 결코 그렇지 않다고 대답한다는 것이다.[138] 그런 결론에 이르기 위하여 그는 7:5에서 분위기를 조성한다.

4. "(정욕이) 우리 지체 중에 역사하여"(ἐνηργεῖτο ἐν τοῖς μέλεσιν)

(1) 7:5b에서 동사 ἐνεργέω("역사하다")의 주어는 율법으로 해석될 수 있다;[139] 하지만 "정욕"을 동사의 주어로 보는 것이 좀 더 자연스럽다.[140] 슈툴마허는 7:5b를 설명하면서, "정욕이 왠지 율법으로 조사받거나 저지되지 않고, 도리어 유발된다"고 말한다.[141] 중간태 부정과거 ἐνηργεῖτο는 인류의 정욕이 지체 안에서 비활성상태로 있다가 **죄**가 율법으로 저들을 유혹할 때 행동하기 위한 자극제로 활동하는 것을 나타낸다.[142]

동시에 이 동사는 능동적 의미가 있으므로,[143] 5b절은 정욕을 가진 인간에게 책임이 있다는 것을 보여준다; 인류가 육신에 있을 때, **죄**의 끊임없는 활동이 저들 안팎에서 일어나지만, 저들은 여전히 그에게 협력할 것인지 말 것인지에 대하여 선택권이 있다.[144]

만약 정욕을 따라 행동하는 자들에게 부분적으로 책임이 있다면, 율법은 저들의 죄악된 행동에 대하여 책임이 없으며, 결과적으로, 정욕의 근본원인이 아니라고 우리는 결론 내려야 할 것이다. 이것은 μηδὲ παριστάνετε τὰ μέλη ὑμῶν ὅπλα ἀδικίας τῇ ἁμαρτίᾳ(롬6:13)와 παθήματα...ἐνηργεῖτο

---

138) Cf. Schnabel, *Law and Wisdom*, 293; Holland, *Contours*, 231.

139) 가령, Byrne, *Romans*, 212.

140) Cf. Stuhlmacher, *Romans*, 104; Moo, *Romans*, 420; Witherington, *Romans*, 176.

141) Stuhlmacher, *Romans*, 104.

142) Cf. Byrne, *Romans*, 212.

143) Cf. Schlier, *Römerbrief*, 218; Moo, *Romans*, 420; Witherington, *Romans*, 176.

144) Cf. G. Bertram, "ἐνεργέω" TDNT 2 (1964) 654; BDAG, 335; Moo, *Romans*, 420; Jewett, *Romans*, 437.

ἐν τοῖς μέλεσιν ἡμῶν(Rom. 7:5)이 서로 병행한다는 사실로 입증된다;[145] 말하자면, 바울이 저들의 지체를 불의의 병기로 드리지 말라고 독자에게 말할 때(6:13), 그는 **죄**의 활동을 염두에 둔다.[146] 마찬가지로, 그들의 지체 안에서 정욕을 자극함으로 저들을 왜곡시키는 것은 다름 아닌 **죄**다 (7:5).

(2) μέλος는 일반적으로 "몸의 한쪽"을 의미하지만,[147] 여기서는 정욕이 활동하는 "우리의 현존재"를 나타낸다.[148] 따라서 μέλος는 인간의 육체적 기능과 마찬가지로 감정적이며 인지적인 기능을 포함한다.[149] 이럴 경우, 바울의 의도는 인류의 삶의 모든 측면은 율법으로 심판 받을 터인데, 그 이유는 "죄로 말미암아 일어난 정욕으로 가득찬 상태가 우리 지체를 통하여 표현되기"[150] 때문이다. 이것은 우리로 하여금 7:5이 율법의 변형적인 기능을 부분적으로 보여준다는 것을 인정하게 한다; 말하자면, 정욕 자체는 이미 죄악된 것이나 율법으로 말미암아 공개적으로 정죄 받는 것처럼, 아담적 인류는 죽을 것이다.[151]

---

145) Cf. Jewett, *Romans*, 437.

146) Cf. Marcus, "Reign of Sin," 386-390; Gaventa, "Sin," 234, 237; Kuhn, "Temptation," 96f.

147) Cf. Byrne, *Romans*, 215; Jewett, *Romans*, 437.

148) Cf. Fitzmyer, *Romans*, 459.

149) Cf. Byrne, *Romans*, 215; Moo, *Romans*, 420; Schreiner, *Romans*, 350; Jewett, *Romans*, 437.

150) Jewett, *Romans*, 437. cf. J. Horst, "μέλος," TDNT 4 (1967) 562.

151) Cf. Dunn, *Romans, 1-8*, 371-372; Byrne, *Romans*, 212; Haacker, *Römer*, 138. **죄**는 죽음으로 이끄는 단계 너머에 숨어 있다. 로마서 7:5은 계명을 통해 아담과 이브로 하여금 그것을 어기도록 자극하는 뱀/사탄을 염두에 둔다(cf. Watson, *Paul*, 151-152; Boyarin, *Radical Jew*, 162-164; Pate, *Glory of Adam*, 146-147; Adams, "Paul's Story," 27-36; Vlachos, *Catalytic Operation*, 205-210).

5. "사망을 위하여 열매를 맺게 하였더니"(εἰς τὸ καρποφορῆσαι τῷ θανάτῳ)

(1) 인류의 지체 중에 역사하는 정욕의 목적은 저들로 사망을 위하여 열매를 맺게 하는 것이다. 여기서 εἰς τὸ+부정사는 목적 혹은 결과를 나타낸다. 크랜필드와 다른 이들은 εἰς τὸ καρποφορῆσαι τῷ θανάτῳ란 어구가 결과를 의미한다고 생각한다; 말하자면, 정욕은 율법으로 말미암아 역사하였으며, 결과적으로, 아담적 인류는 사망을 위하여 열매를 맺었다는 것이다.[152] 그러나 εἰς τὸ γενέσθαι(4b절)가 목적을 나타내는 용도로 사용되기 때문에, 우리는 7:5b에서 목적의 개념이 εἰς τό의 사용법에 더 어울린다고 본다;[153] 즉, 정욕이 사망을 위하여 열매를 맺기 위해 우리 지체 가운데 역사했다는 것이다.

동사 καρποφορέω("열매 맺다")의 의미상의 주어는 일인칭 복수인데, 그것은 5절의 전문장이 ὑμᾶς로 시작하기 때문이다. 이 의미상의 주어는 회심 전 바울, 회심 전 자신의 독자, 그리고 이스라엘 민족을 포함한 아담적 인류를 나타낸다.[154] 하나님의 은혜가 아니었던들, 그들은 여전히 영적으로 죽은 상태로 남아 있으며, 육신 뿐 아니라 영원히 죽을 것이다. 요컨대, "우리"는 형편없는 상태에 있는 아담적 인류 모두를 나타낸다.

바울의 입장에서, 로마 신자도 (비록 일시적이지만) 사망을 위하여 열매를 맺을 가능성이 남아있다. 그들은 시험에 빠져 율법에 완고하게 매달릴

---

152) Cf. Cranfield, *Romans*, 1:338; Schlier, *Römerbrief*, 218; Stuhlmacher, *Romans*, 104; Moo, *Romans*, 420; Byrne, *Romans*, 212; Jewett, *Romans*, 437; 김동수, 『로마서』, 426.

153) Cf. Godet, *Romans*, 268f; Matera, *Romans*, 171.

154) 이스라엘의 남은 자는 하나님과 좋은 관계를 가짐으로 순종의 삶을 살았으나, 민족적 차원에서 이스라엘은 여전히 아담적 인류로 간주될 수 있다(cf. Dunn, *Romans, 1-8*, 363; W. J. Dumbrell, "The Newness of the New Covenant: The Logic of the Argument in 2 Corinthians 3," *Reformed Theological Review* 61 [2002] 71ff; Napier, "Sin and Death," 17ff; Thielman, "Romans 5-8," 176-194; Wright, *Romans*, 509).

수록 성화의 삶에서 실제로 죄를 지을 수 있다. 그들에게 그런 일이 일어날 때, 갈등이나 분열과 같은 사망의 열매를 맺는 순간을 경험할지 모른다.[155] 이것은 로마 신자가 현재의 삶에서 경험하는 일종의 곤경이다. 그들은 교회 안의 내분으로 인해 내적으로 불안한 상태에 빠질 수 있으며, 외적으로 사회의 압력으로 고통 받을 수 있다.[156] 이런 상황을 염두에 두면서, 바울은 만약 **죄**와의 전쟁에서 승리하지 못한다면 저들은 동료 신자들을 다치게 할 것이며, 그로 인해 영적 죽음을 가져올 것이라고 독자에게 암암리에 경고한다.

"사망을 위하여 열매를 맺다"는 표현은 4절의 "하나님을 위하여 열매를 맺다"는 것과 대조적으로 병행을 이루는데,[157] 4절의 "열매를 맺다"는 하나님을 위한 선한 행위를 나타내는 반면, 5절의 "열매를 맺다"는 죄악된 행위를 나타낸다. 이것은 아담적 인류가 **죄**에 의해 포섭된 결과일 수도 있지만, 사망을 위해 맺는 열매는 일차적으로 자신들의 행위이며 책임이라는 것을 보여준다.

(2) 4절의 τῷ νόμῳ("하나님을 위하여")는 확실히 이익의 여격을 나타내지만, τῷ θανάτῳ("사망을 위하여")는 (불)이익의 여격으로 간주된다.[158] 바울은 인류가 사망을 위하여 열매를 맺는다고 말함으로, 저들이 하나님과 관계가 끊어져 영적으로 죽은 상태로 살아가는 것을 보여준다.[159] 죽은 목숨으로 살아가는 것은 비참한 곤경을 나타내는데, 성화의 삶은 그런 상태에 대

---

155) Cf. Minear, *Obedience*, 64-66; Jewett, *Romans*, 437; Carter, *Sin*, 183; S. N. Olson, "Romans 5-8 as Pastoral Theology," *Word & World* 6 (1986) 390-397; P. A. Holloway, "The Rhetoric of Romans," *Review & Expositor* 100 (2003) 113-126.

156) *Supra*, pp.102-103. cf. Jewett, *Romans*, 437.

157) Cf. Schlatter, *Romans*, 156; Murray, *Romans*, 1:245; Vollenweider, *Freiheit*, 344; Spitaler, "Reasoning," 744.

158) Cf. Moo, *Romans*, 418.

159) Cf. Murray, *Romans*, 1:245; Fitzmyer, *Romans*, 459.

로마서 7:1-6에 나타난 율법의 기능

한 해결책이다(6절).[160] 이 모든 것 이면에 **죄**가 도사리고 있는데, **죄**는 인류를 감금 당한 상태로 둔다. 핏즈마이어는 "사망을 위하여 열매를 맺다"는 어구가 "그리스도인의 삶에서 기대하는 것과 반대되는 것으로… 바울이 6:21-23에서 말한 것을 재진술한다"고 말한다.[161] 만약 핏즈마이어가 옳다면, 6:21-23이 **죄**의 활동을 추정하고 있듯이, 7:5는 **죄**가 막후에서 활동한다는 것을 강조한다고 우리는 결론 내릴 수 있다.

"죽음을 위하여"(τῷ θανάτῳ)란 어구는 사실 이익의 여격이나 불이익의 여격 모두로 해석이 가능하다. 한편으로, **죄**의 입장에서 τῷ θανάτῳ는 이익의 여격으로 간주되는데, 인류가 죽음을 위하여 열매를 맺는 것이 **죄**가 목적하는 바이기 때문이다; 그들이 아담 안에서 사탄의 지배 아래 있을 때, 사탄의 이익을 위해 열매를 맺는다(5절). 다른 한편으로, 비록 그들의 죽음이 **죄**에게 이로운 것처럼 보이나, 실제로는 정 반대이다. 왜냐하면 인류가 죽음을 위하여 열매를 맺는 것이 최종단계가 아니기 때문이다. 정해진 때가 되면, 이러한 곤경에서 인류를 구하기 위해 하나님께서 그리스도를 십자가에 달려 죽게 하심으로 저들을 **죄**의 지배에서 벗어나게 하시고, 저들로 사망의 열매를 맺지 않고 성화의 삶을 살게 하심으로, 자신의 주권을 회복하신다.[162] 이런 의미에서, τῷ θανάτῳ는 불이익의 여격으로 이해될 수 있다.

7:5에서 죽음의 본질은 무엇인가? 그것은 육체적 죽음을 의미하는가? 아니면 영적 죽음을 의미하는가? 둘 다 모두를 포함할 수 있으나, 후자가 좀 더 가능성이 높다.[163] 7:2-3에서 바울은 인류가 영적으로 죽은 상태에 있다는 것을 설명하기 위해 결혼예를 소개한다: 아내는 살았으나 영적으로 죽어 재

---

160) 학자들은 종종 고난을 곤경으로 생각한다(cf. Kuhn, "Temptation," 100-109; Pate, *Glory of Adam*, 164ff; J. C. Beker, *Suffering and Hope. The Biblical Vision and the Human Predicament* [Grand Rapids: Eerdmans, 1994] 75-91; Jervis, *Heart of the Gospel*. 118-119).

161) Fitzmyer, *Romans*, 459.

162) Cf. Käsemann, *Romans*, 28; Elliott, *Rhetoric*, 83; Schreiner, *Paul*, 16-35.

163) Cf. Beker, *Paul*, 224ff; Moo, *Romans*, 420; Jewett, *Romans*, 437.

혼을 기다리며 살아가는 사람을 나타낸다.[164] 7:5에서 우리는 왜 아내가 남편에게서 벗어나야 하는지 그 이유를 좀 더 명확하게 찾을 수 있다; 말하자면, 초혼(7:2-3)은 아담적 인류가 **죄**의 지배 아래 있는 상태를 나타내는데,[165] **죄**는 정욕을 자극하여 저들로 죄를 짓게 하고 죽게 함으로 아담 안에서 저들에 대한 속박을 영구화한다. 이런 상태에서 율법은 인류가 해결책을 찾는데 도움이 되지 못한다. 오직 하나님만이 **죄**를 파괴함으로 이런 현재의 교착상태를 해결할 수 있다.

---

164) Cf. Burton, *Romans 7:1-6*, 87.

165) Ibid., 89-90.

그리스도인의 자유와 문자/영의 대조
(로마서 7:6)

육신과 정욕에 관한 우리의 논의에서, 바울은 하나님과 신자의 관계에 있어 **죄**가 율법을 오용한다는 것에 관심을 가진다는 것은 부인할 수 없는 사실이다. 결혼예를 통하서든 아니면 하나님과 언약을 지키는데 실패한 이스라엘을 통해서든, 우리는 바울이 **죄**, 율법, 그리고 은혜 사이의 복잡한 관계를 어떤 식으로 분명히 보여주는지 계속 살펴볼 것이다. 본문의 마지막 구절에 들어서면서, 우리는 율법의 중립성과 이것이 어떻게 율법에서 자유함에 대한 우리의 입장에 영향을 미칠지에 관해 좀 더 배우게 될 것이다. 뿐만 아니라, 우리는 어떻게 신자의 성화의 길이 율법을 엄격히 지키는 것에 있지 않고, 오히려 성령의 도움으로 율법을 올바로 이해하여 다시 맡는 것에 달려있는지 살펴볼 것이다.

7:5-6에서 바울은 육신 안에서 삶(5절)과 성령 안에서 삶(6절) 사이의 대조를 통해 7:4를 좀 더 자세히 설명한다.[1] 이러한 대조 내에서, 바울은 현재 성화의 삶을 강조하기 위해 "육신에"란 어구는 과거시제로, 그리고 "성령 안에서"란 어구는 현재 시제로 사용한다.[2]

---

1) Cf. Achtemeier, *Romans*, 116.
2) Cf. Byrne, *Romans*, 212; Kruse, *Romans*, 294. 특별히 로마서 7:6b은 7:4b("우리가 하나님을 위하여 열매를 맺게 하려 함이라")와 잘 어울린다(cf. Schreiner, *Romans*, 353).

지적한 바와 같이, 로마서 7:1-6은 ABA¹(즉, A=2-3절, B=4절, 그리고 A¹=5-6절)의 교차 대구법 구조를 가진다.[3] 이것에 근거하여, 혹자는 6절이 2-3절의 도움으로 4절을 좀 더 설명한다고 말할 수 있다: 말하자면, 결혼예에서 남편과 아내의 부부관계, 남편의 죽음이 아내에게 미치는 영향, 그리고 율법의 기능(2-3절) 모두는 신자가 율법과 가지는 관계에 미칠 그리스도 사건(4절)을 설명하기 위한 배경 역할을 한다; 이것을 염두에 두고, 바울은 6절에서 그리스도인의 자유와 율법조문/영의 대립에 대하여 상세히 말한다. 게다가, 혹자는 7:2-3에서 바울이 καταργέω란 말을 사용한 이유를 생각할 수 있다: 즉, 6절에서 κατηργήθημεν ἀπό τοῦ νόμου란 표현을 준비하기 위해서이다.[4] 요컨대, 바울은 7:2-3 뿐 아니라 7:4에 있는 자신의 메시지를 고려하면서, 신자가 율법에서 벗어나 이제는 영의 새로운 것으로 섬기고 율법조문의 묵은 것으로 아니한다고 단언함으로 7:1-6을 결론 내린다.

1. "이제는 우리가 얽매였던 것에 대하여 죽었으므로 율법에서 벗어났으니"(νυνὶ δὲ κατηργήθημεν ἀπὸ τοῦ νόμου ἀποθανόντες ἐν ᾧ κατειχόμεθα 6a절)

ὅτε("전에는" 7:5)와 대조적으로, 바울은 6절을 νυνὶ δέ("이제는")로 시작한다. ὅτε에 관하여 5절에서 논의한 대로, 바울은 로마서 7:1-6을 쓰면서 개인적이며 구속사적인 역사 모두를 아우른다. νυνὶ δέ를 소개할 때에도 그는 여전히 동일한 관점을 고수한다. 바울은 "전에는 그러나 이제"라는 표현을 일차적으로 그리스도와 연합 이전과 이후의 개인적 신분변화 차원에서 생각

---

3) 위의 p.260 n.6을 보라.
4) 가령, Leenhardt, *Romans*, 179; Schlier, *Römerbrief*, 218; Wilckens, *Römer*, 2:69; Earnshaw, "Marriage Analogy," 84-86; Gagnon, *Rom.6:1-7:6*, 247; Fitzmyer, *Romans*, 457; Gieniusz, "Rom.7:1-6," 395; Burton, *Romans 7:1-6*, 81; Wright, *Romans*, 560; Spitaler, "Reasoning," 744f; Jewett, *Romans*, 437.

한다.5) 문장의 주어가 "우리"라고 하기에, 이 대조는 구체적으로 바울과 로마 독자들이 그리스도를 만나기 전과 후를 가리킨다. 동시에 바울은 그리스도 *이전*의 시간을 옛 시대로, 그리고 그리스도 *이후*의 시간을 새 시대로 간주한다: "보라 지금은 은혜 받을만한 때요 보라 지금은 구원의 날이로다"(고후 6:2b).

쿠사는 바울이 그리스도 *이전* 옛 시대에 살던 이스라엘의 실패를 생각할 때에 우선적으로 구속역사를 고려하고 있다고 믿어, 강조의 순서를 뒤바꾼다.6) 하지만 심지어 그리스도의 도래 이전에도 이스라엘은 여호와와 언약관계를 맺고 있었으며(*Jub.*1:5, 8; 50:5; PssSol.9:8-11; *LAB* 9:4, 7-8; 13:10; OdesSol.11:1-4; 31:6-7; 33:10-13; 34:6; 41:3), 이스라엘 백성과 특별히 남은 자들은 언약을 준수하며 지냈다(참고. 롬9:6-13, 27; 11:1-10).7) 이런 이유로, 바울은 옛 시대와 새 시대 사이의 대조를 오직 *상대적인* 차원에서 옹호한다. 야브로(R. W. Yarbrough는 다음과 같이 말한다: "(바울) 자신은 창조 시에 시작되어 구약시대를 거쳐 예수의 십자가와 부활로 성취되며 아직 미정된 시점에서 완성될 구속역사적 드라마 속에 있다는 것을 알았다."8) 요

---

5) 벡커(J. Becker)는 말하기를, "믿음의 사람은 그러한 변화를 달성한다; 이전에 불신자였던 사람(고전6:6; 7:12, 14; 10:27; 14:23-24)이 신자가 되어 그(녀)의 새로운 시작을 '한때'와 '지금' 사이의 대조로서 경험한다"(*Paul*, 417).

6) Cousar, "Rom.5-8," 201ff, 207. 또한, Fitzmyer, *Romans*, 459; Moo, *Romans*, 418; Bertone, *Law*, 141.

7) 남은 자 사상은 세 가지로 이해될 수 있다: 역사적, 신실한, 그리고 종말적 측면. 우리의 관심은 *신실한 남은 자*에 있는데, 그들은 하나님을 진정으로 의지함으로 차별화된다(cf. G. Hasel, "Remnant," *International Standard Bible Encyclopedia*. rev. ed. [Grand Rapids: Eerdmans, 1988] 130). 하나님은 이스라엘을 심판하시는 한편, 신실한 남은 자는 축복하시는데, 그들을 통해 자신의 언약적 목적을 이루신다(cf. W. S. Campbell, "Israel," *Dictionary of Paul and His Letters* [Downers Grove: InterVarsity, 1993] 444; Longenecker, "Different Answers," 104ff, 112). cf. 1 En.1:1, 3, 8; 5:7-8; 25:5; 93:2, 10; 2 En.8:26-30; PssSol.17:16-17; 1 Esdras 8:74-78; 1QM 14:8-9; CD 1:4; 2:11; 3:12; 1QH 6:8; 4 Ezra.7:47; 8:26-28; 9:7f; 12:34; 13:48f; 2 Bar.40:2f.

8) R. W. Yarbrough, "Paul and Salvation History" in *Justification and Variegated Nomism*. vol.2. eds. D. A. Carson, P. T. O'Brien, and M. A. Seifrid (Tübingen: J. C. B. Mohr / Grand Rapids: Baker Academic, 2004) 324.

컨대 바울이 "전에는 그러나 이제"라는 표현을 사용할 때, 개인적인 변화를 우선적으로 고려한다는 가정하에 시대적인 구분을 염두에 둔다.[9]

ὅτε에서와 마찬가지로, 위더링턴은 νυνὶ δέ가 모세 언약과 새 언약 사이의 극적인 대조를 제공하며, 후자는 모세 언약의 조건인 율법을 제거할 뿐 아니라 모세의 언약을 폐지하는 것을 골자로 한다고 본다.[10] 그러나, "전에는 그러나 이제"의 대조를 모세의 언약과 새 언약 사이의 대조와 관련시키는 것은 옳지 않다. 왜냐하면 모세 언약은 아브라함 언약을 바탕으로 세워지기 때문이다.[11] 다시 말해서, 만약 바울이 아브라함 언약에서 연속성을 감지한다면(롬4:1-25), 모세 언약의 기능 또한 (최소한 어느 정도) 연속성을 생각할 것이다(롬9:-18; 11:1-5).[12] 이스라엘이 율법을 어기고 하나님과의 언약을 깰 때, 이것은 이스라엘이 아담적 인류의 일부분인 것을 보여준다.[13] 하지만 바울은 이것에서 모세 언약이나 모세의 율법이 완전히 폐지된 것으로 결론 내리지 않는다.[14]

(1) "율법에서 벗어났으니": 많은 이들은 6절에서 중심 되는 화제가 율법에

---

9) Cf. Legasse, *Romains*, 438.

10) Witherington, *Romans*, 177. Also, Käsemann, *Romans*, 190; S. Westerholm, "Letter and Spirit," *New Testament Study* 30 (1984) 237-241; Fitzmyer, *Romans*, 459-460; Byrne, *Romans*, 212; Schreiner, *Romans*, 353; Moo, *Romans*, 421; Talbert, *Romans*, 174.

11) 사라-하갈 알레고리(갈4:22-31)에서 바울은 아브라함 언약과 모세 언약을 대조한다고 종종 주장된다(Martyn, "Apocalyptic Antinomies," 412-420; Bruce, *Galatians*, 218; Neyrey, *Paul*, 190-191). 그러나 바울이 명백하게 진술하듯이, 율법은 하나님이 전에 재가한 언약을 취소하지 않는다(갈3:17). 게다가, 던이 주장하고 있듯이, 갈라디아서 4:24-26에서 "바울이 자신의 해석을 위하여 두 언약으로 설명하는 것은 사실상 아브라함을 통한 하나님의 한 언약의 목적을 이해하는 두 가지 방식이다"(J. D. G. Dunn *The Epistle to the Galatians: Black's New Testament Commentaries* [London: A & C Black, 1993] 249).

12) Cf. 이스라엘의 회복에 관하여, 다음을 보라: Elliott, *Rhetoric of Romans*, 253-270; Wright, *Climax*, 231-257; Beker, "Faithfulness of God," 14; Longenecker, "Different Answers," 101ff, 112ff; Campbell, "Israel," 441-446; Dumbrell, "Newness," 71ff.

13) Cf. Dumbrell, "Newness," 71-77; Wright, "Theology," 50; Thielman, "Romans 5-8," 182; Napier, "Sin and Torah," 20.

14) *Infra*, pp.309-312.

로마서 7:1-6에 나타난 율법의 기능

서 자유라고 주장한다; 말하자면, 바울의 복음이 율법에서 자유를 선포하기에 바울의 주요 관심사가 혹자의 율법과의 관계에 있다는 것이다.[15] 그러나 율법에서 자유를 말할 때, 그는 과연 율법 *자체*에서 완전한 해방을 의미하는지 확실히 말할 수 없다. 로마서 6-7장에서 율법과 **죄**가 서로 밀접하게 연관된다는 것은 일반적으로 인정된다: 가령, 신자가 율법에서 벗어나는 것은 (7:6) 저들이 **죄**와 죽음에 대하여 죽었기 때문이다(6:6, 7). 이때, **죄**가 율법과 정욕 뒤에 숨어 있다는 것을 혹자는 알아야 한다. 결혼예(7:2-3)와 그 적용/결론(7:4)을 면밀히 살펴보면, 우리는 초혼이 율법으로 인류에게 죽음을 선고하는 **죄**의 지배 아래 있는 아담적 인류를 나타낸다는 사실을 감지하게 된다.[16] 이것은 7:6이 신자가 율법에서 완전히 자유한다는 것을 옹호하고 있다는 생각에 의구심을 던진다.

구체적으로, 7:2b에서 율법은 부부관계를 유지하는데 도와주는 남편의 권리의 보호장치로 설명된다. 아내의 해방은 무엇보다 남편에게서 자유하는데에서 찾는다. 4절에서 바울이 결혼예를 적용/결론지을 때, 남편은 **죄**의 역할을 담당하며 율법은 **죄**와 인류의 결속을 유지한다고 넌지시 알린다. 그렇다면 율법에서 해방은 궁극적으로 **죄**에서 벗어나는 것을 의미한다.

7:4에서 νόμος는 **죄**의 영역 아래에 있는 율법을 의미하며, 이때 율법은 **죄**의 통지를 실행하는 수단으로 이용된다. 그렇다면 아내가 남편과 그로 인해 남용된 법 모두에서 벗어나듯이, 신자는 **죄**와 오용된 율법에서 해방된 자들이다. 7:5 초반에서, 우리는 아담적 인류에게 죽음을 선고하기 위해 **죄**가 율법으로 저들을 유혹하는 경로를 살펴 보았다. 마찬가지로, 7:6에서 νόμος는 단순히 율법을 의미하지 않고[17] **죄**에게 이용된 율법을 나타낸다. 그렇다면 κατηργήθημεν ἀπὸ τοῦ νόμου란 표현은 바울과 독자가 아담적 인류

---

15) Cf. Käsemann, *Romans*, 189-190; Bertone, *Law*, 142; Jewett, *Romans*, 437.
16) Cf. Viard, "Romains 7,1-6," 166.
17) Cf. Snodgrass, "Sphere," 162f; Sloan, "Law," 53ff; Burton, *Romans 7:1-6*, 57. 반대로 Schlier, *Römerbrief*, 218.

로서 한때 **죄**의 지배 아래 있었으나, 그리스도의 죽음을 통해 **죄**와 그에게 이용당한 율법 모두에서 이제 벗어난다는 것을 나타낸다.[18]

질문은 **죄**가 어떤 식으로 율법을 이용하는가? 비록 쥬윗은 특별히 사탄을 언급하지 않지만, 율법이 "다른 사람들 보다 우선권을 가지는 제도로 왜곡"되기에, 바울은 "(자신의) 복음을 받아들이는 것은 동시에 성취하고자 하는 충동과 다른 이들로 동조하라고 강요하는 것에서 자유하는 것"이라는[19] 그의 주장에서 하나의 실마리를 찾을 수 있다. 이 주장에서 혹자는 **죄**가 율법을 이용하며, 충동은 5절의 정욕과 동일한 것으로 추정할 수 있다.

그리스도와 연합한 후에, 신자는 **죄** 혹은 율법에서 완전히 자유한 것이 아니다. **죄**와의 전쟁이 남아 있다. 율법에서 해방되었으나, 그들은 여전히 죄, 즉, 율법을 어길 가능성이 있다. 이런 상황에서, 그들은 **죄**와 그가 이용하는 율법에서 해방될 필요가 있다. 만약 영적인 전쟁에서 신자가 **죄**에게 승리하지 못한다면, 저들은 (비록 일시적이지만) 그의 통치 아래 잡혀 있게 될 것이며, 율법은 그리스도와 지속적으로 연합하는데 도움이 되지 못할 것이다; 도리어 그들은 공동체 안에서 서로 경쟁적인 관계에 있게 될 것이다. 이것을 피하기 위하여, 신자는 자신의 고통의 진정한 원인과 끝까지 씨름하며 **죄**와의 전쟁에서 계속해서 승리해야 한다.

(2) 바울이 분사절 "우리가 얽매였던 것에 대하여 죽었으므로"를 사용하여 4절의 "너희가 율법에 대하여 죽임을 당하였다"는 내용을 되풀이한다는 주장이 종종 제기된다.[20] 이것을 근거로, 학자들은 다음과 같은 구체적인 이

---

18) 슈나벨은 말하기를, "성령의 능력은, 예수 그리스도를 통해, *죄의 지배를 받고 있던 율법에서 신자를 자유케 한다*"(Schnabel, *Law and Wisdom*, 293. 이탤릭체는 원저자의 것). 도 날슨은 갈라디아서 3:10, 21-22를 해석할 때, 율법이 "죄의 지배를 받는 상황에서는" 효과적이지 못하다고 비슷한 주장을 한다(Donaldson, *Paul*, 132).

19) Jewett, Romans, 437.

20) Cf. Schlatter, *Romans*, 156; W. G. Kümmel, *Römer 7 und die Bekehrung des Paulus* (Leipzig: J. D. Hinrichs, 1929) 42; Dunn, *Romans, 1-8*, 365; Schreiner, *Romans*, 351; Wright, *Romans*, 560; Jewett, *Romans*, 437; Hultgren, *Romans*, 272.

유를 들어 인류를 얽매는 존재는 율법을 가리킨다고 주장한다: 첫째, 7:4와 7:6 모두에서(각각 다른 동사를 사용하지만) 로마 신자는 율법에 대하여 죽었다고 말한다;[21] 둘째, 번이 지적하듯이, "바울은 관계대명사 ἐν ᾧ의 의미상의 선행사인 율법의 이중 언급을 피하기 위해 헬라어의 표현을 축약했다";[22] 셋째, 어떤 이들은 ὅς의 성별에 관하여 질문하면서, 비록 "en ho가 (율법을 나타내는) 남성인지 아니면 (얽매이는 모든 것을 일반적으로 나타내는) 중성인지 확실치 않지만," 인류를 얽매는 존재는 율법이라고 결론 내린다;[23] 넷째, 율법의 "감금하는" 혹은 "억누르는" 측면은 율법을 초등교사로 소개하고 그 율법에서 자유를 이야기하는 갈라디아서 3:23-25과 잘 맞아떨어진다;[24] 마지막으로, 크랜필드가 주장하듯이, 인류를 얽매는 존재는 율법의 정죄나 오용이다.[25]

그러나, 구원받지 못한 인류가 속박에서 풀려나는 일은 율법에서 벗어나기 전에 발생한다.[26] 다시 말해서, 그들이 율법에서 해방되는 전제 조건은 저들을 얽매던 것에 대하여 먼저 죽는 일이다; 그리스도의 죽음은 **죄**에 대한 승리의 표지이며,[27] 그 결과, 신자는 그리스도와의 연합을 통해 **죄**에서 자유한다. 그렇다면 그리스도의 죽음과 그들의 그리스도와의 차후 연합은 율법에서 자유를 위한 핵심적인 근거가 된다. 그렇다면 신자를 얽매던 주된 원인은 율법이 아니라 **죄**이며, 따라서 위에서 주장한 내용은 그 정당성을 입증하기에 충분치 않다고 할 수 있다.

좀 더 구체적으로, 우선 7:6은 인류에게 지배권을 행사하는 존재가 **죄**이며 그로부터 해방되는 것이 가장 중요하다고 추정한다.[28] 비록 케제만과 지슬

---

21) Cf. Moo, *Romans*, 421; Bertone, *Law*, 142.
22) Byrne, *Romans*, 215.
23) Fitzmyer, *Romans*, 459.
24) Cf. Schlier, *Römerbrief*, 218-219; Ziesler, *Romans*, 177.
25) Cranfield, *Romans*, 1:339.
26) Cf. Legasse, *Romains*, 437; 이한수, 『로마서 1』, 560.
27) Cf. Beker, *Paul*, 215: "그리스도 사건은 죄의 세력을 파괴시켰다. 바울에게 이 점에 있어서는 한치의 모호함도 없다."
28) Cf. Robinson, *Body*, 22.

러는 율법을 인류를 감금하고 억누르는 간수로 설명하지만,[29] 사실 인류를 얽매고 율법을 자신의 활동을 용이하게 하는 수단으로 이용하는 존재는 바로 **죄**다.[30] 둘째, 과연 바울이 율법의 이중언급을 피하기 위해 표현을 축약했는지 여전히 확실치 않다. 엘리엇이 언급하고 있듯이, "만약 (τούτῳ) ἐν ᾧ κατειχόμεθα가 단순히 율법을 의미했다면, 이 분사절(ἀποθανόντες)은 불필요할 것이다."[31] 셋째, 관계대명사 ᾧ가 남성단수 혹은 중성 복수를 가리키는지 아직도 결론이 나지 않고 있다.[32] 넷째, 샌더스가 올바르게 주장하듯이, 이 분사절은 오히려 "갈라디아서에서 율법 아래와 στοιχεῖα(초등학문) 아래의 병행을 연상케 한다."[33] 다시 말해서, ἐν ᾧ κατειχόμεθα는 갈라디아서 4:3과 4:9의 ὑπὸ τὰ στοιχεῖα τοῦ κόσμου와 상응하는데, 여기서 샌더스는 στοιχεῖα를 율법과 관련시킨다.[34] 위의 마지막 주장에서, 우리는 στοιχεῖα가 오히려 악한 영적인 세력과 연관되어 있다고 본다.[35] 마지막으로, 크랜필드는 아담적 인류를 얽매는 존재는 율법의 정죄 혹은 오용이라고 말하는데 일리가 있다고 본다. 하지만 만약 인류가 얽매인 데서 벗어나는 것이 율법에서 벗어나기 전에 일어나는 일이라는 것을 보여주기 위해 바울이

---

29) Käsemann, *Romans*, 189-190; Ziesler, *Romans*, 177.

30) Cf. Bayes, *Weakness*, 118. 가벤타에 따르면, **죄**는 "*우주적인 테러범이다. 죄는 아담과 함께 우주에 들어왔을 뿐 아니라, 예속시켰으며, 죽음을 촉발시켰으며, 심지어 하나님의 율법을 자신의 세력 아래 포로로 삼았다*"(Gaventa, "Sin," 235. 이탤릭체는 원저자의 것).

31) Elliott, *Rhetoric of Romans*, 244.

32) Cf. Leenhardt, *Romans*, 179; Fitzmyer, *Romans*, 459(부분적으로).

33) Sanders, *Law*, 72.

34) Ibid. cf. F. F. Bruce, *Galatians: New International Greek Testament Commentary* (Grand Rapids: Eerdmans, 1982) 193-194; Fung, *Galatians*, 181; Dunn, *Galatians*, 213; L. A. Jervis, *Galatians: New International Biblical Commentary* (Peabody: Hendrickson, 1999) 109 (암시적으로); Schreiner, *Paul*, 130.

35) Cf. Bo Reicke, "The Law and this World According to Paul," *Journal of biblical Literature* 70 (1951) 259-276; Robinson, *Body*, 22; Davies, "Flesh and Spirit," 168; C. B. Cousar, *Galatians: Interpretation* (Louisville: John Knox, 1982) 135-136; E. Schweizer, "Slaves of the Elements and Worshippers of Angels: Gal.4:3 and Col.2:8, 18, 20," *Journal of Biblical Literature* 107 (1988) 455-468; Caird, *NT Theology*, 103-104; Neyrey, *Paul*, 162, 165; Arnold, "Stoicheia," 9-25.

이 분사절을 사용한다면, 얽매는 존재는 율법이나 율법의 정죄 혹은 율법의 오용이라기보다 율법 뒤에 숨어있는 **죄**로 보는 것이 자연스럽다.[36]

우리의 결론은 결혼예에서 남편이 아내를 얽매며 자신의 목적을 이루기 위해 법을 수단으로 사용한다는 사실에 의해 확증된다.[37] 마찬가지로, 7:4-5에서 **죄**는 인류를 자신의 속박아래 두며, 이런 상황에서 율법은 자신의 억압을 촉진시키고 지속시키는 수단으로 제시된다. 그렇다면 관계대명사 ὅς는 στοιχεῖα를 가리키며, 율법은 **죄**에게 이용당하는 중립적인 수단으로 생각할 수 있다.[38]

여기에서 부정과거 분사 ἀποθανόντες("죽은")는 죽음으로 대가를 치른다는 의미를 내포하는데, 7:4에서 θανατόω("죽다")도 비슷한 방식으로 사용된다; 말하자면, 로마 신자는 그리스도의 몸을 통하여 **죄**가 제시한 율법의 요구에 대하여 죽었던 것이다. 만약 바울이 두 경우 모두에서 죽음으로 대가를 치른다는 생각을 염두에 둔다면(참고. 롬3:24-25; 5:6-11; 8:3-4),[39] 그는 칭의와 관련된 그리스도의 대속적 죽음을 설명하고 있으며 ἀποθανόντες는 "6:6에서와 같이 '옛 자아'가 죽는다"는 생각을 따라간다.[40]

NRSV는 동사 κατειχόμεθα를 "우리를 얽어 매는" 것으로 번역하고 있으나, "우리가 얽매여 있는" 것으로 번역하는 것이 더 낫다. 왜냐하면 동사가 수동태로 사용되기 때문이다. 이 억압은 앞서 (첫) 결혼(7:2-3)으로, 아담적 인류라는 유대(7:4)로, 또는 **죄**의 속박(7:5)으로 설명되었다. 동사 κατέχω는 기본적으로 "억제하다, 굳게 유지하다"는 의미를 가지는데, 바울은 1:18과 6:6에서 이것을 "불법으로 감금하다" 혹은 "더 우세한 세력으로 억누르

---

36) Cf. Bayes, *Weakness*, 118; Maillot, *Romains*, 178.

37) 버그마이어는 ἐν ᾧ κατειχόμεθα가 아내의 곤경과 유사하다고 주장한다(Bergmeier, *Gesetz*, 67).

38) Cf. Bayes, *Weakness*, 117-118.

39) 위의 p.220 n.40을 보라.

40) Wright, *Romans*, 560. cf. Black, "Death," 423; Byrne, *Romans*, 211; Schreiner, *Romans*, 352; Jewett, *Romans*, 434.

다"는 의미로 사용한다.[41] 마찬가지로, 7:6에서 그는 신하를 불법으로 억압하는 지체 높은 세도가라는 생각을 가지고 이 κατέχω를 사용하는 것 같다. 이럴 경우, 아담적 인류를 얽매던 존재는 율법이 아니라 율법 뒤에 숨어서 불법으로 주인 행세를 하는 **죄**다. 율법은 그 자체로 거룩하고 의로우면 선하지만(7:12), 아담적 인류는 **죄**와 주종관계에 있으며 그로 인해 율법은 **죄**의 도구가 되어 저들을 정죄하며 계속해서 속박한다.[42]

2. "이러므로 우리가 영의 새로운 것으로 섬길 것이요 율법조문의 묵은 것으로 아니할지니라"[43] (ὥστε δουλεύειν ἡμᾶς ἐν καινότητι πνεύματος καὶ οὐ παλαιότητι γράμματος 6b절)

(1) 접속사 ὥστε("그러므로")가 결과를 나타낼 수도 있지만[44] 일차적으로 목적의식을 담고 있다.[45] 설사 이것이 결과적 용법으로 사용된다 할지라도, 하나님의 의도는 분명히 내포되어 있다. 예를 들어, 무는 이것(즉, 하나님의 의도)이 인류가 율법에서 벗어날 때 하나님과 새로운 관계를 가지는 것이라고 주장한다.[46] 개그논(R. A. J. Gagnon)과 다른 이들은 이것을 새로운 윤리적 가능성으로 본다.[47]

사실, 아담적 인류는 율법의 정죄에서 벗어났으며 그러한 정죄는 부분적

---

41) Jewett, *Romans*, 438(Liddel and Scott, *Lexicon*, 926을 참고함). cf. W. Trilling, "κατέχω," EDNT 2 (1991) 272.

42) Cf. Sloan, "Law," 46; Snodgrass, "Sphere," 162.

43) 7:6b를 번역할 때, 우리는 NRSV를 따르지 않는다(cf. Wright, *Romans*, 560).

44) Cf. BDF, §391.1-3; BDAG, 1107; "ὥστε," EDNT 3 (1992) 510-511; Moo, *Romans*, 421. n.65; Wright, *Romans*, 560; 이한수, 『로마서 1』, 561.

45) Cf. Dunn, *Romans, 1-8*, 366; Mounce, *Romans*, 162; Byrne, *Romans*, 212; Bayes, *Weakness*, 118; Bertone, *Law*, 143.

46) Moo, *Romans*, 409.

47) Gagnon, *Romans6:1-7:6*, 300; Schmithals, *Römerbrief*, 210; Gieniusz, "Rom.7:1-6," 392ff; Byrne, "Romans 6:1-8:13," 565.

으로 사탄의 고발에 기인한다. 사탄이 그리스도의 죽음으로 그리스도에게 패배하자, 아담적 인류는 그리스도와 연합을 통해 율법의 정죄 없이 성화의 삶을 살 수 있게 된다. 바울의 입장에서 볼 때, 하나님의 궁극적인 의도는 신자가 사탄과 유대관계를 단절함으로 사탄과의 부적절한 유대관계를 지속하는 율법에서 벗어나는 것인데, 이 모든 것은 율법조문의 묵은 것으로 아니하고 영의 새로운 것으로 하나님을 섬길 목적으로 그런 것이다.

(2) "우리는 섬긴다"(δουλεύειν ἡμᾶς)는 구절은 7:4의 καρποφορήσωμεν τῷ θεῷ("하나님을 위하여 열매를 맺다")와 어느 정도 병행을 이루는 한편, 7:5의 καρποφορῆσαι τῷ θανάτῳ("사망을 위하여 열매를 맺다")는 이 구절과 대조적으로 병행을 이룬다. 다시 말해서, 7:5이 그리스도인의 예전상황을 부정적으로 묘사하는데 반해, 7:6은 7:4에 근거하여 그리스도인의 진정한 성화의 삶을 묘사한다.

동사 δουλεύω("섬기다")는 6:16-22의 δούλους와 δουλεύω를 되풀이한다.[48] 이럴 경우, 7:5은 6:16-22의 배경을 이루는 공간적 이원론을 전제한다. 그렇다면 δουλεύειν ἡμᾶς("우리는 섬긴다")를 올바로 이해하기 위하여 우리는 **죄**가 막후에서 은밀히 공작하고 있다고 추정해야 한다. δουλεύω란 말은 로마 독자로부터 저들이 누구를 섬길 것인가에 관한 답변을 유도해 낸다. 쥬윗은 "전제는 모든 사람이 노예라는 것이다... 바울에게 삶의 질문은 그룹들이 누구를 섬길 것인가?"라고 말한다.[49] 성화의 삶은 결국 하나님을 섬기는 삶이며, 누구를 섬길 것인지는 **죄**와의 영적인 전쟁에 의해 결정된다.[50] 신 구약 모두에서, 성화의 삶과 하나님을 섬기는 일은 하나님의 백성의 궁극

---

48) Cf. Schmithals, *Römerbrief*, 209; Byrne, *Romans*, 212; Wright, *Romans*, 560.

49) Jewett, *Romans*, 438.

50) 바울은 로마서 시작부터 자신의 독자에게 우상을 섬기지 말라고 당부한다(1:23, 25; 2:22)(cf. P. W. Livermore, "The Setting and Argument of Romans 1:18-3:20. The Empirical Verification of the Power of Sin." [Ph.D. Diss. Princeton Theological Seminary, 1978] 29ff; Wright, *Romans*, 445).

적인 목표이다.

어떤 이들은 동사 δουλεύω가 하나님과 그 경쟁자인 율법조문의 묵은 것 (γράμμα)을 목적어로 취한다고 주장한다. 다시 말해서, 신자는 성령의 새로운 삶 안에서 하나님을 섬기지 율법조문의 묵은 것을 섬기지 않는다는 것이다.[51] 하지만 좀 더 정확히 말하면, 동사 δουλεύω의 목적어는 의미상의 목적어인 하나님 한 분 뿐이며(참고. 6:22), γράμμα는 부사구의 일부이다: 신자는 성령의 새로운 것으로 하나님을 섬기지 율법조문의 묵은 것으로 아니한다.[52] 이럴 경우, γράμμα에 따라 하나님을 섬기면 하나님이 아닌 다른 주인, 즉, **죄**를 섬기게 된다.[53]

δουλεύω가 정확히 무엇을 의미하는가? 이것이 어떻게 성화와 특별히 연관되는가? 첫째, 만약 ἡμᾶς가 바울과 로마 독자 모두를 포함한다면, 그들은 각각 어떤 식으로 하나님을 섬기는가? 동사 δουλεύω는 행위와 활동을 나타내기 때문에,[54] 바울의 섬김은 로마교회의 내분을 바로잡는 것과 자신의 스페인 선교를 완수하는 것이라면, 로마 독자는 자신들의 분열을 해결하고 바울의 스페인 선교를 지원하는 것이 될 것이다.

둘째, "우리가 영의 새로운 것으로 섬긴다"(6b절)는 구절은 "우리로 하나님을 위하여 열매를 맺는다"(4b절)와 잘 어울리기 때문에, 로마서 7:4b와 7:6b는 아마도 서로 병행할 것이다.[55] 4절을 설명하면서, 우리는 하나님을 위하여 열매를 맺는 일이 로마의 신자들을 성화에 이르게 한다고 결론 내렸다(참고. 롬6:22). 비슷한 방식으로, 6절에서 δουλεύω는 성화의 길이 중요하다는 것을 보여준다.

---

51) Cf. Cranfield, *Romans,* 1:339; Fitzmyer, *Romans*, 460; Jewett, *Romans*, 438.
52) καινότητι πνεύματος와 같지 않게, παλαιότητι γράμματος("율법조문의 묵은 것")에는 ἐν가 없다. 하지만 ἐν은 생략된 것으로 생각할 수 있으며, παλαιότητι γράμματος는 불신자의 현상태를 내포하는 ἐν τῇ σαρκί ("육신에" [7:5])와 비교할 수 있다(cf. Moo, *Romans*, 418; Jewett, *Romans*, 432; Kruse, *Romans*, 294).
53) Cf. Carter, *Sin*, 188.
54) Cf. BDAG, 259; A. Weiser, "δουλεύω," EDNT 1 (1990) 350.
55) Cf. Spitaler, "Reasoning," 744.

비록 δουλεύω 자체는 성화를 나타내지 않으나, 성화에 이르는 과정(즉, 섬김의 삶)을 보여준다.[56] 주목할 것은, 성화는 우선적으로 사람의 개인적인 변화에 관심을 가진다는 것이다. 왜냐하면 그(녀)의 마음이 새롭게 되어 자신의 몸이 하나님이 받을만 할 때, 영적 성장은 시작되기 때문이다(롬12:1-2). 이같은 이유에서, 바울은 그들로 분쟁을 종식시키고 (결과적으로) 자신의 스페인 선교를 지원하는데 기여하라고 권면한다. 물론, 그는 공동체적인 성화를 배제하지 않는다. 왜냐하면 사람이 개인적으로 성화될 때, 공동체 전체도 결국 성화할 것이기 때문이다.[57]

(3) 바울은 로마 신자들이 **죄**와 율법에서 해방된 후, 영의 새로운 것으로 하나님을 섬기지 율법조문의 묵은 것으로 아니한다고 진술한다. 바울은 어떤 의미에서 이 두 용어, 즉, "새로운 것"(καινότης)과 "묵은 것"(παλαιότης)을 사용하는가? 이 용어들은 상태를 나타내는가? 아니면 활동을 나타내는가?

무는 전자의 견해를 취하여, ἐν καινότητι πνεύματος καὶ οὐ παλαιότητι γράμμα를 "성령에 의해 결정되는 새로운 상태와 율법조문에 의해 결정된 옛 상태"로 해석한다.[58] 그러나 "새로운 것" 자체는, 전치사 구를 형성하는 ἐν("안에")과 더불어 사용될 때를 제외하면, 하나의 활동(즉, 새로운 삶)으로 볼 수 있다.[59] 하지만 καινότητι πνεύματος가 전치사 구에서 사용되기에, 그것은 사람이 살아가는 상태, 말하자면, 성령의 영향력 아래에 있는 새로운 존재를 의미한다. 마찬가지로, παλαιότητι γράμμα는 율법조문에 의해 통제되는 옛 상태로 해석될 수 있다.[60] 이럴 경우, 이 두 전치사 구는 로마 신자

---

56) Cf. Byrne, *Romans*, 211.

57) Cf. 하워드(J. M. Howard)는 바울 서신에서 신자 개인의 점진적인 성화에서 공동체의 역할을 조사한다(*Paul and Progressive Sanctification* [New York: Peter Lang, 2007] 83-140).

58) Moo, *Romans*, 421.

59) Cf. Behm, "καινότης," 451; Ziesler, *Romans*, 178; Stuhlmacher, *Romans*, 104; Jewett, *Romans*, 438.

60) Cf. Byrne, *Romans*, 215; Kruse, *Romans*, 296.

들의 현재와 과거 삶의 정황을 보여준다.

묵은 것(παλαιότης)과 새로운 것(καινότης)은 형용사로 사용되어 율법 조문(γράμμα)과 성령(πνεῦμα)을 각각 수식하는 것으로 종종 인정된다. 그래서 지슬러는 "우리는 율법조문 아래서가 아닌, 성령의 새로운 삶 안에서 섬긴다"로 번역한다(참고. NRSV).[61] 다른 이들은 παλαιότης와 καινότης가 동격으로 사용된다고 생각한다. 예를 들어, 머리는 "성령의 새로운 것은 성령에 관한 언급이며 새로운 것은 성령이 가져오는 결과"라고 말한다.[62] 핏츠마이어는 그것들을 질적 소유격으로 간주하여, καινότητι πνεύματος는 "성령의 새로운 방법"으로, οὐ παλαιότητι γράμματος는 "율법조문의 옛 방법이 아닌" 것으로 각각 번역한다.[63]

그러나 추상명사 "묵은 것"과 "새로운 것"은 단순히 형용사로 사용되지 않는데, "언어선택 이면에 오랫동안 대망해 온 근본적인 시대의 변화가 사실상 신자에게 도래했다는 의미를 표현하고자 하는 관심이 숨어 있기" 때문이다.[64] 다시 말해서, "묵은 것"과 "새로운 것"은 로마 신자 자신의 과거와 현재의 상태(공간적 이원론)를 의미할 뿐 아니라 서로 다른 두 시대(시간적 이원론)도 나타낸다. 또한 καινότητι πνεύματος와 παλαιότητι γράμματος가 동격으로 사용된다는 주장에도 문제가 있는데, 왜냐하면 πνεῦμα와 γράμμα의 소유격이 근원의 소유격이며, "'성령에 그 기원을 가진 새로움'과 '율법조문에 기인한 묵은 것'"을 각각 나타내기 때문이다.[65] 이럴 경우, 한편으로 καινότητι πνεύματος는 성령의 통제 아래에서 새로운 상태를 나타내는데, 그 가운데 신자는 하나님을 섬기면서 성화의 삶을 살며, 다른 한편으로 παλαιότητι γράμματος는, 이스라엘이 성화의 삶에 실패한 데서

---

61) Ziesler, *Romans*, 178.
62) Murray, *Romans*, 1:246. cf. Sanday & Headlam, *Romans*, 176; Cranfield, *Romans*, 1:339.
63) Fitzmyer, *Romans*, 460. cf. ESV; Moo, *Romans*, 421; Bertone, *Law*, 149.
64) Byrne, *Romans*, 215. cf. Bertone, *Law*, 146; Jewett, *Romans*, 438.
65) Moo, *Romans*, 421.

나타난 것 같이, 율법조문에 근거한 옛 상태를 나타낸다.

만약 πνεύματος가 근원의 소유격으로 사용된다면,[66] γράμματος는 어떤 의미로 사용되는가? γράμμα는 율법을 나타내며, 그래서 그것이 율법조문으로 번역된다는 주장이 종종 제기된다. 하지만 γράμμα는 *단순히* 율법을 의미하지 않는다. 아래에서 논의할 것이지만, γράμμα는 성령의 도움 없이 사용된 율법, **죄**에게 이용당해 왜곡된 율법을 나타낸다. 지적한 바와 같이, 율법조문/영의 대립은 육신과 영이라는 더 큰 대조에 비추어 이해해야 한다.[67] 이럴 경우, γράμμα는 "**죄**에 의해 조종된 율법, 따라서 **죄**가 장난질하는 도구"를 의미한다.[68] 그렇다면 παλαιότητι γράμματος는 인류의 예전 상태를 가리키며, 그때에는 **죄**의 고소로 인해 율법이 저들을 정죄했다. 이것은 "'율법조문에 기인한 묵은 것'은 5절의 주석이며, 거기서 **죄**의 정욕은 율법으로 말미암아 일어났다"는[69] 사실로 인해 더욱 강화된다. 게다가, 바울이 아담을 자신의 주장의 배경으로 삼고 있다는 차원에서 로마서 7:6은 7:2-5 전체와 관련이 있다.[70] 만약 아담이 로마서 7:6의 배경으로 등장한다면, 우리는 **죄**가 율법 뒤에 숨어 영향력을 행사한다는 사실을 큰 어려움 없이 감지할 수 있다.[71]

주목할 것은, παλαιότης와 καινότης가 구속역사와 개인의 삶의 역사 모두의 관점에서 볼 수 있다는 것이다. 만약 παλαιότης/καινότης의 대립이 구속역사를 나타내는 것으로 본다면, 혹자는 시간적 이원론을 강조한다;[72] 하지만 이 대립이 개인의 역사와 관련이 있다면, 공간적 이원론이 중

---

66) 참고. Cranfield, *Romans*, 1:339; 김동수, 『로마서』, 428.
67) 반대로, 슐리어(*Römerbrief*, 219), 케제만(*Romans*, 191), 그리고 슈미탈스(*Römerbrief*, 210)는 율법조문/영의 대립이 육신과 영의 대조와 동일하다고 주장한다.
68) Achtemeier, *Romans*, 116.
69) Schreiner, *Romans*, 353.
70) Cf. Bertone, *Law*, 147.
71) 더 나아가, "율법조문"은 사탄의 지배에서 이스라엘이 율법을 사용했던 상황, 그리고 로마 그리스도인이 사탄의 술책으로 성령의 인도함 없이 율법을 사용하는 상황을 가리킨다.
72) Cf. Dunn, *Romans, 1-8*, 365, 373; Byrne, *Romans*, 215.

심에 설 것이다. 우리의 주장은 이 대립이 위의 두 주장 모두를 포함하고 있으며, 특별히 개인의 역사를 우선적으로 고려해야 한다는 것이다.[73] 쥬윗은 이에 동의하면서 다음과 같이 말한다: "신약에서 명사 καινότης("새로운 것")가 유일하게 사용된 곳은 로마서인데, 이 말은 회심이전의 삶과 대립된 그리스도 안에 새로운 삶에 바울이 관심을 두고 있다는 사실을 반영하며, 새로운 삶이란 옛 시대의 '전에'와 대조된 6절 서두의 '이제'의 종말론적인 토대에 기반을 둔다."[74] 따라서, παλαιότης와 πνεῦμα 사이의 대조는, 비록 그것이 개인의 역사에 있어서는 뚜렷한 차이를 보여주지만, 구속역사에 관한 한 절대적인 것은 아니다. 바울은 하나님의 통치가 옛 시대와 새 시대 모두에서 계속된다고 추정하기 때문에, 이 대조는 상대적인 것으로 이해해야 한다.

슈라이너는 바울이 παλαιότης/καινότης의 대조를 옛 언약과 새 언약에 연관시키고 있으며, 따라서 과격한 대조를 이룬다고 믿는다: "여기에서 '새로운 것'과 '묵은 것' 사이의 대조는 또한 두 언약의 괴리를 나타낸다."[75] 이 주장은 두 언약이 옛 시대와 새 시대를 각각 나타내며, 따라서 율법조문과 성령은 두 언약을 직접적으로 언급한다는 아이디어에 기인한다. 하지만 7:6에서 새로운 것과 묵은 것 사이의 대조를 말할 때, 바울은 비록 새 언약과 옛 언약을 염두에 둔다 할지라도 모세 언약을 회심이전의 삶 혹은 옛 시대와 동일시하지 않는다. 이에 대해서는 추후에 논의될 것이다.

(4) 학자들은 율법조문/영의 대립을 율법과 성령 사이의 대조로 종종 이해하는데, 말하자면, γράμμα는 성문법은 나타내는 한편, πνεῦμα는 성령을 나타낸다고 한다. 예를 들어, 핏즈마이어는 γράμμα를 "'옛 언약'이 제정한

---

73) *Supra*, pp.261-263.
74) Jewett, *Romans*, 438. cf. J. Behm, "καινότης," TDNT 3 (1965) 451; J. Baumgarten, "καινός, καινότης," EDNT 2 (1992) 230.
75) Schreiner, *Romans*, 353. cf. Käsemann, *Romans*, 190.

법으로서 구약을 나타내는 방식"으로 정의한다.[76] 바울은 율법을 이런 식으로 표현하면서, 신자가 γράμμα에서 벗어나야 하는 이유는 그것이 "요구하는 의를 생산하지 못하기"[77] 때문이라고 말한다는 것이다. 그렇다면 바울이 말하는 것은 성령의 통치가 성문법인 율법을 대치한다는 것이다. 새로운 방식으로 섬기는 길이 열리는데, 그것은 새로운 순종으로 불린다고 한다. 말하자면, 율법의 개입이 없이 성령 안에서의 삶이라는 것이다. 율법과 성령이 대등한 입장에 놓여 있다는 지적은 이 주장을 더욱 확증한다.[78] 말하자면, 성문법과 성령은 비슷한 독립체 혹은 방안이며, 하나님은 그것들로 인해 개인에게 말하고 그(녀)에게 동기를 부여한다.[79]

율법조문/영의 대립이 대등한 입장에서 대조를 이룬다는 생각은 아마도 율법 자체가 하나의 세력으로 간주된다는 사실에서 기인한다.[80] "율법조문"이 성문법이라 추정하면서, 학자들은 율법과 성령이 대립하는 두 세력을 나타낸다고 주장한다. 그러나 이 주장은 그럴듯하지 않은 것이, 그리스도가 자신의 죽음을 통해 패배시킨 악의 세력이 율법이 아니라 **죄**이기 때문이다. 악트마이어는 "그리스도의 죽음은… 오히려 악의 세력을 패배시키고 그 세력에서 우리를 해방시킨 수단"이라고 올바르게 이야기한다.[81] 그렇다면 율법조문/영의 대립은 **죄**의 통치 아래 살고 있는 인류가 사용하는 율법과 성령 사이의 대조를 나타낸다고 봐야 할 것이다. 이 주장을 받아들일 경우, **죄**가 아담적 인류를 지배하기 위해 율법을 이용하는 상황에서 율법은 하나의 세

---

76) Fitzmyer, *Romans*, 460. 또한, Ziesler, *Romans*, 176; Schmithals, *Römerbrief*, 210; Klaiber, *Römerbrief*, 119; Hultgren, *Romans*, 272.

77) Schreiner, *Romans*, 353. cf. Schmithals, *Römerbrief*, 210; Witherington, *Romans*, 177.

78) Cf. Ziesler, *Romans*, 178; Talbert, *Romans*, 174; Witherington, *Romans*, 177; Hultgren, *Romans*, 271; C. M. Pate, *Romans* (Grand Rapids: Baker Books, 2013) 156.

79) Cf. Schlatter, *Romans*, 157; Wright, *Romans*, 561.

80) Cf. Schlatter, *Romans*, 157; Käsemann, "Letter and Spirit," 146f; idem, *Romans*, 190; Schlier, *Römerbrief*, 217-219; Moo, *Romans*, 421f; Schreiner, *Romans*, 353.

81) Achtemeier, *Romans*, 118.

력으로 이해될 수도 있다.[82] 아무튼 율법조문/영의 대립은 **죄**와 하나님이라는 두 세력 간의 대립의 관점에서 우선적으로 이해되어야 한다.[83]

"율법조문"(γράμμα)은 전통적으로 모세의 율법으로 간주되어 왔는데, 행위로 의를 얻는 수단 혹은 명예를 얻는 제도로 이해되었다. 비록 지금은 이런 주장이 널리 거부되고 있으나,[84] 몇몇 학자들은 여전히 "율법조문"을 유대인들이 오해한 모세의 율법으로 본다. 예를 들어, 케제만은 율법조문을 율법의 남용 및 왜곡으로 간주한다.[85] 크랜필드는 율법조문이 율법주의자가 율법을 오해하고 오용한 결과를 나타낸다고 주장한다.[86] 최근에, 쥬윗은 παλαιότης("묵은 것")가 특별히 신자와 율법 사이의 변질된 관계를 나타내는데, 이 관계는 오로지 율법을 오해하고 남용한 것에 기초하고 있다고 주장한다.[87] 고린도후서 4:4을 고려해 볼 때, 구원받지 못한 인류는 **죄**의 방해로 인해 성문법에서 하나님이 의도한 바를 파악하기 어렵기 때문에 위의 주장이 근거가 없는 것은 아니다. 이스라엘이 율법의 참된 의도를 파악하는데 실패한 것처럼, 그들은 정욕과 욕심에 이끌려 율법을 오해하며 그것이 의도한 바대로 살지 않는 경향이 있다. **죄**는 그들이 율법의 참된 의도를 파악하지 못하도록 방해하거나 아니면 율법을 엄격히 준수하는 것이 가장 중요하다고 속인다.

만약 "율법조문"이 성령의 사역과 동떨어진 율법을 가리킨다면,[88] 해석학

---

82) Ibid., 117.
83) 율법조문/영의 대립은 또한 육신과 영의 대조에 비추어 이해될 수 있다. 즉, 그것은 율법에 대하여 정반대되는 두 가지 처리방법을 나타낸다: 성령의 영향력 아래에 있는 율법 대 육신 안에서의 율법(cf. Cranfield, *Romans*, 1:138; Achtemeier, *Romans*, 115; Sloan, "Law," 53; Gaventa, "Sin," 234-235; Bayes, *Weakness*, 118-119; Jewett, *Romans*, 439).
84) 가령, Schreiner, *Romans*, 353.
85) Käsemann, "Letter and Spirit," 146f; idem, *Romans*, 190.
86) Cranfield, *Romans*, 1:339f.
87) Jewett, *Romans*, 438.
88) Cf. Cranfield, *Romans*, 1:340; Meyer, "Romans," 1149; Edwards, *Romans*, 181; Bayes, *Weakness*, 119; 이한수, 『로마서 1』, 561; Jewett, *Romans*, 439; Matera, *Romans*, 172.

적 이슈가 불가피하게 등장한다. 우리는 πνεῦμα가 율법의 *정신*에 대한 것
이며, γράμμα는 율법의 *문자*에 해당한다는 식의 주장을 말하려는 것은 아
니다.[89] 그럼에도 불구하고, 이 율법조문/영의 대립은 여전히 해석학적 이슈
와 관련이 있다: 말하자면, 만일 혹자가 율법의 진정한 의도를 놓친다면, 그
(녀)는 율법을 오해하게 될 것이며, 결과적으로 그것에 집착하고 매어 달리
게 될 것이다.[90] 유대인 대부분은 자신들이 율법에 충실해 왔다고 생각했다;
하지만 바울은 저들이 율법의 참된 의도를 놓치고 율법조문에만 집착했기
때문에 율법에 순종하는 일에 실패했다고 불평한다(참고. 롬2:17-29; 7:7-
12; 갈3:19).[91] 그런데 지슬러는 이것에 반대하여, "바울은, 사람들이 가끔
씩 그렇게 하듯이, 우리가 율법의 문자가 아니라 정신에 순종해야 한다거나
유연함과 상식을 가지고 그것에 순종해야 한다고 주장하지 않는다. 그것은
여기서 이슈가 아니다"라고 말한다.[92] 그러나, 여기에서 당면한 이슈는 올바
르게 이해한 율법과 오해된 율법 사이의 괴리이다. 이런 이유로 인해, 바울
은 신자가 율법을 문자적으로 준수하지 않더라도 율법의 의도에 따라 순종
할 수 있는 가능성을 배제하지 않는다(참고. 롬2:26-27; 8:4; 13:8-10; 고전
7:19; 9:9-11).

이 율법조문/영의 대립은 모세 언약과 새 언약 사이의 대조로 종종 간주된
다. 다수의 학자들은 이 견해에 동조한다. 그들은 율법조문을 단순히 모세의

---

89) Cf. Haacker, *Römer*, 138.

90) Cf. 블랙(M. Black)은 παλαιότης γράμματος가 "기록된 토라가 아니라, '율법조문,' 즉,
그것의 엄격한 해석"이라고 주장한다(*Romans*, 100. 이탤릭체는 원저자의 것). cf.
Mounce, *Romans*, 163.

91) 벤시라(Ben Sira)는 심지어 의인도 자신이 모르는 가운데 죄를 지을 가능성을 이미 알았다
(Sir.19:16) (cf. Westerholm, "Pessimism," 86). 비슷하게, 사울은 자신이 하나님을 위한
열심이 있다고 믿어 교회를 핍박했다(cf. 행9:1-9). 이런 경험에 비추어 그는 "(자신의 동시
대 유대인들의) 영적 통찰력이… 저들의 율법에 대한 헌신으로 말미암아 예리해지기는 커녕
오히려 둔해졌다"고 판단할 수 있었다(Dunn, *Romans, 1-8*, 367). 바울은 갈라디아서
3:19과 로마서 7:7-12 같은 본문에서 "*실제로는 순종하지 않으면서 율법에 순종하고 있다
는 잘못된 확신*"을 염두에 둔다(Pate, *Reverse*, 437. 이탤릭체는 원저자의 것).

92) Ziesler, *Romans*, 178. cf. Witherington, *Romans*, 177.

율법, 즉, 모세 언약이 제정한 성문법으로 본다.[93] 탈벗(C. H. Talbert)은 "로마서 7:6에서 고려되는 것은 새 언약과 모세 언약의 대조이다. 바울에게 있어 성령이 온 것은 율법의 시대를 마감한다는 의미"라고[94] 말한다. 그는 또한 7:6의 율법조문/영의 대립이 이미 고린도후서 3:6에 나타나 있으며, 그 것의 문맥은 옛 언약의 대치물로서 새 언약을 다룬다고 주장한다.[95] 슈라이너 또한 두 언약 사이의 대조가 παλαιότης와 καινότης라는 이분법에서 이미 존재한다고 주장한다.[96] 이 주장에 따른 결론은, 옛 언약인 율법조문이 새 언약에서 설 자리가 없다는 것이다.

그러나, 우리는 율법조문/영의 대립을 옛 언약과 새 언약간의 대조와 동일시 하는 일에 신중해야 한다고 본다. 왜냐하면 율법은 정의상 하나님과 그의 백성 사이의 유대관계를 나타내는 언약이 아니기 때문이다.[97] 율법은 모세 언약의 조건이지 단순히 언약과 동일시 되지 않는다.[98] 앞서 언급된 동일시는 율법과의 관계가 가장 중요한 요소로 등장한다는 주장에 근거한다: 말하자면, 모세 언약은 아담적 인류인 이스라엘이 율법을 어겼을 때 완전히 파기되었으며, 새 언약에서 율법은 단지 사문화된 것으로 본다는 것이다.

그러나, 우리는 율법을 율법조문으로 보거나 아니면 율법조문이 옛 언약을 나타낸다고 자신 있게 말할 수 없다. 헤이프만(S. Hafemann)이 주장하듯

---

93) Cf. Schlatter, *Romans*, 157; Murray, *Romans*, 1:246; Fitzmyer, *Romans*, 460; Byrne, *Romans*, Moo, *Romans*, 421; Schreiner, *Romans*, 353; Witherington, *Romans*, 177.

94) Talbert, *Romans*, 174. 또한 이한수, 『로마서 1』, 562.

95) Ibid.

96) Schreiner, *Romans*, 353.

97) Cf. M. Weinfeld, "ברית," TDOT 2 (1975) 255.

98) Cf. J. D. G. Dunn, "Did Paul have a Covenant Theology? Reflections of Romans 9:4 and 11:27" in *The Concept of Covenant in the Second Temple Period*. eds. S. Porter and J. de Roo (Leiden Boston: E. J. Brill, 2003) 301. *Against* C. H. Talbert, "Paul, Judaism, and the Revisionists," *Catholic Biblical Quarterly* 63 (2001) 19; J. C. Meyer, *The End of the Law. Mosaic Covenant in Pauline Theology* (Nashville: B & H Publishing Group, 2009) 65-105.

이, "율법조문"(γράμμα)은 성령의 도움이 없는 경우의 율법을 가리킨다.[99] 이런 점에서, γράμμα는 단순히 성문법, 즉, 모세의 율법으로 불릴 수 없다. 게다가, 성경의 모든 언약은 하나님의 주권을 우선적으로 여기는 "관계"로 특징지어지며(참고. 롬9:4-6), 율법은 하나님과 이스라엘의 언약관계를 유지하는 수단으로 제시된다. 이스라엘이 율법을 어기고 언약을 갱신했을 때, 그것은 언약이나 율법에 어떤 결함이 있어서가 아니라 이스라엘의 실패에서 드러난 저들의 연약함 때문이었다. 아래에서 논의될 것이지만, 모세 언약은 완전히 깨어지지 않았으며(참고. 롬11:2), 오히려 새 언약에서 성취되었다.[100] 모세의 율법도 바울에게 있어 폐지된 것이 아니다. 7:6에서 바울은 언약이나 율법을 무시할 의향이 없다.

학자들은 율법조문/영의 대립이 두 언약과 직접적으로 연관된다고 보면서, 로마서 7:6에 관해 자신들이 제기한 주장을 지지하기 위해 로마서 2:29과 고린도후서 3:6에서 "율법조문"이 어떻게 사용되는가를 종종 언급한다.[101] 그러므로, 율법조문/영의 대립이 어떻게 이 두 구절에서 사용되고 이해되는지 알아보는 것은 가치있는 일일 것이다.

3. 로마서 2:29에서 "율법조문/영"의 대조

로마서 2:28-29은 2:17-29 전체 섹션을 마무리 짓는데,[102] 유대인이 민족적인 자존심과 우월감으로 인해 **죄** 아래 있다고 한다.[103] 그들은 이방인에

---

99) Hafemann, *Letter/Spirit Contrast*, 167-180.

100) Cf. Dunn, "Covenant Theology," 304-305; idem, "Paul's Gospel," 388.

101) 가령, Witherington, *Romans*, 177; Talbert; *Romans*, 176.

102) Cf. Byrne, *Romans*, 103.

103) 홍인규가 지적하는 바와 같이, "(유대인들은) 이방인의 우상 숭배와 도덕적인 탈선을 혐오하며 정죄한다. 그들은 자신들이 이방인보다 도덕적으로 우월하다고 확신한다. 또한 하나님에 대한 지식과 하나님의 백성으로서의 특권을 내세우며, 자기들은 정죄로부터 자유롭다고 생각한다"(『로마서』, 59-60). 비록 라이트는 로마서 2장의 독자를 규명하는데 어려움이

게 빛이 되지 못했으며(참고. 사49:6; 롬2:17-24), 무할례자들이 하나님의 정당함을 입증하는 임무를 대신한다고 한다.[104] 로마서 2:28-29는 할례자와 무할례자의 역할 교환을 강조함으로 이 섹션의 절정을 이룬다.[105] 결국, 28-29절에서 바울이 시도하는 것은 참된 유대인이 누구이며 참된 할례가 무엇인가를 설명하는 것이다.[106]

(1) 표면적 유대인은 이스라엘에 속한 불신자 유대인을 가리킨다(롬2:28). 그러나 참된 유대인이 누구인가는 육안으로는 찾기가 어려운데, 이면적 유대인은 "'비밀가운데,' 즉, 외부 관찰로는 숨겨진" 자이기 때문이다.[107] 번은 참된 유대인을 알아보기 위해 두 가지 방안을 제시한다: 첫째, 참된 유대인은 외모와 상관없이 "불신과 타락의 시간이 지난 후 하나님이 자기 백성을 갱신할 것을 예견했던 이스라엘을 갱신하려는 성경적 약속의 성취"를[108] 상징한다; 둘째, 참된 유대인은 그리스도인 신자를 나타내는데, 왜냐하면 "참된 할례와 율법의 성취를 허락하는 성령의 종말론적인 시혜가 그리스도 안에서 하나님의 행위를 통해 베풀어지기(참고. 롬8:1-4)" 때문이다.[109]

확실히, 이면적 유대인은 믿는 이방인을 나타내며 위의 무할례자와 견줄

있다고 토로하고 있으나 (N. T. Wright, "The Law in Romans 2" in *Paul and the Mosaic Law*. ed. J. D. G. Dunn [Grand Rapids: Eerdmans, 1996] 133), 로마서 2장에서 독자는 유대인인 것을 부인하기 어렵다. 카라스(G. P. Carras)는 말하기를, "만약 로마서 2장에서 논의된 주장의 구조와 문맥을 고려한다면, 주장 자체가 다른 이들을 판단하는 자리에 앉아 있는 자는 '유대인' 이어야 할 것을 요구한다"("Romans 2:1-29: A Dialogue on Jewish Ideals," *Biblica* 73 [1992] 191).

104) 그러나 롱게네커가 주장하듯이, "현재 믿음 가운데 있던지 아니면 불순종 가운데 있던지 간에, 이스라엘은 하나님이 맡겨 준 사명을 완수했을 것이다"(Longenecker, "Different Answers," 112).

105) Cf. Käsemann, *Romans*, 74-75; Cranfield, *Romans*, 1:175-176; Wright, *Romans*, 449; Jewett, *Romans*, 235.

106) Cf. Murray, *Romans*, 1:88.

107) Murray, *Romans*, 1:88.

108) Byrne, *Romans*, 104. cf. Wright, *Romans*, 449.

109) Ibid. cf. Wright, *Romans*, 449.

만하다; 이 이면적 유대인은 새 언약 안에서 믿음의 순종을 한다.[110] 마음의 할례와 참된 유대인됨의 본질적인 가치는 예레미아 31:31-34과 에스겔 36:26-27에 근거하며, "바울은 두 개의 성경적 예언을 암시하면서 이 '이면/표면'의 구분을 설명한다."[111] 새 언약과 새 언약 백성의 조건을 소개할 때, 그는 율법을 준수하는 이방인 그리스도인을 내면적 유대인으로 지목한다(롬 2:25-27).[112]

주목할 것은, 그리스도가 오기 전 이스라엘 가운데 남은 자들은 참된 유대인에 속했다(참고. 롬9:6-13). 이 점에서, 우리는 옛 언약과 새 언약의 극명한 대조에서 물러나 두 언약의 연계성을 주장하고자 한다. 로마서 2:25-29에서 바울은 이스라엘의 실패를 오직 민족적인 차원에서만 논의한다. 진정, 유대인 그리스도인과 바울 자신은 이면적 유대인에 속한다.[113]

이면적 유대인은 마음으로 할례를 행하며 표면적 유대인은 육체의 할례를 행한다면, 이 두 할례는 각각 무엇을 나타내는가? 육체의 할례는 "'육체적으로 표면적이며'(28절), 신체적으로 드러난 것을 말한다."[114] 하지만 바울은 육체의 할례를 행하는 자들이 율법에 순종하지 않는다면, 저들의 할례는 아무 유익이 없을 거라고 경고한다(25절). 이 시점에서, 바울은 할례 자체를 부인하지 않는다.[115] 그는 할례란 마음의 문제이며, 신령에 있고 율법

---

110) Cf. Barrett, *Romans*, 58f; Cranfield, *Romans*, 1:173f; D. B. Garlington, *Faith, Obedience, and Perseverance* (Tübingen: J. C. B. Mohr, 1994) 44-71; A. Ito, "Romans 2: A Deuteronomistic Reading," *Journal for the Study of the New Testament* 59 (1995) 33-35; Moo, *Romans*, 169-170; Schreiner, *Romans*, 139-141; Wright, "Romans 2," 133; S. J. Gathercole, *Where is Boasting? Early Jewish Soteriology and Paul's Response in Romans 1-5* (Grand Rapids: Eerdmans, 2002) 129ff; Kruse, *Romans*, 140.

111) Byrne, *Romans*, 103.

112) Cf. Murray, *Romans*, 1:86; Hübner, *Law*, 49; Schreiner, *Romans*, 141; Bergmeier, *Gesetz*, 68; Wright, *Romans*, 448; 이한수, 『로마서 1』, 256-257; 홍인규, 『로마서』, 68.

113) Cf. Wright, *Romans*, 449.

114) Murray, *Romans*, 1:88.

115) Cf. Byrne, *Romans*, 102; J. M. G. Barclay, "Paul and Philo on Circumcision: Romans 2:25-29 in Social and Cultural Context," *New Testament Studies* 44 (1998) 544.

조문에 있지 않다는 의미에서 그것을 인정한다. 2:28-29에서 바울은 육체의 할례를 전적으로 옹호하지는 않는데, "할례의 근본적인 중요성이 의식이 아니라 은유적인 의미, 즉, 하나님과의 관계와 언약의 조건을 성취하는 데 있기" 때문이다.[116) 그는 육체의 할례를 아무래도 괜찮은 것(adiaphora)으로 받아들이는 것 같다. 왜냐하면 "하나님 앞에서 중요한 것은 단지 할례 의식이 아니라 그것이 상징하는 것"이라[117) 믿기 때문이다. 그렇다면 마음의 할례는 무엇이며 "신령에 있고 율법조문에 있지 않다는" 것은 무엇을 뜻하는가?

 (2) 마음의 할례는 두 가지로 고려할 수 있다: 첫째, 참된 할례는 구약과(레 26:41; 신10:16; 30:6; 렘4:4; 9:25f; 겔44:7, 9) 구약 이후의 유대전승 (*Jub.*1:23; 1QS 5:5; 1QpHab 11:13; OdesSol.11:1-3; Philo, *Spec.*1.305)에서 비롯되며 또한 강조되고 있다.[118) 그렇다면, 이스라엘가운데 남은 자들과 새 언약 백성 모두는 동일한 것을 경험했다는 결론이 도출될 수 있다. 둘째, 이 마음의 할례는 성화에 필요한 마음의 변화를 포함한다.[119) 말하자면, 이면적 유대인은 단순히 손으로가 아니라 마음으로 할례를 받으며, 마음의 할례는 신령하며 율법조문에 있지 않다. 바울은 이것을 로마 그리스도인에게 저들의 성화의 삶을 위하여 소개한다(롬12:1-2). 그는 유대인다움을 부인하지 않는다. 그가 반대하는 것은 유대인의 외적인 겉치레, 즉, 외식인데, "저들은 이런 종교적인 의식을 계속 준수하는 반면, (하나님이 주신) 계명은 도외시했으며 이방이웃의 길을 따랐기" 때문이다.[120) 바울에게 있어, 유대인다움의 심각성은 참된 유대인은 하나님을 위하여 사명을 감당할 수 있는

---

116) Carras, "Romans 2:1-29," 202.

117) Ibid., 203.

118) Cf. Ito, "Romans 2," 25-27; Byrne, *Romans*, 104; Jewett, *Romans*, 236; Kruse, *Romans*, 156.

119) Cf. Murray, *Romans*, 1:88; Moo, *Romans*, 174; Jewett, *Romans*, 236.

120) Holland, *Romans*, 71.

영적으로 성숙한 상태에 있다는 것이다(즉, 이방인을 위한 빛).[121]

마음의 할례와 이면적으로 유대인다운 것은 내적이고 보이지 않는 반면, 육체의 할례와 표면적으로 유대인다운 것은 외적이고 가시적이다. 하나님은 이스라엘에게 육체의 할례와 마음의 할례 모두를 요구한다. 구약 후기 때, 이 두 가지는 서로 대조되어 나타나는데, 후자가 전자보다 더 중요하게 간주된다(참고. 신10:16; 30:1-10; 렘4:3-4). 왜냐하면 이스라엘은 마음의 변화가 부족해서 율법을 어기기 때문이다. 이스라엘 백성은 "하나님이 언젠가 성령의 역사를 통해 자기 백성의 마음에 할례를 베푸실 것"이라고[122] 점차 깨닫게 된다.

지적한 바와 같이, 바울이 마음의 할례를 강조할 때, 할례 자체는 부인하지 않으나, 그것이 문자 그대로의 행동 이상 나아가지 않고 표면적이고 육체적인 것으로 그칠 때 할례를 위한 할례가 되며, 그는 그것을 부인한다. 그의 관심은 할례를 통한 참된 마음의 변화에 있다. 홀랜드가 올바르게 지적하듯이, "중요한 것은 외적인 의식이 내적인 실체와 잘 어울리는 것이다."[123] 이 것 없이, 육체의 할례는 아무런 쓸모가 없다. 새 언약 안에 살고 있는 자들은 하나님을 위하여 마음의 할례를 받을 때 구약의 예언(렘31:31-34; 겔36:26-27)을 성취한다.

로마의 몇몇 유대인 그리스도인은 유대인다움과 할례를 신분획득을 위한 수단으로 고집한다. 쥬윗은 "'공적 할례'가 무할례자로 남아 있는 다른 이들과 비교해서 '유리하도록' 드러내 놓고 주장하는 것(2:25)"이라고[124] 적고

---

121) Cf. Wright, *Romans*, 445-449. 램프(J. S. Lamp)는 내면적 할례를 언약 안에 들어가는 조건으로 이해한다("Paul, the Law, and Gentiles: A Contextual and Exegetical Reading of Romans 2:12-16," *Journal of the Evangelical Theological Society* 42 [1999] 40).

122) Moo, *Romans*, 174.

123) Holland, *Romans*, 71.

124) Jewett, *Romans*, 235 (cf. 창 17:9-14; *Jub*.15:25-34; 1 Macc.1:48, 60-61; 2:46; 2 Macc.6:10; Josephus, *Ant*.13.11.318). 또한, Meyer, "περιτομή," TDNT 6 (1968) 77; Carras "Romans 2:1-29," 199-202; J. Marcus, "The Circumcision and the

있다. 바울은 "모든 문화적이며 종교적인 우월감을 약화시키기"[125] 위해 육체의 할례와 표면적으로 유대인다운 것을 완화시킨다. 쥬잇의 사회적 관점은 로마서 2:28-29을 성화와 연계시켜 이치에 맞도록 이해시키는데, 바울이 내면적/표면적 할례와 율법의 (불)이행을 자신의 독자와 논의할 때 (2:25-27) 성화의 삶을 이야기하기 때문이다.[126] 따라서 서로 존중할 때 성화는 일어나기 때문에, 바울은 할례로 자랑하거나 우월감을 가지지 말라고 당부한다.

(3) ἐν παλαιότητι οὐ γράμμτι("신령에 있고 율법조문에 있지 아니한") 란 어구는 기본적으로 마음의 할례를 수식한다.[127] 말하자면, 참된 할례는 영적이며 율법조문에 있지 않다는 것이다. 로마서 7:6의 경우 하나님을 섬기는 일에 두 서로 다른 상황에서 율법조문과 영을 대조하는데 반해(즉, "육신에" 대 "성령 안에서"), 2:29에서 바울은 마음의 할례를 소개할 때 영과 율법조문을 대조한다. 번은 ἐν을 수단을 나타낸다고 보아,[128] 이 어구를 "율법조문이 아닌 영에 의하여"로 이해한다. 그러나 ἐν이 장소를 나타내는 것으로 보는 것이 더 나은데, "이 (수단적) 의미는 전치사의 다른 목적어 γράμμτι와 잘 맞아 떨어지지 않기 때문이다."[129] 이럴 경우, ἐν은 일종의 영역을 나타내며, 우리는 이 어구를 "율법조문이 아닌 영이 지배적인 영향력을 행사하는 곳에서"로[130] 바꾸어 표현할 수 있다.

만약 ἐν이 영역을 나타낸다면, ἐν παλαιότητι란 어구는 마음에 호의적

Uncircumcision in Rome," *New Testament Studies* 35 (1989) 77-80; M. Seifrid, *Justification by Faith. The Origin and Development of A Central Pauline Theme* (Leiden: E. J. Brill, 1992) 65; Barclay, "Paul and Philo," 544-545.

125) Ibid.
126) 특별히 2:29에서 바울의 관심은 "저들의 외적 할례의 표시가 요구하는 것에 부합하지 못한 유대인의 실패"에 있다(Bertone, *Law*, 145).
127) Cf. Cranfield, *Romans*, 1:175; Dunn, *Romans, 1-8*, 127-128.
128) Byrne, *Romans*, 105.
129) Moo, *Romans*, 175, n.45. cf. Käsemann, *Romans*, 75.
130) Byrne, *Romans*, 105.

으로 영향을 끼치는 인격적인 존재가 있다고 추정한다; 다시 말해서, 마음의 할례는 성령의 영향 아래에서 행해진다. 그런데 πνεῦμα가 성령을 나타낸다는 주장에 반대가 있다. 샌더스는 πνεῦμα가 단순히 "인간의 내적인 측면"을 가리킨다고 주장하는데, 현 문맥 속에서 할례가 표면적으로 일어나는 그 무엇과 대조를 이루는 마음의 문제이기 때문이다.[131] 비슷하게, 바렛(C. K. Barrett)도 ἐν πνεύματι가 유대교와 차별화되는 기독교의 내적인 본질을 보여주는 "영적인 방식"을 말한다고 주장한다.[132]

그러나, 2:29의 πνεῦμα는 세 가지 이유에서 성령을 지칭한다: 첫째, 현 문맥은 구약에서 예언한대로 성령의 능력을 통한 율법의 종말론적인 성취를 암시한다;[133] 둘째, πνεῦμα와 γράμμα를 대조할 때, 바울은 후자와 마찬가지로 전자를 하나님이 수여하신 독립체로 이해한다; 그렇다면, πνεῦμα는 인간의 내적 상태가 아닌 성령으로 이해해야 한다;[134] 셋째, πνεῦμα가 성령을 가리키는 것으로 이해하는 로마서 7:6과 고린도전서 3:6이 로마서 2:29와 병행하고 있기에, 로마서 2:29의 πνεῦμα 또한 성령을 나타낸다.[135] 위에 주어진 이유들로 볼 때, 바울이 2:29에서 나누고자 하는 것은 "'유대인'(즉, 하나님의 언약 공동체의 회원)이 되는 것이 하나님의 영을 통해 새롭게 창조되고 도덕적 중생을 경험하는 문제"라는 것이다.[136]

"율법조문에"(γράμματι)가 무엇을 의미하는가 라는 질문이 제기된다. 여기서 γράμμα는 단순히 성문법을 의미하지 않는데, (비인격적인) 성문법이 마음의 할례에 영향을 미친다고 보기 힘들기 때문이다. 오히려 그것은 **죄**가 인류의 정욕을 자극하여 저들에게 부정적인 영향을 끼치기 위해 이용한 율법을 나타낸다. 이 주장에 반대하는 자들은 γράμμα란 말이 앞서 2:27에 등

---

131) Sanders, *Law*, 127.

132) Barrett, *Romans*, 60.

133) Cf. Byrne, *Romans*, 104; Schreiner, *Romans*, 143.

134) Cf. Moo, *Romans*, 174.

135) Cf. Schreiner, *Romans*, 143; Moo, *Romans*, 174; Legasse, *Romains*, 439.

136) Bertone, *Law*, 144.

장하며, 현재의 사용법도 동일하게 다루어져야 한다고 지적한다. 다시 말해서, 양쪽 모두에서 γράμμα는 성문법을 지칭한다는 것이다.[137] 하지만 양쪽 모두의 경우, γράμμα는 성령의 그 어떤 도움도 받지 않는 상태, 즉, **죄**의 지배 아래 육신 가운데 있는 모세의 율법을 나타낸다.[138]

(4) 근접문맥인 로마서 2:21-22에서 바울은 이스라엘이 도적질하고, 간음하며, 신사 물건을 훔친다고 지적한다. 이스라엘이 도적질, 간음, 신사 물건을 훔치는 것으로 율법을 불이행하는 것은 저들이 곧 절망적인 상태에 있다는 것을 보여준다. 그런데 그들이 왜 율법을 어길 수 밖에 없는가? 우리의 특별한 관심은 마지막 죄목, 즉, 신사 물건을 훔치는 것에 있는데, 이것이 우리가 다루고자 하는 주제, 즉, γράμμα와 밀접하게 연관되기 때문이다. 바울이 "우상을 가증히 여기는 네가 신사 물건을 도적질하느냐?"(롬2:22c)라고 질문할 때, 예레미야 또한 이스라엘이 도적질하고, 간음하며, 다른 신들을 좇는다고 기소하기 때문에(7:9), 사실 바울은 "우상을 가증히 여기는 네가 신사 물건을 훔침으로 우상을 섬기느냐?"라고 질문할 것으로 우리는 기대한다.[139]

바울 당시, 이스라엘 안에 신사 물건을 훔치는 일은 거의 없었다.[140] 이런 이유로, 신사 물건을 훔치는 일은 일반적으로 이방 신전에서 훔친 것을 구매하는 것으로 이해되었다.[141] 갈링턴(D. B. Garlington)은 신사 물건에 특

---

137) Cf. M. Winger, *By What Law? The Meaning of Νόμος in the Letters of Paul* (Atlanta: Scholars, 1992) 41; Barclay, "Paul and Philo," 553; Bertone, *Law*, 144; Kruse, *Romans*, 156; Hultgren, *Romans*, 130; Pate, *Romans*, 60-61.

138) 마테라는 말하기를, "율법조문은 단지 기록된 법이기에 내적인 변화를 가져올 능력이 없으나, 성령은 생명을 주는 하나님의 성령이기에 그러한 변화를 가져온다"(Matera, *Romans*, 76).

139) 예레미야서 7:9에서 두 가지 기소가 더 추가된다: 즉, 살인과 거짓맹세.

140) Cf. Carras, "Romans 2:1-29," 201; D. B. Garlington, "ΙΕΡΟΣΥΛΕΙΝ and Idolatry of Israel (Romans 2:22)," *New Testament Studies* 36 (1990) 143; Fitzmyer, *Romans*, 318; Lamp, "Romans 2:12-16," 40.

141) Cf. Schrenk, "ἱεροσλέω," TDNT 3 (1965) 256; Käsemann, *Romans*, 69; Watson, *Paul*, 111, 213; J. D. M. Derrett, " 'You Abominate False Gods; But Do You Rob Shrines?' (Rom.2.22b)," *New Testament Studies* 40 (1994) 570; Witherington, *Romans*, 90; Matera, *Romans*, 734; Hultgren, *Romans*, 128.

별한 관심을 가지고 로마서 2:22c를 분석한 후, 신사 물건을 훔치는 일은 "이스라엘이 우상 섬기듯이 율법에 집착한다"는 것을 보여준다고 제안한다. 말하자면, 토라가 "새로운 우상"으로[142] 간주된다는 것이다. 구약에서 이스라엘은 우상을 섬겼으며, 신약 시대에 와서도 그들은 여러 방면에서 계속 그렇게 한다. 바울이 로마서 1:23-25에서 이방인들이 우상을 섬긴다고 정죄할 때, 유대인도 우상 섬긴다는 것을 간접적으로 질책한다.[143] 갈링턴은 신사 물건을 훔친다는 표현을 통해 우상 숭배의 그림자가 이스라엘의 완고한 율법 준수에 드리워지고 있다고 본다;[144] 말하자면, 그들은 문자적으로 율법에 위배하지 않는 한 율법을 어기지 않았다고 믿는다.

갈링턴의 주장은 다음의 이유들로 볼 때 일리가 있다: 첫째, 비록 유대인이 이방 신전에 드려진 물건을 훔치지 않았다 하더라도, 그것들로부터 이득을 취했을 가능성이 있다; 둘째, 동사 ἱεροσλέω("신사 물건을 훔치다")는 일반적으로 신성모독을 의미하지만,[145] 우리의 문맥에서 "주님 자신의 권리와 영예를 침범할 정도로 율법을 높이는 것"을[146] 가리킨다; 셋째, 바울이 이런 결론을 내릴 수 있는 이유는 2:23에서 "율법을 자랑하는 네가 율법을 범함으로 하나님을 욕되게 하느냐"라고 선포함으로 이 경우를 요약하기 때문이다.[147] 다시 말해서, 바울은 유대인이 율법을 생명의 길로 잘못 자랑하는 것을 정죄하고 있다.[148]

유대인이 우상을 섬길 정도로 율법에 매어 달린 이유는 뒤에 숨어서 조종하던 **죄**가 저들을 선동했기 때문이다.[149] 사탄이 유대인의 마음에 술책을 씀

---

142) Garlington, "Idolatry," 148.
143) Ibid., 144. cf. Wright, *Romans*, 445.
144) Ibid., 148.
145) Cf. Barrett, *Romans*, 57; Cranfield, *Romans*, 1:169-170; Fitzmyer, *Romans*, 318; Hultgren, *Romans*, 128.
146) Cf. Cranfield, *Romans*, 1:169-170; Garlington, "Idolatry," 148; Fitzmyer, *Romans*, 318. 인용은 무에게서 나온 것이다(*Romans*, 164).
147) Cf. Barrett, *Romans*, 57; Matera, *Romans*, 70, 74.
148) Cf. Cranfield, *Romans*, 1:57; Hultgren, *Romans*, 127.
149) Cf. Holland, *Romans*, 68. 구약시대 때, 우상에게 바쳐친 제물은 법으로 금지되었는데 (신7:25-26), 부분적인 이유로는 사탄이 우상 뒤에 있기 때문이다(참고. 고전10:18-20).

으로 인해, 그들은 종종 율법의 참된 의도를 놓쳤으며 율법을 단지 문자적 또는 표면적으로 지켰다; 제아무리 열심을 다해 율법을 준수하려고 해도, 저들은 결국 불순종하였다. 램프는 로마서 2:22에 관하여 올바르게 언급한다: "유대인은 사실 도적질하고, 간음하며, 그리고 실제로 성전의 명예를 더럽힘으로 우상을 섬긴다."[150]

로마서 2:29의 γράμμα란 말도 마찬가지로 그런 의미를 가지고 있다. 유대인은 육체의 할례를 매우 중요시 생각한 나머지, 율법을 마치 우상을 섬기듯 섬긴다. 이런 식으로 율법을 섬길 때, 사탄은 이것을 기화로 저들로 성문법에 들어 있는 하나님의 뜻을 간과하게 하며 그것을 단지 표면적으로 지키도록 만든다. 많은 유대인들은 율법을 통해 유대인됨을 자랑스러워하며 민족적 우월감을 가진 나머지 이방인들을 차별화하고 멸시한다. 이런 일이 일어나게 된 것은, 그들이 피상적인 수준에 머물기 때문이다: 말하자면, 표면적으로는 율법을 지키지만, 그들이 마음으로는 율법을 어긴다는 것이다. 이것이 바울이 γράμμα(2:29)의 영역에서 표면적 할례가 의미하는 바다.[151] 다시 말해서, 성령의 능력 없이 율법을 지키려 할 때, 유대인들은 사탄의 사주에 못이겨 자신의 정욕에 이끌리는 것이다.[152] 그런 상황에서 육체의 할례는 아무런 소용이 없다. 그것은 오히려 자만심과 우상 숭배를 북돋우어 준다.

그와는 반대로, 바울은 성령의 지배를 받는 마음의 할례를 주장한다: 말하자면, 이면적 유대인은 성령의 능력으로 마음의 변화를 받는다. 그들의 마음이 변화됨에 따라, 율법을 준수하는 일이 가능해진다.[153] 율법준수가 중요한

---

150) Lamp, "Romans 2:12-16," 40. 케제만은 "CD 4:15이하가 벨리알의 '세 가지 그물'을 이야기 하는데, 우리의 본문과 어느정도 연관성이 있다"고 말한다(Käsemann, Romans, 71).

151) Cf. Murray, Romans, 1:89; Dunn, Romans, 1-8, 124, 373; Sloan, "Law," 50; Gaston, Torah, 156-157; Bayes, Weakness, 108-109.

152) 쿰란 공동체에서, 할례는 악의 세력을 물리치는 하나의 방법으로 간주되었으며, 이런 의식을 행했기에 그들은 성화되고 있다고 믿었다(CD 16:1-6; 1QS 1-4; cf. Jub.15:27) (cf. Jewett, Romans, 237). 육체의 할례는 유대인들로 하여금 "로마서 1:23에서 설명하는 종류의 우상의 포로가 될 수 없었다"고 확신시켰다(Achtemeier, Romans, 50).

153) Cf. Wright, Romans, 449.

것은, 유대인 그리스도인이 율법을 지킴으로 할례의 진가를 보여주듯이 (2:25), 이방인 그리스도인이 마음으로 할례를 받는다는 사실을 입증하는데 있다(2:29). 유대인이건 이방인이건 간에, 혹자는 성령의 능력을 통해 율법을 준수함으로 성화의 삶을 살 수 있다.

5. 고린도후서 3:6의 "율법조문으로 하지 아니하고 오직 영으로 함이니"

고린도후서 3:6에서 바울은 또한 율법조문과 영 사이의 대조를 소개한다. 핏츠마이어와 쥬윗이 지적하듯이, "고후3:6-8은 (롬7:6)의 훌륭한 주석"이며,[154] "παλαιός γράμμα('쓸모 없는 법, 문자' [롬7:6])의 언어는 고후3:6의 이야기를 반영하는 듯하다."[155]

(1) 고린도후서 3:1-6에서 바울은 성문법으로서 γράμμα가 그것의 문제점과 부족함으로 인해 폐지되며, 또한 γράμμα는 모세 언약을 나타내기 때문에 모세 언약도 함께 폐지된다고 주장하는 것으로 흔히들 생각한다.[156] 진정, 바울에게 언약의 개념은 중요하며, 그래서 그는 고린도후서 3:6에서 언약 개념을 사용한다. 질문은 과연 바울이 고린도후서 3:6에서 새 언약의 도래로 인해 옛 언약이 폐지되었다고 주장하는가이다. 진정 그는 새 언약이 모세의 율법을 무력하게 만든다고 말하고 있는가?

고린도후서 3:1-6의 근접문맥으로 2:14-17을 생각할 수 있는데, 두 본문은 ἱκανός(2:16; 3:5)로 서로 연결된다.[157] 이럴 경우, 전자는 바울 사역의 적

---

154) Fitzmyer, *Romans*, 460.

155) Jewett, *Romans*, 439.

156) 가령, Westerholm, *Israel's Law*, 213; Moo, *Romans*, 421; G. Fee, *God's Empowering Presence: The Holy Spirit in the Letters of Paul* (Peabody: Hendrickson, 1994) 507; Pate, *Reverse*, 200-204; Witherington, *Romans*, 177; Talbert, *Romans*, 174; Bertone, *Law*, 150.

법성에 의문을 제기하고, 후자는 바울 사역의 충족성에 의문을 던지고 있다.[158] 구체적으로, 2:14-17에서 바울은 자신의 사역이 대적자들에게 도전받고 있음을 보여주는데, 그들은 바울이 하나님의 말씀을 혼잡하게 하며 자기 자랑만 하기에 사역자로서 유능하지 않다고 주장한다.[159] 방어책으로, 바울은 인간의 연약함이 사역의 진정성을 무효화하지 않는다고 주장한다.[160] 자신의 만족은 하나님께로서 나기 때문에, 그는 어느 것 하나라도 자신에게서 나온 것으로 주장할 만큼 유능하지 않다는 사실을 인정한다(3:5). 그럼에도 불구하고, 고린도에 있는 많은 그리스도인의 변화된 삶이 증거하듯이, 그는 자신의 사역에 개입하신 하나님의 도움을 받는 신실한 그리스도의 종(3:4-5)이라고 믿는다.[161] 그는 또한 그들의 변화된 삶이 새 언약의 성취를 보여준다고 확신한다(3:3, 6).

바울은 3:6에서 자신의 정당함을 입증하면서, 새 언약, 율법조문, 그리고 영에 대하여 간단히 다룬다. 그는 율법조문은 죽이는 것이요 영은 살리는 것이기 때문에, 새 언약의 사역이 율법조문이 아니라 성령에 의해 실행된다고

---

157) Cf. T. E. Provence, "Who is Sufficient for These Things?' *Novum Testamentum* 24 (1982) 56; Meyer, *End*, 65.

158) Cf. V. P. Furnish, *2 Corinthians*. 2nd ed. (Garden Grove: Doubleday, 1984) 190; M. E. Thrall, *A Critical and Exegetical Commentary on the Second Epistle to the Corinthians*. vol.1 (Edinburgh: T. & T. Clark, 1994) 217; K. Kertelge, "Letter and Spirit in 2 Corinthians 3" in *Paul and the Mosaic Law*. ed. J. D. G. Dunn (Grand Rapids: Eerdmans, 1996) 118ff.

159) 바울은 또한 고린도교회에 추천서를 보내지 않았기에 공격을 받고 있었다(cf. Thielman, *Law*, 109).

160) 고린도후서 3장과 특별히 3:1-6에서 바울의 의도가 변호에 있는지 아니면 격론을 벌이는 것인지에 대하여 논쟁이 있어왔다. 죠지(D. Georgi)와 마틴(R. P. Martin)은 전자의 입장을 취하는 반면, 쓰랄(M. Thrall)은 후자의 입장을 견지한다(D. Georgi, *The Opponents of Paul in Second Corinthians* [Philadelphia: Fortress, 1986] 221ff; R. P. Martin, *2 Corinthians: Word Biblical Commentary* [Waco: Word Books, 1986] 54; Thrall, *2 Corinthians*, 1:221ff). 사실 바울은 고후3장에서 두 가지 목적 모두를 염두에 둔다. 그는 자신의 사역의 적법성을 보여주기를 원하는 동시에 적의 공격을 논박한다(cf. Thielman, *Law*, 109).

161) Cf. Kertelge, "Letter and Spirit," 119.

말한다(6절). 동사 ἱκανόω("만족시키다")의 시제는 과거인데, 하나님이 그를 유능한 사역자로 부르셨다는 것을 보여준다. 우리는 이것을 그가 다메섹에서 높임 받으신 주님을 만난 것과 아나니아를 통해 시력을 회복하고 성령으로 충만하게 된 것으로 확인한다(참고. 행9:3-19).[162] 고린도후서 3:3과 3:6에서 바울은 자신의 사역이 구약에서 예언한 새 언약을 성취하는 과정임을 시사한다(참고. 렘31:31-34; 겔11:19; 36:26-27).[163] 성령이 자신의 사역을 통해 고린도 그리스도인의 마음에 적극적으로 활동하여, 그 결과, 율법이 저들의 성화의 삶에서 성취되듯이(3:3),[164] 바울 자신 역시 율법조문이 아닌 영으로 말미암는 새 언약의 사역자이다(3:6).[165]

(2) 3:6a에서 바울은 하나님이 자신과 동료들을 새 언약의 유능한 사역자(διακόνους καινῆς διαθήκης)로 만드셨다고 말한다. 여기서 διακόνους 는 사역자 혹은 종으로 번역되는데, 3:3에서 이미 소개한 용어이다. 3:3에서와 같이, 바울은 자신을 고린도교회의 그리스도인을 위해 대필하는 자요[166]

---

162) Cf. P. E. Hughes, *Paul's Second Epistle to the Corinthians* (Grand Rapids: Eerdmans, 1962) 93; Martin, *2 Corinthians*, 53; Thrall, *2 Corinthians*, 1:231; M. J. Harris, *The Second Epistle to the Corinthians* (Grand Rapids: Eerdmans, 2005) 270.

163) Cf. W. C. Kaiser, "The Old Promise and the New Covenant: Jeremiah 31:31-34" in *The Bible in Its Literary Milieu*, eds. V. Tollers and J. Maier (Grand Rapids: Eerdmans, 1979) 110; Dumbrell, "Newness," 64; Dunn, "Covenant Theology," 299-300; Thielman, *Law*, 130; Hafemann, *Letter/Spirit Contrast*, 135-140; Schreiner, *Law*, 82-83; J. P. Sampley, "*The Second Letter to the Corinthians*" in *The Interpreter's Bible*. vol.2 (Nashville: Abingdon, 2000) 64; T. D. Stegman, *Second Corinthians* (Grand Rapids: Baker, 2009) 79.

164) Cf. Hughes, *2 Corinthians*, 90; S. Hafemann, *Suffering and the Spirit: An Exegetical Study of 2 Cor.2:14-3:3 within the Context of the Corinthian Correspondence* (Tübingen: J. C. B. Mohr, 1986) 102, 220; Fee, *Presence*, 306; Thielman, *Law*, 109; Dunn, *Theology*, 148; Stegman, *2 Corinthians*, 79.

165) Cf. Furnish, *2 Corinthians*, 197; Martin, *2 Corinthians*, 54.

166) Cf. Thrall, *2 Corinthians*, 1:226; C. G. Kruse, *The Second Epistle of Paul to the Corinthians* (Leicester: InterVarsity / Grand Rapids: Eerdmans, 1987) 90; Harris, *2 Corinthians*, 263.

PART 3_ 로마서 7:1-6 주해 **323**

구약 선지자처럼 하나님과 그의 백성을 중재하는 메신저로[167) 설명한다. 요컨대, 그의 사역의 목표는 고린도 신자들의 삶을 변화하는데 있다.[168)

(3) 머피 오코너(J. Murphy-O'Connor)와 다른 이들은 바울이 언약을 신중하게 고려한다는 사실에 다소 회의적이다: 말하자면, 바울은 가끔씩만 언약의 개념을 다루며, 그가 언약을 언급할 때면 다른 내용을 지적할 목적으로 사용한다는 것이다(참고. 롬11:27).[169) 그러나 바울은 그들이 짐작하는 것보다 훨씬 더 언약을 중요시한다. 언약신학이 바울 신학의 중심에 서 있지 않을수는 있지만, 언약개념은 바울 신학에서 매우 중요하다.[170) 포터(S. E. Porter)는 로마서에 관한 한 언약사상이 매우 광범위하게 퍼져 있다고 올바로 주장한다(참고. 1:17; 4:13, 16, 20; 9:4, 8, 9).[171)

바울 서신에서 언약의 중요성은 최근 샌더스에 의해 제기되었는데, 그는 언약적 신율주의에 관한 아이디어를 고안한다. 1977년에 그는, 유대교가 언약적 신율주의를 나타낸다는 믿음과 더불어, 언약개념이 바울 신학에 중요한 역할을 한다고 주장한다.[172) 샌더스는 "들어감과 머뭄"이란 용어를 만들었는데, 언약적 신율주의가 언약을 이해하는 열쇠라고 믿는다: 사람은 하나

---

167) Cf. W. Baird, "Letters of Recommendation. A Study of 2 Cor.3:1-3," *Journal of Biblical Literature* 80 (1961) 169; Martin, *2 Corinthians*, 51; Hafemann, *Suffering*, 202.

168) Cf. R. B. Hays, *Echoes of Scripture in the Letters of Paul* (New Haven London: Yale University Press, 1989) 127; Hafemann, *Suffering*, 207.

169) J. Murphy-O'Connor, "A Ministry Beyond the Letter (2 Cor.3:1-6)" in *Paolo Ministro del Nuovo Testamento (2 Cor.2:14-4:6)*. ed. L. de Lorenzi (Rome: Benedictina Editrice, 1987) 127-128; Thrall, *2 Corinthians*, 1:236.

170) Cf. W. C. Van Unnik, "'With Unveiled Face': An Exegesis of 2 Corinthians 3:12-18," *Novum Testamentum* 6 (1963) 153-169; W. L. Lane, "Covenant: The Key to Paul's with Corinth," *Tyndale Bulletin* 33 (1982) 7ff, 14ff.

171) S. E. Porter, "The Concept of Covenant in Paul" in *The Concept of Covenant in the Second Temple Period*. eds. S. R. Porter and J. C. R. de Roo (Leiden Boston: Brill, 2003) 282-285.

172) Sanders, *Paul*, 422.

로마서 7:1-6에 나타난 율법의 기능

님의 은혜로 하나님과 언약관계에 들어간다; 그 관계에 *머물기* 위해서 그
(녀)는 언약이 요구하는 조건을 준수해야 한다.[173] 샌더스는 유대적 언약개
념을 무조건적인 것으로 이해하며, 그것은 결국 그로 하여금 유대교를 은혜
에 기초한 고상한 종교로 규정하도록 한다.[174] 그러나 기독교와 유대교는 동
일하지 않은데, 기독교는 유대교가 아니기 때문이라고 한다.[175]

바울의 언약개념은 구약 종교와 유대교에 내재해 있는 언약의 무조건적
측면을 수반한다;[176] 즉, 언약은 하나님에 의해 시작되며(롬9:11-16;
11:23), 따라서 하나님과 맺는 이스라엘의 언약은 인간이 완전히 깰 수 없다
(롬9:6, 27; 11:1-5, 11-29).[177] 바울의 입장에서, 아브라함 언약과 모세 언
약은 같은 범주에 속한다.[178] 다시 말해서, 모세 언약은 어느 정도 아브라함

---

173) Ibid., 548.

174) Ibid., 543.

175) Ibid., 552.

176) Cf. J. Murray, *The Covenant of Grace* (Phillipsburg: P & R, 1953) 10-12, 14-16,
31; Weinfeld, "בְּרִית," 253ff; G. Quell, "διαθήκη," TDNT 2 (1964) 106ff; J. Behm,
"διαθήκη," TDNT 2 (1964) 124ff; J. B. Payne, "Berith of Yahweh" in *New
Perspectives on the Old Testament* (Waco: Word, 1970) 244-246; J. Jocz, *The
Covenant. A Theology of Human Destiny* (Grand Rapids: Eerdmans, 1962) 31; T.
E. McComiskey, *The Covenants of Promise* (Downers Grove: InterVarsity, 1985)
91-92, 152; O. P. Robertson, *The Christ of the Covenants* (Grand Rapids: Baker,
1980) 15; Kaiser, "Jer.31:31-33," 111ff; W. J. Dumbrell, *Covenant and Creation. A
Theology of Old Testament Covenants* (Nashville: Thomas Nelson, 1984) 107; W.
VanGemeren, "The Law is the Perfection of Righteousness in Jesus Christ. A
Reformed Perspective" in *The Law, the Gospel, and the Modern Christian. Five
Views.* ed. W. Strickland (Grand Rapids: Zondervan, 1993) 26-29; J. H. Walton
Covenant: God's Plan, God's People (Grand Rapids: Zondervan, 1994) 118; Lane,
"Covenant," 17; Dunn, "Covenant Theology," 303.

177) 샌더스는 제2성전 유대교에서 어떤 특별한 율법을 어길 시 언약을 저버리는 것으로 간주한
다는 사실을 인정한다: 가령, 할례, 안식일 준수, 피를 마심, 다른 종족과의 혼인, 그리고 근
친상간(*Paul*, 367-369).

178) Cf. Campbell, *Paul's Gospel in Context*, 70-73; D. E. Holwerda, *Jesus and Israel.
One Covenant or Two?* (Grand Rapids: Eerdmans, 1995) 183-184; R. L. Brawley,
"Contextuality, Intertextuality, and the Hendiadic Relationship of Promise and
Law in Galatians," *Zeitschrift für die neutestamentliche Wissenschaft* 93 (2002)
100.

언약의 연속이다.[179] 이 두 언약은 본질적으로 동일하며, 단지 관리의 측면에 있어서 다르다.

로벗슨(O. P. Robertson)은 모세 언약이 피로 맺어진 언약이며, 따라서 하나님과 이스라엘 사이에 깨어질 수 없는 유대관계라고 주장한다.[180] 구약에서 하나님과 이스라엘은 종종 부자관계(신32:6; 사63:16; 호11:1ff) 혹은 부부관계(렘31:32; 호2:16)로[181] 설명되고 있으며, 모두 하나님과 이스라엘의 깨어질 수 없는 관계를 보여준다. 이 개념은 옛 언약과 마찬가지로 새 언약과 관련된다. 예수님의 말씀을 인용하면서, 바울은 하나님의 언약의 영속성을 상징화한다: "이 잔은 내 피로 세운 새 언약이니"(고전11:25).

이스라엘의 하나님과의 옛 언약은 저들이 율법에 불순종함으로 인해 완전히 깨어졌든지 아니면 율법이 그것을 받은 사람들에게 수행할 수 있는 능력을 주지 못했기에 깨어졌다고 종종 주장되어 왔다; 따라서 율법은 오직 새 언약 안에서 성취될 것이다.[182] 그러나 하나님께서 율법을 주셨을 때, 그는 최소한 그것을 지킬 수 있는 어떤 수단을 틀림없이 제공했을 것이다. 이스라엘의 남은 자들은 민족적 차원은 아닐지라도 개인적으로 율법을 준수했으며, 저들의 마음에 역사하는 성령의 능력으로 율법은 때때로 성취되었다(느9:20; 시37:30-31; 40:8; 143:10; 잠7:1-4; 사63:10-14).[183] 인간의 본성은

---

179) 맥코미스키(McComiskey)는 "조상들과 맺은 약속의 언약은 율법이 통치하는 내내 *berit*으로 불린다"고 말한다(*Covenants of Promise*, 152).

180) Robertson, *Covenants*, 7.

181) 샘플리(Sampley)는 이스라엘이 추구했던 의가 하나님과 올바른 관계라는 것을 충분히 이해하지 못했다고 지적한다(*2 Corinthians*, 68).

182) 가령, B. Witherington, *Conflict and Community in Corinth. A Socio-Rhetorical Commentary on 1 and 2 Corinthians* (Grand Rapids: Eerdmans, 1995) 370; Thrall, *2 Corinthians*, 1:236; Harris, *2 Corinthians*, 271.

183) Cf. D. F. Wells, *God the Evangelist* (Grand Rapids: Eerdmans / Exeter: Paternoster, 1987) 3-4; Kaiser, "Jer.31:31-34," 114; Dumbrell, "Newness," 65; Hafemann, *Letter/Spirit Contrast*, 172-73; Longenecker, "Different Answers," 112; J. D. Harvey, *Anointed with the Spirit and Power* (Phillipsburg: P & R, 2008) 35-36; Rosner, *Law*, 182-183. 바울은 구약에서 성령이 임재했다고 추정한다(고전10:3-4; 갈4:29; 롬7:14).

그 자체로는 율법을 성취할 수 있는 능력을 갖추지 못하나, 성령께서 남은 자들에게 그것을 지킬 수 있는 능력을 준다.[184] 새 시대에는 모든 민족 가운데 많은 사람들이 하나님과 새로운 언약관계에 들어가며 율법을 성취한다.[185]

게다가, 옛 언약은 새 언약으로 더불어 잠재적으로 회복되는데, 새 언약이 옛 언약을 성취하며 완전하게 하기 때문이다.[186] 자신을 새 언약의 일꾼이라고 말할 때(고후3:6a), 바울은 새 언약이 옛 언약과 무관하지 않다고 생각한다.[187] 물론, 옛 언약과 새 언약이 내용면에서 분명 연속성이 있으나, 새 언약은 그것이 수행되는 범위에 있어서 옛 언약보다 더 넓으며 그것이 실행되는 방식에 있어서 더 융통성이 있다: 말하자면, 새 언약은 성령이 이방인 가운데 효과적으로 일할 수 있도록 기회를 제공한다. 하지만 3:6에서 바울이 옛 언약과 새 언약 사이에 날카로운 대조를 하는 것으로 보이지는 않는다.[188]

(4) "율법조문으로 하지 아니하고 오직 영으로 함이니"라는 어구에서 나올 수 있는 질문은 이것이 무엇을 수식하는가이다. 그것이 "새 언약"을 수식하는가? 아니면 "일꾼"을 수식하는가? 다수의 학자들은 "문장의 어순이 이 어구가 καινῆς διαθήκης에 부착되어 있다고 제시하기" 때문에 전자의 견

184) Cf. Kaiser, "Jer.31:31-34," 114; Dumbrell, "Newness," 67.

185) Cf. Dunn, *Theology*, 148-149.

186) Cf. Kaiser, "Jer.31:31-34," 111-112; Lane, "Covenant," 8; Wright, *Climax*, 146, 154-156; Campbell, *Paul's Gospel in Context*, 70-73; Dunn, "Covenant Theology," 304; T. R. Blanton, "Paul's Covenantal Theology in 2 Corinthians 2:14-7:4" in *Paul and Judaism*. eds. R. Bieringer and D. Pollefeyt (London NY: T. & T. Clark International, 2012) 61-71 (특별히 65).

187) Cf. Wright, *Climax*, 182; Dumbrell, "Newness," 82; Dunn, "Covenant Theology," 294f, 297-304; idem, *Theology*, 148-149; Stegman, *2 Corinthians*, 79.

188) Cf. Schnabel, *Law and Wisdom*, 282; Dunn, "Covenant Theology," 294-301.

189) Thrall, *2 Corinthians*, 1:234. 또한, Fee, *Presence*, 304-305; C. K. Stockhausen, *Moses' Veil and the Glory of the New Covenant* (Roma: Editrice Pontificio Instituto Biblico, 1989) 34, 62; Harris, *2 Corinthians*, 271-272; Meyer, *End*, 76-77, 82.

해를 취한다.[189] 그들은 성령이 오직 새 언약과만 관련된다고 가정하여, "율법조문"을 단순히 율법 혹은 성문법으로 간주한다.[190] 이런 경우, 신자가 인생행로를 걸어갈 때 성령이 저들을 인도하기 때문에, 새 언약에 율법이 있을 필요가 없다.[191] 더구나, 율법 자체가 문제시되는 것은, 따르는 자들에게 그것을 준수할 능력을 주지 않기 때문이다;[192] 설상가상으로, 율법준수에 실패할 경우 율법은 그들에게 사형을 언도한다.

그러나, 이 어구는 "일군"을 수식하고 있다고 보는 편이 바울의 의도에 더 가깝다.[193] 왜냐하면 그것이 바울 자신의 사역을 계속 논의하기 때문이다 (참고. 2:15-16; 3:3). 3:6a에서 바울은 근본적으로 자신의 사역이 성령의 중재로 말미암아 성취된다는 것을 보여준다; 율법조문이 아닌 성령으로 말미암는 사역자로서, 자신의 사역은 율법에 매어 달리지 않고 성령의 능력에 의존한다.[194]

지적한 대로, "율법조문"(γράμμα)은 율법 혹은 성문법으로 종종 간주되어 왔다. 쓰랄(M. E. Thrall)은 "다음 구절에서 바울은 율법의 오용이 아닌 처음 율법이 수여될 때를 언급하기 때문에, 율법 자체가 ἐν γράμμασιν에 새겨진 γράμμα"라고 주장한다.[195] 결과는 율법이 새 언약 아래에서 더 이상 유효하지 않다는 것이다.[196] 그러나 3:6에서 γράμμα는 단순히 율법을 나타

---

190) Thrall, *2 Corinthians*, 1:235; Witherington, *Conflict*, 379; Harris, *2 Corinthians*, 272-273; Meyer, *End*, 80.

191) Cf. Westerholm, "Letter and Spirit," 241-246; Fee, *Presence*, 305-306; Bertone, *Law*, 144-147, 152-155.

192) Cf. Witherington, *Conflict*, 370.

193) Cf. Hays, *Echoes*, 130; Kruse, *2 Corinthians*, 92; Witherington, *Conflict*, 379; Das, *Paul*, 82, 196; Sampley, *2 Corinthians*, 65.

194) Cf. Hafemann, *Letter/Spirit Contrast*, 157.

195) Thrall, *2 Corinthians*, 1:235.

196) Cf. Westerholm, "Letter and Spirit," 241-246; Witherington, *Conflict*, 370; R. C. Gleason, "Contrasts in 2 Corinthians 3:1-11," *Bibliotheca Sacra* 154 (1997) 76-77; S. Grindheim, "The Law Kills but the Gospel Gives Life: The Letter-Spirit Dualism in 2 Corinthians 3:5-18," *Journal for the Study of the New Testament* 84 (2001) 108ff.

내지 않는다.[197] 바울이 의미하는 γράμμα는 제한된 의미에서의 율법, 즉, 성령이 역사하지 않을 때의 율법을 나타낸다.[198] 성령이 역사하지 않는 한, 율법의 수여자는 **죄**의 지배 아래 쉽게 놓여져[199] 율법을 오해한 나머지 그것에 맹목적으로 매달린다.[200] 사람들이 사탄 아래 있을 때, 스스로 율법을 지킨다고 생각하지만, 율법에 순종하지 않고 계속해서 그것을 어긴다(참고. 고후4:4).

고린도후서 3장을 쓸 무렵, 바울은 대적자들과 논쟁 상황에 있었으며, 그런 와중에 그는 대적자들의 사역을 공박했다. 머피 오코너와 다른 이들이 올바르게 지적하듯이, 대적자들의 사역은 율법조문으로 말미암은 것이다.[201] 그렇다면 바울은 왜 자신의 정당함과 자신의 사역의 적법성을 옛 언약과 새 언약을 논의함으로 입증하고자 하는가? 비록 사역과 언약은 개념적으로 동일하지 않지만, 모세의 사역과 자신의 사역은 옛 언약 및 새 언약과 각각 관련이 있다.

3:1-6에서 바울은 새 언약의 사역자로서 대적자들에 대항하여 모세의 사역을 손상하지 않는 한도에서[202] 자신의 사역과 모세의 사역을 비교하는 가운데[203] 자신의 유능함을 입증하려고 한다. 이 시점에서, 바울은 어느정도

---

197) 프로벤스(Provence)는 "γράμμα가 구약 율법과 동일한 것으로 간주해서는 안된다"고 말한다("Sufficient," 65).

198) Cf. Hafemann, *Letter/Spirit Contrast*, 159ff, 167; Sampley, *2 Corinthians*, 66; Fee, *Presence*, 305-306; Das, *Paul*, 81.

199) Cf. Uddin, "Unbelief," 274ff; Garrett, "God of this World," 101-109; Sampley, *2 Corinthians*, 66.

200) Cf. Provence, "Sufficient," 62-68; Kertelge, "Letter and Spirit," 123.

201) Murphy-O'Connor, "Beyond the Letter," 116-117; Gaston, *Torah*, 156; Kertelge, "Letter and Spirit," 122-123.

202) 샘플리는 "사역이든 율법이든, 비록 사람들이 그것에서 부정적인 결과를 얻을지는 몰라도, 그 자체는 좋은 것으로 말할 수 있다"고 말한다(Sampley, *2 Corinthians*, 67).

203) Cf. Gleason, "2 Cor.3:1-11," 75-79; Grindheim, "Letter-Spirit Dualism," 101ff, 106; P. B. Duff, "Transformed 'from Glory to Glory' : Paul's Appeal to the Experience of His Readers in 2 Corinthians 3:18," *Journal of Biblical Literature* 127 (2008) 766.

자신의 사역과 모세의 사역을 대조한다.[204] 하지만 그러한 대조는 절대적이 아니라 상대적이다. 슈나벨은 말하기를, "모세와 바울의 대조는 '영광 없음' 과 '영광'의 대조나, 심지어 두 '영광들'이 가진 기능의 대조가 아니라, 더 큰 영광과 적은 영광의 대조이다."[205] 바울이 이 두 사역을 대조하는 진정한 이 유는, 대적자들이 모세의 사역이 좀 더 영광스런 시대를 준비한다는 사실을 보지 못하기 때문이다.[206] 챔블린(K. Chamblin)은 "모세에 충실한 것은 주 님께 돌아가는 것(고후3:16)"이라고[207] 지적한다. 따라서 율법을 오해함으 로 그것에 매달리는 율법조문의 사역자들의 주장을 반박하기 위해, 바울은 옛 언약 및 새 언약을 통하여 자신의 사역과 모세의 사역을 비교한다.[208]

(5) 자신의 사역이 율법조문이 아닌 성령으로 말미암는다고 진술한 후, 바울 은 그 이유를 제공한다: "율법조문은 죽이는 것이요 영은 살리는 것 임이니 라"(3:6b). "율법조문은 죽이는 것이요"란 구절은 율법 자체가 죽인다기 보다 사탄이 죽인다고 봐야 한다. 왜냐하면 율법 뒤에 숨어 있는 사탄의 의도가 인 류를 파괴하는 것이기 때문이다(고후4:4 참고. 살후2:3-10; 엡6:12; 요8:44; 10:10).[209] 그린드하임(S. Grindheim)은 "죽음의 사자는 불신자의 눈을 멀

---

204) Cf. Lane, "Covenant," 16; Dunn, "Covenant Theology," 296; Kruse, *Romans*, 297.

205) Schnabel, *Law and Wisdom*, 282. 또한, Duff, "Transformed 'from Glory to Glory,'" 772f; W. S. Campbell, "Covenantal Theology and Participation in Christ: Pauline Perspect- ives on Transformation" in *Paul and Judaism*. eds. R. Bieringer and D. Pollefeyt (London: NY: T. & T. Clark International, 2012) 43.

206) Cf. K. Chamblin, "The Law of Moses and the Law of Christ" in *Continuity and Discontinuity: Perspectives on the Relationship between the Old and New Testaments*. ed. J. S. Feinberg (Wheaton: Crossway Books, 1988) 187; Dunn, "Covenant Theology," 298.

207) Chamblin, "Law," 187.

208) Cf. Murphy-O'Connor, "Beyond the Letter," 116-117; Gaston, *Torah*, 156f; Provence, "Sufficient," 65-76; Gleason, "2 Cor.3:1-11," 70.

209) Cf. Garrett, "God of this World," 102ff; de Boer, *Death*, 66; Caird, *NT Theology*, 107-109; Schnelle, *Human Condition*, 61; Sampley, *2 Corinthians*, 66; Strecker, *Theology*, 132.

게 만든 이 시대의 신(고후4:4)"이라고 올바르게 이야기한다.[210] 구체적으로, 사탄은 신자로 하여금 율법을 오해하고 결국 그것을 왜곡함으로, 저들로 죄책감을 느끼며 죽은 사람처럼 살게 만든다.[211] 사탄은 율법을 부당하게 이용하여, 그것을 단지 "율법조문"으로 만들어 인류를 파괴시킨다. 율법을 오용한 이스라엘은 자신들이 율법에 매달리는 한 하나님을 기쁘시게 한다고 생각했으나, 오히려 율법은 이스라엘에게 죽음을 가져왔다. 이것은 이스라엘로 율법에 불순종하게 만들기 위해 사탄이 사용한 하나의 기법이었다. 이같이 사탄의 술책에 말려든 자들은 (영적) 죽음에 처할 위험에 놓여 있었다.

"영은 살리는 것임이니라"고 말할 때, 바울은 하나님의 능력으로 임재하시는 성령을 통하여 새 언약 백성이 성화의 삶을 살 거라는 생각을 염두에 둔다. 성령의 인도함을 받을 때, 그들은 하나님과 새로운 관계를 가질 뿐 아니라(들어옴) 또한 그 관계를 유지한다(머뭄).[212] 3:6에서 바울은 특별히 후자에 초점을 맞춘다: 성령의 인도함 아래 새 언약 백성은 정죄함 없이 살아 가며,[213] 율법의 의로운 요구를 이룬다(참고. 롬8:4); 궁극적으로, 그들은 하나님의 뜻을 올바로 분별하는 가운데 이방인들의 빛이 된다.[214]

5. 앞서 진술한 주장에서, 우리는 율법조문/영의 대조에 특별한 주의를 기울이는 가운데 로마서 2:25-29와 고린도후서 3:1-6을 살펴보았다. 이 두 본문을 조사한 결과들을 근거로 하여, 우리는

---

210) Grindheim, "The Letter-Spirit Dualism," 107.

211) 샘플리는 말하기를, "생명에 이르게 할 바로 그 계명이, 죄가 그것을 효과적으로 장악함으로, 죽음으로 끝나는 처지가 된다"(Samley, *2 Corinthians*, 68).

212) 해리스(Harris)는 성령이 삶의 모든 부분, 즉, 중생, 성화의 삶, 그리고 부활에 관여한다고 주장한다(*2 Corinthians*, 274).

213) Cf. Hughes, *2 Corinthians*, 102.

214) Cf. Dumbrell, *Covenant and Creation*, 192-194. cf. 출19:5-6; 사42:6; Wis.18:4; 1 En.105:1; Josephus, *Ag.Ap.*2.293; 롬2:19-20; 12:1-2.

로마서 7:6의 "율법조문"(γράμμα)에 대하여 몇 가지 결론을 내릴 수 있다.

기본적으로, 로마서 7:5의 γράμμα는 율법 자체를 나타내지 않는다. 오히려 그것은 성령의 능력 없이 **죄**의 영향력 아래 있는 율법을 지칭한다.[215] 또한 γράμμα는 **죄**의 통치아래 있는 인간들이 오해한 율법을 의미한다. 모세가 십계명을 받기 위해 시내산에 올라갔을 때 이스라엘이 불순종한 이유는, 성령이 충분히 역사하지 않았기 때문이다; 결과적으로, 저들은 우상을 섬겼다(출32:4 8-9).[216] 이스라엘이 육신을 좇아 육신의 일을 생각했을 때, 계명들은 "율법조문"이 되었다. 하지만 율법을 받은 자들에게 성령이 역사한다면, 저들이 비록 모세 언약 아래 있다손 치더라도 율법은 제대로 작용할 수 있다.

모세 언약 자체가 무능해서 폐지된다는 주장은 사실이 아니다. 모세 언약과 언약의 조건(모세의 율법) 자체는 문제시 되지 않는다. 오히려 문제는 율법을 지키지 못한 이스라엘의 무능력과 인간의 육신에서 역사하는 **죄**의 지배에 있다. 이스라엘이 우상을 섬기며 사탄 아래에서 살았을 때, 저들 가운데 율법에 대한 올바른 이해는 거의 없었으며, 결과적으로, 율법을 준수하지 않았다. 이것이 이스라엘의 곤경이며, 이런 이유로 그리스도께서 오셨다. 그가 오셔서 사탄의 지배에서 이스라엘과 온 인류를 자유케 하심으로, 저들은 율법을 성취하는 가운데 성화의 삶을 살 수 있게 되었다. 그리스도께서 오셨을 때, 모세 언약은 폐지된 것이 아니라 새 언약 안에서 갱신되었으며 신약 하나님의 백성들에 의해 성취되었다.

로마서 7:6은 성화의 삶이 오직 성령의 역사로 말미암아 성취된다는 것을

---

215) Cf. Achtemeier, *Romans*, 117; Snodgrass, "Sphere," 162-163; Sloan, "Law," 46ff, 55ff; Burton, *Romans 7:1-6*, 87; Bayes, *Weakness*, 118-119.

216) 특별히 출애굽기 32:8-9에서, 우리는 이스라엘이 사탄의 유혹에 빠진 것을 본다(cf. Uddin, "Unbelief," 275; Garrett, "God of this World," 115; Longman, *God is a Warrior*, 101-102).

보여준다; 혹자는 성령의 능력주심을 통해 율법을 그리스도와 지속적인 관계를 위한 수단으로 받아들일 때, 율법은 도움이 될 수 있다. 악트마이어는 말하기를, "죄의 세력이 깨어질 때, 율법은 하나님께 봉사할 수 있으며 사람들에게 하나님과 동료인간을 위하여 행동할 올바른 길을 가리킬 수 있다."217) 이것이 로마서 7:1-6에서 바울이 전하고자 하는 핵심 메시지이며, 그는 이것을 로마서 8:1-17에서 더욱 발전시킨다. "율법조문"은 혹자가 성령의 도움 없이 율법에 접근할 경우 율법에 해당한다. 이런 상황에서, 그(녀)는 **죄**의 부추김으로 율법에 완고하게 매달린다. 로마의 독자들(특히, 예전에 하나님 경외자들)이 율법과의 관계를 과도하게 주장할 때, 이것은 사탄이 저들의 삶에 적극적으로 개입하고 있다는 사실을 증명한다. 성령을 의지하지 않고 정욕에 따라 율법을 준수하려고 시도할 때, 사탄은 로마의 그리스도인 공동체 안에서 분쟁을 일으킬 기회를 포착한다.

로마 교회에서 믿음이 약한 자들(즉, 예전에 하나님 경외자들)은 율법문제로 믿음이 강한 자들과 문제를 일으킨다. 그들은 율법을 통하여 우월감과 민족중심주의에 얽매여 있었으며, 결국 믿음이 강한 자들을 차별화하게 된다.218) 이런 상황이 지속된다면, 저들은 사망을 위한 열매를 맺을 것이다. 교회 공동체 안에서 내분이 일어날 때, 문제의 근본원인은 공간적 이원론의 견지에서 **죄**(사탄)로 이해되지만, 문제 자체는 윤리적 이원론의 모습, 즉, 자랑이나 유대인-이방인 관계의 양상을 띤다.219) 따라서, 바울은 독자에게 **죄**와의 영적 전쟁에 나서라고 권면한다. 그들이 영적 전쟁에서 승리할 때, 하나님과의 관계는 강화될 것이며, 다른 사람들과의 평화는 증진될 것이다. 이런 일이 일어날 때, 분쟁은 마침내 종식될 것이다.

바울은 율법이 "율법조문"이 되지 않도록 조심하라고 신자들에게 당부하는데, 그렇지 않으면 율법은 저들의 성화의 삶에 걸림돌이 될 것이기 때문이

---

217) Achtemeier, *Romans*, 117.
218) 위의 pp.108-111를 보라.
219) 위의 pp.111-113를 보라.

다. 어떤 이들은 율법이 "율법조문"(즉, 성문법)의 한계를 극복하지 못한다는 이유로 또는 인류가 그것을 올바로 성취할 능력이 부족하다는 이유로 율법을 평가절하한다. 그러나 율법은 여전히 하나님의 거룩하고, 의로우며, 선한 뜻을 드러내며(롬7:12), 혹자가 성령의 인도를 받을 경우 그것을 다시 맡을 수 있다. 사실, 이스라엘이 율법을 "율법조문"이 되도록 허용하듯이, 신자가 성령의 인도함 없이 율법에 접근할 가능성은 언제나 상존한다. 하지만 그들이 성령의 새로운 것으로 그리스도와의 관계를 돈독히 한다면, 율법의 참된 의도를 준수할 수 있다. 바울이 믿기는 이것이 로마에 있는 자신의 독자가 배워야 할 교훈이다.[220]

---

220) Cf. Burchard, "Römer 7:2-3," 456; Carter, *Sin*, 202.

결 론

1. 로마서 7:1-6, 결혼예, 그리고 율법의 기능

로마서 7:1-6은 율법에 관하여 바울이 가장 부정적으로 진술한 내용이다. 어떤 학자들은 본문에서 바울이 신자가 율법에 대하여 죽고 벗어났다는 것을 보여주기 위해 결혼예를 사용한다고 결론 내린다. 다른 이들은 신자가 율법에서 해방되어 그리스도와 새로운 관계를 가지거나, 율법과 상관없이 새로운 윤리적 가능성이 생긴다는 것을 주장하기 위해 바울이 율법을 언급하고 있다고 주장한다.

우리의 결론은, 비록 바울이 로마서 7:1-6에서 율법을 부정적으로 묘사하고 있긴 하지만, 율법에서 완전한 자유를 주장하는 것은 아니라는 것이다. 율법에 관한 부정적 묘사는 5:20에서 율법이 죄를 더한다는 명제를 설명해야 하기 때문인 것으로 보인다. 하지만 7:1-6에서 바울은, 적어도 암시적으로, 율법을 옹호한다: 즉, 그는 명제에서 율법의 긍정적인 측면을 비로소 주목하기 시작한다. 7:1-6에서 바울은 6장을 마무리 짓는 동시에, 율법의 변호와 그것의 긍정적인 평가(7:7-13; 8:1-8)를 위한 도입부 역할을 하도록 한다.

제1부에서 우리는 로마서 7:1-6의 연구사를 살펴보았다. 본문의 이전 해석들에서 얻은 주요 해석학적 경향에 대한 이해를 바탕으로, 우리는 7:1-6

을 해석하고자 했으며, 그 결과, 어떤 내용이 제3부에서 우리의 논의에 가장 적절한 지를 정할 수 있었다. 우리는 7:1-6에서 학자들과 주석가들이 세 가지에 주목한다는 사실을 알았다: 결혼예(2-3절), 그 적용/결론(4절), 그리고 추가 설명(5-6절).

첫째, 바울이 2-3절에서 결혼예에 관하여 이야기할 때, 학자들은 이 결혼예가 알레고리인지, 유비인지, 혹은 모범을 말하는지 의견의 일치를 보지 못한다. 결혼예가 작용하는 방식과는 별도로, 바울이 결혼예를 사용하는 목적에 대해서도 의견이 분분하다. 결혼예를 알레고리로 이해하는 학자들은 바울이 세 가지의 목적을 가지고 있다고 주장한다: 1절의 원칙을 설명하기 위해, 신자가 **죄**에 대하여 죽었다는 사실을 납득시키기 위해, 또는 독자들로 하여금 율법에서 자유하다고 믿게 하기 위해. 다른 한편, 결혼예를 유비나 모범으로 이해하는 학자들은 그것이 단지 하나의 목적을 가진다고 주장한다: 비록 결혼예에서 남편이 죽지만 4절에서 아내 역할을 하는 신자가 죽는 불일치가 있으나, 결혼예는 죽음이 율법과의 관계를 단절하거나 그 관계에서 해방시킨다는 한가지를 보여준다.

둘째, 4절은 결혼예의 적용/결론에 해당한다: 그리스도의 부활로 그와 연합하여 하나님을 위해 열매를 맺기 위하여, 신자는 그리스도의 몸(죽음)을 통해 율법에 대하여 죽었다. 많은 학자들은 신자가 율법에 대하여 죽었기 때문에 4절은 궁극적으로 율법에서 완전한 자유를 이야기한다고 주장한다. 하지만 만약 율법에 대한 죽음이 그리스도의 죽음을 통해 그와 연합하는 결과를 낳는다면, 그들이 그리스도의 부활로 그와 연합할 때 율법이 재등장한다는 가능성을 배제할 수 없다.

셋째, 4절을 좀 더 상세히 설명하기 위해, 바울은 5절에서 옛 시대의 삶의 정황 및 개인의 회심이전과, 그리고 6절에서 새 시대의 삶의 정황 및 그리스도와 연합 이후의 개인적 상태를 소개한다. 우선 로마서 7:5는 율법이 **죄**의 정욕을 불러 일으키던 인류의 구원받지 못한 상태를 설명한다. 우리가 제기한 질문은 "율법으로 말미암는"이란 어구를 어떻게 해석하느냐였다. 영어번역(가령, NASB, NKJV, NIV, NRSV, ESV)은 이 어구를 이해하기 쉽도록 동사 "불러 일으키다"를 헬라어 διὰ τοῦ νόμου에 추가한다. 이런 연고로 많은 학자들은 율법의 기능을 원인적으로 본다(즉, 율법 자체가 정욕을 불러 일으킴); 게다가, 원인적 기능은 율법에 내재해 있기에, 율법은 새 시대에서 폐지되어야 한다고 본다. 그러나 만약 διὰ τοῦ νόμου의 용법이 수단적이라면, 율법의 기능은 인식적/정죄적이거나(즉, 죄가 무엇인지 인지시키며, 결국 심판하고 정죄함), 변형적(즉, 정욕을 죄악된 행동으로 바꾸게 함), 혹은 촉매 역할(즉, 사람들로 죄짓게 하는 촉매로 사용됨)을 할 수 있다. 그리고 인류가 육신에 있을 때, 율법은 그런 기능들을 갖는다. 이에 반해, 인류가 그리스도와의 연합을 통해 그의 통치 아래 있을 때, 생명에 이르게 하는 율법의 기능은 그리스도인의 삶에서 회복될 공산이 크다.[1]

　로마서 7:6은 얽매였던 것에 대하여 죽은 자들이 율법에서 벗어나 영의 새로운 것으로 섬기며, 율법조문의 묵은 것으로 하지 않는다고 진술한다. 이 구절에서 바울은 우리에게 세 가지를 이야기 한다: 첫째, 신자는 율법에서 벗어났다고 한다. 쟁점이 된 것은, 이 표현으로 바울이 율법에서 완전한 자유를 말하고자 했는지 아니면 단지 부분적인 자유를 나타내고자 했을지였다. 둘째, 신자는 얽매였던 것에 대하여 죽었다고 하는데, 이전에 누가(혹은 무엇이) 저들을 얽어 맸는가에 관하여 의견이 갈린다. 어떤 학자들은 압제자를 율법으로 보는 한편, 다른 이들은 그것을 **죄**, 육신, 혹은 율법 아래 있는 인류의 죄악된 상태 등으로 본다. 셋째, 바울은 율법조문과 영을 대조함으로 6절을 결론짓는다: 신자는 영의 새로운 것으로 (하나님을) 섬기지 율법조문의 묵은 것으로 하지 아니한다. 만약 율법조문(γράμμα)이 단지 성문법을 나타낸다면, 새 시대에서 율법의 타당성은 크게 제한받을 것이다. 왜냐하면 율법은 옛 시대에 속하여 영과 직접적으로 대조된다고 보기 때문이다. 하지만 율법조문이 인류가 육신에 있을 때 노예같이 따르던 율법, 말하자면, 성령의

---

1) Cf. Blanton, "Paul's Covenantal Theology in 2 Cor. 2:14-7:4," 65; Brawley, "Promise and Law in Galatians," 106.

도움 없이 **죄**에게 이용당하는 율법을 나타낸다면, 새 시대가 동튼 이후 신자가 **죄**의 지배에서 벗어나 성령으로 살아갈 때, 율법은 신자의 성화의 삶을 위하여 잠재적 가이드로 사용될 수 있다.

(1) 로마서 6장, 유대 묵시적 이원론, 그리고 죄의 개념

7:1-6에 관하여 위에서 언급한 문제들을 해결하기 위해, 무엇보다 문맥을 고려하는 것이 중요했다. 로마서 7:1-6의 근접문맥은 로마서 6장인데, 거기서 **죄**와 은혜가 인류를 통치하는 두 지배자로 등장한다. 특별히 14-15절에서, 바울은 로마 신자들이 "법 아래 있지 아니하고 은혜 아래 있다"고 외치면서, "우리가 법 아래 있지 아니하고 은혜 아래 있으니 죄를 지으리요?"라고 반문한다.

자신의 이런 질문에 대하여, 바울은 6:16-23과 7:1-6에서 두 차례 답한다: 우선, 그는 독자에게 **죄**와의 전쟁을 통해 지체를 의의 종으로 드림으로 성화하라고 권고하는데(6:19, 22), 저들이 이제 은혜 아래 있기 때문이다; 둘째, 어떤 의미에서 그들은 율법 아래 있지 않기에 하나님을 위하여 열매를 맺으라고 권면하는데(7:4), 저들이 영의 새로운 것으로 이제 섬기며 율법조문의 묵은 것으로 아니하기 때문이다(7:6). 하지만 바울은 성화의 삶은 **죄**와의 계속되는 싸움이며, 혹자가 경험해야 할 중요한 과정으로 이해한다. 로마서 6장은 마치 율법이 그리스도인의 삶에서 차지할 위치가 전혀 없는 것처럼 부정적으로 묘사한다. 그러나 7:5-6에서 우리는 바울이 (적어도 암시적으로) 율법을 변호하기 시작한다는 사실을 크게 두 가지로 지적했다. 첫째, 인류가 **죄**의 지배 아래 있을 때 **죄**가 저들을 정죄하기 위해 율법을 이용했기 때문에 (5절), 저들이 사형선고를 받았을 때 율법 자체는 결백했다. 둘째, 신자가 영의 새로운 것으로 섬길 때, 율법조문이 아닌 은혜의 수단으로서 율법의 관장을 받는다(6절). 그리고 바울은 5절과 6절을 7:7-25과 8:1-17에서 각각 추가 설명한다.

로마서 7:1-6의 내용을 올바로 이해하기 위하여 우리는 **죄**와 율법 사이의 복잡한 관계를 조사해야 했는데, 그 이유는 인류가 한때 율법을 이용하여 저들을 미혹하고 죽인 **죄**(참고. 7:11)의 종이었기 때문이다(6:17). 특별히 6:11-12에서, 바울은 **죄**에 대하여 죽은 자로 간주하며, 죽을 몸에 **죄**가 왕노릇하지 못하게 하라고 독자에게 강력히 권고한다. **죄**에 관한 이런 설명은 유대 묵시사상을 통하여 더 잘 이해될 수 있다.

우리는 유대 묵시문학에서 사탄이 아담적 인류를 통치했다는 사실을 알아냈다: 하늘에서 하나님과 사탄이 서로 대적하며, 땅에서 하나님의 종들과 사탄의 수하들이 서로 충돌한다(1 En.9:3; 10:4; 86:1-6; *Jub*.4:15; 2 Bar.56-12-15); 하늘에서 일어나는 일은 땅에 영향을 미치며(1 En.83:99), 땅에서 일어나는 일은 하늘에서 다루어진다(1 En.9:3); 하나님은 종종 사탄의 추종자들을 직접 다루기도 하시며, 사탄도 인류를 직접적으로 유혹하기도 한다(단10:13-21).

구체적으로, (a) 하나님과 사탄 간의 전쟁은 이스라엘 역사에서 계속되며, 궁극적으로 사탄의 패배로 끝날 것이다; (b) 주적인 사탄은 막후에서 권력을 행사하는데, 율법을 이용해서 저들로 위선자가 되게 하며(ApMos. 15-30; 1QS 3:22-23), 율법에 매달리게 한다(*Jub*.50:5; CD 4:12-19); (c) 이스라엘의 목표는 사탄과 그의 추종자에 대하여 승리하는 것이지만, 역사는 저들의 이런 노력에도 불구하고 실패했다는 것을 보여준다. 묵시주의자들은 비록 하나님은 통치하시나, 이 시대는 악할 수 밖에 없으며 아무도 악의 권세에서 이 시대를 구할 수 없는 것이 하나님이 당분간 이 시대를 사탄에게 내어 주었기 때문이라고 믿는다(1 En.10:8; 1:4; 16:1).

마찬가지로, 바울은 이 시대가 마귀적 세력이 지배하고 있기에 악하며(갈 1:4; 고후4:4), 아담적 인류의 곤경은 사탄의 통치에서 나온 결과로 이해한다(고전15:24; 고후4:4; 롬16:20).[2] 그는 다음과 같이 지적한다: (a) 비록 사탄과 그의 추종자가 패배했으나, 새 시대에서 여전히 활동하고 있으며(롬

---

[2] 앞에서 지적한 대로, 바울은 사탄을 **죄**와 동일시 한다(*supra*, pp.130-137).

6:12-14; 16:20; 고전5:5; 고후2:6-8; 4:4; 갈4:3, 8-9; 살전2:12), (b) 성적 부도덕(고전5:1-5; 7:1-5), 율법주의적 이슈와 민족적 이슈(롬9-11; 14:1-15:13; 갈3:1-4:7, 8-11), 그리고 우월감으로 인한 불화 등은 사탄이 여전히 활동한다는 것을 보여주며, (c) 그러나 그리스도의 죽음과 부활은 이런 문제들을 풀어주는 묵시적 사건이다. 그래서 바울은 로마의 독자에게 악의 세력에 대항하여 끊임없이 영적 전쟁에 나서라고 권면한다(롬8:37; 12:2 참고. 갈5:2-12; 고전5:5-8; 고후11:1ff).

유대 묵시적 이원론을 바탕으로, 우리는 바울이 **죄**를 어떻게 이해했는지 살펴볼 수 있었다. 그는 로마서 6:12에서 **죄**를 아담적 인류를 통치하는 지배자로 묘사하는데, 유대 묵시문학에서 인류의 적은 사탄이기 때문에 우리는 바울이 **죄**를 언급할 때 이것을 염두에 둔다고 믿는다.

바울은 통상 **죄**를 단수형태로 언급할 때 하나의 세력으로 사용하며(롬3:9; 5:12, 21; 6:6, 12, 17, 20; 갈3:22 등), 복수형태로 사용할 때 죄악된 행위로 간주한다(롬4:7; 11:27; 살전2:16; 갈1:4; 고전15:3, 17). 로마서 6장에서 그는 **죄**를 하나의 세력으로 소개하는데, **죄**의 본질에 대해서는 명확하게 규정하지 않는다. 던과 다른 이들에 따르면, 바울은 **죄**의 본질이나 기원에 관하여 특별한 관심을 기울이지 않는다고 한다.[3] 하지만 바울이 그리스도의 죽음과 부활을 강조할 때, **죄**가 자신의 복음에 필수적인 요소라는 사실을 부인하지 않는다. 왜냐하면 그리스도의 죽음과 부활이 **죄**의 세력을 방지하려는 목적이 있기 때문이다(롬6:10). 바울의 복음은 **죄**의 세력에서 해방이라는 아이디어에 초점을 모은다(롬1:16; 갈1:4).[4]

우리의 관심은 **죄**를 하나의 세력으로 이해하는데 있었다. 우리는 **죄**가 악한 영적 존재와 밀접하게 연관되어 있으며, 사탄 그리고/혹은 그의 추종자를 가리키는 환유 혹은 약칭이라는 사실을 알았다. **죄**는 사탄과 동일시되지는

---

3) Dunn, *Theology*, 113, 183; Caird, *NT Theology*, 111.
4) Cf. Käsemann, *Romans*, 22; Schnelle, *Theology*, 282; 홍인규, 『바울신학 사색』, 176; Holland, *Romans*, 183.

않으나, 확실히 서로 밀접한 관계가 있다. 이럴 경우, **죄**는 의인화된 세력을 나타낸다고 볼 수도 있지만, 단지 의인화된 하나님의 적대세력이 아니라 분명한 인격적 존재, 즉, 사탄 그리고/혹은 그의 추종자를 나타낸다.[5]

(2) 로마서 7:1

우리는 로마서 7:1-6을 전체적으로 더 잘 이해하기 위하여 로마서 7:1을 이해할 필요가 있었는데, 그것은 1절이 로마서 6장이 말한 바를 마무리 짓는 동시에 이어서 나오는 결혼예(2-3절), 그 적용/결론(4절) 및 추가 설명(5-6절)을 소개하기 때문이다. 케제만은 7:1-6이 이전 문맥과 직접적으로 연관되지 않기 때문에 "새롭게 시작"한다고 믿는다. 우리는 케제만에 동의하지는 않지만, "너희는 알지 못하느냐"와 "법 아는 자들" 같은 표현에서 지적된 바와 같이, 바울은 7:1-6에서 특정한 독자에게 말하고 있다고 생각한다:[6] 6:16-23에서 그는 믿음이 강한 자들에게 은혜 아래 있을지라도 죄를 짓지 말라고 호소하는 한편, 7:1-6에서 법 아는 자들, 즉, 믿음이 약한 자들에게, 비록 저들이 **죄**에게 조종당하는 법 아래 있지는 않지만, 죄짓는 일을 피하라고 권면한다.

7:1에서 바울은 다음의 원칙을 앞서 내놓는다: 사람을 법에서 자유케 하는 죽음 이외에 법은 언제나 주관한다. 이것에 근거하여, 바울은 7:2-6에서 율법의 긍정적인 측면을 암시적으로 내비치며, 로마의 독자들이 율법과 새롭게 관련지으며 그것에 새로이 접근하게 할 요량으로 균형 잡힌 율법관을 소개한다.

(3) 율법은 부부관계를 유지한다 (롬7:2-3)

우리는 로마서 6장, 유대 묵시적 이원론, **죄**, 그리고 로마서 7:1을 살피고

---

5) 본서에서 죄가 단수일 경우는 굵은 글자체로 표기했는데, 그 이유는 죄가 사탄을 나타내기 때문이다(O'Brien, "Principalities," 137; Caird, *NT Theology*, 110-111; Uddin, "Unbelief," 375; Boyd, *Problem of Evil*, 33; Holland, *Romans*, 216).
6) Cf. Donaldson, *Paul*, 85.

나서야 마침내 7:2-6에서 제기된 이슈들을 올바로 다룰 수 있었다. 우리는 먼저 7:2-3에서 바울이 소통하고자 하는 바를 이해하고자 노력했다. 2-3절에서 바울은 결혼을 예로 드는데, 우리는 이 예가 aba¹b¹의 구조를 가진다는 사실을 알았다. 말하자면, 언어적으로나 주제로 볼 때 2a절(=a)과 2b절(=b)에 이어 3a절(=a¹)과 3b절(=b¹)이 나오는데, 이럴 경우, 2-3절에서 그의 주장은 다음과 같다: 남편 생전에 아내는 법으로 그에게 매인바 되며(a), 남편이 생존해 있는 동안 다른 남자에게 가면 음부라 불려질 것이다(a¹); 하지만 남편이 죽으면, 그녀는 남편의 법에서 벗어나(b) 다른 남자와 결혼해도 음부가 되지 않는다(b¹).

결혼예의 요점은 a/a¹에서 찾을 수 있는데, 거기서 부부관계가 중요하며 그것은 법으로 유지된다고 한다. 오직 (남편의) 죽음이 부부관계를 끝내는 경우가 되며, 이때 아내는 남편의 법에서 벗어날 뿐 아니라(b) 다른 남자에게 자유롭게 갈 수 있다(b¹). 동시에 결혼예가 시사하는 바는, 남편의 사망으로 그녀가 일시적으로 법에서 벗어나지만, 다른 사람과 재혼할 경우 다시 결혼법의 관장을 받을 것이다.

(4) 유비관계와 결혼예의 기능

논의한 바와 같이, 초대교회서부터 중세, 그리고 근대에 이르기까지 결혼예(2-3절)에 관하여 (a) 아내를 영혼으로 그리고 남편을 율법의 문자로 간주하여, 신자가 율법의 문자적인 해석에서 자유하거나(오리겐), (b) 아내를 그리스도인으로 그리고 남편을 율법으로 생각하여, 신자가 율법에서 자유하거나(칼빈), 또는 (c) 아내를 영혼으로 그리고 남편을 죄 그리고/또는 정욕으로 간주하여, 신자가 죄에 대하여 죽는다는 식으로 우화적으로 해석되었다.

20세기에 들어와서, 결혼예를 유비로 이해하고자 하는 시도가 있었는데, 이런 이해는 7:2-3과 7:4 사이에 존재하는 불일치, 즉, 남편이 죽을 때 아내가 법에서 벗어나는데 반해(2-3절) (아내를 상징하는) 신자가 죽을 때 신자 자신이 율법에서 벗어난다는(4절) 문제 때문에 결혼예는 하나의 요점을 끌어낸다는 데에 기인한다. 그래서 학자들은 바울이 결혼예에서 오직 하나의 요점을 제시한다고 결론 내린다: 가령, "율법에서 자유는 죽음으로 획득된다"던가[7] "죽음은 율법과의 관계를 단절시킨다"는[8] 등. 결혼예를 이해하는 또 하나의 방법은 바울이 7:2-3의 결혼법을 하나의 모범으로 사용하여, "죽음의 발생은 율법과의 관계에 결정적인 변화를 가져온다"던가[9] "신자가 (모세의) 율법에 대하여 가지는 어떠한 의무도 그리스도와 함께 죽을 때 모두 취소된다"고[10] 주장한다는 것이다.

우리가 조사한 바에 따르면, 결혼예(2-3절)와 그 적용/결론(4절) 사이에는 A가 B에 대해 갖는 관계(2-3절)는 C가 D에 갖는 관계(4절)와 같다는 유비적인 대응관계가 존재한다.[11] 다시 말해서, 1절의 원칙을 예증하는 2-3절은 원본이며, 적용/결론인 4절은 대상이 된다. 이럴 경우, 7:2-4는 다음과 같이 해석된다: 남편 생전에 아내는 법으로 그에게 매였으나(A), 그가 사망할 경우 남편과 결혼법에서 벗어나 다른 사람과 재혼하듯이(B), 아담적 인류는 한때 **죄**에게 매였으나(C) 그리스도의 죽음을 통하여 율법에 대하여 죽고 하나님을 위해 열매를 맺기 위해 부활하신 그리스도와 연합한다(D). 그런데 아내의 초혼(A)은 7:4에서 그것과 상응하는 C가 없는 반면, 아내의 재혼(B)만이 7:4에서 그리스도인의 부활하신 그리스도와의 차후 연합(D)과 상응한다. 다시 말해서, 원본(2-3절)과 대상(4절)이 서로 유비관계에 있다고 할 때, C와 D를 가져야 할 4절은 D만 있으며 있어야 할 C는 생략되었다.[12] 왜냐하면

---

07) Witherington, *Romans*, 176.

08) Moo, *Romans*, 413.

09) Cranfield, *Romans*, 1:335.

10) Ziesler, *Romans*, 174.

11) 앞에서 지적한 대로, 유비는 "물건들이나 상황들 사이의 연장된 혹은 정교한 비교를 사용하는 비유적 표현"으로 정의한다(*Webster's Dictionary*, 77). 그것은 "익숙한 개념에서 연결이 만들어지기 전에는 명확하지 않은 덜 익숙한 개념으로 연결"을 시도한다(Thimmes, "Rom.7:1-4," 197).

12) 바울이 C 요소를 생략한 이유는, 로마 신자에게 새로운 권위를 소개하기 위해서이다: 즉, 첫 남편이 사라짐에 따라, 대상은 신자의 위치가 그리스도의 권위 아래에 있는 자라는 사실을 넌지시 알린다(Spitaler, "Reasoning," 740).

아내가 법에서 자유한 사실이 7:4에서 그리스도의 죽음을 통해 그리스도인이 율법에 대하여 죽었다는 것과 상응할 때, 남편 생전에 그녀가 남편에게 매여 있었다는 것(A)에 상응하는 인류가 죄 아래 있었다는 사실(C)이 전제되기 때문이다. 사실 바울은 C의 요소에 해당하는 내용을 7:5에서 보여주는데,[13] 그렇게 함으로 7:5과 7:6 두 구절로 이어 나오는 7:7-25과 8:1-17의 내용에 대한 서문 역할을 각각 하게 한다.

이런 유비적 대응관계를 통하여, 우리는 바울이 다음과 같은 주장을 했다는 사실을 알아냈다: 그는 (a) 부부관계의 중요성을 강조했는데, 아내가 남편에게 매여 있었으나 다른 남자에게 가는 것 같이, 신자도 전에 **죄** 아래에 있었으나 이제 그리스도와 연합한다고 하며, (b) 죽음의 중요성을 강조했는데, (남편의) 죽음이 법과의 관계를 단절하며 새로운 관계의 전제조건이 되듯이, 신자가 율법에서 벗어나 그리스도와 연합하기 위하여 **죄**의 패배가 요구된다고 하며, (c) 아내의 주권이동을 강조했는데, 남편의 사망 후 그녀가 다른 남자에게 가는 것처럼, 신자는 전에 **죄**에 매였으나 그리스도의 죽음을 통해 이제 은혜 아래에서 산다고 하며, (d) 재혼한 후, 법이 아내의 부부관계를 주관하기 위해 재등장하듯이, 신자가 그리스도와의 관계를 유지하고 하나님을 위하여 열매를 맺는데 율법이 필요하다고 제시했다.

(5) 율법에 대한 그리스도인의 죽음과 그리스도와 이중적 연합 (롬7:4)

제3부 10장에서 논의한 것처럼, 결혼예에서 전남편에서 다른 남자에게 주권이동은 아담 안에 있던 로마 그리스도인이 그리스도와 연합한 상태로 이동하는 것과 부합한다. 로마서 7:4을 읽어 내려갈 때, 우리는 그리스도인이 그리스도와 두 단계에 걸쳐 연합한다는 사실을 알아냈다: 즉, 그리스도의 죽음으로 그들이 율법에 대하여 죽었을 때, 그와 초기에 연합하는 한편, 그들

---

13) C 요소는 아래와 같이 설명될 수 있다: 인류는 **죄**(사탄)의 지배 아래 있었으며, 저들이 율법의 정죄 아래 있었기 때문에 **죄**에서 자유할 수 없었다(Wright, *Romans*, 530, 559; Gaventa, "Sin," 234-235).

이 부활하신 그리스도와 차후에 연합하면서 하나님을 위하여 열매를 맺는다. 비록 그리스도와 초기 연합에 상응하는 부분을 결혼예에서 찾을 순 없지만, 그럼에도 불구하고 그것은 4절에서 부활하신 그리스도와 연합하기 위한 사전조건이 되고 있다. 바울에게 있어, 이런 이중적 연합은 두 가지 이유에서 중요하다. 첫째, **죄**와 율법에서 자유함으로(4a절) 그리스도와 초기 연합한 것은 칭의에 이르는 관문이 된다. 하지만 일단 의롭게 되면, 부활하신 그리스도와 차후 연합하여 성화의 삶을 위해 그리스도와의 관계를 지속적으로 구축한다(4b절). 둘째, 이중적 연합은 그리스도인의 삶에서 율법을 원상태로 회복시킨다: 아담적 인류는 그리스도와의 초기 연합에서 **죄**에 대하여 죽고 율법에서 자유하지만, 그와의 차후 연합에서 그들은 율법의 안내를 받는다.

(6) 인류의 곤경과 율법의 촉매 역할 (롬7:5)

우리가 7:5-6에 관하여 첫 번째로 배운 것은, 바울이 여전히 결혼예에 관하여 이야기하고 있다는 것이다. 혹자는 로마서 7:2-6에서 교차대구법을 생각해 볼 수 있다(A[=vv.2-3] B[=v.4] A¹[vv.5-6]): 즉, 5-6절의 내용은 "유비(2-3절)와 (주제로나 어휘적으로) 불가분의 관계에 있기 때문에,"[14] 우리는 바울이 5-6절에서 결혼예를 참고한다는 사실을 알 수 있다; 그리고 7:4은 결혼예(2-3절)를 결론지을 뿐 아니라, 또한 7:5-6에서 추가 설명된다.[15] 이럴 경우, 우리는 "육신에"(7:5)란 표현은 결혼예의 초혼(7:2a, 3a)으로 그리고 7:6은 재혼(7:3b)으로 이해할 수 있다.[16]

둘째, 우리는 구속역사와 개인역사 차원에서 7:5와 7:6이 서로 대조(ὅτε… νυνὶ δέ)를 이룬다는 사실을 알았다. (a) 먼저 구속역사의 면에서, 그리스도의 도래 이전(ὅτε) 인류는 아담 안에 있었으며, 사탄의 지배 아래에서

---

14) Spitaler, "Reasoning," 744.
15) Schreiner, *Romans*, 349.
16) Cf. Smolarz, *Divine Marriage*, 212.

육신 가운데 살고 있었다. 그러나 그리스도의 도래와 함께, 그와 연합한 자들은 이제(νυνὶ δέ) 성령의 능력으로 성공적으로 살게 된다. (b) "전에는 그러나 이제" (ὅτε··· νυνὶ δέ)라는 구조는 개인역사와도 관계가 있다: 말하자면, 로마 그리스도인들은 예전에 사탄의 세력 아래 있었으나(ὅτε), 저들을 얽매던 것에 대하여 죽음으로 율법에서 벗어나(νυνὶ δέ) 이제 영의 새로운 것으로 (하나님을) 섬기며 율법조문의 묵은 것으로 아니한다.

로마서 7:5에서 로마 그리스도인이 육신에 있었을 때, 율법으로 말미암는 **죄**의 정욕이 저들의 지체가운데 역사하여 저들로 사망을 위하여 열매를 맺게 했다고 한다. "육신"이라는 용어는, 그것의 중립적인 의미와는 달리, 부정적인 의미를 담고 있는데, 하나님과 분리된 상태 및 인간의 타락한 본성을 나타낸다. 쥬윗이 주장하듯이, "정욕"은 로마 독자의 (성적인 욕망이 아닌) 종교적인 열정을 나타낸다.[17] 하지만 "정욕"의 근본적인 원인이 무엇인가라는 질문은 여전히 남아 있었다: 비록 "불러 일으키다"는 동사가 정욕을 자극하는 핵심 요인으로 율법을 지목하는 듯 보이지만, 우리는 근원의 소유격으로 사용된 "**죄**의"라는 어구에서 정욕의 직접적인 원인을 찾아야 된다고 배웠다.[18] 즉, **죄**가 정욕의 근본 원인이었던 것이다. 비록 ἁμαρτία가 7:5에서 복수로 사용되고 있긴 하지만, 단수로 사용될 경우의 의미, 즉, 사탄 및 그의 활동으로 봐도 크게 상관이 없다. 따라서 우리는 타락한 본성을 통해 정욕을 조종하는 것이 바로 **죄**라고 자신있게 말할 수 있다.

διὰ가 지적하듯이, διὰ τοῦ νόμου에서 율법은 정욕을 불러 일으키는 수단으로 사용된다. 하지만 정욕을 불러 일으키기 위해 뒤에 숨어서 율법을 이용하는 것은 **죄**다. 그렇다면 율법은 단지 촉매 역할을 한다고 볼 수 있다: 즉, 율법 자체는 인류로 죄짓도록 만드는 근본 원인이 아니다; 그것은 **죄**가 정욕을 자극하기 위하여 사용하는 촉매다. 이 촉매 역할은 아담과 이스라엘 모두에서 찾을 수 있다: 아담은 하나님의 명령으로 그를 타락시키고자 하는 뱀의

---

17) Cf. Jewett, *Romans*, 436.
18) Cf. Schlatter, *Romans*, 155.

유혹을 받았다(창3:1-6); 이스라엘은 하나님에게 십계명을 받는 순간부터 우상을 섬기게 되었다(출32:16). 우리는 7:5을 해석하는 동안 위의 두 사례를 떠올리게 되었는데, 그들이 결혼예와 병행하기 때문이다: 즉, 결혼예의 초혼은 아담과 이스라엘의 상태와 부합한다.

(7) 그리스도인의 자유와 율법조문/영의 대립 (롬7:6)

6a절에서 자신을 포함한 로마 그리스도인이 율법에서 벗어났다고 바울이 선언할 때, 우리의 목표는 다음의 질문에 대답하는 것이었다: 율법에서 자유를 이야기할 때, 바울은 율법에서 완전히 벗어난다고 말하고 있는가? 7:5에서 우리는 **죄**가 어떻게 인류를 율법으로 유혹해서 아담적 인류에게 사형선고를 내렸는지 살펴보았다. 그것을 염두에 둔다면, 7:6의 νόμος는 단순히 율법을 가리키는 것이 아니라 **죄**에 의해 이용당한 율법을 나타낸다. 그렇다면 "율법에서 벗어났다"는 표현은 **죄**에게 이용당한 율법에서 벗어났다는 것을 가리킨다.

이어서 바울은 독자가 자신들을 얽매는 것에 대하여 죽었다고 말한다. 학자들은 다음과 같은 이유를 들어 로마 그리스도인을 얽매던 존재는 율법이라고 종종 주장한다: (a) 이미 4절에서 로마 그리스도인은 율법에 대하여 죽었다고 말한다; (b) 여기서 바울은 율법이 거듭 언급되는 것을 피하기 위해 축약된 표현을 사용한다; (c) ἐν ᾧ에서 관계 대명사 ᾧ는 남성이다(참고. νόμος가 남성); (d) 율법의 "예속시키는" 기능은 갈라디아서 3:23-25에서 율법이 초등교사로 소개되는 것과 잘 맞아 떨어진다.[19]

그러나, 구원받지 못한 인류의 해방은 율법에서 벗어나기 전에 발생한다. 다시 말해서, 율법에서 자유를 얻기 전에 혹자는 자신을 얽매던 것에 대하여 죽어야만 한다. 이것은 얽매는 존재가 누구 혹은 무엇인가라는 질문을 야기시킨다. 로마서 6:1-14과 7:4-6에서 바울은 **죄**가 자신의 활동을 용이하게

---

19) 갈라디아서 3:23-25은 율법을 초등교사로 보고, 율법에서 자유함을 소개한다(cf. Schlier, *Römerbrief*, 218-219; Ziesler, *Romans*, 177).

하기 위해 율법을 이용하여 인류에게 지배권을 행사한다고 믿는다. 샌더스가 주장하듯이, "우리가 얽매였던 것에 대하여 죽었으므로"(ἀποθανόντες ἐν ᾧ κατειχόμεθα)라는 표현이 갈라디아서 3:23-25의 초등교사가 아니라, 오히려 갈라디아서 4:3, 9의 이 세상 초등학문(στοιχεῖα) 아래에서 종노릇 하는 것과 흡사하다. 그렇다면 전에 로마 그리스도인을 얽매던 존재는 στοιχεῖον을 나타낸다. 갈라디아서 4:3, 9에서 στοιχεῖα는 악한 영적 세력과 관련된다.[20]

바울은 그리스도인이 **죄**에 대하여 죽음으로 율법에서 벗어나려는 목적이 율법조문이 아닌 영의 새로운 것으로 (하나님을) 섬기는데 있다고 말하는 것으로 6절을 결론짓는다. 학자들은 종종 율법조문/영의 대립이 율법과 성령 사이의 대조를 말하는 것으로 주장하는데, πνεῦμα는 성령을 나타내며 γράμμα는 하나의 세력으로 작용하는 성문법을 나타낸다고 보기 때문이다. 그러나 그리스도가 자신의 죽음을 통해 패배시킨 주범은 **죄**이기 때문에, 우리는 율법이 (악한) 세력으로 이해되어서는 안된다고 주장한다. 단, 율법 자체가 아담적 인류를 지배하기 위해 **죄**가 이용할 수 있는 하나의 중립적인 세력으로 이해될 수는 있다고 본다.[21] 그렇다면 율법조문/영의 대립은 **죄** 아래 살고 있는 인류가 사용하는 율법과 성령 사이의 대조라고 말하는 것이 좀 더 정확할 것이다. 아담적 인류가 **죄**의 압제 아래 있을 때, 사탄의 방해로 인해(참고. 고후4:4) 성문법에 나타난 하나님의 의도를 제대로 파악하지 못한다; 그 결과, 그들은 율법을 오해하며 율법의 의도대로 살지 않는다. 이런 경우, 율법은 율법조문, 즉, 성령이 부재한 율법이 된다(참고. 롬2:28; 고후 3:6).[22]

율법조문/영의 대립은 가끔 모세 언약과 새 언약의 대조로 불린다. 많은 학자들은 γράμμα(율법조문)를 모세 언약을 구성하는 성문법으로 보아 그것

---

20) Sanders, *Law*, 73.
21) 김도현, 『로마서』, 268-269.
22) Cf. Jewett, *Romans*, 439; Matera, *Romans*, 172.

이 새 언약에서 더 이상 설 자리가 없다고 결론 내린다. 하지만 율법은 개념
상 하나님과 그의 백성 사이의 유대관계를 나타내는 언약이 아니다.[23] 율법
은 모세 언약의 조건일 뿐이며, 언약과 동일시되지 않는다. 모든 성경적 언
약은 하나님의 주권으로 시작된 "관계"로 특징지어진다. 율법은 이스라엘이
하나님과 언약적인 관계를 유지하는 수단으로 제시된다. 이스라엘이 율법을
어겨 언약을 갱신해야 됐을 때, 그것은 언약이나 율법에 어떤 결격사유가 있
어서가 아니라 율법준수의 실패에서 드러난 이스라엘의 나약함 때문이었다.
바울에게 있어, 모세 언약은 완전히 깨진 것이 아니라 새 언약으로 성취된
다.[24] 7:6에서 바울은 언약이나 율법을 경시할 의도가 없다. 오히려 그의 관
심사는 신자가 성령의 능력으로 율법의 진정한 의도를 지키는 것이 가능하
다는 것을 암묵적으로 제시하는 데 있다.

(8) 결혼예, 유대 묵시주의, 그리고 성화의 삶

결혼예는 그것이 신자에게 적용되기에 충분치 않으며, 로마서 7:1-6을 이
해하지 못하도록 방해한다는 주장이 종종 제기되어 왔다: 가령, 결혼예에서
남편이 죽을 때 아내가 법에서 자유하지만(2-3절), 적용/결론(4절)에서 율
법에 대하여 죽고 자유한 것은 아내로 상징되는 신자이다(4절). 그러나 나이
그렌이 동의하듯이, 결혼예는 "이례적으로 훌륭한 예"이며,[25] 다음과 같은
이유들로 7:1-6 전체를 이해하는데 우리에게 중요한 실마리를 제공한다.
(a) 이 예는 1절의 원칙을 충실히 반영한다: 법이 사람이 살아있는 동안 관장
하듯이, 결혼법은 배우자 중 한편이 사망할 때까지 부부관계를 관장한다.
(b) 유비관계는 법의 재등장을 효과적으로 보여준다: 아내가 남편 사후에 법
에서 자유하여 다른 남자에게 가듯이, 신자는 그리스도의 죽음으로 그와 연
합할 때 율법에 대하여 죽으며, 그리스도의 부활로 그와 연합할 때 하나님을

---

23) Cf. Weinfeld, "ברית," 255.
24) Cf. Dunn, "Covenant Theology," 304-305; idem, "Paul's Gospel," 388.
25) Nygren, *Romans*, 271.

위하여 열매를 맺는다. 여기에서 암시하는 바는, 아내의 재혼 시 그녀의 삶을 주관하기 위해 결혼법이 다시 등장하며, 마찬가지로 그리스도와 신자의 관계를 주관하기 위해 율법이 재등장한다는 것이다. (c) 로마서 7:1-6에 나타난 교차대구적 배열, 즉, A(2-3절) B(4절) A¹(5-6절)로 인해, 결혼예는 우리로 5-6절을 올바로 이해할 수 있도록 도와준다:²⁶⁾ 말하자면, 아내가 남편 사후 남편과 결혼법에서 벗어나 다른 사람에게 가듯이, 신자는 그리스도께서 정욕을 불러 일으키던 **죄**에 대하여 승리함으로 **죄**가 이용하던 율법에서 자유한다.

유대 묵시주의는 우리가 본문을 이해하는데 결정적인 기여를 했다. 특별히 묵시적 이원론의 관점에서, 우리는 7:1-6에 관해 다음과 같은 소견을 밝혔다. (a) **죄**는 로마서 6장에서 인류의 지배자로 등장하며, 그것은 다름아닌 사탄을 지칭한다. (b) 6장에서 등장한 **죄**는 결혼예에서 아내를 압제하는 폭군남편으로 밝혀진다. (c) 신자는 율법에 대하여 죽었다고 말함으로(7:4a), 바울은 아담적 인류가 저들을 대신해 죽은 그리스도와의 연합을 통해 율법을 이용한 **죄**의 요구에 대하여 죽었다는 아이디어를 전달한다. (d) 바울은 우리에게 율법은 사탄이 구원받지 못한 인류의 정욕을 불러 일으키는 촉매로 사용할 뿐이라고 가르친다(7:5). (e) 7:6에서 인류를 얽매는 존재는 율법이 아니라 **죄**를 나타낸다; 신자가 영의 새로운 것으로 (하나님을) 섬기지 율법조문의 묵은 것으로 아니한다고 말할 때, "율법조문"은 단순한 성문법이 아닌 성령과 동떨어진 율법을 나타낸다.

로마서 6-8장은 성화의 삶의 복잡한 내용들을 반영한다. 로마서 6장에서 성화의 삶을 설명할 때, 바울은 율법을 부정적으로 묘사한다; 그러나 그는 7:7에서 태도를 바꾸어 율법의 결백을 주장하기 시작하는데(7:7-13), 8:1-8에서 그리스도인의 삶에서 율법이 차지하는 역할을 긍정적으로 언급한다. 우리가 한 연구를 바탕으로, 7:1-6은 로마서 6장을 마무리 짓는 동시에 본문

---

26) 위의 p.250 n.6을 보라.

에 이어서 나오는 7:7-8:17의 내용을 미리 암시하는 경첩역할을 한다고 믿는다. 그렇다면 바울이 율법의 결백을 입증하며(7:7-13) 그리스도인의 삶에서 그것의 긍정적인 역할을 제시한다고 할 때(81-8), 그는 7:1-6을 전환점으로, 거기서 이미 율법의 긍정적인 면을 암묵적으로 제시하고 있는 것이 분명하다.

2. 신학과 삶을 위한 함의

어떻게 율법이 신자의 삶에서 다시 맡겨질 수 있는가라는 질문은 집중적인 연구를 위한 풍부한 자료와 더불어 또 다른 연구주제를 열어준다.[27] 로마서 8:4와 13:8-10에서 바울은 율법의 가장 긍정적인 측면을 제공한다. 어떤 이들은 심지어 이 구절들도 신자가 율법에 순종한다는 주장을 뒷받침하지 않는다고 한다: 가령, 이웃을 사랑한다면, 그것으로 율법의 의로운 요구를 모두 이룬다고 한다. 하지만 이 두 본문은 우리에게 율법의 영속성을 보여주며, 율법을 준수함으로 성화의 삶을 살라고 독자에게 용기를 북돋아 준다.[28]

그리스도인은 어떤 방식으로 율법을 사용할 수 있는가라는 질문에 대하여, 우리는 "원리화"란 아이디어로 답하고자 한다: 즉, 율법에서 특정한 원리를 찾아내어 그것을 자신에게 적용할 수 있다.[29] 이러한 접근방법은, 필요할 경우, 신자가 율법을 딱딱하게 혹은 완고하게 준수할 필요는 없다는 사실을 이해하는데 도움을 준다. 이런 통찰과 더불어, 우리는 사랑이 율법의 모든 현재적 가치 — 성경에 율법의 영원성이 나와 있듯이(참고. 시19:7; 111:7-8;

---

27) 로스너의 저서(특히, Rosner, "Law," 135-206)는 모세의 율법을 어떻게 다시 맡는가를 보여주는 좋은 예이다.
28) Cf. Raabe, "Law," 180-181.
29) 위의 p.249 n.117을 보라.

119:151-152) — 를 상쇄한다는 순진한 견해를 극복할 수 있다. 율법이 어떤 식으로 신자에게 계속 유용할 수 있는지는 또 다른 논문을 기다려야겠지만, 우리는 본서를 결론 짓는 차원에서 짧게나마 이 질문에 답해 보고자 한다.

어떤 이유에서 인지 학자들은 율법의 목적을 두 가지로 나눈다: 계시적인 목적과 규제를 위한 목적. 스트릭랜드(W. A. Strickland)에 의하면, 전자는 인간의 죄성을 입증하기 위해(롬3:20; 7:7) 거룩하고 의로우며 선한 하나님의 성품(롬7:12)을 드러내는 목적에 관한 것이라면, 후자는 이스라엘과 하나님 사이의 관계를 주관하고 저들의 삶과 행위를 규제하기 위해 특별히 저들에게 주어졌다는 사실과 관련이 있다.[30) 오늘날 학자들의 보편적인 견해는 율법의 계시적인 목적은 신자와 직접적으로 연관될 수 있는 반면, 규제를 위한 목적은 그렇지 않다는 것이다. 예를 들어, 스트릭랜드는 율법의 계시적인 목적은 결코 변함이 없으며 새 시대에도 유효하나, 규제를 위한 목적은 그것이 오직 이스라엘에게 주어졌기 때문에 새 시대에는 더 이상 관련이 없다고 주장한다.[31)

그러나, 계시적인 목적은 율법의 인지적이며(롬3:20; 7:7) 변형적인(롬 4:15; 5:13; 7:5b) 기능에서 찾을 수 있으며, 규제를 위한 목적은 율법의 긍정적이며(8:4) 부정적인(5:20; 7:5a, 8-11) 촉매 역할에서 찾을 수 있다. 특별히 율법의 긍정적인 규제목적은 다음과 같은 진술에서 찾을 수 있다: 십계명(윤리법)은 이루어질 수 있다(롬13:9-10);[32) 신명기 25:4(시민법)를 바탕으로, 하나님의 말씀을 전하는 자는 물질적인 지원을 받을 수 있다(고전9:9-10); 바울은 자신의 주장에 대한 지지를 얻기 위해 결혼법(민5:11-31; 신 24:1-4 — 의식법)을 사용한다(롬7:2-3); 로마의 그리스도인이 음식법과 절기 문제로 서로 대립하고 있을 때(롬14:1-15:13), 그는 문자적인 준수에 관

---

30) W. G. Strickland, "The Inauguration of the Law of Christ with the Gospel of Christ: A Dispensational View" in *The Law, the Gospel, and the Modern Christians. Five Views.* ed. W. Strickland (Grand Rapids: Zondervan, 1993) 278.

31) Ibid.

32) Cf. P. von der Osten-Sacken, *Die Heiligkeit der Tora* (Münich: Kaiser, 1989) 45.

한 한 그렇게 할 수도 있고 그렇지 않을 수도 있다고 말함으로 해결책을 제공한다.[33)

(1) 어떤 학자들은 계시적이든 아니면 규제적이든 율법의 목적에 상관없이 율법은 새 시대에 더 이상 유효하지 않다고 주장한다. 그들은 이웃을 사랑하는 것이 온 율법을 성취하는 것과 다를 바가 없다고 믿어, 바울이 율법 준수하는 일을 옹호하지 않는다고 주장한다. 예를 들어, 율법의 의로운 요구(롬8:4)는 육신을 좇지 않고 그 영을 좇아 행하는 자에게 이루어진다고 한다. 무와 다른 이들은 그리스도께서 완전한 순종으로 율법의 요구를 충족시켰으며 하나님은 그 결과를 신자에게 이전했기 때문에, 신자는 직접적으로 율법을 따르지 않는다고 주장한다;[34) 수동태 동사 πληρωθῇ가 보여주듯이, 신자는 직접 율법을 성취하지 않으며, 단지 성령을 좇아 행할 때 율법의 요구가 이루어진다고 한다. 웨스터홈과 다른 이들에 따르면, 율법과 관련해서 바울이 성화의 삶을 논의할 때(롬8:4; 13:8, 10; 갈5:14), 유대인의 경우에서처럼 "하다"(ποιέω)는 동사 대신(갈3:10, 12; 5:3; 롬10:5) 언제나 "성취하다"(πληρόω)는 동사를 사용한다고 한다.[35) 그렇다면 바울이 로마서 8:4에서 전달하려고 하는 것은 신자가 성령의 능력을 통해 이웃을 사랑함으로 율법을 성취하는 것이지 그것을 다시 맡는 것은 아니라고 한다.[36)

그러나, 그리스도의 완전한 순종으로 신자는 율법에 순종할 필요가 없다는 생각은 결코 확실하지 않다. 왜냐하면 율법의 성취는 저들이 율법에 순종할 때 완전해지기 때문이다.[37) 위에서 소개했듯이, 신자는 율법에 관계없이

---

33) 위의 p.275 n.92를 보라.

34) Moo, *Romans*, 516; Hooker, *Adam*, 42-55.

35) Westerholm, *Israel's Law*, 202-204; H. Betz, *Galatians. A Commentary on Paul's Letter to the Churches in Galatia* (Philadelphia: Fortress, 1979) 275; J. M. G. Barclay, *Obeying the Truth. Paul's Ethics in Galatians* (Edinburgh: T. & T. Clark, 1988) 247; Longenecker, *Galatians*, 242-243.

36) Westerholm, *Israel's Law*, 204; Barclay, *Obeying*, 131-142.

37) Cf. Cranfield, *Romans*, 1:384; Raabe, "Law," 179-180.

율법을 성취한다는 주장이 종종 제기되고 있으나, 로마서 2:26-27에서 무할 례자(즉, 이방인 신자)가 율법의 제도를 지킨다고 말하고 있기 때문에 저들은 여전히 율법을 행하는 자로 불리어진다.[38] 로마서 8:7에서 육신의 생각은 하나님의 법에 굴복하지 않는다고 말할 때, 그것이 내포하는 것은 영의 생각은 하나님의 법에 순종한다는 것이다.[39] 요컨대, 율법은 여전히 신자들에게 그것에 순종하라는 요구를 한다; 그들은 율법에 따라서 성령의 내주함으로 성화의 길을 갈 때, 종국에 율법의 의로운 요구를 이룰 것이다.[40] 로마서 8:4 에서 수동태 동사 $\pi\lambda\eta\rho\omega\theta\hat{\eta}$는 율법의 성취가 전적으로 성령의 능력에 의존한다는 것을 보여준다.[41] 베이즈(J. F. Bayes)는 "성령을 통해, 율법은 신자의 성화를 향한 새로운 힘을 기른다"고 말한다.[42]

바울이 십계명의 두 번째 부분과 다른 계명들이 이웃을 사랑하라는 한 말씀에 다 들어 있다고 말할 때, 그는 십계명의 타당성을 입증한다(갈5:14; 롬 13:8-10).[43] 그러나 십계명과 다른 법들이 서로 긴밀하게 연관되어 있기 때문에, 온 율법이 유효하다는 가능성을 고려해야 한다. 구체적으로, 처음 네 계명은 의식법으로 확장되었으며, 나중 여섯 계명은 시민법으로 보완되었다.[44] 카이저는 말하기를, "십계명은 언약의 법규(출20:22-23:33), 성결법 (레18-20), 그리고 신명기 5-25장에 나타난 다양한 판례법으로 설명된다."[45]

---

38) *Supra*, p.309.
39) Cf. Bayes, *Weakness*, 102-103.
40) Cf. Ridderbos, *Paul*, 282-283; Cranfield, *Romans*, 1:383; Morris, *Romans*, 304; Thielman, *Plight*, 82; idem, *Law*, 211.
41) Cf. Morris, *Romans*, 304; Ziesler, *Romans*, 208; Fitzmyer, *Romans*, 487; Bayes, *Weakness*, 102.
42) Bayes, *Weakness*, 102.
43) Cf. Rosner, *Law*, 163. 스미즈(L. Smedes)는 은혜로 구원받은 자들에게 십계명을 적용시 킨다(*Mere Morality*, passim. cf. G. Wenham, "Law and Legal System in the Old Testament" in *Law, Morality, and the Bible*. eds. B. Kaye and G. Wenham [Downers Grove: InterVarsity, 1978] 27-38).
44) VanGemeren, "Law," 53.
45) Kaiser, "Principles," 198.

벵겔만(W. A. VanGemeren)은 율법은 오직 유대인에게 주어진 것으로, 의식법과 시민법에 있는 판례법은 이방교회에서 폐지된다고 주장한다.[46] 의식법과 시민법은 이스라엘의 상황에 맞게 기록되었으며, 저들에게 주어진 것이 사실이다. 그래서 우리는 신자가 이런 율법을 문자적으로 준수해야 된다고 믿지 않는다(참고. 롬14:1-15:13). 그럼에도 불구하고, 바울은 신자가 의식법과 시민법의 원리를 준수하는 일은 정당하다고 여긴다.

율법은 하나님의 성품을 반영하기 때문에,[47] 의식법과 시민법을 포함한 온 율법은 여전히 신약 하나님의 백성과 관련이 있다.[48] 우리는 십계명 만큼은 문자적으로 준수할 수 있다고 보는데, 그 이유는 그것이 모든 율법의 주요 원리이기 때문이다. 카이져는 "십계명이 구약의 판례법에 대한 것은 오늘날 법적 절차가 법정 변호사와 판사에 대한 것과 같다"고 진술한다.[49] 다른 법들에 관하여는, 그것을 문자적으로 준수할 필요는 없으며, 다만 그것으로부터 원리를 찾아내어 우리의 상황에 적용하면 된다.[50] 예를 들어, 어떤 이는 의식법에서 구체적인 원리를 찾아내어 하나님을 사랑하는 차원에서 그것을 자신의 상황에 적용할 수 있으며, 다른 이는 시민법에서 구체적인 원리를 찾아내어 이웃을 사랑하는 차원에서 그것을 자신의 상황에 적용할 수 있다.

소에게 망을 씌우는 것에 관하여 언급하는 고린도전서 9:9-11을 살펴보

---

46) VanGemeren, "Law," 53.
47) Cf. Strickland, "Law of Christ," 278; Hays, "OT Law," 34.
48) 도르시(D. A. Dorsey)는 말하기를, "계시적이며 교육적인 차원에서, 613개의 율법 모두 그 리스도인을 완전히 관장한다는 강한 증거가 동일하게 신약에 있다"("The Law of Moses and the Christian: A Compromise," *Journal of the Evangelical Theological Society* 34 [1991] 331). cf. C. Stettler, "Paul, the Law and Judgment by Works," *Evangelical Quarterly* 76 (2004) 207ff.
49) Kaiser, "Principles," 198.
50) Ibid. 엘리스(E. Earle Ellis)는 말하기를, "문자적으로 준수하지 않을 때라도, (율법의 준수) 가 상징하는 바는 계속되며, 새로운 단조(new key)로 바뀌진다"(*The Old Testament in Early Christianity* [Grand Rapids: Baker, 1991] 109. cf. Scroggs, "Epistemological Existence," 132-133).

자. 거기서 바울은 시민법인 신명기 25:4을 사용하는데, 자신과 동료 사역자에게 적용하면서 다음과 같이 말한다: "우리가 너희에게 신령한 것을 뿌렸은즉 너희 육적인 것을 거두기로 과하다 하겠느냐?"(고전9:11).[51] 우리가 보기에, 신명기 25:4는 십계명 가운데 아홉 번째 계명(출20:16)을 이스라엘의 상황에 적용한다: "네 이웃에 대하여 거짓 증거하지 말라."[52] 비록 신명기 25:4는 소를 인도적으로 다루는 것에 대하여 이야기하지만,[53] 배려와 공정함으로 서로를 대할 것을 이스라엘 백성에게 가르친다.[54] 동일하게 바울의 경우에도 신명기 25:4의 원리는 "좀 더 관대하고 공정한 것"과 관련되며, 그것을 자신과 바나바에게 적용하여 말씀의 사역자는 복음전하는 일에 물질적으로 대우를 받아야 한다고 주장한다(참고. 딤전5:18; 딤후2:4-5).[55] 우리는 이 원리를 우리의 교회에 적용할 수 있으며, 그렇게 할 때 말씀의 사역자는 수고한 것에 대하여 제대로 대우 받을 수 있다.

(2) 그리스도인은 주어진 상황에서 어떻게 율법을 다시 말을 수 있는가?

---

51) 로스너는 바울이 신명기 25:4을 "교회에 직접 말해진 하나님의 말씀"으로 인용하고 있다고 주장한다(Rosner, *Law*, 163).

52) Cf. Kaiser, "Principles," 199.

53) Cf. Craigie, *Deuteronomy*, 313; P. D. Miller, *Deuteronomy: Interpretation* (Louisville: John Knox, 1990) 171.

54) Calvin, *1 Corinthians*, 187-188; S. R. Driver, *A Critical Commentary on Deuteronomy* (Edinburgh: T. & T. Clark, 1895) 280; Kalland, *Deuteronomy*, 149; McConville, *Deuteronomy*, 368-369.

55) Cf. S. L. Johnson, *The Old Testament in the New* (Grand Rapids: Zondervan, 1980) 39-61; W. C. Kaiser, *Toward Rediscovering the Old Testament* (Grand Rapids: Zondervan, 1987) 164-166; G. Fee, *The First Epistle to the Corinthians* (Grand Rapids: Eerdmans, 1987) 408; Garland, *1 Corinthians*, 410-411; Udo Schnelle, *Paul, His Life and Theology* (Grand Rapids: Baker, 2003) 110; Hays, "OT Law," 33; J. M. Sprinkle, *Biblical Law and Its Relevance* (Lanham Boulder New York Toronto Oxford: University Press of America, 2006) 23; J. L. Verbruggen, "Of Muzzles and Oxen: Deuteronomy 25:4 and 1 Corinthians 9:9," *Journal of the Evangelical Theological Society* 49 (2006) 706; G. K. Beale, *Handbook of Old Testament Use of the New Testament* (Grand Rapids: Baker Academic, 2012) 120-123.

율법은 중립적이며 양면성을 가지고 있기 때문에, 누가 그것을 사용하느냐에 따라 그 기능이 달라진다. 만약 **죄**가 율법을 사용한다면 악의 도구가 되지만, 그것이 성령에 의해 사용된다면 의의 도구가 된다.[56] 로마서 7:5은 **죄**가 율법을 사용했을 때, 인간의 정욕을 불러 일으키는 촉매가 된다고 말한다.[57] 마찬가지로, 성령이 신자의 마음 속에서 역사할 때, 율법은 저들의 마음을 자극하는 촉매가 되어 하나님을 위하여 열매를 맺도록 한다(7:6b).[58]

(a) 그리스도인이 **죄**의 술책에 넘어갈 경우, **죄**는 율법을 이용하여 그것의 참된 의도를 오해하고 왜곡시킨다.[59] 이것은 로마서 7:5, 8, 11에 나타나 있으며, 불신자뿐 아니라 신자의 죄악된 욕심을 자극하는 촉매로 율법이 묘사된다. 특별히 신자가 믿음이 성숙하지 못할 때, 율법은 **죄**의 도구가 되어 저들에게 죄지을 기회를 제공한다. 사탄은 자랑과 우월감을 부추기기 위해 이 기회를 놓치지 않는다; 그 결과, 그들은 자신을 속이며 이웃을 차별하고 멸시한다.

그리스도인이 죄를 지을 경우, 율법은 저들의 죄를 하나님께 대한 구체적인 위반으로 바꾸는 변형적 기능을 맡는다(롬4:14; 7:5b, 13). 그러나 이런 경우, 하나님은 율법을 통해 저들의 죄를 드러냄으로 저들로 자신의 죄를 인정하고 회개하여 하나님과의 관계를 회복시킨다.

(b) 그리스도인이 지속적으로 그리스도와 연합할 경우, 성령은 저들을 성화의 삶으로 인도하신다. 이 시점에서, 율법은 성화의 삶으로 인도하는 성령의 도구가 된다. 우리는 이것을 로마서 3:20과 7:7에서 찾을 수 있는데, 성령은 그들이 여전히 의인인 동시에 죄인(*simul justus et peccator*)인 것

---

56) 김도현, 『로마서』, 268-269.
57) Cf. Beker, *Paul*, 238.
58) Cf. Calvin, *Inst.* 2.2.12. 칼빈의 사상에서 율법은 "우리로 순종을 야기시키는" 촉매 역할을 한다(D. McCleod, "The New Perspective: Paul, Luther and Judaism," *Scottish Bulletin of Evangelical Theology* 22 [2004] 12).
59) Cf. Luther's Large Catechism (Tappert, par.2): "악마는, 세상과 우리의 육신과 더불어, 전력을 다해 우리의 노력을 저지시킨다"(라베의 "Law," 185에서 재인용함).

을 알아, 율법을 통해 저들로 죄가 무엇인지 알게 하시며 의의 길로 인도하신다.[60]

그리스도인이 적극적으로 하나님을 섬길 경우, 성령은 저들로 하나님과 이웃을 더욱 사랑하게 할 목적으로 율법을 사용하신다. 이런 경우, 율법은 긍정적인 촉매 역할을 한다: 갈라디아서 5:14, 로마서 7:6, 8:4, 그리고 13:10이 이런 식으로 이해될 수 있다. 이런 삶의 정황 가운데 있는 자들은 날마다 그리스도와의 교감을 통하여 지속적인 관계를 가져야 한다는 사실을 인지한다. 이렇게 하기 위해, 그들은 율법을 포함하여 하나님의 말씀을 묵상한다.[61] 성령이 율법을 안내자로 사용하실 때, 그들 가운데 영적인 화학작용이 일어난다: 다시 말해서, 성령은 신자의 마음에 하나님과 이웃 사랑이 삶의 궁극적인 목표라는 것을 율법을 통해 확증하신다; 그럴 때, 그들은 하나님과 이웃을 사랑하기로 마음먹는다; 그런 다음 그들은 율법에서 좀 더 구체적인 원리를 찾아내어 자신들의 삶에 그것을 적절하게 적용한다.

하나님의 성령은 위에 언급한 삶의 모든 정황에 개입하신다. 그리스도인이 되면, 그때부터 성령은 그(녀) 안에 언제나 내주하신다(롬8:1-17; 갈3:1-5). (a)의 경우, 신자는 **죄**의 유혹과 통치보다 우위를 점하시는 성령에 따라 딱히 결정하거나 행동하려고 하지 않는 반면, (b)에서 그들은 모든 진리로 인도받기 위해 성령을 초대한다. 전자는 신자가 사탄과의 전쟁에서 승리하지 못한 상황을 나타내며, 후자는 영적인 전쟁을 성공적으로 수행하는 상황을 보여준다.

(3) 결론적으로, 하나님과 이웃을 사랑하는 것으로 율법의 요구를 이룬다고 말하는 것은 너무 순진하다. 오직 십계명만이 새 시대에 유효하다고 보는 것은 지나치게 제한적이다. 모든 율법은 죄를 드러내어 그 죄악됨을 입증하

---

60) 투렌에게는 죄송한데, 그는 율법이 우리를 회복시키는 촉매가 아니라, 우리가 결국 죽을 운명에 있다는 사실을 확인시킨다고 한다(Thurén, *Derhetorizing Paul*, 114-119).

61) Cf. Kuhatchek, *Applying the Bible*, 79-86.

거나(롬3:20; 7:7, 13), 신자가 성령을 좇아 행할 때 저들의 삶과 행실을 주관하는 일에(갈5:14-16; 롬8:2-4; 13:10) 여전히 유효하다.

율법은 분리할 수 없는 하나의 독립체이지만, 바울은 임의적으로 율법을 윤리적, 의식적, 그리고 시민적 차원으로 나누어 그것들을 활용한다: 가령, 십계명은 우리 신자의 삶에 직접 적용할 수 있으며, 시민법(즉, 고전9:9-11)이나 의식법(즉, 롬7:2-3)은 그것에서 구체적인 원리를 찾아내어 우리에게 적용할 수 있다.

신자에게 결정적으로 중요한 것은 율법 안에 있는 하나님의 의도이다. **죄**가 그들을 혼란스럽게 만들어 율법의 의도를 놓치게 할 때, 저들은 자랑과 우월감으로 다른 사람들에게 상처를 입힌다. 하지만 사탄과의 전쟁에서 승리할 때, 그들은 성화의 삶에서 율법을 올바로 이해하고 적용한다.

경계표지 역할을 하는 율법은 신자가 신앙생활을 할 때 "그리스도 안에" 있는 자신의 정체성을 유지하도록 도와준다.[62] 출애굽기 13:1-10에서 모세는 이스라엘에게 무교절을 지키며 하나님의 은혜를 기억하고 거룩을 유지함으로 자신들의 정체성을 확인하라고 명령한다. 율법준수를 통해 하나님과의 관계를 강화시킬 때, 그들은 타락한 문화와 관습으로부터 자신들을 구별하며 하나님의 백성이라는 정체성을 확인할 수 있다. 신약 하나님의 백성은 자신의 정체성을 그리스도와의 연합 내지 성령의 능력주심을 통해 확인한다고 종종 주장된다. 이것이 사실이긴 하지만 여기에 국한되어서는 안되며, 율법도 마찬가지로 하나님의 백성은 죄와 분리해야 한다는 하나님의 뜻을 드러내며 성령을 통해 이웃사랑을 마음에 야기시키는 촉매로 사용되어 저들의 정체성을 확인시킨다.[63]

---

62) 위의 p.226 n.67을 보라.
63) 또 다른 예로 레위기 5:2을 들 수 있는데, 거기서 하나님의 거룩함은 자신의 백성이 죄와 분리하기를 요구한다(cf. Hays, "OT Law," 34-35).

부록:
민수기 5:11-31과 신명기 24:1-4

1. 민수기 5:11-31의 의심의 법

결혼예(롬7:2-3)를 올바로 이해하기 위하여, 우리는 민수기 5:11-31의 의심의 법과 신명기 24:1-4의 결혼/재혼의 법을 주의깊게 살펴봐야 하는데, 바울이 자신의 주장을 입증하기 위해 그것들을 사용하기 때문이다.

민수기 5:11-31은 의심의 법을 이야기한다(29절). 이 법은 남편이 자기 아내의 간음을 의심하여 자신이 의심한 바의 진위를 밝히고자 할 때 시행된다(12-14절). 그러나 민수기 5장의 정황은 간음의 증거가 없고 또한 아내는 기소를 부인한다: "그 여자의 더러워진 일에 증인도 없고"(13절).[1] 이런 상황에서 남편의 의심은 시간이 갈수록 더욱 깊어져서, 마침내 결혼이 파국으로 치달을 수도 있다. 카일과 델리취(Keil & Delitzsch)는 말하기를, "아내가 간음하거나 이미 했다는 남편의 어떠한 의심이라도, 그것이 근거가 충분하거나 그렇지 않건 간에, 결혼관계를 근본적으로 흔들기에 충분하다."[2]

의심의 법은 결혼관계를 거룩하게 하기 위한 것이다; 하지만 그것은 동시

---

1) E. W. Davies, *Numbers: The New Century Bible Commentary* (Grand Rapids: Eerdmans, 1995) 48.

2) C. F. Keil & F. Delitsch, *Biblical Commentary on the Old Testament: Pentateuch*. vol.3. reprinted (Grand Rapids: Eerdmans, 1983) 29. *Contra* Budd, *Numbers*, 67.

에 무고한 아내를 보호한다. 말하자면, 이 법은 단순히 남편의 권리를 변호하는데 그치는 것이 아니라, 억울하게 정죄당한 아내의 무죄함을 밝히기도 한다.[3] 이것은 민수기 5:19에서 제사장이 혐의를 제기하기 전에 무죄 추정을 천명하고 있는 것으로 확증된다.

레만(L. S. Rehmann)이 주장하듯이, 구약과 바울 당시에 남편은 의심의 법을 이용하여 무고한 아내를 종종 내치곤 했다; 그런 까닭에 심지어 의심의 법이 철폐되어야 한다는 주장이 나중에 등장했다.[4] 그렇게 자주는 아니지만, 구약에 남편을 견제하기 위한 특정한 법들이 들어 있다. 레위기 18:20에서 남편은 자신의 이웃의 아내와 성관계가 금지되며, 레위기 20:10에서 그런 위법 행위에 대한 처벌로 남자와 여자 모두에게 죽음이 선고된다. 또한 율법의 핵심인 십계명은 간음(출20:14)과 거짓 증언(20:16)을 금지한다. 마찬가지로, 만약 아내가 부정을 저지르지 않는대도 억울하게 의심받는다면, 남편의 죄는 그냥 두고 보지 않을 것이다. 그럼에도 불구하고, 혹자는 구약 시대에서 아내가 남편보다 자주 부당한 대우를 받는다는 것을 감지할 수 있다.

민수기 5:11-31의 전체적인 맥락은 순결 혹은 거룩인데, 하나님은 거룩하시기에 하나님의 백성도 거룩해야 한다는 것을 보여준다. 배우자 간의 불성실은 혼인관계 뿐 아니라 하나님과의 관계에도 악영향을 미친다. 간음은 대중의 눈 밖에서 벌어지는 행위이며, 이스라엘은 이 법을 시행함으로 하나님이 그것을 보시고 심판해 주기를 기대한다.[5]

---

3) Cf. H. C. Brichto, "The Case of the Sota and a Reconsideration of Biblical 'Law,'" *Hebrew Union College Annual* 46 (1975) 66; J. Milgrom, "The Case of the Suspected Adulteress, Numbers 5:11-31: Redaction and Meaning" in *The Creation of Sacred Literature*. ed. R. Friedman (Berkeley: University of California Press, 1981) 74; T. R. Ashley, *The Book of Numbers: The New International Commentary on the Old Testament* (Grand Rapids: Eerdmans, 1993) 135.

4) L. S. Rehmann, "The Doorway into Freedom: The Case of the 'Suspended Wife' in Romans 7:1-6," *Journal for the Study of the New Testament* 79 (2000) 98, 101.

5) Cf. Ashley, *Numbers*, 126.

민수기 5장은 때로는 시련에 의한 재판(trial by ordeal)으로 알려진다.[6] 그것은 아내의 간음을 확인하기 위해 네 단계로 진행된다. 이 방법은 "하나님의 심판에 호소하는데, 그렇지 않으면 풀지 못할 경우들을 미제로 남겨둘 수 없는 상황에 판결을 내리기 위해서이다."[7] 첫 번째 단계(민5:15)에서, 제사장에게 가져온 헌물은 아내가 준비한 것이 아니라 남편이 준비한 것이라고 한다.[8] 이 헌물은 아내에 관한 남편의 불편한 심기, 즉, 그녀가 간음했다는 혐의를 보여준다. 카일과 델리취가 언급하고 있듯이, "보리 가루는 겨우 십분의 일 에바로… 아내가 처한 의심스런 평판, 혹은 그녀 행동의 애매모호하고 수상쩍은 성격을 나타낸다."[9] 이 헌물은 기억의 헌물로서, 하나님이 모든 것을 아시며 문제에 대해 잘 판결하실 거라는 남편의 강한 의욕을 보여준다.[10] 그러나 이 상황은 혼인관계가 남편이나 아내 모두에게 돌이킬 수 없다는 것을 암시하는데,[11] 왜냐하면 만약 아내가 유죄판결을 받는다면 죽음을 면치 못할 것이며 또한 남편이 간음죄에서 그녀를 자유케 한다면 그는 십계명 가운데 아홉번째 계명을 어기는 것이기 때문이다.

두 번째 단계(민5:16-18)에서, 제사장은 제단 가까이에 있는 놋대야에서 거룩한 물을 가져와 토기에 담고, 거기에 성막 바닥의 티끌을 넣는다. 티끌로 인해 거룩한 물의 맛이 변할 수도 있으나, 제사장은 하나님 만이 쓴 맛이

---

6) P. J. Budd, *Numbers: Word Biblical Commentary* (Texas: Waco, 1984) 65; Ashley, *Numbers*, 123; Davies, *Numbers*, 51; A. Maxey, "The Law of Jealousy: Ordeal of Bitter Water for Wives Suspected of Adultery," www.zianet.com/maxey/reflx328.htm, 2. Against Brichto, "The Case of Sota," 64; T. Frymer-Kensky, "The Strange Case of the Suspected Sota (Numbers V 11-31)," *Vetus Testamentum* 34 (1984) 24.

7) Ashley, *Numbers*, 123, citing T. S. Frymer, "Ordeal, judicial," *IDBSup*. 639. 그러나, 이 의식은 전형적인 시련에 의한 재판과는 다른 것이, 전자의 경우 피고인이 유죄로 판명될 때까지 무죄하나, 후자의 경우 피고인은 혐의가 밝혀질 때까지 유죄로 남아 있다(cf. Brichto, "Case of the *Sota*," 64-66).

8) Maxey, "Law of Jealousy," 5.

9) Keil & Delitsch, *Pentateuch, III*, 30-31.

10) Davies, *Numbers*, 52; Maxey, "Law of Jealousy" 7.

11) Rehmann, "Suspended Wife," 100. Milgrom ("The Case of the Suspected Adulteress," 73)에겐 죄송하지만.

되게 할 것으로 생각한다.[12] 그 다음에 제사장은 아내의 머리를 풀게 하는데, 이것은 세 가지 의미를 담고 있다. 첫째, 이것은 "여성의 도덕성과 부부 관계의 신의에 적합한 장식물의 분실을 상징"하는 것으로 이해될 수 있다(참고. 레10:6; 21:10).[13] 둘째, 풀어진 머리는 수치의 표시이다.[14] 셋째, 그것은 그녀의 불결함을 나타낸다(참고. 레13:45).[15] 하지만 만약 그녀의 무고함이 증명된다면, 그녀는 남편과 화해될 것이며 그녀의 명예는 최소한 부분적으로 회복될 수 있다; 그러나 남편의 불신으로 인해 그와 이혼할 가능성이 더 많다.[16]

아내에게 맹세하라고 말한 뒤(세 번째 단계, 민5:19-22), "제사장은 저주의 말을 두루마리에 써서 그 글자를 그 쓴 물에 빨아 넣는다"(네 번째 단계, 23절). 쓴 맛의 본질은 무엇인가? 학자들은 과연 먼지나 잉크가 거룩한 물을 변하게 할 것인지에 대하여 확신하지 못한다. 어떤 이들은 만약 그녀가 쓴 물을 마실 때 어떤 일이 일어난다면, 그것은 하나님이 행하신 결과라고 주장한다. 맥시(Al Maxey)는 말하기를, "물이나, 먼지 또는 잉크에 실제로 내재하는 능력은 없었다; 해치거나 도와주는 능력은 주님으로부터 왔다. 이 경우 오직 그분이 심판했으며, 그가 여인의 몸에 나타난 물리적 효과를 통해 모든 사람에게 알려주셨다."[17]

저주받은 아내에게 나타난 실질적인 효과의 본질은 무엇인가? 만약 그녀가 남편에게 충실하실 못했다면, "그 저주가 되게 하는 물이 그의 속에 들어가서 쓰게 되어 그의 배가 부으며 그녀는 유산할 것"이다(27절). 하지만 이것

12) Maxey, "Law of Jealousy," 10-11.
13) Keil & Delitsch, *Pentateuch, III*, 31-31. Also, Ashley, *Numbers*, 129.
14) Cf. Ashley, *Numbers*, 129.
15) Cf. G. J. Wenham, *Numbers: Tyndale Old Testament Commentaries* (Downers Grove, InterVarsity, 1991) 84.
16) Cf. m.Sot.1:3; 4:2; 6:1.
17) Maxey, "Law of Jealousy," 11. 또한, Frymer-Kensky, "Suspected Sota," 22-23. 반대로, 데이비스(Davies)는 물이 쓴 맛 또는 고통을 야기시켰다고 주장한다. 왜냐하면 "이 문맥에서 '쓴' 이란 말은 물의 맛을 나타내지 않고 물이 여인에게 미치는 효과를 나타내기" 때문이라고 주장한다(*Numbers*, 54).

이 그녀에게 정확히 어떤 효과를 가져왔는지 알 수 있는 방법은 없다.[18] 민수기 5:28은 그녀가 더럽혀진 일이 없고 정결하다면, 해를 받지 않고 임신할 수 있다고 말한다.

결국, 부부의 혼인관계의 유지 여부는 하나님과 직접 연관이 있다. 하나님은 부부의 실제 상황을 분명하게 알리기 위해 개입하실 것이다. 왜냐하면 그들은 하나님의 백성인 이스라엘에 속하기 때문이다(참고. 신27:15-26).[19] 비록 부부의 문제가 간음처럼 나쁜 것이라 할지라도, 저들이 다시 서로의 관계를 거룩하게 유지한다면, 하나님과의 관계는 잘 보존될 것이다.[20]

나중에 미슈나 소타(Sotah) 편에서, 아내의 위치는 남편보다 더 호의적인 것으로 사료된다. 의심의 법은 남편과 아내 모두의 상황을 고려하지만, 바울이 이 서신을 쓸 무렵 아내의 위치는 다소 안전하게 보호된다. 특별히 시련에 의한 재판은 아내를 위해 종종 사용되는데, 남편의 폭정을 견제하기 위해서이다. 이것은 소타 편에서 설명하는 추가 정보에 의해 확인된다. 민수기 5장은 그녀가 혐의를 벗은 이후의 상황에 대하여 어떠한 언급도 없는 반면, mSot 6:1은 남편이 그녀에게 위자료와 더불어 이혼증서를 써주어야 한다고 말한다. 게다가, 민수기 5장은 남편의 죽음에 대하여도 아무런 언급이 없으나, mSot 4:2는 아내가 쓴 물을 마시기 전에 남편이 죽을 경우 어떤 일이 일어나야 할지를 규정하고 있다: "만약 그녀가 마시기 전에 남편이 죽었다면, 샴마이파 사람들은 그녀가 위자료는 받되 마시지는 말아야 한다고 말하는 반면, 힐렐파 사람들은 마시지도 말고 위자료를 받지도 말아야 한다고 말한

---

18) 다섯가지 가능성이 제기된다: 첫째, 자연 유산(Ashley, *Numbers*, 132); 둘째, 영구적 혹은 일시적 불임(Milgrom, "The Case of the Suspected Adulterss," 73); 셋째, 맹세로 인한 죄의식(Budd, *Numbers*, 67); 넷째, "자궁후굴"로 알려진 생식 기관의 쇠약(Frymer-Kensky, "The Suspected Sota," 20-21); 마지막으로, 유산 혹은 돌팔매질로 인한 사망. 그러나 케일과 델리취(Keil and Delitsch, *Pentateuch, III*, 32)가 주장하듯이, "이 저주가 위협하는 질병의 본질이 무엇인지 확실하게 결정할 수 없다." 또한, Davies, *Numbers*, 55-56.

19) Cf. Ashley, *Numbers*, 124; D. T. Olson, *Numbers: Interpretation. A Bible Commentary for Teaching & Preaching* (Louisville: John Knox Press, 1996) 36.

20) Olson, *Numbers*, 39.

다."[21]

레만은 이것이 "아내의 죄보다 그녀의 무고함을 증명하려는 의식"이라고 주장한다.[22] 레만은 이런 시련에 의한 재판이 다른 사회에서 수행된 절차보다 손상을 덜 일으킨다고 보고, "이 본문(즉, mSot)은 또한 의식을 수행하는 일을 더욱 어렵게 만드는 것으로 읽혀져야 한다"고 말한다.[23] 그런 뒤 레만은 mSot는 "아내에게 굴욕감을 주기 위한 교묘하게 만들어진 정교한 시스템이 아닌, 남성의 독단과 아내를 통제하려는 남성의 권력을 축소하는 것"으로[24] 해석되어야 한다고 결론 내린다.

2. 신명기 24:1-4의 율법

신명기 24:1-4는 이혼과 결혼을 설명한다. 이 법은 조건절과 귀결절의 두 단계로 진행되는데, 조건절은 조건문으로 표현되는 한편, 귀결절은 그 결과를 설명한다.[25] KJV가 진술하듯이, 만약 1a절이 조건절로 그리고 1b-4절이 귀결절로 간주된다면, 신명기 24:1-4은 다음과 같이 요약할 수 있다: 하나님

---

21) 레만(Rehmann, "Suspended Wife," 101)이 언급함.

22) Rehmann, "Suspended Wife," 100.

23) Ibid. 또한, Olson, *Numbers*, 38.

24) Ibid.

25) P. C. Craigie, *The Book of Deuteronomy: The New International Commentary on the Old Testament* (Grand Rapids: Eerdmans, 1976) 304; A. D. H. Mayes, *Deuteronomy: New Century Bible* (London: Oliphants, 1979) 322; D. Stuart, *How to Read the Bible for All Its Worth*. co-authored G.. D. Fee and D. Stuart (Grand Rapids: Zondervan, 1982) 141-143; C. J. H. Wright, *An Eye for an Eye: The Place of Old Testament Ethics Today* [Downers Grove: InterVarsity, 1983] 153). J. C. Laney, "No Divorce and No Remarriage" in *Divorce and Remarriage. Four Christian Views*. ed. H. W. House (Downers Grove: InterVarsity, 1990) 21; P. D. Miller, *Deuteronomy: Interpretation. A Bible Commentary for Teaching & Preaching* (Louisville: John Knox Press, 1990) 164; J. W. Wevers, *LXX. Notes on the Greek Text of Deuteronomy* (Atlanta: Scholars Press, 1995) 377.

은 아내에게 발견된 "수치되는 일"로 이혼을 명령했다; 따라서, 하나님은 그녀의 둘째 남편이 죽거나, 만약 그가 살아 있다면 그와 이혼한 후에, 그녀가 첫 남편과 재혼하는 것을 금지한다. 다시 말해서, 법은 그녀가 이미 간음한 것으로 봐, 첫 남편과 다시 결혼하는 일을 금지하는 것이다.[26] 카이져 (Kaiser)는 지적하기를, "이러한 해석에서 귀결절에서 설명된 수치되는 일이 발생할 때, 이혼이 허용되거나 용납될 뿐 아니라 이혼하라는 명령이 내려진다."[27]

RSV, NASB, NIV 그리고 NRSV가 번역하고 있듯이, 우리는 1-3절을 조건절로, 그리고 4절을 귀결절로 본다. 그리고 "처음 세 구절이 조건절을 구성하며 귀결절은 오직 4절에 온다는 것은 이제 거의 보편적으로 받아들여진다."[28] 만약 결혼/이혼 법이 조건절-귀결절에 따라 시행된다면, 귀결절에 포함된 명령은 오직 조건절의 범위 내에서 그 타당성을 가진다.[29] 이럴 경우, 신명기 24:1-4은 다음과 같이 해석된다: 하나님은 그녀의 수치스런 일 때문에 이혼을 허용한다; 이혼/재혼법(신24:1-4)은 이스라엘에서 다만 이혼을 통제하고 관장하기 위해 사용되기에, 이혼을 권장하거나 명령하지 않는다;[30] 하나님은 또한 첫 남편이 아내가 둘째 남편과 이혼하거나 그가 사별한 후에 그녀와 재혼할 것을 금지하는데(귀결절, 4절), 아내가 부당하게 이혼당했기 때문이다(조건절, 1-3절).

---

26) Cf. A. Warren, "Did Moses Permit Divorce? Modal *weqatal* as Key to New Testament Readings of Deuteronomy 24:1-4," *Tyndale Bulletin* 49 (1998) 44-56.

27) W. Kaiser, *Toward Old Testament Ethics* (Grand Rapids: Zondervan, 1983) 200.

28) Kaiser, *OT Ethics*, 200. 또한, Keil and Delitzsch, *Pentateuch IV*, 417; S. R. Driver, *A Critical Commentary on Deuteronomy* (Edinburgh: T. & T. Clark, 1895) 269; J. H. Sailhamer, *The Pentateuch as Narrative. A Biblical—Theological Commentary* (Grand Rapdis: Zondervan, 1992) 465.

29) Cf. Stuart, *How to Read the Bible*, 142.

30) Kaiser, *OT Ethics*, 200-204; Sailhamer, *Pentateuch*, 465; J. M. Sprinkle, *Biblical Law and Its Relevance* (Lanham Boulder New York Toronto Oxford: University Press of America, 2006) 130; T. L. Constable, *Notes on the Bible: Genesis-Deuteronomy*. vol.1 (Fort Worth: Tyndale Seminary Press, 2010) 446.

(1) 신명기 24:1-3: (a) 신명기 24:1은 혼인관계가 이미 형성되어 있다고 추정한다; 다시 말해서, 관계는 형성되었으며, 법은 그 관계를 유지한다는 것이다. 그 의미인즉슨 신명기 24:1-3에서 법은 "관계"를 유지하는 일을 최대 관심사로 꼽는다는 것이다. 그렇다면 혼인관계가 위기에 처해 있을 때, 그것은 법 때문이 아니라 결혼 당사자의 성격 그리고/또는 행동 때문이다. 신명기 24:1-3에서 혼인관계는 남편의 폭정으로 인해 흔들린다; 말하자면, 부부 관계가 아무런 합법적인 근거도 없이 아내에게 이혼을 강요한 남편으로 인해 깨어진다.[31] 그러나 법은 그녀가 재혼할 수 있도록 가능성을 열어둔다. 법은 남편으로 하여금 이혼증서를 쓰도록 명령하며, 그녀가 어렵지 않게 재혼할 수 있도록 한다.[32] 따라서 그것은 아내에게 행한 남편의 폭정에 대한 해결책을 제공한다. 요컨대, 법은 좋은 관계를 계속 가지거나 아니면 새로운 관계를 위한 여지를 가지기 위해 나쁜 관계가 깨어지도록 허용함으로, 이미 형성된 관계를 유지한다.

구체적으로, 법은 아내의 수치되는 일로 인하여 남편에게 이혼 증서를 써 주라고 주문한다. 구약시대에는 오직 남편만이 이혼할 권리를 가졌다. 그가 이혼하기로 마음먹으면, 아내에 관하여 수치되는 일을 찾았다고 주장해야 한다(1절). 남편에게 아내와 이혼할 사유를 갖게 하는 "수치되는 일" (דְּבַר עֶרְוַת)이란 무엇인가? 첫째, 아이를 낳지 못한다던지 아니면 신체적 결함 등 특별한 결격사항이 있다. 둘째, 남편을 불쾌하게 만드는 것이면 어떤 것도 될 수 있다. 셋째, 남편이 이혼의 합법적인 요건이라고 오관하는 경우도 될 수 있다. 학자들은 가끔 그녀의 간음을 포함시키지만, 이 경우는 사실상 불가능하다. 만약 아내가 간음을 저지른다면, 그녀는 이혼절차를 밟을 필요도 없이 돌에 맞아 죽을 것이다(레20:10; 신22:22).[33]

---

31) 레만은 위기의 근본원인을 남편의 폭정으로 바르게 지적한다(Rehmann, "Suspended Wife," 100-103).
32) Cf. Sprinkle, *Biblical Law*, 130.
33) Cf. "부적절한 행위" (F. Brown, S. R. Driver, and C. A. Briggs. *A Hebrew and English Lexicon of the Old Testament* [Oxford: Clarendon, 1907] 789); "가치 없는 행

예수님 당시 사람들은 "수치되는 일"에 관해 계속해서 논의했다. 두 랍비 학교는 신명기 24:1을 다음과 같이 이해한다. 힐렐의 입장은 하나님이 모든 원인을 고려하신다는 것이다(참고. 마19:3): 가령, 남편의 아침을 태우는 일 등. 반대로, 샴마이의 입장은 이혼은 오직 간음을 저질렀을 때 가능하다는 것이다.[34] 결론은 "수치되는 일"이 예수님이나 바울 당시 아직 간음으로 명확하게 규명되지 않았다는 것이다.[35] 그렇다면 우리는 이혼이 남편의 추정만으로 부당하게 시작된 것으로 결론 내릴 수도 있다.

아내는 남편에게 이혼 증서를 받고 남편과 이혼한다. 이것은 하나님이 아무런 제약없이 이혼을 허락하시지 않는다는 것을 보여준다; 다시 말해서, "이 법은 이스라엘에서 성급하게 이혼을 하지 못하게 했다."[36] 크레이기(Craigie)는 주장하기를, "이 법을 제정한 의도는 이미 존재하는 이혼의 관행에 어떤 제약을 가하기 위한 것 같다. 만약 너무 쉽게 이혼해 버린다면, 그것은 남용될 수 있으며 간음의 '합법적인' 형태가 될 것이다."[37]

동"(P. J. Tomson, *Paul and the Jewish Law* [Assen/Maastricht: Van Gorcum / Minneapolis: Fortress, 1990] 122). 또한, J. Murray, *Divorce* (Philadelphia: Presbyterian & Reformed Publishing Co., 1953) 10-12; Craigie, *Deuteronomy*, 304; Mayes, *Deuteronomy*, 332; H. J. Boecker, *Law and Administration of Justice in the Old Testament and Ancient East* (London: SPCK, 1980) 110; Laney, "No Divorce & No Remarriage," 22; Wevers, *Notes*, 377; D. L. Christensen, *Deuteronomy 21:10−34:12: Word Biblical Commentary* (Nashville: Thomas Nelson Publishers, 2002) 566. *Contra* Sprinkle, *Biblical Law,* 131-132.

34) Cf. m.Gittin ("Bill of Divorce") 9.10. 그래서 뵈커는 "힐렐파가 '심지어 아내가 그의 음식을 태울 때에도' 그 남자에게 그녀와 이혼할 것을 허락한다"고 말한다(Boecker, *Law and Administration*, 111). 또한, Keil & Delitzsch, *Pentateuch, IV*, 417; Kaiser, *Toward Old Testament Ethics*, 202.

35) Kaiser, *Toward Old Testament Ethics*, 202.

36) Constable, *Notes on the Bible*, 447. 클레멘스(R. E. Clements)도 이 법이 관계를 중요시한다고 지적한다: "대체로 법에 의해 표현된 유죄판결은 결혼의 심각성을 인정하며, 이혼하기 위해 되레 제멋대로의 근거를 허용하지만, 이혼은 사회적으로 허용되는 경계에서 상당한 부작용을 소개한다는 사실을 충분히 고려한다"("The Book of Deuteronomy" in *The Interpreter's Bible.* vol.2 [Nashville: Abingdon, 1998] 468).

37) Craigie, *Deuteronomy*, 305.

게다가, 남편이 부당하게 이혼 증서를 써 준다고 하더라도, 법은 아내를 위하여 이런 자유를 허용한다.[38] 신명기 24:1은 이 법이 아내를 보호할 의도가 있다는 것을 분명히 시사한다. 콘스타블(Constable)은 말하기를, "이 법은 단지 한 가지 형태의 불합리한 이혼이 아닌, 어떠한 불합리한 이혼으로부터 어느 정도 아내를 규제하고 보호한다."[39] 동시에, 이혼은 아내에게 특정한 혜택을 제공한다. 머리(J. Murray)는 세 가지로 이혼 증서가 아내에게 주는 혜택을 제시한다:[40] 첫째, 이 법은 남편으로 하여금 불합리한 이혼을 추구하지 못하게 한다; 둘째, 그것은 학대하는 남편과의 관계에 따라오는 의무에서 아내를 자유케 한다; 셋째, 그것은 아내의 명예를 보호한다. 이혼 증서 없이는 남편을 버렸다는 비난을 받을 수 있기 때문이다. 이것은 또한 남편에게 굴욕적이다.

혹자는 법이 그녀가 재혼하는 것을 허락한다는 사실을 추가할 수 있다. 스프링클(Sprinkle)은 말하기를, "이혼 증서를 써주는 일은 이혼을 법적으로 허용할 뿐 아니라, 아내가 합법적으로 재혼하도록 허용할 수 있게 한다."[41] 뵈커도 이혼 증서가 아내에게 주는 주된 혜택은 재혼을 허용함으로 그녀의 두 번째 결혼을 보호하며 그녀로 하여금 더 이상 해를 보지 않게 한다고 한다:[42] 가령, 이혼 증서는 전 남편이 새 남편을 못살게 굴지 못하도록 방지한다.[43]

---

38) 스프링클(Sprinkle, *Biblical Law*, 132-133)은 세 가지 주장을 소개한다: (1) 이 법은 이혼과 재혼을 막기 위한 것이다(Laney, "No Divorce & No Remarriage," 21-25); (2) 이 법은 아내와 두 남편 사이의 "삼각관계"로부터 재혼을 안정시킬 목적으로 만들어졌다(R. Yaron, "The Restoration of Marriage," *Journal of Jewish Studies* 17 [1966] 1-11); (3) 이 법은 이혼을 허용하지만 재혼은 반대하는데, 아내의 결혼, 이혼, 그리고 재혼은 두 남자를 형제간으로 만들기 때문이다(G. J. Wenham, "The Restoration of Marriage Reconsidered," *Journal of Jewish Studies* 30 [1979] 36-40). 우리는 두 번째 옵션을 선호하는데, 모세가 남편의 마음이 완악함을 인하여 이혼을 허락했기 때문이다(cf. Mt.19:8).

39) Payne, *Deuteronomy*, 133-134.

40) Murray, *Divorce*, 9.

41) Sprinkle, *Biblical Law*, 130.

42) Boecker, *Law and the Administration*, 111. Also, Murray, *Divorce*, 9.

43) Yaron, "The Restoration of Marriage," 8.

"관계"의 측면에서 볼 때, 신명기 24:1-3은 첫 남편의 폭정의 문제를 조심하라고 경고한다. 그는 부당하게 아내와의 관계를 깨뜨리고 다른 사람과 결혼하게 만들어, 그녀에게 음녀가 되는 기회를 준다. 여기에서 그는 책임을 면할 수 없다. 법은 그녀가 첫 남편에게 돌아오지 못하게 함으로, 혼인한 부부들에게 남편의 책임을 상기시킨다(참고. 4절).[44] 비록 남편의 완고함으로 인해 이혼을 허용하고 이혼 증서를 써 주라고 하지만, 법은 남편이 법을 이용해 아내를 압제했다는 사실을 보여주기 위해 남편에게 전처와 재결합을 못하게 하는 것이다.

비록 남편은 아내와 이혼하지만, 저들의 관계가 완전히 끝난 것이 아니라는 것을 아는 것이 중요하다; 말하자면, 법은 법 자체보다 "관계"를 더 강조한다. 포드(Debbie Ford)는 "관계"가 이혼으로 완전히 없어지지 않는다고 하며, 만약 이혼이 완전한 분리를 의미한다면 소위 이혼이라는 것은 존재하지 않는다고 주장한다.[45] 이 주장은 신명기 24:1-3이 이혼은 허용하되 혼인 관계를 영속적인 유대관계로 생각한다는 것을 또한 확증해 준다.

웬함(G. Wenham)은 조금 다른 각도에서 혼인관계의 중요성을 지적한다: "구약은 결혼의 실제적인 영구성은 인정하지 않으나 이론적인 영구성은 지지하는데, 배우자와 그들의 가족 간에 형성된 연대감은 죽음이나 이혼으로 끝나지 않는다는 의미에서 그렇다."[46]

(b) 앞에서 지적한 대로, 신명기 24:1은 법이 "관계"를 강조한다는 것을 보여준다. 2-3절에서 아내는 전 남편과 헤어져 다른 남자와 재혼하는데, 그녀의 재혼은 "관계"가 무엇보다 중요하다는 사실을 다시 한번 보여준다. 특별

---

44) 비록 "남자가 별거하기는 비교적 쉬운 일어었지만"(Boecker, *Law and Administration*, 110), "(법의) 사회적이며 개인적인 효과는 아내로 하여금 무책임한 남자들 사이에 성적 노리개가 되는 것을 방지하는 것이었다"(C. J. H. Wright, *Old Testament Ethics for the People of God* [Leicester: InterVarsity, 2001] 332). 또한, Craigie, *Deuteronomy*, 305; Constable, *Notes on the Bible*, 447.

45) D. Ford, *Spiritual Divorce: Divorce as a Catalyst for an Extraordinary Life* (New York: HarperCollins, 2001) ix-x.

46) Wenham, "Law and Legal System," 37. Also, Kaiser, *OT Ethics*, 202-203.

히 3절에서 그녀의 두 번째 혼인관계가 소멸된다고 한다: 말하자면, 이혼 혹은 사별로 재혼도 없어진다. 이혼이나 사별의 경우, 법은 그녀로 하여금 둘째 남편과 그에게 매이게 한 법 모두에서 자유하게 한다. 이것은 법이 관계를 관장한다는 사실을 드러낸다. 만약 법이 이혼을 허락하지 않았다면 더한 비극이 뒤따랐을 것이다; 하지만 법은 배우자로 하여금 관계 해결을 통해 새로운 관계를 갖게 함으로 더 큰 비극을 피하게 한다. 사별의 경우, 관계가 확실히 정리되어 남아 있는 배우자가 언제라도 재혼할 수 있다.

(2) 귀결절(24:4)에서 법은 전 남편에게 이혼한 아내와 재결합하지 말라고 하는데, 만약 그녀와 재혼한다면 그는 간음하는 격이 되기 때문이다.[47] 이것은 남편 보기에 그녀가 간음한 신분이라고 설명하는 "더럽히다"(הֻטַּמָּאָה)는 말을 봄으로 이해될 수 있다(참고. 레18:20).[48] 메이즈(Mayes)는 말하기를, "아내는 오직 첫 남편과 관련되어서만 재혼으로 더럽혀진다(참고. NEB 'She has become for him unclean')."[49] 우리는 이것을 예수님의 말씀에서 확인할 수 있다. 예수님은 누구든지 자기의 아내와 이혼하는 사람은 그녀로 간음하게 만들며, 누구든지 이혼한 여인과 결혼할 경우 간음하는 것이라고 한다(마 5:32).[50] 두 경우(즉, 신24:1−4와 마5:32) 모두에서 요지는 첫 결혼을 정리하지 않고 다른 사람과 재혼하는 것은 간음으로 취급된다는 것이다.[51]

아내는 첫 남편에 관한 한 영원히 간음죄를 지은 것이다. 왜냐하면 그들의 예전 관계가 완전히 정리되지 않았기 때문이다(참고. 1절). 남편의 폭정은 그녀의 재혼으로 이어지는데, 재혼은 그의 입장에서 간음 행위이다.[52] 따라

---

47) 다른 의견에 관하여 Philo의 *Special Laws*, 3.30-31를 보라.
48) Cf. Yaron, "Restoration of Marriage," 5; Craigie, *Deuteronomy*, 305.
49) Mayes, *Deuteronomy*, 323. Also, Sailhamer, *Pentateuch*, 466.
50) Cf. Keil & Delitsch, *Pentateuch*, IV, 418: "이혼한 아내의 재혼은 암묵적으로 간음과 동등하게 취급되었다."
51) Cf. Tomson, *Paul*, 115.
52) Constable, *Notes on the Bible*, 446.

서, 남편은 그녀가 다른 사람과 결혼하는 것에 책임이 있다. 하지만 그녀는 다른 사람에게 음녀로 간주되지 않는다. 왜냐하면 이혼 증서가 그녀의 합법적인 신분을 증명하기 때문이다.[53] 그러나 첫 남편과의 재혼은 금지되는데, 저들의 예전 관계가 완전히 정리되지 않았기 때문이다.

법은 주어진 관계를 유지한다. 만약 우리가 단지 24:1만 본다면, 법이 관계를 끝낸 것처럼 보인다. 하지만 법의 기능 가운데 일부는 피해자를 보호하기 위해 불법적인 관계를 막는 것이다. 첫 남편의 입장에서, 전처는 재혼하자마자 더럽혀진다. 그래서 그들의 재혼은 외도가 되며, 그런 까닭에, 법은 그녀로 하여금 첫 남편과 재결합 하지 못하게 막는 것이다. 법은 혼인관계를 거룩하게 유지한다. 다시 한번 지적되어야 할 것은, 24:4는 아내가 재혼으로 더럽혀진다고 말하지만, 그녀가 더럽혀진 것은 것은 오직 첫 남편에게 해당한다. 왜냐하면 24:4는 24:1-3(조건절)에서 설정된 상황만을 고려하기 때문이다.

3. 바울과 민수기 5:11-31과 신명기 24:1-4 사용

바울은 남편의 폭정 가능성을 심각하게 고려한다. 로마서 7:2에서 바울은 아내를 ὕπανδρος γυνὴ 로 표현하는데, ἡ γὰρ ὕπανδρος(민5:29 LXX)라

---

53) 메이스(Mayes, *Deuteronomy*, 323)는 말하기를, "이혼한 아내의 재혼이 허용되었기 때문에, 그녀가 더럽혀진 것(4절)은 재혼으로 인해 생겨난 일반적인 사실로 보기 힘들다." 크리스텐슨(Christensen, *Deuteronomy 21:10-34:12*, 567) 또한 적기를, "'이 여자가 이미 몸을 더럽혔은 즉'(הֻטַּמָּאָה)이란 어구는 그녀의 첫 남편과 관련된 아내를 나타내지 그녀의 재혼으로 야기된 일반적인 상태를 나타내지 않는다." 그러나, 크레이기는 그녀의 재혼 자체가 간음이라고 보는데, 왜냐하면 "아내가 다른 남자와 동거하기" 때문이다(Craigie, *Deuteronomy*, 305-306). 이 주장은 밀러(Miller, *Deuteronomy*, 164)와 레이니(Laney, "No Divorce & No Remarriage," 22)에 의해 지지받는다.

54) 메이스(Mayes, *Deuteronomy*, 323)가 주장하고 있듯이, 만약 신명기 24:4(LXX)의 이 어구가 "소유가 된다"(참고. 삿14:20; 15:2)는 의미를 나타낸다면, 이것은 바울이 이해하는 구약당시 아내의 신분과 일치한다. 또한, Byrne, *Romans*, 214; Fitzmyer, *Romans*, 458; Moo, *Romans*, 413; Schreiner, *Romans*, 347 Jewett, *Romans*, 431-432.

는 어구와 신명기 24:4(LXX)에서 아내의 신분(γενομένην ἀνδρὶ ἑτέρῳ)을 염두에 두기 때문이다.[54] 그는 민수기와 신명기 두 본문에서 아내는 남편의 권위 아래 있으며 오직 남편만이 이혼할 권리가 있다는 것을 인정한다. 하지만 그도 남편이 폭군을 나타낸다고 본다. 스몰라즈(Smolarz)는 말하기를, "전 남편은 아내 혹은 사람이 죽음의 열매를 맺도록 영향력을 행사한 누구 혹은 무엇인 것 같다."[55]

바울에게 법은 관계를 보호하지만 남편의 폭정은 문제의 원인이 될 수 있다. 그래서 그는 혼인관계가 남편의 폭정으로 흔들릴 수 있다고 본다. 남편이 법을 악용한다는 사실을 알아차린 바울은, 그녀가 과부가 될 경우 재혼이야말로 곤경에 대한 해결책이 될 수 있음을 보여준다. 이미 세워진 관계를 관장하는 것이 바로 법의 기능이며, 법은 혼인관계를 유지한다.

그러나 법은 남편이 어떤 이유로 아내를 기소할 때도 개입한다. 따라서, 비록 남편이 불합리한 이유로 법을 이용해 이혼 증서를 써줌으로 아내와 이혼한다고 할지라도, 법은 이것을 허용한다. 바울은 법 자체가 문제라고 생각지 않는다. 문제는 전 남편에게 있으며, 아내를 위한 최선의 방책은 법을 악용하지 않는 남자와 함께 행복한 삶을 사는 것이라고 그는 믿는다.

지적한 대로, "그녀가 다른 남자에게 간다"(γενομένην ἀνδρὶ ἑτέρῳ, 롬 7:3)는 구절은 신명기 24:2(24:4 LXX)의 γενομένην ἀνδρὶ ἑτέρῳ를 반영한다. 그런데 바울은 아내가 이혼 후 재혼하는 것이 합법적이라고 여기는가? 그는 그렇게 보는 것 같다. 신명기 24:1-4은 어떤 뚜렷한 이유 없이도 그녀에게 이혼 증서를 써 주라고 남편에게 주문함으로, 법은 이혼을 허용한다. 바울은 이것을 감지하고 있는 듯하다. 그의 일차적인 관심은 관계가 이혼 혹

---

54) 메이스(Mayes, *Deuteronomy*, 323)가 주장하고 있듯이, 만약 신명기 24:4(LXX)의 이 어구가 "소유가 된다"(참고. 삿14:20; 15:2)는 의미를 나타낸다면, 이것은 바울이 이해하는 구약당시 아내의 신분과 일치한다. 또한, Byrne, *Romans*, 214; Fitzmyer, *Romans*, 458; Moo, *Romans*, 413; Schreiner, *Romans*, 347 Jewett, *Romans*, 431-432.

55) S. R. Smolarz, *Covenant and the Metaphor of Divine Marriage in Biblical Thought* (Eugene: Wipf & Stock, 2011) 212.

은 사별을 통해 법적으로 끝나는데 있다; 비록 사별이 최선의 경우이긴 하지만, 혼인관계는 이혼으로 끝날 수도 있으며 재혼이 뒤이어 따라 온다. 그러나 바울의 궁극적인 관심은, 법이 주어진 관계를 관장하기 때문에 이혼 혹은 사별 후에 있을 새로운 관계를 계속 주관한다는 데 있다; 그리고 아내는 재혼한 후에 법에 의해 계속 관장을 받을 것이다.

로마서 7:2-3에서 바울은 남편의 죽음을 예로 든다. 그는 신명기 24:1-4의 법이 조건절과 귀결절로 이루어진 판례법인 것을 알고 있다. 이 법이 비참한 상황을 해결하기 위해 사용되었다는 것을 알고 있는 바울은 율법의 근본적인 원칙을 보여주고자 한다. 비록 이혼한 아내가 합법적으로 다른 사람과 재혼할 수 있으나, 그는 사별을 통한 재혼의 경우를 택한다. 그는 남편의 죽음이 새로운 관계를 가지고자 하는 아내의 바램에 대한 최고의 사례를 제공한다고 평가한다.

신명기 24:1-4의 주된 원칙은 결혼한 부부가 저들의 관계를 순결하고 거룩하게 유지해야 한다는 것이다. 바울이 신명기 24:1-4에서 알고 있는 바는, 첫째, 법은 관계를 매우 중요시한다; 둘째, 법은 예전 관계를 죽음으로 청산하게 하는 한편, 새로운 관계를 가능하게 한다; 셋째, 율법은 좋은 관계를 유지하는데, 가령, 배우자가 과거에 있었던 수치스러운 관계로 돌아가는 것을 금지한다.

이혼과 재혼에 관한 법(신24:1-4)을 통하여, 바울은 자신의 입장을 밝히는 최선의 방책은 사별의 경우를 제시하는 것이라 판단한다. 만약 남편이 죽는다면 아내는 큰 어려움 없이 재혼할 수 있다. 하지만 남편과 이혼한다면, 그녀는 재혼하지 않은 상태로 남아 있던지 아니면 그와 재결합하는 것이 낫다고 본다(고전7:11). 최악의 경우는 남편이 불합리하게 아내와 이혼할 경우에 발생한다. 그녀가 다른 남자와 재혼할 수 있다손 치더라도, 첫 남편에게 돌아갈 수는 없다. 그래서 바울은 율법의 근본 원칙을 논의할 때 남편의 죽음을 그 예로 들고 있다: 혼인관계는 배우자가 살아 있는 동안 지속된다; 하지만 남편이 죽는다면 부부관계는 소멸되며, 그 결과 아내는 (전) 남편의 법에서 벗어나기 때문에 재혼할 수 있다. 바울에게는 이것이 결혼법이 말하는 전부이다: 즉, 관계의 유지, 단절, 그리고 재 수립.

결혼을 예로 들면서, 바울은 또한 훌륭한 혼인관계는 어떤 남편을 아내가 만나느냐에 달려있다고 제시한다. 만약 훌륭한 남편을 만난다면, 그녀는 행복한 결혼생활을 할 것이며 율법은 행복한 관계를 유지하는 수단이 된다. 하지만 폭력적인 남편을 만난다면, 그녀는 힘든 결혼생활을 할 것이며 율법은 고통을 안겨주는 수단이 될지 모른다. 로마서 7:4에서 바울은 아내 된 신자에게 삶이란 누구를 섬기느냐에 달려있으며, 율법은 그들이 섬기는 남편 된 주인에 따라 달라진다고 주장한다. 로마 신자가 그리스도인이 되기 전에 **죄**(즉, 사탄)의 지배 아래 있었으며, 그때 율법은 **죄**가 저들을 압제하는 일을 도와주었다(롬7:5). 그러나 그들이 새 남편 된 그리스도를 섬김에 따라, 율법은 더 이상 압제의 수단이 아니라 성화의 수단으로 하나님을 섬기는 일에 안내자가 된다(롬7:6).

【 참고서적 】

권연경, 『로마서 산책』. 서울: 복 있는 사람, 2010.

김도현, 『나의 사랑하는 책 로마서』. 서울: 성서유니온, 2014.

김동수, 『로마서 주석』. 대전: 엘도론, 2013.

박정수, "헬레니즘 시대 유대 묵시문학의 시 · 공간적 세계관," 『신약논단』 18 (2011) 967-996.

왕대일, 『묵시문학과 종말론 Reading Daniel: Apocalypse and Vision』. 서울: 대한기독교서회, 2004

이한수, 『로마서 1』. 서울: 이레서원, 2003.

정승우, "로마서 9-11장에 나타난 이스라엘의 구원문제와 로마교회의 사회적 정황," 『신약논단』 12 (2005) 39-66.

_____, "Reconsideration about the Identity of the 'Weak' and the 'Strong' in Romans 14:1-15:13," 『한국기독교 신학논총』 39 (2005) 65-77.

최갑종, 『로마서 듣기』. 서울: 도서출판 대서, 2009.

홍인규, "바울과 율법-다양한 관점들에 대한 평가와 새로운 제안," 『신약연구』 11 (2012) 679-704.

_____, 『로마서 어떻게 읽을 것인가』. 개정증보판. 서울: 성서유니온, 2011.

_____, 『바울신학 사색』. 서울: 이레서원, 2007.

Achtemeier, P. *Romans: Interpretation, a Bible Commentary for Teaching and Preaching*. Atlanta: John Knox Press, 1985.

Adams, E. "Paul's Story of God and Creation" in *Narrative Dynamics in Paul. A Critical Assessment*. ed. Bruce W. Longenecker. Louisville: Westminster John Knox Press, 2002, 19-43.

Aletti, J-N. "Romans" in *The International Bible Commentary*. ed. W. R. Farmer. Collegeville: Liturgical Press, 1998, 1553-1660.

_____. "The Rhetoric of Romans 5-8" in *The Rhetorical Analysis of Scripture*. eds. S. E. Porter and T. H. Olbricht. Sheffield: Sheffield Academic Press, 1997, 294-307.

Ambrosiaster, *Commentaries on Romans and 1-2 Corinthians*. trans. and ed. Gerald L. Bray. Downers Grove: IVP Academic, 2009.

Aquinas, T. *Summa Theologiae. A Concise Translation.* ed. T. McDermott. Notre Dame: Christian Classics, 1989.

_____. *Summa Theologiae. The Sacraments.* vol.56. New York: McGraw-Hall Book / London: Eyre & Spottiswoode, 1975.

_____. *Super Epistolas S. Pauli Lectura.* vol.1. ed. P. R. Cai. Rome: Mavietti, 1953.

Arnold, C. E. "Returning to the Domain of the Power: 'Stoicheia' as Evil Spirits in Gal.4:3, 9," *Novum Testamentum* 38 (1996) 55-76.

Ashley, T. R. *The Book of Numbers: The New International Commentary on the Old Testament.* Grand Rapids: Eerdmans, 1993.

Augustine, A. *Propositions from the Epistle to the Romans. Unfinished Commentary on the Epistle to the Romans.* ed. P. F. Landes. Chico: Scholars, 1982.

_____. "The Spirit and the Letter" in *Augustine: Later Works.* ed. J. Burnaby. Philadelphia: Westminster, 1955, 182-250.

_____. "On Free Will," "To Simplician" in *Augustine: Earlier Writings.* ed. J. H. S. Burleigh. Philadelphia: Westminster, 1953, 113-217, 370-406.

_____. "Sermon 101" in *Sermons on Selected Lessons of the New Testament.* vol.2. London: Oxford, 1930, 705-716.

_____. "Contra Faustum, XXII," www.newsadventl.org/fathers/140622.htm.

Aune, D. E. "Apocalypticism," *Dictionary of Paul and His Letters.* Downers Grove: InterVarsity, 1993, 25-35.

_____. "Understanding Jewish and Christian Apocalyptic," *Word & World* 25 (2005) 233-243.

Babcock, W. S. "Augustine's Interpretation of Romans (A.D. 394-396)," *Augustinian Studies* 10 (1979) 55-74.

Baird, W. "Letters of Recommendation. A Study of 2 Cor.3:1-3," *Journal of Biblical Literature* 80 (1961) 166-172.

Balthasar, H. U. von. *Origen: Spirit and Fire. A Thematic Anthology of His Writings.* trans. R. J. Daly. Washington, D. C.: The Catholic University of America Press, 1984.

Bandstra, A. J. *The Law and the Elements of the World. An Exegetical Study in Aspects of Paul's Teaching.* Kampen: J. H. Kok, 1964.

Barcelona, A. "Reviewing the Properties and Prototype Structure of Metonymy" in *Defining Metonymy in Cognitive Linguistics. Towards a Consensus View.* eds. R. Benczes, A. Barcelona, and F. J. Ruiz de Mendoza Ibanez. Amsterdam: John Benjamin, 2011, 7–58.

Barclay, J. M. G. "Paul and Philo on Circumcision: Romans 2:25–29 in Social and Cultural Context," *New Testament Studies* 44 (1998) 536–556.

_____. *Obeying the Truth. A Study of Paul's Ethics in Galatians.* Edinburgh: T. & T. Clark, 1988.

Barrett, C. K. *The Epistle to the Romans: Black's New Testament Commentaries.* 2nd ed. London: A & C Black, 1957, 1991.

_____. *From First Adam to Last. A Study in Pauline Theology.* New York: Charles Scribner's Sons, 1962.

Baur, F. C. *Paul, the Apostle of Jesus Christ: His Life and Work, His Epistles and His Doctrine.* vol.1. London: Williams & Norgate, 1876.

Bayes, J. F. *The Weakness of the Law. God's Law and the Christian in New Testament Perspective.* Carlisle: Paternoster Press, 2000.

Beale, G. K. *Handbook of Old Testament Use of the New Testament.* Grand Rapids: Baker Academic, 2012.

Becker, J. *Paul: Apostle to the Gentiles.* Louisville: Westminster John Knox Press, 1993.

Behm, J. "διαθήκης," "καινότης," *Theological Dictionary of the New Testament.* ed. G. Kittel. Grand Rapids: Eerdmans, 1964: vol.2. 124–134; vol.3 450–451.

Beker, J. C. "Recasting Pauline Theology: The Coherence–Contingency Scheme as Interpretive Method" in *Pauline Theology.* vol.1. ed. J. M. Bassler. Minneapolis: Fortress, 1991, 15–24.

_____. *Suffering and Hope. The Biblical Vision and the Human Predicament.* Grand Rapids: Eerdmans, 1987, 1994.

_____. "The Faithfulness of God and Priority of Israel in Paul's Letter to the Romans" in *Christians among Jews and Gentiles.* eds. G. W. E.

Nickelsburg with G. W. MacRae. Philadelphia: Fortress, 1986, 10–16.

_____. *Paul's Apocalyptic Gospel. The Coming Triumph of God.* Philadelphia: Fortress, 1982.

_____. *Paul the Apostle. The Triumph of God in Life and Thought.* Philadelphia: Fortress, 1980.

Bergmeier, R. *Das Gesetz im Römerbrief und andere Studien zum Neuen Testament.* Tübingen: J. C. B. Mohr, 2000.

_____. "περιπατέω," *Exegetical Dictionary of the New Testament.* vol.3. eds. H. Balz and G. Schneider. Grand Rapids: Eerdmans, 1993, 75–76.

Bertone, J. A. *'The Law of the Spirit.' Experience of the Spirit and Displacement of the Law in Romans 8:1–16.* New York: Peter Lang, 2005.

Bertram, G. "ἐνεργέω," *Theological Dictionary of the New Testament* vol.2. ed. G. Kittel. Grand Rapids: Eerdmans, 1964, 652–655.

Betz, H. *Galatians: A Commentary on Paul's Letter to the Churches in Galatia: Hermeneia.* Philadelphia: Fortress, 1979.

Biale, R. *Women and Jewish Law: The Essential Texts, their History and their Relevance.* New York: Schocken Books, 1984, 1995.

Bianchi, Ugo. "Religious Dualism," *The New Encyclopaedia Britannica.* vol.26 (London: Encyclopaedia Britannica Inc., 1997) 555–60.

Black, M. *Romans: The New Century Bible Commentary.* Grand Rapids: Eerdmans / London: Marshall, Morgan & Scott, 1973, 1981.

Black, C. C. "Pauline Perspectives on Death in Romans 5–8," *Journal of Biblical Literature* 103 (1984) 413–433.

Blackman, E. C. *Biblical Interpretation.* Philadelphia: Westminster, 1957.

Blanton, T. R. "Paul's Covenantal Theology in 2 Corinthians 2:14–7:4" in *Paul and Judaism.* eds. R. Bieringer and D. Pollefeyt. London NY: T. & T. Clark International, 2012, 61–71.

Blomberg C. L. *Handbook of New Testament Exegesis.* Grand Rapids: Baker Academic, 2010.

Boccaccini, G. "Inner-Jewish Debate on the Tension between Divine and Human Agency in *Second Temple Judaism and His Cultural Environment.* eds. J. M. G. Barclay and S. J. Gathercole. T. & T. Clark,

2006, 9–26.

Boecker, H. J. *Law and Administration of Justice in the Old Testament and Ancient East*. London: SPCK, 1980.

Boer, M. C. de. "Paul's Mythologizing Program in Romans 5–8" in *Apocalyptic Paul. Cosmos and Anthropos in Romans 5–8*. ed. B. R. Gaventa. Waco: Baylor University Press, 2013, 1–20.

_____. "Paul and Jewish Apocalyptic Eschatology" in *Apocalyptic and the New Testament: Essays in honor of J. Louis Martyn*. eds. J. Marcus and M. L. Soards. Sheffield: Sheffield Academic Press, 1989, 169–190.

_____. *The Defeat of Death. Apocalyptic Eschatology in 1 Corinthians 15 and Romans 5*. Sheffield: Sheffield Academic Press, 1988.

Boers, H. *The Justification of the Gentiles: Paul's Letters to the Galatians and Romans*. Peabody: Hendrickson, 1994.

Boguslawski, S. "Thomas Aquinas" in *Reading Romans through the Centuries: from the Early Church to Karl Barth*. eds. J. P. Greenman and T. Larsen. Grand Rapids: Brazos Press, 2005, 81–120.

Bonner, G. "Augustine as biblical Scholar" in *The Cambridge History of the Bible*. vol.1. eds. P. R. Ackroyd and C. F. Evans. Cambridge: Cambridge University Press, 1970, 541–562.

Boomershine, T. "Epistemology at the Turn of the Ages in Paul, Jesus, and Mark: Rhetoric and Dialectic in Apocalyptic and the New Testament" in *Apocalyptic and the New Testament. Essays in honor of J. Louis Martyn*. eds. J. Marcus and M. L. Soards. Sheffield: Sheffield Academic Press, 1989, 147–168.

Bornkamm, G. "Baptism and New Life in Paul" in his *Early Christian Experience*. New York Evanston: Harper & Row, 1969, 71–86.

Bowers, P. "Fulfilling the Gospel: The Scope of the Pauline Mission," *Journal of the Evangelical Theological Society* 30 (1987) 185–198.

Boyarin, D. *A Radical Jew. Paul and the Politics of Identity*. Berkeley Los Angeles London: University of California Press, 1994.

Brändle, R. and Stegemann, E. W. "The Formation of the First 'Christian

Congregations' in Rome in the Context of the Jewish Congregations" in *Judaism and Christianity in First-Century Rome*. eds. K. P. Donfried and P. Richardson. Grand Rapids: Eerdmans, 1998, 117-127.

Branick, V. P. "Apocalyptic Paul?" *Catholic Biblical Quarterly* 47 (1985) 664-75.

Brawley, R. L. "Contextuality, Intertextuality, and the Hendiadic Relationship of Promise and Law in Galatians," *Zeitschrift für die neutestamentliche Wissenschaft* 93 (2002) 99-119.

Bray, G. (ed) "Ambrosiaster" in *Reading Romans through the Centuries: From the Early Church to Karl Barth*. eds. J. P. Greenman and T. Larsen. Grand Rapids: Brazos Press, 2005, 21-38.

_____. *Romans: Ancient Christian Commentary on Scripture (New Testament)*. vol. 6. Downers Grove: InterVarsity, 1998.

Brichto, H. C. "The Case of the *Sota* and a Reconsideration of Biblical 'Law,'" *Hebrew Union College Annual* 46 (1979) 55-70.

Bright, J. *A History of Israel*. 3rd ed. Philadelphia: Westminster, 1981.

Brown, R. E. "Not Jewish Christianity and Gentile Christianity but Types of Jewish/Gentile Christianity," *Catholic Biblical Quarterly* 45 (1983) 74-79.

_____. and Meier, J. P. *Antioch & Rome*. New York: Paulist, 1982.

_____. *New Testament Essays*. Milwaukee: Bruce Pub. Co., 1965.

Bruce, F. F. *Romans: Tyndale New Testament Commentaries*. rev. ed. Leicester: InterVarsity Press / Grand Rapids: Eerdmans, 1985.

_____. *Galatians: New International Greek Testament Commentary*. Grand Rapids: Eerdmans, 1982.

_____. *Paul, Apostle of Heart Set Free*. Grand Rapids: Eerdmans, 1977.

Bruckner, J. K. "The Creational Context of Law before Sinai: Law and Liberty in Pre-Sinai Narratives and Romans 7," *Ex Auditu* 11 (1995) 91-110.

Budd, P. J. *Numbers: Word Biblical Commentary*. Texas: Waco, 1984.

Bultmann, R. "The Significance of the Old Testament for Christian Faith" in *The Old Testament and Christian Faith*. ed. B. W. Anderson. New York: Harper & Row, 1963, 8-35.

_____. "Romans 7 and the Anthropology of Paul" in *Existence and Faith*.

New York: Living Age Books, 1960, 147-157.

_____. *Theology of the New Testament*. 2 vols. New York: Charles Scribner's Sons, 1951, 1955.

Burchard, C. "Römer 7,2-3 im Kontext" in *Antikes Judentum und Frühes Christentum*. eds. B. Kollmann, W. Reinbold, and A. Steudal. Berlin: Walter de Gruyter, 1999, 443-456.

Burns, J. P. (ed.) *Romans: Interpreted by Early Christian Commentators*. Grand Rapids Cambridge: Eerdmans, 2012.

Burton, K. A. *Rhetoric, Law, and the Mystery of Salvation in Romans 7:1-6*. Lewiston Queenston Lampeter: Edwin Mellen, 2000.

Byrne, B. "Interpreting Romans Theologically in a Post-'New Perspective' Perspective," *Harvard Theological Review* 94 (2001) 227-241.

_____. "The Problem of Νομος and the Relationship with Judaism in Romans," *Catholic Biblical Quarterly* 62 (2000) 294-309.

_____. *Romans. Sacra Pagina*. Collegeville: Liturgical Press, 1996.

Caird, G. B. *New Testament Theology*. Oxford: Clarendon, 1994.

Calvin, J. *Institutes of the Christian Religion*. vol.1. ed. J. T. McNeill and trans and index. F. L. Battles. Philadelphia: Westminster, 1960.

_____. *The Epistle of Paul the Apostle to the Romans and to the Thessalonians*. eds. D. W. Torrance and T. F. Torrance. Grand Rapids: Eerdmans, 1960, 1973.

Campbell, W. S. *Unity and Diversity in Christ: Interpreting Paul in Context. Collected Essays*. Eugene: Cascade Books, 2013.

_____. "Covenantal Theology and Participation in Christ: Pauline Perspectives on Transformation" in *Paul and Judaism*. eds. R. Bieringer and D. Pollefeyt. London NY: T. & T. Clark International, 2012, 41-60.

_____. *Paul and the Creation of Christian Identity*. New York: T. & T. Clark International, 2006.

_____. "Israel," *Dictionary of Paul and His Letters*. eds. G. F. Hawthorne, R. P. Martin, and D. G. Reid. Downers: Grove: InterVarsity, 1993, 441-446.

_____. *Paul's Gospel in An Intercultural Context*. New York: Peter Lang, 1992.

Carey, J. J. "Apocalypticism as a Bridge between the Testaments" in *The Old and the New Testament. Their Relationship and the "Intertestamental" Literature*. eds. J. H. Charlesworth and W. P. Weaver. Valley Forge: Trinity International Press, 1993, 89–106.

Carras, G. P. "Romans 2:1–29: A Dialogue on Jewish Ideals," *Biblica* 73 (1992) 183–207.

Carter, T. L. *Paul and the Power of Sin: Redefining 'Beyond the Pale.'* Cambridge: Cambridge University Press, 2002.

Chamblin, K. "The Law of Moses and the Law of Christ" in *Continuity and Discontinuity: Perspectives on the Relationship between the Old and New Testaments. Essays in honor of S. Lewis Johnson*. ed. John S. Feinberg. Wheaton: Crossway Books, 1988, 181–202.

Charlesworth, J. H. "What Has the Old Testament to Do with the New?" in *The Old and New Testaments. Their Relationship and the "Intertestamental" Literature*. eds. J. H. Charlesworth and W. P. Weaver. Valley Forge: Trinity Press International, 1993, 39–88.

_____. "A Critical Comparison in 'Dualism' in Qumran in IQS 3:14–4:26 and the 'Dualism' contained in the Gospel of John," *New Testament Studies* 15 (1969) 389–418.

Chau, W–S. *The Letter and the Spirit. A History of Interpretation from Origen to Luther*. New York: Peter Lang, 1995.

Christensen, D. L. *Deuteronomy 21:10–34:12: Word Biblical Commentary*. Nashville: Thomas Nelson Publishers, 2002.

Chroust, A–H. "The Philosophy of Law of St. Thomas Aquinas," *American Journal of Jurisprudence* 19 (1974) 1–38.

Chrysostom, J. *The Homilies of John Chrysostom on the Epistle of St. Paul the Apostle to the Romans*. London: Oxford, 1930.

Clements, R. E. "The Book of Deuteronomy" in *The Interpreter's Bible*. vol.2. Nashville: Abingdon, 1998, 269–538.

Cohen, S. *From the Maccabees to the Mishnah*. Philadelphia: Westminster,

1987.

Collins, J. J. *Apocalypticism in the Dead Sea Scrolls*. London New York: Routledge, 1997.

_____. *The Apocalyptic Imagination. An Introduction to Jewish Apocalyptic Literature*. New York: Crossroad, 1984.

_____. "Apocalyptic Eschatology as the Transcendence of Death" in *Visionaries and Their Apocalypses*. ed. Paul D. Hanson. Philadelphia: Fortress / London: SPCK, 1983, 61–84.

_____. *Apocalypses: The Morphology of a Genre: Semeia 14*. Atlanta: Scholars Press, 1979.

Constable, T. L. *Notes on the Bible: Genesis–Deuteronomy*. vol.1. Fort Worth: Tyndale Seminary Press, 2010.

Corbett, P. E. *The Roman Law of Marriage*. Oxford: Clarendon, 1969.

Corbett, E. P. J. *Classic Rhetoric for the Modern Student*. 3rd ed. New York Oxford: Oxford University Press, 1990.

Cousar, C. B. "Continuity and Discontinuity: Reflections on Romans 5–8 (in Conversation with Frank Thielman)" in *Pauline Theology: Romans*. vol.3. eds. D. M. Hay and E. E. Johnson. Minneapolis: Fortress, 1995, 196–210.

_____. *Galatians: Interpretation*. Louisville: John Knox, 1982.

Craigie, P. C. *The Book of Deuteronomy: The New International Commentary on the Old Testament*. Grand Rapids: Eerdmans, 1976.

Cranfield, C. E. B. *A Critical and Exegetical Commentary on the Epistle to the Romans*. 2vols. Edinburgh: T. & T. Clark, 1975. 1979.

_____. "Concluding Remarks on Some Aspects of the Theology of Romans" in *Romans*, 1:823–870.

Dahl, N. A. *Studies in Paul. Theology for the Early Christian Mission*. Minneapolis: Augsburg, 1977.

Daly, R. J. "Origen," *Encyclopedia of Early Christianity*. vol.2. ed. E. Ferguson. New York London: Garland, 1997, 835–836.

Daniélou, J. *Gospel Message and Hellenistic Culture*. London: Longman & Todd / Philadelphia: Westminster, 1973.

Das, A. A. *Solving the Romans Debate*. Minneapolis: Fortress, 2007.

_____, *Paul, the Law, and the Covenant*. Peabody: Hendrickson, 2001.

Davies, E. W. *Numbers: The New Century Bible Commentary*. Grand Rapids: Eerdmans, 1995.

Davies, G. N. *Faith and Obedience in Romans*. Sheffield: JSOT Press, 1990.

Davies, W. D. *Jewish and Pauline Studies*. London: SPCK, 1984.

_____. "Paul and the Dead Sea Scrolls: Flesh and Spirit" in *The Scrolls and the New Testament*. ed. K. Stendahl. New York: Crossroads, 1957, 1992, 157-182.

_____. *Paul and Rabbinic Judaism. Some Rabbinic Elements in Pauline Theology*. Philadelphia: Fortress, 1948, 1980.

Davis, S. K. *The Antithesis of the Ages. Paul's Reconfiguration of Torah*. Washington: The Catholic Biblical Association of America, 2002.

Delling, G. "καταργέω," *Theological Dictionary of the New Testament*. vol.1. ed. G. Kittel. Grand Rapids: Eerdmans, 1964, 453-454.

Demson, D. "John Calvin" in *Reading Romans through the Centuries: From the Early Church to Karl Barth*. eds. J. P. Greenman and T. Larsen. Grand Rapids: Brazos Press, 2005, 137-148.

Derrett, J. D. M. "'You Abominate False Gods; but Do You Rob Shrines?' (Rom.2.22b)," *New Testament Studies* 40 (1994) 558-571.

_____. "Romans 7:1-4. The Relationship with the Resurrected Christ" in his *Law in the New Testament*. London: Oxford University Press, 1970, 461-471.

Dixon, C. S. "Martin Luther," *Encyclopedia of Christianity*. ed. J. Bowden. Oxford: Oxford University Press, 2005, 716-719.

Dodd, C. H. *The Bible Today*. Cambridge: Cambridge University Press, 1946, 1960.

_____. *The Meaning of Paul Today*. Cleveland: Collins & World, 1957.

_____. *Gospel and Law. The Relation of Faith and Ethics in Early Christianity*. New York: Columbia University Press, 1951.

_____. *The Epistle to the Romans*. New York London: Harper and Brothers, 1932.

Donaldson, T. L. *Paul and the Gentiles. Remapping the Apostle's Convictional World.* Minneapolis: Fortress, 1997.

_____. "The 'Curse of the Law' and the Inclusion of the Gentiles: Galatians 3:13-14," *New Testament Studies* 32 (1986) 94-112.

Doohan, H. *Leadership in Paul.* Wilmington: Michael Glazier, 1984.

Dorsey, D. A. "The Law of Moses and the Christians: A Compromise," *Journal of the Evangelical Theological Society* 34 (1991) 321-334.

Dowey, E. A. "Law in Luther and Calvin," *Theology Today* 41 (1984-5) 146-53.

Driver, S. R. *A Critical Commentary on Deuteronomy.* Edinburgh: T. & T. Clark, 1895.

Du Toit, A. B. "Persuasion in Romans 1:1-17," *Biblische Zeitschrift* 33 (1989) 192-209.

Dubois, M. "Mystical and Realistic Elements in the Exegesis and Hermeneutics of Thomas Aquinas" in *Creative Biblical Exegesis. Christian and Jewish Hermeneutics through the Centuries.* eds. B. Uffenheimer and H. G. Reventlow. Sheffield: JSOT Press, 1988, 39-54.

Duff, N. J. "The Significance of Pauline Apocalyptic for Theological Ethics" in *Apocalyptic and the New Testament. Essays in honor of J. Louis Martyn.* eds. J. Marcus and M. L. Soards. Sheffield: Sheffield Academic Press, 1989, 279-296.

Duff, P. B. "Transformed 'from Glory to Glory': Paul's Appeal to the Experience of His Readers in 2 Corinthians 3:18," *Journal of Biblical Literature* 127 (2008) 759-780.

Dumbrell, W. J. "The Newness of the New Covenant: The Logic of the Argument in 2 Corinthians 3," *Reformed Theological Review* 61 (2002) 61-84.

_____. "The Prospect of Unconditionality in the Sinaitic Covenant" in *Israel's Apostasy and Restoration. Essays in honor of Roland K. Harrison.* ed. A. Gileadi. Grand Rapids: Baker, 1988, 141-155.

_____. *Covenant and Creation. A Theology of Old Testament Covenants.* Nashville: Thomas Nelson, 1984.

Dunn, J. D. G. "A Review of Jewett, *Romans*" in *From Rome to Beijing.*

Symposia on Robert Jewett's Commentary on Romans. Lincoln: Kairos Studies, 2013, 135–143.

_____. "Did Paul have a Covenant Theology? Reflections on Romans 9:4 and 11:27" in *The Concept of the Covenant in the Second Temple Period.* eds. S. E. Porter and J. C. R. de Roo. Leiden Boston: E. J. Brill, 2003, 287–307.

_____. *The Theology of Paul the Apostle.* Grand Rapids Cambridge: Eerdmans, 1998.

_____. "How New was Paul's Gospel? The Problem of Continuity and Discontinuity" in *Gospel in Paul: Studies on Corinthians, Galatians and Romans for Richard N. Longenecker.* eds. L. A. Jervis and P. Richardson. Sheffield: Sheffield Academic Press, 1994, 367–384.

_____. *The Epistle to the Galatians: Black's New Testament Commentaries.* London: A & C Black, 1993.

_____. *Romans 1–8. Word Biblical Commentary.* Dallas: Word, 1988.

_____. *Unity and Diversity in the New Testament.* Philadelphia: Westminster, 1977.

Earnshaw, J. D. "Reconsidering Paul's Marriage Analogy in Romans 7:1–4," *New Testament Studies* 40 (1994) 68–88.

Edwards, J. R. *Romans: New International Biblical Commentary.* Peabody: Hendrickson, 1992.

Ehrensperger, K. "The New Perspective and Beyond" in *Modern Interpretations of Romans.* eds. D. Patte and C. Grenholm. New York London: Bloomsbury, 2013, 189–220.

Ehrman, B. D. *The New Testament: A Historical Introduction to the Early Christian Writings.* 3rd ed. Oxford New York: Oxford University Press, 2000, 2004.

Elliott, M. A. "Romans 7 in the Reformation Century" in *Reformation Readings of Romans.* eds. K. Ehrensperger and R. Ward Holder. New York London: T. & T. Clark, 2008, 171–188.

Elliott, N. *Liberating Paul. The Justice of God and the Politics of the Apostle.* New York: Orbis Books, 1994.

_____. *The Rhetoric of Romans*. Minneapolis: Fortress, 1990, 2007.

Ellis, E. E. *The Old Testament in Early Christianity*. Grand Rapids: Baker, 1991.

_____. *Pauline Theology: Ministry and Society*. Grand Rapids: Eerdmans / Exeter: Paternoster Press, 1989.

_____. "'Spiritual' Gifts in the Pauline Christianity," *New Testament Studies* 20 (1973-1974) 128-144.

Engberg-Pedersen, T. *Paul and Stoics*. Louisville: Westminster John Knox Press, 2000.

Enns, P. "Expansions of Scripture" in *Justification and Variegated Nomism*. vol.1. eds. D. A. Carson, P. T. O'Brien, and M. A. Seifrid. Tübingen: J. C. B. Mohr / Grand Rapids: Baker Academic, 2001, 73-98.

Evans, C. A. "Scripture-Based Stories in the Pseudepigrapha" in *Justification and Variegated Nomism*. vol.1. eds. D. A. Carson, P. T. O'Brien, and M. A. Seifrid. Tübingen: J. C. B. Mohr / Grand Rapids: Baker Academic, 2001, 57-72.

Engnell, I. *Israel and the Law*. 2nd ed. Uppsala: Wretmans Boktrycheri, 1954.

Fallon, F. T. "The Law in Philo and Ptolemy: A Note on the Letter to Flora," *Vigiliae Christianae* 30 (1976) 45-51.

Fee, G. D. *God's Empowering Presence: The Holy Spirit in the Letters of Paul*. Peabody: Hendrickson, 1994.

_____. *The First Epistle to the Corinthians*. Grand Rapids: Eerdmans, 1987.

Fee, G. D. and Stuart, D. *How to read the Bible for All Its Worth*. Grand Rapids: Zondervan, 1982.

Ferguson, E. *Demonology of the Early Christian World*. Lewiston: Edwin Mellen, 1980.

Fitzmyer, J. A. *Romans: The Anchor Bible. A New Translation with Introduction and Commentary*. New York: Double Day, 1993.

Forbes, C. "Paul's Principalities and Powers: Demythologizing Apocalyptic," *Journal for the Study of the New Testament* 82 (2001) 61-88.

Ford, D. *Spiritual Divorce: Divorce as a Catalyst for an Extraordinary Life*. New York: HarperCollins, 2001.

Fredriksen, P. "Augustine and Israel: *Interpretatio ad litteram*, Jews, and Judaism in Augustine's Theology of History" in *Engaging Augustine on Romans*. eds. D. Patte and E. TeSelle. Harrisburg: Trinity Press International, 2002, 91–110.

Froehlich, K (trans. and ed). *Biblical Interpretation in the Early Church*. Philadelphia: Fortress, 1984.

Frost, S. B. *Old Testament Apocalyptic*. London: Epworth, 1952.

Frymer, T. S. "Ordeal, judicial," *Interpreter's Dictionary of the Bible. Supplementary Volume*. ed. K. Crim. Nashville: Abingdon, 1976, 638–640.

Frymer-Kensky, T. "The Strange Case of the Suspected Sota (Numbers V 11–31)," *Vetus Testamentum* 34 (1984) 11–26.

Fung, R. Y. K. *The Epistle to the Galatians: The International Commentary on the New Testament*. Grand Rapids: Eerdmans, 1988.

Furnish, V. P. *2 Corinthians: The Anchor Bible*. 2nd ed. Garden City: Doubleday, 1984.

_____. *Theology and Ethics in Paul*. Nashville: Abingdon, 1968.

Gager, J. *The Origins of Anti-Semitism*. New York Oxford: Oxford University Press, 1983.

Gale, H. M. *The Use of Analogy in the Letters of Paul*. Philadelphia: Westminster, 1964.

Gammie, J. D. "Spatial and Ethical Dualism in Jewish Wisdom and Apocalyp-tic Literature," *Journal of Biblical Literature* 93 (1974) 356–385.

Garlington, D. B. *Faith, Obedience, and Perseverance: Aspects of Paul's Letter to the Romans*. Tübingen: J. C. B. Mohr, 1994.

_____. "ΙΕΡΟΣΥΛΕΙΝ and the Idolatry of Israel (Romans 2:22)," *New Testament Studies* 36 (1990) 142–151.

Garrett, S. R. "The God of this world and the Affliction of Paul" in *Greeks, Romans, and Christians: Essays in honor of Abraham J. Malherbe*. eds. D. L. Balch, E. Ferguson and Wayne A. Meeks. Minneapolis: Fortress, 1990, 99–117.

Gaston, L. *Paul and the Torah*. Vancouver: University of British Columbia Press, 1987.

Gathercole, S. J. *Where is Boasting? Early Jewish Soteriology and Paul's Response in Romans 1-5*. Grand Rapids: Eerdmans, 2002.

Gaventa, B. R. "The Cosmic Power of Sin in Paul's Letter to the Romans," *Interpretation* 58 (2004) 229-240.

Gawrisch, W. R. "The Meaning of the Hebrew Word *Torah* with Special Reference to Its Use in the Psalms," *Wisconsin Lutheran Quarterly* 89 (1992) 144-192.

Georgi, D. *The Opponents of Paul in Second Corinthians*. Philadelphia: Fortress, 1986.

Giblin, C. H. "Three Monotheistic Texts," *Catholic Biblical Quarterly* 37 (1975) 527-547.

Gieniusz, A. "The Wider Framework of Rom 8:18-30: Chapters 5-8" in *Romans 8:18-30: Suffering Does not thwart the future Glory*. Atlanta: Scholars Press, 1998. 13-55.

_____. "Rom.7:1-6: Lack of Imagination? Function of the Passage in the Argumentation of Rom.6:1-7:6," *Biblica* 74 (1993) 389-400.

Gleason, R. C. "Contrasts in 2 Corinthians 3:1-11," *Bibliotheca Sacra* 154 (1997) 61-79.

Godet, F. *St. Paul's Epistle to the Romans*. New York: Funk & Wagnalls, 1883.

Goldingay, J. *Models for Interpretation of Scripture*. Grand Rapids: Eerdmans, 1995.

_____. *Approaches to Old Testament Interpretation*. Downers Grove: InterVarsity, 1984.

Gorday, P. *Principles of Patristic Exegesis. Romans 9-11 in Origen, John Chrysostom, and Augustine*. New York Toronto: Edwin Mellen, 1983.

Grant, R. M. with D. Tracy. *A Short History of the Interpretation of the Bible*. 2nd ed. Philadelphia: Fortress, 1984.

Grenholm, C. *Romans Reconsidered. A Comparative Analysis of the*

Commentaries of Barth, Nygren, Cranfield, and Wilckens on Paul's Epistle to the Romans. Stockholm: Almqvist & Wilsell International, 1990.

Grieb, A. K. *The Story of Romans. A Narrative Defense of God's Righteousness.* Louisville: Westminster John Knox, 2002.

Grindheim, S. "The Law kills but the Gospel gives Life: The Letter-Spirit Dualism in 2 Corinthians 3:5-18," *Journal for the Study of the New Testament* 84 (2001) 97-115.

Gundry, R. H. "The Moral Frustration of Paul before his Conversion: Sexual Lust in Romans 7:7-25" in *Pauline Studies: Essays presented to Professor F. F. Bruce.* eds. D. A. Hagner and M. J. Harris. Exeter: Paternoster / Grand Rapids: Eerdmans, 1980, 228-245.

_____. *'Soma' in Biblical Theology with Emphasis on Pauline Anthropology.* Cambridge: Cambridge University Press, 1976.

Gutbrod, W. "νόμος," *Theological Dictionary of the New Testament.* vol.4. ed. G. Kittel. Grand Rapids: Eerdmans, 1967, 1022-1091.

Haacker, K. *Der Brief des Paulus an die Römer.* Leipzig: Evangelische Verlagsanstalt, 1999.

Hafemann, S. *Paul, Moses and the History of Israel. The Letter/Spirit Contrast and the Argument from Scripture in 2 Corinthians 3.* Peabody: Hendrickson, 1996.

_____. *Suffering and the Spirit: An Exegetical Study of 2 Cor.2:14-3:3 within the Context of the Corinthian Correspondence.* Tübingen: J. C. B. Mohr, 1986.

Hall, C. A. "John Chrysostom" in *Reading Romans through the Centuries. From the Early Church to Karl Barth.* eds. J. P. Greenman and T. Larsen. Grand Rapids: Brazos, 2005, 39-58.

Hall, R. G. "Arguing Like an Apocalypse: Galatians and an Ancient Topos Outside the Greco-Roman Rhetorical Tradition," *New Testament Studies* 42 (1996) 434-452.

Hanson, P. D. "Introduction," "Old Testament Apocalyptic Reexamined" in *Visionaries and Their Apocalypses.* ed. P. D. Hanson. Philadelphia:

Fortress / London: SPCK, 1983, 1–15, 37–60.

_____. *The Dawn of Apocalyptic*. Philadelphia: Fortress, 1983.

Harris, M. J. *The Second Epistle to the Corinthians: New International Greek Text Commentary*. Grand Rapids: Eerdmans, 2005.

Harvey, J. D. *Anointed with the Spirit and Power*. Phillipsburg: P & R, 2008.

_____, *Listening to the Text: Oral Patterning in Paul's Letters*. Grand Rapids: Baker Books, 1998.

Hasel, G. "Remnant," *International Standard Bible Encyclopedia*. rev. ed. G. W. Bromiley. Grand Rapids: Eerdmans, 1988. 130–134.

Haufe, C. "Die Stellung des Paulus zum Gesetz," *Theologische Literaturzeitung* 91 (1966) 171–178.

Hawthorne, G. F. "Marriage and Divorce, Adultery and Incest," *Dictionary of Paul and His Letters*. eds. G. F. Hawthorne, R. P. Martin, D. G. Reid. Downers Grove: InterVarsity, 1993, 594–601.

Hays, R. B. *Echoes of Scripture in the Letters of Paul*. New Haven London: Yale University Press, 1989.

Hays, J. D. "Applying the Old Testament Law Today," *Bibliotheca Sacra* 158 (2001) 21–35.

Heil, J. P. *Paul's Letter to the Romans. A Reader-Response Commentary*. New York: Paulist, 1987.

Hellholm, D. "Die Argumentative Funkton von Römer 7:1–6," *New Testament Studies* 43 (1997) 385–411.

_____. "Enthymemic Argumentation in Paul: The Case of Romans 6" in *Paul in His Hellenistic Context*. ed. T. Engsberg-Pedersen. Minneapolis: Fortress, 1996, 119–179.

Hengel, M. *Judaism and Hellenism*. vol. 1. Philadelphia: Fortress, 1974.

Hittinger, R. "Natural Law as Law," *American Journal of Jurisprudence* 39 (1994) 1–32.

Hodge, C. *Romans*. Edinburgh: Banner of Truth Trust, 1835, 1983.

Hofius, O. "The Adam-Christ Antithesis and the Law: Reflections on Romans 5:12–21" in *Paul and the Mosaic Law*. ed. J. D. G. Dunn. Grand Rapids: Eerdmans, 1996, 165–206.

Holder, R. W. "Introduction: Romans in the Light of Reformation Reception" and "Calvin's Hermeneutic and Tradition: An Augustinian Reception of Romans 7" in *Reformation Readings of Romans*. eds. K. Ehrensperger and R. Ward Holder. New York London: T. & T. Clark, 2008, 1-9, 98-119.

Holland, T. *Romans: The Divine Marriage-A Biblical Theological Comment-ary*. Eugene: Pickwick, 2011.

_____. *Contours of Pauline Theology*. Glasgow: Christian Focus, 2004.

Holloway, P. A. "The Rhetoric of Romans," *Review & Expositor* 100 (2003) 113-127.

Holwerda, D. E. *Jesus and Israel. One Covenant or Two?* Grand Rapids: Eerdmans, 1995.

Hong, I-G. *The Law in Galatians*. Sheffield: JSOT Press, 1993.

Hooker, M. D. *From Adam to Christ: Essays on Paul*. Cambridge: Cambridge University Press, 1990.

_____. "Paul and 'Covenantal Nomism'" in *Paul and Paulinism: Essays in honor of C. K. Barrett*. eds. M. D. Hooker and S. G. Wilson. London: SPCK, 1982, 47-56.

Horst, J. "μέλος," *Theological Dictionary of the New Testament*. vol.4. ed. G. Kittel. Grand Rapids: Eerdmans, 1967, 555-568.

Howard, J. M. *Paul, the Community, and Progressive Sanctification. An Exploration into Community-Based Transformation within Pauline Theology*. New York: Peter Lang, 2007.

Hubbard, M. V. *New Creation in Paul's Letters and Thought*. Cambridge: Cambridge University Press, 2002.

Hübner, H. *Law in Paul's Thought. A Contribution to the Development of Pauline Theology*. Edinburgh: T. & T. Clark, 1984.

Hughes, P. E. *Paul's Second Epistle to the Corinthians*. Grand Rapids: Eerdmans, 1962.

Hultgren, A. J. *Paul's Letter to the Romans. A Commentary*. Grand Rapids: Eerdmans, 2011.

Ito, A. "Romans 2: A Deuteronomistic Reading," *Journal for the Study of the*

New Testament 59 (1995) 21-37.

Janzen, W. *Old Testament Ethics. A Paradigmatic Approach*. Louisville: Westminster John Knox, 1994.

Jaquette, J. *The Function of the ADIAPHORA Topos in Paul's Letters*. Atlanta: Scholars Press, 1995.

Jeffers, J. S. *Conflict in Rome: Social Order and Hierarchy in Early Christianity*. Minneapolis: Fortress, 1991.

Jervell, J. "The Letter to Jerusalem" in *The Romans Debate*. rev. and exp. ed. K. P. Donfried. Peabody: Hendrickson, 1991, 53-64.

Jervis, L. A. *At the Heart of the Gospel. Suffering in the Earliest Christian Message*. Grand Rapids: Eerdmans, 2007.

_____. "'The Commandment which is for Life' (Romans 7:10): Sin's Use of the Obedience of Faith," *Journal for the Study of the New Testament* 27 (2004) 193-216.

_____. *Galatians: New International Biblical Commentary*. Peabody: Hendrickson, 1999.

_____. *The Purpose of Romans. A Comparative Letter Structure Investigation*. Sheffield: JSOT Press, 1991.

Jewett, R. *Romans. A Critical and Historical Commentary on the Bible: Hermeneia* Minneapolis: Fortress, 2007.

_____. *Paul the Apostle to America. Cultural Trends and Pauline Scholarship*. Louisville: Westminster John Knox, 1994.

_____. *Paul's Anthropological Terms: A Study of Their Use in Conflicting Settings*. Leiden: E. J. Brill, 1971.

Jocz, J. *The Covenant. A Theology of Human Destiny*. Grand Rapids: Eerdmans, 1962.

Johnson, L. A. "Satan Talk in Corinth: The Rhetoric of Conflict," *Biblical Theology Bulletin* 29 (1999) 145-155.

Johnson, L. T. *Reading Romans. A Literary and Theological Commentary*. New York: Crossroad, 1997.

Johnson, S. L. *The Old Testament in the New*. Grand Rapids: Zondervan, 1980.

Jolivet, Jr. I. J. "An Argument from the Letter and Intent of the Law as the primary Argumentative Strategy in Romans" in *The Rhetorical Analysis of Scripture*. eds. S. E. Porter and T. H. Olbricht. Sheffield: Sheffield Academic Press, 1997, 309-335.

Kaiser, W. "How Can Christians derive Principles from the Specific Commands of the Law?" in *Reading in Christian Ethics: Theory and Method*. vol.1. eds. D. K. Clark and R. V. Rakestraw. Baker, 1994, 192-201.

_____. "The Law as God's Gracious Guidance for the Promotion of Holiness" in *The Law, the Gospel, and the Modern Christian*. ed. W. G. Strickland. Grand Rapids: Zondervan, 1993, 177-199.

_____. *Toward Rediscovering the Old Testament*. Grand Rapids: Zondervan, 1987.

_____. *Toward Old Testament Ethics*. Grand Rapids: Zondervan, 1983.

_____. "The Old Promise and the New Covenant: Jeremiah 31:31-34" in *The Bible in Its Literary Milieu*. eds. V. Tollers and J. Maier. Grand Rapids: Eerdmans, 1979, 109-117.

Kalantzis, G. "'The Voice So Dear to Me': Themes from Romans in Theodore, Chrysostom, and Theodoret" in *Greek Patristic and Eastern Orthodox Interpretations of Romans*. eds. D. Patte and V. Mihoc. London New York: Bloomsbury, 2013, 88-104.

Kallas, J. *The Real Satan: From Biblical Times to the Present*. Minneapolis: Fortress, 1975.

Käsemann, E. *Commentary on Romans*. Grand Rapids: Eerdmans, 1980.

_____. "The Spirit and the Letter" in his *Perspectives on Paul*. Philadelphia: Fortress, 1971, 138-166.

_____. *New Testament Questions of Today*. Philadelphia: Fortress, 1969.

Kaye, B. N. *The Thought Structure of Romans with Special Reference to Chapter 6*. Chico: Scholars, 1979.

Keil, C. F. & Delitsch, F. *Biblical Commentary on the Old Testament: Pentateuch*. vol. 3. reprinted. Grand Rapids: Eerdmans, 1983.

Keck, L. E. *Romans: Abingdon New Testament Commentaries*. Nashville:

Abingdon, 2005.

_____, "Paul and Apocalyptic Theology," *Interpretation* 38 (1984) 229–241.

Kertelge, K. "Letter and Spirit in 2 Corinthians 3" in *Paul and the Mosaic Law*. ed. J. D. G. Dunn. Grand Rapids: Eerdmans, 1996, 2001, 117–130.

_____. *The Epistle to the Romans*. New York: Herder & Herder, 1972.

Kim, S. *Paul and the New Perspective*. Grand Rapids: Eerdmans, 2002.

_____. *The Origin of Paul's Gospel*. Tübingen: J. C. B. Mohr, 1981.

Klaiber, W. *Der Römerbrief*. Göttingen: Neukirchener Verlag, 2009.

Knibb, M. A. "2 Esdras" in *The First and Second Books of Esdras*. eds. R. J. Coggins and M. A. Knibb. Cambridge: Cambridge University Press, 1979.

Koch, K. "What is Apocalypticism?" *Visionaries and Their Apocalypses*. ed. P. D. Hanson. Philadelphia: Fortress / London: SPCK, 1983, 16–36.

Kovacs, J. L. "The Archons, the Spirit and the Death of Christ. Do We need the Hypothesis of Gnostic Opponents to explain 1 Cor.2:6–10?" in *Apocalyptic and the New Testament: Essays in honor of J. Louis Martyn*. eds. J. Marcus and M. L. Soards. Sheffield: Sheffield Academic Press, 1989, 217–236.

Kövecses, Z and Radden, G. "Metonymy: Developing a Cognitive Linguistic View," *Cognitive Linguistics* 9 (1999) 37–77.

Kremer, J. "πάθημα," *Exegetical Dictionary of the New Testament*. vol.3. eds. H. Balz and G. Schneider. Grand Rapids: Eerdmans, 1993, 1–2.

Kruse, C. G. *Paul's Letter to the Romans: The Pillar New Testament Commentary*. Grand Rapids Cambridge: Eerdmans, 2012.

_____. *Paul, the Law, and Justification*. Peabody: Hendrickson, 1997.

_____, *The Second Epistle of Paul to the Corinthians. An Introduction and Commentary. Tyndale NT Commentary*. Leicester: InterVarsity / Grand Rapids: Eerdmans, 1987.

Kuhatschek, J. *Taking the Guesswork out of Applying the Bible*. Downers Grove: InterVarsity, 1990.

Kuhn, H. B. "Dualism," *Evangelical Dictionary of Theology*. ed. W. A.

Elwell. Grand Rapids: Baker, 1984, 2001, 357.

Kuhn, K. G. "New Light on Temptation, Sin, and Flesh in the New Testament" in *Scrolls and the New Testament.* ed. K. Stendahl. New York: Crossroad, 1957, 1992, 94–113.

Kümmel, W. G. *Römer 7 und die Bekehrung des Paulus.* Leipzig: J. D. Hinrichs, 1929.

Ladd, G. E. "Eschatology" in *The International Standard Bible Encyclopedia.* vol.2. rev. ed. G. W. Bromiley. Grand Rapids: Eerdmans, 1982, 130–143.

_____. "Apocalyptic Literature" in *The International Standard Bible Encyclopedia.* rev. ed. Geoffrey W. Bromiley. vol. 1. Grand Rapids: Eerdmans, 1979, 151–161.

_____. *A Theology of the New Testament.* Grand Rapids: Eerdmans, 1974.

_____. "The Origin of Apocalyptic in Biblial Religion" in *Evangelical Quarterly* 30 (1958) 140–146.

_____. "Why not Prophetic-Apocalyptic?" *Journal of Biblical Literature* 76 (1957) 192–200.

Lakoff, G. and Johnson, M. *Metaphors We Live By.* Chicago: University of Chicago Press, 1980.

Lamp, J. S. "Paul, the Law, Jews, and Gentiles: A Contextual and Exegetical Reading of Romans 2:12–16," *Journal of the Evangelical Theological Society* 42 (1999) 37–51.

Lampe, P. *From Paul to Valentinus. Christians at Rome in the First Two Centuries.* Minneapolis: Fortress, 2003.

_____. "The Roman Christians in Romans 16" in *The Romans Debate.* rev. and exp. ed. K. P. Donfried. Peabody: Hendrickson, 1991, 216–230.

Landes, P. F. (ed.) *Augustine on Romans. Propositions from the Epistle to the Romans. Unfinished Commentary on the Epistle to the Romans.* Chico: Scholars, 1982.

Lane, W. L. "Covenant: The Key to Paul's Conflict with Corinth," *Tyndale Bulletin* 33 (1982) 3–29.

Laney, J. C. "No Divorce and No Remarriage" in *Divorce and Remarriage.*

Four Christian Views. ed. H. W. House. Downers Grove:
InterVarsity, 1990, 15-54.

Layton, B (ed). *Gnostic Scriptures.* New York: Doubleday, 1987.

Leenhardt, F. J. *The Epistle to the Romans.* London: Epworth, 1961.

Legasse, S. L.'*Epitre de Paul aux Romains.* Paris: Les Editions du Cerf, 2002.

Lenski, R. C. H. *The Interpretation of St. Paul's Epistle to the Romans.*
Minneapolis: Augsburg, 1945, 1961.

Levering, M. and Dauphinais, M. "Introduction" in *Reading Romans with St.
Thomas Aquinas.* eds. M. Levering and M. Dauphinais. Washington,
D.C.: The Catholic University of America Press, 2012, ix-xix.

Levison, J. R. "Adam and Eve in Romans 1:18-25 and the Greek *Life of
Adam and Eve*," *New Testament Studies* 50 (2004) 519-534.

Lewis, S. M. *What are They Saying about New Testament Apocalyptic?*
Mahwah: Paulist, 2004.

Lichtenberger, H. "Spirits and Demons in the Dead Sea Scrolls" in *The Holy
Spirit and Christian Origins. Essays in honor of James D. G. Dunn.* eds.
G. N. Stanton, B. W. Longenecker, and S. C. Barton. Grand Rapids
Cambridge: Eerdmans, 2004, 14-21.

Liddel, H. G. and Scott, R. *A Greek English Lexicon.* rev. eds. H. S. Jones
and R. McKennzie. Oxford: Clarendon, 1968.

Lienhard, M. "Martin Luther," *Encyclopedia of Christian Theology.* ed. Jean-
Yves Lacoste. New York London: Routledge, 2005, 958-964.

Little, J. A. "Paul's Use of Analogy: A Structural Analysis of Romans 7:1-6,"
Catholic Biblical Quarterly 46 (1984) 82-90.

Lohse, E. *Der Brief an die Römer.* Göttingen: Vandenhoeck & Ruprecht,
2003.

Longenecker, B. W. "Contours of Covenant Theology in the Post-Conversion
Paul" in *The Road to Damascus. The Impact of Paul's Conversion on
His Life, Thought, and Ministry.* ed. R. N. Longenecker. Grand
Rapids: Eerdmans, 1997, 125-146.

_____. *Eschatology and the Covenant. A Comparison of 4 Ezra and Romans
1-11.* Sheffield: Sheffield Academic Press, 1991.

———. "Different Answers to Different Issues: Israel, the Gentiles and Salvation History in Romans 9–11," *Journal for the Study of the New Testament* 36 (1989) 95–123.

Longenecker, R. N. *Introducing Romans: Critical Issues in Paul's Most Famous Letter.* Grand Rapids: Eerdmans, 2011.

———. *Studies in Paul: Exegetical and Theological.* Sheffield: Sheffield Phoenix Press, 2004.

———. "The Focus of Romans: The Central Role of 5:1–8:39 in the Argument of the Letter" in *Romans and the People of God.* eds. S. K. Soderlund and N. T. Wright. Grand Rapids: Eerdmans, 1999, 49–69.

———. "Prolegomena to Paul's Use of Scripture in Romans," *Bulletin for Biblical Research* 7 (1997), 145–168.

———. *Galatians: Word Biblical Commentary.* Waco: Word Books, 1990.

———. "Three Ways of Understanding Relations between the Testaments: Historically and Today" in *Tradition and Interpretation in the New Testament: Essays in honor of E. E. Ellis.* eds. G. F. Hawthorne and O. Betz. Grand Rapids: Eerdmans / Tübingen: J. C. B. Mohr, 1987, 22–31.

———. *Paul, Apostle of Liberty.* Grand Rapids: Baker, 1964.

Longman, T. and Reid, D. D. *God Is a Warrior.* Grand Rapids: Zondervan, 1995.

Luther, M. "How Christians should regard Moses?" *Martin Luther's Basic Theological Writings.* ed. T. F. Lull. Minneapolis: Fortress, 1989, 135–148.

———. *Luther's Works: Lectures on Galatians 1535 Chapters 1–4.* vol.26. ed. J. Pelikan. St. Louis: Concordia, 1963.

———. *Lectures on Romans.* trans. W. Pauck. Philadelphia: Westminster, 1961.

———. *Commentary on Romans.* trans. J. T. Mueller. Grand Rapids: Kregel, 1954.

Lyonnet, S. "St. Paul: Liberty and Law" in *The Bridge: A Yearbook of Judeo-Christian Studies IV.* ed. J. M. Oesterreicher. New York: Pantheon,

1962, 229-251.

_____. *Exegesis epistolae ad Romanos. Cap. V ad VII.* Rome: Biblical Institute, 1962.

Maillot, A. *L'Epitre aux Romains.* Paris: Labor et Fides, 1984.

Marcus, J. "'Under the Law': The Background of a Pauline Expression," *Catholic Biblical Quarterly* 63 (2001) 72-83.

_____. "The Circumcision and the Un-circumcision in Rome," *New Testament Studies* 35 (1989) 67-81.

_____. "'Let God Arise and End the Reign of Sin!': A Contribution to the Study of Pauline Parenesis," *Biblica* 69 (1988) 386-395.

_____. "The Evil Inclination in the Letters of Paul," *Irish Biblical Studies* 8 (1986) 8-21.

Margerie, B. de. *An Introduction to the History of Interpretation. I. The Greek Fathers.* Petersham: Saint Bede's, 1993.

Martin, B. L. *Christ and the Law in Paul.* Leiden: E. J. Brill, 1989.

_____. "Paul on Christ and the Law," *Journal of Evangelical Theological Society* 25 (1983) 271-282.

Martin, R. P. *2 Corinthians: Word Biblical Commentary.* Waco: Word Books, 1986.

Martin T. F. "*Modus inveniendi Paulum*: Augustine, Hermeneutics, and His Reading of Romans" in *Engaging Augustine on Romans.* eds. D. Patte and E. TeSelle. Harrisburg: Trinity Press International, 2002, 63-90.

Martyn, J. L. "Apocalyptic Antinomies in Paul's Letter to the Galatians," *New Testament Studies* 31 (1985) 410-424.

Matlock, R. B. *Unveiling the Apocalyptic Paul. Paul's Interpreters and the Rhetoric of Criticism.* Sheffield: Sheffield Academic Press, 1996.

Matera, F. J. *Romans: Paideia Commentaries on the New Testament.* Grand Rapids: Baker, 2010.

Maxey, A. "The Law of Jealousy: Ordeal of Bitter Water for Wives Suspected of Adultery," www.zianet.com/maxey/reflx328.htm (2007) 1-14.

Mayes, A. D. H. *Deuteronomy: New Century Bible.* London: Oliphants, 1979.

McCleod, D. "The New Perspective: Paul, Luther and Judaism," *Scottish Bulletin of Evangelical Theology* 22 (2004) 4-31.

McComiskey, T. E. *The Covenants of Promise: A Theology of the Old Testament Covenants.* Downers Grove: InterVarsity, 1985.

McCrudden, K. B. "Judgment and Life for the Lord: Occasion and Theology of Romans 14:1-15:13," *Biblica* 85 (2004) 229-244.

McKeating, H. "Sanction against Adultery in Ancient Israelite Society," *Journal for the Study of the Old Testament* 11 (1979) 57-72.

McKim, D. K. "Calvin's View of Scripture" in *Readings in Calvin's Theology.* ed. D. K. McKim. Grand Rapids: Baker, 1984, 43-68.

McKnight, S. *A Light among the Gentiles. Jewish Missionary Activity in the Second Temple Judaism.* Minneapolis: Fortress, 1991.

Meeks, W. "Social Functions of Apocalyptic Language in Pauline Christianity" in *Apocalypticism in the Mediterranean World and the Near East.* ed. David Hellholm. Tübingen: J. C. B. Mohr, 1983, 1989, 687-705.

───── (ed). *The Writings of St. Paul.* New York / London: W.W. Norton & Company, 1972.

Metzger, B. M. "Fourth Book of Ezra" in *Old Testament Pseudephigrapha.* vol.1. ed. J. H. Charlesworth. New York: Doubleday, 1983, 517-59.

Meyer, J. C. *The End of the Law. Mosaic Covenant in Pauline Theology.* Nashville: B & H Pub. Group, 2009.

Meyer, P. W. "The Worm at the Core of the Apple: Exegetical Reflections on Romans 7" in *The Conversation Continues: Studies in Paul and John in honor of J. Louis Martyn.* eds. R. T. Fortna and B. Gaventa. Nashville: Abingdon, 1990, 62-84.

───── . "Romans" in *Harper's Bible Commentary.* ed. James L. Mays. San Francisco: HarperCollins, 1988, 1130-1167.

───── . "Romans 10:4 and the 'End' of the Law" in *The Divine Helmsman: Studies on God's Control of Human Events presented to Lou H. Silberman.* eds. J. L. Crenshaw and S. Sandmel. New York: KTAV, 1980, 59-78.

Meyer, R. "περιτομή," *Theological Dictionary of the New Testament*. vol.6. ed. G. Kittel. Grand Rapids: Eerdmans, 1968, 72–84.

Mihoc, V. "Greek Church Fathers and Orthodox Biblical Hermeneutics" in *Greek Patristic and Eastern Orthodox Interpretations of Romans*. eds. D. Patte and V. Mihoc. London New York: Bloomsbury, 2013, 1–40.

Miles, M. R. "Augustine," *Encyclopedia of Early Christianity*. vol.1. ed. E. Ferguson. New York London: Garland, 1997, 148–153.

Milgrom, J. "The Case of the Suspected Adulteress, Numbers 5:11–31: Redaction and Meaning" in *The Creation of Sacred Literature*. ed. R. Friedman. Berkeley: University of California Press, 1981, 69–75.

Miller, J. C. *The Obedience of Faith, the Eschatological People of God, and the Purpose of Romans*. Atlanta: Society of Biblical Literature, 2000.

Miller, P. D. *Deuteronomy: Interpretation. A Bible Commentary for Teaching and Preaching*. Louisville: John Knox Press, 1990.

Milne, B. "Genesis 3 in the Letter to the Romans," *The Reformed Theological Review* 39 (1980) 10–18.

Minear, P. S. *Obedience of Faith: The Purpose of Paul in the Epistle to the Romans*. London: SCM, 1971.

Molland, E. *The Conception of the Gospel in Alexandrian Theology*. Oslo: Kommisjon hos J. Dybwad, 1938.

Moo, D. J. "Israel and law in Romans 5–11: Interaction with the New Perspective" in *Justification and Variegated Nomism*. vol.2. eds. D. A. Carson, Peter T. O'Brien, and Mark A. Seifrid. Tübingen: J. C. B. Mohr / Grand Rapids: Baker Academic, 2004, 185–216.

_____. "'Flesh' in Romans. A Challenge for the Translator" in *The Challenge of Bible Translation Communicating God's Word to the World*. eds. G. G. Scorgie, M. L. Strauss, and S. M. Voth. Grand Rapids: Zondervan, 2003, 365–379.

_____. *The Epistle to the Romans: New International Commentary on the New Testament*. Grand Rapids: Eerdmans, 1996.

Moore, J. D. *Wrestling with Rationality in Paul: Romans 1–8 in a New*

Perspective. Cambridge: Cambridge University Press, 1995.

Morris, L. *The Epistle to the Romans*. Grand Rapids: Eerdmans / Leicester: InterVarsity, 1988.

———. *Apocalyptic*. London: InterVarsity, 1973.

Moule, C. F. D. "'Death to 'Sin,' 'to Law,' and 'to the World'" in *Melanges bibliques en homage au R. P. Beda Rigaux*. eds. A. L. Descamps and A. de Halleux. Gembloux: Duculot, 1970, 367–375.

———. *An Idiom Book of New Testament Greek*. Cambridge: Cambridge University Press, 1953, 1984.

Mounce, R. H. *The New American Commentary: Romans*. vol. 27. Nashville: Broadman & Holman, 1995.

Murdoch, W. R. "History and Revelaiton in Jewish Apocalypticism," *Interpretation* 21 (1971) 167–87.

Murphy-O'Connor, J. "A Ministry Beyond the Letter (2 Cor.3:1–6)" in *Paolo Ministro del Nuovo Testamento* (2 Cor.2:14–4:6). ed. L. de Lorenzi. Rome: Benedictina Editrice, 1987, 105–129.

Murray, J. *The Covenant of Grace. A Biblico-Theological Study*. Phillipsburg: P & R, 1953, 1988.

———. *Principles of Conduct*. Grand Rapids: Eerdmans, 1957, 1978.

———. *The Epistle to the Romans*: 2 vols in one. Grand Rapids: Eerdmans, 1968.

Myers, C. D. "The Persistence of Apocalyptic Thought in *New Testament Theology*" in *Biblical Theology. Problem and Perspectives in honor of J. C. Beker*. eds. S. J. Kraftchick, C. D. Myers, and B. C. Ollenburger. Nashville: Abingdon, 1995, 209–221.

———. "Chiastic Inversion in the Argument of Romans 3–8," *Novum Testamentum* 35 (1993) 30–47.

Myers, J. M. *1 and 2 Esdras*. New York: Doubleday, 1974.

Napier, D. "Paul's Analysis of Sin and Torah in Romans 7:7–25," *Restoration Quarterly* 44 (2002) 15–32.

Neyrey, J. H. *Paul in Other Words. A Cultural Reading of His Letters*. Louisville: Westminster / John Knox Press, 1990.

Nickelsburg, G. W. E. *Ancient Judaism and Christian Origins. Diversity, Continuity, and Transformation.* Minneapolis: Fortress, 2003.

_____. "The Incarnation: Paul's Solution to the Universal Human Predicament" in *The Future of Christianity: Essays in honor of H. Koester.* ed. B. A. Pearson. Minneapolis: Fortress, 1991, 148–157.

_____. *Jewish Literature between the Bible and the Mishnah. A History and Literary Introduction.* Philadelphia: Fortress, 1981.

_____. "The Apocalyptic Message of 1 Enoch 92–105," *Catholic Biblical Quarterly* 39 (1977) 309–328.

Nygren, A. *The Significance of the Bible for the Church.* Philadelphia: Fortress, 1963.

_____. *Commentary on Romans.* trans. C. C. Rasmussen. Philadelphia: Muhlenberg, 1949.

O'Brien, P. T. "Principalities and Powers: Opponents of the Church" in *Biblical Interpretation and the Church. The Problem of Contextualization.* ed. D. A. Carson. Nashville Camden New York: Thomas Nelson Publishers, 1984, 110–150.

O'Neill, J. C. *Paul's Letter to the Romans.* London: Penguin Books, 1975.

Ochsenmeier, E, "Romans 1:11–12. A Clue to the Purpose of Romans?" *Ephemerides Theologicae Lovanienses* 83 (2007) 395–406.

Olson, D. T. *Numbers: Interpretation. A Bible Commentary for Teaching & Preaching.* Louisville: John Knox Press, 1996.

Olson, S. N. "Romans 5–8 as Pastoral Theology," *Word & World* 6 (1986) 390–397.

Origen, A. *Commentary on the Epistle to the Romans,* Books 1–10, vols.103, 104: The Fathers of the Church. trans. Thomas P. Scheck. Washington, D. C.: The Catholic University of America Press, 2001, 2002.

_____. *On First Principles.* New York: Harper & Row, 1966.

_____. "The Commentary of Origen on the Epistle to the Romans III," *The Journal of Theological Studies* 14 (1913) 10–13.

Osborne, G. R. *Romans: The IVP New Testament Commentary Series.*

Downers Grove: InterVarsity, 2005.

Osten-Sacken, P. von der. *Die Heiligkeit der Tora: Studien zum Gesetz bei Paulus.* Münich: Kaiser, 1989.

Osterhaven, M. E. "Calvin on the Covenant" in *Readings in Calvin's Theology.* ed. D. K. McKim. Grand Rapids: Baker, 1984, 89–106.

Östborn, G. *Tora in the Old Testament.* Lund: Hakan Ohlssons Boktryckeri, 1945.

The Oxford English Dictionary. 2nd ed. vol.2. Oxford: Clarendon Press, 1989.

Pagels, E. *The Origin of Satan.* New York: Random House, 1995.

_____. *The Gnostic Paul.* Philadelphia: Trinity Press International, 1975, 1992.

Parker, B. F. "Romans 7 and the Split between Judaism and Christianity," *Journal of Greco-Roman Christianity and Judaism* 3 (2006) 110–133.

Pate, C. M. *Romans.* Grand Rapids: Baker Books, 2013.

_____. *Reverse of the Curse. Paul, Wisdom, and the Law.* Tübingen: J. C. B. Mohr, 2000.

_____. *The End of Age Has Come. The Theology of Paul.* Grand Rapids: Zondervan, 1995.

_____. *The Glory of Adam and the Afflictions of the Righteous. Pauline Suffering in Context.* Lewiston; Edwin Mellen, 1993.

Payne, D. F. *Deuteronomy.* Philadelphia: Westminster, 1985.

Payne, J. B. "Berith of Yahweh" in *New Perspectives on the Old Testament.* ed. J. B. Payne. Waco: Word, 1970, 240–164.

Pedersen, S. "Paul's Understanding of the biblical Law," *Novum Testamentum* 44 (2002) 1–34.

Penna, R. *Paul the Apostle: Wisdom and Folly of the Cross.* vol.2 Collegeville: Liturgical Press, 1996.

_____, *Paul the Apostle. Jew and Greek Alike.* Vol.1. Collegeville: Liturgical Press, 1996.

Poirier, J. C. "Romans 5:13-14 and the Universality of Law," *Novum Testamentum* 38 (1996) 344–358.

Porter, J. R. "The Legal Aspects of the Concept of 'Corporate Personality' in the Old Testament," *Vetus Testamentum* 15 (1965) 361–380.

Porter, S. E. "The Concept of Covenant in Paul" in *The Concept of Covenant in the Second Temple Period*. eds. S. E. Porter and J. C. R. de Roo. Leiden: E. J. Brill, 2003, 269–285.

_____. "Two Myths: Corporate Personality and Language/Mentality Determinism," *Scottish Journal of Theology* 43 (1991) 289–307.

Provence, T. E. "Who is Sufficient for These Things?" *Novum Testamentum* 24 (1982) 54–81.

Quell, G. "διαθήκη," *Theological Dictionary of the New Testament*. vol.2. ed. G. Kittel. Grand Rapids: Eerdmans, 1964, 106–124.

Raabe, P. R. "The Law and Christian Sanctification: A Look at Romans," *Concordia Journal* 22 (1996) 178–185.

Radden, G. "Ubiquity of Metonymy" in *Cognitive and Discourse Approaches to Metaphor and Metonymy*. eds. J. L. O. Campo, I. N. i Ferrando, and B. B. Fortuno. Castello de la Plana: Publicacions de la Universitat Jaume I. D. L, 2005, 14–25.

Radl, W. "νυν, νυνί," *Exegetical Dictionary of the New Testament*. vol.2. eds. H. Balz and G. Schneider. Grand Rapids: Eerdmans, 1991, 480.

Raith II, C. "Portraits of Paul: Aquinas and Calvin on Romans 7:14–25" in *Reading Romans with St. Thomas Aquinas*. eds. M. Levering and M. Aduphinais. Washington, D. C.: The Catholic University of America Press, 2012, 238–261.

Räisänen, H. *Paul and the Law*. Philadelphia: Fortress, 1983, 1986.

Reasoner, M. *Romans in Full Circle. A History of Interpretation*. Louisville: Westminster John Knox, 2005.

_____. *The Strong and the Weak. Romans 14:1–15:13 in Context*. Cambridge: Cambridge University Press, 1999.

Rehmann, L. S. "The Doorway into Freedom: The Case of the 'Suspended Wife' in Romans 7:1–6," *Journal for the Study of the New Testament* 79 (2000) 91–104.

Reicke, B. "χρηματίζω" *Theological Dictionary of the New Testament*. vol.9. ed. G. Kittel. Grand Rapids: Eerdmans, 1974, 480–482.

_____. "The Law and this World according to Paul," *Journal of Biblical Literature* 70 (1951) 259–276.

Ridderbos, H. *Paul: An Outline of His Theology*. Grand Rapids: Eerdmans, 1975.

Rist, M. "Apocalypticism" in *Interpreter's Dictionary of the Bible*. vol.1. ed. G. A. Buttrick. Nashville: Abingdon, 1962, 157–8.

Robertson, A. T. *A Greek Grammar of the Greek New Testament in the Light of Historical Research*. 4th ed. New York: Hodder & Stoughton, 1958.

Robertson, O. P. *The Christ of the Covenants*. Grand Rapids, Baker, 1980.

Robinson, J. A. T. *Wrestling with Romans*. Philadelphia: Westminster, 1979.

_____. *The Body. A Study in Pauline Theology*. Philadelphia: Westminster, 1952.

Rogerson, J. W. "The Old Testament" in *The Study and Use of the Bible*. vol.2, ed. P. Avis. Basingstoke: Marshall Pickering / Grand Rapids: Eerdmans, 1988, 3–150.

_____. "The Hebrew Conception of Corporate Personality: A Re-examination," *Journal for Theological Studies* 21 (1970) 1–16.

Röhser, G. *Metaphorik und Personifikation der Sünde*. Tübingen: J. C. B. Mohr, 1987.

Romanello, S. "Rom.7:7–25 and the Impotence of the Law. A fresh Look at a Much Debated Topic Using Literary–Rhetorical Analysis," *Biblica* 84 (2003) 510–530.

Rosner, B. S. *Paul and the Law. Keeping the Commandments of God*. Downers Grove: InterVarsity, 2013.

Rowland, C. *The Open Heaven. A Study of Apocalyptic in Judaism and Early Christianity*. London: SPCK, 1982.

Rowley, H. H. *The Relevance of Apocalyptic*. New York: Association, 1963.

Russell, D. S. *Divine Disclosure. An Introduction to Jewish Apocalyptic*. Minneapolis: Fortress, 1992.

_____. *From Early Judaism to Early Church*. Philadelphia: Fortress, 1986.

_____. *The Method and Message of Jewish Apocalyptic: 200BC–100AD*.

Philadelphia: Westminster, 1964.

Russell, W. B. "An Alternative Suggestion for the Purpose of Romans," *Bibliotheca Sacra* 145 (1988) 174-184.

Sailhamer, J. H. *The Pentateuch as Narrative. A Biblical-Theological Commentary.* Grand Rapids: Zondervan, 1992.

Salamito, J-M. "John Chrysostom," *Encyclopedia of Christian Theology.* vol.1. ed. Jean-Yves Lacoste. New York London: Routledge, 2005, 298-300.

Sampley, J. P. "The Second Letter to the Corinthians" in *The New Interpreter's Bible.* vol.2. Nashville: Abingdon, 2000.

Sand, A. "σάρξ," *Exegetical Dictionary of the New Testament.* vol.3. eds. H. Balz and G. Schneider. Grand Rapids: Eerdmans, 1993, 230-233.

Sanday, W. and Headlam, A. C. *A Critical and Exegetical Commentary on the Epistle to the Romans.* New York: Charles Scribner's Sons, 1896, 1929.

Sanders, E. P. *Paul, the Law, and the Jewish People.* Philadelphia: Fortress, 1983.

_____. *Paul and Palestinian Judaism: A Comparison of Patterns of Religion.* Philadelphia: Fortress / London: SCM Press, 1977.

Schäfer, P. *Judeophobia: Attidudes toward the Jews in the Ancient World.* Cambridge: Harvard University Press, 1997.

Scheck, T. P. "Introduction" in Origen, *Commentary on the Epistle to the Romans,* Books 1-5, vols.103. trans. T. P. Scheck. Washington, D. C.: The Catholic University of America Press, 2001, 1-50.

Schelkle, K. H. *The Epistle to the Romans.* New York: Herder & Herder, 1964.

_____. *Paulus Lehrer der Vater. Die altkirchliche Auslegung von Römer 1-11.* Düssendorf: Patmos-Verlag, 1956.

Schlatter, A. *Romans. The Righteousness of God.* Peabody: Hendrickson, 1995.

Schlier, H. *Der Römerbrief.* Freiburg Basel Wien: Herder, 1977.

Schmithals, W. *Der Römerbrief. Ein Kommentar.* Gütersloh: Gütersloher,

Verl-Haus Mohn, 1988.

_____. *Der Römerbrief als historisches Problem*. Gütersloh: Gerd Mohn, 1975.

Schnabel, E. J. *Law and Wisdom from Ben Sira to Paul*. Tübingen: J. C. B. Mohr, 1985.

Schnelle, U. *Theology of the New Testament*. Grand Rapids: Baker Academic, 2007.

_____. *Apostle Paul. His Life and Theology*. Grand Rapids: Baker, 2003.

_____. *The Human Condition. Anthropology in the Teachings of Jesus, Paul, and John*. Minneapolis: Fortress, 1996.

Schoeps, H. J. Paul, *The Theology of Paul in the Light of Jewish Religious History*. Philadelphia: Westminster, 1961.

Schottroff, L. "Die Schreckensjerrschaft der Sünde und die Befreiung durch Christus nach dem Römerbrief des Paulus," *Evangelische Theologie* 39 (1979) 497-510.

Schreiner, T. R. *Paul, Apostle of God's Glory in Christ: A Pauline Theology*. Downers Grove: InterVarsity / Leicester: Apollos, 2001.

_____. *Romans: Baker Exegetical Commentary in the New Testament*. Grand Rapids: Baker, 1998.

_____. *The Law and Its Fulfillment*. Grand Rapids: Baker, 1993.

Schrenk, G. "ἱεροσυλέω," *Theological Dictionary of the New Testament*. vol.3 ed. G. Kittel. Grand Rapids: Eerdmans, 1965, 255-256.

Schweitzer, A. *The Mysticism of Paul the Apostle*. 2nd ed. New York: Macmillan, 1953.

Schweizer, E. "Slaves of the Elements and Worshippers of Angels: Gal.4:3 and Col.2:8, 18, 20," *Journal of Biblical Literature* 107 (1988) 455-468.

_____. "σάρξ," *Theological Dictionary of the New Testament*. vol.7. ed. G. Kittel. Grand Rapids: Eerdmans, 1971, 98-151.

Scott, J. J. *Customs and Controversies. Intertestamental Jewish Backgrounds of the New Testament*. Grand Rapids: Baker, 1995.

Scroggs, R. "Epistemological Existence in Matthew and Paul: *Coincidentia Oppositorum*" in *Apocalypticism and the New Testament. Essays in honor of J. Louis Martyn.* eds. J. Marcus and M. L. Soards. Sheffield: Sheffield Academic Press, 1989, 125-146.

_____. *The Last Adam: A Study in Pauline Anthropology.* Philadelphia: Fortress, 1966.

Segal, A. F. *Paul the Convert. The Apostolate and Apostasy of Saul the Pharisee.* New Haven London: Yale University Press, 1990.

Seifrid, M. *Justification by Faith. The Origin and Development of a Central Pauline Theme.* Leiden: E. J. Brill, 1992.

Shelley, C. *Multiple Analogies in Science and Philosophy.* Amsterdam Philadelphia: John Benjamins, 2003.

Silberman, L. H. "The Human Deed in a Time of Despair: The Ethic of Apocalyptic" in *Essays on Old Testament Ethics.* ed. J. L. Crenshaw and J. T. Willis. New YorkL KTAV, 1974, 191-202.

Silva, M. "Has the Church misread the Bible?" in *Foundations of Contemporary Interpretation.* ed. M. Silva. Grand Rapids: Zondervan, 1996, 15-102.

Sloan, R. B. "Paul and the Law: Why the Law Cannot Save," *Novum Testamentum* 33 (1991) 35-60.

Sloyan, G. S. *Is Christ the End of the Law?* Philadelphia: Westminster, 1978.

Smedes, L. B. *Mere Morality.* Grand Rapids: Eerdmans, 1983.

Smolarz, S. R. *Covenant and the Metaphor of Divine Marriage in Biblical Thought.* Eugene: Wipf & Stock, 2011.

Snodgrass, K. "Sphere of Influence: A Possible Solution to the Problem of Paul and the Law" in *The Pauline Writing.* eds. S. E. Porter and C. A. Evans. Sheffield: Sheffield Academic Press, 1995, 154-174.

Souter, A. *The Earliest Latin Commentaries on the Epistles of St. Paul.* Oxford: Clarendon, 1927.

Spanje, T. E. van *Inconsistency in Paul? A Critique of the Work of Heikki Räisänen.* Tübingen: J. C. B. Mohr, 1996.

Spitaler, P. "Analogical Reasoning in Romans 7:2-4: A Woman and the Believer in Rome," *Journal of Biblical Literature* 125 (2006) 715-747.

Spitz, L. W. *The Renaissance and Reformation Movements.* rev. ed. St. Louis: Concordia Pub. House, 1987.

Sprinkle, J. M. *Biblical Law and Its Relevance*. Lanham Boulder New York Toronto Oxford: University Press of America, 2006.

Stacey, W. D. *The Pauline View of Man in Relation to Its Judaic and Hellenist Background*. London: Macmillan, 1956.

Stegman, T. D. *Second Corinthians*. Grand Rapids: Baker, 2009.

Stegemann, E. W. "The Alienation of Humankind: Rereading Luther as Interpreted by Paul" in *Reformation Readings of Romans*. eds. K. Ehrensperger and R. Ward Holder. New York London: T. & T. Clark, 2008, 41–49.

Steinmetz, D. C. *Calvin in Context*. New York Oxford: Oxford University Press, 1995.

Stendahl, K. *Final Account. Paul's Letter to the Romans*. Minneapolis: Fortress, 1995.

_____. *Paul among Jews and Gentiles*. Philadelphia: Fortress, 1976.

Stepp, P. L. *Believer's Participation in the Death of Christ. "Corporate Identification" and a Study of Romans 6:1-14*. Lewiston: Mellen Biblical Press, 1996.

Stettler, C. "Paul, the Law and Judgment by Works," *Evangelical Quarterly* 76 (2004) 195–215.

Stockhausen, C. K. *Moses' Veil and the Glory of the New Covenant: The Exegetical Substructure of 2 Cor.3:1-4:6*. Roma: Editrice Pontificio Instituto Biblico, 1989.

Stone, M. E. "New Light on the Third Century" in *Visionaries and Their Apocalypses*. ed. P. D. Hanson. London: SPCK, 1993, 85–91.

Stowers, S. K. *A Rereading of Romans: Justice, Jews, and Gentiles*. New Haven London: Yale University Press, 1994.

Strecker, G. *Theology of the New Testament*. New York Berlin: Walter de Gruyter / Louisville: Westminster John Knox, 2000.

Strickland, W. G. "The Inauguration of the Law of Christ with the Gospel of Christ: A Dispensational View" in *The Law, the Gospel and the Modern Christians. Five Views*. ed. W. G. Strickland. Grand Rapids: Zondervan, 1993, 229–279.

Stuhlmacher, P. *Paul's Letter to the Romans: A Commentary*. Louisville: Westminster John Knox, 1994.

_____. "The Purpose of Romans" in *The Romans Debate*. rev. and exp. ed. K. P. Donfried. Peabody: Hendrickson, 1991, 231-244.

Stylanopoulos, T. *Justin Martyr and the Mosaic Law*. Chico: Scholars Press, 1975.

Talbert, C. H. *Romans. Smyth & Helwys Bible Commentary*. Macon: Smyth and Helwys, 2002.

_____. "Paul, Judaism, and the Revisionist," *Catholic Biblical Quarterly* 63 (2001) 1-22.

Suetonius, *Claudius*. ed. J. Mottershead. Bristol: Bristol Classical Press, 1986.

Tannehill, R. C. *Dying and Rising with Christ. A Study in Pauline Theology*. Berlin: Töpelmann, 1967.

TeSelle, E. "Engaging Scripture: Patristic Interpretation of the Bible" in *Engaging Augustine on Romans*. eds. D. Patte and E. TeSelle. Harrisburg: Trinity Press International, 2002, 1-62.

Theodore, "Epistolam ad Romanos" in *Patrologia Graeca*. vol.66. ed. J. P. Migne. Paris, 1864, col.805-808.

Thielman, F. "The Story of Israel and the Theology of Romans 5-8" in *Pauline Theology*. vol.3. eds. D. M. Hay and E. E. Johnson. Minneapolis: Fortress, 1995, 169-195.

_____. *Paul and the Law. A Contextual Approach*. Downers Grove: InterVarsity, 1994.

_____. *From Plight to Solution. A Jewish Framework for Understanding Paul's View of the Law in Galatians and Romans*. Leiden: E. J. Brill, 1989.

Thimmes, P. "'She Will Be Called an Adulteress···': Marriage and Adultery Analogies in Romans 7:1-4" in *Celebrating Romans: Essays in honor of Robert Jewett*. ed. S. E. McGinn. Grand Rapids: Eerdmans, 2004, 190-206.

Thiselton, A. "σάρξ," *New International Dictionary of the New Testament*

Theology. vol. 1. Grand Rapids: Zondervan, 1986, 671–682.

Thompson, A. L. *Responsibility for Evil in the Theodicy of IV Ezra.* Missoula: Scholars Press, 1977.

Thrall, M. E. *A Critical and Exegetical Commentary on the Second Epistle to the Corinthians.* vol. 1. Edinburgh: T. & T. Clark, 1994.

Throckmorton, B. H. *Adopted in Love. Contemporary Studies in Romans.* New York: Seabury Press, 1978.

Thurén, L. *Derhetorizing Paul: A Dynamic Perspective on Pauline Theology and the Law.* Tübingen: J. C. B. Mohr, 2000.

Tobin, T. H. *Paul's Rhetoric in Its Contexts: The Argument of Romans.* Peabody: Hendrickson, 2004.

Toews, J. E. *Romans: Believers Church Bible Commentary.* Scottdale Waterloo: Harald Press, 2004.

Tomson, P. J. "What did Paul mean by 'Those who know the Law'? (Rom 7.1)," *New Testament Studies* 49 (2003) 973–81.

_____. *Paul and the Jewish Law.* Assen/Maastricht: Van Gorcum / Minneapolis: Fortress, 1990.

Trakatellis, D. "Being Transformed: Chrysostom's Exegesis of the Epistle to the Romans" in *Greek Patristic and Eastern Orthodox Interpretations of Romans.* eds. D. Patte and V. Mihoc. London New York: Bloomsbury, 2013, 41–62.

Treggiari, S. "Divorce Roman Style: How Easy and How Frequent was it?" in *Marriage, Divorce, and Children in Ancient Rome.* ed. Beryl Rawson. Oxford: Oxford University Press, 1991, 31–46.

Trigg, J. W. *Biblical Interpretation.* Wilmington: Michael Glazer, 1988.

Trilling, W. "κατέχω," *Exegetical Dictionary of the New Testament.* vol.2. Grand Rapids: Eerdmans, 1991, 271–272.

Turner, N. *Style of A Grammar of the New Testament Greek.* vol. 4. by J. H. Moulton. Edinburgh: T. & T. Clark, 1976.

_____. *Syntax of A Grammar of the New Testament Greek.* vol. 3. by J. H. Moulton. Edinburgh: T. & T. Clark, 1963.

Uddin, M. "Paul, the Devil and 'Unbelief' in Israel (with particular reference to 2 Corinthians 3-4 and Romans 9-11)," *Tyndale Bulletin* 50 (1999) 265-280.

Unnik, W. C. van. "'With Unveiled Face': An Exegesis of 2 Corinthians 3:12-18," *Novum Testamentum* 6 (1963) 153-169.

VanGemeren, W. A. "The Law is the Perfection of Righteousness in Jesus Christ: A Reformed Perspective" in *The Law, the Gospel, and the Modern Christian. Five Views.* ed. W. G. Strickland. Grand Rapids: Zondervan, 1993, 13-58.

Verbruggen, J. L. "Of Muzzles and Oxen: Deuteronomy 25:4 and 1 Corinthians 9:9," *Journal of the Evangelical Theological Society* 49 (2006) 699-711.

Verhey, A. "Natural Law in Aquinas and Calvin" in *God and the Good.* eds. C. Orlebeke and L. Smedes Grand Rapids: Eerdmans, 1975, 80-92.

Viard, J-S. "Loi, Chair libération. Une Solution structurelle au problème de Romains 7,1-6," *Theoforum* 36 (2005) 155-73.

Vlachos, C. A. *The Law and the Knowledge of Good and Evil. The Edenic Background of the Catalytic Operation of the Law in Paul.* Eugene: Pickwick, 2009.

Vollenweider, S. *Freiheit als neue Schöpfung.* Göttingen: Vandenhoeck & Ruprecht, 1989.

Von Rad, G. *Old Testament Theology.* vol. 2. Edinburgh: T. & T. Clark, 1964.

Vriezen, Th. C. *An Outline of Old Testament Theology.* 2nd ed. Oxford: Basil Blackwell, 1970.

Wallace, D. B. *Greek Grammar Beyond the Basics.* Grand Rapids: Zondervan, 1996.

Walters, J. C. *Ethnic Issues in Paul's Letter to the Romans: Changing Self-Definitions in Earliest Roman Christianity.* Valley Forge: Trinity Press International, 1993.

Walton, J. H. *Covenant: God's Purpose, God's Plan.* Grand Rapids: Zondervan, 1994.

Warren, A. "Did Moses Permit Divorce? Modal *weqatal* as Key to New Testament Readings of Deuteronomy 24:1-4," *Tyndale Bulletin* 49

(1998) 44–56.

Watson, F. *Paul, Judaism and the Gentiles. A Sociological Approach.* Cambridge: Cambridge University Press, 1986.

Webster's Third New International Dictionary of the English Language Unabridged. ed. P. B. Gove. Springfield: G. & C. Merriam, 1966.

Wedderburn, A. J. M. "Adam in Paul's Letter to the Romans" in *Studia Biblica 1978. III. Papers on Paul and Other New Testament Authors* (Sixth International Congress on Biblical Studies). ed. E. A. Livingstone. Sheffield: JSOT Press, 1980, 413–430.

Wegner, J. R. *Chattel or Person? The Status of Women in the Mishnah.* New York Oxford: Oxford University Press, 1988.

Weima, J. A. D. "Preaching the Gospel in Rome: A Study of the Epistolary Framework of Romans" in *Gospel in Paul: Studies on Corinthians, Galatians and Romans for Richard N. Longenecker.* eds. L. Ann Jervis and Peter Richardson. Sheffield: Sheffield Academic Press, 1994, 337–366.

_____. "The Function of the Law in relation to Sin: An Evaluation of the View of H. Räisänen," *Novum Testamentum* 32 (1990) 219–235.

Weinfeld, M. "ברית," *Theological Dictionary of the Old Testament.* vol.2. ed. G. J. Botterweck and H. Ringgren. Grand Rapids: Eerdmans, 1975, 253–279.

Weiser, A. "δουλεύω," *Exegetical Dictionary of the New Testament.* vol.1. eds. H. Balz and G. Schneider. Grand Rapids: Eerdmans, 1990, 349–352.

Wells, D. F. *God the Evangelist.* Grand Rapids: Eerdmans / Exeter: Paternoster, 1978.

Wenham, G. J. *Numbers: Tyndale Old Testament Commentaries.* Downers Grove, InterVarsity, 1991.

_____. "The Restoration of Marriage Reconsidered," *Journal of Jewish Studies* 30 (1979) 36–40.

_____. "Law and Legal System in the Old Testament" in *Law Morality & the Bible.* eds. B. Kaye and G. Wenham. Downers Grove: InterVarsity,

1978, 24-52.

Westerholm, S. "Paul's Anthropological 'Pessimism' in Its Jewish Context" in *Divine and Human Agency in Paul and His Cultural Environment.* eds. J. M. G. Barclay and S. J. Gathercole. London: T. & T. Clark, 2006, 71-98.

_____. *Perspectives Old and New on Paul.* Grand Rapids: Eerdmans, 2004.

_____. *Israel's Law and the Church's Faith: Paul and His Recent Interpreters.* Grand Rapids: Eerdmans, 1988.

_____. "Letter and Spirit," *New Testament Studies* 30 (1984) 229-248.

Wevers, J. W. *LXX. Notes on the Greek Text of Deuteronomy.* Atlanta: Scholars Press, 1995.

Wiefel, W. "The Jewish Community in Ancient Rome and the Origins of Roman Christianity" in *The Romans Debate.* rev. and exp. ed. K. P. Donfried. Peabody: Hendrickson, 1991, 85-101.

Wilcken, R. L. "Origen, Augustine, and Thomas: Interpreters of the Letter to the Romans" in *Reading Romans with St. Thomas Aquinas.* eds. M. Levering and M. Dauphinais. Washington, D. C.: The Catholic University of America Press, 2012, 288-301.

Wilckens, U. "Statements on the development of Paul's View of the Law" in *Paul and Paulinism: Essays in honor of C. K. Barrett.* eds. M. D. Hooker and S. G. Wilson. London: SPCK, 1982, 17-26.

_____. *Der Brief an die Römer.* vols. I-III. Zürich: Benziger Verlag, 1978, 1980, 1982.

Wiles, M. F. *The Divine Apostle. The Interpretation of St. Paul's Epistles in the Early Church.* Cambridge: Cambridge University Press, 1967.

Winger, M. "From Grace to Sin: Names and Abstractions in Paul's Letters," *Novum Testamentum* 41 (1999) 168-174.

_____. *By What Law? The Meaning of* Νομος *in the Letters of Paul.* Atlanta: Scholars, 1992.

Witherington, B. *Paul's Letter to the Romans. A Socio-Rhetorical Commentary.* Grand Rapids: Eerdmans, 2004.

_____. *Conflict and Community in Corinth. A Socio-Rhetorical Commentary on 1 and 2 Corinthians*. Grand Rapids: Eerdmans, 1995.

_____, *Jesus, Paul and the End of the World. A Comparative Study in New Testament Eschatology*. Downers Grove: InterVarsity, 1992.

_____. *Women and the Genesis of Christianity*. Cambridge: Cambridge University Press, 1990.

Wriedt, M. "Luther's Theology," *The Cambridge Companion to Luther*. ed. D. K. McKim. New York: Cambridge University Press, 2003, 88–94.

Wright, C. J. H. *Old Testament Ethics*. Nottingham: InterVarsity, 2004.

_____. *An Eye for an Eye. The Place of Old Testament Ethics Today*. Downers Grove: InterVarsity, 1983.

Wright, N. T. *Evil and the Justice of God*. London: InterVarsity, 2006.

_____. "Romans" in *The New Interpreter's Bible in Twelve Volumes*. vol.10. Nashville: Abingdon Press, 2002, 395–770.

_____. *What Saint Paul really Said. Was Paul of Tarsus the Real Founder of Christianity?* Grand Rapids: Eerdmans, 1997.

_____. "The Law in Romans 2" in *Paul and the Mosaic Law*. ed. J. D. G. Dunn. Grand Rapids: Eerdmans, 1996, 131–150.

_____. "Romans and the Theology of Paul" in *Pauline Theology: Romans*. vol.III. eds. D. M. Hay and E. E. Elizabeth. Minneapolis: Augsburg Fortress, 1995, 30–67

_____. *The Climax of the Covenant. Christ and the Law in Pauline Theology*. Minneapolis: Fortress, 1992.

_____. "Putting Paul Together Again: Toward a Synthesis of Pauline Theology" in *Pauline Theology*. vol. I. ed. J. M. Bassler. Minneapolis: Fortress, 1991, 183–211.

Wyschogrod, M. "A Jewish Reading of St. Thomas Aquinas on the Old Law" in *Understanding Scripture. Explorations of Jewish and Christian Traditions of Interpretations*. eds. C. Thoma and M. Wyschogrod. New York Mahwah: Paulist Press, 1987, 125–140.

Yarbrough, O. L. *Not Like the Gentiles. Marriage Rules in the Letters of Paul.*

Atlanta: Scholars, 1985.

Yarbrough, R. "Paul and Salvation History" in *Justification and Variegated Nomism: The Paradoxes of Paul.* vol.2. eds. D. A. Carson, P. T. O'Brien, and M. A. Seifrid. Tübingen: J. C. B. Mohr / Grand Rapids: Eerdmans, 2004, 297-343.

Yaron, R. "The Restoration of Marriage," *Journal of Jewish Studies* 17 (1966) 1-11.

Young, B. H. *Paul the Jewish Theologian.* Peabody: Hendrickson, 1997.

Zahn, T. *Der Brief des Paulus an die Römer.* Leibzig: A Deichertscher Verlagsbuchhandlung, 1925.

Ziesler, J. A. *Pauline Christianity.* rev. ed. Oxford New York: Oxford University Press, 1990

_____. *Paul's Letter to the Romans: TPI New Testament Commentaries.* London: SCM / Philadelphia: Trinity Press International, 1989.

Dissertations:

최충하, "교회일치와 하나님의 영광: 상황성과 일관성의 전망에서 본 로마서 14:1-15:13의 연구." Ph.D. 논문. 백석대학교 기독교전문대학원, 서울, 2005.

Gagnon, R. A. J. "Should We Sin? The Romans Debate and Romans 6:1-7:6." Ph.D. Diss. Princeton Theological Seminary, New Jersey, 1993.

Livermore, P. W. "The Setting and Argument of Romans 1:18-3:20. The Empirical Verification of the Power of Sin." Ph.D. Diss. Princeton Theological Seminary, New Jersey, 1978.

Myers, C. D. "The Place of Romans 5:1-11." Ph.D. Diss. Princeton Theological Seminary, New Jersey, 1985.

Peterman, G. W. "Paul and the Law in Romans 7:1-6." M.A. Diss. Trinity Divinity Evangelical School, 1988.

Wright, N. T. "The Messiah and the People of God: A Study in Pauline Theology with Particular Reference to the Argument in the Epistle to the Romans." D.Phil. Diss. Oxford University, 1980.

로마서 7:1-6에 나타난
율법의 기능

■
초판 1쇄 인쇄 / 2017년 1월 10일
초판 1쇄 발행 / 2017년 1월 15일

■
지은이 / 정 인 채
펴낸이 / 민 병 문
펴낸곳 / 새한기획출판부

■
100-230 서울 중구 수표동 47-6 천수빌딩 1106호
☎ (02) 2274-7809 • 2272-7809
FAX • (02) 2279-0090
E-mail • saehan21@chollian.net

■
출판등록번호 / 제 2-1264호
출판등록일 / 1991. 10. 21

값 20,000원
ISBN 978-89-94043-94-4 93230
Printed in Korea